Gerhard Ludwig Müller
Der Empfänger des Weihesakramentes

D1670585

Gerhard Ludwig Müller (Hg.)

Der
Empfänger
des Weihe-
sakraments

Quellen zur Lehre und Praxis
der Kirche, nur Männern das
Weihesakrament zu spenden

echter

Die Deutsche Bibliothek – CIP-Einheitsaufnahme

Der **Empfänger des Weihesakraments** : Quellen zur Lehre und
Praxis der Kirche, nur Männern das Weihesakrament zu spenden /
Gerhard Ludwig Müller (Hg.). – Würzburg : Echter, 1999
  ISBN 3-429-02138-3

© 1999 Echter Verlag Würzburg
Gesamtherstellung: Echter Würzburg
Fränkische Gesellschaftsdruckerei und Verlag GmbH
  ISBN 3-429-02138-3

Inhalt

IV. Der Empfänger des geistlichen Amtes in Aussagen der Reformatoren und als ökumenische Herausforderung

18

Geleitwort des Erzbischofs von München und Freising

Seit Jahren bewegt die Frage, ob auch Frauen die Priesterweihe empfangen können, die Gemüter. Das ist nicht verwunderlich in einer Zeit, die von der Gleichstellung der Frau in allen gesellschaftlichen Bereichen geprägt ist. Es wird darüber nicht nur diskutiert, es wird auch die Forderung erhoben, endlich den Frauen den Zugang zum Weihesakrament zu öffnen. Papst Johannes Paul II. stellte demgegenüber fest, daß dies nicht möglich sei. In seinem Schreiben *Ordinatio sacerdotalis* vom 22. Mai 1994 erklärte er,»daß die Kirche keinerlei Vollmacht hat, Frauen die Priesterweihe zu spenden« (OS 4). Damit wollte der Papst Klarheit schaffen und einen Schlußstrich unter die Debatte setzen.

Aber die Frage will trotzdem nicht zur Ruhe kommen. Gehört doch die Frauenfrage zu den großen Fragen unserer Zeit, worauf schon Papst Johannes XXIII. hingewiesen hat.

Das Problem der Nicht-Zulassung zur Priesterweihe betrifft indes nicht nur das Bild der Frau, sondern umfassender auch die Anthropologie überhaupt sowie die Ekklesiologie und fordert die theologische Wissenschaft heraus, Antworten zu geben. Sie muß aufzeigen, was hinter der Aussage des Papstes stand, da die Nichtzulassung der Frauen zur Priesterweihe nicht von soziokulturellen Bedingungen verursacht ist. Endgültigkeit kann diese Lehre nur beanspruchen, wenn sie implizit im Glauben der Kirche verankert oder mit ihm in notwendiger Verbindung steht. Die Antwort darauf müssen wir in der kirchlichen Überlieferung suchen.

Herr Prof. Dr. Gerhard L. Müller, Professor für Dogmatik an der Katholisch-Theologischen Fakultät der Universität München, ist dieser Frage nachgegangen. Er hat die zweitausendjährige Überlieferung der Kirche durchforscht und in der vorliegenden Studie das Ergebnis vorgelegt.

Ich danke Herrn Prof. Müller, daß er sich der Mühe unterzogen hat, um aus der Geschichte der Kirche mehr Klarheit in die Praxis und Lehre der Kirche von heute zu bringen und dadurch zu einem tieferen Verständnis des Weihesakramentes, der Anthropologie und der Ekklesiologie beizutragen.

München, 29. Juni 1999 am Hochfest der hll. Petrus und Paulus

Der Erzbischof von München und Freising
Friedrich Kardinal Wetter

Einleitung

1. Der aktuelle Fragestand zur Möglichkeit der Frauenordination

In seinem Apostolischen Schreiben »Ordinatio sacerdotalis« vom 22. Mai 1994 »über die nur Männern vorbehaltene Priesterweihe« hat Papst Johannes Paul II. mit Berufung auf seine apostolische Vollmacht die seit Anfang der Kirche geltende Lehre bestätigt, »daß die Kirche keinerlei Vollmacht hat, Frauen die Priesterweihe zu spenden«[1]. »Diese bedeutende Angelegenheit« betreffe »die göttliche Verfassung der Kirche«. Somit ist diese Praxis ecclesiae, nur Getauften männlichen Geschlechts das Weihesakrament zu spenden, *göttlichen* Rechts. Sie gehört zur »Substanz der Sakramente«[2] und bleibt daher dem Gestaltungsspielraum der kirchlichen Autorität, den sie im Rahmen des positiven kirchlichen Rechtes hat, definitiv entzogen. Unmittelbarer Anlaß für die Qualifikation dieser einhelligen Praxis und Lehrtradition der Kirche als Ausdruck einer in der Offenbarung enthaltenen Lehre (*tamquam divinitus relevatum*)[3] und ihre Abhebung von historisch gewachsenen Bräuchen und soziologisch bedingten, aber prinzipiell veränderlichen Gewohnheiten, war die vorausgehende Diskussion in der anglikanischen Gemeinschaft über die Möglichkeit einer Ordination von Frauen zu Diakonen und Priestern (Presbytern und Bischöfen), die in den Vereinigten Staaten von Amerika, in weiteren Ländern und schließlich auch in der »Kirche von England« zur Weihe von Frauen zu Diakonen und Priestern geführt hat. Der Papst erwähnt in diesem Zusammenhang den Briefwechsel zwischen Papst Paul VI. und dem Primas der anglikanischen Kirchengemeinschaft, dem Erzbischof von Canterbury, dann die Erklärung der römischen Glaubenskongregation *Inter Insigniores* von 1976 sowie auch seine eigene Bestätigung der gültigen kirchlichen Lehre in *Mulieris dignitatem* vom 15. August 1988. Innerhalb der katholischen Kirche ist die Diskussion über die dogmatische Möglichkeit einer sakramentalen Weihe von Frauen zum Amt des Diakons, Presbyters und Bischofs, also zum Amtspriestertum (mit den drei Graden des sakramentalen Ordo oder der Hierarchie) erst nach dem II. Vatikanischen Konzil zu einem in den Pfarrgemeinden und in der Theologie heiß umkämpften Thema geworden.

[1] Ordinatio sacerdotalis, Art 4.
[2] Konzil von Trient, Dekret über die Kommunion unter beiderlei Gestalt, 1562: DH 1728; Papst Pius XII., Apost. Konst. Sacramentum ordinis, 1947: DH 3857.
[3] I. Vatikanisches Konzil, Dogmatische Konstitution *Dei Filius*, cap. 3 (DH 3011); II. Vatikanisches Konzil, Dogmatische Konstitution über die Kirche *Lumen gentium* Art. 25.

2. Die neuralgischen Punkte der gegenwärtigen Diskussion

Die Zweifel, ob es sich bei dieser Praxis um eine in der Offenbarung enthaltene Wahrheit handele, beruhen hauptsächlich auf zwei Einwänden: *Erstens* wird von manchen katholischen Autoren – in Übernahme der historisch und systematisch überholten Thesen der liberalen Theologie des Kulturprotestantismus – die unmittelbare Herkunft des Amtspriestertums aus dem Apostelamt der Urkirche und damit die Gegenwart der Sendung und des Heilsdienstes der Apostel im Dienst von Bischof, Presbyter und Diakon bestritten.

Wenn aber Verkündigungsvollmacht und pastoraler Dienst nur die Wahrnehmung einer der Kirche als ganzer anvertrauten Sendung wäre, dann bliebe es der Kirche vorbehalten, je nach Umständen und Bedarf einzelne Gemeindemitglieder mit der Wahrnehmung des allgemeinen Amtes zu bestellen. Der sakramental begründete Unterschied von Laien und Priestern schrumpfte so zum funktionellen Unterschied von Ehrenamtlichen und Hauptamtlichen zusammen, die professionell das Wort verkünden, die Sakramente verwalten und äußerlich das Gemeindeleben organisieren. Damit wäre aber der die gesamte katholische (und orthodoxe) Ekklesiologie kennzeichnende qualitative Unterschied zwischen der gemeinsamen Anteilhabe aller Getauften an der prophetischen und priesterlichen Sendung Jesu Christi aufgrund der Taufe einerseits und der Bevollmächtigung einzelner Christen im Sakrament der Weihe andererseits in Frage gestellt und das katholische Kirchenverständnis aus den Angeln gehoben. Die Vollmacht, Christus als Haupt der Kirche inmitten der Gemeinschaft der Glaubenden wirksam zu vergegenwärtigen, wird aber deshalb durch ein eigenes Sakrament übertragen, um damit zeichenhaft deutlich zu machen, daß Christus immer der Ursprung und die Quelle alles kirchlichen Lebens ist[4]. Kirche kann sich Christus gegenüber, dessen Leib und soziale Präsenzform sie ist, nie verselbständigen. Die Kirche ist nicht nur Geschöpf des Wortes, das je und je aus der Ver-

---

[4] LG 10: »Das gemeinsame Priestertum der Gläubigen aber und das Priestertum des Dienstes, das heißt das hierarchische Priestertum, unterscheiden sich zwar dem Wesen und nicht bloß dem Grade nach. Dennoch sind sie einander zugeordnet: das eine wie das andere nimmt auf je besondere Weise am Priestertum Christi teil. Der Amtspriester (sacerdos ministerialis) nämlich bildet kraft seiner heiligen Gewalt, die er innehat, das priesterliche Volk heran und leitet es; er vollzieht in der Person Christi das eucharistische Opfer und bringt es im Namen des ganzen Volkes Gott dar; die Gläubigen hingegen wirken kraft ihres königlichen Priestertums an der eucharistischen Darbringung mit und üben ihr Priestertum aus im Empfang der Sakramente, im Gebet, in der Danksagung, im Zeugnis eines heiligen Lebens, durch Selbstverleugnung und tätige Liebe.«

kündigung hervorgeht. Sie ist darüber hinaus Medium des fleischgewordenen Wortes, des für immer in der Kirche als *Christus praesens* anwesenden Sohnes Gottes. Er hat seinen Aposteln Anteil an seiner Sendung gegeben, »damit in den Bischöfen, denen die Presbyter zur Seite stehen, inmitten der Gläubigen der Herr Jesus Christus, der Hohepriester, anwesend«[5] sei. Aus dem verkündigenden und heiligenden Jesus wird nie der verkündigte Christus. Er bleibt immer, gerade auch in seinem Wirken an der Kirche und durch sie an der Menschheit das *Subjekt* der Erlösung und Vermittlung der göttlichen Gnade.

Zweitens wird die traditionelle Praxis und Lehre mit dem Verdacht oder Vorwurf der Diskriminierung der Frau konfrontiert. In der Tat widerspricht jede Minderbewertung des weiblichen Geschlechts nicht nur dem Bekenntnis zu den Menschenrechten in den modernen Verfassungsstaaten, sondern noch viel fundamentaler dem katholischen Glaubensbekenntnis von der vollen personalen Würde jedes Menschen und der Berufung von Frauen und Männern zum Glauben, zur vollen Kirchengliedschaft und zur Gemeinschaft mit dem trinitarischen Gott. Nichts weniger als die Liebe, die Gott in sich ist und die er uns in der Fleischwerdung seines Wortes und der Ausgießung seines Geistes geschenkt hat, ist die letztgültige Vollendung jeder geschaffenen Person. Es ist zu diskutieren, ob die kirchliche Praxis, nur Männer zum Bischof, Presbyter und Diakon zu weihen, sachlich eine Diskriminierung der Frau darstellt, und ob diese Praxis nur rein historisch bedingt war durch soziologische und psychologische Fehlkonzeptionen im Zu- und Miteinander von Männern und Frauen im gesellschaftlichen Leben, die eben auch auf das Selbstverständnis der kirchlichen Gemeinschaft durchgeschlagen waren und die heute zu verändern sind.

Im Kontext dieser Fragen sind gewichtige Probleme der theologischen Erkenntnislehre, der Ekklesiologie und der theologischen Anthropologie angesprochen. In der Diskussion über diese Themen, besonders auch wenn sie in den Massenmedien behandelt werden, machen sich oft klischeehafte und wenig kenntnisreiche Vorstellungen von den geschichtlichen und kulturellen Zusammenhängen bemerkbar, die zu recht unsachgemäßen Urteilen führen. In manchen Publikationen und öffentlichen Aktionen wird eine ressentimentgeladene Stimmung angeheizt, die einem Dialog und damit einer gemeinsamen Wahrheitsfindung wenig förderlich ist.

Jede Suche nach einer sachgemäßen Antwort auf die neue und brisante Frage muß sich am klaren methodologischen Instrumentarium katholischer Theologie messen lassen und sich inhaltlich an den Quellen

[5] LG 21.

der Offenbarung und der Glaubenstradition der Kirche orientieren. Eine »Hermeneutik des Verdachts«, die unterstellt, es gehe nur um die Interessen und den Machterhalt derjenigen, die das Priestertum wie ein Standesprivileg schon besitzen, ist eine schlechte Ratgeberin, weil einer solchen Interpretation der biblischen, geschichtlichen und lehramtlichen Daten ein fragwürdiges Vorverständnis von Kirche und Priestertum, von Glaube und Theologie zugrundeliegt. Nicht zuletzt gerät auch das anthropologische Dogma von der gleichen Personwürde von Mann und Frau nicht in den Blick.

Durch die Definition des Menschen in seiner Beziehung zu Gott kommt viel ursprünglicher die Würde der Frau als Person und ihre volle Teilhabe am Leben der Kirche Christi, die der Leib Christi ist, zum Ausdruck, als es eine gesellschaftliche Programmatik zu begründen vermag, die sich nur auf die Veränderung von Rechtspositionen und sozialen Strukturen beziehen kann.

3. Das Glaubensbewußtsein der Kirche in Dokumenten ihrer Lehre und Praxis

Um eine differenzierte Urteilsbildung zu fördern, sollen in diesem Band in mehreren großen Abteilungen die wesentlichen dogmengeschichtlichen Quellen vorgestellt, aus ihrem historischen Kontext erschlossen und auf ihr theologisches Gewicht hin beurteilt werden.

Eine erste Abteilung präsentiert die wichtigsten *biblischen Texte.*

Es folgen in der *zweiten* Abteilung die *lehramtlichen Entscheidungen* und die liturgische Praxis der Kirche bis zum II. Vatikanum und den neuesten Lehrentscheidungen der Päpste Paul VI. und Johannes Paul II. sowie eine Auswahl jüngster Äußerungen des ordentlichen Lehramtes.

Eine *dritte* Abteilung ist dem Ausdruck des allgemeinen Glaubensbewußtseins der Kirche in thematischen Abhandlungen bedeutender theologischer Autoren zum Priestertum und Kommentaren zur Heiligen Schrift gewidmet, angefangen bei den »Kirchenvätern«, gefolgt von den systematischen und exegetischen Auslegungen des Traditionsbefundes bei den *Theologen des Mittelalters* bis zum Tridentinum *und der Neuzeit.* Schließlich sind in die Sammlung eine Reihe von Texten der Gegenwartstheologie aufgenommen, insofern sie das Glaubensbewußtsein der Kirche zum Ausdruck bringen.

In einer eigenen *vierten* Abteilung sind Aussagen der Reformatoren zum Pastoren- und Predigeramt der Frau zusammengestellt und *Texte aus den neueren ökumenischen Konsensgesprächen* über das geistliche Amt in der Kirche.

Zum Verständnis der modernen katholischen Dogmenhermeneutik

und besonders auch des sakramentalen Verständnisses der Kirche und des Amtspriestertums werden einige Konzilstexte der Sammlung beigegeben. Der biblische Teil enthält die wichtigsten Texte zum Apostolat und zur Entstehung der kirchlichen Ämter in der Nachfolge des apostolischen Dienstes. Diese Fortführung der apostolischen Sendung geschieht in einem Leitungsamt (»Episkopen«, »Presbyter«) und einem Dienstamt (»Diakone«). Dazu gehören auch die Texte, die von Frauen in der Nachfolge Jesu sprechen und die Bedeutung der Frauen in der Urkirche herausstellen. In der gegenwärtigen Diskussion hat besonders Röm 16,1–4 Beachtung gefunden. Von Phöbe heißt es, daß sie als *Diakonos* von Kenchreä, einer Vorstadt von Korinth, gewirkt hat. Ist hier eine Vorstufe des später als Amtsbezeichnung begegnenden sakramentalen Diakonats zu erkennen? Diese Vermutung könnte sich zur Gewißheit erhärten, wenn im Diakonenspiegel (1 Tim 3,8–13) »die Frauen« (3,11) nicht die Frauen der Diakone, sondern weibliche Diakone gewesen sein sollten.

Falls Röm 16,7 Junia statt Junias zu lesen sein sollte, wäre, wenn auch einmalig, so doch faktisch im NT eine Frau zusammen mit Andronikus unter die »angesehenen Apostel« eingereiht. Dabei bliebe aber noch die nähere inhaltliche Bestimmung des Aposteltitels zu klären, insofern im Unterschied zu den bevollmächtigten Gesandten Christi (1 Kor 15,3–5; Gal 1,1; 1 Kor 5,19f; 1 Kor 3,9; 4,1) auch die Abgesandten der Gemeinden als Gemeindeapostel begegnen (vgl. 2 Kor 8,23).

Bedeutsam ist die nähere Auslegung des Gebots, daß Frauen in der Gemeindeversammlung schweigen sollen (1 Kor 14, 33–36), d.h. daß ihnen das Lehr- und Leitungsamt der Presbyter-Episkopen (1 Tim 5,1; Tit 1) nicht zukommt (1 Tim 2,12). Wie vereinbart sich dies mit der Möglichkeit, daß auch Frauen in der Gemeinde prophetisch reden können (1 Kor 11,5), wesentlich an der Auferbauung der Kirche im Glauben mitwirken (Lk 8,1–3; Apg 1,14; 1 Tim 5,9–16) und in der Familie die Aufgabe der Unterweisung und religiösen Belehrung haben (2 Tim 1,5; Tit 2,3f.)?

Besteht also eine sachlich unüberbrückbare Diskrepanz zwischen den verschiedenen Aussagen des Apostels Paulus? Denn in deutlicher Parallele zur schöpfungstheologisch begründeten gleichrangigen Gottebenbildlichkeit von Mann und Frau (Gen 1,27) stellt er tauftheologisch die gleiche Würde in der Gemeinschaft mit Christus heraus und formuliert gleichsam die Magna Charta der anthropologischen und gnadentheologischen Gleichberechtigung von Mann und Frau:
»Ihr seid alle durch den Glauben Söhne Gottes in Christus Jesus. Denn ihr alle, die ihr auf Christus getauft seid, habt Christus als Gewand

angelegt. Es gibt nicht mehr Juden und Griechen, nicht Sklaven und Freie, nicht Mann und Frau; denn ihr alle seid ,einer' in Christus« (Gal 3,28)? Dann aber bezeichnet er wieder den Mann als Haupt der Frau und gibt im Zueinander der christlichen Ehegatten, das von einer gegenseitigen Unterordnung in der Gesinnung Christi getragen sein soll, eine religiös begründete Unterordnung der Frau als Ideal vor (1 Kor 11,2–16; Eph 5,21–33).

Ist das eine theologisch gemeint, während das andere auf das Konto einer Abhängigkeit von zeitgebundenen Modellen einer patriarchalischen Gesellschaft zu verbuchen ist?

Um den Blick auch auf die allgemeine Anthropologie zu richten, sind noch eine Reihe weiterer biblischer Texte dieser Quellensammlung hinzugefügt worden.

Unter die kirchenamtlichen Texte sind auch antihäretische Schriften maßgeblicher Autoren aufgenommen, die vor allem gegenüber Gnostikern und der Sekte der Pepuzianer, aber auch gegenüber Katharern und der Position Wiclifs das gültige kirchliche Glaubensbewußtsein zum Ausdruck bringen. Es sind durchaus mehr kirchliche Lehräußerungen vorhanden, als es zunächst den Anschein hatte. Freilich waren die Problemkontexte oft erheblich verschieden von der modernen Fragestellung. Entscheidend ist aber, daß die Berufung nur von Männern ins Priesteramt nie aus einer soziologischen Selbstverständlichkeit abgeleitet oder mit Hinblick auf weltliche Ämter oder sakrale Funktionen von männlichen oder weiblichen Kultdienern, heidnischen sacerdotes, begründet worden ist.[6]

Einen breiten Raum nehmen die Texte der Kirchenväter ein. Es handelt sich dabei um Auslegungen der einschlägigen biblischen Stellen, um antihäretische Literatur und um Auszüge aus thematischen Schriften zum Priestertum. Zu berücksichtigen sind auch die liturgischen Anweisungen der Kirchenordnungen, vor allem auch in der *Traditio apostolica*, die die alexandrinische und die römische Tradition repräsentiert, sowie die *Apostolischen Konstitutionen*, die in den syrischen

---

[6] Der deutsche Begriff »Priester« (prestre, pretre) kommt sprachgeschichtlich her vom christlichen Presbyter. Der Bischof (als summus sacerdos) und später auch der Presbyter (als sacerdos secundi gradus) wird seit dem 2. Jh. auch hiereus/sacerdos genannt, um sein Handeln im Namen Christi des Propheten und Hohenpriesters auszudrücken. Mit dem heidnischen sacerdos (= sacrum dans) hat der christliche Priester nur soviel gemein, daß es um das Geben des Heiligen geht. Da aber der Inhalt des Heiligen und die Weise der Vermittlung des Menschen zu Gott aufgrund der Selbstmitteilung Gottes in Inkarnation, Kreuz und Auferstehung Christi, des eschatologischen Bundesmittlers, vom paganen Verständnis grundlegend verschieden ist, besteht auch ein Wesensunterschied zwischen dem sacerdotium der christlichen Bischöfe und Presbyter und den heidnischen sacerdotes im Tempeldienst.

Raum verweisen. Hier ist die spannende Frage, ob die Diakonissen, die durch Handauflegung und Gebet vom Bischof in ihr Amt eingeführt wurden, eine im späteren technischen Sinn des Terminus »Sakrament« eine sakramentale Weihe empfangen haben und damit eine Stufe des apostolischen Amtes innegehabt haben. Von diesem kirchlichen Amt, das in Teilen des oströmischen Reiches aus Gründen des Unterhaltsanspruchs auch zum Klerus gerechnet wurde, sind zu unterscheiden die in manchen Kanones, Texten und Inschriften genannten *diaconissae, presbyterissae* und *episcopissae*, die eindeutig als Ehefrauen der Diakone, Presbyter und Bischöfe zu verstehen sind. Daneben gibt es auch die Diakonin, manchmal auch *presbytera* (im Sinne von *seniora*) genannt, die als Vorsteherin (*praesidens*) eines Klosters fungierte oder einer religiösen Frauengemeinschaft praesidierte (*presbyterae et praesidentes*).

Die Scholastik baut auf den wesentlichen Elementen der patristischen Überlieferung auf und formt sie um in die Gestalt der nun beginnenden systematischen Theologie. Es sind die zahllosen Kommentare zur Distinctio 25 des 4. Sentenzenbuches des Petrus Lombardus, wo regelmäßig das Thema verhandelt wird, ob die überlieferte Praxis, nur Christen männlichen Geschlechts die heiligen Weihen zu erteilen, göttlichen oder kirchlichen Rechts ist. Einer der wirkungsgeschichtlich wichtigsten Kommentare wurde von *Thomas von Aquin* verfaßt. Die entsprechenden Aussagen sind seiner unvollendeten Summe der Theologie als Ergänzung beigegeben worden. Die entsprechende Quaestio 39, Artikel 1 im *Supplementum* hat bei den zahlreichen Thomaskommentatoren eine große Resonanz gefunden und galt als authentischer Ausdruck des Glaubens der Kirche. Der Glaube, daß das männliche Geschlecht *de necessitate sacramenti ordinis* ist, wird methodologisch klar unterschieden von den Konveniengründen, die auf anthropologischer Ebene die positive Entscheidung Christi, die allein Grund des Glaubensinhaltes ist, plausibel machen können.

Nicht zu vergessen ist schließlich die *kanonistische* Tradition eines *Gratian* und *Huguccio*. Auch hier wird die Praxis der Kirche in einem positiven göttlichen Gebot der Kirche begründet gesehen. Es geht nicht darum, mit Konveniengründen Frauen den Zugang zum Priestertum zu ermöglichen oder zu verschließen. Denn dies würde eine Vorordnung der Theologie vor die normative Vergegenwärtigung der Offenbarung in Schrift und Tradition vermittels der Lehrautorität der Bischöfe und des Papstes bedeuten, was vom Grundansatz der katholischen Theologie prinzipiell ausgeschlossen bleibt.

Bei einzelnen Autoren (z.B. Tertullian, Augustinus, Thomas von Aquin u.a.) wurden auch allgemein interessierende Texte zur Anthropologie der Frau hinzugefügt, um das Klischeebild von der sogenannten Frauen- und Leibfeindlichkeit der Kirchenväter und Scholastiker oder gar »der« katholischen Kirche einer Korrektur zu unterziehen.

Eine letzte Abteilung dokumentiert anhand der wichtigsten Dialogtexte zwischen Katholiken, Orthodoxen und Protestanten die brisante ökumenische Dimension des Themas. Es ist im letzten – bei aller Annäherung und Überwindung allzu krasser Mißverständnisse – das immer noch gravierend unterschiedliche Verständnis des geistlichen Amtes und vor allem seiner apostolischen Grundlegung und seiner sakramentalen Wurzel, das die meisten reformatorisch-protestantischen Kirchen auf der einen und die katholische Kirche und die orthodoxen Kirchen auf der anderen Seite einen verschiedenen Weg in Lehre und Praxis gehen läßt. Es bleibt die Schwierigkeit einer Verständigung über die Sakramentalität des geistlichen Amtes. Das sakramentale Verständnis ist Grund und Kriterium für die Frage nach dem Empfänger der Weihe in den Stufen Episkopat, Presbyterat, Diakonat. Daraus resultiert die Frage, ob die Signifikanz des relationalen Vollzugs des Menschseins, die im Verhältnis des Mannes zur Frau den Bezug Christi des Hauptes zur Kirche als seinem Leib oder des Bräutigams zu seiner Braut sichtbar macht, zum Wesen des Weihesakraments gehört und ob darum das Mannsein des Priesters, der Christus sakramental repräsentiert, notwendig ist für den gültigen Empfang des Weihesakraments. Die alternative Erklärung der bisherigen Praxis der Kirche wäre, daß es sich hierbei nur um die Reminiszenz einer überholten Sozialstruktur handelt[7].

4. Zur Hermeneutik kirchlicher Lehrdokumente und zur Interpretation theologischer Quellen

Welche Antwort ergibt sich aus dem Befund der biblischen und dogmengeschichtlichen Quellen? Das II. Vatikanum hat in der Dogmatischen Konstitution über die göttliche Offenbarung »*Dei Verbum*« (Art. 7–10) die theologische Hermeneutik für die definitive Interpretation des Schrift- und Traditionsbefunds zusammengefaßt, die auch Leitfaden für die Auslegung der hier gesammelten Quellen zum Thema »Empfänger des Weihesakraments« sein müssen:
»7. Was Gott zum Heil aller Völker geoffenbart hatte, das sollte – so hat er in Güte verfügt – für alle Zeiten unversehrt erhalten bleiben und allen Geschlechtern weitergegeben werden. Darum hat Christus

---

[7] Systematisch zur theologischen Anthropologie, Ekklesiologie und besonders zum Thema »Priestertum und Frau« vgl. die verschiedenen Beiträge in: *Gerhard Ludwig Müller* (Hg.), Frauen in der Kirche. Eigensein und Mitverantwortung, Würzburg 1999.

der Herr, in dem die ganze Offenbarung des höchsten Gottes sich vollendet (vgl. 2 Kor 1,20; 3,16–4,6), den Aposteln geboten, das Evangelium, das er als die Erfüllung der früher ergangenen prophetischen Verheißung selbst gebracht und persönlich öffentlich verkündet hat, allen zu predigen als die Quelle jeglicher Heilswahrheit und Sittenlehre und ihnen so göttliche Gaben mitzuteilen. Das ist treu ausgeführt worden, und zwar sowohl durch die Apostel, die durch mündliche Predigt, durch Beispiel und Einrichtungen weitergaben, was sie aus Christi Mund, im Umgang mit ihm und durch seine Werke empfangen oder was sie unter der Eingebung des Heiligen Geistes gelernt hatten, als auch durch jene Apostel und apostolischen Männer, die unter der Inspiration des gleichen Heiligen Geistes die Botschaft vom Heil niederschrieben.

Damit das Evangelium in der Kirche für immer unversehrt und lebendig bewahrt werde, haben die Apostel Bischöfe als ihre Nachfolger zurückgelassen und ihnen »ihr eigenes Lehramt überliefert«. Diese Heilige Überlieferung und die Heilige Schrift beider Testamente sind gleichsam ein Spiegel, in dem die Kirche Gott, von dem sie alles empfängt, auf ihrer irdischen Pilgerschaft anschaut, bis sie hingeführt wird, ihn von Angesicht zu Angesicht zu sehen, so wie er ist (vgl. 1 Joh 3,2).

8. Daher mußte die apostolische Predigt, die in den inspirierten Büchern besonders deutlichen Ausdruck gefunden hat, in ununterbrochener Folge bis zur Vollendung der Zeiten bewahrt werden. Wenn die Apostel das, was auch sie empfangen haben, überliefern, mahnen sie die Gläubigen, die Überlieferungen, die sie in mündlicher Rede oder durch einen Brief gelernt haben (vgl. 2 Thess 2,15), festzuhalten und für den Glauben zu kämpfen, der ihnen ein für allemal überliefert wurde (vgl. Jud 3). Was von den Aposteln überliefert wurde, umfaßt alles, was dem Volk Gottes hilft, ein heiliges Leben zu führen und den Glauben zu mehren. So führt die Kirche in Lehre, Leben und Kult durch die Zeiten weiter und übermittelt allen Geschlechtern alles, was sie selber ist, alles, was sie glaubt.

Diese apostolische Überlieferung kennt in der Kirche unter dem Beistand des Heiligen Geistes einen Fortschritt: es wächst das Verständnis der überlieferten Dinge und Worte durch das Nachsinnen und Studium der Gläubigen, die sie in ihrem Herzen erwägen (vgl. Lk 2,19.51), durch innere Einsicht, die aus geistlicher Erfahrung stammt, durch die Verkündigung derer, die mit der Nachfolge im Bischofsamt das sichere Charisma der Wahrheit empfangen haben; denn die Kirche strebt im Gang der Jahrhunderte ständig der Fülle der göttlichen Wahrheit entgegen, bis an ihr sich Gottes Worte erfüllen.

Die Aussagen der heiligen Väter bezeugen die lebenspendende Gegenwart dieser Überlieferung, deren Reichtümer sich in Tun und Leben der glaubenden und betenden Kirche ergießen. Durch dieselbe Überlieferung wird der Kirche der vollständige Kanon der Heiligen Bücher bekannt, in ihr werden die Heiligen Schriften selbst tiefer verstanden und unaufhörlich wirksam gemacht. So ist Gott, der einst gesprochen hat, ohne Unterlaß im Gespräch mit der Braut seines geliebten Sohnes, und der Heilige Geist, durch den die lebendige Stimme des Evangeliums in der Kirche und durch sie in der Welt widerhallt, führt die Gläubigen in alle Wahrheit ein und läßt das Wort Christi in Überfülle unter ihnen wohnen (vgl. Kol 3,16).

9. Die Heilige Überlieferung und die Heilige Schrift sind eng miteinander verbunden und haben aneinander Anteil. Demselben göttlichen Quell entspringend, fließen beide gewissermaßen in eins zusammen und streben demselben Ziel zu. Denn die Heilige Schrift ist Gottes Rede, insofern sie unter dem Anhauch des Heiligen Geistes schriftlich aufgezeichnet wurde. Die Heilige Überlieferung aber gibt das Wort Gottes, das von Christus dem Herrn und vom Heiligen Geist den Aposteln anvertraut wurde, unversehrt an deren Nachfolger weiter, damit sie es unter der erleuchtenden Führung des Geistes der Wahrheit in ihrer Verkündigung treu bewahren, erklären und ausbreiten. So ergibt sich, daß die Kirche ihre Gewißheit über alles Geoffenbarte nicht aus der Heiligen Schrift allein schöpft. Daher sollen beide mit gleicher Liebe und Achtung angenommen und verehrt werden.

10. Die Heilige Überlieferung und die Heilige Schrift bilden den einen der Kirche überlassenen heiligen Schatz des Wortes Gottes. Voller Anhänglichkeit an ihn verharrt das ganze heilige Volk, mit seinen Hirten vereint, ständig in der Lehre und Gemeinschaft der Apostel, bei Brotbrechen und Gebet (vgl. Apg 2,42), so daß im Festhalten am überlieferten Glauben, in seiner Verwirklichung und seinem Bekenntnis ein einzigartiger Einklang herrscht zwischen Vorstehern und Gläubigen.

Die Aufgabe aber, das geschriebene oder überlieferte Wort Gottes verbindlich zu erklären, ist nur dem lebendigen Lehramt der Kirche anvertraut, dessen Vollmacht im Namen Jesu Christi ausgeübt wird. Das Lehramt ist nicht über dem Wort Gottes, sondern dient ihm, indem es nichts lehrt, als was überliefert ist, weil es das Wort Gottes aus göttlichem Auftrag und mit dem Beistand des Heiligen Geistes voll Ehrfurcht hört, heilig bewahrt und treu auslegt und weil es alles, was es als von Gott geoffenbart zu glauben vorlegt, aus diesem einen Schatz des Glaubens schöpft.

Es zeigt sich also, daß die Heilige Überlieferung, die Heilige Schrift und das Lehramt der Kirche gemäß dem weisen Ratschluß Gottes so miteinander verknüpft und einander zugesellt sind, daß keines ohne die anderen besteht und daß alle zusammen, jedes auf seine Art, durch das Tun des einen Heiligen Geistes wirksam dem Heil der Seelen dienen.«

✳✳✳

Viele Texte der Kirchenväter und der Theologen bis ins 19. Jahrhundert mußten ins Deutsche übersetzt werden. Dort wo die entsprechenden Ausgaben nur schwer zugänglich sind oder wo der Urtext besonders aussagekräftig erschien, wurde auch das lateinische Original mitabgedruckt. Bei griechischen Texten wurden die entscheidenden Termini der Übersetzung in Klammer beigegeben. Die Abkürzungen richten sich in der Regel nach *Siegfried Schwertner*, TRE Abkürzungsverzeichnis, Berlin/New York 1976. Als Hilfsmittel leisteten wichtige Dienste allem voran *Siegmar Döpp/Wilhelm Geerlings* (Hgg.), Lexikon der antiken christlichen Literatur, Freiburg 1998, und *Adalbert Keller*, Translationes Patristicae Graece et Latinae. Bibliographie der Übersetzungen altchristlicher Quellen, Erster Teil: A–H, Stuttgart 1997. Verwendet werden die international üblichen Kürzel der scholastischen Literatur (z.B. Sent.; S.th.; Comm. in...). Damit ist ein Auffinden der Texte und der Übersetzungen auch im außerdeutschen Sprachraum leicht möglich.

Querverweise zwischen den Quellentexten können die Verbindungen zwischen den Überlieferungssträngen durchsichtiger machen. Ein vollständiges Erfassen aller sich auf das Priestertum und den Empfänger dieses Sakraments beziehenden Texte der Tradition ist nicht möglich, aber auch nicht nötig. In der Exegese der einschlägigen Schriftstellen, den Sentenzenkommentaren und den Kommentaren zu den großen Summen des Mittelalters wiederholen die Schüler die Lehre der Meister.

Insgesamt sind aber die wichtigsten lehramtlichen Aussagen und die repräsentativen theologischen Autoritäten in dieser Quellensammlung zusammengefaßt.

Die vorliegende Quellensammlung konnte auf der verdienstvollen Arbeit Josephine Mayers[8] aufbauen, die in einem Band der Reihe "Florilegium Patristicum" eine Vielzahl verstreuter lateinischer und griechischer Texte aus der Patristik und dem Mittelalter zusammengestellt hat. Einige in den vorliegenden Band aufgenommene Quellen, für die keine neuere Edition angegeben wird, sind direkt aus der Sammlung von Josephine Mayer (zitiert: J. Mayer) übernommen.

---

[8] Mayer, Josephine, Monumenta de viduis, diaconissis virginibusque tractantia (= Florilegium Patristicum tam veteris quam mediaevi auctores complectus, edd. Bernhard Geyer und Johannes Zellinger, Bd. 42), Bonn 1938.

Mein Dank für die unschätzbare Hilfe bei der Zusammenstellung dieser Quellensammlung gilt meinem Assistenten Dr. Rudolf Voderholzer, der mit Unterstützung von Dipl. theol. Manfred Maurer sich auch den Mühen des Korrekturlesens unterzogen hat. Mein Sekretär Herr Hubert Holzmann hat mit großer Umsicht die umfangreiche Schreibarbeit bewältigt. Herzlich danke ich auch Frau Dr. Marianne Schlosser für die sorgfältige Übersetzung scholastischer Texte und manchen sachkundigen Rat.

Ein ganz herzliches Wort des Dankes für die Gewährung eines großzügigen Druckkostenzuschusses sage ich dem Hochwürdigsten Herrn Erzbischof von München und Freising, Friedrich Kardinal Wetter, dem Hochwürdigsten Herrn Erzbischof von Paderborn Johannes Joachim Degenhardt, den Herren Generalvikaren der bayerischen Bistümer.

München, am 3. Juli, dem Fest des hl. Apostels Thomas

Gerhard Ludwig Müller

I. Biblische Texte

1. Die Apostel und die urkirchlichen Ämter der Episkopen, Presbyter und Diakone

Mk 3,13–19: Die Wahl der Zwölf

Der geschichtliche Ursprung der Vollmacht zu einem Heiligungsdienst in der Kirche (Ps–Dionysius: Hier-archia), der wegen der Vergegenwärtigung des priesterlich-heiligenden Handelns Jesu in Wortverkündigung, Liturgie, Sakramentenspendung und der Hirtenfürsorge das sacerdotium des Bischofs und der Presbyter (Hippolyt, Trad. Ap. 3.7.8; Cyprian, ep. 63,14) genannt wurde (vgl. schon Röm 15,16; Did. 13,3; 1 Clem. 40,5), ist gegeben in der Berufung und Erwählung der Zwölf. Jesus, der endzeitliche Mittler der Gottesherrschaft und der Begründer des Gottesvolkes in seiner eschatologischen Gestalt aus allen Völkern (Mt 8,11; Eph 2,20), hat konkreten Menschen Anteil an seiner Heilssendung gegeben. Indem sie ihn in der com-munio (von munus) repräsentieren, bewirken sie in seiner Vollmacht die Ankunft der Gottesherrschaft und die Sammlung des Gottesvolkes. Der Apostolat der Zwölf bildet die Brücke von der vorösterlichen Jüngergemeinde zur österlichen Kirche des erhöhten Herrn im Heiligen Geist. Der Apostolat der Zwölf bleibt geschichtlich und systematisch der Ursprung der Kirche als ganzer und gleichursprünglich der Christusrepräsentation im Dienst der Presbyter/Episkopen am Wort, der Lehre der Apostel und der pastoralen Leitung der Kirche (1 Tim 5,17).

Jesus stieg auf einen Berg und *rief* die zu sich, die er *erwählt* hatte, und sie kamen zu ihm. Und er *machte* (epoiesen) Zwölf, die er *bei sich* haben wollte und die er *aussenden* wollte, damit sie *predigten* und mit seiner *Vollmacht* (exousia) Dämonen austrieben (vgl. Lk 6,13: sie nannte er auch Apostel). Die Zwölf, die er einsetzte, waren: Petrus – diesen Beinamen gab er dem Simon –, Jakobus, der Sohn des Zebedäus und Johannes, der Bruder des Jakobus – ihnen gab er den Beinamen Boanerges, das heißt Donnersöhne –, dazu Andreas, Philippus, Bartholomäus, Matthäus, Thomas, Jakobus, der Sohn des Alphäus, Thaddäus, Simon Kananäus und Judas Iskariot, der ihn dann verraten hat.

Mt 28, 16–20: Der Missionsauftrag der Apostel

Die ekklesiologischen Auftragsworte des Auferstandenen legitimieren die Kirche gründenden Handlungen der Apostel kraft ihrer Sendung und Bevollmächtigung seitens des geschichtlichen gekreuzigten und zum Vater erhöhten Herrn. Sie empfangen Anteil am Geist des Messias-Christus, den der Vater von den Toten auferweckte, indem er ihn als den Kyrios auswies und ihn als *seinen* Sohn offenbarte (Röm 1,3f; 8,11; vgl. Joh 20,22; Apg 1,2f.).

Die elf Jünger gingen nach Galiläa auf den Berg, den Jesus ihnen genannt hatte. Und als sie Jesus sahen, fielen sie vor ihm nieder. Einige aber hatten Zweifel. Da trat Jesus auf sie zu und sagte zu ihnen: Mir ist alle Macht gegeben im Himmel und auf der Erde. Darum *geht* zu allen Völkern, und *macht* alle Menschen zu meinen Jüngern; *tauft* sie auf den Namen des Vaters und des Sohnes und des Heiligen Geistes, und *lehrt* sie, alles zu befolgen, was ich euch geboten habe. Seid gewiß: Ich bin bei euch alle Tage bis zum Ende der Welt.

2 Kor 5,18–6,1: Der Apostel handelt in persona Christi

Paulus, der in Orientierung am Apostolat des Petrus und der Zwölf (1 Kor 15,3–9; 9,1–6; Gal 1,1.18f.; 2,8ff.) den Begriff des Apostels weiter faßt und vor allem auf sich und seine Mitarbeiter/Mitapostel Barnabas, Silvanus, Timotheus, Apollos u.a. bezieht, leitet den Aposteldienst aus einer eigenen Sendung des erhöhten Herrn ab, nicht aus der Gemeinde. Durch Sendung und Bevollmächtigung zur Verkündigung des Wortes (mit seiner Kulmination in Taufe und Herrenmahl) entsteht zusammen mit dem angenommenen Glauben an das Evangelium die Kirche als Volk Gottes, Leib Christi und Tempel des Geistes (Röm 8,14–17). Innerhalb der Kirche symbolisiert das Handeln des Apostels im Namen Christi die Unableitbarkeit des Wortes und den Vorrang der Autorität Christi (»extra nos« der Gnade). Das »extra nos« ist die Quelle seines »pro nobis«. Die Apostel als Diener Christi und seines Geistes (2 Kor 3,6) sind Mitarbeiter am Haus Gottes und Verwalter seiner Heilsgeheimnisse (1 Kor 4,1). Es besteht innerhalb der Kirche die Unterscheidung des Aposteldienstes und der übrigen Gläubigen als »Gottes Ackerfeld, Gottes Bau« (1 Kor 3,8; vgl. 1 Clem. 40,5: Presbyter/Episkopen und »Laien«).

Aber das alles kommt von Gott, der uns durch Christus mit sich versöhnt und uns den Dienst der Versöhnung aufgetragen hat. Ja, Gott war es, der in Christus die Welt mit sich versöhnt hat, indem er den Menschen ihre Verfehlungen nicht anrechnete und uns das *Wort* von der Versöhnung (zur Verkündigung) *anvertraute.* Wir sind also *Gesandte an Christi Statt* und Gott ist es, der durch uns mahnt. Wir bitten an Christi Statt: Laß euch mit Gott versöhnen! Er hat den, der keine Sünde kannte, für uns »zur Sünde gemacht« (vgl. Jes 53,8–12), damit wir in ihm Gerechtigkeit Gottes würden. Als Mitarbeiter Gottes ermahnen wir euch, daß ihr seine Gnade nicht vergebens empfangt.

1 Thess 5,12: Die ersten Vorsteher der Ortskirche

In den von Paulus begründeten Gemeinden, die weiterhin seiner apostolischen Sorge für alle Gemeinden (2 Kor 11,28) obliegen, haben sich auf örtlicher Ebene Vorsteherdienste gebildet, die *im Namen Christi* tätig sind. Eine feste Titulatur findet sich noch nicht. Die Tätigkeitsbezeichnung *proistamenoi (proestotes)*, die sachlich mit *presbyteroi* (an Alter oder Stand vorangestellt) konvergieren, die allerdings in den paulinischen Briefen nicht genannt werden, wurde im Laufe der Zeit von der Funktionsbezeichnung zur Titulatur (vgl. 1 Tim 5,17; Justin, 1 Apol. 65,3). Vgl. Röm 12,8; 16,15; Kol 1,7. Die Vorsteher heißen auch die Führenden/hegoumenoi (Hebr 13,7.17.24), ebenso die »führenden Männer« (Apg 15,22) der Kirche von Antiochien, die »Propheten und Lehrer« (Apg 13,1f.) und »Apostel« (Apg 14,3).

Wir bitten euch, Brüder: Erkennt die unter euch an, die sich solche Mühe geben, euch *im Namen des Herrn vorzustehen* und zum Rechten anzuhalten.

Phil 1,1: Leiter und Diener der Ortskirche

Erstmals in der Entwicklung der Gemeindeämter und einmalig bei Paulus begegnet der später geläufige Titel für ein Leitungs- und ein Helferamt (1 Tim 3,1–13; Did. 15,1; 1 Clem. 42,4). Der Bezeichnung *episkopos* in den heidenchristlichen Gemeinden entspricht die Tätigkeit der in den judenchristlichen Gemeinden *presbyteroi* genannten Vorsteher im Dienst am Wort und der Leitung der Kirche (1 Tim 3,1; 5,17; Tit 1,5f.; Apg 14,23; 20,28; 1 Petr 5,2, 1 Clem. 44,4f.; 47,6; 57,1).

Paulus und Timotheus, Knechte Christi Jesu, an alle Heiligen in Christus Jesus, die in Philippi sind, mit ihren *Bischöfen und Diakonen*.

1 Kor 12,3–8: Dienste und Charismen im Aufbau der Kirche

Die Kirche Gottes, die in der Gesamtheit der Glaubenden, der Dienste, Ämter und Kräfte, im geregelten Mit- und Füreinander aller Glieder des Leibes durch den Geist Gottes begründet, geleitet und innerlich aufgebaut wird, ist Leib Christi und Tempel des Heiligen Geistes. Christologisch-geschichtliche Begründung einerseits und Aktualisierung im Geist andererseits sind untrennbar. Die Einsetzung der Apostel, Propheten und Lehrer durch Gott ist in das Gesamtgefüge der Kirche eingeordnet. Eine Selbstermächtigung zu diesen Sendungen mittels der Berufung auf ein persönliches, innerlich gefühltes Charisma seitens einzelner Gemeindeglieder ist unmöglich. Denn sonst wäre die christologische, durch die Autorität der Apostel vermittelte geschichtliche Grundlage der Kirche aufgelöst.

Darum erkläre ich euch: Keiner, der aus dem Geist Gottes redet, sagt: Jesus sei verflucht! Und keiner kann sagen: Jesus ist der Herr!, wenn er nicht aus dem Heiligen Geist redet. Es gibt verschiedene *Gnadengaben*, aber nur den einen Geist. Es gibt verschiedene *Dienste*, aber nur den einen Herrn. Es gibt verschiedene *Kräfte*, die wirken, aber nur den einen Gott: Er bewirkt alles in allen. Jedem aber wird die Offenbarung Gottes geschenkt, *damit sie anderen nützt*.

1 Kor 12,28–31a: Göttliche Einsetzung der Apostel, Propheten, Lehrer

So hat Gott in der Kirche die einen als Apostel *eingesetzt*, die andern als Propheten, die dritten als Lehrer; ferner *verlieh* er die Kraft, Wunder zu tun, sodann die Gaben, Krankheiten zu heilen, zu helfen, zu leiten, endlich die verschiedenen Arten von Zungenrede.
Sind etwa alle Apostel, alle Propheten, alle Lehrer? *Haben* alle die Kraft, Wunder zu tun? Besitzen alle die Gabe, Krankheiten zu heilen? Reden alle in Zungen? Können alle solches Reden auslegen?
Strebt aber nach den höheren Gnadengaben!

Apg 1,15–17.21–26: Ergänzung des apostolischen Zwölferkreises

Im Doppelwerk des Lukas (Lk/Apg) sind die 12 Apostel kraft ihrer Sendung und Bevollmächtigung durch den Mittler der Gottesherrschaft und Vollender der Heilsgeschichte die mit dem Geist ausgerüsteten Garanten der Identität des geschichtlichen, gekreuzigten Jesus mit dem auferstandenen Christus und Herrn. Da sie das erneuerte Gottesvolk der 12 Stämme in seiner eschatologisch-geschichtlichen Endgestalt verkörpern, muß zu Beginn der Kirche die Zwölfzahl restituiert werden wegen des Ausfalls von Judas, der zum Verräter geworden war. Es fällt auf, daß der Evangelist, der die Zugehörigkeit von Frauen und der Mutter Jesu zur vorösterlichen Jüngergemeinde (Lk 8,1–3; 10,38–42; 11,27) wie auch zur österlich-pfingstlichen Kirche (Apg 1,14; 2,18; 9,2; 17,4 u.ö) besonders stark betont, für die Nachwahl des 12. Apostels nur Männer in Betracht zieht. Das griechische *episkope* (Apg 1,20 = Ps 69,26 LXX) ist mit »Amt« (dt. Einheitsübersetzung) wohl unzureichend wiedergegeben. *Luther* übersetzte mit »Bistum« (= »Bischoftum« oder eben Bischofsamt).

In diesen Tagen erhob sich Petrus im Kreis der Brüder – etwa hundertzwanzig waren zusammengekommen – und sagte: Männer, Brüder! Es mußte sich das Schriftwort erfüllen, das der Heilige Geist durch den Mund Davids im voraus über Judas gesprochen hat. Judas wurde zum Anführer derer, die Jesus gefangennahmen. Er wurde zu uns gezählt und hatte Anteil (*kleros*) am gleichen Dienst (*diakonia*) ...

Denn es steht im Buch der Psalmen ... sein Bischofsamt (seine *episkope*) soll ein anderer erhalten. Einer von den *Männern*, die die ganze Zeit mit uns zusammen waren, als *Jesus, der Herr, bei uns ein und aus ging*, angefangen von der Taufe durch Johannes bis zu dem Tag, an dem er von uns ging und (in den Himmel) aufgenommen wurde – einer von diesen muß nun zusammen mit uns *Zeuge seiner Auferstehung* sein. Und sie stellten zwei Männer auf: Josef, genannt Barsabbas, mit dem Beinamen Justus, und Matthias. Dann beteten sie: Herr, du kennst die Herzen aller; zeige, wen von diesen beiden du erwählt hast, diesen Dienst und dieses Apostelamt zu übernehmen. Denn Judas hat es verlassen und ist an den Ort gegangen, der ihm bestimmt war. Dann gaben sie ihnen Lose; das Los fiel auf Matthias, und er wurde den elf Aposteln zugerechnet.

Apg 6,1–7: Die Wahl der sieben Männer als Helfer der Apostel

Auch bei der ersten Ausgliederung eines »Dienstes an den Tischen« (Apg 6,2) kommen nur Männer in Betracht. Stephanus und Philippus treten dann als Evangelisten auf (Apg 7–8). Historisch dürfte es sich um das Leitungsgremium der hellenistischen Gemeinde in Abhängigkeit von den Aposteln gehandelt haben. Seit Irenäus von Lyon (Adv. haer. I 26,3) sieht die Überlieferung hierin den Ursprung der sakramentalen Diakonatsstufe.

In diesen Tagen, als die Zahl der Jünger zunahm, begehrten die Hellenisten gegen die Hebräer auf, weil ihre Witwen bei der täglichen Versorgung übersehen wurden. Da riefen die Zwölf die ganze Schar der Jünger zusammen und erklärten: Es ist nicht recht, daß wir das Wort Gottes vernachlässigen und uns dem Dienst an den Tischen widmen. Brüder, wählt aus eurer Mitte sieben *Männer* von gutem Ruf und voll Geist und Weisheit; ihnen werden wir diese Aufgabe übertragen. Wir aber wollen beim Gebet und beim Dienst am Wort bleiben. Der Vorschlag fand den Beifall der ganzen Gemeinde, und sie wählten Stephanus, einen Mann, erfüllt vom Glauben und vom Heiligen Geist, ferner Philippus und Prochorus, Nikanor und Timon, Parmenas und Nikolaus, einen Proselyten aus Antiochia. Sie ließen sie vor die Apostel hintreten, und diese beteten und legten ihnen die Hände auf (*epethekan tas cheiras*; vgl. *orantes imposuerunt manus*). Und das Wort Gottes breitete sich aus, und die Zahl der Jünger in Jerusalem wurde immer größer; auch eine große Anzahl von den Priestern nahm gehorsam den Glauben an.

Apg 15,4.22–28: Die Urkirche, geleitet von den Aposteln zusammen mit den Presbytern

Die »Apostel und die Presbyter« treten zum sog. Apostelkonzil zusammen (Apg 15,4.6). Nach dessen Abschluß werden von den Aposteln und Presbytern zusammen mit der ganzen Gemeinde aus ihrer Mitte Männer als Begleiter von Paulus und Barnabas ausgewählt, die die Beschlüsse des Konzils der Gemeinde von Antiochien mitteilen sollten. Vgl. Apg 11,30; 16,4; 21,18.

Da beschlossen die Apostel und die Ältesten zusammen mit der ganzen Gemeinde, Männer aus ihrer Mitte auszuwählen und sie zusammen mit Paulus und Barnabas nach Antiochia zu senden, nämlich Judas, genannt Barsabbas, und Silas, *führende Männer* unter den Brüdern. Sie gaben ihnen folgendes Schreiben mit: Die Apostel und die Ältesten, eure Brüder, grüßen die Brüder aus dem Heidentum in Antiochia, in Syrien und Zilizien. Wir haben gehört, daß einige von uns, denen wir keinen Auftrag erteilt haben, euch mit ihren Reden beunruhigt und eure Gemüter erregt haben. Deshalb haben wir uns geeinigt und beschlossen, Männer auszuwählen und zusammen mit unseren lieben Brüdern Barnabas und Paulus zu euch zu schicken, die beide für den Namen Jesu Christi, unseres Herrn, ihr Leben eingesetzt haben. Wir haben Judas und Silas abgesandt, die euch das Gleiche auch mündlich mitteilen sollen.

Apg 14,23: Presbytereinsetzung durch Handauflegung der Apostel

Vergleichbar mit der Einsetzung der »sieben Männer« für den Dienst an den Tischen und am Evangelium (Apg 6,1–7) durch Handauflegung und Gebet, bestellen Barnabas und Paulus in jeder Ortskirche ihres Missionsgebietes Presbyter. Wenn diese Szene im Blick auf die authentischen Paulusbriefe nicht im schlichten historischen Sinne aufzufassen ist, so drückt sich doch der Glaube der frühen Kirche an die geschichtliche und inhaltliche Rückbindung der Ämter der Presbyter/Episkopen an die Kirche aufbauende Wirksamkeit der Apostel aufs deutlichste aus. Für die theologische Auswertung der verschiedenen urchristlichen Zeugnisse für die einzelnen Traditionsstufen heißt dies: Der Wille Jesu Christi und die Initiativen der Apostel können nicht unter Absehung von deren Verständnis des geschichtlichen Wirkens Gottes und seines Willens zur eschatologischen Heilsgemeinde rein historisch-konstatierend erfaßt werden. Die Theologie trägt in die Dokumente nicht eine subjektive Interpretation hinein, sondern erhebt aus ihnen die nur im Glauben zu erfassende Aussageabsicht der biblischen Schriftsteller. Diese erfaßten die Geschichte der Kirche im Licht der Offenbarung und die Offenbarung auf der Grundlage ihrer geschichtlichen Realisierung in Christus und im Heiligen Geist.

In jeder Kirche bestellten sie (Paulus und Barnabas) durch Handauflegung Presbyter (*cheirotonesantes*; vgl. *constituissent*) und empfahlen
sie mit Gebet und Fasten dem Herrn, an den sie nun glaubten.

Apg 20,28: Bischöfe als Hirten der Kirche

Die Aufgabe der durch den Heiligen Geist eingesetzten Episkopen/Pres-
byter besteht im Weiden der Herde, die im Blut der Hingabe Christi Gottes Eigentumsvolk geworden ist. Das Amt der Presbyter/Episkopen ist
durch die trinitarische Grundgestalt der Selbstoffenbarung Gottes und der
Kirche mitbestimmt.

Den Presbytern der Kirche von Milet sagt Paulus: Gebt acht auf euch
und die ganze Herde, in der euch der *Heilige Geist* zu Bischöfen (Episkopen) bestellt (*etheto*; vgl. *posuit*) hat, damit ihr als *Hirten für die
Kirche Gottes sorgt*, die er sich durch das Blut seines eigenen Sohnes
erworben hat.

1 Tim 3,1–7: Der Bischof, ein Mann

Neben den persönlichen charakterlichen und geistigen Anforderungen an
den Bewerber für die *Episkope* wird vorausgesetzt, daß er ein Mann ist.
Die Bewährung als Familienvater erweist sich als Eignungskriterium für
die Aufgabe der Leitung der Kirche im Wort und in der Heilsfürsorge.
Von einer einfachen Übertragung des antiken oikos-Modells auf Kirche
und Amt kann nicht die Rede sein, da die Bindung an das »Haus« sowohl
von den Aposteln und Wandermissionaren, »die eine gläubige Frau mit-
nehmen« (1 Kor 9,5f.), wie auch von den Aposteln, die um der »Sache des
Herrn willen« (1 Kor 7,7.32) auf Ehe und Familie verzichtet haben, aufgegeben worden ist (vgl. Did. 11).

Wer das Bischofsamt (die Episkope) anstrebt, der strebt nach einer
großen Aufgabe. Deshalb soll der Bischof ein *Mann* sein ohne Tadel,
nur einmal (im Leben) verheiratet (gewesen), nüchtern, besonnen,
von würdiger Haltung, gastfreundlich, fähig zu lehren ... Er soll ein
guter Familienvater sein ... Wer seinem eigenen Hauswesen nicht vorstehen kann, wie soll der *für die Kirche Gottes sorgen*?

2 Tim 1,6: Timotheus ist ermächtigt zur Fortsetzung der Lehr-
verkündigung Pauli

Neben der Handauflegung (Handausstreckung) zur Bezeichnung eines Kan-
didaten für ein Amt (der späteren Wahl der Bischöfe durch die Ortskirche:
vgl. Did. 15,1) gibt es auch die Handauflegung als Geistübertragung oder An-
teilgabe am Geist des Führers des Gottesvolkes (vgl. Num 11,24; 27,18.23).

41

Darum rufe ich dir ins Gedächtnis: Entfache die Gnade Gottes wieder, die dir durch die *Auflegung meiner Hände* zuteil geworden ist (*epithesis ton cheiron*; vgl.: *per impositionem manuum mearum*).

Tit 1,5–9: Einsetzung geeigneter Presbyter

Ich (Paulus) habe dich in Kreta deswegen zurückgelassen, damit du das, was noch zu tun ist, zu Ende führst und in den einzelnen Städten Presbyter einsetzt (*katasteses*; vgl.: *constituas*) ... Ein Presbyter soll unbescholten sein und nur einmal verheiratet sein ... Denn ein Bischof muß ... unbescholten sein, als Verwalter *(oikonomos)* des Hauses Gottes (vgl. 1 Kor 4,1) ... Er muß ein *Mann* sein, der sich an das wahre *Wort der Lehre* hält ...

1 Petr 5,1–5: Die Presbyter sind Hirten im Namen Christi

In 1 Petr wird wie in der Apostelgeschichte und den Pastoralbriefen sowohl die Anbindung des Episkopen-/Presbyteramtes an die Sendung der Apostel (Mitpresbyter) wie die Repräsentanz *(Typoi)* Christi, des Episkopos und Hirten der Kirche, herausgestellt. Vgl. Apg 20,28.

Eure Presbyter ermahne ich (der *Apostel* Petrus), da ich ein Mitpresbyter bin wie sie und ein Zeuge der Leiden Christi und auch an der Herrlichkeit teilhaben soll, die sich offenbaren wird: *Sorgt als Hirten bischöflich (episkopountes)* für die euch anvertraute Herde Gottes ... seid nicht Beherrscher eurer Gemeinden, sondern Vorbilder *(Typoi)* für die Herde. Wenn dann der oberste Hirt (vgl. 1 Petr 2,25: Christus, der Hirt und Bischof eurer Seelen; Ign. Mag. 3,1) erscheint, werdet ihr den nie verwelkenden Kranz der Herrlichkeit empfangen. Sodann, ihr Jüngeren (die Gemeindemitglieder): ordnet euch den Presbytern unter (vgl. Hebr 13,7.17.24; 1 Kor 16,15).

Jak 5,13f.: Presbyter der Kirche salben im Namen des Herrn die Kranken

»Presbyter der Kirche« ist hier Amtsbezeichnung für diejenigen, die im Namen des Herrn zum Heil des Kranken, auch im Hinblick auf Sündenvergebung, handeln. Vgl. Mk 6,12f.

Ist einer krank von euch? Dann rufe er die *Presbyter der Kirche*; sie sollen Gebete über ihn sprechen und ihn mit Öl salben *im Namen des Herrn*. Das gläubige Gebet wird den Kranken retten, und der Herr wird ihn aufrichten: wenn er Sünden begangen hat, werden sie ihm vergeben.

1 Tim 5,1–3: Wie Timotheus mit Gemeindegliedern umgehen soll

Der Brief unterscheidet sachlich die dem Lebensalter nach Alten von den Presbytern (wörtlich: den an Stand oder Alter Vorangestellten) als beauftragten »Vorstehern, die sich mit ganzer Kraft dem Wort und der Lehre widmen«, bzw. dem Episkopen, »der sich an das wahre Wort der Lehre hält« (Tit 1,9). Der Priester der christlichen Gemeinde verhält sich zu den Gemeindegliedern nicht wie ein Vorgesetzter zu seinen Untergebenen, sondern zu den älteren Mitgläubigen wie zu seinem Vater und seiner Mutter, die zu ehren Gottes Gebot ist (Ex 20,2), und zu den jüngeren wie zu Bruder und Schwester, für die er sich einsetzt.

Einen älteren Mann (*presbyter*) sollst du nicht grob behandeln, sondern ihm zureden wie einem Vater. Mit jüngeren Männern rede wie mit Brüdern, mit älteren Frauen (*presbytera*) wie mit Müttern, mit jüngeren wie mit Schwestern, in aller Zurückhaltung. Die Witwen halte in Ehren, wenn sie wirklich Witwen sind.

1 Tim 5,17–22: Wie Timotheus mit den Vorstehern umgehen soll

Der Paulusschüler und Mitapostel ist durch Handauflegung (*epithesis ton cheiron*; vgl. *impositio manuum*) Mitglied des Presbyteriums (1 Tim 4,14) und hat als Mitpresbyter Anteil an Gnade und Geist des Apostels, der ihm die Hände dazu auflegte (2 Tim 1,6.11). Ihm kommt neben der Ordinationsvollmacht auch eine disziplinarische Aufsicht über die Presbyter zu. Zu dem inneren Zusammenhang von Heilsplan des Vaters, der Sendung des Sohnes in der Kraft des Geistes, der Übertragung des Geistes auf die Apostel und an deren Nachfolger, vgl. 1 Clem. 42–44; Trad. Ap. 3; 34. Daraus ergeben sich die Tätigkeiten des vom Heiligen Geist durch die Hände des Bischofs Geweihten: die Herde Gottes weiden, als Hoherpriester (*princeps sacerdotum, summus sacerdos*) die Gaben der heiligen Kirche darbringen, durch den hohenpriesterlichen Geist Sünden nachlassen.

Presbyter, die das Vorsteheramt gut versehen, verdienen doppelte Anerkennung, besonders solche, die sich mit ganzer Kraft dem *Wort* (*logos*) und der *Lehre* (*didaskalia*) widmen (vgl. Tit 1,9; Hebr 13,7; Lk 1,2; Apg 2,42; 6,4) ... Nimm gegen einen Presbyter keine Klage an, außer wenn zwei oder drei Zeugen sie bekräftigen. Wenn einer sich verfehlt, so weise ihn in Gegenwart aller zurecht, damit auch die anderen sich fürchten ... Lege keinem vorschnell die Hände auf (*cheiras epitithei*), und mach dich nicht mitschuldig an fremden Sünden.

2. Frauen sind ebenso wie die Männer Adressaten der Reich-Gottes-Verkündigung Jesu

Mk 3,35: Brüder, Schwester, Mutter Jesu

Jesus verwirklicht die Gottesherrschaft auf der Grundlage des in der Schöpfung ursprünglich sichtbar gewordenen Willens Gottes zum Sein und Heil des Menschen in Geist und Freiheit, Verantwortung und Liebe (vgl. Mk 10,6). Gott herrscht, indem er das Heil des Menschen will, wo sein Wille erfüllt wird. Wer den Willen Gottes erfüllt und Gottes Wort hört und tut, ist für »Jesus Christus, den Sohn Gottes« (Mk 1,1), Bruder und Schwester und hat Anteil an der Gemeinschaft des Sohnes mit dem Vater (Gal 4,4–6). Er/sie kann sich zu Recht Sohn oder Tochter Gottes nennen (Jes 43,6; 2 Kor 6,18; Apg 2,17). Durch Glaube, Nachfolge Christi (d.h. nachösterlich: Glaube und Taufe) werden Frauen ebenso wie Männer des ganzen Heils teilhaftig, in ihrer durch die Sünde verdunkelten Gottebenbildlichkeit wiederhergestellt. Sie tragen das Bild Christi in sich und sind im Heiligen Geist ein neues Geschöpf (Gal 3,27; Röm 13,12; 2 Kor 5,17; Eph 4,24 u.ö.). Sie leben inmitten der Kirche als Glieder des Leibes Christi in einer personalen, nicht mehr zu überbietenden Unmittelbarkeit zu Gott, dem Vater, Sohn und Geist.

Wer den Willen Gottes erfüllt, der ist für mich Bruder und Schwester und Mutter.

Lk 8,21

Meine Mutter und meine Brüder sind die, die das Wort Gottes hören und danach handeln.

Lk 10,39.42: Frauen als Hörerinnen des Wortes

Maria (die Schwester der Marta) setzte sich dem Herrn zu Füßen und *hörte sein Wort (logon autou)* ... Aber nur eines ist notwendig. Maria hat das Bessere erwählt, das soll ihr nicht genommen werden.

Mk 5,34: Tochter, dein Glaube ...

(Jesus sagte zu einer kranken Frau): Meine Tochter, dein Glaube hat dir geholfen. Geh in Frieden! (vgl. 5,41; 7,29).

Lk 7,47–50: Frau, deine Sünden sind vergeben

(Jesus sagt von der Sünderin): Ihr sind ihre vielen Sünden vergeben, weil sie (mir) so viel *Liebe* erwiesen hat. Wem aber nur wenig vergeben wird, der zeigt auch nur wenig Liebe. Dann sagte er zu ihr: *Deine Sünden sind dir vergeben.* Da dachten die anderen Gäste: Wer ist das, daß er sogar Sünden vergibt? Er aber sagte zu der Frau: Dein Glaube hat dir geholfen. Geh in Frieden.

Joh 11,27: Das Messiasbekenntnis Martas

Marta antwortete ihm: Ja, Herr, ich *glaube*, daß du der Messias bist, der Sohn Gottes, der in die Welt kommen soll (vgl. Joh 4,25f.).

Lk 8,1–3: Frauen in der Nachfolge Jesu

In der folgenden Zeit wanderte er von Stadt zu Stadt und von Dorf zu Dorf und verkündete das Evangelium vom Reich Gottes. Die Zwölf begleiteten ihn, *außerdem einige Frauen*, die er von bösen Geistern und von Krankheiten geheilt hatte: Maria Magdalene, aus der sieben Dämonen ausgefahren waren, Johanna, die Frau des Chuzas, eines Beamten des Herodes, Susanna und viele andere. Sie alle unterstützten Jesus und die Jünger mit dem, was sie besaßen.

Apg 8,12: Taufe von Männern und Frauen

Als sie jedoch dem Philippus *Glauben* schenkten, der das *Evangelium verkündete* vom Reich Gottes und vom Namen Jesu, ließen sie sich *taufen, Männer und Frauen.*

Apg 9,36: Eine Frau als Jüngerin

Nur an dieser Stelle verwendet das NT die weibliche Form Jünger*in*. Es besteht aber kein Zweifel, daß Frauen zur Vollform der Jüngerschaft Christi und zur Vollgliedschaft am Leib Christi, der Kirche, berufen sind (in Glaube, Gnade, Gotteskindschaft, Gottesschau im ewigen Leben).

In Joppe lebte eine *Jüngerin* namens Tabita ... Sie tat viele gute Werke und gab reichlich Almosen.

Apg 21,8: Prophetisch redende Frauen

Wir gingen in das Haus des Evangelisten Philippus, der einer von den Sieben war, und blieben bei ihm. Er hatte vier Töchter, prophetisch redende Jungfrauen.

Gal 4,4: Der Sohn Gottes als Mensch, geboren von einer Frau

Über das persönliche Gottesverhältnis, das durch Christus im Heiligen Geist grundgelegt ist, hinaus haben einzelne Frauen, wie Maria, die »Mutter des Herrn« (Lk 1,43), eine konstitutive, schlechthin unersetzliche Bedeutung für das Heilsgeschehen, und in den Frauen der Salbung für das Begräbnis, beim Kreuz, der Grablegung und der ersten Zeugenschaft der Auferstehung eine entscheidende Bedeutung für das Entstehen der Kirche.

Als aber die Zeit erfüllt war, sandte Gott seinen Sohn, *geboren von einer Frau* ..., damit wir die Sohnschaft erlangen.

Lk 1,38.41–48: Magd des Herrn, Mutter des Herrn

Da sagte Maria: Ich bin die *Magd des Herrn*; mir geschehe nach deinem Wort ... Da wurde Elisabet vom Heiligen Geist erfüllt und rief mit lauter Stimme: Gesegnet bist du mehr als alle anderen Frauen, und gesegnet ist die Frucht deines Leibes. Wer bin ich, daß die *Mutter meines Herrn* zu mir kommt ... Selig ist die, die geglaubt hat, daß sich erfüllt, was der Herr ihr sagen ließ ... Da sagte Maria: ... Auf die Niedrigkeit seiner Magd hat er geschaut. Siehe, von nun an *preisen mich selig alle Geschlechter.*

Mk 14,9: Eine Frau salbt Jesus, den Gesalbten des Herrn, im voraus für sein Begräbnis

Amen, ich sage euch: Überall auf der Welt, wo das Evangelium verkündet wird, wird man sich an sie erinnern und erzählen, was sie getan hat.

Mk 15,40f.; 16,1–8: Die Frauen beim Kreuz und am Grab Jesu

Auch *einige Frauen* sahen von weitem zu, darunter Maria aus Magdala, Maria, die Mutter von Jakobus dem Kleinen und Joses, sowie Salome; sie waren *Jesus schon in Galiläa nachgefolgt und hatten ihm gedient.* Noch viele andere Frauen waren dabei, die mit ihm nach Jerusalem hinaufgezogen waren.

Apg 1,14: Frauen bilden mit den Aposteln und Maria den Kern der Urkirche. Männer und Frauen, berufen zu Glauben, Taufe und Kirchengliedschaft

(Die zwölf Apostel) verharrten dort einmütig im Gebet, *zusammen mit den Frauen und mit Maria, der Mutter Jesu,* und mit seinen Brüdern (vgl. Apg 2,17; 5,14; 8,3.12; 9,2; 17,4.12; 22,4).

Gal 3,26–29: Die Gotteskindschaft aller Getauften als Einbeziehung in die Gemeinschaft des Sohnes mit dem Vater

Der Apostel relativiert den heilsgeschichtlichen Unterschied zwischen Juden und Griechen, den auf Unrecht beruhenden Gegensatz von Menschen, die als Herren oder Sklaven gelten, wie auch die Meinung, aufgrund des Mannseins vor Gott privilegiert zu sein. Jeder Mensch ist aufgrund seines gottebenbildlichen Geschöpfseins in die Gemeinschaft mit Gott durch Jesus Christus im Geist berufen. Nicht relativiert, sondern gerade wiederhergestellt ist die Positivität der Unterschiedenheit und Zuordnung von Mann und Frau innerhalb der gemeinsamen menschlichen Natur und die Berufung zum Dasein füreinander als Brüder und Schwestern in Christus. Nicht alle sind unterscheidungslos eins, sondern aufgrund des Seins in Christus in der einen Sohnschaft *einer,* d.h. mit Christus vor Gott gleichsam eine Person. Es ergibt sich hier auch kein »Anspruch« auf alle Ämter und höchste Stellungen in der Kirche, weil die Bindung des Apostelamts an Männer nicht als Privilegierung, sondern als das Ergebnis der freien Berufung durch Jesus zu verstehen ist (Mk 3,13). Das Dienstamt gründet nicht in einem Geltungs- oder gar Wesensunterschied im Christsein, sondern in der Bevollmächtigung, im Namen Christi zum Heil der Kirche als ganzer zu handeln. Gal 3,28 wird zu Unrecht herangezogen als Magna charta für die Möglichkeit, die Priesterweihe auch christlichen Frauen zu spenden, weil die Praxis der Kirche nicht auf einer Diskriminierung der Frauen beruht, sondern auf dem Willen Jesu und der Erkenntnis der im Apostelamt (und den daraus sich ergebenden Ämtern des Bischofs und Presbyters) eingeschlossenen symbolisch-sakramentalen Repräsentanz des Sohnes vom Vater als Haupt der Kirche in Beziehung zum Leib, der die Kirche ist aus Männern und Frauen.

Ihr alle seid durch den *Glauben* Söhne Gottes in Christus Jesus. Denn ihr alle, die ihr auf Christus *getauft* seid, habt Christus (als Gewand) angelegt. (In ihm seid ihr nicht mehr getrennt als) Juden und Griechen, nicht Sklaven und Freie, nicht männlich oder weiblich; denn ihr alle seid *einer* in Christus Jesus. Wenn ihr aber zu Christus gehört, dann seid ihr zugehörig zu Abrahams Nachkommenschaft und gemäß der Verheißung auch *Erben.*

1 Kor 7,32–35: Männer und Frauen in der Lebensform der Ehelosigkeit um Christi willen

Durch das Charisma der Jungfräulichkeit sind ehelos bleibende (oder auch freiwillig verwitwet bleibende Frauen) ebenso wie Männer in dieser charismatischen Lebensform frei, um sich für die Sache des Herrn in der Kirche als ganzer (und nicht wie die Verheirateten zu Recht vorwiegend in der Familie) zu sorgen und darin heilig zu werden, d.h. immer mehr erfüllt zu sein vom Geist Christi.

Der Unverheiratete sorgt sich um die Sache des Herrn ... *Die unverheiratete Frau aber und die Jungfrau sorgen sich um die Sache des Herrn, um heilig zu sein an Leib und Geist.* Die Verheiratete sorgt sich um die Dinge der Welt; sie will ihrem Mann gefallen. Das sage ich zu eurem Nutzen: nicht um euch eine Fessel anzulegen, vielmehr, damit ihr in rechter Weise und ungestört immer dem Herrn dienen könnt.

1 Kor 11,2–16: Über das Verhalten der Frau im Gottesdienst

In der heute zunächst nicht leicht zu verstehenden Rede von Haupt und Leib, durch die mit Hilfe eines sakramentalen, nichtfunktionalistischen Menschenbildes tiefsinnig das bipolar-komplementäre Verhältnis von Mann und Frau in der Ehe zur Darstellung kommt, geht es nicht um eine theologische Verbrämung einer sozialen Zweitrangigkeit oder gar essentiellen Minderwertigkeit der Frau. Dies widerspräche schöpfungstheologisch und soteriologisch der christlichen Anthropologie diametral. Der Apostel geht von einer schöpfungsgemäßen Gleichrangigkeit und Gleichwertigkeit der Frau als Adressatin der Selbstmitteilung Gottes aus. Aber innerhalb der Kreatürlichkeit gibt es die Tatsache, daß der Mann in der ehelichen Liebe für die Frau in anderer Weise ergänzend und erfüllend ist als die Frau für den Mann. So wie Christus, das Haupt der Kirche und der neuen Menschheit, zu seiner vollendeten Gestalt kommt (Eph 4,13), indem er sich immer mehr verleiblicht in denen, die an ihn glauben und mit ihm in der Einheit von Haupt und Leib »ein Fleisch« (Eph 5,31; Gen 2,24; 2 Kor 11,2) werden, so wird der Mann in der Liebe Christi (= seinem Haupt) durch und in seiner Frau in die Fülle des Humanums und der Erlösung hineingenommen, während die Frau in der Angleichung an die Gehorsamsgesinnung Christi gegenüber dem Vater in ihrem Mann Mitte und Ziel (= ihr Haupt) ihrer Sehnsucht nach der Fruchtbarkeit ihrer gemeinsamen Liebe im Kind findet. Die natürliche Hinordnung der Liebe der Frau auf den Mann, der als »Haupt« ihr personales Gegenüber und der Ursprung ihrer nicht fruchtlosen Liebe ist, wird im Licht der Liebeseinheit Christi und seiner Kirche über den Mann hinaus auf Christus bezogen, das Haupt des Mannes, und über Christus hinaus auf Gott, das Haupt, d.h. die Bezugsperson seiner uns erlösenden Gesinnung des Gehorsams. So erweist sich die natürliche Beziehungseinheit der Liebe von Mann und Frau als Teilhabe an der übernatürlichen, gleichsam ehelich-bräutlichen Einheit Christi und der Kirche und als deren Darstellung im Raum der Kirche (also im ureigentlichen Sinn als Sakrament). Es gibt keineswegs eine Stufenleiter, die von der Frau zum Mann und über den Mann erst zu Christus und Gott führen würde, so daß die Frau kein personal-unmittelbares Verhältnis zu Christus und zu Gott hätte. Vielmehr handelt es sich um eine von der Ebene der Natur zur Gnade aufsteigende und die Natur im Lichte der Gnade erhellende Korrelation von Mann zu Frau als Anteilhabe an der Vollgestalt Christi in der Kirche und der Vollgestalt der

Kirche in Christus, der in der Verschiedenheit der göttlichen Personen in der Einheit mit dem Vater der eine Gott ist. Das Verhältnis der Kirche zu Christus und umgekehrt wurzelt im reziproken Verhältnis von Vater und Sohn in Sendung und Gehorsam. Diese Stelle muß also theologisch, nicht von der Mentalität der bürgerlichen Gesellschaft des 19. Jahrhunderts mit ihrer spezifischen Konkurrenz von Männern und Frauen her ausgelegt werden.

Ich lobe euch, daß ihr in allem an mich denkt und an den Überlieferungen festhaltet, wie ich sie euch übergeben habe. Ihr sollt aber wissen, daß *Christus das Haupt des Mannes ist, der Mann das Haupt der Frau und Gott das Haupt Christi.* Wenn ein Mann betet oder prophetisch redet und dabei sein Haupt bedeckt hat, entehrt er sein Haupt. Eine Frau aber entehrt ihr Haupt, wenn sie betet oder prophetisch redet und dabei ihr Haupt nicht verhüllt. Sie unterscheidet sich dann in keiner Weise von einer Geschorenen. Wenn eine Frau kein Kopftuch trägt, soll sie sich doch gleich die Haare abschneiden lassen. Ist es aber für eine Frau eine Schande, sich die Haare abschneiden oder sich kahlscheren zu lassen, dann soll sie sich auch verhüllen. Der Mann darf sein Haupt nicht verhüllen, weil er Abbild und Abglanz Gottes ist; die Frau aber ist der Abglanz des Mannes. Denn der Mann stammt nicht von der Frau, sondern die Frau vom Mann. Der Mann wurde auch nicht für die Frau geschaffen, sondern die Frau für den Mann. Deswegen soll die Frau mit Rücksicht auf die Engel das Zeichen ihrer Vollmacht auf dem Kopf tragen. Doch im Herrn gibt es weder die Frau ohne den Mann noch den Mann ohne die Frau. Denn wie die Frau vom Mann stammt, so kommt der Mann durch die Frau zur Welt; alles aber stammt von Gott. Urteilt selber! Gehört es sich, daß eine Frau unverhüllt zu Gott betet? Lehrt euch nicht schon die Natur, daß es für den Mann eine Schande, für die Frau aber eine Ehre ist, lange Haare zu tragen? Denn der Frau ist das Haar als Hülle gegeben. Wenn aber einer meint, er müsse darüber streiten: Wir und auch die Gemeinde Gottes kennen einen solchen Brauch nicht.

1 Kor 14,33b–40: Die rechte Einheit und Ordnung im Gottesdienst

Die teilweise vertretene exegetische Hypothese, es handle sich bei dieser Stelle um eine Interpolation aus 1 Tim 2,11–15, beruft sich auf den abweichenden Sprachstil und auf die sachliche Spannung zu 1 Kor 11,5, wo ein prophetisches Reden von Frauen (im Privathaus oder in der Gemeindeversammlung) vorausgesetzt ist. Nicht geklärt ist die Frage, ob der Interpolator diese Spannung selbst nicht gemerkt und sich so um die Frucht seiner Bemühungen gebracht hat, ebensowenig die Tatsache, daß 1 Kor 14 und 1 Tim 2 sich in der Argumentation erheblich unterscheiden und der Pseudepigraph sich eher nach der Autorität des Apostels richtet, als ihm seine eigenen Thesen anzudichten. Prophetisches Reden (1 Kor 12,10; vgl. Apg 21,8) gehört hier zu den Geistesgaben, durch die der Heilige Geist die je spezifische Erkenntnis des vom Apostel vollmächtig verkündeten Evangeliums so bewirkt, daß sie andern nutzt und die Kirche als ganze im Mit- und Füreinander der Glieder auferbaut. »Wer prophetisch redet, redet zu Menschen: baut auf, ermuntert, spendet Trost, baut die Gemeinde auf« (1 Kor 14,4). Die *Glaubensrede* der Propheten kraft dieser Gnadengabe unterscheidet sich von der *vollmächtigen Wortverkündigung* und *Lehre* des Evangeliums durch »die Apostel, Propheten, Lehrer« (1 Kor 12,28; Apg 13,1; 14,3; Eph 4,11; Did. 11,4; 15,1). Der Dienst am Wort der Versöhnung, durch das Kirche entsteht und aufgebaut wird (2 Kor 5,20), bedarf einer eigenen Sendung durch den Herrn (Röm 10,14f). Die Glaubensrede mit Bitte, Lob und Dank steht jedem Christen, Männern und Frauen zu. Die vollmächtige Wortverkündigung, die in der stellvertretend für die ganze Kirche vollzogenen Memoria und Eucharistia des Leidens Christi gipfelt (*memores offerimus*), kommt nur dem Apostel zu (Apg 20,7), den »Propheten und Lehrern« und den Bischöfen (Did. 10,7; 13,3; 15,1) bzw. den Bischöfen und Presbytern zu (IgnSmyr 8,1; Justin, 1 Apol. 65,3). Das prae-dicare eignet dem Amt des Vor-stehers; die Glaubensrede, auch bei Taufe und Herrenmahl, jedem Christen, der dazu die Gnade des Geistes empfing.

Wie es in allen Kirchen der Heiligen üblich ist, sollen die Frauen in der Versammlung schweigen; es ist ihnen nicht gestattet zu reden. Sie sollen sich unterordnen, wie auch das Gesetz es fordert. Wenn sie etwas wissen wollen, dann sollen sie zu Hause ihre Männer fragen; denn es gehört sich nicht für eine Frau, vor der Gemeinde zu reden. Ist etwa das Gotteswort von euch ausgegangen? Ist es etwa nur zu euch gekommen? Wenn einer meint, Prophet zu sein oder geisterfüllt, soll er in dem, was ich euch schreibe, ein Gebot des Herrn erkennen. Wer das nicht anerkennt, wird nicht anerkannt. Strebt also nicht nach der Prophetengabe, meine Brüder, und hindert niemand daran, in Zungen zu reden. Doch alles soll in Anstand und Ordnung geschehen.

Apg 12,12: Frauen stellen ihr Haus als Versammlungsraum der Kirche zur Verfügung

In der frühen Kirche spielten Frauen auch eine aktive Rolle. Begüterte Frauen stellten der Gemeinde ihre Häuser als Versammlungsort zur Verfügung. Dafür, daß die Vorsteherin oder auch anderweitig der Vorsteher eines solchen Hauses deswegen auch gleichzeitig und notwendig Vorsteher, Presbyter/Episkopos oder »Hirte« für die Kirche Gottes (Apg 20,28) gewesen sei, findet sich kein Beleg.

(Petrus ging nach seiner wunderbaren Befreiung aus dem Gefängnis) zum *Haus der Maria*, der Mutter des Johannes mit dem Beinamen Markus, wo nicht wenige versammelt waren und beteten.

Apg 9,41: »Witwen« bei der auferweckten Jüngerin Tabita

(Nachdem Petrus die verstorbene Jüngerin Tabita erweckt hat), rief er die Heiligen und *Witwen* und zeigte ihnen, daß sie wieder lebte.

Apg 16,15: Lydia kommt zum Glauben

Als (die Purpurhändlerin) *Lydia* und alle, die zu ihrem Haus gehörten, getauft waren, bat sie: Wenn ihr überzeugt seid, daß ich fest an den Herrn glaube, kommt in mein Haus, und bleibt da. Und sie drängte uns [Paulus, Silas, Timotheus] (vgl. Lk 10,38).

Kol 4,15: Die Hausgemeinde der Nympha

Grüßt die Brüder in Laodizea, auch *Nympha* und die Gemeinde in ihrem Haus.

3. Dienst und Mitarbeit von Frauen am Aufbau der Kirche

Röm 16,1: Der Dienst der Phöbe

In der Grußliste Röm 16,1–16 nennt der Apostel neben einigen Männern auch rühmend viele Frauen, die sich in der Mitarbeit an seinem Aposteldienst und in den Gemeinden verdient gemacht haben. An ihrer Spitze steht Phöbe, die eigens mit einem Amtstitel benannt wird. Sie bot offenbar eine zuverlässige Anlaufstelle für den Apostel und viele Christen, die den Hafen von Korinth passierten und von da aus ihre Reisevorkehrungen trafen. Von Vorsteherschaft in der Wortverkündigung oder pastoraler Leitung wird nicht gesprochen. Das allgemeine Funktionswort *diakonos* hat sich erst in der Zuordnung zu den Episkopen (Phil 1,1) zu einer Amtsstufe innerhalb der Trias *Bischof-Presbyter-Diakon* entwickelt. Da im zeitgenössischen Griechisch offenbar diakonos keine feminine Endung kannte (erst bei Epiphanius von Salamis, um 400, begegnet *diaconissa,* und dann, vom latinisierten diaconus abgeleitet, *diacona*), mußte die »Dienerin« mit dem weiblichen Artikel und der männlichen Endung von diakonos gebildet werden. Es kann also nicht von der männlichen Endung des Wortes auf das Amt des »Diakons« geschlossen werden, das erst in späterer Zeit als Amtsstufe innerhalb des dreigliedrigen Weihesakraments Profil gewann. *Prostatis* heißt im attischen Recht der Bürger, der einen Fremden in allen Rechtsgeschäften vertritt. Die Vorsteher der Kirche heißen anfangs *proistamenoi, hegoumenoi, presbyteroi, episkopoi.* Dennoch gibt Röm 16 einen guten Beleg für die aktive Rolle, die Frauen in der Urkirche und auch in der frühen Kirche gespielt haben. Alle Römerbriefkommentare (z.B. von Origenes, Johannes Chrysostomos, Thomas von Aquin) heben die historische und exemplarische Bedeutung der Phöbe und der anderen Frauen hervor.

Ich empfehle euch unsere Schwester Phöbe, Diener(in)/*diakonos* der Gemeinde (vgl.: *quae est in ministerio ecclesiae*) von Kenchreä: Nehmt sie im Namen des Herrn auf, wie es Heilige tun sollen, und steht ihr in jeder Sache bei, in der sie euch braucht; sie selbst hat vielen, darunter auch mir selbst, beigestanden (*prostátis*).

Röm 16,7: Junia oder Junias – Apostel?

Umstritten ist in der Textüberlieferung, ob es sich bei Junia(s) um einen Mann und damit den Missionsgefährten des Andronikus (vgl. Lk 10,1: »Jesus sandte die 72 Jünger zu zweit voraus ...«) oder um eine Frau und damit wohl um seine Ehefrau gehandelt hat (vgl. 1 Kor 9,5). Ob überhaupt die beiden im weiteren oder spezifischen Sinn zu den Aposteln gerechnet werden (1 Kor 15,7), muß offen bleiben. Sie werden nirgends sonst im NT erwähnt, auch nicht, wo Paulus von den Aposteln spricht (1 Kor 15, 5–11; Gal 2,8). Priska, die am meisten erwähnt wird, erhält nie den Titel Apostel. Röm 16,7 kann auch übersetzt werden: angesehen bei den Aposteln. Es fällt auf, daß die (falls man so übersetzt) »hochangesehenen Apostel« sonst nirgends im NT und der frühpatristischen Literatur, außer in Römerbriefkommentaren, erwähnt werden. Junia(s) wird, vorausgesetzt, es handelt sich um eine Frau, jedenfalls nicht expressis verbis als *Apostolin* bezeichnet. Die Behauptung, in den paulinischen Gemeinden und in der Urkirche habe es als Apostel ebenso Frauen wie Männer im Sinne der Zwölf und des paulinischen Apostolats gegeben, ist eine Vermutung, die sich auf keinen historischen Beleg stützen kann und darum als dogmatische Begründung für den Zugang von Frauen zum Amtspriestertum nichts hergibt. Viele Römerbriefkommentatoren lesen im übrigen Junia(s) als Frau, die wegen ihres vorbildlichen Einsatzes des Titels eines Apostels im weiteren Sinn gewürdigt worden ist (J. Chrysostomos, Comm. in Rom. 16,7, hom. 32). So ist Maria aus Magdala von den Kirchenvätern mit dem Titel *apostola apostolorum* geehrt worden.

Grüßt Andronikus und Junia(s), die zu meinem Volk gehören und mit mir zusammen im Gefängnis waren; sie sind *angesehen unter (bei?) den Aposteln* und haben sich schon vor mir zu Christus bekannt.

Apg 18,26: Priska und Aquila – ein berühmtes Ehepaar

Unter den bedeutenden Frauen der Urkirche ragt Priszilla (Priska) hervor (Röm 16,3; 1 Kor 16,19; 2 Tim 4,19; Apg 18,2f.). Apollos wie auch Timotheus verdanken (2 Tim 1,5) viel dem Glaubenszeugnis und der Katechese einer Frau, wie auch Paulus sagt, daß ihm die Mutter des Rufus selbst zur Mutter geworden ist (Röm 16,13).

Priszilla und Aquila nahmen ihn (Apollos) zu sich und legten ihm den Weg Gottes noch genauer dar.

1 Tim 3,11: Frauen der Diakone oder als Diakoninnen?

Im Diakonenspiegel (1 Tim 3, 8–13) werden auch bestimmte charakterliche Eigenschaften von Frauen genannt. Sowohl die Auslegung, daß es sich um Frauen als Diakoninnen handelt, scheint möglich, wie auch, daß die Ehefrauen der Diakone angesprochen sind. Da den Diakonen weder das Lehr- noch das Leitungsamt des Episkopos und der Presbyteroi zukommt, das den Frauen in 1 Tim 2,12 ausdrücklich aberkannt wird, muß die Interpretation 1 Tim 3,11 offen bleiben, vor allem auch die Frage, ob und wie der diakonische Dienst von Männern und Frauen voneinander unterschieden ist, besonders, welche Rolle ihm in der Liturgie zukommt.

Ebenso sollen auch die Frauen ehrbar sein, nicht verleumderisch, sondern nüchtern und in allem zuverlässig.

1 Tim 5,9–16: Anfänge des Amtes der Gemeindewitwen

Ein echtes »Amt«, d.h. eine dauerhafte Aufgabe tritt in Gestalt der »Gemeindewitwen« erstmals auch in anfanghaft geregelter Form hervor. Es sind Dienste im caritativen Bereich, der kein »weniger qualifizierter Dienst der niederen Laufbahn« (im beamtenrechtlichen Sinn), sondern höchster und wesenhafter Vollzug von Kirche Jesu Christi ist.

Eine Frau soll nur dann in die Liste der Witwen aufgenommen werden, wenn sie mindestens sechzig Jahre alt ist, nur einmal verheiratet war, wenn bekannt ist, daß sie Gutes getan hat, wenn sie Kinder aufgezogen hat, gastfreundlich gewesen ist und den Heiligen die Füße gewaschen hat (vgl. Joh 13,1ff.), wenn sie denen, die in Not waren, geholfen hat und überhaupt bemüht war, Gutes zu tun ... (vgl. Apg 9, 39–41).

4. Mann und Frau in Ehe und Familie

Gen 1,27f.: Mann und Frau nach der Schöpfungsordnung

Das Alte Testament enthält Texte, die die faktischen Verhältnisse zu ihrer Entstehungszeit spiegeln. Diese haben sich aber im Laufe von zweitausend Jahren erheblich gewandelt, so daß die Pauschalaussage, im AT sei die Frau rechtlos und Eigentum des Mannes, falsch ist. Es gibt Aussagen, die normativ den Glauben Israels an das geoffenbarte Menschenbild widerspiegeln. Das jeder Minderung oder Entstellung entzogene Wesen des Menschen ergibt sich nicht aus philosophischer Abstraktion der kontingent-wandelbaren Daseinsbedingungen, sondern durch das Hören auf das Offenbarungswort Gottes in Schöpfung und Heilsgeschichte. Dabei sind aber Realität und Möglichkeit einer worthaften Kommunikation Gottes mit dem Menschen als einem geistigen und freien Wesen vorausgesetzt. Wer Gott nur für eine Fiktion oder Projektion hält, muß auch die normativen Aussagen seiner Offenbarung als interessengeleitete Ideologisierung eigener Vorteile abtun. Das jüngere Schöpfungslied (um 500 v. Chr.) betont die Gottebenbildlichkeit eines jeden einzelnen Menschen und die wesenhafte Zuordnung von Mann und Frau zueinander. Die Aufgabe des Herrschens ist beiden übertragen. Es geht nicht – in Verkehrung der Schöpfungsordnung – um ein ausbeutendes Verhalten des Menschen zur untermenschlichen Welt oder gar um ein entwürdigendes Verhältnis einer Person zur andern Person, sondern um die verwaltende Ausübung des ordnenden und begründenden Willens Gottes zum Sein der Welt und zur Erfüllung des Menschseins in der Liebe.

Gott schuf also den Menschen als sein *Abbild*; als Abbild Gottes schuf er ihn. Als *Mann* und *Frau schuf er sie.* Gott segnete sie, und Gott sprach zu ihnen: Seid fruchtbar, und vermehrt euch, bevölkert die Erde, unterwerft sie euch, und herrscht über die Fische des Meeres, über die Vögel des Himmels und über alle Tiere, die sich auf dem Land regen.

Gen 2,18–25: Mann und Frau – Geschöpfe Gottes

Der als Ätiologie aufgebaute ältere Schöpfungsbericht (um 900 v. Chr.) zielt nicht auf eine Abstufung im Menschsein. Im Gegenteil! Es soll in Präzisierung eines vorliegenden älteren Textes, der nur allgemein von der Erschaffung des Menschen (= Adam) spricht, die wesenhafte Einheit von Mann (= Adam) und Frau (= Eva) aufgrund des Schöpfungsaktes und ihre personale, geist-leibliche Bezogenheit in der Liebe als Glaubensaussage nahegebracht werden.

Dann sprach Gott, der Herr: Es ist nicht gut, daß der Mensch allein bleibt. Ich will ihm eine Hilfe machen, die ihm entspricht. Gott, der Herr, formte aus dem Ackerboden alle Tiere des Feldes und alle Vögel des Himmels und führte sie dem Menschen zu, um zu sehen, wie er sie benennen würde. Und wie der Mensch jedes lebendige Wesen benannte, so sollte es heißen. Der Mensch gab Namen allem Vieh, den Vögeln des Himmels und allen Tieren des Feldes. Aber eine Hilfe, die dem Menschen entsprach, fand er nicht. Da ließ Gott, der Herr, einen tiefen Schlaf auf den Menschen fallen, so daß er einschlief, nahm eine seiner Rippen und verschloß ihre Stelle mit Fleisch. Gott, der Herr, baute aus der Rippe, die er vom Menschen genommen hatte, eine Frau und führte sie dem Menschen zu. Und der Mensch sprach: Das endlich ist Bein von meinem Bein, und Fleisch von meinem Fleisch. Frau soll sie heißen; denn vom Mann ist sie genommen. Darum verläßt der Mann Vater und Mutter und bindet sich an seine Frau, und sie werden *ein* Fleisch. Beide, Adam und seine Frau, waren nackt, aber sie schämten sich nicht voreinander.

Gen 3,14–20: Die Ursünde der Menschen am Anfang der Geschichte

Die Strafworte Jahwes über Mann und Frau zeigen, daß die tatsächlichen Belastungen und Gefahren bei den natürlichen Aufgaben in der Abkehr des Menschen von Gottes Gnade und Nähe begründet sind. Die Ursünde bestand im *Sein-wollen-wie* Gott, nicht etwa in der sexuell verführerischen Eva, wodurch die Frau in ihrer geschaffenen weiblichen Leiblichkeit selbst zur Ursache der Sünde gemacht würde. Diese (erst mehr als 1000 Jahre später in nichtjüdischen und nichtchristlichen Kreisen auftauchende) gnostisch-manichäische Auffassung von der Materie als Ursache der Sünde und mittelbar der Frau, die der Materie nähersteht, widerspricht dem biblischen und kirchlichen Glauben diametral. Die Zuweisung der Alleinverantwortung an der Ursünde und am »Jammer der ganzen Welt« entweder nur an den Mann oder nur an die Frau hat nichts mit der Aussageabsicht dieser Stelle zu tun, der es viel eher um die Ver-antwortung beider, d.h. der Ursprungsmenschheit als ganzer geht. Der Mensch am Anfang der Geschichte hat stellvertretend für die nachkommende Menschheit die ursprünglich angebotene Gotteserkenntnis und Liebe verspielt. Das hat eine Erschwerung und Beeinträchtigung der natürlichen Aufgaben des Mannes und der Frau zur Folge. Ein Mann mit einem tyrannischen Herrschaftswillen kann sich nicht auf Gen 3,16 berufen. Das verdemütigende »Herrschen über die Frau« ist vielmehr das aus der Ursünde folgende Nichterfüllen seiner Bestimmung, das integrierende Woraufhin der sich verschenkenden Liebe der Frau zu sein. Es ist die Störung des ursprünglichen Hauptseins des Mannes innerhalb der Liebesgemeinschaft von Mann und Frau. Trotz der Schmerzen und Gefahren des Kindergebärens, das ursprünglich die dankbare Erfahrung der fruchtbaren Liebe in sich enthält, und trotz der möglichen Enttäuschung über das Sichverschließen des Mannes in seiner hingebenden Liebe, verlangt sie nach dem Mann. Auch die unter der Sünde immer für Verrat anfällige Liebe zwischen Mann und Frau verlangt nach der Erlösung. Sie ist in vollem Sinn erst wieder möglich durch die Liebestat Christi, der auch die Ehe von der Last der Sünde und ihrer gemeinschaftszerstörenden Macht erlöst hat. Erst Christus, das Haupt des neuen Adam (= Mensch) hat gezeigt, wie der Mann innerhalb der ehelichen Gemeinschaft seiner Frau »Haupt« sein und wie die Frau ihm zum Erfahrungsraum des Humanum und der Gnade werden kann, indem Christus durch sein Dienen herrscht und daraus Leben in Fülle ermöglicht jenseits einer wechselseitigen Übertrumpfung, Verdemütigung und des bloß formalen Abgleichs von Rechtsansprüchen nach dem Prinzip »do ut des«.

Da sprach Gott, der Herr, zur Schlange: ... Feindschaft setze ich zwischen dich und die Frau, zwischen deinen Nachwuchs und ihren Nachwuchs. Er trifft dich am Kopf, und du triffst ihn an der Ferse. Zur Frau sprach er: Viel Mühsal bereite ich dir, sooft du schwanger bist. Unter Schmerzen gebierst du Kinder. Du hast Verlangen nach deinem Mann; er aber wird über dich herrschen. Zu Adam sprach er: Weil du auf deine Frau gehört und von dem Baum gegessen hast, von dem zu essen ich dir verboten hatte: So sei verflucht der Ackerboden deinetwegen. Unter Mühsal wirst du von ihm essen ... Denn Staub bist du, und zum Staube kehrst du wieder zurück. Adam nannte seine Frau Eva, das Leben, denn sie wurde die Mutter aller Lebendigen.

Tobit 8,4–9: Ehe als Gemeinschaft der Liebe

In dem um 200 v. Chr verfaßten Buch kommt auf der Grundlage der Anthropologie der Genesis die biblische Hochschätzung der Ehe und damit der persönlichen Freundschaft von Mann und Frau in der Ehe zur Darstellung. Auf dem Hintergrund der normativen Aussagen der geoffenbarten Anthropologie erweisen sich sowohl Leibverachtung wie auch Lustvergötzung und jeder Zweifel an der vollen personalen Würde der Frau als Widerspruch zum Schöpferwillen Gottes.

Als Tobias und Sara in der Kammer allein waren, erhob sich Tobias vom Lager und sagte: Steh auf, Schwester, wir wollen beten, damit der Herr Erbarmen mit uns hat. Und er begann zu beten: Sei gepriesen, Gott unserer Väter; gepriesen sei dein heiliger und ruhmreicher Name in alle Ewigkeit. Die Himmel und alle deine Geschöpfe müssen dich preisen. Du hast Adam erschaffen und hast ihm Eva zur Frau gegeben, damit sie ihm hilft und ihn ergänzt. Von ihnen stammen alle Menschen ab. Du sagtest: Es ist nicht gut, daß der Mensch allein ist;

wir wollen für ihn einen Menschen machen, der ihm hilft und zu ihm paßt. Darum, Herr, nehme ich diese meine Schwester auch nicht aus reiner Lust zur Frau, sondern aus wahrer Liebe. Hab Erbarmen mit mir, und laß mich gemeinsam mit ihr ein hohes Alter erreichen! Und Sara sagte zusammen mit ihm: Amen. Und beide schliefen die Nacht über miteinander.

Mk 10,5–12: Die Überwindung der Scheidungskasuistik durch Verweis auf Personwürde von Mann und Frau

Mit Berufung auf den ursprünglichen Schöpferwillen Gottes stellt Jesus die Ehe wieder her als reinen Vollzug von hingebender Liebe, aus der die personale Einheit von Mann und Frau erwächst. Es geht um wesentlich mehr als um eine äußerliche Rechtsangleichung bürgerlichen Zuschnitts.

Jesus entgegnete ihnen: Nur weil ihr so hartherzig seid, hat er euch dieses Gebot gegeben. Am Anfang der Schöpfung aber hat Gott sie als Mann und Frau geschaffen. Darum wird der Mann Vater und Mutter verlassen, und die zwei werden ein Fleisch sein. Sie sind also nicht mehr zwei, sondern eins. Was aber Gott verbunden hat, das darf der Mensch nicht trennen. Zu Hause befragten ihn die Jünger noch einmal darüber. Er antwortete ihnen: Wer seine Frau aus der Ehe entläßt und eine andere heiratet, begeht ihr gegenüber Ehebruch. Auch eine Frau begeht Ehebruch, wenn sie ihren Mann aus der Ehe entläßt und einen anderen heiratet.

1 Kor 7,1–7: Ehe und Eheverzicht von Männern und Frauen

Nun zu den Anfragen eures Briefes! »Es ist gut für den Mann, keine Frau zu berühren«. Wegen der Gefahr der Unzucht soll aber jeder seine Frau haben, und jede soll ihren Mann haben. Der Mann soll seine Pflicht gegenüber der Frau erfüllen und ebenso die Frau gegenüber dem Mann. Nicht die Frau verfügt über ihren Leib, sondern der Mann. Ebenso verfügt nicht der Mann über seinen Leib, sondern die Frau. Entzieht euch einander nicht, außer im gegenseitigen Einverständnis und nur eine Zeitlang, um für das Gebet frei zu sein. Dann kommt wieder zusammen, damit euch der Satan nicht in Versuchung führt, wenn ihr euch nicht enthalten könnt. Das sage ich als Zugeständnis, nicht als Gebot. Ich wünschte, alle Menschen wären (unverheiratet) wie ich. Doch jeder hat seine Gnadengabe von Gott, der eine so, der andere so.

1 Tim 2,8–15: Verhaltensregeln für Männer und Frauen

Der Verfasser von 1 Tim gibt Weisung für das Verhalten von Ehemännern und Ehefrauen innerhalb der Ehe und Familie. Dazu gehört auch, daß die Frauen sich still verhalten und sich unterordnen und nicht über den Mann herrschen, d.h. die Rolle des Mannes übernehmen. Begründet wird der Tugendkatalog mit der Ersterschaffung Adams und dem Sichverführenlassen Evas durch die Schlange, wodurch die Ursprungssünde ins Rollen kam. Die Ersterschaffung soll das Hauptsein des Mannes und damit die rechte Ordnung innerhalb der personalen Gemeinschaft begründen, nicht jedoch die Vorstellung einer zweitrangigen Geschöpflichkeit der Frau, die als Person in sittlicher Verantwortung und Gnade ein unmittelbares Verhältnis zu Gott besitzt. Ebensowenig ist von einer Alleinverantwortung Evas für die Ursprungssünde die Rede. Das Lehrverbot ist im Kontext etwas schwer zu verstehen, da nach den Pastoralbriefen Frauen durchaus Männer (2 Tim 1,5) und andere Frauen im Glauben unterweisen (Tit 2,3). Bezieht es sich auf ein innerfamiliäres Belehren der Ehemänner im Glauben oder auf das öffentliche Lehren in der Kirche, wie es die wesentliche Aufgabe ist der Vorsteher der Kirche, »der Presbyter des Wortes und der Lehre« (1 Tim 5,17)? Die Tradition der Schriftauslegung in Patristik und Scholastik hat aus dem Lehr- und Leitungsverbot den Schluß gezogen, daß eine Frau nicht zum Presbyteramt, dem apostolisch-bevollmächtigten Verkünden des Wortes, berufen werden kann, daß gleichwohl aber das prophetische Reden von gläubigen Frauen in der Heilsgeschichte und im öffentlichen Leben der Kirche (auch neben dem persönlichen Glaubenszeugnis in Familie und Gemeindeversammlung) eine große Rolle spielt für den Aufbau der Kirche. Wie in der scharfen Zurückweisung leibfeindlicher Häretiker im 4. Kapitel von 1 Tim deutlich wird, ist die Seligkeit durch Kindergebären positiv gemeint, nicht als ein Abdrängen auf wenig ruhmreiche Aufgaben. Für die Gnostiker machen Ehe und Kindergebären den Menschen unrein. Schöpfungs- und gnadentheologisch ist dagegen zu sagen, daß sie gut sind und den Menschen heiligen, d.h. mit dem heiligen Gott in Gemeinschaft bringen. Vgl. 1 Tim 4,1–5:»Der Geist sagt ausdrücklich ... Denn alles, was Gott geschaffen hat, ist gut, und nichts ist verwerflich, wenn es mit Dank genossen wird; es wird geheiligt durch Gottes Wort und durch das Gebet«.

Ich will, daß die Männer überall beim Gebet ihre Hände in Reinheit erheben, frei von Zorn und Streit. Auch sollen die Frauen sich anständig, bescheiden und zurückhaltend kleiden; nicht Haartracht, Gold, Perlen oder kostbare Kleider seien ihr Schmuck, sondern gute Werke; so gehört es sich für Frauen, die gottesfürchtig sein wollen. Eine Frau soll sich still und in aller Unterordnung belehren lassen. Daß eine Frau lehrt, erlaube ich nicht, auch nicht, daß sie über ihren Mann herrscht; sie soll sich still verhalten. Denn zuerst wurde Adam erschaffen, danach Eva. Und nicht Adam wurde verführt, sondern die Frau ließ sich verführen und übertrat das Gebot. Sie wird aber dadurch gerettet werden, daß sie Kinder zur Welt bringt, wenn sie in Glaube, Liebe und Heiligkeit ein besonnenes Leben führt.

Eph 5,21–33 (vgl. Kol 3,18f.): Das Bild von Haupt und Leib

Der oft mißverstandene und manchmal von ungebührlichen Dominanzansprüchen mancher Ehemänner mißbrauchte Text ist das Hohelied auf die wechselseitig sich erschließende Liebe und Hingabe von Mann und Frau aneinander aus dem Geist der sich hingebenden, das Ihre nicht suchenden Liebe Christi in seinem Gehorsam zum Vater. Die Rede ist nicht von antiken Sozialverhältnissen, wo etwa die Männer das Sagen hatten und die Frauen sich in der Willenlosigkeit einer Sklavin entwürdigen mußten. Es ist keine Rede von einer Tyrannenherrschaft des Mannes über seine Frau, sondern von seiner hingebenden Liebe aus seiner Teilhabe am Gehorsam Christi gegenüber dem Vater. Haupt und Leib verhalten sich nicht wie Herr und Knecht, sondern bilden die Einheit einer Person, so daß das Haupt nicht ohne den Leib und der Leib nicht ohne den Kopf der eine lebende Mensch ist. Die personale geist-leibliche Einheit von Mann und Frau ist dargestellt im Bild der sich wechselseitig ermöglichenden Lebenseinheit von Haupt und Leib. Dies hat nichts mit der platonisch-idealistischen Zuordnung von Geist und »Natur« zu tun, wobei gesagt wäre, daß der Mann das Haupt und die Frau der Körper eines aus ihnen zusammengesetzten Idealmenschen wäre.

Einer ordne sich dem andern unter in der gemeinsamen Ehrfurcht vor Christus. Ihr Frauen, ordnet euch euren Männern unter wie dem Herrn (d.h. wie ihr euch kraft des Glaubens Christus, dem Herrn unterordnet); denn der Mann ist das Haupt der Frau, wie auch Christus das Haupt der Kirche ist; er hat sie gerettet, denn sie ist sein Leib. Wie aber die Kirche sich Christus unterordnet, sollen sich die Frauen in allem den Männern unterordnen. Ihr Männer, liebt eure Frauen, wie Christus die Kirche geliebt und sich für sie hingegeben hat, um sie im Wasser und durch das Wort rein und heilig zu machen. So will er die Kirche herrlich vor sich erscheinen lassen, ohne Flecken, Falten oder andere Fehler; heilig soll sie sein und makellos. Darum sind die Männer verpflichtet, ihre Frauen so zu lieben wie ihren eigenen Leib. Wer seine Frau liebt, liebt sich selbst. Keiner hat je seinen eigenen Leib gehaßt, sondern er nährt und pflegt ihn, wie auch Christus die Kirche. Denn wir sind Glieder seines Leibes. Darum wird der Mann Vater und Mutter verlassen und sich an seine Frau binden, und die zwei werden ein Fleisch sein. Dies ist ein tiefes Geheimnis; ich beziehe es auf Christus und die Kirche. Was euch angeht, so liebe jeder von euch seine Frau wie sich selbst, die Frau aber ehre den Mann.

1 Petr 3,1–7: Frauen und Männer in der Ehe

Ebenso sollt ihr Frauen euch euren Männern unterordnen, damit auch sie, falls sie dem Wort (des Evangeliums) nicht gehorchen, durch das Leben ihrer Frauen ohne Worte gewonnen werden, wenn sie sehen, wie ehrfürchtig und rein ihr lebt. Nicht auf äußeren Schmuck sollt ihr Wert legen, auf Haartracht, Gold und prächtige Kleider, sondern was im Herzen verborgen ist, das sei euer unvergänglicher Schmuck: ein sanftes und ruhiges Wesen. Das ist wertvoll in Gottes Augen. So haben sich einst auch *die heiligen Frauen* geschmückt, die ihre Hoffnung auf Gott setzten: Sie ordneten sich ihren Männern unter. Sara gehorchte Abraham und nannte ihn ihren Herrn. Ihre Kinder seid ihr geworden, wenn ihr recht handelt und euch vor keiner Einschüchterung fürchtet. Ebenso sollt ihr Männer im Umgang mit euren Frauen rücksichtsvoll sein, denn sie sind der schwächere Teil; ehrt sie, denn auch sie sind Erben der Gnade des Lebens. So wird euren Gebeten nichts mehr im Weg stehen.

Offb 19,6–8; 22,17.20: Die Hochzeit des Lammes

Im AT und NT wird verschiedentlich die Einheit Gottes mit seinem Volk und Christi mit seiner Kirche als liebende, einswerdende Gemeinschaft nach dem Bild der ehelich-bräutlichen Einheit von Mann und Frau, deren Ehe im Geheimnis der Schöpfung und Erlösung wurzelt, dargestellt. Auch die Endvollendung der Liebeseinheit Gottes und Christi mit der Kirche, die er sich durch die Hingabeliebe des geopferten Lammes erworben hat, erschließt sich im Geheimnis der Hochzeit. In dieser symbolisch-realen Darstellung des Mysteriums der Einheit Gottes und der Menschheit in der Communio des Heiligen Geistes der Liebe (1 Kor 13,13) offenbart sich die tiefste Berufung jedes Mannes und jeder Frau und die repräsentative Bedeutung des fraulichen Menschseins für die ganze Menschheit.

Halleluja! Denn König geworden ist der Herr, unser Gott, der Herrscher über die ganze Schöpfung. Wir wollen uns freuen und jubeln und ihm die Ehre erweisen. Denn gekommen ist die Hochzeit des Lammes, und seine Frau hat sich bereit gemacht. Sie durfte sich kleiden in strahlend reines Leinen. Das Leinen sind die gerechten Taten der Heiligen. Jemand sagte zu mir: Schreib auf: Selig, wer zum Hochzeitsmahl des Lammes geladen ist ... Der Geist und die Braut, rufen: Komm, Herr, Jesus.

II. Texte des kirchlichen Lehramtes und weitere offizielle Dokumente

1. Aus der Zeit der Kirchenväter

Brief der Kirche von Rom an die Kirche von Korinth (1. Klemensbrief, um 96 n. Chr.)

Griech./Lat./Dt.: FC 15 (Schneider) 171–173.

Der Vf. formuliert hier das Prinzip der apostolischen Sukzession, das schon innerneutestamentlich beim Übergang von der apostolischen zur nachapostolischen Zeit greifbar wird (vgl. Apg 14,23; 20,28; Eph 2,20; 4,11; Kol 1,7; 1 Tim 4,14; 5,22; 6,20; 2 Tim 1,6; Tit 1,5; 1 Petr 1,1; 5,1–4). Durch die apostolische Begründung dieser Dienste ist die charismatische, in der Liebe des Geistes zentrierte Einheit der Gemeinde nicht abgelöst oder in Frage gestellt (vgl. 1 Clem. 48–49). Das vom Heiligen Geist gegebene Charisma des Lehrens und Leitens im apostolischen Amt ist geschichtlich in Jesus begründet und sakramental vermittelt, so daß charismatische und sakramentale Ordnung der Ämter, Dienste und freien Gaben sich nicht ausschließen, sondern identisch sind (Apg 14,23; 1 Tim 1,18; 4,14; 5,22; 2 Tim 1,14). Wie im NT kommen bei den Berufungen von Episkopen/Presbytern und Diakonen nur Männer in Betracht.

44,1–3

1. Auch unsere Apostel wußten durch unsern Herrn Jesus Christus, daß es Streit geben würde um das Episkopenamt. 2. Aus diesem Grund setzten sie, da sie genauen Bescheid im voraus erhalten hatten, die oben Genannten ein und gaben danach Anweisungen, es sollten, wenn sie entschliefen, *andere bewährte Männer* deren Dienst übernehmen. 3. Daß nun die, die von jenen oder hernach von anderen angesehenen Männern unter Zustimmung der gesamten Gemeinde eingesetzt wurden, die untadelig der Herde Christi in Demut dienten, friedlich und großherzig und von allen lange Zeit mit einem guten Zeugnis versehen, daß diese vom Dienst entfernt werden, halten wir nicht für recht.

55, 3–6

Griech./Lat./Dt.: FC 15 (Schneider) 197ff.

Nachdem in 1 Clem. 1,3 das Ideal der sich unterordnenden Liebe der Ehefrauen, allerdings auf der Grundlage der christlichen Gesinnung der wechselseitigen Unterordnung, d.h. der dienenden, nicht beherrschenden Liebe, angesprochen wurde, hebt der Vf. das Beispiel von Judit und Ester hervor. Frauen, also das sog.»schwächere Geschlecht«, haben durch Mut und Kraft das Gottesvolk gerettet und somit dem Heilsplan Gottes gedient.

Abwertende Vorstellungen waren also für Klemens sicher nicht der Grund, warum die Apostel für das Bischofs- und Diakonenamt »andere bewährte Männer« ausgewählt hatten.

55.3. Viele Frauen vollbrachten durch die Gnade Gottes gestärkt, viele mannhafte Taten. 4. Die selige Judit erbat bei der Belagerung der Stadt von den Ältesten die Erlaubnis ins Lager der Heiden gehen zu dürfen. 5. Sie setzte sich also der Gefahr aus und ging hinaus, aus Liebe zum Vaterland und zum Volk, das belagert wurde, und der Herr übergab Holofernes in die Hand einer Frau. 6. Nicht weniger begab sich auch die glaubensstarke Ester in Gefahr, um die zwölf Stämme Israels zu retten, als ihnen der Untergang drohte. Denn durch ihr Fasten und ihre Demütigung, stellte sie ihre Bitte an den allsehenden Herr, den Gott der Äonen. Er schaute auf die Demut ihrer Seele und rettete das Volk, um dessentwillen sie die Gefahr auf sich genommen hatte.

Didache 15,1–2 (um 100 n. Chr.)

Griech./Dt.: FC 1 (Schöllgen) 134f.

Die um die 1. christliche Jahrhundertwende entstandene Schrift vermittelt u.a. einen knappen Einblick in die liturgische Praxis sowie in den Übergang von den Ämtern der Wandermissionare (»Apostel, Propheten, Lehrer«; vgl. 1 Kor 12,28; Eph 2,20; 3,5; 4,11 Apg 13,1; 14,3.14) zu den ortsgebundenen Diensten der »Bischöfe und Diakone« (vgl. Phil 1,1; 1 Tim 3,1 13; 1 Clem. 42,4). Dafür kommen nur Männer in Frage.

Wählt euch (cheirotonesate: hier wörtlich: durch Handaufhebung sie bezeichnend, nicht den Geist verleihend weihend) nun Bischöfe und Diakone, die des Herrn würdig sind, *Männer,* die sanftmütig, nicht geldgierig, aufrichtig und bewährt sind; denn auch sie leisten euch den Dienst der Propheten und Lehrer. Achtet sie nicht gering; denn sie sind eure Geehrten zusammen mit den Propheten und Lehrern. (Die Propheten, die das *eucharistein* vollziehen, Did. 10,7, sind mit den Lehrern »eure Hohenpriester« Did. 13,3).

[Aus dem Brief des Plinius d.J. (62–113) an Kaiser Trajan ep.96, 8]

Lat.: J. Mayer, 5.
Dt.: G. L. Müller.

Der römische Statthalter von Bithynien erwähnt (ca. 110 n. Chr) in einem Brief an Kaiser Trajan über das »Christenproblem« ohne genauere Kenntnisse ihrer Lehre und Praxis u.a. auch zwei christliche Frauen, die *mini-*

strae genannt werden. Wahrscheinlich haben sie diakonische Aufgaben in der Gemeinde erfüllt, ähnlich wie die offiziellen Gemeindewitwen nach 1 Tim 5 (vgl. Röm 16,1; 1 Tim 3,11).

Necessarium credidi ex duabus ancillis, quae ministrae dicebantur, quid esset veri, et per tormenta quaerere.

Ich hielt es für notwendig durch die Anwendung der Folter aus zwei Mägden, die (bei den Christen) Dienerinnen (ministrae) genannt werden, die (Wahrheit herauszubringen).

Ignatius von Antiochien

Brief an die Smyrnäer 8,1–2 (um 110 n. Chr.)

Griech./Dt.: J. A. Fischer, Die Apostolischen Väter (Schriften des Urchristentums I), Darmstadt [8]1981, 210f.

Der im Bischof gipfelnde dreigliedrige Dienst an *communio et unitas ecclesiae* in Episkopat, Presbyterat, Diakonat gehört für Ignatius zum unverfügbaren, gottgestifteten Wesen der Kirche. Er ist darum, im späteren Terminus technicus der Sakramententheologie, proprie dictum sakramental. Und weil die drei Amtsstufen innerlich zusammengehören, ist es ein einziges Sakrament (im 6. Jh. sagt Pseudo-Dionysius, De eccl. hierarchia, V: die aus heiligem Ursprung begründete Ordnung). Als Träger dieser drei Weihegrade werden nur Männer genannt.

Folgt alle dem Bischof wie Jesus Christus dem Vater, und dem Presbyterium wie den Aposteln; die Diakone aber achtet wie Gottes Gebot! Keiner soll ohne den Bischof etwas, was die Kirche betrifft, tun. Jene Eucharistiefeier gelte als zuverlässig, die unter dem Bischof oder einem von ihm Beauftragten stattfindet. Wo der Bischof erscheint, dort soll die Kirche sein, wie da, wo Christus Jesus ist, die katholische Kirche. Ohne den Bischof darf man weder taufen, noch das Liebesmahl halten; was aber jener für gut findet, das ist auch Gott wohlgefällig, auf daß alles, was ihr tut, sicher und zuverlässig sei.

Brief an die Smyrnäer 13,1

Griech./Dt.: J. A. Fischer, Die Apostolischen Väter (Schriften des Urchristentums I), Darmstadt [8]1981, 215.

Das erstmals 1 Tim 5,3–16 bezeugte Institut der Gemeindewitwen begegnet auch in frühchristlichen Kirchen um die Jahrhundertwende. Es handelt sich nicht um der Hilfe bedürftige Witwen und Weisen, sondern um

Witwen, die sich in den Dienst der Gemeinde gestellt haben. Offenbar gibt es gottgeweihte Jungfrauen, die diesen Dienst vollziehen und den vertrauten Titel der »Gemeindewitwen« erhalten.

Ich grüße die Häuser meiner Brüder mit Frauen und Kindern, sowie die Jungfrauen, die *Witwen* genannt werden.

Polycarp von Smyrna, 2. Philipperbrief 4,3 (ca. 135 n. Chr.)

Griech./Dt.: J. A. Fischer (Hg.), Die Apostolischen Väter (= Schriften des Urchristentums I), Darmstadt [8]1981, 252f.

Der Apostelschüler erwähnt neben den Ämtern der Presbyter und Diakone, denen sich die Gläubigen wie Gott und Christus unterordnen sollen (2 Phil. 5,3), den Stand der Witwen, die betend Dienste tun für die Gemeinde. Die typologische Beziehung der Gemeindewitwen zum Altar findet sich auch in der Didaskalia apostolorum II 26,8 (um 250 n. Chr.). Ihr Dienst ist ein lebendiges und Gott wohlgefälliges Opfer der Selbstdarbringung; die den Christen wahre und angemessene *logike leiturgia* (Röm 12,1f.).

Die Witwen belehrt, besonnen zu wandeln in Rücksicht auf den Glauben an den (oder: des) Herrn, ohne Unterlaß für alle zu beten, fernzubleiben von aller Verleumdung, üblen Nachrede, falschem Zeugnis, Geldgier und allem Bösen, einzusehen, daß sie *ein Altar Gottes* sind, daß er alles auf seine Tadellosigkeit prüft und ihm nichts verborgen bleibt, weder an Erwägungen, noch an Gedanken, noch etwas von den Geheimnissen des Herzens.

Traditio Apostolica (um 215 n. Chr.) des Hippolyt von Rom (ca. 160/170–235 n. Chr.)

(Vgl. unter Theologentexte, 1.2 Texte aus der Weiheliturgie)

Cyprian von Karthago (200/10–258)

Cyprian handelt in den beiden angeführten Briefpassagen zwar nicht ausdrücklich von der Möglichkeit oder Unmöglichkeit des Priestertums für Frauen, aber indem er davon spricht, daß Bischof und Presbyter *vice Christi* handelten (im Anschluß an 2 Kor 2,10 und 2 Kor 5,20), zeigt er die sakramentale Grundlage der gesamten Lehre der Tradition von der Wirkung der Priesterweihe als einer »conformitas cum Christo«. So kann nur der Mann in der sakramentalen Form Christus als Bräutigam im Verhältnis zur Kirche als seiner Braut darstellen. Im gleichen Sinn hat u.a. Theodor von Mopsuestia den Priester als *eikon tou Christou* bezeichnet (Katechetische Homilie 15,24). – In der (von Harnack wohl fälschlich Victor I. zugeschriebenen) pseudocyprianischen Schrift *De aleatoribus* beruft sich ein um das vom Glücksspiel bedrohte Heil seiner ihm anvertrauten Herde besorgter Hirte auf den ihm vom Herrn übertragenen Apostolat und das *Vikariat Christi* (vgl. Adolf von Harnack, Der pseudocyprianische Tractat De aleatoribus. Die älteste lateinische christliche Schrift. Ein Werk des römischen Bischofs Victor I. [Saec. II.] [= TU 5], Leipzig 1888). Zur Geschichte des Vicarius-Titels, der zunächst auf das Bischofsamt bezogen wurde und erst im Mittelalter dem Papst vorbehalten sein wird, vgl. *Perler, Othmar*, Der Bischof als Vertreter Christi nach den Dokumenten der ersten Jahrhunderte, in: *Congar, Yves* (Hg.), Das Bischofsamt und die Weltkirche, Stuttgart 1964, 35–73.

Epistula 63 an Cäcilius, Cap. 14: Der Bischof als »vicarius Christi sacerdotis«

Lat.: CSEL 3/2 (Hartel) 713.
Dt.: BKV² 60 (Baer) 267.

Nam si Christus Iesus Dominus et Deus noster ipse est summus sacerdos Dei patris et sacrificium patri se ipsum optulit et hoc fieri in sui commemorationem praecepit, utique ille sacerdos vice Christi vere fungitur qui id quod Christus fecit imitatur et sacrificium verum et plenum tunc offert in ecclesia Deo patri, si sic incipiat offerre secundum quod ipsum Christum videat optulisse.

Denn wenn Christus Jesus, unser Herr und Gott, selbst der höchste Priester Gottes, des Vaters, ist und sich selber dem Vater als Opfer dargebracht und geboten hat, daß dies zu seinem Gedächtnis geschehe, so vertritt doch sicherlich nur jener Priester in Wahrheit Christi Stelle, der das, was Christus getan hat, nachahmt, und er bringt in der Kirche Gott, dem Vater, ein wahres und vollkommenes Opfer nur dann dar, wenn er es in der Weise tut, wie er sieht, daß Christus selbst es dargebracht hat.

Epistula 59 an Cornelius, Cap. 5

Lat.: CSEL 3/2 (Hartel) 671f.
Dt.: BKV² 60 (Baer) 222f.

Neque enim aliunde haereses obortae sunt aut nata sunt schismata quam quando sacerdoti Dei non obtemperatur nec unus in ecclesia ad tempus sacerdos et ad tempus iudex vice Christi cogitatur: cui si secundum magisteria divina obtemperaret fraternitas universa, nemo adversus sacerdotum collegium quicquam moveret, nemo post divinum iudicium, post populi suffragium, post coepiscoporum consensum, iudicem se non iam episcopis sed Deo faceret, nemo discidio unitatis Christi ecclesiam scinderet nemo sibi placens ac tumens seorsum foris haeresim novam conderet.

Denn nur daraus sind Ketzereien entstanden und Spaltungen entsprungen, daß man dem Priester Gottes nicht gehorcht und nicht bedenkt, daß es in der Kirche nur *einen* Priester und nur *einen* Richter gibt, der für eine Weile die Stelle Christi einnimmt. Denn wenn ihm gemäß der göttlichen Lehre die Brüder allesamt Gehorsam leisteten, so würde niemand gegen die Körperschaft der Priester etwas unternehmen, so würde niemand trotz des göttlichen Urteils, trotz der Abstimmung des Volkes, trotz des Einverständnisses der Mitbischöfe es wagen, sich hinterher zum Richter nicht mehr über die Bischöfe, sondern über Gott aufzuwerfen, so würde niemand durch Zerreißung der Einheit die Kirche Christi spalten, niemand voll selbstgefälliger Aufgeblasenheit außerhalb der Kirche eine neue Ketzerei begründen. Vgl. auch Ep. 66,9.

Ps-Cyprian, De aleatoribus: Der Bischof als »Vicarius Christi«

Lat.: CSEL 3/3 (Hartel) 92–104, hier: 93.
Dt.: Anonymus, Adversus aleatores (gegen das Hazardspiel) und die Briefe an Cyprian, Lucian, Celerinus und an den Karthaginiensischen Klerus (Cypr. Ep. 8. 21–24), kritisch verbessert, erläutert und ins Deutsche übersetzt von Adam Miodonski, Erlangen / Leipzig 1889, 57–61.

Magna nobis ob universam fraternitatem cura est, fideles, maxime et rea perditorum omnium audacia id est aleatorum, animos ad nequitiam se in lacum mortis emergunt. Et quoniam in nobis divina et paterna pietas apostolatus ducatum contulit et vicariam Domini sedem caelesti dignatione ordinavit et originem authentici apostolatus super quem Christus fundavit ecclesiam in superiore nostro portamus, accepta simul potestate solvendi ac lignandi et curatione peccata dimittendi: salutari doctrina admonemur, ne dum delinquentibus assidue ignoscimus, ipsi cum eis pariter torqueamur.

Uns obliegt eine große und schwere Sorge gegenüber der gesamten Bruderschaft, ihr Gläubigen, namentlich wegen der wilden Vermessenheit verdorbener Menschen, welche die anderen in Ruchlosigkeit, sich selbst in die Schlinge des Todes stürzen. Und da nun Gottes väterliche Güte uns den Apostolat und den stellvertretenden Sitz des Herrn in seiner himmlischen Gnade verliehen hat und wir das urkundlich echte Apostelamt, auf welches Christus die Kirche gegründet, in unserem Stifter tragen, da wir zugleich die Gewalt, zu lösen und zu binden, und mit Überlegung die Sünden zu vergeben, erhalten haben, so mahnen uns die Heilsworte, daß wir nicht, indem wir den Sündern fortwährend verzeihen, selbst mit ihnen ohne Unterschied ins Gericht kommen.

Glaubensbekenntnis rückkehrwilliger Schismatiker gegenüber Papst Cornelius (251 n. Chr.)

Lat./Dt.: DH 108.

In diesem Dokument, das Cornelius auch Cyprian von Karthago zur Kenntnis brachte, ist die nach dem Glauben der Kirche vom Heiligen Geist initiierte sakramentale Grundverfassung der Kirche und die Urgestalt des Weihesakraments in den drei Graden und die von der Kirche eingeführte Ordnung der Kirchendienste klar unterschieden.

Wir wissen, daß Cornelius vom allmächtigen Gott und Christus, unserem Herrn, zum Bischof der heiligsten katholischen Kirche erwählt ist [...] Wir wissen nämlich wohl, daß es *einen Gott* gibt, und daß es *einen Christus*, den Herrn gibt, den wir bekannt haben, *einen Heiligen Geist*, daß *ein* Bischof in der katholischen Kirche Vorgesetzter sein muß.

Papst Cornelius an Fabius, Bischof von Antiochia (nach Eusebius, H. e. VI, 43,11)

Griech.: DH 109.
Dt.: Eusebius, Kirchengeschichte, hg. H. Kraft, München 1967, 314.

Ergo ille evangelii vindex ignorabat unum episcopum esse oportet in ecclesia catholica. In qua tamen sciebat (quomodo enim illud nescire potuisset?) presbyteros quidem esse 44, 7 autem diaconos totidemque subdiaconos, acoluthos 42, exorcistas et lectores cum ostiariis 52, viduas denique cum infirmis et egentibus plus quam mille et quingentas. Quibus universis gratia et benignitas dei alimenta suppeditat.

Jener ›Verteidiger des Evangeliums‹ begriff also nicht, daß nur *ein* (*unum*) Bischof in einer katholischen Gemeinde sein dürfe, in der es, wie er wohl wußte – denn wie sollte er es nicht wissen? –, 46 Presbyter, 7 Diakone, 7 Subdiakone, 42 Akoluthen, 52 Exorzisten, Lektoren und Türwächter und über 1500 Witwen und Hilfsbedürftige gibt, welche alle die Gnade und Güte des Herrn ernährt.

Didascalia apostolorum (3. Jahrhundert)

Die in den ersten sechs Büchern der *Constitutiones* aufgenommene pseudo-apostolische Schrift der Didaskalie ist wohl in der 2. Hälfte des 3. Jh. im syrisch-palästinensischen Raum entstanden und spiegelt u.a. den fortgeschrittenen Ausbau der Kirchenverfassung wider. Interessant ist die typologische Zuordnung des Amtes der Diakonisse zur Verehrung des Heiligen Geistes (vgl. Hieronymus, Ep. 36, 16 ad Dam.). Vgl. *Schöllgen, Georg, Die Anfänge der Professionalisierung des Klerus in der Syrischen Didaskalie* (= JbAC Erg. Bd. 26), Münster 1998.

II, 26,4–8

Lat./Griech.: Didaskalia et Constitutiones apostolorum, Bd. I, ed. F.X. Funk, Paderborn 1905, 104f.
Dt.: G. L. Müller.

4. Der Erste der Priester ist euch *der Bischof*. Er dient euch mit dem Wort und ist euer Mittler und Lehrer. Er ist nach Gott, in dem er euch durch das Wasser der Taufe für das neue Leben »zeugte«, *euer Vater* ... da er euch an Stelle Gottes leitet, werde er wie Gott geehrt, denn er steht euch vor als nach dem Beispiel Gottes (*in typum Dei*). 5. Der Diakon steht ihm bei gemäß dem Vorbild Christi. 6. Die Diakonisse (*he diakonos*) werde von allen verehrt auf das Bild des Heiligen Geistes hin (*in typum sancti spiritus*). Sie tue und rede nichts ohne den Diakon, wie auch der Paraklet nichts aus sich redet und tut, sondern Christus verherrlicht und seinen Willen erfüllt. 7. Die Presbyter werden geehrt wie die Apostel. 8. Die Witwen und Waisen sollen geehrt werden wie der Altar (vgl. Polycarp, 2 Phil. 4,3).

[Vgl. entsprechend: Syrische Didaskalie 9:
Damals gab es Erstlinge, Zehnten, Abgaben und Geschenke, heute aber sind es die Darbringungen, die durch die Bischöfe Gott, dem Herrn, dargebracht werden. Sie sind nämlich eure Hohenpriester, die

Priester und Leviten aber sind jetzt die Presbyter und Diakonen, die Witwen und Waisen. Levit aber und Hoherpriester ist der Bischof; dieser ist der Diener des Wortes und Mittler, für euch aber der Lehrer und nächst Gott euer Vater, der euch durch das Wasser gezeugt hat. Er ist euer Haupt und Führer und für euch der mächtige König, er regiert an Stelle des Allmächtigen, ja er sollte von euch wie Gott geehrt werden; denn der Bischof sitzt für euch an der Stelle Gottes. Der Diakon aber steht an der Stelle Christi, und ihr sollt ihn lieben; die Diakonisse aber soll nach dem Vorbild des Heiligen Geistes von euch geehrt werden. Die Presbyter sollen euch gleich den Aposteln sein, und die Witwen und Waisen sollen bei euch dem Altar gleichgeachtet werden. In: Die ältesten Quellen des orientalischen Kirchenrechts, Zweites Buch, Die syrische Didaskalie (= TU 10/2), übersetzt und erklärt von Hans Achelis und Johannes Flemming, Leipzig 1904, 45.]

III, 6,1–2

Lat./Griech.: Funk I 190f.
Dt.: G. L. Müller.

Den Gemeindewitwen wird als Aufgabe nicht die Lehre, sondern das Gebet zugewiesen. Welche Form der Lehre gemeint ist (Katechese für Frauen, Kinder in der Familie oder die apostolische Wortverkündigung innerhalb der Eucharistie), geht aus dem Text nicht hervor. Der Verweis auf die Schicklichkeitsgründe kann kaum so ausgelegt werden, daß die Zulassung zum priesterlich-bischöflichen Lehramt von dem Empfinden der Heiden abhängig gewesen wäre, so daß das heutige Unverständnis der Außenstehenden über die Nichtweihe von Frauen in der katholischen Kirche das ausschlaggebende Kriterium für die kirchliche Entscheidungsfindung in Fragen der Frauenordination sein müßte.

Non decet ergo neque necessarium est, ut mulieres doceant, et praesertim de nomine Christi et de redemptione passionis eius. Nam non ad hoc estis constitutae, ut doceatis, o mulieres, ac maxime viduae, sed ut oretis ac rogetis Dominum deum.

Es gehört (schickt) sich nicht und ist auch nicht notwendig (non decet ergo neque necessarium est, ut mulieres doceant), daß Frauen lehren, besonders aber über den Namen Christi und die Erlösungmacht seines Leidens. Denn nicht dazu seit ihr eingesetzt, ihr Frauen, und ganz besonders die Witwen, daß ihr lehrt, sondern damit ihr betet und bei Gott dem Herrn fürbittet.

[Vgl. dementsprechend: Syrische Didaskalie 15:

Daß es sich für die Witwen nicht geziemt, irgend etwas zu tun ohne Befehl der Bischöfe. Es ist also Pflicht der Witwen, rein zu sein und den Bischöfen und Diakonen zu gehorchen, schamhaft und scheu zu sein und die Bischöfe wie Gott zu fürchten, sich nicht nach dem eigenen Willen zu benehmen und nicht den Wunsch zu hegen, irgend etwas zu tun außer dem, was ihnen vom Bischof befohlen ist: entweder daß sie ohne (sich) Rat (zu holen) mit jemand reden zum Zweck der Bekehrung, oder daß sie zu jemand gehen, um zu essen und zu trinken, oder daß sie mit jemand fasten, oder von irgend jemand etwas annehmen oder jemand die Hand auflegen und (für ihn) beten ohne Befehl des Bischofs oder des Diakon. Wenn sie aber irgend etwas tut, was ihr nicht befohlen ist, so soll sie gescholten werden, darum, daß sie sich zuchtlos benommen hat. ... Daß es einer Frau nicht erlaubt ist, zu taufen. Was nun die Frau betrifft, so raten wir (ihr) nicht, zu taufen, oder sich von einer Frau taufen zu lassen, denn das ist eine Übertretung des Gebotes und sehr gefährlich für die, welche tauft, und den, welcher getauft wird. Denn, wenn es erlaubt wäre, von einer Frau getauft zu werden, so wäre unser Herr und Meister von seiner Mutter Maria getauft worden; nun aber ist er von Johannes getauft worden, wie auch die andern aus dem Volke. Bringet also keine Gefahr über euch, ihr Brüder und Schwestern, indem ihr euch wie außerhalb des Gesetzes des Evangeliums stehend betragt. – In: Achelis-Flemming, 79f.,81].

III, 8,1–3

Griech./Lat.: Funk I, 196–198.
Dt.: M. Schlosser.

Der diakonische Dienst der Gemeindewitwen geschieht ganz in der Verantwortung des Bischofs. Der Dienst an den Kranken ist vor allem Gebet unter Fasten und auch die Segenshandauflegung der Hände als Zeichen des fürbittenden Gebets für die Brüder und Schwestern, die Glieder sind an dem einen Leib Christi (vgl. Röm 12,7f.; 1 Kor 12,28). Von einer auch von Laien (als Katecheten) vorgenommenen Segenshandauflegung an den Katechumenen spricht schon die *Traditio apostolica* 19. Diese unterscheidet sich natürlich von der nur dem Bischof zustehenden Firmhandauflegung (Trad. apost. 21) und der Ordinationshandauflegung für Bischof, Presbyter und Diakon (Trad. apost. 3–9).

1. Sinceras ergo oportet esse viduas, subditas episcopis et diaconis et reverentes et trementes et metuentes episcopum sicut deum, non habentes potestatem in aliquo nec absque dispositione aliquid facientes et citra consilium aut imperium episcopi, et ne velint ad aliquem pergere ad manducandum aut bibendum aut ieiunare cum aliquo aut ac-

cipere ab aliquo quicquam aut manus alicui imponere et orare, ... absque consilio episcopi vel diaconi. Si quid autem non iussa fecerit, corripiatur illa, quae sine disciplina est. 2. Quid enim scis, o mulier, a quo accipias aut de cuius diaconia edes, aut pro quo ieiunas aut cui manum commodasti? Nescis, quia rationem reddere habes Domino pro unoquoque eorum in die iudicii, quoniam communicas operibus eorum? 3. Tu quidem, o vidua indisciplinata, vides conviduas tuas aut fratres in infirmitatibus positos: ad membra tua non festinas, ut facias super eos ieiunium et orationem adhuc et manus impositionem?

1. Die Witwen müssen rein und heilig leben, sich den Bischöfen und den Diakonen unterordnen, den Bischof mit ganzer Ehrfurcht achten wie Gott. Sie haben keine Vollmacht gegenüber einer anderen Person, und es steht ihnen nicht zu, etwas außerhalb der Anordnung des Bischofs zu tun, ohne ihn zu fragen oder ohne seinen Auftrag. Sie sollen nicht zu irgend jemand zum Essen oder Trinken gehen, sollen auch nicht mit jemandem zusammen fasten, von jemandem Geschenke annehmen, jemandem die Hände auflegen und für ihn beten (...) ohne den Rat des Bischofs oder Diakons. Wenn sie solches ohne Auftrag tut, soll sie zurechtgewiesen werden als eine, die die Ordnung mißachtet. 2. Was weißt du denn, Frau, von wem du etwas annimmst oder von wessen Tisch du ißt, für wen du fastest oder ihm die Hände auflegst? Weißt du nicht, daß du für jeden einzelnen von ihnen vor Gott Rechenschaft ablegen mußt am Tage des Gerichtes, weil du Gemeinschaft hast mit ihren Werken? 3. Du aber mißachtest die Ordnung, du siehst deine Mit-Witwen und Brüder in Not, zu ihnen als deinen Gliedern aber eilst du nicht, um für sie zu fasten, zu beten und ihnen die Hände aufzulegen.

III, 9,1–3

Lat./Griech.: Funk I, 198–201.
Dt.: G. L. Müller.

Hier ist nicht die Nottaufe angesprochen, die nach späterer Abklärung auch von Laien, Männern und Frauen, ja sogar von Ungetauften erbeten werden kann, sondern von der durch den Bischof *in persona Christi et ecclesiae* vorgenommenen feierlichen Aufnahme des Täuflings in die Gemeinschaft der Kirche als Raum des Heils.

Wir erlauben nicht, daß eine Frau tauft oder von einer Frau getauft wird, weil dies illegitim ist und eine große Gefahr für die bedeutet, die tauf und den, der getauft wird. 2. Wenn es nämlich erlaubt wäre, von einer Frau die Taufe zu empfangen, wäre in der Tat unser Herr und Meister von seiner Mutter Maria getauft worden; er ist aber von Johannes getauft worden wie auch die anderen aus dem Volk. 3. Setzt euch also nicht der Gefahr aus, Brüder und Schwestern, indem ihr außerhalb des Gesetzes des Evangeliums wandelt.

III, 12, 1–4

Griech./Lat.: Funk I, 208–213f.
Dt.: G. L. Müller.

Die Diakonin ist zur Hilfe bei der Taufe von Frauen bestellt aus Gründen des Anstands.

1. Propterea, episcope, constituas tibi operarios iustitiae, adiutores populum tuum ad vitam adiuvantes. Qui tibi placent ex populo universo, eos eligas ac diaconos constituas, virum, ut curet res multas necessarias, mulierem ad ministerium feminarum. Sunt enim domus, in quas diaconum ad mulieres non potes mittere propter gentiles, mittes autem diaconissas. 2. Nam et in multis aliis rebus necessarius est locus mulieris diaconissae. Primo cum mulieres in aquam descendunt, a diaconissa oleo unctionis ungendae sunt in aquam descendentes. Et ubi mulier ac praesertim diaconissa non invenitur, baptizantem oportet ungere eam, quae baptizatur. Ubi vero mulier est ac praesertim diaconissa, mulieres non decet conspici a viris.
Et tu (scil. o episcope) ... in manus impositione ungas caput eorum, qui baptismum accipiunt, sive virorum sive mulierum; ac postea, cum tu baptizas vel cum diaconis praecipis baptizare vel presbyteris, diaconissa, ut praediximus, ungat mulieres, vir autem pronuntiet super eas nomina invocationis Deitatis in aqua. Et cum ascendit ex aqua quae baptizatur, eam suscipiat diaconissa ac doceat et erudiat, infragile esse sigillum baptismi in castitate et in sanctitate.
Tu ergo (scil. o episcope) in aliis rebus diaconissam necessariam habebis, et ut eas gentilium domos ingrediatur, ubi vos accedere non potestis, propter fideles mulieres, et ut eis, quae infirmantur, ministret, quae necessantur, et in balneis iterum eas, quae meliorant, ut lavet.

1. Deswegen, o Bischof, bestelle dir Mitarbeiter der Gerechtigkeit, Helfer für dein Volk, die Helfer sind für das Leben (mit Christus). Diejenigen, die dir unter dem ganzen Volk zusagen, erwähle und setze sie als Diakone ein; den Mann, damit er viele notwenige Aufgaben verrichte; die Frau zum Dienst an den Frauen. Es gibt nämlich Häu-

ser, in die man wegen (des Geredes) der Heiden keinen männlichen Diakon schicken kann. In diesem Falle schicke einen weiblichen Diakon (gynaika diákonon). 2. Denn in vielen anderen Aufgaben ist der Dienst des weiblichen Diakons notwendig. Zuerst wenn die Frauen (bei der Taufe) hinabsteigen, müssen sie die Taufanwärterinnen mit dem Öl salben. Wenn aber eine Diakonin nicht gegenwärtig ist, muß der Täufer die zu Taufende salben. Wo aber ein Frau und besonders eine Diakonin anwesend ist, ziemt es sich nicht, daß eine Frau bei der Taufe nackt von Männern angeschaut wird; außerdem, (o Bischof) salbe unter Handauflegung allein das Haupt, so wie einst in Israel Priester und Könige gesalbt worden sind. 3. Nach dieser Ähnlichkeit salbe unter Handauflegung das Haupt derer, die die Taufe empfangen, sowohl das Haupt der Männer als auch der Frauen. Und dann, wenn du taufst oder wenn du den Diakonen oder Presbytern aufträgst zu taufen, soll, wie gesagt, die Diakonin die Frauen salben ... Und wenn die Getaufte aus dem Wasser steigt, werde sie von der Diakonin aufgenommen, belehrt und in Kenntnis gesetzt, daß das Taufsiegel unzerbrechlich ist in Reinheit und Heiligkeit. 4. Deswegen sagen wir, es ist sehr zu bedenken die allerhöchste Notwendigkeit der Diakonin, denn auch unser Herr und Erlöser ließ sich von Frauen dienen, nämlich Maria von Magdala, Nari, der Mutter des Jakobus und Joseph und der Mutter der Söhne des Zebedäus. Du (o Bischof) wirst aber auch in anderen Dingen die Diakoninnen nötig haben, sowohl wegen ihrer Besuche in den Häusern der Heiden, wie auch bei dem Dienst an den Kranken wie auch an den Genesenden, die sie mit Bädern wäscht.

[Vgl. dementsprechend Syrische Didaskalie 16:
Darum, o Bischof, stelle dir Arbeiter bei der Almosenpflege an und Helfer, die mit dir zum Leben helfen; die, welche dir von dem ganzem Volke wohlgefallen, wähle aus und stelle (sie) als Diakonen an, sowohl einen Mann zur Beschickung der vielen Dinge, die nötig sind, als eine Frau zum Dienst der Frauen. Es gibt nämlich Häuser, wohin du einen Diakon zu den Frauen nicht schicken kannst um der Heiden willen, eine Diakonisse aber wirst du schicken (können), zumal da auch (noch) in vielen anderen Dingen die Stellung einer dienenden Frau nötig ist. Zunächst, wenn die Frauen in das Wasser hinabsteigen, ist es nötig, daß die, welche zum Wasser hinabsteigen, von einer Diakonisse mit dem Öle der Salbung gesalbt werden, und wo keine Frau zugegen ist und besonders (keine) Diakonisse, da muß der Täufer den (weiblichen) Täufling salben; wo aber eine Frau da ist und besonders eine Diakonisse, ist es nicht Sitte, daß die Frauen von Männern gesehen werden, sondern salbe nur das Haupt unter Handauflegung, wie

früher Priester und Könige in Israel gesalbt worden sind. Auch du salbe auf jene Weise unter Handauflegung das Haupt derer, die die Taufe empfangen, seien es Männer oder Frauen. Und darnach, wenn du taufst, oder den Diakonen und den Presbytern zu taufen befiehlst, soll eine dienende Frau, wie wir oben gesagt haben, die Frauen salben, ein Mann aber soll über ihnen die Namen der Anrufung der Gottheit im Wasser sprechen. Und wenn der (weibliche) Täufling aus dem Wasser herausgestiegen ist, soll ihn die Diakonisse in Empfang nehmen, belehren und erziehen, wie das Siegel der Taufe unzerstörbar ist, in Keuschheit und Heiligkeit. Darum sagen wir, daß besonders der Dienst einer dienenden Frau nötig und erforderlich ist, denn auch unser Herr und Heiland ist von dienenden Frauen bedient worden, nämlich von der Maria von Magdala, und von Maria der Tochter des Jakobus, und von der Mutter des Jose und der Mutter der Söhne des Zebedäi mit noch anderen Frauen. Auch du bedarfst des Dienstes der Diakonisse zu vielen Dingen, denn in die Häuser der Heiden, wo gläubige (Frauen) sind, muß die Diakonisse gehen, die Kranken besuchen und bedienen mit dem, was sie brauchen; und die, welche anfangen von ihrer Krankheit zu genesen, soll sie waschen. In: Achelis-Flemming, 84f.]

Didascalia Arabica

XXXV, 17

Nach der arabischen Variante der Didaskalia sind die drei Pforten einer Kirche (östliche, westliche, nördliche) ein Bild der Dreieinigkeit Gottes.

Lat.: Funk II, 125.
Dt.: G. L. Müller.

Presbyteri et diaconi et reliquus clerus, si fieri potest, sint in ecclesia, diaconissae autem sint in loco septemtrionali ecclesiae, ut omnes simul in quiete inveniant facultatem perficiendi ministerium, quod unicuique eorum convenit.

Die Presbyter und Diakone und der übrige Klerus sollen, so es ansteht, in der Kirche sein; die Diakonissen aber am nördlichen Ort der Kirche, damit alle zugleich in Ruhe die Möglichkeit finden ihren Dienst auszuüben, so wie er jedem zukommt.

XXXVIII, 21f.

In dieser arab. Version der Didaskalia findet sich eine Beschreibung der vom Bischof geleiteten Liturgie. Vor allem der Dienst des Bischofs an der Wortverkündigung wie die Zelebration der Eucharistie wird herausgestellt, sowie der Dienst der Priester und Diakone. Auch die Gemeindewitwen gehören mit den anderen Rängen der Kirchendiener zum Klerus, was sich auch in ihrer Stellung beim Gottesdienst ausdrückt.

Lat.: Funk II, 132.
Dt.: G. L. Müller.

Et sic episcopus liturgiam faciat, velo demisso et intra hoc versantibus presbyteris, diaconis et subdiaconis et lectoribus et viduis, quae diaconissae sunt, et eis qui charismata habent. [...]

Und so vollzieht der Bischof die Liturgie innerhalb des Altarraums, wobei sich die Presbyter, Diakone, Subdiakone, Lektoren und Witwen, welche Diakonissen genannt werden, sich ihm zugekehrt haben. Der Bischof steht am Altar, während nahebei die Diakone die Fächer bewegen, die gleichsam die Fügel der Cherubim bedeuten; auch die Presbyter stehen nahe bei ihm, ebenso der übrige Klerus secundum ordinem.

Synode von Elvira bei Granada (um 300), Can. 33

Lat./Dt.: DH 119.

Das Gebot des Enthaltsamkeitszölibats (noch nicht des späteren Ehelosigkeitszölibats) zeigt neben der verbindlichen Aussage über die Dreigliedrigkeit des eigentlichen Weiheamts, daß Bischöfe, Presbyter und Diakone nur Männer waren; denn das umgekehrt geltende Gebot für weibliche Bischöfe, Priester und Diakone, sich von ihren Ehemännern zu enthalten, steht überhaupt nicht zur Debatte.

Es wurde beschlossen, den Bischöfen, Presbytern und Diakonen sowie allen Klerikern, die zu einem Dienst eingesetzt sind, folgendes aufzuerlegen: Sie sollen sich vom ehelichen Umgang mit ihren Frauen enthalten und keine Kinder zeugen; wer es dennoch tut, soll der Ehrenstellung des Klerikers enthoben werden.

Lat./Dt.: DH 128; vgl. *Karlhermann Bergner*, in: *I. Ortiz de Urbina*, Nizäa und Konstantinopel (GÖK I), Mainz 1964, 293.

Das Konzil rechnet die Diakonissen nicht zum Klerus, weil der Terminus »Klerus« (Apg 1,17; gemeint ist: Anteil an der Episkope der Apostel) noch reserviert ist für Episkopat, Presbyterat und Diakonat, die durch Handauflegung übertragen wurden (Trad. apost. 10). Erst später wird in einigen Dokumenten (Apost. Const. III 12,2; VIII 19,1; Epiphanius v. Salamis, Exp. fidei, 21; Kaiser Justinian, Nov. 3,1f.; Chalzedon) Klerus (*tagma/ordo*) zum zusammenfassenden Begriff für den dreigliedrigen sakramentalen Ordo und die Kirchendienste, die alle Anspruch auf staatliche oder kirchliche Besoldung haben. Da ab den Apostolischen Konstitutionen (um 380) die Handauflegung nicht mehr das klare Unterscheidungsmerkmal zwischen Priestern/Diakonen und den Laien und den kirchlichen Ämtern (Diakonisse, Subdiakon, Lektor, in die einer nur eingesetzt wurde) ist, bürgert sich, ohne daß die Begriffe immer deutlich auseinandergehalten werden, nach Chalzedon die Unterscheidung der Handauflegung ein als sakramentale Einsetzung in das dreigliedrige Weiheamt *(Cheirotonia)* und die Benediktionshandauflegung (*Cheirothesia*) für niedere Kirchenämter, aber auch Handauflegung bei den Katechumenen, bei der Einsetzung von Äbten und Äbtissinnen, der Jungfrauenweihe, der Krankensegnung etc. Das lat. ordinare bedeutet je nach Zusammenhang allgemein in ein Kirchenamt, sei es ein höheres oder niederes, einsetzen, oder im strengen Sinn »weihen« durch Händeauflegung des Bischofs zu den drei Graden des Weihesakraments (vgl. *Wittig, Michael*, Art. Cheirothesia: [3]LThK II [1994] 1031f.).

De Paulianistis, qui deinde ad ecclesiam confugerunt, statutum est, ut ii omnino rebaptizentur. Si qui vero tempore praeterito in clericorum numero erant, si quidem a culpa et reprehensione alieni visi fuerint, rebaptizati ordinentur a catholicae ecclesiae episcopo. Si vero examinatio eos non esse adaptos deprehendit, deponi eos oportet. Similiter autem et de diaconissis et omnino de omnibus, qui inter clericos annumerantur, eadem forma servabitur. Diaconissarum autem meminibus quae in habitu quidem censentur, quoniam nec ullam habent manuum impositionem, ut omnino *inter laicos ipsae connumerentur*.

Was die Paulianisten (Anhänger Pauls von Samosata) anbetrifft, die zur katholischen Kirche zurückkehren wollen, so ist die Vorschrift zu beachten, die ihre Wiedertaufe erfordert. Waren einige von ihnen Mitglieder des Klerus, so sollen sie nach Empfang der Taufe von dem katholischen Bischof ordiniert werden, immer natürlich unter der Bedingung, daß sie einen guten Ruf genießen und ohne Tadel sind. Ergibt sich daher die Nachforschung, daß sie unwürdig sind, so sind sie abzusetzen. In der gleichen Weise soll mit den Diakonissen verfahren werden und allgemein mit denen, die in der Klerikerliste stehen. Die Diakonissen, die davon betroffen werden, erinnern wir daran, daß sie keinerlei Ordination (Cheirothesia) erhalten haben und ganz einfach den Laien zuzuzählen sind (inter laicos ipsae numerantur).

Papst Siricius, Ep. »Directa ad decessorem« an Bischof Himerius von Tarragona (10. 2. 385), Can. 7.

Lat./Dt.: DH 185.

Der Papst begründet die Zölibatspflicht für höhere Kleriker mit der Darstellung Christi des Bräutigams im Verhältnis zur Kirche. Damit ist auch klar, daß nur Männer aufgund der natürlichen Symbolik ihrer Hinordnung als Bräutigam auf die Frau als Braut die Korrelation Christi zur Kirche sakramental darstellen können. Eine Begründung des Priesterzölibats durch die kultische Reinheit findet sich nicht (die alttestamentliche kultische Reinheit im geschlechtlichen Tun von Männern und Frauen hat im übrigen nichts mit der Abwertung der Sexualität oder archaisch-magischen Ängsten zu tun, sondern im Gegenteil mit dem Glauben an das die menschliche Verfügung transzendierende Mysterium der von Gott den Menschen anvertrauten Weitergabe des Lebens). Der innere Grund für die nicht mehr vollzogene Kinderzeugung der damals noch verheirateten (und dann der auf die Ehe verzichtenden) Kleriker ist vielmehr die *conformitas cum Christo,* der als Bräutigam der Kirche selbst auf eine Ehe verzichtete und Urheber des Lebens der Kinder Gottes wurde, um den Gläubigen »in Jesus Christus durch das Evangelium zum Vater zu werden« (1 Kor 4,15).

Daher bezeugt auch der Herr Jesus, nachdem er uns mit seiner Ankunft erleuchtet hatte, im Evangelium, daß er gekommen ist, das Gesetz zu erfüllen, nicht aufzulösen (Mt 5,17). Und deshalb wollte er, daß die Gestalt der Kirche, deren Bräutigam er ist, im Glanze der Enthaltsamkeit erstrahle, damit er sie am Tage des Gerichtes, wenn er wiederkommt, ohne Makel und Runzel finden kann (Eph 5,27). Durch das unauflösliche Gesetz dieser Bestimmungen werden wir alle Priester (= Bischöfe und Presbyter) und Leviten (= Diakone), gebunden, auf daß wir vom Tage unserer Weihe an sowohl unsere Herzen als auch unseren Leib der Enthaltsamkeit und Keuschheit überantworten, damit wir dem Herrn unserem Gott in den Opfern gefallen, die wir täglich darbringen.

Synode von Laodicea (Ende 4. Jh.), Can. 11 und 45

Lat.: Mansi, Bd. 2, 565 u. 572.
Franz.: Gryson, Le ministère, 92–95.
Dt.: G. L. Müller

Es handelt sich hier um Vorsteherinnen von klösterlichen Frauengemeinschaften.

Can. 11: Non oportere eas, quae dicuntur presbyterae et praesidentes, in ecclesiis constitui.

Es geziemt sich nicht, daß diejenigen, die Presbyterinnen und Vorsitzende genannt werden, in der Kirche eingesetzt/geweiht werden.

Can. 45: Quod non oportet mulierem ad altare ingredi.

Eine Frau soll nicht zum Altar(dienst) hinzutreten.

Synode von Nîmes (394), Can. 2

Lat.: CCL 148 (Munier) 50; vgl. Hefele, Conciliengeschichte, 2. Bd., ²1875, 62.
Dt.: G. L. Müller.

Hier kündigt sich der Widerstand der Kirchen im Westen gegen die mit dem sakramentalen Diakonat zu verwechselnde Form des Diakonendienstes von Frauen an. Durch die Latinisierung der ursprünglich für jedweden Dienst geltenden Bezeichnung *diakonos* wurde *diaconus* mehr und mehr zur technischen Bezeichnung der sakramentalen Weihestufe im Unterschied zu *minister, ministra* und *ministerium,* was den Dienstcharakter des Weiheamtes meint oder alle kirchlichen Dienste zusammen, unabhängig davon, ob sie im engeren Sinn dem *sacramentum ordinis* oder den *ministeria ecclesiastica* angehören. Mit dieser Unterscheidung ist aber auch die westliche Überzeugung ausgesprochen, daß sich der Dienst der *diakonissa/diacona* von dem sakramentalen Amt des Diakons wesentlich unterscheidet.

Illud aetiam a quibusdam suggestum est ut, contra apostolicam disciplinam, incognito usque in hoc tempus, in ministerium faeminae, nescio quo loco leviticum videantur adsumptae; quod quidem, quia indicens est, non admittit ecclesiastica disciplina, et contra rationem facta talis ordinatio distruatur: providendum, ne quis sibi hoc ultra praesumat.

Es ist uns von einigen hinterbracht worden, daß entgegen der apostolischen Ordnung (disciplina apostolica) Frauen irgendwo den Levitendienst, d.h. des Diakons, übernommen haben sollen, was bisher unbekannt war. Eine solche Ordination ist ungehörig, da die kirchliche Disziplin sie nicht zuläßt. Wo sie dennoch vorgenommen wurde, ist sie aufgehoben. Es ist Vorsorge zu treffen, daß sich niemand fernerhin ein solches Handeln anmaßt.

Synode von Karthago (387 oder 390), Can. 3

Lat.: Mansi 3, 693.
Dt.: G. L. Müller.

Die Synode bestimmt, daß bei der Firmung nur die Bischöfe die Chrisamsalbung und ebenso nur sie die »consecratio puellarum« vornehmen dürfen. Den Presbytern ist dies nicht erlaubt. »Consecratio puellarum« meint hier die Spendung der Jungfrauenweihe.

... Ab universis episcopis dictum est: chrismatis confectio et puellarum consecratio a presbyteris non fiant ...

Von allen Bischöfen ist beschlossen worden, daß die Presbyter weder die Chrisamsalbung noch die Jungfrauenweihe vornehmen sollen.

4. Synode von Karthago

Lat.: Mansi 3, 959.
Dt.: G. L. Müller.

Der Sinn dieser Bestimmung ist weniger die Betonung von Rechten von Männern gegenüber Frauen in der Kirche, sondern viel eher die Abgrenzung gegenüber donatistischen Auffassungen. Der Grund für die apostolische Verkündigung und Sakramentenspendung liegt nicht in der persönlichen Heiligkeit und Gelehrsamkeit, die auch bei christlichen Frauen anerkannt wird, sondern in der sakramentalen Vollmacht von Diakon und Priester, durch die Christus selbst predigt und tauft. Diese sind allerdings seit apostolischer Zeit aus den Reihen christlicher Männer genommen, was sich aus 1 Kor 14,34f. und 1 Tim 2,12 ergibt (vgl. Ambrosiaster; Augustinus). Auch männliche Laien können nicht vollmächtig lehren und im Normalfall die Taufe spenden, wie es allein den Bischöfen und Presbytern kraft der Weihe und der Nachfolge der Apostel zukommt.

Mulier, quamvis docta et sancta viros in conventu docere non praesumat.

Eine Frau, sie mag noch so gelehrt und heilig sein, soll sich nicht herausnehmen, Männer in öffentlicher Versammlung zu belehren oder jemanden zu taufen.

Canon Clementis

Lat.: Bar Hebraeus VII, 7, Mai, 50.
Dt.: G. L. Müller.

Dieser Kanon gibt den Sinn des 37. Kapitels der Konstitutionen der ägyptischen Kirche wieder. Man beruft sich auf Papst Clemens I. (92–101).

Vidua eligatur illa, quae a multo tempore sine viro permanserit: porro etiamsi illa compressa fuerit, si non consenserit, sed in oratione et castitate perseveraverit, ordinetur constituta in gradibus altaris; et oret super caput episcopus sub silentio orationem convenientem. Cum autem instituta fuerit, incessanter oret.

Als Witwe werde jene erwählt, die seit langer Zeit ohne Mann geblieben ist ... wenn sie in Gebet und Keuschheit ausgeharrt hat, werde sie geweiht und eingesetzt auf den Stufen des Altars. Über ihr Haupt soll der Bischof still ein passendes Gebet sprechen. Wenn sie dann eingesetzt ist, so soll sie ohne Unterlaß beten.

Apostolische Konstitutionen (um 380)

(Vgl. unter Theologentexte, 1.2 Texte aus der Weiheliturgie)

Epiphanius von Salamis (ca. 315–403), Panarion/Haereses (374–377)

Der im Vergleich mit anderen Kirchenvätern stärker traditionell ausgerichtete Bischof von Salamis war in seinen Werken bemüht um eine deutliche Abgrenzung des wahren kirchlichen Glaubens von den Häresien, deren 80 er im *Panarion* aufreiht. Epiphanius repräsentiert das Glaubensbewußtsein der Kirche in seiner Zeit, wenn er die Weihe von Frauen zu Priestern, wie sie bei unterschiedlichen Sekten vorkam, besonders bei den Kataphrygiern (Pepuzianer, Quintillianer), als dem Willen Christi widersprechend abweist und damit als häretisch qualifiziert. Für ihn wie für alle Kirchenväter konnten in Glaubensfragen nicht persönliche Ressentiments den Ausschlag geben, sondern der Wille Christi, wie er in der Glaubenstradition und liturgischen Praxis der Kirche unter dem Einfluß des die Kirche leitenden Heiligen Geistes als das anvertraute Gut der »Lehre der Apostel« treu bewahrt wird (vgl. Apg 2,42; Eph 2,20; 1 Tim 6,20). Von einer Begründung mit einer Zweitrangigkeit oder gar der häretisch-gnostischen Vorstellung der seinsmäßigen Minderwertigkeit der Frau findet sich keine Spur.

Haer. 49,1–3

Griech.: GCS 59/2 (Holl/Dummer), 241–244.
Engl.: NHS 36 (Williams) 21f.
Dt.: R. Voderholzer.

Gegen die Quintillianer oder Pepuzianer, bekannt auch als Priscillianisten:
1 (1). Die Quintillianer, genannt auch Pepuzianer und bekannt als Artotyriten und Priscillianer, sind dieselben wie die Phrygier und kommen von ihnen her, unterscheiden sich aber in gewisser Hinsicht von ihnen. (2) Die Quintillianer oder Priscillianisten sagen, daß entweder Quintilla oder Priscilla – ich kann nicht mit Sicherheit sagen, welche, jedenfalls eine der beiden – in Pepuza schlief. Da kam Christus zu ihr und und schlief neben ihr unter den folgenden Umständen, wie die Frau in ihrer Verblendung sagte: (3) »In Gestalt einer Frau, so sprach sie, kam Christus zu mir in strahlendem Gewand, gab mir Weisheit ein und bezeichnete diesen Ort (das phrygische Dorf Pepuza) als heilig; dort werde das himmlische Jerusalem hinabsteigen.« (4) Und so werden bis auf den heutigen Tag, wie sie sagen, bestimmte Frauen – aber auch Männer – dort in ihren Kult eingeführt, so daß diese Frauen oder Männer auf Christus warten, um ihn zu sehen. (5) (Sie haben Frauen, die sie Prophetinnen nennen. Ich bin allerdings nicht sicher, ob dies ihr Brauch ist oder der der Phrygier; sie stehen mit ihnen in Verbindung und haben dieselben Gedanken).

2. (1) Sie verwenden das Alte und das Neue Testament, ... Ihre Gründerin ist Quintilla zusammen mit Priscilla, die auch eine phrygische Prophetin war. (2) Sie führen viele Texte an, die allerdings keine Bedeutung haben, und danken Eva, weil sie die erste gewesen sei, die vom Baum der Weisheit gegessen habe. Und als Schriftbeweis für ihre Weihe von Frauen zu Klerikern führen sie an, daß die Schwester des Mose eine Prophetin war. Philippus habe gar vier Töchter gehabt, die weissagten. (3) Oftmals kommen in ihren Kirchen sieben weißgekleidete Jungfrauen mit Lampen herein, um vor dem Volk zu weissagen (...) (5) Sie haben Frauen als Bischöfe, Presbyter und andere Weihestufen, so daß das Geschlecht keinerlei Unterschied macht, in Christus gibt es weder Mann noch Frau.
3. (...) Wenn sie nun aber wegen Eva Frauen zu Bischöfen und Presbytern weihen, dann sollten sie auf den Herrn hören, wenn er sagt: »Du hast Verlangen nach deinem Mann, er aber wird über dich herrschen« (Gen 3,16). Und sie haben das Gebot des Apostels übersehen, »Der Frau erlaube ich nicht zu reden oder den Mann zu beherrschen« (1 Tim 2,12). Und ebenso »Nicht der Mann ist aus der Frau, sondern die Frau aus dem Mann« (1 Kor 11,8). Und: »Nicht Adam ist getäuscht worden, sondern zuerst wurde Eva zur Übertretung verleitet« (1 Tim 2,14).

Haer. 78, 23 (gegen die Kollyridianerinnen)

Griech.: GCS 59/3 (Holl/Dummer) 472f.
Engl.: NHS 36 (Williams) 618f.
Dt.: BKV² 38 (Hörmann) 259f.

Denn die einen lästern den Sohn, wie ich oben schon vorbemerkt habe, indem sie ihn von der Gottheit des Vaters der Natur nach unterscheiden wollen. Andere hinwiederum in entgegengesetzter Gesinnung gingen mit dem Vorhaben, Gott zu ehren, über das Ziel hinaus und sagten: Ein und derselbe sei Vater, ein und derselbe Sohn, ein und derselbe Hl. Geist. Beide Extreme aber leiden an einer unheilbaren Wunde. So haben auch in betreff dieser heiligen und beseligten, immerwährenden Jungfrau die einen sich herausgenommen, sie herunterzusetzen, indem sie sagten, sie habe sich fleischlich vermischt nach jenem größten und in Reinheit strahlenden Heilswerk des Herrn, seiner Erscheinung im Fleische. Und das ist wohl die frivolste aller Bosheiten. Wie wir nun berichten mußten, gehört zu haben, daß einige leichten Herzens diese Sünde auf sich zu laden gewagt haben, so haben wir andererseits auch das Gegenteil mit Staunen vernommen. Andere nämlich haben hinwiederum in der Wertschätzung der heiligen, immerwährenden Jungfrau den gesunden Verstand verloren und sich bemüht und bemühen sich noch, sie als Göttin vorzustellen, von Wahnwitz und Verrücktheit getrieben. Man erzählt sich nämlich, daß einige Weiber dort in Arabien von Thrazien her diesen Aberwitz eingeführt haben, daß sie auf den Namen der immerwährenden Jungfrau eine Art Brotkuchen darbringen, dazu sich versammeln und auf den Namen der immerwährenden Jungfrau über alles Maß hinaus eine ungerechte und lästerliche Sache unternehmen und auf ihren Namen Gottesdienst halten durch Frauen. Das alles ist doch gottlos, frevelhaft und verstößt gegen die Botschaft des Hl. Geistes, so daß das Ganze als Teufelswerk und Lehre eines unreinen Geistes sich darstellt. Es erfüllt sich eben auch an diesen das Wort: »Einige werden von der gesunden Lehre abfallen und sich Fabeleien und Lehren der Dämonen hingeben« (1 Tim 4,1). Sie werden nämlich, heißt es, den Toten Gottesdienst halten, wie sie auch schon in Israel verehrt wurden. Und so ist denn die Ehre, welche die Heiligen zu ihrer Zeit vor Gott gehabt haben, anderen, welche die Wahrheit nicht sehen, geworden zum Irrtum.

Haer. 79,2

Griech.: GCS 59/3 (Holl/Dummer) 476f.
Engl.: NHS 36 (Williams) 621f.
Dt.: G. L. Müller.

Seien wir darum auf der Hut, Knechte Gottes! Laßt uns mit männlicher Verständigkeit bekleiden, damit wir diese Verrücktheit der Frauen zerstreuen. (...) Nirgends diente eine Frau als Priesterin.

Haer. 79,3

Griech.: GCS 59/3 (Holl/Dummer) 477f.
Engl.: NHS 36 (Williams) 622f.
Dt.: G. L. Müller.

Wenn Frauen zum Priesterdienst vor Gott bestellt werden sollten oder für ein kirchliches Amt, dann wäre es im Neuen Bund niemandem mehr als Maria zugefallen, eine priesterliche Aufgabe auszuüben. Ist ihr doch die große Ehre zuteil geworden, daß sie in ihrem Schoß den König aller Dinge und Gott des Himmels, den Sohn Gottes empfangen durfte: wie ein Tempel und eine Wohnstatt wurde ihr Leib bereitet für die Menschwerdung des Herrn, wie es der Menschenfreundlichkeit Gottes und dem staunenswerten Geheimnis entsprach. Aber es (die Übertragung des Priesteramtes) gefiel ihm nicht. Nicht einmal die Spendung der Taufe ist ihr anvertraut worden; so hätte Christus eher von ihr als von Johannes getauft werden können ... Wenn es auch für die Kirche den Stand der Diakonissen gibt, ist er jedoch nicht für den priesterlichen Dienst, auch nicht für eine Aufgabe dieser Art eingesetzt worden, sondern um der *Würde der Frau* willen, sei es für die Zeit des Taufbades oder zur Fürsorge bei Krankheit oder Gebrechen, sei es wenn sonst der Körper der Frau entkleidet werden muß; dieser soll nicht von den Männern angeschaut werden, die mit priesterlichen Aufgaben betraut sind, sondern nur von der Diakonisse; im Auftrag des Priesters sorgt sie sich um die Frau für die Zeit, da die Kleider abgelegt sind. Dies entspricht der Standeszucht und der kirchlichen Disziplin, die in der Gesetzesregel einsichtsvoll und gut geschützt ist. Deswegen überträgt das göttliche Wort der Frau weder, in der Kirche zu reden, noch über den Mann zu herrschen.

Epiphanius von Salamis (310/320–403), Anakephalaiosis, 48–49

Gr.: PG 42, 864.
Dt.: BKV² 38 (Hörmann) 208f.

Bei dieser Schrift handelt es sich um eine nicht von Epiphanius selbst stammende, jedoch auf Zusammenfassungen innerhalb des *Panarion* zurückgreifende Kurzdarstellung der einzelnen Irrlehren, die weit verbreitet war, viel gelesen wurde und auch Augustinus schon bekannt war.

48. Die Kataphrygier, auch Montanisten, nehmen beide Testamente an, fügen aber zu den gewöhnlichen Propheten noch neue bei und verehren einen gewissen Montanus und eine gewisse Priszilla.
49. Die Pepuzianer, auch Quintillianer genannt, zu denen noch die Artotyriten gehören, sind wohl aus den eben behandelten Kataphrygern hervorgegangen, haben aber doch einzelne Besonderheiten in ihrer Lehre. Pepuza, einer öden Stadt zwischen Galatien, Kappadozien und Phrygien gelegen, erweisen sie göttliche Ehren und halten sie für das obere Jerusalem. Es gibt noch ein anderes Pepuza. Frauen lassen sie das Hirten- und Priesteramt verwalten (*Gynaixí te apodidóntes tò árchein kaì hiereúein*). Aufgenommen werden sie durch gewisse Mysterien, in denen sie einen Knaben durchbohren. Zu Pepuza soll ein Christus in Frauengestalt der Quintilla oder Priszilla erschienen sein. Sie nehmen das Alte und Neue Testament an, ändern jedoch darin nach eigenem Ermessen.

Ambrosiaster (366–384), Kommentar zu 1 Tim 3,11

Auch der anonyme, lange Zeit mit Ambrosius von Mailand identifizierte Paulus-Kommentator erwähnt im Zusammenhang mit 1 Tim 3,11 die Lehre und Praxis der Kataphrygier, Frauen das Weihesakrament zu spenden, und weist sie als Häresie zurück.

Lat.: CSEL 81,3 (Vogels) 268.
Dt.: G. L. Müller.

Sed Cataphrygae occasionem erroris captantes, propter quod post diaconos mulieres adloquitur, etiam ipsas diaconissas (diaconas) debere ordinari vana praesumptione defendunt, cum sciant apostolos septem diaconos elegisse. Numquid nulla mulier tunc idonea inventa est, cum inter undecim apostolos sanctas mulieres fuisse legamus?

Weil der Apostel nach den Diakonen Frauen anredet, ergreifen die Kataphrygier die günstige Gelegenheit zur Irrlehre und halten mit eitler Anmaßung daran fest, daß auch Diakonissen geweiht werden müssen; und das, obwohl sie wissen, daß die Apostel sieben Männer als Diakone gewählt haben. Hat man damals etwa keine geeignete Frau gefunden, wo wir doch lesen, daß bei den elf Aposteln heilige Frauen gewesen sind? [vgl. Apg 1,14]

Johannes Chrysostomos (344/354–407), Über das Priestertum (386)

In einer der ersten großen thematischen Abhandlungen über das Bischofs- und Priesteramt, bezeugt Johannes Chrysostomus den gemeinsamen Glauben der ecclesia catholica, daß der Priester Repräsentant Christi, des Sohnes Gottes und Hirten der Kirche ist und dafür mit der wunderbaren, von Gott selbst verliehenen Vollmacht ausgestattet ist, als Mensch dem Heil von Menschen zu dienen. Durch *göttliches Gesetz* (Sac. III,8) sind nur Männer zu dem Priesteramt berufen, die für die gläubigen Frauen und Männer in der Kirche diesen hingebenden Dienst am Heil der Glaubenden versehen durch Wortverkündigung, heilige Liturgie und die Hingabe des guten Hirten. Daß für diese Glaubensaussage ein Ressentiment gegen Frauen leitend gewesen sein sollte, ist wegen der frauenfreundlichen Aussagen in seinem Kommentar zu Röm 16 mehr als abwegig. Zur Theologie des Priesteramtes bei Johannes Chrysostomus: *Lubac, Henri de, Le Dialogue sur le sacerdoce* de saint Jean Chrysostome, in: NRT 100 (1978) 822–831 (jetzt auch in: Théologie dans l'histoire I. La lumière du Christ, Paris 1990, 19–29), sowie *Lochbrunner, Manfred,* Über das Priestertum. Historische und systematische Untersuchung zum Priesterbild des Johannes Chrysostomus (= Hereditas 5), Bonn 1993.

Sac. II, 2

Gr./Franz.: SC 272 (Malingrey) 105–107.
Dt.: BKV² 27 (Naegle) 119–121.

Willst du also noch mit mir streiten, als ob ich nicht in guter Absicht dich getäuscht hätte? Denn du sollst über alle Güter Gottes gesetzt werden und das nämliche Amt ausüben wie Petrus, von dem der Herr erklärte, er würde hierin sogar die übrigen Apostel zu übertreffen vermögen. Zu Petrus hat er gesagt: »Liebst du mich mehr als diese? Weide meine Schafe!« Er hätte ja zu ihm sprechen können: Wenn du mich lieb hast, so übe das Fasten, schlafe auf dem bloßen Boden, halte strenge Nachtwachen, nimm dich an der Bedrängten, werde den Waisen ein Vater und vertritt die Stelle des Mannes bei ihrer Mutter. Nun läßt er das alles beiseite und was sagt er? »Weide meine Schafe!« Denn die Aufgaben, die ich soeben aufzählte, wären auch viele der Untergebenen zu leisten unschwer imstande, nicht bloß Männer, sondern auch Frauen. Gilt es jedoch, Vorsteher einer Kirche und mit der Sorge für so viele Seelen betraut zu werden, da muß zunächst vor der Größe einer solchen Aufgabe das ganze weibliche Geschlecht zurücktreten, aber auch die Mehrzahl der Männer. Es sollen nur diejenigen hierzu ausgesucht werden, welche über alle anderen in hohem Maße hervorragen, die sie ebensosehr oder eigentlich noch weit mehr an Seelenadel übertreffen als Saul das ganze hebräische Volk an Körpergröße. Denn hier ist nicht etwa bloß auf die Schulterhöhe zu schauen, sondern so groß der Unterschied zwischen den vernünftigen Menschen und den unvernünftigen Geschöpfen ist, ebenso hoch überrage der Hirte die ihm anvertraute Herde, um nicht noch mehr zu sagen. Handelt es sich doch hier um viel größere Güter. Der, welcher Schafe verloren hat, sei es, daß Wölfe sie zerfleischten, Räuber sie entführten, oder daß eine Seuche oder ein anderer Unfall sie traf, kann doch wahrscheinlich vom Besitzer der Herde Verzeihung erlangen; sollte aber Ersatz von ihm gefordert werden, dann besteht die Strafe höchstens in einer Geldentschädigung. Wem jedoch Menschen anvertraut sind, die vernunftbegabte Herde Christi, den trifft, wenn ihm seine Schäflein zugrunde gehen, nicht eine Geldbuße, sondern er verliert zur Strafe seine eigene Seele.

Sac. III,9

Griech./Franz.: SC 272 (Malingrey) 161–165.
Dt.: BKV² 27 (Naegle) 149–151.

In erster Linie ist [unter den Dingen, die die Seele des Priesters beun-
ruhigen] zu nennen als die gefährlichste von allen die Klippe der
Ehrsucht, verderbenbringender als die Klippen, von denen die Sagen-
dichter zu fabulieren wissen. Viele haben allerdings die Kraft besess-
sen, an dieser Klippe glücklich vorbeizuschiffen und unversehrt zu
entrinnen; für mich aber ist die Ehrsucht etwas so Gefährliches, daß
nicht einmal jetzt, wo doch nicht die geringste Notwendigkeit mich
jenem Abgrunde zutreibt, ich mich von dieser unseligen Leidenschaft
rein zu halten vermag. Wenn man nun mir gar dieses hohe Amt anvertrauen würde, so bedeutete das ungefähr ebensoviel, als bände man
mir beide Hände auf den Rücken und lieferte mich den auf jener
Klippe hausenden wilden Tieren aus, um mich täglich von ihnen zer-
fleischen zu lassen. Was sind das jedoch für Tiere? Zorn, Mutlosigkeit,
Neid, Zank, Verleumdungen und andere Beschuldigungen, Lüge,
Heuchelei, hinterlistige Nachstellungen, Verwünschungen gegen
Menschen, die uns gar kein Unrecht zugefügt haben, Schadenfreude
über das ungebührliche Benehmen der Mitpriester, Trauer über glück-
liche Tage des Nebenmenschen, Ruhmbegierde, Ehrsucht – und diese
ist es, die vor allem die menschliche Seele sich direkt ins Verderben
stürzen läßt –, Unterweisungen, die bloß gerichtet sind auf irdisches
Vergnügen, sklavische Schmeicheleien, unwürdige Lobhudeleien,
Verachtung der Armen, Wohldienerei gegen die Reichen, unvernünftige Ehrenbezeigungen und schädliche Gunsterweisungen, die in gleicher Weise Gefahr bringen sowohl ihren Urhebern wie ihren Empfängern, knechtische Furcht, wie sie nur den gemeinsten Sklaven eignet, Unterdrückung der Freimütigkeit, auffallend äußerer Schein von
Demut, die in Wirklichkeit nirgends vorhanden ist. Gänzlich unter-
läßt man es, einzuschreiten und zurechtzuweisen, oder vielmehr man
wendet dergleichen nur gegen die niedrigen Volksklassen an, und
zwar über das gerechte Maß hinaus, während man denen gegenüber,
die mit Macht bekleidet sind, nicht einmal die Lippen zu öffnen wagt.
Alle diese Tiere, ja noch mehr der Art nährt jene Klippe, und wer einmal in ihre Klauen geraten ist, der wird unfehlbar in solche Knechtschaft hinabgezogen, daß er sogar den Frauen zu gefallen oftmals vieles tut, was sich nicht einmal schickt, genannt zu werden. Zwar hat
das *göttliche Gesetz* (*theios nomos*) die Frauen von dem Kirchendienst
(*leiturgia*) ausgeschlossen (1 Kor 14,34), aber sie suchen sich gewalt-
sam einzudrängen, und da sie von sich selbst aus nichts auszurichten
vermögen, so setzen sie alles durch andere ins Werk. Ja sie besitzen ei-

ne solche Macht, daß sie nach eigenem Gutdünken Priester aufnehmen und absetzen, so daß das Obere nach unten gekehrt wird und deutlich sich hier das Sprichwort bewahrheitet: Die Untergebenen führen ihre Gebieter. Und wenn doch es noch Männer wären! Aber Frauen sind es, denen es nicht einmal gestattet ist, zu lehren (1 Tim 2,12). Was sage ich, zu lehren? Nicht einmal zu reden (1 Kor 14,34) in der Versammlung, hat ihnen der selige Paulus erlaubt. Ich habe jedoch jemanden erzählen hören, man habe den Frauen eine solche Redefreiheit gewährt, daß sie den Kirchenvorstehern gar mit Vorwürfen begegnen und sie heftiger anlassen als die Herren ihre eigenen Sklaven.

Augustinus (354–430), De haeresibus 27 (428/429)

Lat.: CCL 46 (Vander Plaeste/Beukers) 303.
Dt.: G. L. Müller.

Die nach dem Vorbild des Epiphanius von Salamis gestaltete Häresiensammlung nennt nach den Kataphrygiern die Pepuzianer. Die ersten, die zurückgehen auf Montanus und seine beiden Prophetinnen Prisca und Maximilla, überheben sich über die Apostel wegen des angeblich ihnen zuteil gewordenen, von Christus verheißenen Heiligen Geistes. Sie verunreinigen die Sakramente mit dubiosen Praktiken bei der Eucharistie, indem sie das Blut von Kindern mit Mehl vermischen und als Kommunion anbieten. Falls das Kind bei der Tortur der Blutentnahme stirbt, halten sie es für einen Martyrer; falls es überlebt für den Hohenpriester. Sie verurteilen die neue Ehe von verwitweten Christen als Ehebruch. Es folgen in der Aufzählung die Pepuzianer, die Frauen zum Priesteramt zulassen (Quintilla galt nach Tertullian, bapt. 1,20, als Anhängerin des Gnostikers Gaios. Auf ihn geht die haeresis Cajana zurück, die die Wassertaufe für überflüssig und allein das Bekenntnis zum dreifaltigen Gott für rechtfertigend vorgab).

Die Pepuzianer werden nach einer entlegenen Stadt Pepuza genannt, wie es Epiphanius berichtet. Sie halten diese Stadt für etwas Göttliches und nennen sie Jerusalem. Sie geben den Frauen das Leitungsamt, so daß sie auch bei ihnen mit dem Priesteramt betraut werden (Tantum dantes mulieribus principatum, ut sacerdotio apud eos honorentur). Die Quinitillianer und Priscillianer behaupten außerdem, daß in ihrer Stadt Pepuza Christus sich in Gestalt einer Frau geoffenbart habe. Deswegen werden sie auch Quintillianer geannt. Sie machen mit Kinderblut das gleiche wie die Kataphrygier, von denen wir gerade gesprochen haben, denn von diesen haben sie ihren Ausgang genommen. Andere sagen, daß Pepuza keine Stadt ist, sondern die Villa des Montanus und seiner beiden Prophetinnen Priszilla und Maximilla. Diese Villa verdiene es, (das neue) Jerusalem genannt zu werden, eben weil diese dort lebten.

Statuta Ecclesiae Antiqua (5. Jh.)

Lat.: Charles Munier (Ed.) Les Statuta Ecclesiae antiqua. Édition – Études critiques, Paris 1960 (Text S. 75–100).
Dt.: G. L. Müller.

Diese liturgie- und rechtsgeschichtlich wichtige Sammlung von Canones aus dem römisch-gallischen Raum gibt Hinweise auf die Stellung der Kleriker, zu denen Frauen nicht gehören, und zur Bedeutung der Witwen und gottgeweihten Jungfrauen. Can. 37 ist wörtliche Übernahme von can. 99 der 4. Synode von Karthago. Aus can. 38 geht hervor, daß kein Laie, also weder ein Mann noch eine Frau, in Anwesenheit eines Klerikers ohne dessen Erlaubnis lehren darf.

Can. 37

Lat.: Munier 86.
Dt.: G. L. Müller.

Mulier, quamvis docta et sancta, viros in conventu docere non praesumat.

Eine Frau, sei sie noch so gelehrt und heilig, darf sich nicht herausnehmen, in der Versammlung zu lehren.

Can. 38

Lat.: ebd. 86.
Dt.: G. L. Müller

Laicus, praesentibus clericis nisi ipsis probantibus, docere non audeat.

Ein Laie wage es nicht, in der Gegenwart von Klerikern zu lehren, außer wenn diese es ihm erlauben.

Can. 41

Lat.: ebd. 86.
Dt.: G. L. Müller.

Mulier baptizare non praesumat.

Eine Frau darf sich die Taufspendung nicht anmaßen.

Can. 99

Lat.: ebd. 99.
Dt.: G. L. Müller.

Sanctimonialis virgo, cum ad consecrationem sui episcopo offertur, in talibus vestibus applicetur qualibus semper usura est, professioni et sanctimoniae aptis.

Die gottgeweihte Jungfrau, die zur Weihe (consecratio) ihrem Bischof vorgestellt wird, soll in solchen Kleidern erscheinen, wie sie üblich und der Profeß und dem Gelübde der Keuschheit gemäß sind.

Can. 100

Lat.: ebd. 99f.
Dt.: M. Schlosser.

Viduae vel sanctimoniales, quae ad ministerium baptizandarum mulierum eliguntur, tam instructae sint ad id officium, ut possint aperto et sano sermone docere imperitas et rusticanas mulieres, tempore quo baptizandae sunt, qualiter baptizatoris ad interrogata respondeant et qualiter, accepto baptismate, vivant.

Die Witwen und gottgeweihten Jungfrauen, die zum Dienst bei der Taufe von Frauen ausgewählt wurden, sind so für ihren Dienst zu instruieren, daß sie mit offener und gesunder Rede (sermo) die unerfahrenen und ungebildeten Frauen (vom Land) belehren über die Zeit, wann sie die Taufe empfangen, auf welche Weise sie die Fragen der Taufenden beantworten, und wie sie als Getaufte leben sollen.

Canones apostolorum ecclesiastici, c. *XXIV–XXVIII*

Griech.: Th. Schermann, Die allgemeine Kirchenordnung des 2. Jahrhunderts I, Paderborn 1914, 31ff.
Lat.: F.-X. Funk, Doctrina duodecim apostolorum, Tübingen 1887, 71.
Dt.: G. L. Müller.

Zwischen 350–400 n. Chr. verfaßte Form einer Kirchenordnung.

XXIV. Andreas dixit: Utile est, fratres, mulieribus ministerium assignare.
XXVIII. Jacobus dixit: Quomodo igitur possumus de mulierem ministerio decernere, nisi ministerium, quo valeant mulieribus egenis inservire?

Der Apostel Andreas sagte: Es ist nützlich, den Frauen einen Dienst zu übertragen.
Der Apostel Jakobus sagte: Auf welche Weise können wir über den Dienst der Frauen entscheiden, außer in bezug auf einen Dienst, den die Frauen den Bedürftigen erweisen?

Testamentum Domini

Bei dieser griechischen Schrift in zwei Büchern, die aber nur syrisch, koptisch, äthiopisch und arabisch überliefert ist, handelt es sich um eine Überarbeitung der *Traditio apostolica* des Hippolyt, die nach 450 in monophysitischen Kreisen in Syrien entstanden sein dürfte. Zum Kreis derer, die mit dem Bischof an der Spitze sich bei der Eucharistie im Altarraum befinden, gehören nach den Subdiakonen auch Diakonissen und Witwen (vgl. I,19–35). Die Witwen als kanonischer Stand, die auch Presbyterae (= Seniorae) heißen und denen sonst nur ein Gebetsdienst zukommt (vgl. Apostolische Didaskalie 35), sind hier mit den Aufgaben der Diakonissen betraut (vgl. F.-X. Funk, Das Testament unseres Herrn und die verwandten Schriften, Mainz 1901, 80). Eine Einsetzung der Diakonissen/Witwen durch Handauflegung wird hier im Unterschied zu den Apostolischen Konstitutionen nicht erwähnt.

I, 41

Lat.: I. Rahamani, Testamentum Domini nostri Jesu Christi, Mainz 1899, 99 (J. Mayer, 55f.).
Dt.: G. L. Müller.

Ordinatio viduae fiat hoc modo: Ipsa orante in ingressu altaris et deorsum adspiciente, dicat episcopus submisse, ut sacerdotes tamen audire possint:
Oratio constituendarum viduarum, quae praecedentiam habent sedendo.

Deus sancte excelse, qui humilia respicis, qui elegisti infirmos et virtute pollentes, honorande qui etiam contemptiblia creasti, immitte, Domine, spiritum virtutis super hanc famulam tuam et tua veritate robora eam, ut praeceptum tuum adimplens, et laborans in sanctuario tuo, sit tibi vas honorabile, et glorificet in die, quo pauperes tuos, Domine, glorificabis. Da ei virtutem hilariter perficiendi disciplinas a te praescriptas in regulam famulae tuae. Da, Domine, ei spiritum humilitatis, virtutis, patientiae et benignitatis, ut, laetitia ineffabili tollens iugum tuum, labores sustineat. Sane, Domine deus, qui nostram infirmitatem noscis, perfice famulam tuam in gloriam domus tuae, in aedificationem et in typum praeclarum; robora eam, deus, sanctifica, edoce et conforta, quoniam benedictum gloriosumque est regnum tuum, deus pater, tibique gloria, unigenito filio tuo Domine nostro Jesu Christo et spiritui sancto benefico, adorando, vivificatori, tibique consubstantiali, nunc ante omnia saecula et per generationes generationum et in saecula saeculorum. Amen.

Die Einsetzung der Witwe geschieht folgendermaßen: Während sie auf den Stufen des Altares betet und ihren Blick demütig nach unten gesenkt hält, spricht der Bischof leise und doch so, daß die Priester es hören können: ... Heiliger, erhabener Gott, ... sende den Geist der Kraft über diese deine Dienerin und bestärke sie mit deiner Wahrheit, damit sie dein Gebot erfülle und in deinem Heiligtum wirke. Sie sei dir ein ehrbares Gefäß und sie lobe dich an dem Tag, an dem du, o Herr, deine Armen ehren wirst. Gib ihr die Kraft, froh die von dir für deine Dienerinnen vorgeschriebenen Aufgaben zu erfüllen. Gib ihr, o Herr, den Geist der Demut und der Kraft, der Geduld und der Großmut, damit sie in nicht versiegender Freude ihre Mühen als dein Joch auf sich nimmt. Ja, Gott unser Herr, der du unsere Schwachheit kennst, vollende deine Dienerin zum Lob deines Hauses, zur Erbauung deiner Kirche und als leuchtendes Vorbild ...

Constitutiones ecclesiae Aegypticae

Can. 37, 1–6

Lat.: Funk II,105.
Ist Zitat aus der Traditio Apostolica des Hippolyt (FC 1, 240f): Dt. siehe unten S. 257.

1. Si vidua constituitur, non ordinetur, sed nominatim eligatur. 2. Quodsi maritus multo tempore ante mortuus est, constituatur. 3. Sin autem non multum tempus praeterfluxit, postquam maritus mortuus est, ne confidas ei. 4. Sed etiamsi aetate provecta est, tempore probetur, saepe enim perturbationes ipsae consenescunt cum eo qui eis in se locum dat. 5. Vidua verbo tantum constituatur et cum reliquis uniatur, nec vero manus ei imponatur, quia non oblationem offert neque liturgiam facit. 6. Ordinatio fit in clero propter liturgiam. Vidua autem constituatur propter orationem, quae omnibus est communis.

Can. 38

Lat.: Th. Schermann, Die allgemeine Kirchenordnung des 2. Jahrhunderts, Paderborn 1914, I, 53 (J. Mayer, 10).
Dt.: G. L. Müller.

Virgini manus non imponatur, sed voluntas sola eum virginem facit.

Der (sich Gott weihenden) Jungfrau wird nicht die Hand aufgelegt; der Willensentschluß allein macht die gottgeweihte Jungfrau.

Can. 47,1

Lat.: Schermann I, 79 (J. Mayer, 10).
Dt.: G. L. Müller.

Viduae et virgines saepe ieiunent et in ecclesia orent.

Die Witwen und die Jungfrauen sollen oft fasten und in der Kirche beten.

Synode von Orange I (441), Can. 26

Lat.: CCL 148 (Munier) 84.
Dt.: G. L. Müller.

Der Synode liegt an einer klaren Wesensunterscheidung der Handauflegung für den *Ordo*, der hier für das dreigliedrige *sacramentum ordinis* und
nicht für die Gesamtheit der höheren und niederen Weihen steht. Ein dog-
matischer Unterschied zu der im syrischen Raum bekannten Weihe der
Diakonisse durch Handauflegung und der zeitweiligen Zurechnung der
Gemeindewitwen und Diakoninnen zum Klerus besteht nicht, da auch im
Osten die Unterscheidung des dreigliedrigen Ordo von den übrigen Kir-
chenämtern und die Abhebung der Funktionen des Diakons und der Diakonisse betont wurde (Apost. Const. VIII 28,6; 46; Epiphanius v. Salamis,
Haer. 79,3; Johannes Chrysostomus, Sac. 3,19).

Diaconae omnimodis non ordinandae: si quae iam sunt, benedictioni
quae populo impenditur, capita submittant.

Die Diakoninnen sind auf keinen Fall zu weihen. Wenn sie schon Diakoninnen sind, sollen sie das Haupt neigen und die Segnung empfangen, die auch das Volk empfängt.

Konzil von Chalcedon (451), Can. 15

Lat.: Mansi 7, 363; ACO II, I, 158–163.
Dt.: Pierre-Thomas Camelot, Ephesus und Chalcedon (= Geschichte der
ökumenischen Konzilien, Bd. II), Mainz 1963, 267.

Das Konzil setzt das Mindestalter der Jungfrauen-Diakonin (im Unterschied zu dem Alter der Gemeindewitwe ab 60 Jahren; vgl. 1 Tim 5,3) auf
40 Jahre fest. Vgl. Synode von Saragossa (381), Mansi 3, 635.

Can. 15: Diaconissam non esse mulierem ordinandam ante annum
quadragesimum, & eam cum accurata examinatione. Si autem postquam ordinatione suscepta ministerio aliquo tempore permansit, se-
ipsam matrimonio tradiderit, Dei gratiae injuriam faciens, ea una cum
illo qui ei conjunctus est, anathematizetur.

15. Eine Diakonisse (gr. weiblicher Diakon) soll nicht vor dem vierzigsten Lebensjahr geweiht/bestellt werden (cheirotonia; ordinandum), und auch dann nur nach sorgfältiger Umfrage. Hat sie aber die
Weihe empfangen (ordinatione suscepta) und schon einige Zeit ihr

Amt (Leiturgia; ministerium) ausgeübt und verachtet sie dann die Gnade Gottes, indem sie eine Ehe eingeht, dann sei sie im Bann mitsamt demjenigen, der sich mit ihr verheiratet hat.

Papst Sergius III., Glossa in can. 15 concilii Chalcedonensis

Lat.: F. Maassen, Wiener Sitzungsbericht, Phil.-hist. Klasse, Bd. 84, 274 (J. Mayer, 67).
Dt.: G. L. Müller.

Vgl. Kehr, Italia Pontifica I, 121, dipl. 3 aus dem Jahre 905, wo Papst Sergius III. die Euphemia, »die ehrwürdige Jungfrau und Äbtissin«, in ihrer Funktion bestätigt.

Diaconissa est abbatissa quae XX annis a Pauli iussu deminutis per manus impositionem ab episcopo ordinatur, non ante XLmum annum, ut instruat omnes christianas feminas fide et lege dei, sicut erant in veteri lege. De qua et apostolus: Vidua eligatur non minus LX annorum. Et haec erant presbiterisse in evangelio, Anna octogenaria; nunc vero Calcedonicus canon quadragenariam indulget.

Die Diakonisse ist die Äbtissin, die vom Bischof durch Handauflegung eingesetzt wurde. Ihre Aufgabe ist es, alle christliche Frauen im Glauben und im Gesetz Gottes zu unterrichten, wie Frauen es auch im Alten Bund getan haben. Für das Mindestalter sind ihnen 20 Jahre erlassen worden. Von der Diakonisse sagte der Apostel, daß die Gemeindewitwe nicht vor dem Erreichen des 60. Lebensjahres ausgewählt werden soll. Diese waren die greisen Frauen (*presbyterissae*) im Evangelium, nämlich Hanna, eine Witwe von 84 Jahren (Lk 1,36–38). Nun hat das Konzil von Chalkedon das Mindestalter von 40 Jahren bewilligt.

Ordnung der Handauflegung bei den Nestorianern in Syrien

(Vgl. Theologentexte, 1.2 Texte aus der Weiheliturgie)

Synode von Venedig (465), Can. 4

Lat.: Mansi 7, 553.
Dt.: G. L. Müller.

Die gottgeweihten Frauen aus den Reihen der Jungfrauen oder Witwen, die auch Diakonissen heißen, sollen im Falle der Unkeuschheit oder der Eheschließung von der Kommunion ausgeschlossen werden, wenn sie für ihren Lebensstand, der in der Kirche höchstes Ansehen genießt, durch Segenshandauflegung geweiht worden sind. Die folgende Bestimmung findet sich bei vielen Synoden. *Diacona* oder *Diakonissa* ist in der westlichen Tradition ein anderer Name für die gottgeweihte Frau, die nach den evangelischen Räten lebt. Die *ordinatio* oder *consecratio* durch Segenshandauflegung seitens des Bischofs ist die kirchliche Anerkennung dieser Berufung und machtvolle Fürbitte. Vgl. auch die Synoden von Tours I (461) can. 6 (Mansi 7,946); Tours II (567) can. 20 (Mansi 9,798ff.); Orléans II (533) can. 17f. (Mansi 8,837); Orléans III (538) can. 16 (Mansi 9,16); Paris III (557) (Mansi 9,745); Macon (581) (Mansi 9,934); Reims (630) can. 23 (Mansi 10,597); Toledo IV (633) can. 55 (Mansi 10,632); Concilium Romanum (721) can. 2; 10 (Mansi 12,263); Dingolfing (722) can. 4 (Mansi 12,851).

Eas etiam, quae virginitatem professae et benedictionem fuerint per manus impositionem sub contestatione huius propositi consecutae, si fuerint in adulterio deprehensae, cum adulteris ipsarum arcendas a communione censemus.

Diejenigen, die die Jungfräulichkeit gelobt haben und die (Segnung) *Benediktion durch Handauflegung* empfangen haben, [...] sollen im Falle der Unkeuschheit zusammen mit denen sie diese begingen, von der heiligen Kommunion ferngehalten werden.

Papst Gelasius I., Dekretale an die Bischöfe Lukaniens, 14. Brief, Nr. 26 (494)

Lat.: A. Thiel, Epistolae Romanorum Pontificum, Braunsberg 1868, 376.
Dt.: BKV[1]: Die Briefe der Päpste 7, 155.

Nach einigen Hinweisen zu den gottgeweihten Jungfrauen und Witwen, verurteilt der Papst aufs schärfste die an manchen Orten – begünstigt durch das allgemeine Chaos nach dem Zusammenbruch des römischen Reiches – eingerissene Nachlässigkeit und Unwissenheit mancher Priester (hier: Bischöfe), Frauen zum Dienst am Altar (als Priester und Diakone?)

100

bestellt haben. Dies widerspreche ganz der göttlichen, d.h. dem Verfügungsrecht der Kirche entzogenen Ordnung. Dieses Dokument stellt ein gewichtiges Zeugnis des ordentlichen Lehramts der Kirche dar, das nicht nur sagt, was die Kirche tatsächlich lehrte und praktizierte, sondern auch, was sie als von Gottes Willen geoffenbart zu glauben vorlegt.

c. 26: Impatienter audivimus, tantum *divinarum rerum* subiisse despectum, ut *feminae sacris altaribus ministrare firmentur*, cunctaque *non nisi virorum* famulatui deputata *sexum, cui non competunt*, exhibere. Nisi quod delictorum, quae singillatim perstrinximus, noxiorum reatus omnis et crimen eos respicit sacerdotes, qui vel ista committunt, vel committentes minime publicando pravis excessibus se favere significant: si tamen sacerdotum iam sint vocabulo nuncupandi, que delegatum sibi religionis officium sic posternere moliuntur, ut in perversa quaeque profanaque declives, sine ullo respectu regulae Christianae praecipitia funesta sectentur. […]

26. Desungeachtet vernahmen wir die unerträgliche Kunde, es hätte sich eine solche Mißachtung der göttlichen Angelegenheiten eingeschlichen, daß Frauenspersonen zum Dienste bei den heiligen Altären angestellt werden und alle den Männern ausschließlich übertragenen Dienstleistungen jenes Geschlecht verrichte, dem sie nicht zustehen. Sehen wir davon ab, daß Strafe und Schuld für alle die schädlichen Verbrechen, die wir einzeln aufführten und mißbilligten, jene Priester trifft, welche entweder sie begehen oder dadurch, daß sie die Schuldigen nicht anzeigen, beweisen, daß sie die bösen Ausschreitungen begünstigen, wenn man überhaupt noch Jene Priester nennen darf, welche das ihnen anvertraute Amt des Gottesdienstes so zu erniedrigen suchen, daß sie, zu allem Verkehrten und Verruchten geneigt, ohne jede Rücksicht auf die christliche Regel, dem bösen Verderben zueilen. Da es aber auch geschrieben steht (Sirach 19,1):»Wer das Kleinste nicht achtet, geht allmählich zu Grunde,« was soll man dann von Jenen halten, welche, von ungeheureren und vielfältigen Massen böser Taten bedrängt, bei vielfachen Anlässen einen unermeßlichen Sturz herbeiführten, welcher nicht nur sie selbst zu begraben, sondern auch alle Kirchen mit tödlichem Verderben zu bedrohen scheint, wenn man sie nicht heilte? Auch mögen durchaus nicht zweifeln nicht nur die, welche Solches zu tun wagten, sondern auch Jene, welche bisher dazu, obwohl sie es wußten, geschwiegen, daß sie ihre Würde verlieren, wenn sie nicht so bald als möglich dahin trachten, daß die tödlichen Wunden durch entsprechende Arzneien geheilt werden. Denn nach welchem Herkommen dürfen Diejenigen im Besitze der bischöflichen Rechte verbleiben, welche die Pflichten ihrer bischöflichen Wachsamkeit soweit vernachlässigen, daß sie vielmehr das dem Hause Gottes, welchem sie vorstehen, Entgegengesetzte tun? So viele Verdienste sie sich bei Gott sammeln könnten, wenn sie nur Das, was sich ziemt, fördern würden, eine ebenso große Strafe mögen sie gewärtigen, wenn sie mit verdammungswürdigem Eifer auf der entgegengesetzten Bahn einhergehen und so, als ob vielmehr diese die maßgebende Regel für die Leitung der Kirchen wäre, nur alles Das geschieht, was den kirchlichen Vorschriften zuwiderläuft; denn jeder Bischof sollte entweder, wenn er die Canones kennt, dieselben unversehrt bewahren, oder wenn er sie etwa nicht kennt, sollte der Unwissende getrost um Auskunft bitten. Deshalb gibt es um so weniger eine Entschuldigung für die Irrenden, weil sich weder der Wissende bemühte, Das zu beobachten, was er kannte, noch der Unwissende sich darum kümmerte, zu erfahren, was er zu tun habe.

Brief dreier Gallischer Bischöfe (511)

Lat.: J. Friedrich, Über die Cenones der Montanisten bei Hieronymus: Sitzungsbericht der Bayrischen Akademie, Philosophisch-historische Klasse 1895, H. 2, 209f. (J. Mayer, 46f.).
Dt.: G. L. Müller.

In Gallien war das kirchliche Leben nach dem Zusammenbruch des römischen Reiches in mancherlei Turbulenzen geraten. Drei Bischöfe schlossen jeden von der Kirche aus, der die Häresie der Pepodianer (Kataphrygier) vertrat, die Frauen zum Priesterdienst zugelassen hatten (irrtümlich wird vom Namen der Stadt Pepuza auf einen Irrlehrer namens Pepodius geschlossen). Wenn diese Häretiker auch von Hieronymus (ep. 41), Epiphanius von Salamis und Augustinus, historisch nicht exakt, mit den Gnostikern und Montanisten ineinsgesetzt werden, ist doch dogmatisch soviel klar, daß nicht viele Häretiker für unterschiedliche Häresien verurteilt werden, sondern die eine und selbe Lehre und Praxis von der Weihe von Frauen zum Priesterdienst als häretisch zurückgewiesen wird. *Tabulae consecratae* sind hier die *Diptychen* als Zeichen der Kommunion- und Kirchengemeinschaft (vgl. Lexicon Latinitatis Medii Aevi: CCL CM, Turnholt 1998, 900).

Dominis beatissimis in Christo fratribus Lovocato et Catiherno presbyteris Lecinius, Melanius et Eustochius episcopi. Viri venerabilis Sparati presbyteri relatione cognovimus quod ... quasdam tabulas per diversorum civium capannas circumferre non desinatis et missas ibidem adhibitis mulieribus in sacrificio divino, quas conhospitas nominastis, facere praesumatis; sicut erogantibus vobis eucharistiae illae vobis positis calices teneant et sanguinem Christi populo administrare praesumant. Cuius rei novitas et inaudita superstitio non leviter contristavit, ut tam horrenda secta, quae intra Gallias numquam fuisse probatur, nostris temporibus videatur mergere, quam patres orientales pepodianam vocant, pro eo quod Pepodius auctor huius scismatis fuerit, mulieres sibi in sacrificio divino socias habere praesumpserit, praecipientes: Ut quicumque huic errori voluerit inherere, a communione ecclesiastica reddatur extraneus. Qua de re caritatem vestram in Christi amore pro ecclesiae unitate et fidei catholicae ... e inprimis credidimus admonendam, obsecrantes, ut, cum ad vos nostrae pervenerunt paginae litterarum, repentina de praedictis rebus emendatio subsecuta, id est, ut antedictas tabulas, quas a presbyteris non dubitamus, ut dicitis, consecratas, et de mulieribus illis, quas conhospitas dicitis, quae nuncupatio non sine quodam periculo dicitur animi, vel auditur, quod clerum infamat, et sancta in religione tam detestandum nomen pudorem incutit et horrorem. Idcirco secundum statuta patrum caritati vestrae praecipimus: Ut non solum huiuscemodi mulierculae sacramenta divina pro inlicita administratione non polluant; sed etiam praeter matrem, aviam, sororem vel neptem intra tectum cellolae suae si quis ad cohabitandum habere voluerit, canonum sententia a sacrosanctis liminibus ecclesiae arceatur. Convenit itaque nobis, fratres carissimi, si ita est, ut ad nos de supradicto perveniat negotio emendationem celerrimam exhibere, quia pro salute animarum et pro aedificatione populi res ab ecclesiastico ordine tam turpiter depravatas velociter expedit emendare, ut nec vos pertinacitas huius obstinationis ad maiorem confusionem exhibeat, nec nobis necesse sit cum virga ad vos venire apostolica (1 Cor. 4,21), si caritatem renuatis, et tradere satanae in interitum carnis, ut spiritus possit salvari (1 Cor. 5,5), hoc est, tradere satanae, cum ab ecclesiastico grege pro crimine suo quisquis fuerit separatus, non dubitet se a daemonibus tamquam lupis rapacibus devorandum (cf. 2 Petr. 5,8).

Die Bischöfe Lecinius, Melanius und Eustochius (entbieten Gruß) den hochwürdigen Herrn und Brüdern in Christus, den Priestern Lovocatus und Catihernus. Durch den Bericht des ehrwürdigen Priesters Sparatus haben wir Kenntnis von dem Vorgang erhalten, daß ... ihr nicht aufhört, gewisse Diptychen in den Häusern verschiedener Bürger herumzureichen, daß ihr Frauen, die ihr zu euren Hausgenossinnen (conhospitas) ernannt habt, zum göttlichen Opfer hinzuzieht ..., damit sie auf eure Bitten hin neben euch stehend die Kelche jener Eucharistie halten und das Blut Christi dem Volk darzureichen sich anmaßen. Die Neuheit dieses Vorgangs und der unerhörte Wahnglaube (superstitio) hat uns nicht wenig betrübt, nämlich daß eine solche schreckliche Sekte, die man niemals in Gallien vorgefunden hatte, und die die orientalischen Väter Pepodianer nennen, nach Pepodius, dem Urheber dieser Kirchenspaltung, der für sich Frauen als Gefährtinnen (sociae) beim göttlichen Opfer herangezogen hat, zu unseren Zeiten aufzutauchen scheint. Darum gaben die Kirchenväter die Vorschrift: Wer auch immer diesem Irrtum anhängen sollte, wird von der Kirchengemeinschaft ausgeschlossen. Wegen dieser Angelegenheit glaubten wir eure Liebe besonders ermahnen zu sollen in der Liebe Christi für die Einheit der Kirche und des katholischen Glaubens. So beschwören wir euch, daß ihr, wenn euch die Seiten unseres Briefes erreicht haben, sofort diese Zustände ändert. Wir meinen damit die vorgenannten Diptychen, die, wie wir nicht zweifeln, nach eurer Aussage von Priestern geweiht wurden. Weiterhin sprechen wir von jenen Frauen, die ihr Hausgenossinnen nennt, eine Benennung, die nicht ohne eine gewisse Gefahr für die Seele ist, sowohl wenn man sie ausspricht oder wenn sie so gehört wird, eine Bezeichnung, die den Klerus beleidigt und angesichts einer so verachtenswerten Bezeichnung in der heiligen Religion Scham und Widerwillen erzeugt. Diesbezüglich schreiben wir euch nach den Satzungen der Väter folgendes vor: Einmal daß die Frauenspersonen dieser Art nicht weiterhin die göttlichen Sakramente durch die unerlaubte Verwaltung beflecken; und zum andern, daß wenn einer mit einer Frau außer der Mutter, Großmutter, Schwester oder Enkelin innerhalb des Daches seiner Zelle (Kapelle) zusammenleben will, er nach dem Spruch der Kanones von den hochheiligen Schwellen der Kirche ferngehalten werden muß. Es kommt uns, geliebte Brüder, wenn es sich so verhält, die Pflicht zu, die schnellste Beseitigung der oben genannten Dinge auszuführen, weil für das Heil der Seelen und die Auferbauung des Volkes diese Sache, die von der Ordnung der Kirche so schändlich abweicht, aufs schnellste beseitigt gehört, damit euch nicht die Hartnäckigkeit dieses Widerstandes zu noch größerer Konfusion treibt, und daß es nicht notwendig wird, mit der apostolischen Rute zu euch zu kommen (1 Kor 4,21), wenn ihr unsere Weitherzigkeit zurückweist, und wir euch unterdesssen zum Verderben des Fleisches dem Satan übergeben müssen, damit der Geist (am Tage des Gerichts) gerettet werde (1 Kor 5,5). Dem Satan übergeben heißt, daß jeder, der von der kirchlichen Herde für sein Vergehen getrennt wird, nicht zweifle, daß er von den Dämonen gleichsam wie von reißenden Wölfen verschlungen wird (1 Petr 5,8).

Synode von Epaôn (517), Can. 21

Lat.: CCL 143 A (De Clercq) 29.
Dt.: Hefele, Conciliengeschichte, 2. Bd., Freiburg ²1875, 684.

Viduarum consecrationem, quas diaconas vocitant, ab omni regione nostra penitus abrogamus, sola eis poenitentiae benedictione, si converti ambiunt, imponenda.

Die Konsekration der Witwen, die Diakoninnen (diaconas) heißen, soll im ganzen Reiche abgeschafft sein. Nur die benedictio poenitentiae darf ihnen gegeben werden, wenn sie sich bekehren (d.h. das *votum castitatis* ablegen) wollen.

Synode von Dovin/Armenien (527), Can. 17

Lat.: J. Mayer, 34.
Dt.: Hefele-Leclercq II, 2, 1078.

Feminis non licet ministeria diaconissae praestare nisi ministerium baptismi.

Frauen ist es nicht erlaubt, die Dienste von Diakonen (*diaconissae*) auszuüben, außer bei der Taufe (nämlich von Frauen).

[Kaiser Justinian I. (527–565), Corpus Iuris Civilis, Nr. 917]

Lat.: Conradus Kirch (Hg.), Enchiridion Fontium Historiae Ecclesiasticae Antiquae, Freiburg 1910, Nr. 917.
Dt.: G. L. Müller.

Eine Anordnung der Kaiser Theodosius und Valentinianus (15.12.434) bestimmt erbrechtliche Dinge auch für die Diakonisse, die aus diesem Grund zusammen mit den übrigen Klerikern genannt wird.

De successione ecclesiarum in hereditates clericorum
(1) Si quis presbyter, aut diaconus, aut diaconissa, seu subdiaconus, vel cuiuslibet alterius loci clericus, aut monachus, aut mulier quae solitariae vitae dedita est, nullo condito testamento decesserit, nec ei parentes utriusque sexus, vel liberi, vel si qui, qui agnationis cognatio-

nisve iure iunguntur, vel uxor exstiterit, bona quae ad eum vel ad eam pertinuerint sacrosanctae ecclesiae vel monasterio, cui forte fuerat destinatus aut destinata, omnifariam socientur. (2) Exceptis iis facultatibus, quas forte censibus adscripti, vel iuri patronatus subiecti, vel curiali conditoni obnoxii clerici vel monachi cuiuscumque sexus relinquunt: (3) Neque enim iustum est, bona seu peculia, quae aut patrono legibus debentur, aut domino possessionis cui quis eorum fuerat adscriptus, aut ad curias pro tenore dudum latae constitutionis sub certa forma pertinere noscuntur, ab ecclesiis aut monasteriis deteneri; (4) actionibus videlicet competentibus sacrosanctis ecclesiis vel monasteriis reservatis, si quis forte praedictis conditionibus obnoxius, aut ex gestis negotiis, aut ex quibuslibet aliis ecclesiasticis actionibus obligatus obierit.

Wenn ein Presbyter, Diakon, eine Diakonisse, ein Subdiakon, oder ein Kleriker gleich welchen Grades, ein Mönch oder eine Frau, die sich dem einsamen Leben (als Nonne) geweiht hat, ohne gültiges Testament stirbt, sollen ihre Güter ... (wenn kein rechtmäßiger Erbe da ist) ... der heiligen Kirche oder dem Kloster, dem die Betreffenden zugehörten, zufallen.

[Kaiser Justinian I., E Legibus Novellis 3,1 (16.3.535)]

Gr./Lat.: Conradus Kirch (Hg.), Enchiridion Fontium Historiae Ecclesiasticae Antiquae, Freiburg 1910, Nr. 922.
Dt.: G. L. Müller.

Die neuen Gesetze des Kaisers enthalten interessante Bestimmungen für die Witwen- und Jungfrauendiakonissen (vgl. auch E legibus novellis 6,6; 12,3; 13; 21; 30; 43).

Wir bestimmen, daß in der Hauptkirche von Konstantinopel nicht mehr als 60 Priester, 100 männliche Diakone, 40 Frauen (gynaikas diakonous / diaconi feminae), 90 Subdiakone ... tätig sein sollen.

Synode von Tours (567), Can. 13 u. Can. 19

Lat.: Mansi 9, 786ff.
Dt.: Hefele, Conciliengeschichte, 3. Bd., ²1877.

Die disziplinären Bestimmungen dieser Synode zeigen, daß nur Männer Bischof, Priester und Diakone sind. Ihre Frauen hießen Bischöfin, Priesterin, Diakonin. Presbytera und Diakonissa war aber auch die Bezeichnung für die Vorsteherin eines Klosters, Diakonisse auch für das altkirchliche Amt der Witwen- oder Jungfrauendiakonin.

13. Ein Bischof, der keine Frau (Bischöfin, *episcopam*) hat, darf keine Frauensperson in seinem Geleite haben, und die ihm dienenden Kleriker haben das Recht, fremde Frauenspersonen aus der Wohnung des Bischofs zu vertreiben.
19. Weil sehr viele Archipresbyteri auf dem Lande, ebenso Diakonen und Subdiakonen, im Verdacht stehen, den Umgang mit ihren Frauen fortzusetzen, so soll der Archipresbyter stets einen Kleriker bei sich haben, der ihn überall begleitet und in derselben Zelle mit ihm sein Bett hat. Es können hierin sieben Subdiakonen oder Lektoren oder Laien miteinander abwechseln. Die übrigen Priester, Diakonen und Subdiakonen auf dem Lande sollen dafür sorgen, daß ihre Mägde stets dort wohnen, wo ihre Frauen; sie selbst sollen allein in ihrer Zelle wohnen und beten. Wenn ein Presbyter mit seiner Presbytera (seiner Frau), der Diakon mit seiner Diakonisse, der Subdiakon mit seiner Subdiakonissin Umgang pflegt, so wird er auf ein Jahr excommunicirt, (für immer) seines geistlichen Amtes entsetzt und unter die Laien gestellt. Nur unter den Lektoren darf er singen. Einen Priester, der mit seiner Frau lebt, soll das Volk nicht verehren, sondern mißbilligen, weil er ein Lehrmeister nicht der Zucht, sondern des Lasters ist.

Synode von Auxerre (578), Can. 21

Lat.: Mansi 9,914.
Dt.: Hefele, Conciliengeschichte, 3. Bd., Freiburg ²1877, 45.

Der Kanon belegt den altkirchlichen Enthaltsamkeitszölibat (im Unterschied zum Ehelosigkeitszölibat) und die Terminologie, nach der *Presbytera* die Frau des Priesters meint.

Can. 21. Kein Priester darf nach empfangener Weihe mit seiner Frau (*presbytera*) in einem Bett schlafen oder ehelichen Umgang mit ihr haben. Ebenso nicht der Diakon oder Subdiakon.

Timotheus von Konstantinopel (Presbyter, um 600)

Timotheus, der wahrscheinlich als Presbyter an der Hagia Sophia in Konstantinopel gewirkt hat, kommt in seiner um 600 verfaßten, auf exakter Quellenkenntnis beruhenden Schrift *De receptione haereticorum* auch auf die Montanisten und Markianisten zu sprechen, die in ihren Sekten Frauen das Lehr- und Leitungsamt übertragen hatten.

Die Montanisten oder Pepuzianer

Griech./Lat.: PG 86/1, 19f.
Dt.: M. Schlosser.

Montanistae seu Pepuziani.

Montanus se Paracletum nuncupavit; duas secum duxit meretrices, Priscillam et Maximillam, quas prophetides appellavit: Pepuzam viculum Phrygiae nominavit Jerusalem: matrimoniorum mandavit solutionem, et a quibusdam cibis abstinentiam; Pascha pervertit; tres consubstantialis divinitatis hypostases in unam confert personam confusam. Isti sanguinem miscent cum farina ad communionem: verum hujusmodi perceptionem prae verecundia negant.

Montanus legte sich den Namen Paraklet bei. Er führte mit sich zwei Dirnen, Priscilla und Maximilla, die er Prophetinnen nannte. Das kleine Nest Pepuza in Phrygien bezeichnete er als Jerusalem. Er ordnete die Auflösung der Ehen an und die Enthaltung von bestimmten Speisen. Das Pascha verkehrte er. Die drei Hypostasen der einen göttlichen Wesenheit lehrte er als in einer Person vermischt. Sie mischen Blut mit Mehl für die Kommunion; aber solches zu empfangen, schrecken sie zurück.

Die Markianisten

Griech./Lat.: PG 86/1, 51f.
Dt.: G. L. Müller.

De marcianistis

(...) Isti mulieres promovent in suae haeresis magistras; nec solum viris simpliciter, sed etiam sacerdotibus eas praeesse permittunt: cumque caput suum mulieres faciunt, vero capiti Christo Deo nostro inferunt dedecus.

Diese bestellen Frauen zu Lehrerinnen der Dogmen ihrer Häresie. Sie erlauben, daß sie nicht nur den Männern schlechthin, sondern sogar den Priestern vorgeordnet sind. Da sie auf diese Weise die Frauen zu ihrem Haupt machen, bereiten sie Christus, unserem Haupt und wahren Gott, eine große Schande.

Isidor von Sevilla (um 560–636), De Ecclesiasticis Officiis II, XVIII, 11

Lat.: CCL 113 (Ch. M. Lawson) 87.
Dt.: G. L. Müller.

Isidor, der die patristische Tradition zusammenfaßt und ans Mittelalter weitergibt, bestätigt mit einem Zitat aus der Schrift *De virginibus velandis* 9,1 Tertullians das gültige Glaubensbewußtsein der Kirche, daß nur Männer das Priesteramt ausüben dürfen. Dem widerspricht nicht die Hochschätzung des jungfräulichen Standes, in den Frauen durch eine besondere Benediktion seitens des Bischofs aufgenommen werden.

Quaeritur autem cur feminae virgines in benedictione velentur, quarum haec causa est; in gradibus enim vel officiis ecclesiasticis feminae nullatenus praescribuntur. Nam neque permittitur eis in ecclesia loqui vel docere, sed nec tinguere nec offerre nec ullius virilis muneris aut sacerdotalis officii sortem sibi vindicare, ideoque hoc tantum ut, quia virgo est et carnem suam sanctificare proposuit, idcirco velaminis venia fit illi, ut in ecclesia notabilis vel insignis introeat, et honorem sanctificati corporis in libertate capitis ostendat, atque mitram quasi coronam virginalis gloriae in vertice praeferat.

Es wird gefragt, warum die Jungfrauen bei der Benediktion den Schleier empfangen:
Frauen sind für Weihegrade und kirchliche Dienste nicht vorgesehen. Denn es ist ihnen nicht erlaubt, in der Kirche zu reden oder zu lehren noch eine (sakramentale) Salbung vorzunehmen noch das Opfer darzubringen oder irgendeinen Anteil an dem priesterlichen Dienst beanspruchen beziehungsweise den Rang eines dem Mann übertragenen Amtes anmaßen. Der Sinn des oben genannten Ritus besteht darin, daß eine Jungfrau den Vorsatz gefaßt hat, ihr Fleisch zu heiligen. Die Erlaubnis, den Schleier zu tragen, erhält sie, damit sie in der Kirche als eine geehrte und bezeichnete Person auftrete. Diesen Schleier zeigt sie zur Ehre des geheiligten Körpers, indem sie frei ihr Haupt erhebt, gleichsam wie einen Ehrenkranz ihrer Jungfräulichkeit.

II. *Trullanische Synode (Quinisextum 692), Can. 48*

Diese Konstantinopler Synode (mit antirömischen Zwischentönen bezüglich Zölibat und päpstlichem Primat) äußert sich auch in can. 14 zum Weihealter der Diakonisse (ab 40 Jahren wie Chalcedon) und zur Frau des Bischofs, die ins Kloster eintreten soll und dort eventuell die Würde des Diakonats erhält.

Lat.: Mansi 12,47f.
Dt.: Hefele, Conciliengeschichte, 3. Bd. Freiburg ³1877, 337.

Can. 48. Wird jemand zum Bischof geweiht, so soll seine Frau in ein ziemlich entferntes Kloster gehen. Aber der Bischof muß für sie sorgen. Ist sie würdig, so kann sie auch Diakonisse werden.

2. Mittelalter

Synode von Rom (743), Can. 5

Lat.: Mansi 12, 383 (J. Mayer, 50).
Dt.: G. L. Müller.

Presbytera und *diacona* sind hier jungfräulich lebende Frauen oder die Frauen von Presbytern und Diakonen, die nach der Weihe nicht mehr ehelichen Umgang mit ihren Frauen haben (durften). Daraus geht klar hervor, daß *presbytera* und *diaconissa* nicht Amtsbezeichnungen sind, sondern die verkürzten Fassungen der Sprechweise *uxor presbyteris vel diaconi.*

5. Ut presbyteram, diaconam, nonnam aut monacham vel spiritualem commatrem nullus sibi praesumat nefario coniugio copulare.

Daß sich niemand die Schändlichkeit herausnehme, eine Presbytera, Diakonin, Nonne oder eine geistlich lebende Frau zu verehelichen (bei Strafe der Exkommunikation oder des Verlustes des Priesteramtes).

Synode von Aachen (789), Can. 17

Lat.: Mansi XIII, Appendix 153 (nach Hefele).
Dt.: Hefele, Conciliengeschichte, 3. Bd., Freiburg ²1877, 666.

17. Frauen dürfen den Altar(raum) nicht betreten, nach c. 44 von Laodicea.

Synode von Paris (829), Can. 45

Lat.: Mansi 14, 529–604, hier: 565.
Dt.: Hefele, Conciliengeschichte, 4. Bd., Freiburg ²1879, 63f.

Diese Zurückweisung von Vorgängen, die dem Glauben und der Praxis der Kirche widersprechen, erinnern an den Brief des Papstes Gelasius I. an die Bischöfe Kampaniens (s.o. S. 100f.) und der drei gallischen Bischöfe (s.o. S. 102f.).

Quidam nostrorum verorum virorum relatu, quidam etiam visu didicimus, in quibusdam provinciis, contra legem divinam canonicamque institutionem, feminas sanctis altaribus se ultro ingerere, sacrataque vasa impudenter contingere, et indumenta sacerdotalia presbyteris administrare, et, quod his majus, indecentius, ineptiusque est, corpus et sanguinem Domini populis porrigere, et alia quaeque, quae ipso dictu turpia sunt, exercere. Miranda sane res est, unde is illicitus in Christiana religione irrepserit usus, ut quod viris saecularibus illicitum est, feminae, quarum sexui nullatenus competit, aliquando contra fas sibi licitum facere potuerint: quod quorumdam episcoporum incuria et negligentia provenisse nulli dubium est. Unde vae nobis sacerdotibus, ad quos illorum sacerdotum vitia transierunt, quae in Machabaeorum libro secundo leguntur: quando scilicet sacerdotes delegatum sibi religionis officium postponentes, templo Dei sacris officiis destituto, ipsi adeo carnalibus desideriis et illicitis actionibus vacabant, ut mulieres sacratis aedibus se, nullo prohibente, ingererent, introferentes ea quae non licebat. Quod autem mulieres ingredi ad altare non debeant, et in concilio Laodicensi capitulo XLIV et in decretis Gelasii papae titulo XXVI copiose invenitur. Hoc ergo tam illicitum factum, quia ex toto a religione Christiana abhorret, ne ulterius fiat inhibendum est. Proinde unusquisque episcoporum sollicite sagaciterque provideat, ne in sua parochia tale quid fieri deinceps sinat.

In einigen Provinzen geschieht es, daß Frauen sich im Widerspruch zum göttlichen Gesetz (*contra legem divinam*) und zur kanonischen Anweisung an den Altar drängen, die hl. Gefäße berühren, den Geistlichen die priesterlichen Gewänder reichen, ja sogar den Leib und das Blut des Herrn dem Volke spenden. (...) Das ist schrecklich und darf nicht mehr geschehen.

Synode von Worms (868), Can. 73

Die Diakonisse ist hier, wie aus der Bestimmung des Weihealters mit 40 Jahren hervorgeht, eine Frau, die in den kanonischen Witwenstand aufgenommen ist. Die Bestellung erfolgte durch eine Handauflegung, die als eine Benediktion zu verstehen ist.

Lat.: Mansi 15, 882.
Dt.: G. L. Müller.

Diaconissam non ordinandam ante annum quadragesimum et hoc summo libramine. Si vero suscipiens manus impositionem, et aliquantum temporis in ministerio permanens, semetipsam tradat nuptiis, gratiae Dei contumeliam faciens, anathematizetur hujusmodi, cum eo qui eidem copulatur.

Die Diakonisse ist nicht vor dem 40. Lebensjahr zu weihen (ordinandum) und das bei sorgfältigester Abwägung. Wenn sie aber die Handauflegung (impositionem manuum) empfangen hat und eine Weile ihren Dienst versehen hat, und dann doch heiratet, macht sie die Gnade Gottes verächtlich, und wird exkommuniziert, zusammen mit dem, mit dem sie eine Verbindung eingegangen ist.

Römische Ordnung zur Diakonenweihe

(Vgl. Theologentexte, 1.2 Texte aus der Weiheliturgie)

Ordo Romanus IX

(Vgl. Theologentexte, 1.2 Texte aus der Weiheliturgie)

Ad diaconam faciendam (Cod. Lit. VIII)

(Vgl. Theologentexte, 1.2 Texte aus der Weiheliturgie)

Papst Benedict VIII. (1012–1024) bestätigt Privilegien und Besitztümer der Kirche (1017)

Lat.: PL 139, 1621.
Dt.: G. L. Müller.

Dieses auch von Papst Leo IX. 1048 bestätigte Weiheprivileg spricht dem Bischof das Recht zu, die höheren und niederen Weihen wie auch die Jungfrauenweihe der Diakonissen zu spenden.

Pari modo concedimus et confirmamus vobis vestrisque successoribus in perpetuum omnem ordinationem episcopalem tam de presbyteris quam diaconibus vel diaconissis seu subdiaconibus.

In gleicher Weise bewilligen und bestätigen euch und euren Nachfolgern für immer jede Einsetzung und Weihe (*ordinatio*) sowohl die bischöfliche Ordination wie auch der Presbyter, Diakone, Diakonissen und Subdiakone.

Papst Johannes XIX., Weiheprivilegien für den Bischof von Silva Candida (1026)

Lat.: J. Mabillon, Museum Italicum II, Paris 1689, 156 (J. Mayer 52).
Dt.: G. L. Müller.

Consecrationes vero altarium ecclesiae s. Petri et aliorum monasteriorum, necnon consecrationes ecclesiarum, altarium, sacerdotum, clericorum, diaconorum seu diaconissarum totius civitatis Leonianae vobis vestrisque successoribus in perpetuum, sicut praelibatum est, concedimus et confirmamus.

Wir bewilligen und bestätigen Euch und Euren Nachfolgern auf immer das Recht zur Konsekration der Ältäre von St. Peter, desweiteren von Klöstern, Kirchen, Altären, Priestern, Klerikern, Diakonen und *Diakonissen* in der ganzen Leostadt.

Papst Urban II. (1088–1099), Decretum Gratiani II

Lat.: Friedberg I, 1101.
Dt.: G. L. Müller.

Von einer generellen Abminderung der Frau kann keine Rede sein, da sie wie jeder Laie im Falle der Todesgefahr eines Kindes (oder auch eines Erwachsenen) gültig die Taufe spendet.

Die Taufe ist gültig, wenn eine Frau in dringender Notlage ein Kind im Namen der Heiligen Dreifaltigkeit getauft hat.

Synode von Benevent (1091), Can. 1

Lat.: Decretum Gratiani p.I dist. 60 c.4 (Friedberg I, 227), vgl. DH 703.
Dt.: G. L. Müller.

Die Synode stellt den Unterschied zwischen den niederen Weihen und den heiligen Weihen heraus. Somit wird der Sprachgebrauch ab 1150 (Petrus Lombardus, IV Sent. dist. 24,12 und Hugo von St. Victor, De sacramentis christianae fidei II, 3, 13) vorbereitet: die Unterscheidung zwischen kirchlichen Ämtern (*ordines minores*) und dem eigentlichen Sakrament der Weihe in den Amtsstufen des Diakonats und des Sacerdotiums (Presbyter als sacerdos simplex und Bischof als summus sacerdos). Vgl. aber auch schon Amalarius von Metz (um 775 – um 850), De ecclesiasticis officiis lib. II, cap. 6, 12–14 und Rabanus Maurus (780–856), De clericorum institutione, lib. I, 4–7, alle gemäß Papst Innozenz I. (402–417), Brief an Decentius von Gubbio, DH 215.

Keiner darf künftig zum Bischof erwählt werden, wenn er nicht in den heiligen Weihen als fromm befunden wird. Heilige Weihen aber nennen wir den Diakonat und das Presbyterat. Diese hat nämlich, wie wir lesen, allein die Urkirche gehabt, für sie allein haben wir ein Gebot des Apostels.

Decretum Gratiani, Cap. 15, q. 3 princ.

Lat.: Corpus, ed. Friedberg I, 750.
Dt.: G. L. Müller.

Das *Decretum Gratiani* (1140) ist der erste Teil des aus mehreren Rechtsquellensammlungen zwischen 1140 und 1503 entstandenen Corpus *Juris canonici*. Es faßt die bisherige kanonistische Tradition bezüglich der Gültigkeit der Weihe von Frauen zum Priesteramt und Diakonat zusammen und bringt somit auch die Tradition der Kirche in Praxis und Lehre auf den Punkt.

Mulieres autem non solum ad sacerdotium, sed nec etiam ad diaconatum provehi possunt.

Frauen aber können weder zum Priestertum noch zum Diakonat bestellt werden.

Papst Innozenz III., Ep. Cum venisset,
an Erzbischof Basilius von Tarnovo (25.2.1204)

Dt.: DH 785.

Anläßlich der Frage nach dem Firmspender begegnet außerdem hier die altkirchliche Rede (DH 215) von dem einen *sacerdotium,* das dem Bischof und Presbyter zukommt. Es ist klar, daß nur Männer das sacerdotium empfangen. Der Brief ist auch interessant für die scholastische Frage, ob das Bischofsamt ein eigenes Sakrament ist oder nur eine dignitas als höchste Entfaltung der Priesterweihe.

Durch die Salbung der Stirn, die anderwärts Firmung heißt, wird durch den Heiligen Geist Wachstum und Stärke (im Glauben) verliehen. Während daher der einfache Priester (*sacerdos simplex*) bzw. Presbyter die übrigen Salbungen vorzunehmen vermag, darf diese nur der höchste Priester (*summus sacerdos*), das heißt der Bischof vollziehen, weil man allein von den Aposteln liest, deren Stellvertreter die Bischöfe sind, daß sie durch Handauflegung den Heiligen Geist verliehen (vgl. Apg 8,14f).

Papst Innozenz III., Ep. ad episc. Valentinum (1210)

Lat.: Aus der Dekretaliensammlung Papst Gregors IX, Liber Extra lib V, tit 36, cap. 10: Corpus Juris canonici, ed. Friedberg, II 886f.
Dt.: G. L. Müller.

Diese auf Geheiß Papst Gregors IX. (1234) promulgierte Sammlung von Canones und Rechtsvorschriften, die aus dem *Decretum Gratiani* in den Corpus Iuris Canonici aufgenommen wurde, bringt auch bezüglich der nur Männern zukommenden Priesterweihe mit einer Erklärung Papst Innozenz' III. die authentische Lehre der Kirche zur Geltung.

Nova quaedam nuper, de quibus miramur non modicum, nostris sunt auribus intimata, quod abbatissae videlicet, in Burgensi et in Palentinensi dioecesibus constitutae, moniales proprias benedicunt, ipsarum quoque confessiones in criminibus audiunt, et legentes evangelium praesumunt publice praedicare. Quum igitur absonum sit pariter et absurdum, (nec a nobis aliquatenus sustinendum,) discretioni vestrae per apostolica scripta mandamus, quatenus, ne id de cetero fiat, auctoritate curetis apostolica firmiter inhibere, quia, licet beatissima virgo Maria dignior et excellentior fuerit Apostolis universis, non tamen illi, sed istis Dominus claves regni coelorum commisit.

Kürzlich ist uns die Neuigkeit zu Ohren gekommen, über die wir uns nicht wenig wundern müssen, daß Äbtissinnen in den Diözesen Burgos und Palencia ihre eigenen Nonnen benediziert und ihnen sogar die Beichten für ihre Vergehen gehört haben und mit der Lesung des Evangeliums das Recht auf die öffentliche Predigt sich herausgenommen haben. Dies ist so mißtönend wie absurd und wird von uns in keinerlei Weise akzeptiert. Durch dieses Apostolische Schreiben tragen wir es eurer Sorgfaltspflicht auf, daß ihr, damit dies nicht wieder geschehe, es mit apostolischer Autorität unterbindet. Der Grund ist der: obwohl die allerseligste Jungfrau Maria um soviel würdiger und herausragender war als alle Apostel zusammen, hat der Herr dennoch nicht ihr, sondern den Aposteln die Schlüssel des Himmelreiches übergeben.

IV. Laterankonzil (1215), Caput firmiter

Lat./Dt.: DH 802.

Das Konzil mit Papst Innozenz III. bringt gegenüber der Legnung der alleinigen Konsekrationsvollmacht des gültig geweihten Priesters u.a. auch gegenüber leibabwertenden Tendenzen die Heilsmöglichkeit in der Ehe zur Sprache. Die in der Früh- und Hochscholastik ausgearbeitete Lehre von der Sakramentalität der Ehe und der Notwendigkeit des freien Ja-Wortes von Mann und Frau für das gültige Zustandekommen der Ehe belegt den Glauben der Kirche an den vollen Wert der Frau in der Ordnung der Natur und der Gnade. Zurückgewiesen wird das Mißverständnis des gottgeweihten Lebens in der Jungfräulichkeit, wonach man sich vor Gott das ewige Leben verdienen könnte, da es doch um den Dienst an der »Sache des Herrn« für andere geht. Die Rede von einer in der Schöpfung begründeten Zweitrangigkeit und einer Zurückweisung der Frauen vom Priesteramt wegen des Einflusses von Vorstellungen einer geistig-moralischen Minderwertigkeit von Frauen für den Sakramentsempfang widersprächen dem kirchlichen Glaubensbewußtsein.

Wenn jemand nach dem Empfang der Taufe in Sünde gefallen ist, so kann er immer durch eine wahre Reue und Buße (in der Taufgnade) wiederhergestellt werden: Nicht nur Jungfrauen und enthaltsam lebende Christen, sondern auch Verheiratete verdienen es, zur ewigen Seligkeit zu gelangen, wenn sie durch rechten Glauben und Tun guter Werke Gott gefällig leben.

Gegen die Häresie der Waldenser
(Bericht eines Dominikaners aus Krems – 13. Jh.)

Dt.: Hermann Schuster-Hermann Schuirmann, Christentum in Geschichte und Gegenwart, Frankfurt a.M./Bonn 1950, 63f.

Gegenüber der Lehre mancher Waldenserkreise, von Albigensern und Katharern, die auf eine Relativierung des Weihesakraments und der priesterlichen Vollmacht hinauslaufen und damit Laien, auch Frauen, die Austeilung und Spendung der Sakramente anvertrauen kraft des gemeinsamen Priestertums und der besonderen Heiligkeit der Spender, hatte schon das 4. Laterankonzil (1215) betont, daß nur der rechtmäßig nach der Schlüsselgewalt der Kirche geweihte Priester die Eucharistie vollziehen kann (DH 802).

Das Neue und das Alte Testament haben sie in die Volkssprache übersetzt und lehren und lernen danach. Ich hörte einen einfachen Bauern, der den Hiob Wort für Wort aufsagen konnte und mehrere andere, die das ganze Neue Testament vollkommen beherrschten. Ihr erster Irrtum ist, die römische Kirche sei nicht die Kirche Jesu Christi, sondern der Böswilligen und sei seit Sylvester (314–335) abgefallen, als das Gift des Zeitlichen in die Kirche eingeströmt sei. Sie sagen, daß alle Laster und Sünden in der Kirche zu finden seien und sie allein recht haben, daß der Papst das Haupt aller Irrtümer sei, daß der Papst und alle Bischöfe Mörder seien der Kriege wegen, daß der Zehnte nicht zu entrichten sei, weil er in der ursprünglichen Kirche nicht entrichtet wurde, daß die Kleriker keinen Besitz haben dürfen. Die Titel der Prälaten wie Papst, Bischof usw. verwerfen sie. Sie fordern, daß niemand zum Glauben gezwungen werden dürfe; ebenso verwerfen sie alle Sakramente der Kirche. *Von dem Sakrament des Abendmahls meinen sie, daß ein Priester in Todsünden es nicht spenden dürfe; daß ein frommer Laie, auch eine Frau, wenn er die Worte kenne, es spenden dürfe*; daß die Wandlung nicht in der Hand des unwürdigen Spenders, sondern des würdigen Empfängers vor sich gehe, und daß es an einem gewöhnlichen Tisch gefeiert werden könne. *Das Sakrament der Priesterweihe erklären sie für nichtig, weil jeder fromme Laie Priester sei, wie auch die Apostel Laien waren.* Alle kirchlich angenommenen Gebräuche, die sie nicht im Evangelium finden, verwerfen sie. Sie behaupten, daß jede Sünde Todsünde sei und keine nur läßlich; ebenso, daß ein Vaterunser mehr wert sei als zehn Glockengeläute und die Messe; daß jeder Eid Todsünde sei.

Synode von Segovia (1325), Liber synodalis, cap. 38

Span.: Synodicon hispanum VI, ed. Antonio Garcia y Garcia, Madrid 1993, 312f.
Dt.: G. L. Müller.

In dieser vom Bischof von Segovia Pedro de Cuéllar geleiteten Synode wird die allgemeine Praxis bestätigt, daß die vom Bischof gespendeten 9 (!) Weihen des Episkopats, Presbyterats und Diakonats sowie des Subdiakonats und der ordines minores (ebd. Can. 36) nur Männer empfangen können. Einer Frau kommt weder die Ausübung der »kirchlichen Schlüsselgewalt« (vgl. Lateran IV: DH 802) noch der entsprechende Dienst am Altar (-sakrament) zu.

E, sin esto, conviene que sea varon, aquel a quien son de dar estas ordenes, e non muger, que nin a llaves asi como varon, nin deve servir al altar.

Außer den vorgenannten Bedingungen (für den gültigen und würdigen Empfang des Weihesakraments, d.Ü.) kommt es nur einem Mann zu, diese Weihen zu empfangen und nicht einer Frau, die weder wie der Mann die Schlüsselgewalt der Kirche erhalten noch den Dienst am Altar (-sakrament) vollziehen darf.

Synode von Salamanca (1408–1410)

Lat.: Synodicum Hispanum IV (= BAC), hrsg. von Antonio Garcia y Garcia, Madrid 1987, 151.
Dt.: G. L. Müller.

Liber Synodalis von Bischof Gonzales de Alba, 6.4.1410, Nr. 63.

Circa hoc sacramentum sex sunt necessaria [potestas ordinandi, i.e. episcopus ..., quinto, requiritur in suscipiente ordines sexus virilis, quia mulier non reciperet characterem alicuius ordinis.

[...] Fünftens: Es ist für den Empfänger der heiligen Weihen das männliche Geschlecht erforderlich, denn die Frau könnte nicht den sakramentalen Charakter irgendeiner Weihestufe empfangen.

Thomas Netter, OCarm (ca. 1377–1431), gen. Th. Waldensis, De Sacramentalibus Ordinis

Lat.: Doctrinale antiquitatum fidei ecclesiae catholicae adversus Wiclevitas et Hussitas, Bd. III Opus de Sacramentalibus Ordinis, Venedig 1759, repr. Farnborough, Hants., England 1967, 374, 380–382. Dt.: M. Schlosser.

In der bedeutenden Auseinandersetzung mit den Lehren Wiclifs und Hus bezeugt Thomas Netter auch die kirchliche Lehre bezüglich der Ungültigkeit des Frauen gespendeten Weihesakraments. Er qualifiziert die dem entgegenstehende Position als Häresie, weil sie der Schrift, wie sie in der Tradition der katholischen Kirche unter dem Beistand des Geistes ausgelegt wurde, widerstreitet.

Caput LVIII, 4.: Foemine nusquam in sacerdotio fuisse reperiuntur

Praeter hos, et consimiles ab Orthodoxis pro tam nefanda haeresi singulariter exprobratos nusquam invenimus in populo Dei ab initio Protoplasti feminas sacerdotes, sed eas omnes ex sexu tota lege currentis naturae (usque ad Moysen dico) a Moyse usque ad Christum, a Christo quoque, et Apostolis ejus, et omni Ecclesia primitiva per Patres huc usque tam sacro ministerio continue denegatas. Sed quid immoror, et probatione ab eo de Scripturis sanctis non exigo? Jactator iste, qui nihil citra Sripturarum fundamenta permittit Ecclesiae; cur tam inauditae novitati et horrendae Scripturas sanctas non attulit? Sed Cataphrygae eum in isto praecedunt, fingentes saltem textum Apostoli, quia post Diaconos alloquitur mulieres, quasi velit ibi eas ordinare Diaconas contra Apostolos, qui nusquam hoc fecerunt; contra etiam auctoriatem suam, qua eis verbum in Ecclesia sustulit: ipsi e contrario ministerium etiam verbi commendant. Forsitan objicere incipiet illud Apostoli de probatione Diaconorum: *Hi autem probentur primum, et sic ministrent, nullum crimen habentes. Similiter et mulieres oportet esse pudicas.* Respondet etiam Ambrosius, Apostolum ibi composuisse plebem: quod autem de plebe conjungit Diaconis feminas Diaconorum, feminas, quas ante ordinationem habebant instituit, ut ipsi Diaconi nullum crimen habentes in se, similiter et mulieres suas praeter plebem oportet habere pudicas, ne scandalizent ministerium Ecclesiae, quemadmodum Nicolaus.

Kap. 58,4: Nirgendwo läßt sich finden, daß Frauen das Priestertum innegehabt hätten

Außer bei diesen und ähnlichen Leuten – die von den Rechtgläubigen wegen einer solch verwerflichen Häresie ganz besonders getadelt werden – finden wir nirgends im Volk Gottes seit der Erschaffung Adams Frauen als Priester. Vielmehr finden wir durchgängig, daß allen Frauen wegen ihres Geschlechtes dieser heilige Dienst versagt blieb: sowohl zur Zeit des Naturgesetzes (das heißt: bis Mose), wie in der Zeit von Mose bis Christus, und auch von der Zeit Christi, seiner Apostel und der ganzen Urkirche über die Zeit der Väter bis heute. Aber was soll ich mich damit aufhalten und nicht vielmehr einen Schriftbeweis von ihm verlangen? Dieser Prahler, der der Kirche nichts erlauben will, was über die Grundlage der Hl. Schrift hinausgeht, warum führt er nicht die Hl. Schriften für eine solch unerhörte und abschreckende Neuerung an? Die Kataphrygier sind in diesem Punkt seine Vorläufer. Sie dachten sich zumindest als Deutung eines Paulustextes folgendes aus: Weil der Apostel nach den Diakonen die Frauen anspricht, habe er sie gleichsam dort zu Diakoninnen ordinieren wollen (*ordinare*) – gegen die Apostel, die so etwas nirgends taten; ja auch gegen seine eigene Autorität, mit der er ihnen ja untersagt hatte, in der Versammlung zu sprechen. Sie dagegen übertragen ihnen auch den Dienst am Wort.
Vielleicht will er mir mit jenem Wort des Apostels über die Erprobung der Diakone widersprechen: »Sie sollen zuerst geprüft werden, es sollen solche dienen, die sich kein Vergehen zuschulden haben kommen lassen. Ebenso müssen auch die Frauen von guten Sitten sein«. Ambrosius gibt schon die Antwort: Der Apostel habe hier eine Anordnung für das Volk gegeben. Weil er vom Volk spricht, verbindet er mit der Erwähnung der Diakone die Frauen der Diakone, deswegen legt er fest, daß die Frauen, die sie vor der Amtseinsetzung (ordinatio) hatten, ebenso wie die Diakone selbst, die unbescholten sein müssen, außergewöhnlich (praeter plebem) sittenrein sein müssen, damit sie den Dienst der Kirche nicht in Verruf bringen wie Nikolaus.

Caput LIX, 7: Ad honorem sacerdotii cunctae foeminae redduntur inhabiles

Ab hujusmodi honore ob naturam sexus et divinae legis dispensationem cunctae mulieres redduntur exortes. Si verbum absolutum non recipis, audi quid aeque absolute lib. III. *Dialogor. Basilii* capite VIII. definit Chrysostomus. Hae »omnes bestiae, hisque plures in illo scopulo nutriuntur, a quibus si semel quispiam captus fuerit, in tantam necesse est eum pertrahi servitutem, ut studio etiam mulieribus placendi, ea nonnunquam faciat, quae referre quoque turpe sit. Nam cum illas Divina lex exortes ministerii sacerdotalis effecerit, illae tamen se conantur inserere. Et quoniam per se agere nihil possunt, per alios cuncta sufficiunt, tantumque potentiae vendicant, ut et criminari et expellere quos libuerit audeant sacerdotes: sicque pervertunt omnia, ut illud proverbium videamus impleri: Rectores, jis qui regebantur, subiici. Atque utinam vel viri id auderent solum. Nunc autem illae id faciunt, quibus nec dicendi facultas permissa est, quid dicam docendi? quas nec in Ecclesia loqui sinit Beatus Paulus. Ego autem audivi loqui de his referente quodam, quod tantum confidentiae sibi vendicent, ut corripiant etiam Ecclesiis Praesidentes, et magis illis abutantur, quam Domini mancipiis suis«. Haec ille. Quod dixisti non posse probari de toto jure Canonico, et civili; de jure divino audi probatum: *illas* inquit, *divina lex exortes ministerii sacerdotalis efficit.* Ubi autem lex hoc effecerit, audi quid dicat: *quibus nec docendi facultas permissa est, et quid dicam docendi? quas nec in Ecclesia loqui sinit Beatus Paulus.* Hac lege usus erat contra eas supra Beatus Ambrosius reprobans Cataphrygas: *Cum Apostolus*, inquiens, *mulieres in silentio in Ecclesia esse doceret, isti eis docendi adhibent potestatem.* Audi iterum qualiter hac lege probat hoc intentum homil. IX. super I, ad Tim. idem Chrysostomus. Dicit »quoniam *loqui eas nolo.* Undique igitur volens eis abscindere occasionem loquelae, ut neque doceant ait, sed ordinem discentium habeant. Ita injungens silentium et subjectionem, ostenderat loquax quodammodo hoc genus esse. Propterea ipsum undique contrahit. *Adam enim*, ait, *primus plasmatus est, demum Eva. Et Adam non deceptus est, Eva autem decepta, in transgressione facta est* – Sequitur – Edocuit, scilicet mulier quandoque virum, et omnia subvertit, et inobedientiae obnoxium fecit. Propterea eam subjecit Deus, quia honoris parilitate principio sibi indulta, honore male usa fuerat. *Ad virum inquit tuum, erit conversio tua* – Et infra – Simpliciter edocuit semel mulier, et omnia subvertit, propterea ait, *ne doceant.* Quid igitur ad reliquas pertinet, si illa haec passa est? Plurimum sane: est enim sexus ille infirmus ac levis; quod jam in consequentibus differens dum de natura foeminae disputat, ostendit: non enim dixit: *Eva* est decepta, sed *mulier*, quod est communis generis magis quam Eva. Quid igitur? ergo omnis natura in transgressione facta est per illam, sicut de Adam ait, *in transgressione similitudinis Adam*, qui est typus, et forma futuri: ita et hoc muliebre genus transgressum est, hoc est humanum. Quid igitur? non habet salutem? utique, ait. Quam utique ait habet? Eam quae per filios – Et sequitur – Ac si diceret: ne anxiemini mulieres, quoniam generi vestro detrahitur. Dedit vobis Deus et aliam occasionem salutis, filiorum educationem, ut non solum per vos ipsas, sed et per filios salvemini«.

Haec ille. Bene discussit Chrysostomus intellectum Apostoli de silentio mulierum, quod eis injunctum est communiter quoad sexum, simul et subjectionem, *propterea,* inquiens, *subjecit eam Deus, quia non principatu, sed honoris parilitate male usa est,* probatque hanc poenam sexus esse per verbum illud Apostoli *mulier decepta est,* et ibi de reliquo de natura disputat. Foemina quae hanc poenam recepit in sexu, sicut Adam secundum speciem, totam infecit naturam; salutem tamen suam procurare concessum est mulieri per filiorum educationem, et partum corporeum: sicut viros filios spiritualiter parere per sacerdotis obsequium. Quod simpliciter est in prima foemina, per hanc legem Pauli secundum sexum totum foeminis interdictum. Ideo lib. II. *Dialogor. Basilii,* cap. II. Chrysostomus.»Cum vero quaeritur quis Ecclesiae praeponatur, et cui gubernatio credatur tantarum animarum: totus primum muliebris sexus cedat necesse est magnitudini hujus officii; virorum quoque pars maxima relinquetur«. Haec ille. Totus ecce muliebris sexus cedat necesse est officio regiminis animarum. Qualiter ergo contra jus divinum concedit Pepuzianus iste Wicleffus puellae suae Papatum, et bene propter suam praedestinationem valere facta papalia, quam Deus suspendit ab initio, et secundum totum sexum decrevit ineptam? Et quem sexum totum excepit Beatus Petrus tunc caput Ecclesiae, limitans omnem Ecclesiam in electione Matthiae ad virum tantummodo eligendum, cum ibi mulieres deesse non possent in numero centum viginti hominum: *Oportet,* inquiens, *ex his viris qui nobiscum sunt congregati in omni tempore, quo exivit, et intravit inter nos Dominus Jesus, incipiens a baptismate Joannis, usque in diem qua assumptus est a nobis, testem resurrectionis ejus fieri nobiscum unum ex istis.* Si oportet ex his viris assumi testem Apostolum, non videtur testem Magdalenam, aut aliam quamlibet foeminarum ad hunc Apostolatum assumere ut testimonium toti mundo valeat foemininum, praeter Apostolica gesta plura.

Kap. 59,7: Keine Frau kann die Würde des Priestertums empfangen

An der Würde des Priestertums kann die Frau aufgrund ihres Geschlechtes und aufgrund göttlicher Anordnung keinen Anteil erhalten. Wenn du dies, so unbedingt gesprochen, nicht annehmen willst, höre, was nicht weniger unbedingt Chrysostomus (III. Buch der Dialoge [über das Priestertum] mit Basilius, Kap. 8) sagt:»All diese wilden Tiere, und noch mehr als diese, werden auf jener Klippe genährt[1]. Und

---

[1] Chrysostomus spricht zu Beginn des zitierten Kapitels III, 9 von der »Klippe der Ehrsucht«; auf dieser Klippe werden »Bestien«, das heißt verschiedene Laster, genährt.

wenn jemand einmal von ihnen eingefangen ist, dann gerät er unausweichlich in eine solche Knechtschaft, daß er im Bestreben, die Gunst der Frauen zu gewinnen, zuweilen auch Dinge tut, die zu berichten man sich schämt. Obwohl den Frauen aufgrund göttlichen Gesetzes kein Anteil am priesterlichen Dienst gegeben ist, versuchen sie doch, sich dort einzureihen. Und weil sie in eigener Person nichts tun können, erreichen sie alles durch andere Personen; ja sie gewinnen eine solche Macht, daß sie es wagen dürfen, nach Belieben Priester zu beschuldigen oder auszustoßen. So verkehren sie alles ins Gegenteil, und wir sehen das Wort aus den Sprüchen sich erfüllen: »Die Leitenden sind denen unterworfen, die geleitet wurden«. Ach wenn das doch wenigstens nur Männer sich herausnähmen! Jetzt aber tun dies jene, denen nicht einmal die Erlaubnis zum Sprechen, geschweige denn zum Lehren gegeben ist, denn der hl. Paulus läßt sie in der Gemeinde nicht reden. Ich habe gehört, wie jemand davon berichtete, daß sie sogar die Vorsteheer der Kirchen schelten und übler mit ihnen umspringen als Herren mit ihren Sklaven«. Soweit Chrysostomus.

Was deinen Einwand betrifft, es könne aus dem gesamten kanonischen oder zivilen Recht nicht bewiesen werden, so höre, daß es aufgrund des göttlichen Rechts bewiesen wird: Er sagt, daß das göttliche Gesetz (lex divina) bewirkt, daß sie keinen Anteil am priesterlichen Dienst haben. Höre auch, an welcher Stelle das göttliche Gesetz dies tut: »denen die Erlaubnis zu reden nicht gegeben ist, geschweige denn zu lehren. Der hl. Paulus läßt sie nicht in der Gemeinde reden«. Auf dieses Gesetz stützt sich der oben genannte hl. Ambrosius bei seiner Widerlegung der Kataphrygier: »Während der Apostel lehrte, die Frauen sollen in der Versammlung schweigen, übertragen jene ihnen die Vollmacht zu lehren«.

Höre weiter die Beweisführung durch denselben Chrysostomus, in der 9. Homilie zum Ersten Timotheusbrief: Denn »ich will nicht, daß sie sprechen ...«. Indem er also überhaupt die Gelegenheit zu reden unterbindet, setzt er fest, daß sie nicht lehren sollen, sondern sich im Status der Lernenden befinden. Indem er ihnen Schweigen und Unterordnung auferlegt, hat er gezeigt, daß dieses Geschlecht zu Geschwätzigkeit neigt. Deswegen sucht er es von allen Seiten in die Schranken zu weisen. »Adam nämlich wurde zuerst erschaffen, dann Eva. Und nicht Adam wurde getäuscht, sondern Eva, und sie übertrat das Gebot«. [Bei Chrysostomus] folgt: Einst hat die Frau den Mann belehrt, und dadurch wurde alles verkehrt, und sie brachte ihn dazu, des Ungehorsams schuldig zu werden. Deswegen wies ihr Gott den untergeordneten Platz zu, weil sie von der ehrenvollen Gleichstellung mit dem Mann, die ihr im Anfang geschenkt war, keinen guten Gebrauch gemacht hatte. »Du wirst dich zu deinem Mann wenden«

(DEÜ: »Du wirst nach deinem Mann Verlangen haben (er aber wird über dich herrschen)«.

Weiter unten fährt er [Chrysostomus] fort: Ein einziges Mal belehrte eine Frau, und dadurch wurde alles verkehrt. Darum sagt [Paulus], »sie sollen nicht lehren«. Warum aber gilt das für alle übrigen, wenn jene [Eva] dies erdulden mußte? Hauptsächlich deswegen: Dieses Geschlecht ist schwach und leicht zu beeinflussen. Das zeigt er auch im folgenden Satz, während er vom Wesen der Frau spricht. Er sagt nämlich nicht: Eva wurde getäuscht, sondern: Die Frau wurde getäuscht. Das ist also allgemeiner gesprochen als Eva. Was heißt das also? Daß durch Eva die ganze Natur in die Übertretung hineingezogen wurde. Wie er von Adam sagt: »in der Übertretung nach dem Bilde Adams«, der Urbild und Gestalt des Kommenden ist, so spricht er auch von der Übertretung des weiblichen Geschlechtes, das heißt: des Menschengeschlechtes. Was heißt das? Gibt es etwa kein Heil für sie? O doch, sagt er. Welches? Das durch ihre Kinder.

Es folgt: »Als wollte er sagen: Fürchtet euch nicht, ihr Frauen, daß eurem Geschlecht etwas genommen wird. Gott hat euch eine andere Gelegenheit gegeben, das Heil zu erlangen: durch die Erziehung von Kindern, so daß ihr nicht nur durch euch selbst, sondern auch durch eure Kinder das Heil erlangt«.

So weit Chrysostomus. Sehr gut legt er dar, wie das Schweigegebot des Apostels an die Frauen zu verstehen ist: daß es für das gesamte Geschlecht gilt, zusammen mit der Unterordnung; »deswegen wies ihr Gott den untergeordneten Platz zu, weil sie von der ehrenvollen Gleichstellung mit dem Mann – nicht von der Herrschaft – keinen guten Gebrauch gemacht hatte«. Er beweist, daß diese Strafe für das gesamte Geschlecht gilt, aufgrund des Wortes Pauli: Die Frau wurde getäuscht. Im übrigen spricht er dort von der Natur der Frau. Die Frau, welcher die Strafe hinsichtlich ihres Geschlechtes auferlegt wurde – wie Adam hinsichtlich des Menschengeschlechtes –, übertrug sie auf ihr ganzes Geschlecht. Doch erhielt sie die Möglichkeit, das Heil zu gewinnen durch die Erziehung von Kindern und das leibliche Gebären – wie Männer geistlich Kinder gebären können, insofern sie den Dienst des Priesters ausüben. Das aber ist dem gesamten weiblichen Geschlecht aufgrund des Paulus-Wortes über die erste Frau untersagt. Darum schreibt Chrysostomus im zweiten Buch der *Dialoge mit Basilius*, Kap. 2: »Wenn die Frage gestellt wird, wer der Kirche vorstehen soll, und wem man die Leitung so vieler Seelen anvertrauen soll, dann scheidet wegen der hohen Bedeutung dieses Dienstes notwendigerweise das gesamte weibliche Geschlecht aus, und auch der größte Teil der Männer muß fern gehalten werden«. So weit Chrysostomus. Siehe also, das gesamte weibliche Geschlecht kann nicht zum Dienst der Seelenleitung zugelassen werden. Wie also kann jener Pepuzianer Wiclif seinem Mädchen die Papstwürde zugestehen, und behaupten, ihre Taten als Papst hätten Gültigkeit aufgrund ihrer Prädestination, obwohl ihr Gott von Anbeginn diese Möglichkeit verwehrte, und damit das gesamte Geschlecht als nicht geeignet bestimmte? Und auch der Apostel Petrus, damals das Haupt der Kirche, nahm das weibliche Geschlecht aus, indem er anläßlich der Wahl des Matthias der gesamten Kirche die Vorgabe machte, daß nur ein Mann zu wählen sei, obwohl unter der Zahl der Hundertzwanzig auch Frauen sein mußten. Er spricht: »Einer von der Männern, die mit uns die ganze Zeit zusammen waren, als der Herr Jesus bei uns aus und ein ging, beginnend mit der Taufe durch Johannes bis zu dem Tag, da er von uns weg aufgenommen wurde, muß mit uns Zeuge seiner Auferstehung sein« [Apg 1,21f.]. Wenn also aus aus diesen Männern ein Apostel-Zeuge genommen werden mußte, dann nimmt man offenkundig nicht Magdalena als Zeugin oder irgendeine andere Frau in das Apostelamt auf, so daß das Zeugnis von Frauen für die gesamte Welt Gültigkeit bekäme [...].

3. Neuzeit

Konzil von Trient, Decretum de sacramento ordinis (15.7.1563)

Lat./Dt.: DH 1763–1778 (vgl. auch Decretum de sacramentis in genere: DH 1600–1613).

Das Konzil von Trient äußert sich nicht expressis verbis zum Empfänger dieses Sakraments, setzt aber die Glaubenstradition, daß es kraft göttlichen Rechts nur ein Getaufter männlichen Geschlechts sein kann, voraus. Für ein katholisches Verständnis stellt sich nur auf der Grundlage der wirklichen Sakramentalität der Weihe von Bischof, Presbyter und Diakon, die Frage nach der Person des Empfängers. Wäre ihr Dienst nur ein Amt *ex mandato superioris,* könnte die Nichtordination von Frauen nur ein positivistisch-disziplinarisch begründeter Ausschluß eines ihnen eigentlich zustehenden Amtes sein. Mit der Bestätigung des katholischen Glaubens an die wahre und eigentliche Sakramentalität des »äußeren und sichtbaren« Priestertums, das vom »inneren und unsichtbaren« Priestertum aller Gläubigen wesentlich zu unterscheiden ist, hat das Trienter Konzil die Grundlagen und den Orientierungsrahmen angegeben, von dem her die Frage, ob getaufte Frauen gültig dieses Sakrament empfangen können, zu beantworten ist.

Can. 1 (DH 1771)

Wer sagt, es gebe im Neuen Bund kein sichtbares und äußeres Priestertum, oder es gebe keine Vollmacht, den wahren Leib und das Blut des Herrn zu konsekrieren und zu darzubringen sowie die Sünden zu vergeben und zu behalten, sondern lediglich das Amt (officium) und das bloße ministerium der Evangeliumspredigt, oder diejenigen, die nicht predigen, seien schlichtweg nicht Priester, der sei ausgeschlossen.

Can. 3 (DH 1773)

Wer sagt, der Ordo oder die Ordination sei nicht im wahren und eigentlichen Sinn ein von Christus, dem Herrn, eingesetztes Sakrament, oder sie sei eine menschliche Erfindung von Männern, die von kirchlichen Angelegenheiten nichts verstünden, und sie sei nur eine Art Ritus, um Diener des Wortes Gottes und der Sakramente auszuwählen, der sei ausgeschlossen.

Can. 6 (DH 1776)

Wer sagt, es gebe in der katholischen Kirche keine Hierarchie, die durch göttliche Anordnung eingesetzt ist, und die besteht aus Bischöfen, Presbytern und ministri, der sei ausgeschlossen.

Cap. 3 de doctrina (DH 1765)
(Wir lehren), daß es im wohlgeordneten Aufbau der Kirche mehrere
und verschiedene Ordines der Diener gibt, die dem sacerdotium von
Amts wegen dienen sollten ... Denn die Heiligen Schriften erwähnen
nicht nur die sacerdotes, sondern auch die Diakone ausdrücklich.

Catechismus Romanus (1566)

Lat./Dt.: Katechismus nach dem Beschlusse des Concils von Trient, Regensburg 1896.

Die klassische katholische Lehre sagt, daß im Notfall, d.h. der Gefahr für
das Leben des Täuflings, besonders der gerade geborenen Kinder, Männer
und Frauen taufen können und sollen, auch wenn die Taufenden nicht zur
vollen Gemeinschaft der Kirche oder überhaupt nicht zu ihr gehören. Die
Reihenfolge der berechtigten Spender der Taufe im Normalfall, Bischof,
Priester, Diakon (Cat. Rom. II 23), wird weitergeführt für die Nottaufe.
Da aber nach katholischem Kirchenverständnis ein wesenhafter Unterschied zwischen dem gemeinsamen Priestertum aller Gläubigen und dem
Priestertum von Bischof und Presbyter besteht, trägt die Hypothese nicht,
daß, wenn Laien, Männer und Frauen, gültig das Taufsakrament spenden
können und im Notfall auch dürfen und sollen, daß sie auch ohne die Priesterweihe die anderen Sakramente spenden könnten und wenigstens prinzipiell auch das Anrecht auf die Priesterweihe hätten. Denn das hierarchische Priestertum ist eben nicht die lediglich de jure ecclesiastico geordne-
te Ausführung der mit dem gemeinsamen Priestertum durch die Taufe
schon übertragenen sakramentalen Vollmachten.

II/2, 24 und 25.

[24] Die letzte Stufe bilden diejenigen, welche in drängender Not ohne feierliche Zeremonien taufen können, wozu alle gezählt werden,
aus dem Volk (Gottes), seien es Männer oder Frauen zu welcher Sekte sie auch gehören. Denn auch Juden, Ungläubigen und Ketzern ist,
wenn die Not zwingt, dieses Amt gestattet, sofern sie nur die Absicht
haben, zu tun, was die katholische Kirche bei einer solchen Handlung
tut ... [25] Jedoch sollen die Gläubigen nicht meinen, daß dieses Amt
allen ohne jeden Unterschied überlassen sei, daß es sich nicht gezie-
me, irgend eine Ordnung unter den Spendern festzusetzen. Denn eine Frau darf, wenn Männer da sind, desgleichen ein Laie in Gegenwart eines Geistlichen, dann ein einfacher Kleriker vor einem Priester
die Spendung der Taufe sich nicht anmaßen. Jedoch sind die Hebam-
men, die zu taufen gewohnt sind, nicht zu kritisieren, wenn sie bis-

weilen in Gegenwart eines Mannes, welcher in der Verrichtung dieses Sakraments ganz unerfahren ist, den Vollzug dieses Sakraments, das sonst mehr dem Manne zugehörig erscheint, selber spenden.

4. Aktuelle Diskussion seit dem II. Vatikanischen Konzil

II. Vatikanisches Konzil (1962–1965)

Dogmatische Konstitution über die Kirche »Lumen gentium« (21.11.1964)

Text: LThK², Ergänzungsband I, 156–347.

Das Konzil nimmt in seinen Dokumenten noch keinen Bezug auf die eben erst in einigen Ländern langsam beginnende innerkatholische Diskussion um das »Priestertum der Frau?«. Aber es bezeugt die bis dahin einhellige Glaubensüberzeugung von einem sakramentalen und eben nicht funktionalistischen Amtsverständnis. Die gemeinsame Teilhabe aller Getauften am priesterlich-heiligenden und pastoral-messianischen Dienst Christi, der der Kirche insgesamt anvertraut ist, läßt sich sehr gut vereinbaren mit der Aussage, daß das sakramentale Priestertum von Bischof und Presbyter nicht von der Gemeinde, sondern von Christus selber durch die Handauflegung des Bischofs in apostolischer Nachfolge übertragen wird. Daraus ergibt sich der Wesensunterschied zwischen dem gemeinsamen Priestertum der Kirche als ganzer und dem hierarchischen Priestertum, nicht dem Christsein, sondern der sakramentalen Vollmacht nach (LG 10).

Art. 20: Jene göttliche Sendung, die Christus den Aposteln anvertraut hat, wird bis zum Ende der Welt dauern (vgl. Mt 28,20). Denn das Evangelium, das sie zu überliefern haben, ist für alle Zeiten der Ursprung jedweden Lebens für die Kirche. Aus diesem Grunde trugen die Apostel in dieser hierarchisch geordneten Gesellschaft für die Bestellung von Nachfolgern Sorge (...) Sie legten ihnen ans Herz, achtzuhaben auf die ganze Herde, in welcher der Heilige Geist sie gesetzt habe, die Kirche Gottes zu weiden (vgl. Apg 20,28). Deshalb bestellten sie solche *Männer* und gaben Anordnung, daß nach ihrem Hingang *andere bewährte Männer* ihr Dienstamt übernähmen (...) Die Bischöfe haben also das Dienstamt in der Gemeinschaft zusammen mit ihren Helfern, den Presbytern und Diakonen, übernommen, an Gottes Stelle stehen sie der Herde vor, deren Hirten sie sind, als Lehrer in der Unterweisung, als Priester im heiligen Kult, als Diener in der Leitung (...).

Art. 28: Christus, den der Vater geheiligt und in die Welt gesandt hat (Joh 10,36), hat durch seine Apostel deren Nachfolger, die Bischöfe, seiner eigenen Weihe und Sendung teilhaftig gemacht. Diese wiederum haben die Aufgabe ihres Dienstamtes in mehrfacher Abstufung verschiedenen Trägern in der Kirche rechtmäßig weitergegeben. So wird das aus göttlicher Einsetzung kommende kirchliche Dienstamt in verschiedenen Ordnungen ausgeübt, von jenen, die schon seit alters Bischöfe, Presbyter, Diakone heißen. Die Presbyter haben zwar nicht die höchste Stufe des Weihesakramentes (pontificatus apicem) inne, und sie hängen in der Ausübung ihrer Vollmacht von den Bischöfen ab; dennoch sind sie mit ihnen in der priesterlichen Würde verbunden und kraft des Weihesakramentes dem Bilde Christi, des höchsten und ewigen Priesters (Hebr 5,1–10; 7,24; 9,11–28), zur Verkündigung der Frohbotschaft (evangelium praedicandum), zum Hirtendienst an den Gläubigen und zur Feier des Gottesdienstes (divinum cultum) geweiht (consecrantur) und so wirklich Priester des Neuen Bundes (...) Das Amt Christi, des Hirten und Hauptes, üben sie entsprechend dem Anteil ihrer Vollmacht aus, sie sammeln die Familie Gottes als von einem Geist beseelte Gemeinschaft (fraternitatem) und führen sie durch Christus zu Gott dem Vater.

Dekret über das Apostolat der Laien »Apostolicam actuositatem« (18.11.1965)

Lat./Dt.: LThK² Erg. Bd. II, 585–701.

Art. 2: Dazu ist die Kirche ins Leben getreten: sie soll zur Ehre Gottes des Vaters die Herrschaft Christi über die ganze Erde ausbreiten und so alle Menschen der heilbringenden Erlösung teilhaftig machen, und durch diese Menschen soll die gesamte Welt in Wahrheit auf Christus hingeordnet werden. Jede Tätigkeit des mystischen Leibes, die auf dieses Ziel gerichtet ist, wird Apostolat genannt; die Kirche verwirklicht es, wenn auch auf verschiedene Weise, durch alle ihre Glieder; denn die christliche Berufung ist ihrer Natur nach Berufung zum Apostolat. ... Es besteht in der Kirche eine Verschiedenheit des Dienstes, aber eine Einheit der Sendung. Den Aposteln und ihren Nachfolgern wurde von Christus das Amt übertragen, in seinem Namen und in seiner Vollmacht zu lehren, zu heiligen und zu leiten. Die Laien hingegen, die auch am priesterlichen, prophetischen und königlichen Amt Christi teilhaben, verwirklichen in Kirche und Welt ihren eigenen Anteil an der Sendung des ganzen Volkes Gottes. Durch ihr Bemühen um die Evangelisierung und Heiligung der Menschen und um die Durchdringung und Vervollkommnung der zeitlichen Ordnung mit dem Geist des Evangeliums üben sie tatsächlich ein Apostolat aus. So legt ihr Tun in dieser Ordnung offen für Christus Zeugnis ab und dient dem Heil der Menschen. Da es aber dem Stand der Laien eigen ist, inmitten der Welt und der weltlichen Aufgaben zu leben, sind sie von Gott berufen, vom Geist Christi beseelt nach Art des Sauerteigs ihr Apostolat in der Welt auszuüben.

Art. 9: Die Laien betätigen ihr vielfältiges Apostolat sowohl in der Kirche als auch in der Welt. In jeder dieser beiden Ordnungen tun sich verschiedene Bereiche apostolischen Wirkens auf. Die wichtigeren sollen hier erwähnt werden: die kirchlichen Gemeinschaften im engeren Sinn, die Familie, die Jugend, die sozialen Milieus, das nationale und internationale Leben. Da heute die Frauen eine immer aktivere Funktion im ganzen Leben der Gesellschaft ausüben, ist es von großer Wichtigkeit, daß sie auch an den verschiedenen Bereichen des Apostolates der Kirche wachsenden Anteil haben.

Art. 10: Als Teilnehmer am Amt Christi, des Priesters, Propheten und Königs, haben die Laien ihren aktiven Anteil am Leben und Tun der Kirche. Innerhalb der Gemeinschaften der Kirche ist ihr Tun so notwendig, daß ohne dieses auch das Apostolat der Hirten meist nicht zu seiner vollen Wirkung kommen kann. Denn wie jene Männer und Frauen, die Paulus in der Verkündigung des Evangeliums unterstützt haben (vgl. Apg 18,18.26; Röm 16,3), ergänzen Laien von wahrhaft apostolischer Einstellung, was ihren Brüdern fehlt; sie stärken geistig die Hirten und das übrige gläubige Volk (vgl. 1 Kor 16,17–18). Durch tätige Teilnahme am liturgischen Leben ihrer Gemeinschaft genährt, nehmen sie ja angelegentlich an deren apostolischen Werken teil. Menschen, die vielleicht weit abseits stehen, führen sie der Kirche zu. Angestrengt arbeiten sie an der Weitergabe des Wortes Gottes mit, vor allem durch katechetische Unterweisung. Durch ihre Sachkenntnis machen sie die Seelsorge und die Verwaltung der kirchlichen Güter wirksamer.

Art. 16: Das von jedem einzelnen zu übende Apostolat, das überreich aus einem wahrhaft christlichen Leben strömt (vgl. Joh 4,14), ist Ursprung und Voraussetzung jedes Apostolates der Laien, auch des gemeinschaftlichen. Es kann durch nichts ersetzt werden. Zu diesem immer und überall fruchtbringenden, aber unter bestimmten Umständen einzig entsprechenden und möglichen Apostolat sind alle Laien, wo immer sie stehen, gerufen und verpflichtet, auch wenn ihnen Gelegenheit oder Möglichkeit fehlt, in Vereinigungen mit anderen zusammenzuarbeiten.
Es gibt viele Formen des Apostolates, durch die die Laien die Kirche aufbauen, die Welt heiligen und in Christus beleben.

Eine besondere Form des Apostolates und ein auch unseren Zeiten höchst gemäßtes Zeichen, Christus, der in seinen Gläubigen lebt, sichtbar zu machen, ist das Zeugnis des ganzen Lebens eines Laien, das aus Glaube, Hoffnung und Liebe entspringt. Im Apostolat des Wortes dagegen, das in gewissen Situationen unbedingt notwendig ist, verkünden die Laien Christus, stellen sie den Kern seiner Lehre heraus, verbreiten diese, wie es der Stellung und Sachkundigkeit eines jeden entspricht, und bekennen sie treu.

Als Mitarbeiter beim Aufbau und in der Gestaltung der zeitlichen Ordnung – sind sie doch Bürger dieser Welt – müssen die Laien überdies für ihr Leben in Familie, Beruf, Kultur und Gesellschaft höhere Grundsätze des Handelns im Licht des Glaubens zu finden suchen und anderen bei gegebener Gelegenheit aufzeigen. Sie dürfen dabei das Bewußtsein haben, daß sie so Mitarbeiter Gottes des Schöpfers, Erlösers und Heiligmachers werden und ihm Rühmung erweisen.

Endlich mögen die Laien ihr Leben durch die Liebe beleben und dies möglichst durch die Tat zum Ausdruck bringen.

Alle seien eingedenk, daß ihr öffentlicher Gottesdienst, ihr Gebet, ihre Buße und die freie Annahme der Mühen und Drangsale des Lebens, durch die sie dem leidenden Christus gleichförmig werden (vgl. 2 Kor 4,10; Kol 1,24), alle Menschen erreichen und zum Heil der ganzen Welt beitragen können.

Dekret über die Missionstätigkeit der Kirche »Ad Gentes« (7.12.1965)

Das Konzil würdigt Männer und Frauen, die im Dienst der Ausbreitung des Gottesreiches stehen und die Mission der Kirche mittragen und zum Aufbau der Kirche unentbehrlich sind. Unbeschadet der Berufung aller Gläubigen zum priesterlichen, prophetischen und königlichen Dienst Christi, unterstreicht das Konzil dennoch die eigene, in der Weihe verwurzelte Sendung der Bischöfe, Presbyter und Diakone. Um der sakramentalen Gestalt der Kirche willen sollen die Männer, die Tätigkeiten ausüben, die normalerweise die Diakonatsweihe voraussetzen, vom Bischof die Handauflegung empfangen. Sie sind so dem Altar enger verbunden, »damit sie ihren Dienst mit Hilfe der sakramentalen Diakonatsgnade wirksamer erfüllen können« (AG 16).

Lat./Dt.: LThK² Erg. Bd. III, 9–125, hier: 58f., 62f., 66f.

Art. 15: Der Heilige Geist ruft alle Menschen durch die Saat des Wortes und die Predigt des Evangeliums zu Christus; wenn er die an Christus Glaubenden im Schoß des Taufbrunnens zu neuem Leben gebiert, dann sammelt er sie zu dem einen Gottesvolk, das ein auserwähltes Geschlecht, eine königliche Priesterschaft, ein heiliger Stamm, ein Volk von ihm zu eigen genommen ist (1 Petr 2,9). (...) Zur Einpflanzung der Kirche und zum Wachstum der christlichen Gemeinschaft aber sind verschiedene Dienste notwendig; durch göttliche Berufung werden sie in der Gemeinde der Gläubigen selbst geweckt, und sie müssen von allen sorgfältig gefördert weden. Dazu gehören das Amt des Priesters, des Diakons, des Katechisten und die Katholische Aktion. Ebenso leisten Ordensmänner und Ordensfrauen zur Verwurzelung und Festigung der Herrschaft Christi in den Seelen und zu ihrer Ausbreitung durch ihr Gebet und ihr Wirken einen unentbehrlichen Dienst.

Art. 16: ... Wo die Bischofskonferenzen es für gut halten, soll der Diakonat als fester Lebensstand wieder eingeführt werden, entsprechend den Normen der Konstitution über die Kirche; denn es ist angebracht, daß *Männer*, die tatsächlich einen diakonalen Dienst ausüben, sei es als Katechisten in der Verkündigung des Gotteswortes, sei es in der Leitung abgelegener Gemeinden im Namen des Pfarrers und des Bischofs, sei es in der Ausübung sozialer oder caritativer Werke, durch die von den Aposteln her überlieferte Handauflegung gestärkt und dem Altare enger verbunden werden, damit sie ihren Dienst mit Hilfe der sakramentalen Diakonatsgnade wirksamer erfüllen können.

Art. 17: Ebenso verdient die Schar der Katechisten Anerkennung, *Männer wie Frauen*, die so große Verdienste um das Werk der Heidenmission haben. Erfüllt von apostolischer Gesinnung, leisten sie mit vielen Mühen ihren einzigartigen und unersetzlichen Beitrag zur Verbreitung des Glaubens und der Kirche.

Dekret über Dienst und Leben der Priester »Presbyterorum ordinis« (7.12.1965)

Lat./Dt.: LThK² Ergänzungsband III, 142–239, hier: 147f., 198f.

In Abweichung von der offiziellen Übersetzung wird das griechisch-lateinische *presbyter* nicht mit »Priester« übersetzt, weil *sacerdotium* die beiden Weihestufen Presbyterat und Episkopat umfaßt.

Art. 2: Daher hat Christus die Apostel gesandt, wie er selbst vom Vater gesandt war, und durch die Apostel den Bischöfen als deren Nachfolgern Anteil an seiner Weihe und Sendung gegeben. Ihr Dienstamt ist in untergeordnetem Rang (gradu) den Presbytern übertragen worden; als Glieder des Presbyterstandes sollten sie in rechter Erfüllung der ihnen von Christus anvertrauten Sendung Mitarbeiter des Bischofsstandes sein. Da aber das Amt der Presbyter dem Bischofsstand verbunden ist, nimmt es an der Vollmacht teil, mit der Christus selbst seinen Leib auferbaut und heiligt. Darum setzt das Priestertum der Presbyter zwar die christlichen Grundsakramente voraus, wird aber durch ein eigenes Sakrament übertragen. Dieses zeichnet die Presbyter durch die Salbung des Heiligen Geistes mit einem besonderen Prägemal und macht sie auf diese Weise Christus gleichförmig, so daß sie in der Person Christi, des Hauptes, handeln können.

Art. 12: Das Weihesakrament macht die Presbyter Christus, dem Priester, gleichförmig, denn sie sind Diener des Hauptes zur vollkommenen Auferbauung seines ganzen Leibes, der die Kirche ist, und Mitarbeiter des Bischofsstandes.

Papst Paul VI., Brief an Erzbischof Frederick Donald Coggan von Canterbury (30.11.1975)

Lat.: AAS 68 (1976) 599f.
Dt.: L' Osservatore Romano, 10.9. 1976, Nr. 37, S. 4.

Nachdem in vielen lutherischen Kirchen seit den fünfziger Jahren das Pastorenamt für Frauen eingeführt wurde, führte die Diskussion in den anglikanischen Gemeinschaften seit den zwanziger Jahren bis in die siebziger und achtziger Jahre zur Entscheidung, daß es in den meisten anglikanischen Kirchen vom Bischof geweihte Diakoninnen, Presbyterinnen und Bischöfinnen gibt (unbeschadet der Frage, wie die katholische Kirche überhaupt den sakramentalen Charakter dieser Weihen versteht). Vereinzelte Stimmen für die Priesterweihe der Frau innerhalb der katholischen Kirche verdichteten sich in Nordamerika und Westeuropa nach dem Konzil zu einem mächtigen Chor. Der Bruch mit der Tradition wurde sehr wohl empfunden, aber zu neutralisieren versucht mit Hinweisen auf das Fehlen eines ausdrücklichen Verbotes der Frauenordination durch Jesus, mit dem Zweifel an der biblischen Begründung des sakramentalen Priestertums überhaupt, dem Hinweis auf das frauenfreundliche Verhalten Jesu und den präsumierten Zugang von Frauen zum Apostolat und allen Ämtern im Urchristentum, mit der Berufung auf die »sakramentale Weihestufe« der altkirchlichen Diakonisse und das heute überwundene frauenabwertende, leibfeindliche Denken der für den Ausschluß der Frauen vom Amt verantwortlichen zölibatären Päpste, Bischöfe und Mönche. Das systematische Hauptargument ist die These, daß die gesamtgesellschaftliche Bewegung der Emanzipation der Frau und ihr Zugang zu allen Funktionen und Berufen den Ausschluß der Frauen vom kirchlichen Amt nicht mehr als zeitgemäß und damit als ungerecht erscheinen läßt. In mehreren Stellungnahmen des Lehramts zur Bewegung für die Frauenordination wird versucht, die kirchliche Tradition exegetisch, dogmengeschichtlich und systematisch neu verständlich zu machen. Der Bezugsrahmen ist dabei eine vertiefte Klärung der »geoffenbarten Anthropologie von Mann und Frau«, die natürlich nicht identisch ist mit vergangenen gesellschaftlichen Verhältnissen und Mentalitäten. Die Lehrverkündigung der Päpste Paul VI. und Johannes Paul II. stellt eine innere komplexe Einheit dar und ist hermeneutisch auszulegen als Auseinandersetzung mit den vielfältigsten Initiativen, Forderungen, Publikationen, die auf »Rom« zielen und von dorther eine Änderung erhoffen oder gar erzwingen wollen.

We write in answer to your letter of 9 July last. We have many times had occasion to express to your revered predecessor, and more lately to yourself, our gratitude to God and our consolation at the growth of understanding between the Catholic Church and the Anglican Communion and to acknowledge the devoted work both in theological dialogue and reflection and in Christian collaboration which promotes and witnesses to this growth.

It is indeed within this setting of confidence and candour that we see your presentation of the problem raised by the developments within the Anglican Communion concerning the ordination of women to the priesthood.

Your Grace is of course well aware of the Catholic Church's position on this question. She holds that it is not admissible to ordain women to the priesthood, for very fundamental reasons. These reasons include: the example recorded in the Sacred Scriptures of Christ choosing his Apostles only from among men; the constant practice of the Church, which has imitated Christ in choosing only men; and her living teaching authority which has consistently held that the exclusion of women from the priesthood is in accordance with God's plan for his Church.

The Joint Commission between the Anglican Communion and the Catholic Church, which has been at work since 1966, is charged with presenting in due time a final report. We must regretfully recognize that a new course taken by the Anglican Communion in admitting women to the ordained priesthood cannot fail to introduce into this dialogue an element of grave difficulty which those involved will have to take seriously into account.

Obstacles do not destroy mutual commitment to a search for reconciliation. We learn with satisfaction of a first informal discussion of the question between Anglican representatives and those of our Secretariat for Promoting Christian Unity, at which the fundamental theological importance of the question was agreed on. It is our hope that this beginning may lead to further common counsel and growth of understanding. Once again we extend every fraternal good wish in Christ our Lord. From the Vatican, 30 November 1975. Paulus PP. VI

Wir schreiben in Beantwortung Ihres Briefes vom 9. Juli dieses Jahres. Wir hatten des öfteren Gelegenheit, Ihrem geschätzten Vorgänger und später Ihnen selbst unsere Dankbarkeit gegenüber Gott und unsere Genugtuung auszudrücken über das wachsende Verständnis zwischen der katholischen Kirche und der anglikanischen Kirchengemeinschaft und die hingebungsvolle Arbeit anzuerkennen, was die theologische Diskussion und Reflexion angeht wie auch die christliche Zusammenarbeit, die die Fortschritte fördert und bezeugt. Es ist in der Tat im Sinne dieses vertrauensvollen und offenherzigen Verhältnisses, daß Sie uns dieses durch Entwicklungen innerhalb der anglikanischen Kirchengemeinschaft bezüglich der Priesterweihe von Frauen hervorgerufene Problem zur Kenntnisnahme vorlegen. Euer Gnaden ist sicher der Standpunkt der katholischen Kirche in dieser Frage bekannt. Sie hält daran fest, daß es aus prinzipiellen Gründen nicht zulässig ist, Frauen die Priesterweihe zu erteilen. Zu diesen Gründen gehören: das in der Heiligen Schrift bezeugte Vorbild Christi, der nur Männer zu Aposteln wählte, die konstante Praxis der Kirche, die in der ausschließlichen Wahl von Männern Christus nachahmte, und ihre lebendige Lehrautorität, die beharrlich daran festhält, daß der Ausschluß von Frauen vom Priesteramt in Übereinstimmung steht mit Gottes Plan für seine Kirche. Die gemeinsame Kommission der anglikanischen Kirchengemeinschaft und der katholischen Kirche, die seit 1966 tätig ist, wurde beauftragt, zu gegebener Zeit einen abschließenden Bericht vorzulegen. Wir müssen mit Bedauern erkennen, daß der von der anglikanischen Kirchengemeinschaft in der Frage der Zulassung von Frauen zur Priesterweihe eingeschlagene neue Kurs unvermeidlich in den Dialog ein Element von erheblicher Schwierigkeit einführt, dem die daran Beteiligten ernsthaft Rechnung tragen müssen. Hindernisse zerstören nicht die gegenseitige Verpflichtung, nach der Wiedervereinigung zu suchen. Wir hören mit Genugtuung von einem ersten Informationsgespräch über diese Frage zwischen anglikanischen Vertretern und Vertretern unseres Sekretariats für die Einheit der Christen, bei dem man sich über die fundamentale theologische Bedeutung dieser Frage einig war. Es ist unsere Hoffnung, daß dieser Beginn zu weiteren gemeinsamen Beratungen

und wachsendem Verständnis führen möge. Erneut entbieten wir Ihnen unsere guten brüderlichen Wünsche in Christus, unserem Herrn.
Paulus PP. VI

Papst Paul VI., Brief an Erzbischof Dr. Frederick Donald Coggan von Canterbury (23.03.1976)

Engl.: AAS 68 (1976) 600f.
Dt.: L' Osservatore Romano, 10.9.1976, Nr. 37, S.4f.

As the tenth anniversary comes round of your revered predecessor's visit to Rome, we write to reciprocate with all sincerity the gratitude and the hope which, in recalling that historic occasion, you express in a letter recently handed to us by Bishop John Howe.

It is good to know that the resolves taken, the dialogue entered upon ten years ago, have continued and spread to many places, and that a new spirit of mutual consideration and trust increasingly pervades our relations.

In such a spirit of candour and trust you allude in your letter of greeting to a problem which has recently loomed large: the likelihood, already very strong it seems in some places, that the Anglican Churches will proceed to admit women to the ordained priesthood. We had already exchanged letters with you on this subject, and were able to express the Catholic conviction more fully to Bishop John Howe when he brought your greetings. Our affection for the Anglican Communion has for many years been strong, and we have always nourished and often expressed ardent hopes that the Holy Spirit would lead us, in love and in obedience to God's will, along the path of reconciliation. This must be the measure of the sadness with which we encounter so grave a new obstacle and threat on that path.

But it is no part of corresponding to the promptings of the Holy Spirit to fail in the virtue of hope. With all the force of the love which moves us we pray that at this critical time the Spirit of God may shed his light abundantly on all of us, and that his guiding hand may keep us in the way of reconciliation according to his will.

Moreover, we sincerely appreciate the fact that you have expressed a desire to meet us, and we assure you that on our part we would look upon such a meeting as a great blessing and another means of furthering that complete unity willed by Christ for his Church.

From the Vatican, 23 March 1976.

Da sich der Besuch Ihres verehrten Vorgängers in Rom zum zehnten Mal jährt, schreiben wir Ihnen, um in aller Aufrichtigkeit die Dankbarkeit und Hoffnung zu erwidern, die Sie in Erinnerung dieser historischen Begebenheit in einem Brief zum Ausdruck bringen, der uns unlängst durch Bischof John Howe überreicht wurde. Es ist tröstlich zu wissen, daß der vor zehn Jahren beschlossene Dialog weitergeführt wird, sich auf andere Orte ausgedehnt hat und zunehmend ein neuer Geist gegenseitiger Rücksicht und gegenseitigen Vertrauens unsere Beziehungen durchdringt. In diesem Geist der Aufrichtigkeit und des Vertrauens nehmen Sie in Ihrer Grußbotschaft auf ein Problem Bezug, das sich seit kurzem ausweitet: die anscheinend an einigen Orten sehr fundierte Wahrscheinlichkeit, daß die Anglikanischen Kirchen dazu übergehen, Frauen zur Priesterweihe zuzulassen. Wir haben mit Ihnen über dieses Problem schon Briefe ausgetauscht und waren so in der Lage, Bischof John Howe, der Ihre Grüße überbrachte, die katholische Überzeugung ausführlicher darzustellen. Wir hegen seit Jahren eine starke Sympathie für die anglikanische Kirchengemeinschaft und nährten immer die Hoffnung, die wir auch oft zum Ausdruck gebracht haben, daß der Heilige Geist uns in Liebe und Gehorsam gegenüber Gottes Willen den Weg der Wiedervereinigung führen möge. Von daher läßt sich der Grad des Bedauerns ermessen, auf ein so ernstes neues Hindernis und eine neue Gefährdung dieses Weges zu stoßen. Aber in der Tugend der Hoffnung nachzulassen, entspricht nicht dem Wirken des Heiligen Geistes. Mit der ganzen Kraft der Liebe, die uns bewegt, beten wir, daß in diesem schwierigen Augenblick der Geist Gottes sein Licht reichlich über uns alle ausgießen möge und seine führende Hand uns auf dem Weg der Wiedervereinigung seinem Willen entsprechend behüte. Überdies schätzen wir aufrichtig die Tatsache, daß Sie den Wunsch ausgedrückt haben, mit uns zusammenzutreffen. Wir versichern Ihnen, daß wir von unserer Seite aus eine solche Begegnung als großen Segen betrachten würden und als einen weiteren Schritt auf dem Weg, die von Christus für seine Kirche gewollte Einheit zu fördern.

Paulus PP. VI

Erklärung der Kongregation für die Glaubenslehre zur Frage
der Zulassung der Frauen zum Priesteramt Inter insigniores
(15. Oktober 1976), Nr. 1–6

Lat.: AAS 69 (1977) 98–116.
Dt.: VApS 117.

Einleitung:
Die Stellung der Frau in der modernen Gesellschaft und Kirche

Zu den besonderen Merkmalen, die unsere Zeit kennzeichnen, zählte Papst Johannes XXIII. in seiner Enzyklika Pacem in terris vom 11. April 1963 »den Eintritt der Frau in das öffentliche Leben, der vielleicht rascher bei den christlichen Völkern erfolgt und langsamer, jedoch in zunehmendem Umfang auch bei den Völkern anderer Traditionen und Kulturen«.[1] Ebenso nennt das II. Vatikanische Konzil in seiner Pastoralkonstitution Gaudium et Spes, wo es die Formen von Diskriminierung in den Grundrechten der Person aufzählt, die überwunden und beseitigt werden müssen, da sie dem Plan Gottes widersprechen, an erster Stelle jene Diskriminierung, die wegen des Geschlechts erfolgt.[2] Die Gleichheit, die sich hieraus ergibt, wird dazu führen, eine Gesellschaft zu verwirklichen, die nicht völlig nivelliert und einförmig, sondern harmonisch und in sich geeint ist, wenn die Männer und die Frauen ihre jeweiligen Veranlagungen und ihren Dynamismus in sie einbringen, wie es Papst Paul VI. erst kürzlich dargelegt hat.[3]

Im Leben der Kirche selbst haben Frauen, wie die Geschichte bezeugt, einen entscheidenden Beitrag geleistet und bedeutsame Werke vollbracht. Es genügt, an die Gründerinnen der großen Frauenorden zu erinnern, wie die hl. Klara oder die hl. Theresia von Avila. Letztere und die hl. Katharina von Siena haben der Nachwelt so tiefgründige geistliche Schriften hinterlassen, daß Papst Paul VI. sie unter die Zahl der Kirchenlehrer aufgenommen hat. Noch sind jene unzähligen Frauen zu vergessen, die sich dem Herrn geweiht haben, um die tätige Nächstenliebe zu üben oder in den Missionen zu arbeiten, noch die christlichen Mütter, die in ihren Familien einen tiefen Einfluß ausüben und vor allem ihren Kindern den Glauben vermitteln.

---

[1] AAS 55 (1963), S. 267–268.
[2] Vgl. II. Vat. Konzil, Past. Konst. Gaudium et spes, 7. Dez. 1965, Nr. 29; AAS 58 (1966), S. 1048–1049.
[3] Vgl. Papst Paul VI., Ansprache an die Mitglieder der »Studienkommission über die Aufgaben der Frau in der Gesellschaft und der Kirche« und des »Komitees für das Internationale Jahr der Frau«, 18. April 1975; AAS 67 (1975), S. 265.

140

Unsere Zeit erhebt jedoch noch höhere Forderungen: »Da heute die Frauen eine immer aktivere Funktion im ganzen Leben der Gesellschaft ausüben, ist es von großer Wichtigkeit, daß sie auch an den verschiedenen Bereichen des Apostolates der Kirche wachsenden Anteil nehmen.«[4] Dieser Hinweis des II. Vatikanischen Konzils hat bereits eine entsprechende Entwicklung in die Wege geleitet: die verschiedenen Erfahrungen müssen natürlich noch reifen. Sehr zahlreich sind jedoch schon, wie Papst Paul VI. noch bemerkt hat[5], die christlichen Gemeinschaften, denen der apostolische Einsatz der Frauen sehr zum Nutzen gereicht. Einige von diesen Frauen wurden als Mitglieder in die Gremien für die pastorale Planung sowohl auf diözesaner wie pfarrlicher Ebene berufen. Auch der Heilige Stuhl hat in einige Ämter der Kurie Frauen aufgenommen.

Nun haben seit einigen Jahren mehrere christliche Gemeinschaften, die aus der Reformation des 16. Jahrhunderts oder der nachfolgenden Zeit hervorgegangen sind, auch Frauen in der gleichen Weise wie Männern den Zugang zum pastoralen Dienst eröffnet. Ihre Initiative hatte von seiten der Mitglieder dieser Gemeinschaften oder ähnlicher Gruppen Forderungen und Veröffentlichungen zur Folge, die darauf abzielen, diese Zulassung auszuweiten, ebenso aber auch Reaktionen im entgegengesetzten Sinn. Diese Frage stellt also ein ökumenisches Problem dar, zu dem die katholische Kirche ihre Auffassung darlegen muß, und das um so mehr, als man sich in verschiedenen Bereichen der öffentlichen Meinung die Frage gestellt hat, ob die Kirche nicht auch ihrerseits ihre Praxis ändern und Frauen zur Priesterweihe zulassen sollte. Sogar mehrere katholische Theologen haben diese Frage offen gestellt und so zu Untersuchungen nicht nur im Bereich der Exegese, der Patristik und der Kirchengeschichte, sondern auch auf dem Gebiet der geschichtlichen Erforschung der Institutionen und Gebräuche, der Soziologie und der Psychologie angeregt. Die verschiedenen Argumente, die zur Klärung dieses bedeutsamen Problems beitragen können, sind einer kritischen Prüfung unterzogen worden. Da es sich hierbei aber um eine Diskussion handelt, der die klassische Theologie kaum größere Aufmerksamkeit geschenkt hat, läuft die gegenwärtige Argumentation leicht Gefahr, einige wesentliche Elemente zu vernachlässigen.

Aus diesen Gründen erachtet es die Kongregation für die Glaubenslehre in Erfüllung eines Auftrags, den sie vom Heiligen Vater erhalten

---

[4] II. Vat. Konzil, Dekret Apostolicam actuositatem, 18. Nov. 1965, Nr. 9; AAS 58 (1966), S. 846.
[5] Vgl. Papst Paul VI., Ansprache an die Mitglieder der »Studienkommission über die Aufgaben der Frau in der Gesellschaft und der Kirche« und des »Komitees für das Internationale Jahr der Frau«, a.a.O., S. 266.

hat, und als Antwort auf die von ihm in seinem Schreiben vom 30. November 1975 gemachten Erklärung[6] als ihre Pflicht, erneut festzustellen: Die Kirche hält sich aus Treue zum Vorbild ihres Herrn nicht dazu berechtigt, die Frauen zur Priesterweihe zuzulassen. Gleichzeitig ist die Kongregation der Meinung, daß es in der gegenwärtigen Situation nützlich ist, diese Haltung der Kirche näher zu erklären, da sie von einigen vielleicht mit Bedauern zur Kenntnis genommen werden wird. Auf längere Sicht dürfte jedoch ihr positiver Wert ersichtlich werden, da sie dazu beitragen könnte, die jeweilige Sendung von Mann und Frau tiefer zu erfassen.

1. Die Tatsache der Tradition

Niemals ist die katholische Kirche der Auffassung gewesen, daß die Frauen gültig die Priester- oder Bischofsweihe empfangen könnten. Einige häretische Sekten der ersten Jahrhunderte, vor allem gnostische, haben das Priesteramt von Frauen ausüben lassen wollen. Die Kirchenväter haben jedoch sogleich auf diese Neuerung hingewiesen und sie getadelt, da sie sie als für die Kirche unannehmbar ansahen[7]. Es ist wahr, daß man in ihren Schriften den unleugbaren Einfluß von Vorurteilen findet, die sich gegen die Frau richten, die sich aber – was ebenfalls festzustellen ist – kaum auf ihre pastorale Tätigkeit und noch weniger auf ihre geistliche Führung ausgewirkt haben. Neben diesen durch den Geist der Zeit beeinflußten Überlegungen findet man, vor allem in den kirchenrechtlichen Werken der antiochenischen und ägyptischen Tradition, als wesentliches Motiv dafür angeführt, daß die Kirche, indem sie nur Männer zur Weihe und zum eigentlichen priesterlichen Dienst beruft, jenem Urbild des Priesteramtes treu zu bleiben sucht, das der Herr Jesus Christus gewollt und die Apostel gewissenhaft bewahrt haben.[8]
Dieselbe Überzeugung bestimmt auch die mittelalterliche Theologie[9], obgleich die scholastischen Theologen, wenn sie die Glaubenswahr-

[6] Vgl. AAS 68 (1976), S. 599–600; vgl. ebd., S. 600–601.
[7] Vgl. Irenäus, Adv. Haereses I,13,2; PG 7, 580–581; ed. Harvey, I, 114–122; Tertullian, De praescript. haeretic. 41,5; CCL 1, S. 221; Firmilian von Cäsarea, in S. Cyprian, Epist. 75; CSEL 3, S. 817–818; Origenes, Fragmenta in I Cor. 14, in Journal of theological studies 10 (1909), S. 41–42; Epiphanius, Panarion 49, 2–3; 78, 23; 79, 2–4: Bd. 2, GCS 31, S. 243–244; Bd. 3, GCS 37, S. 473, 477–479.
[8] Vgl. Didascalia Apostolorum, c. 15, ed. R. H. Connolly, S. 133 u. 142; Constitutiones Apostolicae, lib. 3, c. 6, Nr. 1–2; c. 9, Nr. 3–4; ed. F. X. Funk, S. 191, 201; Johannes Chrysostomus, De sacerdotio, 2, 2; PG 48, 633.
[9] Vgl. Bonaventura, In IV Sent., Dist. 25, art. 2, q. 1, ed. Quaracchi, Bd. 4, S. 649; Richardus de Mediavilla (Middletown), in IV Sent., Dist. 25, art. 4, Nr. 1, ed. Venedig, 1499, f⁰ 177ʳ; Johannes Duns Scotus, In IV Sent., Dist. 25; Opus Oxoniense, ed. Vivès, Bd. 19, S. 140; Reportata Parisiensia, Bd. 24, S. 369–371; Durand de Saint-Pourçain, In IV Sent., Dist. 25, q. 2, Venedig, 1571, f⁰ 364ᵛ.

heiten durch die Vernunft zu erklären suchen, zu dieser Frage oft Argumente anführen, die das moderne Denken nur schwerlich gelten läßt oder sogar mit Recht zurückweist. Seither ist diese Frage bis in unsere Zeit sozusagen nicht mehr erörtert worden, da die geltende Praxis von einer bereitwilligen und allgemeinen Zustimmung getragen wurde.

Die Tradition der Kirche ist also in diesem Punkt durch die Jahrhunderte hindurch so sicher gewesen, daß das Lehramt niemals einzuschreiten brauchte, um einen Grundsatz zu bekräftigen, der nicht bekämpft wurde, oder ein Gesetz zu verteidigen, das man nicht in Frage stellte. Jedesmal aber, wenn diese Tradition Gelegenheit hatte, deutlicher in Erscheinung zu treten, bezeugte sie den Willen der Kirche, dem ihr vom Herrn gegebenen Beispiel zu folgen.

Dieselbe Tradition ist auch von den Ostkirchen treu bewahrt worden. Ihre Einmütigkeit in diesem Punkt ist um so bemerkenswerter, als ihre Kirchenordnung in vielen anderen Fragen eine große Verschiedenheit zuläßt. Auch diese Kirchen lehnen es heute ab, sich jenen Forderungen anzuschließen, die den Frauen den Zugang zur Priesterweihe eröffnen möchten.

2. Das Verhalten Christi

Jesus Christus hat keine Frau unter die Zahl der Zwölf berufen. Wenn er so gehandelt hat, dann tat er das nicht etwa deshalb, um sich den Gewohnheiten seiner Zeit anzupassen, denn sein Verhalten gegenüber den Frauen unterscheidet sich in einzigartiger Weise von dem seiner Umwelt und stellt einen absichtlichen und mutigen Bruch mit ihr dar. So spricht er zur großen Verwunderung seiner eigenen Jünger öffentlich mit der Samariterin (vgl. Joh 4,27); er beachtet nicht die gesetzliche Unreinheit der blutflüssigen Frau (vgl. Mt 9,20–22); er läßt sich im Hause des Pharisäers Simon von einer Sünderin berühren (vgl. Lk 7,37ff.); indem er der Ehebrecherin verzeiht, möchte er zeigen, daß man mit der Verfehlung einer Frau nicht strenger verfahren darf, als mit der von Männern (vgl. Joh 8,11); ferner zögert er nicht, sich vom Gesetz des Moses zu distanzieren, um die Gleichheit der Rechte und Pflichten von Mann und Frau hinsichtlich des Ehebandes zu bekräftigen (vgl. Mk 10,11f.; Mt 19,3–9).

Auf seinen Wanderpredigten ließ Jesus sich nicht nur von den Zwölf begleiten, sondern auch von einer Gruppe von Frauen: »Maria, genannt Maria aus Magdala, aus der sieben Dämonen ausgefahren waren, Johanna, die Frau des Chuzas, eines Bekannten des Herodes, Susanna und viele andere. Sie alle unterstützten Jesus und die Jünger mit dem, was sie besaßen« (Lk 8,2–3). Im Gegensatz zur jüdischen Mentalität, die dem Zeugnis von Frauen keinen großen Wert zuerkannte, wie es das jüdische Gesetz bezeugt, waren es dennoch Frauen, die als erste den auferstandenen Christus sehen durften und von Jesus den Auftrag erhielten, die erste österliche Botschaft sogar den Aposteln mitzuteilen (vgl. Mt 28,7–10; Lk 24,9–10; Joh 20,11–18), um sie darauf vorzubereiten, später selbst die offiziellen Zeugen der Auferstehung zu werden. Gewiß, diese Feststellungen bieten keine unmittelbare Evidenz. Man sollte sich darüber aber nicht wundern, denn die Fragen, die sich aus dem Worte Gottes ergeben, übersteigen die Evidenz. Um den letzten Sinn der Sendung Jesu und den der Schrift zu verstehen, kann die rein historische Exegese der Texte nicht genügen. Man muß jedoch anerkennen, daß es hier eine Anzahl von konvergierenden Fakten gibt, die die bemerkenswerte Tatsache unterstreichen, daß Jesus den Auftrag der Zwölf keinen Frauen anvertraut hat.[10] Nicht einmal seine Mutter, die so eng mit seinem Geheimnis verbunden ist und deren erhabene Funktion in den Evangelien von Lukas und Johannes hervorgehoben wird, war mit dem apostolischen Amt betraut. Das veranlaßt die Kirchenväter, sie als das Beispiel für den Willen Christi in dieser Frage hinzustellen. Dieselbe Lehre hat noch am Anfang des 13. Jahrhunderts Papst Innozenz III. wiederholt, indem er schrieb:»Obwohl die allerseligste Jungfrau Maria alle Apostel an Würde und Erhabenheit übertroffen hat, hat der Herr nicht ihr, sondern jenen die Schlüssel des Himmelreiches anvertraut.«[11]

3. Die Handlungsweise der Apostel

Die apostolische Gemeinde ist dem Verhalten Jesu Christi treu geblieben. Obgleich Maria im engen Kreis derer, die sich nach der Himmelfahrt im Abendmahlssaal versammelten, einen bevorzugten Platz einnahm (vgl. Apg 1,14), war nicht sie es, die man in das Kollegium der Zwölf berief, sondern man schritt zur Wahl, die dann auf Matthias fiel. Aufgestellt wurden zwei Jünger, die in den Evangelien nicht einmal erwähnt werden.

---

[10] Man hat diese Tatsache auch durch einen von Jesus beabsichtigten Symbolismus erklären wollen: die Zwölf hätten die Stammväter der zwölf Stämme Israels repräsentieren sollen (vgl. Mt 19,28; Lk 22,30). Doch geht es in diesem Text nur um ihre Teilnahme am eschatologischen Gericht. Der eigentliche Grund für die Wahl der Zwölf ist vielmehr in ihrer gesamten Sendung zu suchen (vgl. Mk 3,14): sie sollen Jesus im Volk repräsentieren und sein Werk fortsetzen.

[11] Papst Innozenz III., Brief vom 11. Dezember 1210 an die Bischöfe von Palencia und Burgos, in Corpu Iuris, Decret. Lib. 5, tit. 38, De paenit., c. 10 Nova: ed. A. Friedberg, Bd. 2, col. 886–887; vgl. Glossa in Decretal. lib. 1, tit. 33, c. 12 Dilecta, v° Iurisdictioni; vgl. Thomas von Aquin, Summa theol., III^a pars, q. 27, a. 5, ad 3; Pseudo Albertus Magnus, Mariale, quaest. 42, ed. Borgnet 37, 81.

Am Pfingsttag ist der Heilige Geist auf alle herabgekommen, auf Männer und Frauen (vgl. Apg 2,1; 1,14), und dennoch waren es nur »Petrus zusammen mit den Elf«, die die Stimme erhoben und verkündeten, daß in Jesus die Propheten erfüllt sind (Apg 2,14). Als diese und Paulus die Grenzen der jüdischen Welt überschritten, haben die Verkündigung des Evangeliums und das christliche Leben in der griechisch-römischen Zivilisation sie veranlaßt, mitunter sogar auf schmerzliche Weise mit der Beobachtung des mosaischen Gesetzes zu brechen. Sie hätten also auch daran denken können, Frauen die Weihe zu erteilen, wenn sie nicht davon überzeugt gewesen wären, in diesem Punkt dem Herrn die Treue wahren zu müssen. In der hellenistischen Welt waren mehrere Kulte der heidnischen Gottheiten Priesterinnen anvertraut. Die Griechen teilten nämlich nicht die jüdischen Vorstellungen. Wenn auch die Philosophen die Frau als minderwertiger beurteilten, so weisen die Geschichtsexperten doch während der römischen Kaiserzeit auch die Existenz einer gewissen Bewegung nach, die sich um die Förderung der Frau bemühte. In der Tat stellen wir auch in der Apostelgeschichte und in den Briefen des hl. Paulus fest, daß die Frauen bei der Verkündigung des Evangeliums mit den Aposteln zusammenarbeiteten (vgl. Röm 16,3–12; Phil 4,3); er nennt mit Freude ihre Namen in den abschließenden Grußworten seiner Briefe; einige von ihnen üben häufig einen bedeutenden Einfluß bei den Bekehrungen aus: Priscilla, Lydia und andere; Priscilla vor allem, die sich darum bemühte, die Glaubensunterweisung des Apollo noch weiter zu vervollkommnen (vgl. Apg 18,26); Phöbe steht im Dienst der Gemeinde Kenchreä (vgl. Röm 16,1). All diese Tatsachen offenbaren in der Kirche zur Zeit der Apostel einen beachtlichen Fortschritt im Vergleich zu den Sitten des Judentums. Und dennoch hat man niemals daran gedacht, diesen Frauen die Weihe zu erteilen. In den paulinischen Briefen haben anerkannte Exegeten einen Unterschied zwischen zwei Redeweisen des Apostels festgestellt: er spricht unterschiedslos von »meinen Mitarbeitern« (Röm 16,3; Phil 4,2–3) hinsichtlich der Männer und Frauen, die ihm auf die eine oder andere Weise in seiner apostolischen Arbeit helfen; dagegen reserviert er die Bezeichnung »Mitarbeiter Gottes« (1 Kor 3,9; vgl. 1 Thess 3,2) für Apollo, Timotheus und sich selbst, Paulus; sie werden so bezeichnet, weil sie direkt zum apostolischen Amt und zur Verkündigung des Gotteswortes berufen sind. Obgleich die Frauen am Tag der Auferstehung eine bedeutsame Aufgabe zu erfüllen hatten, geht ihre Mitarbeit für den hl. Paulus nicht bis zur offiziellen und öffentlichen Verkündigung der Frohbotschaft, die exklusiv der apostolischen Sendung vorbehalten bleibt.

4. Die bleibende Bedeutung der Verhaltensweise Jesu und der Apostel

Könnte sich die Kirche nicht von dieser Verhaltensweise Jesu und der Apostel, die zwar durch die ganze Tradition bis in unsere Tage als Norm angesehen worden ist, heute eventuell entfernen? Man hat zugunsten einer positiven Beantwortung dieser Frage verschiedene Argumente vorgebracht, die es nun zu prüfen gilt.

Man hat vor allem behauptet, daß das Verhalten Jesu und der Apostel sich durch den Einfluß ihres Milieus und ihrer Zeit erklären ließe. Wenn Jesus, so sagt man, weder den Frauen noch seiner eigenen Mutter ein Amt übertragen hat, das sie den Zwölfen zuordnete, so liegt der Grund darin, daß die historischen Umstände es ihm nicht gestatteten. Keiner hat indes jemals bewiesen, und es ist auch nicht möglich nachzuweisen, daß dieses Verhalten sich allein an soziologisch-kulturellen Motiven orientiert. Die Nachforschungen in den Evangelien ergeben, wie wir oben gesehen haben, gerade das Gegenteil, daß nämlich Jesus mit den Vorurteilen seiner Zeit gebrochen hat, indem er den konkreten Formen der Diskriminierung der Frauen entschlossen entgegengetreten ist. Man kann also nicht behaupten, daß Jesus sich einfach von Opportunitätsgründen habe leiten lassen, wenn er keine Frauen in die Gruppe der Apostel aufgenommen habe. Noch weniger hätten diese soziologisch-kulturellen Bedingungen die Apostel im griechischen Milieu davon zurückhalten können, wo diese Diskriminierungen nicht existierten. Einen weiteren Einwand leitet man von dem zeitbedingten Charakter her, den man heute in einigen Vorschriften des hl. Paulus für die Frauen und in den Schwierigkeiten, die sich diesbezüglich aus einigen Aspekten seiner Lehre ergeben, zu erkennen glaubt. Man muß jedoch dagegen feststellen, daß diese Vorschriften, die wahrscheinlich durch die Sitten seiner Zeit beeinflußt sind, sich fast nur auf disziplinäre Praktiken von geringer Bedeutung beziehen, wie z.B. die den Frauen auferlegte Verpflichtung, einen Schleier zu tragen (vgl. 1 Kor 11,2–16); diese Forderungen haben natürlich keinen normativen Wert mehr. Das Verbot des Apostels jedoch, daß Frauen in der Versammlung nicht »sprechen« dürfen (vgl. 1 Kor 14,34–35; 1 Tim 2,12), ist anderer Natur. Die Exegeten erklären seine richtige Bedeutung: Paulus widersetzt sich keineswegs dem Recht, in der Versammlung prophetisch zu reden, was er den Frauen übrigens ausdrücklich zuerkennt (vgl. 1 Kor 11,5); das Verbot bezieht sich ausschließlich auf die offizielle Funktion, in der christlichen Versammlung zu lehren. Diese Vorschrift ist für den hl. Paulus mit dem göttlichen Schöpfungsplan verbunden (vgl. 1 Kor 11,7; Gen 2,18–24); man könnte sie nur schwerlich als Ausdruck der kulturellen Verhältnisse ansehen. Ferner darf nicht vergessen werden, daß wir dem hl. Paulus einen jener Texte verdanken, in denen im Neuen Testament mit größtem Nachdruck die grundsätzliche Gleichheit von Mann und Frau als Kinder Gottes in Christus unterstrichen wird (vgl. Gal 3,28). Es besteht also kein Grund, ihn unfreundlicher Vorurteile gegenüber den Frauen anzuklagen, wenn man das Vertrauen beachtet, das er ihnen entgegenbringt, und die Mitarbeit, die er von ihnen für seine apostolische Tätigkeit erbittet.

Außer diesen Einwänden, die man aus der Geschichte der apostolischen Zeit entnimmt, gibt es andere, die für eine berechtigte Entwicklung in dieser Frage eintreten und als Argument dafür auf die Praxis hinweisen, die die Kirche hinsichtlich der Riten der Sakramente befolgt hat. Man hat hervorheben können, wie sehr die Kirche gerade in unserer Zeit darum weiß, daß sie über die Sakramente, obgleich sie von Christus eingesetzt worden sind, eine gewisse Verfügungsgewalt besitzt. Sie bedient sich ihrer im Lauf der Jahrhunderte, um für diese das äußere Zeichen und die Bedingungen der Spendung genauer zu bestimmen: die jüngsten Entscheidungen der Päpste Pius XII. und Paul VI. sind ein Beweis dafür.[12] Doch muß betont werden, daß diese Gewalt, die tatsächlich besteht, begrenzt ist. Pius XII. hat daran erinnert, als er schrieb:»Die Kirche hat keine Gewalt über die Substanz der Sakramente, d. h. über alles, von dem Christus nach dem Zeugnis der Quellen der Offenbarung gewollt hat, daß es im sakramentalen Zeichen erhalten bleibt.«[13] Dies war auch schon die Lehre des Trienter Konzils:»Stets hatte die Kirche die Vollmacht, in der Spendung der Sakramente unter Beibehaltung ihres Wesens Bestimmungen oder Abänderungen zu treffen, die, entsprechend dem Wechsel von Verhältnissen, Zeit und Ort, das Seelenheil der Empfänger oder die Ehrfurcht vor den Sakramenten förderten.«[14]

Anderseits darf nicht vergessen werden, daß die sakramentalen Zeichen keine konventionellen Zeichen sind; und selbst wenn es zutrifft, daß sie unter bestimmten Aspekten natürliche Zeichen sind, weil sie der tiefen Symbolik der Gesten und Dinge entsprechen, so sind sie doch mehr als das: sie sind vor allem dafür bestimmt, den Menschen einer jeder Epoche mit dem erhabensten Geschehen der Heilsgeschichte in Verbindung zu bringen, ihm durch den ganzen Reichtum der Pädagogik und der Symbolik der Bibel die Erkenntnis der Gnade

---

[12] Vgl. Papst Pius XII., Apost. Konst. Sacramentum ordinis, 30. Nov. 1947, AAS 40 (1948), S. 5–7; Papst Paul VI., Apost. Konst. Divinae consortium naturae, 15. Aug. 1971, AAS 63 (1971), S. 657–664; Apost. Konst. Sacram unctionem, 30. Nov. 1972, AAS 65 (1973), S. 5–9.

[13] Papst Pius XII., Apost. Konst. Sacramentum ordinis, a.a.O., S. 5.

[14] Sessio 21, cap. 2; Denzinger-Schönmetzer, Enchiridion symbolorum ..., Nr. 1728.

zu vermitteln, die sie bezeichnen und bewirken. So ist das Sakrament der Eucharistie nicht nur ein brüderliches Mahl, sondern zugleich auch die Gedächtnisfeier, die das Opfer Christi und seine Hingabe durch die Kirche vergegenwärtigt und wirksam macht; das Priesteramt ist nicht ein einfacher pastoraler Dienst, sondern gewährleistet die Kontinuität jener Funktionen, die Christus den Zwölfen übertragen hat, und der Gewalten, die sich darauf beziehen. Die Angleichung an bestimmte Zivilisationen und Epochen kann also nicht, was die wesentlichen Elemente betrifft, ihre sakramentale Bezogenheit auf die grundlegenden Ereignisse des Christentums und auf Christus selbst abschaffen.

Es ist letztlich die Kirche, die durch die Stimme ihres Lehramtes in diesen verschiedenen Bereichen die richtige Unterscheidung zwischen den wandelbaren und den unwandelbaren Elementen gewährleistet. Wenn sie gewisse Änderungen nicht übernehmen zu können glaubt, so geschieht es deshalb, weil sie sich durch die Handlungsweise Christi gebunden weiß: ihre Haltung ist also entgegen allem Anschein nicht eine Art Archaismus, sondern Treue. Nur in diesem einen Licht kann sie sich selbst richtig verstehen. Die Kirche fällt ihre Entscheidungen kraft der Verheißung des Herrn und der Gegenwart des Heiligen Geistes, und zwar stets in der Absicht, das Geheimnis Christi noch besser zu verkünden und dessen Reichtum unversehrt zu bewahren und zum Ausdruck zu bringen.

Diese Praxis der Kirche erhält also einen normativen Charakter: in der Tatsache, daß sie nur Männern die Priesterweihe erteilt, bewahrt sich eine Tradition, die durch die Jahrhunderte konstant geblieben und im Orient wie im Okzident allgemein anerkannt ist, stets darauf bedacht, Mißbräuche sogleich zu beseitigen. Diese Norm, die sich auf das Beispiel Christi stützt, wird befolgt, weil sie als übereinstimmend mit dem Plan Gottes für seine Kirche angesehen wird.

5. Das Priesteramt im Lichte des Geheimnisses Christi

Nachdem die Norm der Kirche und ihre Grundlagen in Erinnerung gebracht worden sind, scheint es nützlich und angemessen zu sein, sie noch weiter zu erläutern. Dabei soll nun die tiefe Übereinstimmung aufgezeigt werden, die die theologische Reflexion zwischen der dem Weihesakrament eigenen Natur – mit ihrem besonderen Bezug auf das Geheimnis Christi – und der Tatsache, daß nur Männer zum Empfang der Priesterweihe berufen werden, feststellt. Es geht hierbei nicht darum, einen stringenten Beweis zu erbringen, sondern diese Lehre durch die Analogie des Glaubens zu erhellen.

Die konstante Lehre der Kirche, die das II. Vatikanische Konzil erneut bekräftigt und präzisiert hat und die auch durch die Bischofssynode von 1971 und durch diese Kongregation für die Glaubenslehre in ihrer Erklärung vom 24. Juni 1973 vorgetragen worden ist, bekennt, daß der Bischof oder der Priester bei der Ausübung seines Amtes nicht in eigener Person, in persona propria, handelt: er repräsentiert Christus, der durch ihn handelt. »Der Priester waltet wirklich an Christi Statt«, schreibt wörtlich schon der hl. Cyprian im 3. Jahrhundert.[15] Diese Eigenschaft, Christus zu repräsentieren, ist es, die der hl. Paulus als charakteristisch für seine apostolische Tätigkeit betrachtet (vgl. 2 Kor 5,20; Gal 4,14). Sie erreicht ihren höchsten Ausdruck in der Feier der Eucharistie, die die Quelle und der Mittelpunkt der Einheit der Kirche ist, das Opfermahl, in dem sich das Volk Gottes mit dem Opfer Christi vereint. Der Priester, der allein die Vollmacht hat, die Eucharistiefeier zu vollziehen, handelt also nicht nur kraft der ihm von Christus übertragenen Amtsgewalt, sondern in persona Christi[16], indem er die Stelle Christi einnimmt und sogar sein Abbild wird, wenn er die Wandlungsworte spricht.[17]

Das christliche Priesteramt ist also sakramentaler Natur: der Priester ist ein Zeichen, dessen übernatürliche Wirksamkeit sich aus der empfangenen Weihe herleitet, ein Zeichen aber, das wahrnehmbar sein muß[18] und von den Gläubigen auch leicht verstanden werden soll. Die Ökonomie der Sakramente ist in der Tat auf natürlichen Zeichen be-

---

[15] Cyprian, Epist. 63, 14: PL 4, 397 B; ed. Hartel, Bd. 3, S. 713.

[16] Vgl. II. Vat. Konzil, Konst. Sacrosanctum Concilium, 4. Dez. 1963, Nr. 33: »... der Priester, in der Rolle Christi an der Spitze der Gemeinde stehend ...«; Dogm. Konst. Lumen gentium, 21. Nov. 1964, Nr. 10: »Der Amtspriester nämlich bildet kraft seiner heiligen Gewalt, die er innehat, das priesterliche Volk heran und leitet es; er vollzieht in der Person Christi das eucharistische Opfer und bringt es im Namen des ganzen Volkes Gott dar«; Nr. 28: »kraft des Weihesakramentes nach dem Bilde Christi, des höchsten und ewigen Priesters, ... üben sie ihr heiliges Amt am meisten in der eucharistischen Feier oder Versammlung aus, wobei sie in der Person Christi handeln ...«; Dekret Presbyterorum ordinis, 7. Dez. 1965, Nr. 2: »Dieses zeichnet die Priester durch die Salbung des Heiligen Geistes mit einem besonderen Prägemal und macht sie auf diese Weise dem Priester Christus gleichförmig, so daß sie in der Person des Hauptes Christi handeln können«; Nr. 13: »Im Dienst am Heiligen, vor allem beim Meßopfer, handeln die Priester in besonderer Weise an Christi Statt ...«; vgl. ferner Bischofssynode 1971, De sacerdotio ministeriali, I, Nr. 4; Kongregation für die Glaubenslehre, Erklärung zur katholischen Lehre über die Kirche, 24. Juni 1973, Nr. 6.

[17] Thomas v. Aquin, Summa theol., IIIa pars, q. 83, art. 1, ad 3um: »Es ist zu sagen, daß (wie die Feier dieses Sakramentes das vergegenwärtigende Abbild seines Kreuzes ist: ebd. ad 2um) aus demselben Grunde der Priester das Abbild Christi ist, in dessen Person und Kraft er die Wandlungsworte spricht«.

[18] »Denn da das Sakrament ein Zeichen ist, wird in dem, was im Sakrament geschieht, nicht nur die ›res‹, sondern auch die Bedeutung der ›res‹ gefordert«, sagt der hl. Thomas gerade um die Weihe von Frauen zurückzuweisen: In IV Sent., Dist. 25, q. 2, art. 2, quaestiuncula 1a, corp.

gründet, auf Symbolen, die in die menschliche Psychologie eingeschrieben sind: »Die sakramentalen Zeichen«, sagt der hl. Thomas, »repräsentieren das, was sie bezeichnen, durch eine natürliche Ähnlichkeit.«[19] Dasselbe Gesetz der Ähnlichkeit gilt ebenso für die Personen wie für die Dinge: wenn die Stellung und Funktion Christi in der Eucharistie sakramental dargestellt werden soll, so liegt diese »natürliche Ähnlichkeit«, die zwischen Christus und seinem Diener bestehen muß, nicht vor, wenn die Stelle Christi dabei nicht von einem Mann vertreten wird: andernfalls würde man in ihm schwerlich das Abbild Christi erblicken. Christus selbst war und bleibt nämlich ein Mann.

Gewiß, Christus ist der Erstgeborene der ganzen Schöpfung, der Frauen ebenso wie der Männer: die Einheit, die er nach dem Sündenfall wiederherstellt, ist derart, daß es nicht mehr Juden und Griechen, nicht Sklaven und Freie, nicht Mann und Frau gibt; denn alle sind eins in Christus Jesus (vgl. Gal 3,28). Nichtsdestoweniger ist die Menschwerdung des Wortes in der Form des männlichen Geschlechtes erfolgt. Dies ist natürlich eine Tatsachenfrage; doch ist diese Tatsache, ohne daß sie im geringsten eine vermeintliche natürliche Überordnung des Mannes über die Frau beinhaltet, unlösbar mit der Heilsökonomie verbunden: sie steht in der Tat im Einklang mit dem Gesamtplan Gottes, wie er selbst ihn geoffenbart hat und dessen Mittelpunkt das Geheimnis des Bundes ist.

Das Heil, das von Gott den Menschen angeboten wird, die Gemeinschaft, zu der sie mit ihm berufen sind, mit einem Wort der Bund, wird schon von den Propheten des Alten Testaments mit Vorliebe unter dem Bild eines geheimnisvollen Brautverhältnisses beschrieben: das erwählte Volk wird für Gott zur innig geliebten Braut; die jüdische wie die christliche Tradition haben die Tiefe dieser innigen Liebe erkannt, indem man immer wieder das Hohelied der Liebe gelesen hat; der göttliche Bräutigam bleibt treu, selbst dann, wenn die Braut seine Liebe verrät, d. h. wenn Israel Gott gegenüber untreu wird (vgl. Hos 1–3; Jer 2). Als die »Fülle der Zeit« (Gal 4,4) kam, hat das Wort, der Sohn Gottes, Fleisch angenommen, um in seinem Blut, das für die vielen zur Vergebung der Sünden vergossen wird, den neuen und ewigen Bund zu beginnen und zu besiegeln: sein Tod wird erneut die zerstreuten Kinder Gottes versammeln; aus seiner durchbohrten Seite wird die Kirche geboren, wie Eva aus der Seite Adams geboren wurde. Jetzt erst verwirklicht sich vollkommen und endgültig das bräutliche Geheimnis, das im Alten Testament angekündigt und besungen worden ist: Christus ist der Bräutigam; die Kirche ist seine Braut, die

---

[19] Thomas v. Aquin, In IV Sent., Dist. 25, q. 2, art. 2, quaestiuncula 1a, ad 4um.

er liebt, da er sie durch sein Blut erworben und sie lobwürdig, heilig und ohne Makel gestaltet hat und mit ihr nunmehr untrennbar verbunden ist. Das Brautthema, das sich von den Briefen des hl. Paulus (vgl. 2 Kor 11,2; Eph 5,22–33) bis zu den Schriften des hl. Johannes entfaltet (vgl. vor allem Joh 3,29; Offb 19,7 und 9), ist auch in den synoptischen Evangelien anzutreffen: solange der Bräutigam unter ihnen weilt, dürfen seine Freunde nicht fasten (vgl. Mk 2,19); das Himmelreich ist zu vergleichen mit einem König, der für seinen Sohn ein Hochzeitsfest veranstaltet (vgl. Mt 22,1–14). Durch diese Sprache der Schrift, die ganz von Symbolen durchdrungen ist und den Mann und die Frau in ihrer tiefen Identität zum Ausdruck bringt und erfaßt, wird uns das Geheimnis Gottes und Christi geoffenbart, ein Geheimnis, das in sich unergründlich ist.

Das ist auch der Grund, warum man nicht die Tatsache vernachlässigen kann, daß Christus ein Mann ist. Um die Bedeutung dieser Symbolik für die Ökonomie der Offenbarung gebührend zu berücksichtigen, muß man daher einräumen, daß in den Funktionen, die den Weihecharakter erfordern und wo Christus selbst, der Urheber des Bundes, der Bräutigam und das Haupt der Kirche, in der Ausübung seiner Heilssendung repräsentiert wird – was im höchsten Maße in der Eucharistie geschieht – seine Rolle von einem Mann verkörpert wird (das ist der eigentliche Sinn des Wortes persona). Das gründet bei diesem letzteren nicht in irgendeiner persönlichen höheren Würde in der Wertordnung, sondern ergibt sich allein aus einer faktischen Verschiedenheit in der Verteilung der Aufgaben und Dienste.

Könnte man vielleicht dagegen einwenden, daß es nun, da Christus in seiner himmlischen Seinsweise lebt, gleichgültig sei, ob er fortan von einem Mann oder von einer Frau repräsentiert wird, da man ja »im Zustand der Auferstehung nicht mehr heiratet« (Mt 22,30)? Dieser Text bedeutet jedoch nicht, daß der Unterschied von Mann und Frau, insofern er die Identität der Person bestimmt, in der ewigen Herrlichkeit aufgehoben wäre. Das gilt für Christus ebenso wie für uns. Es ist offensichtlich, daß der geschlechtliche Unterschied in der menschlichen Natur einen bedeutenden Einfluß ausübt, mehr noch als z. B. die ethnischen Unterschiede: diese berühren die menschliche Person nicht so tief wie der Unterschied der Geschlechter, der direkt auf die Gemeinschaft zwischen den Personen sowie auf die menschliche Fortpflanzung hingeordnet ist und in der biblischen Offenbarung einem ursprünglichen Willensentscheid Gottes zugeschrieben wird: »Als Mann und Frau schuf er sie« (Gen 1,27). Es mag einer ferner einwenden, daß der Priester, vor allem wenn er bei den liturgischen und sakramentalen Handlungen den Vorsitz führt, in gleicher Weise die

Kirche repräsentiert: er handelt in ihrem Namen, mit der Intention »zu tun, was sie tut«. In diesem Sinn sagten die mittelalterlichen Theologen, daß der Priester auch in persona Ecclesiae handle, d.h. im Namen der ganzen Kirche und um sie zu repräsentieren. Welches auch immer die Teilnahme der Gläubigen an der liturgischen Handlung sein mag, es ist in der Tat der Priester, der sie im Namen der ganzen Kirche vollzieht: er betet im Namen aller; er opfert in der Messe das Opfer der ganzen Kirche: im neuen Ostermahl wird Christus von der Kirche durch die Priester unter sichtbaren Zeichen geopfert.[20] Da der Priester also auch die Kirche repräsentiert, könnte man sich da nicht denken, daß diese Repräsentation entsprechend der schon dargelegten Symbolik auch von einer Frau vorgenommen wird? Es ist wahr, daß der Priester die Kirche repräsentiert, die der Leib Christi ist. Er tut das jedoch gerade deshalb, weil er zuvor Christus selbst repräsentiert, der das Haupt und der Hirt der Kirche ist. So sagt es das II. Vatikanische Konzil[21], wodurch es den Ausdruck in persona Christi genauer bestimmt und ergänzt. In dieser Eigenschaft führt der Priester in der christlichen Versammlung den Vorsitz und feiert er das eucharistische Opfer, »das die ganze Kirche aufopfert und in dem sie auch sich selbst ganz als Opfer darbringt«.[22]

Wenn man diesen Überlegungen die gebührende Bedeutung beimißt, wird man besser erkennen, wie gut begründet die geltende Praxis der Kirche ist. Durch die Diskussion, die in unseren Tagen um die Priesterweihe der Frau entstanden ist, sollten sich alle Christen eindringlich dazu aufgerufen fühlen, die Natur und die Bedeutung des Bischofs- und Priesteramtes tiefer zu erforschen und die authentische Stellung des Priesters in der Gemeinschaft der Getauften wiederzuentdecken, der er selbst als Glied angehört, von der er sich aber auch unterscheidet. Denn in den Handlungen, die den Weihecharakter erfordern, ist er für sie mit der ganzen Wirksamkeit, die dem Sakrament innewohnt, das Abbild und Zeichen Christi selbst, der zusammenruft, von Sünden losspricht und das Opfer des Bundes vollzieht.

---

[20] Vgl. Konzil von Trient, Sessio 22, cap. 1; DS, Nr. 1741.
[21] Vgl. II. Vat. Konzil, Dogm. Konst. Lumen gentium, Nr. 28: »Das Amt Christi des Hirten und Hauptes üben sie entsprechend dem Anteil ihrer Vollmacht aus ...«; Dekret Presbyterorum ordinis, Nr. 2: »... so daß sie in der Person des Hauptes Christus handeln können«; Nr. 6: »das Amt Christi, des Hauptes und Hirten«. – Vgl. Papst Pius XII., Enzykl. Mediator Dei: »der Diener des Altares handelt in der Person Christi als des Hauptes, der im Namen aller Glieder opfert«; AAS 39 (1947), S. 556. – Bischofssynode 1971, De sacerdotio ministeriali, I, Nr. 4: »Christus, das Haupt der Gemeinschaft, setzt er gegenwärtig ...«.
[22] Papst Paul VI., Enzykl. Mysterium fidei, 3. Sept. 1965, AAS 57 (1965), S. 761.

6. Das Priesteramt im Geheimnis der Kirche

Es ist vielleicht nützlich, daran zu erinnern, daß die Probleme der Ekklesiologie und der Sakramententheologie, besonders wenn sie – wie im hier vorliegenden Fall – das Priestertum betreffen, ihre Lösung nur im Licht der Offenbarung finden können. Die menschlichen Wissenschaften, so wertvoll ihr Beitrag in ihrem jeweiligen Bereich auch sein mag, können hier nicht genügen, denn sie vermögen die Wirklichkeiten des Glaubens nicht zu erfassen: was hiervon im eigentlichen Sinne übernatürlich ist, entzieht sich ihrer Zuständigkeit.

Ebenso deutlich muß hervorgehoben werden, wie sehr die Kirche eine Gesellschaft ist, die von anderen Gesellschaften verschieden ist; sie ist einzigartig in ihrer Natur und in ihren Strukturen. Der pastorale Auftrag ist in der Kirche gewöhnlich an das Weihesakrament gebunden: es ist nicht eine einfache Leitung, die mit den verschiedenen Formen der Autoritätsausübung im Staat vergleichbar wäre. Er wird nicht nach dem freien Belieben der Menschen übertragen. Wenn er auch eine Designierung nach Art einer Wahl miteinschließt, so sind es doch die Handauflegung und das Gebet der Nachfolger der Apostel, die die Erwählung durch Gott verbürgen. Der Heilige Geist ist es, der durch die Weihe Anteil gibt an der Leitungsgewalt Christi, des obersten Hirten (vgl. Apg 20,28). Es ist ein Auftrag zum Dienst und zur Liebe: »Wenn du mich liebst, weide meine Schafe« (vgl. Joh 21,15–17).

Aus diesem Grund ist nicht einzusehen, wie man den Zugang der Frau zum Priestertum aufgrund der Gleichheit der Rechte der menschlichen Person fordern kann, die auch für die Christen gelte. Man beruft sich zu diesem Zweck mitunter auf die früher schon zitierte Stelle aus dem Galaterbrief (3,28), nach der in Christus zwischen Mann und Frau kein Unterschied mehr besteht. Doch bezieht sich dieser Text keinesfalls auf die Ämter der Kirche. Er bekräftigt nur die universelle Berufung zur Gotteskindschaft, die für alle die gleiche ist. Anderseits mißversteht derjenige vor allem völlig die Natur des Priesteramtes, der es als ein Recht betrachtet: die Taufe verleiht kein persönliches Anrecht auf ein öffentliches Amt in der Kirche. Das Priestertum wird nicht zur Ehre oder zum Nutzen dessen übertragen, der es empfängt, sondern zum Dienst für Gott und die Kirche. Es ist die Frucht einer ausdrücklichen und gänzlich unverdienten Berufung: »Nicht ihr habt mich erwählt, sondern ich habe euch erwählt und dazu bestimmt« (Joh 15,16; vgl. Hebr 5,4).

Man sagt und schreibt ferner mitunter in Büchern oder Zeitschriften, daß einige Frauen in sich eine Berufung zum Priestertum verspüren. Ein solches Empfinden, so edel und verständlich es auch sein mag, stellt noch keine Berufung dar. Diese läßt sich nämlich nicht auf eine persönliche Neigung reduzieren, die rein subjektiv bleiben könnte. Da das Priestertum ein besonderes Amt ist, von dem die Kirche die Verantwortung und Verwaltung empfangen hat, ist hier die Bestätigung durch die Kirche unerläßlich: diese bildet einen wesentlichen Bestandteil der Berufung; denn Christus erwählte die, »die er wollte« (Mk 3,13). Hingegen gibt es eine universelle Berufung aller Getauften zur Ausübung des königlichen Priestertums, indem sie Gott ihr Leben aufopfern und zur Ehre Gottes Zeugnis ablegen.

Die Frauen, die für sich das Priesteramt erbitten, sind sicher von dem Wunsch beseelt, Christus und der Kirche zu dienen. Und es überrascht nicht, daß in dem Augenblick, da die Frauen der Diskriminierungen bewußt werden, denen sie bisher ausgesetzt gewesen sind, einige von ihnen dazu veranlaßt werden, sogar das Priesteramt für sich zu erstreben. Man darf jedoch nicht vergessen, daß das Priestertum nicht zu den Rechten der menschlichen Person gehört, sondern sich aus der Ökonomie des Geheimnisses Christi und der Kirche herleitet. Die Sendung des Priesters ist keine Funktion, die man zur Hebung seiner sozialen Stellung erlangen könnte. Kein rein menschlicher Fortschritt der Gesellschaft oder der menschlichen Person kann von sich aus den Zugang dazu eröffnen, da diese Sendung einer anderen Ordnung angehört.

Es bleibt uns also nun doch die wahre Natur dieser Gleichheit der Getauften tiefer zu bedenken, die eine der bedeutendsten Lehren des Christentums darstellt: Gleichheit ist nicht gleich Identität, da die Kirche ein vielgestaltiger Leib ist, in dem ein jeder seine Aufgabe hat. Die Aufgaben sind aber verschieden und dürfen deshalb nicht vermischt werden. Sie begründen keine Überlegenheit der einen über die anderen und bieten auch keinen Vorwand für Eifersucht. Das einzige höhere Charisma, das sehnlichst erstrebt werden darf und soll, ist die Liebe (vgl. 1 Kor 12–13). Die Größten im Himmelreich sind nicht die Amtsdiener, sondern die Heiligen.

Die Kirche wünscht, daß die christlichen Frauen sich der Größe ihrer Sendung voll bewußt werden. Ihre Aufgabe ist heute von höchster Bedeutung sowohl für die Erneuerung und Vermenschlichung der Gesellschaft als auch dafür, daß die Gläubigen das wahre Antlitz der Kirche wieder neuentdecken.

Römischer Kommentar zur Erklärung der Kongregation für die Glaubenslehre zur Frage der Zulassung der Frauen zum Priesteramt

Ital.: L'Osservatore Romano, 28. Januar 1977, 3–4 (= Apollinaris 50 [1977] 95–118).
Dt.: VApS 117, 31–58.

Umstände und Veranlassung der Erklärung

Es scheint, daß die Frage der Zulassung von Frauen zum Priesteramt in allgemeiner Form auf das Jahr 1958 zurückgeht, und zwar im Anschluß an die Entscheidung, die im September jenes Jahres von der protestantischen Kirche Schwedens getroffen wurde, Frauen zum seelsorglichen Dienst zuzulassen. In der Tat, das Ereignis war sensationell und gab Veranlassung zu zahlreichen Kommentaren[1], denn dies bedeutete auch für die kirchlichen Gemeinschaften, die aus der Reformation des 16. Jahrhunderts hervorgegangen sind, eine Neuerung. Es sei z.b. daran erinnert, mit welcher Schärfe die Confessio Fidei Scotiae von 1560 die römische Kirche anklagte, den Frauen bezüglich der Seelsorge mißbräuchliche Zugeständnisse zu machen[2]. Die Initiative Schwedens aber gewann in der Folge bei den Reformierten an Boden, besonders in Frankreich, wo verschiedene Nationalsynoden im gleichen Sinne Entscheidungen trafen. In der Tat schien es, daß diese Zulassung von Frauen zum seelsorglichen Dienst keine eigentlichen theologischen Probleme auslösen dürfte, weil jene kirchlichen Gemeinschaften mit ihrer Trennung von der römischen Kirche gleichzeitig auch das Weihesakrament abgelehnt hatten. Aber eine neue, viel schwierigere Situation wurde geschaffen, als man bei einigen Gemeinschaften, die die apostolische Sukzession des Weihesakramentes zu erhalten beabsichtigten[3], zur Weihe von Frauen schritt. Im Jahre 1971 und im Jahre 1973 weihte der anglikanische Bischof von Hongkong mit dem Einverständnis seiner Synode[4] drei Frauen. Im Juli 1974 fand in Philadelphia bei den Epi-

---

[1] Wir verweisen vor allem auf folgende Werke: J.E. Havel, La question du pastorat féminin en Suède, in: Archives de sociologie des religions, 4, 1959, S. 207–249; F.R. Refoulé, Le problème des femmesprêtres en Suède, in: Lumière et Vie, 43, 1959, S. 65-99.
[2] Nr. 22 (W. Nisel, Bekenntnisschriften und Kirchenordnungen ..., München, 1939, S. 111): »quod ... foemina, quae Spiritus Sanctus ne docere quidem in Ecclesia patitur, illi (papistae) permittunt ut etiam Baptismum administrarent ...«.
[3] Über diesen Punkt ist die Stellung der katholischen Kirche präzisiert worden durch Leo XIII., Epist. Apostolicae Curae, 13. September 1896, in: Leonis XIII acta, Band 16, 1897, S. 258–275.
[4] Schon im Jahre 1944 hatte sein Vorgänger Bischof Hall eine Frau zum Priesteramt zugelassen, die aber auf die Ausübung des Amtes durch das energische Einschreiten der Erzbischöfe von York und Canterbury verzichten mußte, die aus ökumenischen Gründen die Handlungsweise des Bischofs von Hongkong mißbilligten.

skopalianern die Weihe von elf Frauen statt, die in der Folge von der Kammer der Bischöfe als ungültig erklärt wurde. Im Juni 1975 schließlich billigte die Generalsynode der anglikanischen Kirche von Kanada, die in Quebec versammelt war, das Prinzip der Zulassung der Frauen zum Priestertum, eine Entscheidung, der im Juli jene der Generalsynode der anglikanischen Kirche von England folgte. Dr. Coggan, Erzbischof von Canterbury, unterrichtete in loyaler Weise Papst Paul VI., daß »innerhalb der anglikanischen Gemeinschaft langsam, aber ständig sich die Überzeugung ausbreite, daß für die Priesterweihe von Frauen, grundsätzlich gesehen, keine wesentlichen Schwierigkeiten bestünden«[5]. Dies sind zwar nur prinzipielle Erwägungen; es besteht aber die Gefahr, daß sie schnell in die Praxis umgesetzt werden, was ein neues und schwerwiegendes Element in den Dialog mit der römischen Kirche über die Natur des Priesteramtes[6] mit sich bringen würde. Darum mahnten zur Vorsicht zunächst der Erzbischof der Orthodoxen von Großbritannien, Athenagoras von Teatira[7], und dann erst kürzlich Papst Paul VI. selbst in zwei Briefen an den Erzbischof von Canterbury[8]. Andererseits machten die ökumenischen Instanzen das Problem zu einer Gewissensfrage aller christlichen Konfessionen und verpflichteten sie, ihre grundsätzliche Stellungnahme zu überprüfen, vor allem zur Zeit der Weltkirchenkonferenz von Nairobi im Dezember 1975[9].

Ein Ereignis ganz anderer Art erhöhte noch die Aktualität des Problems, nämlich die Feier des Internationalen Jahres der Frau im Jahre 1975 unter der Schirmherrschaft der UNO. Der Heilige Stuhl beteiligte sich daran mit einem »Komitee für das Internationale Jahr der Frau«. Dieses umfaßte einige Mitglieder der »Studienkommission über die Aufgaben der Frau in der Gesellschaft und der Kirche«, die schon im Jahre 1973 ins Leben gerufen worden war. Das Bestreben,

[5] Brief an den Papst vom 9. Juli 1975, in: L'Osservatore Romano vom 21. Aug. 1976.
[6] Wie es Kard. Willebrands einigen Bischöfen der Episkopalkirche der Vereinigten Staaten im September 1975 nach der Berichterstattung erklärt hat, die in Origins documentary Service am 9. Oktober 1975 veröffentlicht wurde.
[7] Italienische Übersetzung in L'Osservatore Romano, 16./17. Juni 1975.
[8] Briefe Paul VI. an Dr. Coggan, 30. November 1975 und 10. Februar 1976: AAS 68 (1976), S. 599–601.
[9] Die Kommission von »Faith and Order« wurde bei der Versammlung der COE von Neu Delhi im Jahre 1961 gebeten, in Zusammenarbeit mit der Kommission »Coopération entre Hommes et Femmes dans l'Eglise, la Famille et la Societé« eine Studie vorzubereiten über die theologischen Fragen, die durch das Problem der Priesterweihe von Frauen aufgeworfen wurden (vgl. Nouvelle-Delhi 1961, Neuchâtel, 1962, S. 166, 169). Über die Diskussion des Problems bei der Versammlung von Nairobi, vgl. E. Lanne, Points chauds de la Vé Assemblée mondiale du Conseil oecuménique des Eglises à Nairobi ..., in: Revue théologique de Louvain, 7, 1976, S. 197–199: Les femmes dans l'Eglise.

die entsprechenden Rechte und Pflichten des Mannes und der Frau zu achten und zu fördern, führte zu Überlegungen über die Beteiligung der Frauen am sozialen Leben im allgemeinen wie auch am Leben und der Mission der Kirche. Nun hatte das II. Vatikanische Konzil schon im voraus einen entsprechenden Hinweis gegeben:»Da heute die Frauen eine immer aktivere Funktion im ganzen Leben der Gesellschaft ausüben, ist es von großer Wichtigkeit, daß sie auch an den verschiedenen Bereichen des Apostolates der Kirche wachsenden Anteil nehmen«[10]. Bis zu welchem Punkt aber kann diese Beteiligung gehen? Es ist einleuchtend, daß diese Fragen selbst in katholischen Kreisen eingehende, sogar leidenschaftliche Untersuchungen ausgelöst haben. Dissertationen, Artikel in Zeitschriften und Broschüren legten von Fall zu Fall biblische, historische und kanonistische Daten vor oder verwarfen diese, indem sie sich auf die Humanwissenschaften beriefen: Soziologie[11], Psychologie, Völkerkunde. Einige bekannte Persönlichkeiten zögerten nicht, kühn Partei zu ergreifen und ihre Meinung dahin zu äußern, daß es»keinen grundlegenden theologischen Einwand dafür gäbe, daß Frauen eventuell Priester werden könnten«[12]. Um diesen Anspruch zu stützen, bildeten sich verschiedene Gruppen, manchmal auch in aufdringlicher Form, wie z.b. die Konferenz, die im November 1975 in Detroit (USA) unter dem Thema gehalten wurde:»Women in future: Priesthood now, a call for action«.

Es war also notwendig, daß das Lehramt eingriff in einer Frage, die sich innerhalb der katholischen Kirche in so lebhafter Form erhoben hatte und die in ökumenischer Hinsicht von so erheblicher Bedeutung ist. Schon Msgr. Bernardin, Erzbischof von Cincinnati und Vorsitzender der Nordamerikanischen Bischofskonferenz, hatte am 7. Oktober 1975 erklärt, daß er sich»verpflichtet sehe, die Lehre der Kirche zu bekräftigen, nach der Frauen nicht zur Priesterweihe hinzutreten

---

[10] II. Vat. Konzil, Dekret Apostolicam actuositatem, Nr. 9.
[11] Es ist vielleicht dieses Eindringen der Soziologie in die Hermeneutik und in die Theologie eines der beachtenswertesten Elemente der Kontroverse, wie mit Recht B. Lambert unterstreicht, L'Eglise catholique peut-elle admettre des femmes à l'ordination sacerdotale, in: Documentation Catholique 73, 1976, S. 774:»... en corrigeant dans l'interprétation de la Tradition et de l'Ecriture ce qui était lié à des formes socio-culturelles, historiquement nécessaires et conditionnées, mais aujourd'hui dépassées, à la lumière de l'évolution de la societé et de l'Eglise ...«.
[12] Es ist der gleiche Satz, der in Le Monde vom 19./20. September 1965 wiedergegeben wurde, den J. Daniélou während des Konzils in einer Versammlung der Alliance Internationale Jeanne d'Arc vorgetragen hat. Auf den gleichen Gegenstand, vielleicht mit einigen Nuancen, kam er zurück bei dem Interview, das er bei Gelegenheit seiner Erhebung zur Kardinalswürde gab, L'Express, Nr. 936, 16.–22. Juni 1969, S. 122, 124:»Il faudrait examiner où sont les vraies raisons qui font que l'Eglise n'a jamais envisagé le sacerdoce des femmes«.

dürfen«. Jene, die Verantwortung in der Kirche tragen, sagte er, »dürfen nicht den Eindruck erwecken, Hoffnungen und unvernünftige Erwartungen zu ermutigen, sei es auch nur durch ihr Schweigen«[13]. Papst Paul VI. selbst hatte schon die gleiche Lehre in Erinnerung gerufen, zuerst gelegentlich, vor allem bei seiner Ansprache am 18. April 1975 an das Komitee für das Internationale Jahr der Frau: »Wenngleich die Frauen nicht die Berufung zum Apostolat der Zwölf und folglich nicht zu den heiligen Weihen erhalten, so sind sie trotzdem eingeladen, Christus als Jünger und Mitarbeiterinnen zu folgen ... Die Haltung unseres Herrn können Wir nicht ändern, aber auch nicht seinen besonderen Ruf an die Frauen«[14]. In der Folgezeit mußte er sich dann in ausdrücklicher Weise in seinem Briefwechsel mit Dr. Coggan, dem Erzbischof von Canterbury, äußern: »Euer Gnaden ist über die Einstellung der katholischen Kirche zu dieser Frage sicher gut unterrichtet. Sie ist der Auffassung, daß es unzulässig ist, Frauen zu Priestern zu weihen, und dies aus wirklich fundamentalen Gründen«[15]. In seinem Auftrag hat die Glaubenskongregation den gesamten Fragekreis geprüft, der dadurch komplex geworden ist, daß einerseits manche Argumente, die in der Vergangenheit zugunsten der überlieferten Lehre vorgetragen wurden, heute kaum noch haltbar sind, und man andererseits den neuen Argumenten Rechnung tragen muß, die von jenen angeführt werden, die die Priesterweihe der Frauen fordern. Um den eher negativen Charakter zu vermeiden, der sich notwendig aus den Schlußfolgerungen dieser Untersuchung ergibt, hätte man daran denken können, diese in eine allgemeinere Darlegung des Problems der Förderung der Frau einzufügen. Eine solche gleichzeitige Darlegung wäre jedoch zu früh, da die Untersuchungen und Arbeiten noch überall im Gange sind. Andererseits aber konnte man eine genau formulierte Anfrage nicht auf lange Sicht ohne Antwort lassen, zumal die Frage fast überall gestellt wurde und die Aufmerksamkeit auf sich konzentrierte zum Nachteil von anderen Anliegen, die dringender zu fördern wären. Tatsächlich richtet das Dokument, abgesehen von der Ablehnung der Priesterweihe für Frauen, die Aufmerksamkeit auf positive Elemente: eine Vertiefung der Lehre von der Kirche und vom Amtspriestertum, ein Aufruf zum geistlichen Fortschritt, eine Einladung zu den heute dringlichen apostolischen Aufgaben. Es obliegt den Bischöfen – an die sich die Erklärung zuallererst richtet – dem

[13] In: Origins documentary service, 16. Oktober 1975: »Honesty and concern for the catholic community ... riquire that Church leaders not seem to encourage unreasonable hopes and exspectations, even by their silence. Therefore, I am obliged to restate the Church's teaching that women are not to be ordained to the priesthood«.
[14] AAS 67, 1975, S. 265.
[15] Brief vom 30. November 1975: AAS 68 (1976), S. 599.

Gottesvolk die Erklärung darzulegen mit ihrem seelsorglichen Einfühlungsvermögen und der Kenntnis, die sie von der Umwelt haben, in der sie ihren Auftrag ausführen.

Die Erklärung beginnt mit der Darlegung der Überlieferung der Kirche in dieser Frage. In der Tat ist dies der notwendige Ausgangspunkt; weiter unten wird man sehen, bis zu welchem Punkt man sich methodisch der »loci theologici« bedienen darf und muß.

Die Überlieferung

Es ist eine unleugbare Tatsache, wie die Erklärung feststellt, daß die konstante Überlieferung der katholischen Kirche die Frauen vom Bischofsamt und Priestertum ausgeschlossen hat, und zwar so durchgehend, daß das Lehramt durch feierliche Entscheidungen nicht eingreifen mußte.

»Dieselbe Tradition«, so unterstreicht das Dokument, »ist auch von den Ostkirchen treu bewahrt worden. Ihre Einmütigkeit in diesem Punkt ist um so bemerkenswerter, als ihre Kirchenordnung in vielen anderen Fragen eine große Verschiedenheit zuläßt. Auch diese Kirchen lehnen es heute ab, sich jenen Forderungen anzuschließen, die den Frauen den Zugang zur Priesterweihe eröffnen möchten«[16].

Nur bei einigen häretischen Sekten der ersten Jahrhunderte, vor allem bei gnostischen, bestanden Versuche, das Priesteramt auch von Frauen ausüben zu lassen. Es muß jedoch betont werden, daß dies nur sehr vereinzelt vorkam und übrigens mit recht dubiosen Praktiken verbunden war, von denen wir nur durch die strenge Ablehnung Kenntnis haben, über die uns der heilige Irenäus in seinem Buch »Adversus haereses«[17], Tertullian in seinem Werk »De praescriptione haereticorum«[18], Firmilian von Caesarea in einem Brief an den heiligen Cyprian[19], Origenes in einem Kommentar zum ersten Korintherbrief[20] und vor allem der heilige Epiphanius in seinem Buch »Panarion«[21] berichten.

Wie ist die konstante und allgemeine Praxis der Kirche zu interpretieren? Für den Theologen steht fest, daß die Kirche das, was sie tut, auch tun kann, weil sie den Beistand des Heiligen Geistes hat. Das ist

---

[16] Vgl. z.B. die theologischen Gespräche zwischen Katholiken und russischen Orthodoxen, die in Trient vom 23. bis 28. Juni 1975 stattfanden, in: L'Osservatore Romano, 7./8. Juli 1975; Documentation Catholique 71, 1975, S. 707.

[17] 1, 13, 2: PG 7, col. 580–581; Ausg. Harvey 1, 114–122.

[18] 41, 5: CCL 1, S. 221.

[19] In: Hl. Cyprian, Briefe 75: CSEL 3, S. 817–818.

[20] Veröffentlichte Fragmente in: Journal of theological studies 10, 1909, S. 41–42 (Nr. 74).

[21] Panarion 49, 2–3: GCS 31, S. 243–244; Panarion 78, 23 und 79, 2–4: GCS 37, S. 473, 477–479.

ein klassisches Argument, das oft vom heiligen Thomas bezüglich der Sakramente[22] angeführt wird. Ist aber das, was die Kirche bis heute nicht getan hat, ebenso ein Beweis dafür, daß sie es auch in Zukunft nicht tun kann? Ist eine solche negative Feststellung maßgebend oder erklärt sie sich aus den geschichtlichen, sozial-kulturellen Umständen, im vorliegenden Fall aus der Stellung der Frau in der antiken und mittelalterlichen Gesellschaft, aus einer bestimmten Auffassung von der Überlegenheit des Mannes, die durch die kulturellen Verhältnisse bedingt war?

Es ist gerade dieses relative kulturelle Element, daß einige Argumente, die in der Vergangenheit zu diesem Thema vorgebracht wurden, heute kaum noch gehalten werden können. Das bekannteste ist das, was der heilige Thomas in den Worten zusammenfaßt: »quia mulier est in statu subjectionis«[23]. Im Gedankengang des Doctor angelicus bringt jedoch eine solche Feststellung nicht nur eine philosophische Auffassung zum Ausdruck, da er sie im Lichte der Erzählung der ersten Kapitel der Genesis und der Lehre des ersten Briefes an Timotheus (2,12–14) interpretiert. Eine ähnliche Formulierung fand sich schon im Dekret des Gratian[24]. Doch suchte Gratian, wenn er die Kapitularien der Karolinger und die falschen Dekretale zitierte, vielmehr mit den Vorschriften des Alten Testamentes das für Frauen erlassene Verbot zu rechtfertigen, das schon von der Urkirche ausgesprochen worden war[25], nämlich das Allerheiligste zu betreten und irgendwelchen Altardienst wahrzunehmen.

Die Polemik dieser letzten Jahre hat oft die Texte aufgegriffen und kommentiert, die diese Argumente entwickeln, und sie andererseits dazu benützt, die Kirchenväter der Frauenfeindlichkeit zu beschuldigen. Es ist wahr, daß man in ihren Schriften den unleugbaren Einfluß von ungünstigen Vorurteilen gegenüber der Frau findet. Aber diese Gemeinplätze – dies sei wohl bemerkt –, hatten kaum Einfluß auf ihre seelsorgliche Tätigkeit und noch weniger auf ihre geistliche Leitung. Es genügt, Einblick in ihre Korrespondenz zu nehmen, falls sie

---

[22] Hl. Thomas, Summa theol., II–II, q. 10, a. 12; III, q. 66, a. 10; q. 72, a. 4 und a. 12; q. 73, a. 4; q. 78, a. 3 und a. 6; q. 80, a. 12; q. 82, a. 2; q. 83, a. 3 und a. 5; – vgl. In IV Sent. Dist. 20, q. 1, a. 4, q.a 1 ff.; Dist. 23, q. 1, a. 4, qa 1 usw.

[23] Hl. Thomas, In IV Sent. Dist. 19, q. 1, a. 1, qa 3 ad 4um; Dist. 25, q. 2, a. 1, qa 1; vgl. q. 2, a. 2, qa, ad 4. – Summa theol. II–II, q. 177, a. 2.

[24] Dictum Gratiani in Caus. 34, q. 5, c. 11; Ausg. Friedberg, t. 1, col. 1254; vgl. R. Metz, La femme en droit canonique médiéval, in: Recueil de la société Jean Bodin, 12, 1962, S. 59–113.

[25] Kanon 44 der Sammlung, die nach dem Konzil von Laodicea benannt ist: H. T. Bruns, Canones apostolorum et conciliorum ..., t. 1, Berlin, 1839, S. 78; hl. Gelasius, Epist. 14, ad universos episcopos per Lucaniam, Brutios et Siciliam constitutos, 11. März 494, Nr. 26: A. Thiel, Epistolae Romanorum pontificum ..., t. 1, Braunschweig, 1868, S. 376.

auf uns gekommen ist. Vor allem aber wäre es ein schwerer Irrtum zu glauben, daß solche Überlegungen die einzigen oder die entscheidenden Gründe gegen die Priesterweihe der Frauen im Gedankengang der Kirchenväter, der Autoren des Mittelalters oder der Theologen der klassischen Epoche gewesen sind. Innerhalb der wissenschaftlichen Forschung und darüber hinaus kam immer deutlicher das Bewußtsein der Kirche zum Ausdruck, einer Überlieferung zu folgen, die sie von Christus und den Aposteln empfangen hatte und an die sie sich gebunden fühlte, wenn sie die Priesterweihe und den priesterlichen Dienst den Männern vorbehielt.

Dies brachten bereits, in der Form apokrypher Literatur, die antiken Dokumente der kirchlichen Disziplin zum Ausdruck, die aus Syrien stammen, wie die Didaskalia der Apostel (Mitte des 3. Jahrhunderts)[26], und die Apostolischen Konstitutionen (Ende des 4. oder Anfang des 5. Jahrhunderts)[27], oder auch die ägyptische Sammlung der zwanzig pseudoapostolischen Kanones, die dann in das Sammelwerk des alexandrinischen Synodos einging und in zahlreiche Sprachen übersetzt wurde[28]. Als der hl. Johannes Chrysostomus seinerseits das 21. Kapitel des Johannesevangeliums kommentierte, verstand er sehr wohl, daß es nicht die natürliche Unfähigkeit der Frau war, auf die sich ihr Ausschluß vom pastoralen Dienst gründete, der Petrus anvertraut worden war, da ja auch, wie er bemerkt, »die Mehrzahl der Männer von dieser unermeßlichen Aufgabe ferngehalten worden ist«[29].

Von dem Zeitpunkt an, in dem der systematische Unterricht über die Sakramente an den Schulen für Theologie und kanonisches Recht eingeführt wurde, behandeln die Autoren ex professo die Natur und den Wert der Überlieferung, die den Männern den Zutritt zum Weihesakrament vorbehält. Die Kanonisten stützen sich auf das Prinzip, das Innozenz III. in einem Brief an die Bischöfe von Palencia und Burgos ausgesprochen hatte und das dann in die Sammlung der Dekretalen eingefügt worden ist: »Quia licet beatissima Virgo Maria dignior et excellentior fuerit Apostolis universis, non tamen illi, sed istis Domi-

---

[26] Kap. 15: Ausg. R.H. Connolly, S. 133 und 142.

[27] Lib. 3, c. 6, Nr. 1–2; c. 9,3–4; Ausg. F.X. Funk, S. 191, 201.

[28] Can. 24–28; griech. Text bei F.X. Funk, Doctrina duodecim apostolorum, Tübingen, 1887, S. 71; T. Schermann, Die allgemeine Kirchenordnung ..., t. 1, Paderborn, 1914, S. 31–33; syrischer Text in Octateuque de Clément, Lib. 3, c. 19-20; lateinischer Text in der Handschr. von Verona, Bibl. Capit. LV, Ausg. E. Tidner, Didascaliae apostolorum, canonum ecclesiasticorum, traditionis apostolicae versiones latinae, Berlin 1965 (TU 75), S. 111–113. – Die koptischen, äthiopischen und arabischen Übersetzungen des Synodos sind veröffentlicht und übertragen worden hauptsächlich von G. Horner, The statutes of the Apostles or Canones ecclesiastici, Oxford University Press, 1915 (= 1904).

[29] De sacerdotio, 2, 2: PG 48, 633.

nus claves regni caelorum commisit«[30]. Dieser Text ist dann für die Glossatoren ein Gemeinplatz geworden[31]. Was die Theologen betrifft, so werden hier einige bezeichnende Texte angeführt. Vom hl. Bonaventura: »Dicendum est quod hoc non venit tam ex institutione Ecclesiae, quam ex hoc quod eis non competit Ordinis sacramentum. In hoc sacramento persona quae ordinatur significat Christum mediatorem«[32]. Richard von Middletown (Richardus a Mediavilla), Franziskaner aus der zweiten Hälfte des 13. Jahrhunderts: »Ratio est quod sacramenta vim habent ex sua institutione: Christus autem hoc sacramentum instituit conferri masculis tantum, non mulieribus«[33]. Johannes Duns Scotus: »Quod non est tenendum tamquam praecise per Ecclesiam determinatam, sed habetur a Christo: non enim Ecclesia praesumpsisset sexum muliebrem privasse sine culpa sua actu qui posset sibi licite competere«[34]. Durand de Saint-Pourcaint: »... sexus virilis est de necessitate sacramenti, cuius causa principalis est institutio Christi ...: Christus non ordinavit nisi viros ... nec matrem suam ... Tenendum est igitur quod mulieres non possunt ordinari ex institutione Christi«[35].

Darum ist es nicht verwunderlich, daß bis in die moderne Zeit die Theologen und Kanonisten, die dieses Problem behandelten, fast einstimmig der Ansicht gewesen sind, daß ein solcher Ausschluß absolut und auf Gott selbst zurückzuführen sei. Die theologische Qualifikation, mit der sie diese Behauptung versuchen, reicht von »theologice certa« bis zu »de fide proxima« oder auch »doctrina fidei«[36]. Kein

[30] Decretal. Lib. V, tit. 38, De paenit., can. 10 Nova: A. Friedberg, t. 2, col. 886–887.

[31] Z.B. Glossa in Decretal. Lib. 1, tit. 33, c. 12 Dilecta, V. Jurisdictioni.

[32] In IV Sent., Dist. 25, art. 2, q. 1: Ausg. Quaracchi, t. 4, S. 649.

[33] In IV Sent., Dist. 25, a. 4, Nr. 1; Ausg. Bocatelli, Venetiis, 1499 (Pellechet – Polain, 10132/9920), fo 177R.

[34] In IV Sent. Dist. 25, Opus Oxonense, Ausg. Vivès, t. 19, S. 140; vgl. Reportata Parisiensia, Ausg. Vivès, t. 24, S. 369–371.

[35] In IV Sent., Dist. 25, q. 2; Ausg. Venetiis, 1571, fo 364v.

[36] Das Detail dieser theologischen Angaben kann man bei E. Doronzo finden, Tractatus dogmaticus de ordine, t. 3, Milwaukee, Bruce, 1962, S. 395–396; vgl. auch F. Hallier, De sacris electionibus, 1636, wiedergegeben bei J.B. Migne, Theologiae cursus completus, t. 24, col. 821–854, bei dem sich in überraschender Voraussicht schon mehrere heutige Einwände vorfinden, und der sogar die Auffassung für »periculosa in fide« hält, die in allgemeiner Form die Weihen von Frauen zulassen würde, und für »haeretica«, wenn es sich um die Priesterweihe handelt, col. 824; H. Tournely, Praelectiones theologicae de sacramento ordinis, Parisiis, 1729, S. 185, bezeichnet als »error contra fidem« die Behauptung bez. des Bischofsamtes, des Priesteramtes und des Diakonates. Bei den Kanonisten: X. Wernz, Ius decret., t. 2, Romae, 1906, S. 124: »iure divino« (er zitiert mehrere Autoren); P. Gasparri, Tractatus canonicus de sacra ordinatione, t. 1, Parisiis, 1893, S. 75: »Et quidem prohibentur sub poena nullitatis: ita enim traditio et communis doctorum catholicorum doctrina interpretata est legem Apostoli: et ideo Patres inter haereses recensent doctrinam qua sacerdotalis dignitas et officium mulieribus tribuitur«.

Theologe oder Kanonist hat also offensichtlich bis zu diesen letzten Jahrzehnten daran gedacht, daß es sich hier um ein einfaches Kirchengesetz handle. Gleichwohl gab es bei einigen Autoren des Mittelalters eine gewisse Unsicherheit, von der der hl. Bonaventura berichtet, ohne sie sich zu eigen zu machen[37], und die ebenfalls von Johannes Teutonicus in seiner Glosse de Caus. 27, q. 1, c. 23 erwähnt wird[38]. Diese wurde veranlaßt durch die Erinnerung an die Existenz von Diakonissen: handelte es sich hier um eine echte sakramentale Weihe? In jüngster Zeit ist dieses Problem wieder neu gestellt worden. Sicher war es den Theologen des 17. Und 18. Jahrhunderts nicht unbekannt, die in bewundernswerter Weise die Geschichte der Liturgie kannten. Immerhin handelt es sich hier um einen Fragekreis, der in seiner Gesamtheit ohne vorgefaßte Meinung, aber durch ein direktes Studium der Texte wieder aufgegriffen werden muß. Auch die Glaubenskongregation hat es für gut befunden, sich diese Frage noch vorzubehalten und im vorliegenden Dokument nicht zu erörtern.

Das Verhalten Christi

Im Lichte der Überlieferung zeigt sich also deutlich, daß das wesentliche Motiv, das die Kirche beseelt, wenn sie ausschließlich Männer zur Priesterweihe und zum eigentlichen priesterlichen Dienst ruft, darin besteht, daß sie treu bleiben will dem Typus des Weihepriestertums, der von Jesus Christus gewollt und von den Aposteln gewissenhaft bewahrt worden ist. Darum darf man sich auch nicht wundern, daß bei der Kontroverse die Fakten und Texte des Neuen Testamentes, in denen die Überlieferung ein maßgebendes Vorbild gesehen hat, kritisch untersucht wurden. Dies führt zu einer grundsätzlichen Vorbemerkung: Man darf nicht erwarten, daß das Neue Testament aus sich allein in evidenter Weise das Problem der eventuellen Zulassung der Frauen zum Weihepriestertum löst, wie es auch aus sich allein nicht erlaubt, volle Klarheit über einige Sakramente und vor allem

---

[37] S. Bonaventura, In IV Sent., Dist. 25, art. 2, q. 1, Ausg. Quaracchi, t. 4, S. 650: »Omnes consentiunt quod promoveri non debent, sed utrum possint, dubium est« (der Zweifel kommt vom Fall der Diakonissen), dann zieht er den Schluß: »secundum saniorem opinionem et prudentiorum doctorum non solum non debent vel non possunt de jure, verum etiam non possunt de facto«.

[38] Dieser Kanon handelt von den Diakonissen. Zu dem Wort ordinari bemerkt Johannes Teutonicus: »Respondeo quod mulieres non recipiunt characterem, impediente sexu et constitutione Ecclesiae: unde nec officium ordinum exercere possunt ... nec ordinatur haec: sed fundebatur super eam forte aliqua benedictio, ex qua consequebatur aliquod officium speciale, forte legendi homilias vel evangelium ad matutinas quod non licebat alii. Alii dicunt quod si monialis ordinetur, bene recipit characterem, quia ordinari facti est et post baptismum quilibet potest ordinari«.

hinsichtlich der Struktur des Weihesakramentes zu erhalten. Sich nur auf die heiligen Texte und nur auf diejenigen Elemente der Geschichte von den Anfängen des Christentums beschränken zu wollen, die sich nur aus deren Analyse ableiten lassen, bedeutet, um vierhundert Jahre zurückzuschreiten und sich wieder bei den Kontroversen der Reformation zu befinden. Wir müssen wohl die Überlieferung studieren. Es ist aber die Kirche, die die Intentionen des Herrn bei der Lesung der Schrift ergründet und die Richtigkeit ihrer Interpretation bezeugt.

Nun aber hat es die Überlieferung ununterbrochen als Ausdruck des Willens Christi bezeichnet, daß er nur Männer dazu erwählt hat, die Gruppe der Zwölf zu bilden. Dies ist sicher eine unbestreitbare Tatsache. Kann man aber mit absoluter Sicherheit den Beweis erbringen, daß es sich hier um einen bewußten Willensakt Christi handelt? Es ist verständlich, daß jene, die eine Änderung der bisherigen Disziplin fordern, alle ihre Anstrengungen gegen die Beweiskraft dieser Tatsache richten. Sie entgegnen vor allem, daß, wenn Christus keine Frauen in die Gruppe der Zwölf aufgenommen hat, dies auf die Tatsache zurückzuführen ist, daß die Vorurteile seiner Zeit es ihm nicht erlaubten. Eine solche Unklugheit hätte in verhängnisvoller Weise sein Werk kompromittiert. Gleichwohl muß man zugeben, daß Christus vor anderen »Unklugheiten« nicht zurückschreckte, die ihm die Feindseligkeit seiner Mitbürger tatsächlich eingebracht haben; besonders ist an seine Freiheit gegenüber der Auslegung der Rabbiner über den Sabbat zu erinnern. Bezüglich der Frauen stellt sein Verhalten ausgesprochen eine Neuerung dar. Alle Kommentatoren geben zu, daß er mit vielen Vorurteilen bezüglich der Frauen gebrochen hat, und die Tatsachen, die angeführt werden können, bilden ein eindrucksvolles Gesamtbild. Aus diesem Grund insistiert man heute mehr auf einem anderen Einwand. Die Tatsache, daß Christus Männer erwählt hat, um die Gruppe der Zwölf zu bilden, erklärt man mit einer symbolischen Absicht: sie sollten die Häupter der zwölf Stämme Israels versinnbilden («Ihr, die ... ihr mir nachgefolgt seid, werdet auf zwölf Thronen sitzen, um die zwölf Stämme Israels zu richten« Mt 19,28; vgl. Lk 22,30). Dieser besondere Umstand, so fügt man hinzu, konnte offensichtlich nur auf die Zwölf angewandt werden und würde folglich nicht beweisen, daß das apostolische Amt in der Folge immer nur Männern vorbehalten bleiben müsse. Eine solche Beweisführung aber überzeugt nicht. Vor allem weisen wir auf die begrenzte Bedeutung dieses Symbolismus hin. Weder Markus noch Johannes kennen ihn. Und bei Matthäus oder Lukas stehen die Worte Christi über die zwölf Stämme Israels nicht im Zusammenhang mit der Berufung der Zwölf (Mt 10,1–4), sondern in einem relativ späteren Kontext des öffentlichen Lebens, als die Apostel schon seit längerer Zeit ihr »Statut« empfangen hatten: sie sind von Christus berufen worden, haben mit ihm gearbeitet und sind von ihm ausgesandt worden. Übrigens ist der Symbolismus bei Matthäus (19,28) und bei Lukas (22,30) nicht so sicher, wie man angibt. Die Zahl Zwölf könnte auch einfachhin Israel als Ganzes bezeichnen. Bei diesen Texten endlich handelt es sich nur um einen besonderen Aspekt der Sendung der Zwölf: Christus verspricht ihnen, daß sie am Jüngsten Gericht teilnehmen werden[39]. Der wesentliche Sinn ihrer Wahl ist nicht in diesem Symbolismus zu suchen, sondern in der gesamten Sendung, die sie von Christus empfingen: »Er setzte die Zwölf ein, die er bei sich haben und später aussenden wollte, damit sie predigten« (Mk 3,14). Wie Christus vor ihnen (Mk 1,14–15), so sollten die Zwölf vor allem die Frohbotschaft verkünden (Mk 3,14; 6,12). Und ihre Sendung nach Galiläa (Mk 6,7–12) soll das Vorbild für die weltumspannende Mission werden (Mk 13,10; vgl. Mt 28,16–20). Im messianischen Volk stellen die Zwölf Christus dar. Dies ist der eigentliche Grund, warum es angemessen ist, daß die Apostel Männer sind: sie handeln im Namen Christi und müssen sein Werk fortsetzen.

Wir haben bereits gesagt, daß Papst Innozenz III. ein Zeugnis für die Absichten Christi in der Tatsache sah, daß er die Vollmachten, die er den Aposteln verlieh, nicht seiner Mutter übertrug, ungeachtet ihrer erhabenen Würde. Hier ist einer der Beweise, die von der Überlieferung am häufigsten wiederholt werden: die Väter stellen Maria als ein Beispiel für den Willen Christi in dieser Frage hin, und dies seit dem 3. Jahrhundert[40]. Dieser Beweis ist den Orientalen bis heute sehr teuer. Nichtsdestoweniger wird er energisch von allen abgelehnt, die zugunsten der Priesterweihe der Frauen kämpfen. Die göttliche Mutterschaft Mariens, die Art, wie sie dem Erlösungswerk ihres Sohnes beigeordnet wurde, stellt sie auf eine ganz außergewöhnliche und einzigartige Ebene; man würde sie, so betont man, nicht im rechten Lichte sehen, wenn man sie in Beziehung zu den Aposteln stellen würde und wenn man einen Beweis aus der Tatsache ziehen wollte, daß sie ihnen nicht beigezählt worden ist. In der Tat haben diese Bemerkungen den Vorteil, uns verstehen zu lassen, daß es in der Kirche verschiedene Aufgaben gibt: die Gleichheit der Christen steht im Einklang mit der gegenseitigen Ergänzung der Ämter. Das Weihesakrament ist nicht die einzige Rangstufe, noch notwendigerweise die höchste: es ist eine Form des Dienstes für das Reich Gottes. Die Allerseligste Jungfrau

[39] Vgl. J. Dupont, Le logion des douze trônes, in: Biblica 45, 1964, S. 355–392.
[40] Es ist der Fall der oben zitierten Dokumente, Anmerkungen 26–28. Es muß auch auf das eigenartige Mariale hingewiesen werden, Werk eines Pseudo–Albertus Magnus, quaest. 42; Ausg. Borgnet, t. 37, S. 80–81.

braucht nicht ein Plus an »Würde«, die ihr die Autoren jener Überlegungen über das Priestertum Marias seiner Zeit zuerkennen wollten, eine abwegige Tendenz, die schnell fallen gelassen wurde.

Die Handlungsweise der Apostel

Der Text der Erklärung unterstreicht die Tatsache, daß Maria, ungeachtet der privilegierten Stellung, die sie im Abendmahlsaal nach der Himmelfahrt eingenommen hat, nicht vorgeschlagen worden ist, der Gruppe der Zwölf beizutreten, als man zur Wahl des Matthias schritt. Ähnlich liegt der Fall von Maria Magdalena und den anderen Frauen, die doch die ersten waren, die die Kunde von der Auferstehung überbrachten. Es ist wahr, daß die jüdische Mentalität dem Zeugnis von Frauen keinen großen Wert beigemessen hat, wie es das jüdische Recht beweist. Man muß aber auch festhalten, daß das Buch der Apostelgeschichte und die Briefe des hl. Paulus die besondere Rolle hervorheben, die die Frauen bei der Evangelisierung und für die persönliche Weiterbildung der Bekehrten innehatten. Die Apostel haben eine revolutionäre Entscheidung getroffen, als sie den Kreis der jüdischen Gemeinde überschreiten und sich der Evangelisierung den Heiden zuwenden mußten: mit den mosaischen Vorschriften zu brechen geschah nicht, ohne Spaltungen hervorzurufen. Paulus hatte keine Bedenken, einen seiner Mitarbeiter, Titus, aus den vom Heidentum Bekehrten zu nehmen (Gal 2,3). Wenn man die aufsehenerregendste Formel für die Veränderung suchen soll, die das Evangelium der Mentalität der ersten Christen auferlegte, so findet man diese gerade im Brief an die Galater: »Ihr alle, die ihr auf Christus getauft seid, habt Christus angezogen. Da gilt nicht mehr Jude oder Heide, nicht mehr Knecht oder Freier, nicht mehr Mann oder Frau. Ihr alle seid einer in Christus Jesus« (Gal 3,27–28). Dennoch vertrauten die Apostel das eigentliche apostolische Amt nicht Frauen an, obwohl die hellenistische Kultur hinsichtlich der Frauen nicht die gleichen Vorurteile wie das Judentum hatte. Das Priesteramt gehört folglich einer anderen Ordnung an, wie übrigens wohl auch der paulinische Sprachgebrauch vermuten läßt, in dem man, wie es scheint, einen Unterschied feststellt zwischen Synergoi mou und Theou synergoi[41].

Es muß wiederholt werden, daß die Texte des Neuen Testamentes nicht immer – auch nicht über so wichtige Punkte wie die Sakramente – die volle Klarheit bieten, die man dort gern finden möchte. Wenn man den Wert der nichtgeschriebenen Überlieferung nicht zulassen will, ist es mitunter schwierig, in der Heiligen Schrift sehr ausdrück-

[41] I. de la Potterie, Titres missionaires du chrétien dans le Nouveau Testament (Bericht über die 31. Woche für Missiologie, Löwen, 1966), Paris Desclée de Brower, 1966, S. 29–46, vgl. S. 44–45.

liche Hinweise auf den Willen Gottes zu finden. Angesichts der Haltung Christi und der Praxis der Apostel, wie wir sie in den Evangelien, in der Apostelgeschichte und den Briefen finden, hat sich die Kirche jedoch nicht für ermächtigt gehalten, Frauen zur Priesterweihe zuzulassen.

Bleibende Bedeutung dieser Praxis

Die Einwände derjenigen, die die Legitimität der Weihe von Frauen anerkennen möchten, richten sich gerade gegen das Fortbestehen dieser ständigen Ablehnung. Diese Einwände bringen eine Vielfalt von Argumenten.

Die klassischen unter diesen Einwänden stützen sich auf die geschichtlichen Gegebenheiten. Im Vorhergehenden konnte man sehen, was von der Auffassung zu halten ist, wonach das Verhalten Jesu sich lediglich von der Klugheit habe leiten lassen. Er wollte nicht das Risiko eingehen, sein Werk dadurch in Frage zu stellen, daß er den sozialen Vorurteilen entgegentrat. Dieselben Klugheitsrücksichten hätten sich auch den Aposteln aufgedrängt: auch hier, in der Geschichte der apostolischen Zeit, wird deutlich, daß dieser Argumentation die Grundlage fehlt. Sollte man aber nicht auch bei den Aposteln der Art und Weise Rechnung tragen, wie sie selbst diese Vorurteile teilten? So hat man den hl. Paulus der Frauenfeindlichkeit bezichtigt und ferner, daß sich in seinen Briefen Stellen über die untergeordnete Stellung der Frau fänden, die heute für die Exegeten und Theologen Fragen aufwerfen.

Sind zwei der wichtigsten Stellen über die Frau in den Paulusbriefen überhaupt authentisch, oder muß man in ihnen vielleicht sogar eine späte Interpolation sehen? Es handelt sich vor allem um den 1. Korintherbrief 14,34–35: »Die Frauen sollen in der Versammlung schweigen; es ist ihnen nicht gestattet, zu reden. Sie sollen sich unterordnen, wie das Gesetz es fordert.« Diese beiden Verse, die in den bedeutendsten Handschriften fehlen und bis zum Ende des 2. Jahrhunderts nicht erwähnt werden, weisen Stilbesonderheiten auf, die dem hl. Paulus fremd sind. Eine andere Stelle ist 1 Timotheus 2,11–14: »Daß eine Frau lehrt, erlaube ich nicht, auch nicht, daß sie über ihren Mann herrscht.« Die Urheberschaft des hl. Paulus wird bei dieser Stelle des öfteren bestritten, wenn auch die Beweise von geringerem Gewicht sind.

Andererseits ist die Frage der Echtheit oder Nichtechtheit der Paulusstellen von untergeordneter Bedeutung; sie wurden sehr oft von den Theologen für die Erklärung herangezogen, daß die Frau weder der Lehrvollmacht noch der Jurisdiktionsgewalt fähig ist. Vor allem der Text des 1. Timotheusbriefes erbringt nach dem hl. Thomas den Beweis dafür, daß die Frau sich in einer Stellung der Unterordnung oder der Dienstbarkeit befindet, weil (die Erklärung findet sich im Text) die Frau nach dem Mann erschaffen worden ist, weil sie in erster Linie für die Erbsünde verantwortlich ist. Aber es gibt noch andere Stellen beim hl. Paulus, deren Echtheit unanfechtbar ist. Sie sagen aus, daß der »Mann das Haupt der Frau ist« (1 Kor 11,3; vgl. auch 1 Kor 11,8–12; Eph 5,22 und 24). Ist nicht diese anthropologische Sicht, die auf das Alte Testament zurückgeht, die Grundüberzeugung des hl. Paulus und der kirchlichen Tradition, daß eben die Frauen kein auf der Weihe beruhendes Amt annehmen können? Hier handelt es sich um eine Meinung, die die moderne Gesellschaft kategorisch ablehnt, und bei der viele Theologen unserer Tage zögern würden, sie ohne Differenzierung einfachhin zu übernehmen. Es sei jedoch angemerkt, daß der hl. Paulus sich nicht auf die philosophische Ebene begeben will, sondern auf das Gebiet der biblischen Geschichte; wenn er z.b. hinsichtlich der Ehe den Symbolcharakter der Liebe darlegt, möchte er nicht die Überordnung des Mannes im Sinne eines Herrschaftsanspruches verstehen, sondern als ein Geschenk, das nach dem Vorbild Christi opfernde Hingabe verlangt.

Andererseits finden sich beim hl. Paulus Vorschriften, die allgemein als überholt angesehen werden, wie z.b. seine Vorschrift, daß die Frauen einen Schleier auf dem Kopf tragen müssen (1 Kor 11,2–16). Es handelt sich hier sicherlich um eine disziplinäre Vorschrift von geringer Bedeutung, die sich vielleicht an den damaligen Sitten orientierte. Schließlich aber erhebt sich die viel grundsätzlichere Frage: Wenn einige im Neuen Testament enthaltene Vorschriften von der Kirche aufgegeben werden konnten, warum kann dasselbe nicht mit dem Ausschluß der Frau von der hl. Weihe geschehen? Den Hauptgrund dafür kann man darin sehen, daß die Kirche selbst es ist, die in den verschiedenen Lebensbereichen die Unterscheidung sicherstellt zwischen dem, was geändert werden kann, und dem, was unverändert bleiben muß. Dementsprechend stellt die Erklärung richtig: »Wenn die Kirche gewisse Änderungen nicht übernehmen zu können glaubt, so geschieht es deshalb, weil sie sich durch die Handlungsweise Christi gebunden weiß: ihre Haltung ist also entgegen allem Anschein nicht eine Art Archaismus, sondern Treue. Nur in diesem einen Licht kann sie sich selbst richtig verstehen. Die Kirche fällt ihre Entscheidungen kraft der Verheißung des Herrn und der Gegenwart des Heiligen Geistes, und zwar stets in der Absicht, das Geheimnis Christi noch besser zu verkünden und dessen Reichtum unversehrt zu bewahren und zum Ausdruck zu bringen«.

Im Lichte dieses Grundsatzes muß man die vielen Fragen betrachten, die der Kirche im Zusammenhang mit der Weihe von Frauen gestellt werden. Z.B. jene, die von der Erklärung selbst aufgegriffen wird:

Warum sollte denn die Kirche nicht ihre Disziplin ändern, da sie sich ja bewußt ist, über die Sakramente, obschon sie von Christus eingesetzt sind, eine gewisse Vollmacht zu besitzen, sei es um deren Zeichen näher zu umschreiben, sei es um die Bedingungen für ihre Spendung festzulegen. Nun, diese Vollmacht bleibt beschränkt, wie es Pius XII. in Anlehnung an das Konzil von Trient in Erinnerung ruft: Die Kirche hat keine Vollmacht, über das Wesen der Sakramente selbst zu verfügen[42]. Ihr selbst aber kommt es zu, darüber zu befinden, was zum »Wesen der Sakramente« gehört und was die Kirche gegebenenfalls näher umschreiben, bzw. abändern kann.

Was diese Frage anbelangt, so muß jedenfalls daran erinnert werden, so wie es die Erklärung tut, daß die Sakramente und die Kirche selbst in engem Zusammenhang mit der geschichtlichen Wirklichkeit stehen, weil ja das Christentum seinen Anfang von einem geschichtlichen Ereignis genommen hat: dem Eintritt des Gottessohnes in die Zeit und sein Kommen in ein Land; sein Tod am Kreuz unter Pontius Pilatus außerhalb der Stadttore von Jerusalem. Die Sakramente sind ein Denkmal der Heilstaten und deshalb sind ihre äußeren Zeichen an diese geschichtlichen Ereignisse gebunden; diese haben Bezug auf ein bestimmtes Zeitalter, auf einen Kulturbereich, obwohl sie dazu bestimmt sind, sich bis ans Ende der Zeiten zu wiederholen. Es wurden also geschichtliche Gegebenheiten ausgewählt, die die Kirche binden, wenn man auch, im absoluten Sinn und auf rein spekulativer Ebene, sich eine andere Auswahl hätte vorstellen können: Dies ist z.B. der Fall bei Brot und Wein als der Materie der hl. Eucharistie, weil die Messe nicht einfachhin ein brüderliches Mahl ist, sondern die Erneuerung des Herrenmahles und das Gedächtnis seines Leidens, also ganz und gar mit einem geschichtlichen Ereignis verbunden ist[43].

Man hat ferner darauf hingewiesen, daß die Kirche im Laufe der Zeit dazu bereit war, auch Frauen regelrechte Amtsfunktionen zu übertragen, die ihnen die Urkirche mit dem Blick auf das Beispiel und den Willen Christi verweigert hatte. Es handelt sich dabei vor allem um die Spendung der Taufe, um die Ausübung des Lehramtes und einige Formen kirchlicher Jurisdiktionsgewalt.

Zur Spendung der Taufe wurden jedoch nicht einmal die Diakonissen der syrischen Ostkirche zugelassen; die feierliche Spendung der Taufe wurde als hierarchische Handlung betrachtet, die dem Bischof und dem Priester und im Sonderfall dem Diakon vorbehalten blieb. Nur die Nottaufe darf von allen Christen, ja selbst von ungetauften Män-

---

[42] Konzil von Trient, Sess. 21, c. 2 und Pius XII., Konstitution »Sacramentum ordinis« vom 30. Nov. 1947, die in der Erklärung zitiert wird.
[43] Vgl. Ph. Delhaye, Rétrospective et prospective des ministères féminins dans l'Eglise, in: Revue théologique de Louvain 3, 1972, S. 74–75.

nern und Frauen gespendet werden. Zur Gültigkeit ihrer Spendung ist deshalb im Spender der Taufcharakter nicht erforderlich und schon gar nicht der Weihecharakter. Diese Tatsache wird durch die Praxis und durch die Lehre der Theologen erhärtet. Hier ist also ein echtes Beispiel jener notwendigen Unterscheidung, die durch die Kirche selbst, durch ihr Tun und ihre Lehre, gemacht wird.

Hinsichtlich der Ausübung des Lehramtes zwingt sich eine klassische Unterscheidung auf, und zwar seit den Paulusbriefen. Es gibt Formen des Lehramtes oder der Erbauung, die auch den Laien zugänglich sind. In diesem Fall erwähnt der hl. Paulus ausdrücklich die Frau: es sind die Charismen der »Prophetie« (1 Kor 11,15). In diesem Sinn stand der Tatsache nichts entgegen, der hl. Theresia von Avila und der hl. Katharina von Siena den Titel eines Kirchenlehrers zu verleihen, so wie dieser Titel Professoren gegeben wird, z.B. dem hl. Albert dem Großen oder dem hl. Laurentius von Brindisi. Etwas anderes ist die offizielle und hierarchische Funktion der Verkündigung der Offenbarungsbotschaft, die die Sendung Christi durch die Apostel voraussetzt, die von diesen dann auf ihre Nachfolger übertragen worden ist. Das Mittelalter gibt uns einige Beispiele für die Teilnahme von Frauen an der kirchlichen Jurisdiktion. Einige Äbtissinnen (wenn auch nicht die Äbtissinnen im allgemeinen, wie man es manchmal in populären Artikeln lesen kann) haben Jurisdiktionsakte vorgenommen, die normalerweise den Bischöfen vorbehalten waren, wie z.B. die Ernennung von Beichtvätern und Seelsorgern. Diese Gepflogenheiten wurden vom Hl. Stuhl in den verschiedenen Zeitabschnitten mit mehr oder weniger Nachdruck zurückgewiesen. Der obenerwähnte Brief Innozenz' III. wollte die Äbtissin von Las Huelgas deswegen tadeln. Man darf jedoch nicht vergessen, daß manche weltliche Herren sich ähnliche Rechte anmaßten. Auch die Kanonisten räumten ein, daß die Jurisdiktionsgewalt von der Weihegewalt getrennt werden könne. Das II. Vatikanische Konzil hat versucht, die Beziehung von Weihegewalt und Jurisdiktionsgewalt näher zu umschreiben, und dies in einer lehrmäßigen Gesamtschau, die zweifellos ihre Auswirkung auf die kirchliche Disziplin haben wird.

Mehr generell sucht man vor allem in der anglikanischen Kirche die Diskussion in der folgenden Weise auszuweiten. Ist die Kirche etwa an die Hl. Schrift und an die Tradition wie an etwas Absolutes gebunden, obschon sie doch das Volk auf der Pilgerschaft ist, das auf das hören soll, was der Geist ihm eingibt? Man unterscheidet zwischen den wesentlichen Punkten, über die Einigkeit bestehen muß, und den disziplinären Fragen, die durchaus eine Verschiedenheit der Meinungen zulassen. Es wird somit gesagt, daß, wenn man die Weihe von Frauen als einen der zweitrangigen Fragepunkte betrachten wolle, dies der Bemühung um die Einheit der Kirche keinen Abtrag tun würde. Hier ist es aber wiederum die Kirche, die mit ihrer praktischen Erfahrung und durch ihr Lehramt das bestimmt, was die Einheit erfordert und sie von einem annehmbaren bzw. wünschenswerten Pluralismus unterscheidet. Das Problem der Weihe von Frauen berührt zu nahe die Natur des Amtspriestertums, als daß man es hinnehmen könnte, es im Rahmen eines legitimen Pluralismus unter den Kirchen zu lösen. Dies ist der Sinn des Briefes von Papst Paul VI. an den Erzbischof von Canterbury.

Das Priesteramt im Lichte des Geheimnisses Christi

Es sei auf die sehr klare Unterscheidung hingewiesen, die die Erklärung macht einerseits zwischen der Bestätigung des Dargelegten, nämlich der mit Autorität in den vorhergehenden Kapiteln ausgesagten Lehre, und andererseits der sich daran anschließenden theologischen Reflexion, mit der die Glaubenskongregation diese Regel zu erklären versucht, indem »die tiefe Übereinstimmung aufgezeigt wird, die die theologische Reflexion zwischen der dem Weihesakrament eigenen Natur – mit ihrem besonderen Bezug auf das Geheimnis Christi – und der Tatsache, daß nur Männer zum Empfang der Priesterweihe berufen werden, festellt«. An sich entbehrt dieses Forschen nicht des Risikos. Es nimmt das kirchliche Lehramt jedoch nicht direkt in Anspruch; es ist bekannt, daß bei der feierlichen Lehrverkündigung die Unfehlbarkeit nur den Inhalt der Aussage, nicht aber die Beweise betrifft, mit denen man die Aussage unterstützen möchte. So erscheinen in den Lehraussagen des Konzils von Trient einige Überlegungen heute überholt. Dieses Risiko hat jedoch niemals das kirchliche Lehramt gelähmt: vielmehr versucht es zu allen Zeiten, die Lehre durch die Analogien des Glaubens zu erhellen. Vor allem heute, mehr als früher, ist es unmöglich, sich mit bloßen Behauptungen zu begnügen oder nur an die intellektuelle Folgsamkeit der Gläubigen zu appellieren: Der Glaube sucht das Verständnis, sucht die Erkenntnis der Grundlage und der Kohärenz der vorgelegten Lehre.

Wir haben schon eine ganze Anzahl von Erklärungen mittelalterlicher Theologen ausgeklammert. Ihnen allen hat der Makel angehaftet, daß sie die Grundlage für ihre Thesen in der Inferiorität der Frau gegenüber dem Mann sehen wollten; von den Aussagen der Hl. Schrift haben sie abgeleitet, daß sich die Frau »in einer Situation der Unterordnung«, der Unterwerfung befinde und unfähig sei, Leitungsfunktionen wahrzunehmen.

Heute ist es sehr aufschlußreich festzustellen, daß die Gemeinschaften, die aus der Reformation entstanden sind, keine Schwierigkeiten hatten, der Frau den Zugang zum pastoralen Dienst zu ermöglichen.

Es sind vor allem jene, die die katholische Lehre vom Weihesakrament verworfen haben und bekennen, daß der Seelsorger nichts anderes ist als ein getauftes Gemeindemitglied, auch wenn sein Amt ihm im Rahmen einer religiösen Weihe übertragen wird. Die Erklärung lädt deshalb dazu ein, in einer Analyse der Natur der Weihe und des von ihr eingeprägten Merkmals eine Erklärung für die ausschließliche Berufung von Männern zum Priestertum und Bischofsamt zu finden. Diese Analyse kann in drei Thesen aufgeteilt werden: 1. Der Priester handelt bei der Verwaltung der Sakramente, die den Weihecharakter erfordern, nicht in eigener Person, in persona propria, sondern in persona Christi; 2. Diese Aussage, so wie sie von der Tradition verstanden wurde, bringt es mit sich, daß der Priester Zeichen in dem Sinn ist, wie es als Begriff in die Sakramententheologie eingegangen ist; 3. weil der Priester Zeichen des Erlösers und Heilandes Jesus Christus ist, muß er Mann sein und kann nicht Frau sein.

Daß der Priester die hl. Eucharistie feiert und die Sünder im Namen Christi und an seiner Statt wiederversöhnt, ist die stets wiederholte Aussage des kirchlichen Lehramtes und die ständige Lehre der Väter und Theologen. Es erscheint überflüssig zu sein, hier Zitate anhäufen zu wollen, um dies zu beweisen. Ehrlich gesagt, ist es andererseits das Gesamt des priesterlichen Dienstamtes, von dem der hl. Paulus sagt, daß es an Christi Statt ausgeübt wird: »Wir sind als Gesandte an Christi Statt und Gott ist es, der durch uns mahnt« (2 Kor 5,18–20). Diese Stelle des 2. Korintherbriefes bezieht sich auf den Dienst an der Versöhnung – »Ihr habt mich wie einen Engel Gottes aufgenommen, wie Christus Jesus« (Gal 4,14). Ähnlich auch der hl. Cyprian, der in Anlehnung an den hl. Paulus sagt:»Sacerdos vice Christi vere fungitur«[44]. Die theologische Reflexion und das Leben der Kirche sind dazu gelangt, in der Ausübung des priesterlichen Amtes die mehr oder minder enge Bindung zu unterscheiden, die diese verschiedenen Handlungen mit dem Weihecharakter haben, und näherhin zu bestimmen, welche Handlungen den Weihecharakter für ihr gültiges Zustandekommen erfordern.

Der Ausdruck »im Namen und an Christi Statt« genügt jedoch nicht, um voll und ganz die Natur der Beziehung zwischen dem Amtsdiener und Jesus Christus zu verstehen, so wie sie die Tradition verstanden hat. Die Formel in persona Christi legt nämlich eine Bedeutung nahe, die sie in einen Zusammenhang mit dem griechischen Ausdruck mimêma Christou[45] bringt: persona ist die Rolle im antiken Theater,

---

[44] Epist. 63, 14: Ausg. Hartel, CSEL t. 3, S. 713.
[45] S. Teodoro Studita, Adversus Iconomachos Kap. 4; PG 99, 593; Epist. lib. 1, 11: PG 99, 945.

die durch ihre Maske festgelegt wird. Der Priester nimmt die Stelle Christi ein, indem er ihm Stimme und Gesten zur Verfügung stellt. Der hl. Thomas bestimmt diesen Begriff noch genauer: »Sacerdos gerit imaginem Christi in cuius persona et virtute verba pronuntiat ad consacrandum«[46]. Der Priester ist deshalb wirklich Zeichen im sakramentalen Sinn des Wortes: Es wäre eine schulmäßige Auffassung, den Begriff Zeichen nur für materielle Elemente vorzubehalten. Jedes Sakrament verwirklicht sich in verschiedener Weise. Die obenangeführte Stelle beim hl. Bonaventura machte die sehr klare Aussage: »Persona quae ordinatur significat Christum mediatorem«[47]. Der hl. Thomas, der andererseits als Grund für den Ausschluß der Frau von den Weihen den so umstrittenen status subiectionis anführte, ging auch von dem Prinzip aus, daß »signa sacramentalia ex naturali similitudine repraesentent«[48], d.h. von der Notwendigkeit jener »natürlichen Ähnlichkeit« zwischen Christus und demjenigen, der sein Zeichen ist. Zum gleichen Problem erinnert der hl. Thomas weiter daran: »Quia cum sacramentum sit signum, in eis quae in sacramento aguntur requiritur non solum res, sed significatio rei«[49].

Es wäre aber nicht der »natürlichen Ähnlichkeit«, jenem einleuchtenden »Sinngehalt« entsprechend, wenn das Gedächtnis des Herrenmahles von einer Frau vollzogen würde. Es handelt sich ja nicht um eine einfache Erzählung, sondern um eine Handlung, die die Gesten und das Wort Christi beinhaltet. Das Zeichen ist wirksam, weil Christus im eucharistiefeiernden Priester zugegen ist, wie es das II. Vatikanische Konzil in Anlehnung an die Enzyklika »Mediator Dei«[50] lehrt.

Es ist verständlich, daß man in der Verteidigung der Weihe von Frauen versucht hat, und zwar mit unterschiedlichen Mitteln, den Wert dieser Beweisführung herabzumindern. Es war natürlich unmöglich und nutzlos, von seiten der Erklärung alle diesbezüglich vorgebrachten Schwierigkeiten im einzelnen zu untersuchen. Einige sind jedoch interessant, weil sie zu einer theologischen Vertiefung der traditionellen Prinzipien führen. Den da und dort erhobenen Einwand, daß es die Weihe, das unauslöschliche Merkmal, ist und nicht das Mannsein, das den Priester zum Stellvertreter Christi macht, übergehen wir. Es ist klar, daß das unauslöschliche Merkmal, das durch die Weihe eingeprägt wird, den Priester befähigt, die Eucharistie zu vollziehen und

---

[46] Summa theol., III, q. 83, art. 1, ad 3.
[47] Oben, Anm. 32.
[48] In IV Sent., Dist. 25, q. 2, a. 2, qa I, ad 4um.
[49] Ebd. In corp. quaestiunculae.
[50] II. Vat. Konzil, Konstitution über die Liturgie »Sacrosanctum Concilium«, Nr. 7; Pius XII., Enzyklika Mediator Dei, 20. November 1947 (Nr. 20); AAS 39, 1947, S. 528.

die Sünder mit Gott zu versöhnen; dieses Merkmal ist jedoch geistiger Natur, unsichtbar (res et sacramentum). Auf der Ebene des Zeichens (sacramentum tantum) ist es aber notwendig, daß der Priester die Handauflegung empfangen hat und die Stelle Christi vertritt, und gerade dafür fordern der hl. Thomas und der hl. Bonaventura, daß das Zeichen eine natürliche Aussagekraft habe.

In verschiedenen, in letzter Zeit erschienenen Veröffentlichungen hat man hingegen den Versuch unternommen, die Bedeutung des »in persona Christi« zurückzustufen, indem man auf das »in persona Ecclesiae« größeren Wert legte. Denn auch dies ist ein wichtiges Prinzip der Sakramententheologie und der Liturgie, weil nämlich der Priester bei der Liturgie den Vorsitz im Namen der Kirche führt und die Intention hat »zu tun, was die Kirche tut«. Könnte man nicht deshalb sagen, daß der Priester Christus vertritt, weil er zunächst aufgrund seiner Weihe die Kirche repräsentiert? Die Erklärung antwortet auf diesen Einwand, daß im Gegenteil der Priester gerade deswegen die Kirche vertritt, weil er vor allem Christus selbst vertritt, der das Haupt und der Hirt der Kirche ist. Die Erklärung verweist auf verschiedene Texte des II. Vatikanischen Konzils, die mit aller Klarheit diese Lehre zum Ausdruck bringen. Wahrscheinlich ist dies einer der Kernpunkte des Problems, einer der wichtigen Aspekte der Theologie von der Kirche und dem Priestertum, die im Zentrum der Diskussion über die Weihe von Frauen stehen. Wenn der Priester bei der liturgischen Versammlung den Vorsitz führt, ist es nicht sie, die ihn für dieses Amt bestimmt bzw. gewählt hat, weil die Kirche keine auf Eigeninitiative beruhende Versammlung ist: Sie ist vielmehr, wie das Wort ecclesia besagt, die Versammlung, die »zusammengerufen« worden ist; denn es ist Christus, der sie zusammenführt; er ist das Haupt der Kirche. Der Priester führt den Vorsitz »in persona Christi capitis«. Aus diesem Grunde kommt die Erklärung zu dem richtigen Schluß, daß »durch die Diskussion, die in unseren Tagen um die Priesterweihe der Frau entstanden ist, sich alle Christen eindringlich dazu aufgerufen fühlen sollten, die Natur und die Bedeutung des Bischofs- und des Priesteramtes tiefer zu erforschen und die authentische Stellung des Priesters in der Gemeinschaft der Getauften wiederzuentdecken, der er selbst als Glied angehört, von der er sich aber auch unterscheidet. Denn in den Handlungen, die den Weihecharakter erfordern, ist er für sie mit der ganzen Wirksamkeit, die dem Sakrament innewohnt, das Abbild und das Zeichen Christi selbst, der zusammenruft, von Sünden losspricht und das Opfer des Bundes vollzieht.«

Doch man insistiert: Es wäre wichtig, daß Christus von einem Mann vertreten werde, wenn gerade das Mannsein Christi einen wesentlichen Platz in der Heilsökonomie einnähme. Man sagt nun aber, daß es

unmöglich sei, dem Geschlecht eine Sonderstellung in der hypostati-
schen Union einzuräumen; das Wesentliche ist die menschliche Natur
als solche, die vom Wort Gottes angenommen worden ist, und nicht
sekundäre Merkmale wie Geschlecht und Rasse. Wenn die Kirche
zuläßt, daß Menschen aller Rassen Christus gültig vertreten können,
warum erkennt sie dann den Frauen die Fähigkeit ab, dies zu tun?
Hier gilt es vor allem, die Antwort mit den Aussagen der Erklärung
selbst zu geben, daß nämlich »die ethnischen Unterschiede die
menschliche Person nicht so tief berühren wie der Unterschied der
Geschlechter«. Hierin stimmt die Lehre der Hl. Schrift mit der modernen Psychologie überein. Durch den Schöpferwillen Gottes ist
nach dem Bericht der Genesis (der übrigens vom Evangelium übernommen wird) die Verschiedenheit der Geschlechter sowohl auf das
Zusammenwirken der Personen als auf die Erzeugung von Nachkommenschaft hingeordnet. Man muß jedoch darüber hinaus feststellen, daß die Tatsache, daß Christus Mann und nicht Frau ist, nicht ne-
bensächlich und bedeutungslos für die Heilsökonomie ist. In welchem Sinn? Sicherlich nicht im materiellen Sinn, von dem man
manchmal in der polemischen Auseinandersetzung gesprochen hat,
um die Sache lächerlich zu machen, sondern weil uns nahezu die gesamte Heilsökonomie unter wesentlichen Symbolen geoffenbart worden ist, mit denen sie untrennbar verbunden ist. Ohne diese Symbole
wäre der Heilsplan Gottes einfach unverständlich. Christus ist der
neue Adam; der Bund Gottes mit den Menschen wird im Alten Testament als eine mystisch-bräutliche Vereinigung dargestellt, deren
endgültige Wirklichkeit das Opfer Christi am Kreuz ist. Die Erklärung legt kurz die Linien dar, die die Fortentwicklung dieses biblischen Themas kennzeichnen, das Gegenstand zahlreicher exege-
tischer und theologischer Arbeiten geworden ist. Christus ist der
Bräutigam der Kirche, die er durch sein Blut erworben hat; das Heil,
das er gebracht hat, ist der Neue Bund. Indem die Offenbarung sich
dieser Ausdrucksweise bedient, deutet sie an, warum die Menschwerdung in der Form des männlichen Geschlechtes erfolgt ist, und verhindert, daß man von dieser historischen Tatsache abstrahieren könnte. Aus diesem Grunde kann nur ein Mann Christi Stelle einnehmen,
Zeichen seiner Gegenwart sein, mit einem Wort: »ihn vertreten«, d.h.
wirksames Zeichen seiner Gegenwart in den wesentlichen Handlungen des Neuen Bundes sein.

Könnte man auch ohne diese biblische Zeichensprache bei der Vermittlung der Frohen Botschaft, bei der Betrachtung des Geheimnisses
und im liturgischen Bereich auskommen? Diese Frage stellen heißt,
wie man es in den jüngsten Studien lesen kann, die ganze Art und
Weise zur Diskussion stellen, in der sich die Offenbarung vollzogen

hat, heißt, den Wert der Heiligen Schrift herabsetzen. Man wird zum
Beispiel sagen, daß »zu jeder Zeit die kirchliche Gemeinschaft sich auf
die Autorität beruft, die sie von ihrem Stifter empfangen hat, um die
Bilder auszuwählen, die es ihr ermöglichen, die Offenbarung von
Gott zu empfangen«. Vielleicht ist dies ein noch tieferes Mißverständnis des menschlichen Wertes dieses Brautthemas in der Offenbarung der Liebe Gottes.

Das Priesteramt im Geheimnis der Kirche
Es ist bemerkenswert, wie weit die in der Auseinandersetzung um die
Weihe von Frauen angeschnittenen Fragen mit der Theologie der Kirche verknüpft sind. Wir werden uns natürlich nicht bei den übertrie-
benen Aussagen aufhalten, die man manchmal in theologischen Zeit-
schriften lesen kann, wie zum Beispiel die Vermutung, daß die Urkir-
che sich gleichermaßen auf die an Frauen und an Männer verliehenen
Charismen stützte[51]; ebenso die Behauptung, daß »die Evangelien
Frauen als Spenderinnen der hl. Ölung« anführten[52]. Andererseits haben wir schon an das Problem der Möglichkeit und der Grenzen des
Pluralismus in der Einheit erinnert.
Wenn man für die Frauen den Zugang zum Priestertum aufgrund der
Tatsache fordert, daß diese heute die »leadership« auf vielen Gebieten
des modernen Lebens erlangt hätten, scheint man zu vergessen, daß
die Kirche nicht eine Gesellschaft wie die übrigen ist, und daß bei ihr
Autorität und Vollmacht ganz anderer Natur sind, da sie normalerweise mit dem Sakrament verbunden sind, wie es die Erklärung be-
tont. Es ist sicherlich eine Versuchung, die zu allen Zeiten die kirchli-
che Forschung bedroht hat. Jedesmal, wenn man versucht hat, ihre
Probleme dadurch zu lösen, daß man sie mit denjenigen der Staaten
verglich, oder wenn man den Versuch unternimmt, die Struktur der
Kirche durch der Politik entlehnte Begriffe zu bestimmen, führt dies
notwendigerweise in ausweglose Situationen.
Die Erklärung weist auf den Irrtum in der Beweisführung hin, die der
Forderung nach Weihe von Frauen zugrunde liegt und die von der
Stelle des Galaterbriefes ausgeht (Gal 3,28), wonach es in Christus
keine Unterscheidung mehr zwischen Mann und Frau gibt. Für den
hl. Paulus ist dies die Wirkung der hl. Taufe, und die Taufkatechese
der Väter hat diesen Gedanken häufig mit Nachdruck behandelt. Die
uneingeschränkte Gleichheit aller, die in der Taufgnade leben, ist jedoch etwas anderes als die Struktur des geweihten Amtspriestertums,

[51] Vgl. Concilium 111, 1976, La femme dans l'Eglise, französ. Ausg. S. 19, 20, vor allem
23: »Au temps de Paul, les fonctions de direction étaient réparties et reposaient sur l'-
autorité charismatique«.
[52] Theological studies 36, 1975, S. 667.

das Gegenstand einer Berufung in der Kirche ist und kein in der menschlichen Person verankertes Recht darstellt.

Eine Berufung innerhalb der Kirche besteht weder allein noch vorrangig in der Tatsache, daß jemand sich freiwillig für eine Aufgabe meldet oder sich durch einen inneren Drang dazu hingezogen fühlt. Wenn auch dieser spontane Schritt geschehen kann und man glaubt, gleichsam einen Ruf im Innern der Seele zu vernehmen, ist die Berufung erst dann echt, wenn die Kirche sie durch ihre äußere Berufung für echt erklärt, wie es das Hl. Officium 1912 in einem Brief an den Bischof von Aire in Erinnerung gebracht hat, um die Kontroverse Lahitton[53] zu beenden. Christus hat sie auserwählt, »die er selbst wollte« (Mk 3,13).

Da aber das Priestertum Gegenstand einer gnadenhaften und ausdrücklichen Berufung von seiten des Herrn ist, kann es nicht wie ein Recht eingefordert werden, auch nicht von Männern. So sagte Mons. Bernardin, die Lage richtig beurteilend, in seiner Erklärung vom Oktober 1975:»Es wäre ein Irrtum, das Problem der Weihe von Frauen, wie es manchmal vorkommt, auf ein Problem der Ungerechtigkeit zurückführen zu wollen. Eine solche Auffassung wäre gerechtfertigt, wenn die Weihe ein von Gott jeder Person zugestandenes Recht wäre, und wenn die menschlichen Anlagen sich nicht ohne sie voll entfalten könnten. In Wirklichkeit aber kann keiner, weder Mann noch Frau, einen Rechtsanspruch auf den Empfang der Weihe geltend machen. Da das Bischofs- und Priesteramt von seinem Wesen her Dienstamt ist, ›vervollständigt‹ die Weihe keineswegs die Anlage der menschlichen Person«[54].

Die Erklärung der Glaubenskongregation endet mit dem diskreten Hinweis, daß ein doppeltes Bemühen zu fördern ist, von dem die Seelsorger und die Gläubigen der Kirche abgehalten werden könnten, falls sich diese Kontroverse über die Priesterweihe der Frauen in die Länge ziehen sollte. Das eine ist doktrinärer und geistlicher Natur: das Bewußtsein von der Verschiedenheit der Ämter in der Kirche, in der Gleichheit nicht Identität bedeutet, müßte, wie der hl. Paulus mahnt, dahin gelangen, das eine Charisma zu erkennen, das allein überall vorhanden sein kann und muß: die Liebe (1 Kor 12–13). »Die Größten im Himmelreich sind nicht die Amtsdiener, sondern die Heiligen«, sagt die Erklärung in einem Satz, der als Leitmotiv genommen zu werden verdient.

Das zweite Bemühen ist apostolischer und sozialer Natur. Man ist noch weit davon entfernt, sich die Größe und Sendung der Frau in der Kirche und in der Gesellschaft ganz bewußt gemacht zu haben, so-

[53] AAS 4, 1912, S. 485.
[54] In Origins documentary service, 16. Oktober 1975.

wohl »für die Erneuerung und Vermenschlichung der Gesellschaft als auch dafür, daß die Gläubigen das wahre Antlitz der Kirche wieder neu entdecken«. Wir sind leider noch weit davon entfernt, alle Benachteiligungen überwunden zu haben, deren Opfer die Frauen noch immer sind, nicht nur im Bereich des öffentlichen, beruflichen oder geistigen Lebens, sondern auch im Innern der Familie.

Deutsche Bischofskonferenz, Zu Fragen der Stellung der Frau in Kirche und Gesellschaft (21. September 1981)

Die Deutschen Bischöfe 30, 12–16, 23–24.

II.2. Männer und Frauen sind in der Ausprägung ihres Menschseins verschieden

Wir kommen zurück auf den Schöpfungsbericht, der klar und eindeutig feststellt, daß Gott »den Menschen« in zweierlei Ausprägung geschaffen hat: »Als Mann und Frau schuf er sie.« Es gibt nicht »den Menschen«, es gibt ihn nur als Frau und als Mann, beide »als sein Abbild«. Personsein und Menschsein sind im Hinblick auf Wert und Würde gleich, aber in der Ausprägung verschieden, männlich und weiblich. Wenn beide, Mann und Frau, als Gottes Abbild geschaffen sind, dann läßt sich daraus eine Aussage über Gott selbst ableiten: »Er ist unser Vater, mehr noch, er ist uns auch Mutter«, wie Papst Johannes Paul I. gesagt hat (Ansprache vom 10.09.1978). Auch die Bibel hat an vielen Stellen Gottes Wirken und Handeln als mütterlich beschrieben. Die Frau ist darum nicht nur in ihrem Personsein, sondern auch in ihrem Frausein Gottes Abbild.

Zu allen Zeiten haben die Menschen gespürt, welch ein Wert in der Verschiedenheit von Mann und Frau liegt. Männer und Frauen standen darum immer vor der Aufgabe, sich als Mann oder als Frau zu verwirklichen. Die Ausprägung des Frauseins und des Mannseins war dabei großen kulturgeschichtlichen Wandlungen unterworfen. Oft sind ohne Beachtung dieses kulturgeschichtlichen Wandels von der Frau verwirklichte Verhaltensweisen als nur ihr zukommende »Tugenden« und »Werte« dargestellt worden, ebenso wie die vom Mann verwirklichten Verhaltensweisen oft als typisch männliche Werte hingestellt wurden.

Als typische Wesensmerkmale des Mannes galten z.B. Aktivität, kämpferische Durchsetzungskraft, Sachlichkeit, schöpferische Fähigkeiten und abstraktes Denkvermögen. Der Frau sollten dagegen Bewahren, Behüten, Umsorgen, Einfühlungsvermögen und Gefühlsstärke allein wesenseigen sein. Solche einseitigen Typisierungen gelten heute als problematisch. Viele Frauen, mitunter auch Männer, empfinden diese Sicht als einengend, als Beschneidung ihrer vielfältigen Anlagen und Fähigkeiten und als Verkürzung ihres Menschseins. Der Mensch ist nicht ein bloßes Naturwesen, sondern kulturell formbar, anpassungsfähig und entwicklungsbedürftig. Auch das Mann- und Frausein bedarf der Kultivierung. Es kann sich unter offenen, gesellschaftlichen Beziehungen entfalten und sogar ausgebildete menschliche Fähigkeiten des je anderen Geschlechts integrieren, ohne dadurch die geschlechtliche Akzentuierung zu verraten oder zu verlieren. Durch eine solche Ausfaltung und Entwicklung können Frauen wie Männer zu einer volleren und reiferen Menschlichkeit gelangen.

Es wäre jedoch falsch, alle Unterschiede zwischen Frauen und Männern nur als kulturgeschichtlich bedingt anzusehen. Die Eigenarten von Mann und Frau gründen auch auf naturgegebenen, leiblichen Unterschieden. Sie können in einer christlichen Anthropologie nicht als rein biologisch und für die Person unwesentlich bezeichnet werden. Denn nach christlichem Verständnis sind Leib und Seele auf das engste miteinander verbunden. Der Leib ist Ausdrucksgestalt der Seele. Frausein und Mannsein sind also ganzheitliche, leibseelische Wirklichkeiten. Dies zu leugnen wäre eine neue Leib- und Geschlechtsfeindlichkeit, wie sie in manchen Formen der Emanzipationsphilosophie festzustellen ist. Wenn in der leibseelischen Einheit des Menschen seine Geschlechtlichkeit ebenso zum Ausdruck kommt wie seine Individualität, dann hat die leibliche Anlage zu Mutter- oder Vaterschaft ihre Entsprechung im geistig-seelischen Bereich. Dann sind Vatersein und Muttersein nicht nur biologische Vorgänge, sondern sie nehmen den ganzen Menschen in Anspruch und prägen seine Wirklichkeit und seine Verhaltensweisen.

In diesem Sinn ist es zu verstehen, wenn wir sagen: Die schöpfungsgemäße Berufung von Frau und Mann ist die Berufung zum Dienst am Leben. Anders als der Mann hat die Frau durch die Disposition zum Muttersein ihre besondere innere Bereitschaft und Befähigung zu diesem Dienst. Jeder Mensch wird von einer Mutter geboren, erfährt die tiefe Verbindung zwischen Mutter und Kind, erlebt seine Abhängigkeit von der Zuwendung der Mutter, die ihn nährt, pflegt und zur Selbständigkeit führt. So wird die Würde und Bedeutung des Mutterseins jedem Menschen und jeder Generation unauslöschlich eingeprägt. Im Bild der Eva als »Mutter des Lebens« haben Theologie, christliche Kunst und Literatur die Würde, Schönheit und Kraft des Mutterseins dargestellt.

Die Berufung zum Muttersein ist schon im Alten Testament in einem sehr umfassenden Sinn vorgestellt. Besondere Bedeutung haben beim auserwählten Volk die Stammütter (Sara, Rebecca, Lea und Rachel). Das Alte Testament berichtet aber auch von ausgesprochen kämpferischen Frauengestalten, die durch ihren Einsatz gewissermaßen Mütter und Beschützerinnen des Volkes Israel sind. – Das Buch der Sprüche (31,10–31) zeichnet das Bild der starken und tüchtigen Frau. – Alle biblischen Frauengestalten und Mütter überragt Maria, die als Mutter Christi auch Mutter der Menschen, vor allem der Gläubigen ist (vgl. Dogmatische Konstitution über die Kirche, Nr. 54); denn »in ihrem Gehorsam ist sie für sich und das ganze Menschengeschlecht Ursache des Heils geworden« (Irenäus). Darum wird sie schon in der frühen Kirche »Mutter der Lebendigen« genannt (ebd., Nr. 56). Die Berufung der Frauen zum Dienst am Leben kann daher sowohl in der Ehe verwirklicht werden, wie in der Ehelosigkeit, die frei macht für andere Weisen des Dienstes am Leben. In beiden Fällen gilt: Die Verantwortung für das Leben und für humane Bedingungen des Lebens ist eine wesentliche Berufung der Frau. Sie gibt ihr Ansehen und Würde.

Auch der Mann ist in seiner Berufung zur Vaterschaft in besonderer Weise dem Dienst am Leben verpflichtet. Aus der liebenden Vereinigung von Mann und Frau wird das neue, menschliche Leben erweckt, für das auch der Mann Verantwortung trägt, das er zu schützen berufen ist. Die eigene Erfahrung des Angewiesenseins auf die Mutter wird ihn in seiner Achtung und Unterstützung des mütterlichen Dienstes der Frau bestärken. Zwar ist er aufgrund der biologischen Gegebenheiten weniger unmittelbar an das Leben seines Kindes gebunden; aber das gibt ihm die Möglichkeit, aus größerer Distanz darauf zu achten, daß sich dieses Leben entwickeln kann, daß es eigenständig und selbstverantwortlich wird. Der traditionelle Begriff der väterlichen »auctoritas« (augere = mehren) drückt aus, daß der Vater nicht nur Leben zeugt, sondern auch für die Familie Schutz und Sorge übernimmt. Beide, Mann und Frau, haben also dem Leben zu dienen. Sie tun es auf verschiedene Weise, aber in gleicher Verantwortung. Eine Verweigerung des Dienstes am Leben, d.h. eine Emanzipation der Frau auf Kosten der Kinder oder eine Emanzipation des Mannes von seiner Familie, – eine Emanzipation beider von ihren Aufgaben gegenüber der kommenden Generation, wäre ein Verlust ihres wahren Menschseins.

Die Unterschiede von Mann und Frau können sich kulturgeschichtlich in sehr verschiedener Weise ausprägen. Sie lassen sich nicht in einer für alle Zeiten gültigen Form beschreiben. Der einzelne Mensch kann sein Mann- oder Frausein nicht nur verschieden kultivieren und bis zu einem gewissen Grad integrieren; er kann und muß es auch transzendieren. Denn jeder Mensch ist in ganz eigener und einzigartiger Weise von Gott bei seinem Namen gerufen, dem Namen, der ganz allein ihn ausdrücken und ihn benennen kann.

Die Folgen kultureller und struktureller Wandlungen zeigen sich oft in Unstimmigkeiten zwischen übernommenen Traditionen und Verhaltensweisen einerseits und den Erfordernissen des alltäglichen Lebens und des eigenen Bewußtseins andererseits. So hat die Entwicklung der Industriegesellschaft, um nur eine der tiefgreifenden gesellschaftlichen Wandlungen zu nennen, zu einer Trennung zwischen dem häuslich-familiären und dem beruflich-öffentlichen Bereich geführt. Dadurch sind Frauen oft ohne Notwendigkeit auf ihre familiären Aufgaben beschränkt worden. Andere wurde in eine aufreibende Doppelrolle als Mutter und Erwerbstätige hineingedrängt. Auch die Männer wurden durch diese Entwicklung wichtigen Seiten ihres Menschseins entfremdet, weil sie durch die Anforderungen ihres Berufs von den familiären Aufgaben weitgehend isoliert werden. Doch ist auch das Positive dieser Entwicklung zu sehen: Durch die gesellschaftlichen Veränderungen, die weitgehend allen Menschen ein hohes Maß an Bildung, gesichertem Leben, Wohnen und Arbeiten ermöglichen, haben Frauen und Männer neue Möglichkeiten für ihre ganz persönliche Entfaltung, für ihr Frausein und Mannsein, entdeckt. Dies liegt durchaus in der Zielrichtung des göttlichen Schöpfungs- und Erlösungsplanes, durch den Menschen miteinbezogen sind in die Wegbereitung seines Reiches, das jedem Menschen das »Leben in Fülle« schenken wird. Besondere Fähigkeiten der Frau, wie etwa Verständnisbereitschaft, Einfühlungsvermögen und Friedensliebe, können zur Vermenschlichung der Welt beitragen. Denn Vermenschlichung der Welt bedeutet unter anderem Sicherung des Friedens, Schutz der Schöpfung und Gerechtigkeit in der Verteilung der Güter zwischen reichen und armen Völkern.

In der beschriebenen Situation haben Christen eine doppelte Aufgabe. Sie müssen auf den bleibenden, schöpfungsgetreuen Auftrag von Mann und Frau hinweisen und nach praktischen Hilfen suchen, um ihn in der gewandelten Situation von heute zu verwirklichen. Sie sollen aber auch offen sein für neue Entwicklungen in der Ausgestaltung dieses Schöpfungsauftrages. Ohne Zweifel erfahren Frauen, die sich vor allem ihren Familienaufgaben widmen, daß ihnen ihr Leben menschliche Erfüllung gibt. Sie können als Mütter und Erzieherinnen der Kinder mit Recht darauf verweisen, daß sie nicht nur für ihre eigene Familie, sondern auch für die Gesellschaft unverzichtbare Aufgaben erfüllen. Dieser Dienst der Frauen in der Familie, der zugleich Dienst an der kommenden Generation ist, bedarf in unserer Gegenwart unbedingt größerer öffentlicher Anerkennung und Wertschätzung.

Dennoch kann nicht jede Frau heute und morgen in gleicher Weise auf familiäre Aufgaben festgelegt werden. Frauen und Männer können in vielerlei Aufgaben ihre je eigene Art einbringen. Im Lauf des Lebens werden Frauen oft im zeitlichen Nacheinander Erwerbstätigkeit und Familienaufgaben übernehmen. Ebenso können sie ihre Familienaufgaben verbinden mit Erwerbstätigkeit oder anderen gesellschaftlichen Tätigkeiten, wie etwa ehrenamtlichen Diensten. Aus der Verschiedenheit, die in personaler Gleichheit eingebunden ist, darf keine Zurückweisung ihrer individuellen Fähigkeiten und Begabungen abgeleitet werden. Deshalb müssen alle noch vorhandenen, sich fälschlich auf die Verschiedenheit stützenden Diskriminierungen und Rechtsungleichheiten der Frau in Kirche und Gesellschaft überwunden werden.

VII,1.6 Die Frage der Zulassung der Frau zum kirchlichen Amt

Bisher haben wir von der Beteiligung der Frauen am gemeinsamen Priestertum aller Getauften gesprochen und die gleichberechtigte Teilhabe der Frauen gefordert. Die Frage nach der Teilhabe der Frau am besonderen Priestertum des Dienstes, d.h. die Zulassung der Frau zum Amt in der Kirche, wird in den letzten Jahrzehnten immer wieder, auch in der katholischen Kirche, gestellt. In der Erklärung der römischen Kongregation für die Glaubenslehre vom 15. Oktober 1976 über die Zulassung der Frauen zum Priesteramt wird die Tradition bestätigt. Das Dokument stellt fest: »Die Kirche hält sich aus Treue zum Vorbild ihres Herrn nicht dazu berechtigt, die Frauen zur Priesterweihe zuzulassen« (Verlautbarungen des Apostolischen Stuhls Nr. 3, Seite 5).

Anders als die Frage des Priestertums stellt sich uns die Frage nach der Zulassung von Frauen zum sakramentalen Diakonat. Die Gemeinsame Synode der Bistümer in der Bundesrepublik Deutschland hat die Zulassung von Frauen zum Diakonat eingehend erörtert (Beschluß: »Die pastoralen Dienste in der Gemeinde« 4.2). Sie empfiehlt, an die in Teilen der alten Kirche geübte Praxis der Weihe von Diakoninnen wieder anzuknüpfen. Darum hat sie den Papst gebeten, »die Frage des Diakonates der Frau entsprechend den heutigen theologischen Erkenntnissen zu prüfen und angesichts der gegenwärtigen pastoralen Situation womöglich Frauen zur Diakonatsweihe zuzulassen« (Beschluß: »Die pastoralen Dienste in der Gemeinde« 7.1 Votum 3). Diese Frage bedarf noch weiterführender Diskussion, vor allem aber einer größeren Übereinstimmung der Meinung in der gesamten Kirche.

2. Aufgaben für die gesellschaftliche Diakonie der Kirche

In ihrem Heilsauftrag für die Welt wird die Kirche von Entwicklungen in Gesellschaft und Staat und allen zwischenmenschlichen Bereichen berührt. Der Weltdienst des Christen als Teil des umfassenden Heilsdienstes ist in der Kirche in besonderer Weise den Laien aufgetragen. Ihnen stehen die Träger des Amtes zur Seite, um aus dem diakonalen Auftrag der Kirche heraus wesentliche Veränderungen zu beobachten, zu deuten und zu beurteilen. Sie ermuntern und unterstützen Entwicklungen, die dem menschlichen Leben und der menschlichen Gemeinschaft neue Chancen geben und warnen bei Fehlentwicklungen und Mißständen. In diesem pastoralen Wort geht es vor allem um die Teilnahme der Frauen am christlichen Weltdienst. Damit Frauen ihren vollen Beitrag am öffentlichen Leben leisten können, müssen neue Wege eröffnet und praktikable Formen der Zusammenarbeit zwischen Männern und Frauen aufgezeigt werden.

Katholischer Erwachsenen-Katechismus (1985)

Das Glaubensbekenntnis der Kirche, hg. von der Deutschen Bischofskonferenz (1985), S. 299f.

Eine andere vieldiskutierte Frage ist das Problem der Zulassung der Frauen zum Priesteramt. In ihrer menschlichen und christlichen Würde sind Frauen den Männern ebenbürtig. Deshalb sollen Frauen in allen Bereichen des Apostolats der Laien einen ebenbürtigen Platz einnehmen (vgl. AA 9). Bei den neuen Diensten leisten Frauen schon jetzt einen unersetzlichen Beitrag. Die römische Kongregation für die Glaubenslehre hat 1976 jedoch erneut festgestellt, daß der katholischen Kirche aufgrund des Beispiels Jesu wie aufgrund der gesamten kirchlichen Tradition die Zulassung der Frau zum priesterlichen Amt nicht möglich erscheint. Dies ist keine letztverbindliche dogmatische Entscheidung. Die Argumente aus Schrift und Tradition haben freilich erhebliches Gewicht und müssen in der Kirche gegenüber den Argumenten aus der Forderung nach gesellschaftlicher Gleichberechtigung von Mann und Frau eindeutig das Übergewicht haben. Anders als die Frage des Priestertums stellt sich die Frage nach der Zulassung von Frauen zum sakramentalen Diakonat. Sie bedarf jedoch noch weiterführender Diskussion, vor allem aber einer Konsensbildung in der gesamten Kirche.

Codex des kanonischen Rechts (1983), De ordinandis/Weihebewerber (Can. 1024)

Lateinisch-deutsche Ausgabe, Rom/Kevelaer 1983, 454f.

Can. 1024 – Sacram ordinationem valide recipit solus vir baptizatus.

– Die heilige Weihe empfängt gültig nur ein getaufter Mann.

Vgl. CIC (1917), Can. 968 und CCEO, Can. 754.

Pontificale Romanum, Die Weihe der Äbtissin

(Vgl. Theologentexte, 1., 2. Texte aus der Weiheliturgie)

Papst Johannes Paul II., Enzyklika Mulieris dignitatem (15. August 1988)

Lat.: De dignitate ac vocatione mulieris Anno Mariali vertente: AAS 80 (1988), 1653–1729, hier: 1690–1693; 1708–1717.
Dt.: VApS 86, 39–41, 53–60.

Erste Zeugen der Auferstehung

16. Vom Beginn der Sendung Christi an zeigen die Frauen ihm und seinem Geheimnis gegenüber eine besondere Empfänglichkeit, die einem Wesensmerkmal ihrer Fraulichkeit entspricht. Ferner muß gesagt werden, daß sich das besonders beim Ostergeheimnis bestätigt, nicht nur unter dem Kreuz, sondern auch am Morgen der Auferstehung. Die Frauen sind als erste am Grab. Sie sind die ersten, die es leer finden. Sie sind die ersten, die vernehmen: »Er ist nicht hier; denn er ist auferstanden, wie er gesagt hat« (Mt 28,6). Sie sind die ersten, die »seine Füße umfassen« (vgl. Mt 28,9). Ihnen wird als ersten aufgetragen, den Jüngern diese Wahrheit zu verkünden (vgl. Mt 28,1–10; Lk 24,8–11). Das Johannesevangelium (vgl. auch Mk 16,9) hebt die besondere Rolle der Maria aus Magdala hervor. Sie ist die erste, die dem auferstandenen Christus begegnet. Zunächst hält sie ihn für den Gärtner: Sie erkennt ihn erst, als er sie beim Namen nennt. »Jesus sagte zu

ihr: Maria! Da wandte sie sich ihm zu und sagte auf hebräisch zu ihm: Rabbuni!, das heißt: Meister. Jesus sagte zu ihr: Halte mich nicht fest; denn ich bin noch nicht zum Vater hinaufgegangen. Geh aber zu meinen Brüdern und sag ihnen: Ich gehe hinauf zu meinem Vater und zu eurem Vater, zu meinem Gott und zu eurem Gott. Maria von Magdala ging zu den Jüngern und verkündete ihnen: Ich habe den Herrn gesehen. Und sie richtete aus, was er ihr gesagt hatte« (Joh 20,16–18). Sie wurde darum auch »Apostel der Apostel« genannt.[1] Maria aus Magdala war früher als die Apostel Augenzeugin des auferstandenen Christus und hat deshalb auch *als erste den Aposteln gegenüber von ihm Zeugnis gegeben.* Dieses Geschehen stellt gewissermaßen die Krönung all dessen dar, was wir zuvor darüber gesagt haben, daß den Frauen – ebenso wie den Männern – die göttlichen Wahrheiten von Christus anvertraut worden sind. Man kann sagen, daß sich auf diese Weise die Worte des Propheten erfüllt haben: »*Danach aber werde ich meinen Geist ausgießen* über alle Menschen. Eure Söhne und *Töchter werden Propheten sein*« (Joel 3,1). Am fünfzigsten Tag nach der Auferstehung Christi finden diese Worte im Abendmahlssaal von Jerusalem, bei der Herabkunft des Heiligen Geistes, des »Beistandes«, noch einmal ihre Bestätigung (vgl. Apg 2,17).

Alles bisher zum Verhalten Christi gegenüber den Frauen Gesagte bestätigt und klärt im Heiligen Geist die Wahrheit über die »Gleichheit« der beiden – Mann und Frau. Man muß von einer wesenhaften »Gleichberechtigung« sprechen: Da beide – die Frau wie der Mann – nach dem Abbild und Gleichnis Gottes erschaffen wurden, sind beide in gleichem Maße empfänglich für das Geschenk der göttlichen Wahrheit und der Liebe im Heiligen Geist. Beide empfangen seine heilbringenden und heiligmachenden »Heimsuchungen«.

Die Tatsache, Mann oder Frau zu sein, führt hier zu keinerlei Einschränkungen, ebensowenig wie, nach den bekannten Worten des Apostels, jenes Heilswirken des Geistes im Menschen dadurch eingeschränkt wird, daß einer »Jude oder Grieche, Sklave oder Freier« ist: »Denn ihr alle seid *einer* in Christus Jesus« (Gal 3,28). *Diese Einheit hebt die Verschiedenheit nicht auf.* Der Heilige Geist, der in der übernatürlichen Ordnung der heiligmachenden Gnade eine solche Einheit bewirkt, trägt in gleichem Maße dazu bei, daß »eure Söhne Propheten werden«, wie dazu, daß auch »eure Töchter« es werden. »Prophet

---

[1] Vgl. RHABANUS MAURUS, De vita beatae Mariae Magdalenae, XXVII: »Der Heiland ... hat sie (Maria Magdalena) für die Apostel zum Apostel seiner Auferstehung eingesetzt« (PL 112, 1474). »Sie ist dadurch Apostel der Apostel geworden, daß ihr die Aufgabe zuteil wurde, den Jüngern die Auferstehung des Herrn zu verkünden«: THOMAS VON AQUIN, In Joannem Evangelistam Expositio, c. XX, L. III, 6 (Sancti Thomae Aquinatis Comment. In Matthaeum et Joannem Evangelistas, Ed. Parmens. X, 629.

185

sein« heißt, unter Wahrung der Wahrheit und Eigenart der je eigenen Person, sei es Mann oder Frau, mit Wort und Leben *»die großen Taten Gottes verkünden«* (vgl. Apg 2,11). Die »Gleichheit« nach dem Evangelium, die »Gleichberechtigung« von Frau und Mann vor den »großen Taten Gottes«, wie sie im Wirken und Reden Jesu von Nazaret mit solcher Klarheit offenkundig geworden ist, bildet die deutlichste Grundlage für Würde und Berufung der Frau in Kirche und Welt. Jede *Berufung hat ihren tief persönlichen und prophetischen Sinn.* In der so verstandenen Berufung erreicht das Frauliche in einer Person ein neues Maß: Es ist das Maß der »großen Taten Gottes«, zu deren lebendiger Trägerin und unersetzlicher Zeugin die Frau wird.

VI. Mutterschaft – Jungfräulichkeit

Zwei Dimensionen der Berufung der Frau
17. Wir müssen unsere Meditation jetzt der Jungfräulichkeit und der Mutterschaft zuwenden als zwei besonderen Dimensionen bei der Verwirklichung der Persönlichkeit einer Frau. Im Licht des Evangeliums erlangen sie in Maria, die als Jungfrau Mutter des Gottessohnes geworden ist, die Fülle ihrer Bedeutung und ihres Wertes. Diese zwei Dimensionen der Berufung der Frau sind sich in ihr begegnet und haben sich einzigartig verbunden, so daß die eine die andere nicht ausschloß, sondern auf wunderbare Weise vervollständigte. Die Darstellung der Verkündigung im Lukasevangelium zeigt deutlich, daß dies der Jungfrau aus Nazaret unmöglich erschien. Als sie die Worte vernimmt: »Du wirst ein Kind empfangen, einen Sohn wirst du gebären: dem sollst du den Namen Jesus geben«, fragt sie sogleich: »Wie soll das geschehen, da ich keinen Mann erkenne?« (Lk 1,31.34). In der allgemeinen Ordnung der Dinge ist die Mutterschaft Ergebnis des gegenseitigen »Erkennens« von Mann und Frau in der ehelichen Vereinigung. Unter entschiedener Betonung ihrer Jungfräulichkeit stellt Maria dem göttlichen Boten die Frage und erhält die Erklärung: »Der Heilige Geist wird über dich kommen«; deine Mutterschaft wird nicht Folge eines ehelichen »Erkennens«, sondern das Werk des Heiligen Geistes sein, und die »Kraft des Höchsten« wird ihren »Schatten« über das Geheimnis der Empfängnis und der Geburt des Sohnes breiten. Als Sohn des Höchsten wird er dir in der von ihm gewußten Weise ausschließlich von Gott geschenkt. Maria hat also an ihrem jungfräulichen »Ich erkenne keinen Mann« (vgl. Lk 1,34) festgehalten und ist zugleich Mutter geworden. *Jungfräulichkeit und Mutterschaft bestehen in ihr zugleich*: Sie schließen sich nicht gegenseitig aus und behindern sich nicht. Ja, die Person der Gottesmutter hilft allen – besonders allen Frauen – wahrzunehmen, wie diese beiden Dimensio-

nen und diese beiden Wege der Berufung der Frau als Person sich gegenseitig erklären und ergänzen.

VII. Die Kirche – Braut Christi

Das »tiefe Geheimnis«
23. Von grundlegender Bedeutung sind hierbei die Worte aus dem *Epheserbrief*: »Ihr Männer, liebt eure Frauen, wie Christus die Kirche geliebt und sich für sie hingegeben hat, um sie im Wasser und durch das Wort rein und heilig zu machen. So will er die Kirche herrlich vor sich erscheinen lassen, ohne Flecken, Falten oder andere Fehler; heilig soll sie sein und makellos. Darum sind die Männer verpflichtet, ihre Frauen so zu lieben wie ihren eigenen Leib. Wer seine Frau liebt, liebt sich selbst. Keiner hat je seinen eigenen Leib gehaßt, sondern er nährt und pflegt ihn wie auch Christus die Kirche. Denn wir sind Glieder seines Leibes. Darum wird der Mann Vater und Mutter verlassen und sich an seine Frau binden, und die zwei werden ein Fleisch sein. *Dies ist ein tiefes Geheimnis; ich beziehe es auf Christus und die Kirche*« (5,25–32).
In diesem Brief spricht der Verfasser die Wahrheit über die Kirche als Braut Christi aus und weist außerdem darauf hin, daß diese Wahrheit in der *biblischen Wirklichkeit von der Erschaffung des Menschen als Mann und Frau* ihre Wurzel hat. Nach dem Bild und Gleichnis Gottes als »Einheit von zweien« erschaffen, sind beide zu einer bräutlichen Liebe berufen. Man kann, wenn man dem Schöpfungsbericht in Gen 2,18–25 folgt, auch sagen, daß diese grundlegende Berufung zugleich mit der Erschaffung der Frau offenbart und vom Schöpfer selbst der Institution der Ehe eingeschrieben wird, die nach Gen 2,24 von Anfang an den Charakter einer Personengemeinschaft (*communio personarum*) besitzt. Wenn auch nicht direkt, weist die Darstellung des »Anfangs« (vgl. Gen 1,27 und 2,24) doch auch darauf hin, daß das ganze »Ethos« der gegenseitigen Beziehungen zwischen Mann und Frau der personalen Wahrheit ihres Seins entsprechen muß.
Dies alles wurde bereits früher behandelt. Der Text des *Briefes an die Epheser* bekräftigt noch einmal die oben dargelegte Wahrheit und vergleicht dabei den bräutlichen Charakter der Liebe zwischen Mann und Frau mit dem Geheimnis Christi und der Kirche. *Christus ist der Bräutigam der Kirche, die Kirche ist die Braut Christi.* Diese Analogie ist nicht ohne Vorläufer: Sie überträgt, was bereits im *Alten Testament*, besonders bei den Propheten Hosea, Jeremia, Ezechiel und Jesaja (vgl. z.B. Hos 1,2; 2,16–18; Jer 2,2; Ez 16,8; Jes 50,1; 54,5–8) enthalten war, auf das Neue Testament. Die entsprechenden Abschnitte verdienten eine eigene Darlegung. Wenigstens einen Text wollen wir

hier anführen. So spricht Gott durch den Propheten zu seinem auserwählten Volk: »Fürchte dich nicht, du wirst nicht beschämt; verzage nicht, du wirst nicht enttäuscht. Daß man deine jugendliche Schönheit verachtet hat, wirst du vergessen, an die Schande deiner Witwenschaft wirst du nicht mehr denken. *Denn dein Schöpfer ist dein Gemahl.* ,Herr der Heere' wird er genannt. Der heilige Gott Israels ist dein Befreier. ,Gott der ganzen Erde' wird er genannt (...) Kann man denn die Frau verstoßen, die man in der Jugend geliebt hat?, spricht dein Herr. Nur eine kleine Weile habe ich dich verlassen, doch voller Erbarmen hole ich dich zurück. Einen Augenblick nur verbarg ich vor dir mein Gesicht in grollendem Zorn; aber in meiner ewigen Gnade habe ich Erbarmen mit dir, spricht der Herr, dein Befreier (...). Auch wenn die Berge von ihrem Platz weichen und die Hügel zu wanken beginnen – meine Gnade wird nie von dir weichen und der Bund meines Friedens nicht wanken, spricht der Herr, der Erbarmen hat mit dir« (Jes 54,4–8.10).

Wenn der Mensch – Mann und Frau – als Abbild und Gleichnis Gottes erschaffen wurde, kann Gott durch den Mund des Propheten von sich selbst sprechen, indem er sich der ihrem Wesen nach menschlichen Sprache bedient: In dem zitierten Text des Jesaja ist die Art, wie die Liebe Gottes ausgedrückt wird, »*menschlich*«; aber *die Liebe* selbst *ist göttlich.* Als Liebe Gottes hat sie einen in göttlicher Weise bräutlichen Charakter, auch wenn sie mit der Analogie der Liebe des Mannes zur Frau ausgedrückt wird. Diese Frau und Braut ist Israel als das von Gott erwählte Volk, und diese Erwählung hat ihre Quelle ausschließlich in der spontanen Liebe Gottes. Eben durch diese Liebe läßt sich der oft als Ehe dargestellte Bund erklären, den Gott immer wieder neu mit seinem auserwählten Volk schließt. Dieser Bund ist von Gottes Seite her eine bleibende »Verpflichtung«: Gott bleibt seiner bräutlichen Liebe treu, auch wenn sich seine Braut wiederholt als untreu erwiesen hat.

Dieses *Bild von der bräutlichen Liebe* zusammen mit der Gestalt des göttlichen Bräutigams – ein sehr klares Bild in den prophetischen Texten – findet im *Epheserbrief* (5,23–32) seine Bestätigung und Krönung. *Christus* wurde von Johannes dem Täufer als Bräutigam begrüßt (vgl. Joh 3,27–29); ja, Christus selbst wendet diesen aus den Propheten genommenen Vergleich auf sich an (vgl. Mk 2,19f). Der Apostel Paulus, der das Erbe des Alten Testament in sich trägt, schreibt an die *Korinther:* »Denn ich liebe euch mit der Eifersucht Gottes; ich habe euch einem einzigen Mann verlobt, um euch als reine Jungfrau zu Christus zu führen« (2 Kor 11,2). Die vollständigste Formulierung der Wahrheit über die Liebe Christi, des Erlösers, nach der Analogie einer bräutlichen Liebe findet sich jedoch im *Epheser-*

brief: »*Christus hat die Kirche geliebt und sich für sie hingegeben*« (5,25); damit wird voll bestätigt, daß die Kirche die Braut Christi ist: »Der heilige Gott Israels ist dein Befreier« (Jes 54,5). Im Text des Paulus zielt die Analogie der bräutlichen Beziehung gleichzeitig in zwei Richtungen, die zusammen das »tiefe Geheimnis« (*sacramentum magnum*) bilden. Der Bund der Eheleute »erklärt« den bräutlichen Charakter der Verbundenheit Christi mit der Kirche; und diese Verbundenheit als »tiefes Geheimnis« und »Sakrament« entscheidet ihrerseits über die Sakramentalität der Ehe als eines heiligen Bundes der beiden Brautleute, des Mannes und der Frau. Beim Lesen dieses reichen und vielschichtigen Textes, der *als Ganzes eine große Analogie* ist, müssen wir *unterscheiden* zwischen dem, was darin die menschliche Wirklichkeit der interpersonalen Beziehungen und dem, was in symbolischer Sprache das tiefe göttliche »Geheimnis« ausdrückt.

Die evangelische »Neuheit«

24. Der Text wendet sich an die Eheleute als konkrete Frauen und Männer und erinnert sie an das »Ethos« der bräutlichen Liebe, das auf die Einsetzung der Ehe durch Gott »im Anfang« zurückgeht. Der Wahrheit dieser Einsetzung entspricht die Aufforderung: »*Ihr Männer, liebt eure Frauen*«; liebt sie aufgrund jenes besonderen und einzigen Bandes, durch welches der Mann und die Frau in der Ehe »ein Fleisch« werden (Gen 2,24; Eph 5,31). In dieser Liebe haben wir eine grundlegende *Bejahung der Frau* als Person, eine Bejahung, dank derer sich die weibliche Persönlichkeit voll entfalten und vertiefen kann. Genauso handelt Christus als Bräutigam der Kirche, wenn er sie »herrlich, ohne Flecken oder Falten« sehen will (Eph 5,27). Man kann sagen, hier ist alles voll aufgenommen, was den »Stil« Christi im Umgang mit der Frau ausmacht. Der Gatte müßte sich die Elemente dieses Stils gegenüber seiner Ehefrau zu eigen machen; und ähnlich sollte es der Mann in jeder Lage der Frau gegenüber tun. So leben beide, Mann und Frau, die »aufrichtige Selbsthingabe«.
Der Verfasser des *Epheserbriefes* sieht keinen Widerspruch zwischen einer so formulierten Aufforderung und der Feststellung, daß »sich die Frauen ihren Männern unterordnen sollen wie dem Herrn (Christus); denn der Mann ist das Haupt der Frau« (vgl. 5,22–23). Der Verfasser weiß, daß diese Auflage, die so tief in der Sitte und religiösen Tradition der Zeit verwurzelt ist, in neuer Weise verstanden und verwirklicht werden muß: als ein »*gegenseitiges Sich-Unterordnen in der gemeinsamen Ehrfurcht vor Christus*« (vgl. Eph 5,21). Um so mehr, da der Ehemann »Haupt« der Frau genannt wird, *wie* Christus Haupt der Kirche ist, und das ist er eben, um »sich für sie hinzugeben« (vgl.

Eph 5,25); und sich für sie hinzugeben bedeutet, sogar das eigene Leben hinzugeben. Aber während die Unterordnung in der Beziehung Christus – Kirche nur die Kirche betrifft, ist diese »Unterordnung« in der Beziehung Gatte – Gattin nicht einseitig, sondern gegenseitig. Das stellt im Verhältnis zum »Alten« ganz offensichtlich ein »Neues« dar: Es ist das »Neue« des Evangeliums. Wir begegnen mehreren Stellen, wo die apostolischen Schriften dieses »Neue« zum Ausdruck bringen, auch wenn in ihnen das »Alte« durchaus noch spürbar ist, das, was auch in der religiösen Tradition Israels verwurzelt ist, in seiner Weise des Verständnisses und der Auslegung der heiligen Texte, wie z. B. von Gen 2.

Die Briefe der Apostel sind an Personen gerichtet, die in einem Milieu leben, wo alle in gleicher Weise denken und handeln. Das »Neue«, das Christus bringt, ist eine Tatsache: Es bildet den eindeutigen Inhalt der evangelischen Botschaft und ist Frucht der Erlösung. Zugleich aber muß sich das Bewußtsein, daß es in der Ehe die gegenseitige »Unterordnung der Eheleute in der gemeinsamen Ehrfurcht vor Christus« gibt und nicht nur die Unterordnung der Frau gegenüber dem Mann, den Weg in die Herzen und Gewissen, in das Verhalten und die Sitten bahnen. Dieser Appell hat seit damals nicht aufgehört, auf die einander folgenden Generationen einzuwirken; es ist ein Appell, den die Menschen immer wieder von neuem annehmen müssen. Der Apostel schreibt nicht nur: »In Jesus Christus gibt es nicht mehr Mann und Frau (...)«, sondern auch: »Es gibt nicht mehr Sklaven und Freie« (Gal 3,28). Und doch: Wie viele Generationen hat es gebraucht, bis sich ein solcher Grundsatz in der Menschheitsgeschichte in der Abschaffung der Sklaverei verwirklicht hat! Und was soll man zu so vielen Formen sklavenhafter Abhändigkeit von Menschen und Völkern sagen, die bis heute nicht aus dem Weltgeschehen verschwunden sind?

Die Herausforderung des »Ethos« der Erlösung hingegen ist klar und endgültig. Sämtliche Gründe für die »Unterordnung« der Frau gegenüber dem Mann in der Ehe müssen im Sinne einer »gegenseitigen Unterordnung« beider »in der Ehrfurcht vor Christus« gedeutet werden. Das Maß der echten bräutlichen Liebe hat seine tiefste Quelle in Christus, dem Bräutigam der Kirche, seiner Braut.

Die symbolische Dimension des »tiefen Geheimnisses«

25. Im Text des *Epheserbriefes* begegnen wir *einer zweiten Dimension* jener Analogie, die als ganze der Offenbarung des »tiefen Geheimnisses« dienen soll. Es handelt sich um ihre *symbolische Dimension*. Wenn die Liebe Gottes zum Menschen und zum auserwählten Volk Israel von den Propheten als die Liebe des Gemahls zu seiner Frau

dargestellt wird, bringt eine solche Analogie die »bräutliche« Qualität und den göttlichen und nicht menschlichen Charakter von Gottes Liebe zum Ausdruck: »Dein Schöpfer ist dein Gemahl (...). Gott der ganzen Erde wird er genannt« (Jes 54,5). Dasselbe gilt auch von der bräutlichen Liebe Christi, des Erlösers: »Denn Gott hat die Welt so sehr geliebt, daß er seinen einzigen Sohn hingab« (Joh 3,16). Es handelt sich also um die Liebe Gottes, die durch die von Christus vollbrachte Erlösung zum Ausdruck kommt. Nach dem Paulusbrief ist diese Liebe der bräutlichen Liebe menschlicher Eheleute »ähnlich«, aber natürlich nicht »gleich«. Denn die Analogie weist auf eine Ähnlichkeit hin, läßt aber zugleich der Nicht-Ähnlichkeit angemessenen Raum.

Sie ist leicht festzustellen, wenn wir die Gestalt der »Braut« betrachten. Nach dem *Epheserbrief* ist jene Braut *die Kirche*, so wie für den Propheten die Braut Israel war: Sie ist also *ein kollektives Subjekt, nicht eine Einzelperson*. Dieses kollektive Subjekt ist das Volk Gottes, das heißt eine aus vielen Personen, Frauen wie Männern, zusammengesetzte Gemeinschaft. »Christus hat die Kirche geliebt« gerade als Gemeinschaft, als Volk Gottes; und zugleich hat er in dieser Kirche, die im selben Abschnitt auch sein »Leib« genannt wird (vgl. Eph 5,23), jede einzelne Person geliebt. Denn Christus hat alle ohne Ausnahme, jeden Mann und jede Frau, erlöst. In der Erlösung drückt sich gerade diese Liebe Gottes aus und gelangt ihr bräutlicher Charakter in der Geschichte des Menschen und der Welt zur Vollendung. Christus ist in diese Geschichte eingetreten und bleibt in ihr als der Bräutigam, der »sich (für sie) hingegeben hat«. »Hingegeben« heißt hier, auf vollkommenste und radikalste Weise »zu einer aufrichtigen Hingabe werden«: »Es gibt keine größere Liebe als diese« (Joh 15,13). In dieser Auffassung sind durch die Kirche *alle Menschen – Frauen wie Männer – berufen, »Braut« Christi, des Erlösers der Welt, zu sein*. So wird das »Braut-Sein« und damit das »Weibliche« zum Symbol alles »Menschlichen«, wie Paulus sagt: »Es gibt nicht mehr Mann und Frau; denn ihr alle seid ‚einer' in Christus Jesus« (Gal 3,28).

Vom sprachlichen Gesichtspunkt her kann man sagen, daß die Analogie der bräutlichen Liebe nach dem Epheserbrief das, was »männlich« ist, auf das zurückführt, was »weiblich« ist, da als Glieder der Kirche auch die Männer in den Begriff der »Braut« einbezogen werden. Und das darf uns nicht wundern; spricht doch der Apostel, um seine Sendung für Christus und die Kirche zu formulieren, von den »Kindern, für die er von neuem Geburtswehen erleidet« (vgl. Gal 4,19). Im Bereich des »Menschlichen«, dessen, was den Menschen als Person ausmacht, *unterscheiden sich das »Mannsein« und das »Frausein«*, und zugleich *ergänzen und erklären sie sich gegenseitig*. Das ist auch in der großen Analogie von der »Braut« im *Epheserbrief* gegenwärtig. In der Kirche ist jeder einzelne Mensch – Mann und Frau – die »Braut«, insoweit als er die Liebe Christi, des Erlösers, als Hingabe erfährt und ihr durch die Hingabe der eigenen Person zu antworten sucht. *Christus ist der Bräutigam.* Darin drückt sich die Wahrheit über die Liebe Gottes aus, der »zuerst« geliebt (vgl. 1 Joh 4,19) und mit der von dieser bräutlichen Liebe zum Menschen bewirkten Hingabe alle menschlichen Erwartungen übertroffen hat: »Er erwies ihnen seine Liebe bis zur Vollendung« (Joh 13,1). Der Bräutigam – der mit Gott Vater wesensgleiche Sohn – ist der Sohn Marias geworden, »Menschensohn« und wahrer Mensch, ein Mann. *Das Symbol des Bräutigams ist männlichen Geschlechts.* In diesem männlichen Symbol ist der menschliche Charakter jener Liebe dargestellt, in der Gott seiner göttlichen Liebe zu Israel, zur Kirche, zu allen Menschen Ausdruck gegeben hat. Aus unserer Betrachtung dessen, was die Evangelien über das Verhalten Christi gegenüber den Frauen berichten, können wir schließen, daß er *als Mann*, als Sohn Israels, die Würde der »*Töchter Abrahams*« (vgl. Lk 13,16), *die Würde, welche die Frau am* »*Anfang*« ebenso *besessen hat* wie der Mann, *offenbar gemacht hat.* Und zugleich hat Christus die ganze Eigenart, die die Frau vom Mann unterscheidet, den ganzen Reichtum, der ihr im Schöpfungsgeheimnis geschenkt wurde, hervorgehoben. Im Verhalten Christi gegenüber der Frau findet sich in vorbildlicher Weise verwirklicht, was der *Epheserbrief* mit dem Begriff »Bräutigam« ausdrückt. Gerade weil die göttliche Liebe Christi die Liebe eines Bräutigams ist, wird sie zum Vorbild und Beispiel jeder menschlichen Liebe, insbesondere aber der der Männer.

Die Eucharistie

26. Vor dem weiten Hintergrund des »tiefen Geheimnisses«, das in der bräutlichen Beziehung zwischen Christus und der Kirche zum Ausdruck kommt, ist es möglich, in entsprechender Weise auch die Berufung der »Zwölf« zu begreifen. *Wenn Christus nur Männer zu seinen Aposteln berief,* tat er das *völlig frei und unabhängig.* Er tat es mit derselben Freiheit, mit der er in seinem Gesamtverhalten die Würde und Berufung der Frau betonte, ohne sich nach den herrschenden Sitten und nach der auch von der Gesetzgebung der Zeit gebilligten Tradition zu richten. Daher entspricht die Hypothese, er habe Männer zu Aposteln berufen, indem er der damals verbreiteten Mentalität folgte, ganz und gar nicht der Handlungsweise Christi. »Meister, wir wissen, daß du immer die Wahrheit sagst und wirklich den Weg Got-

tes lehrst (...), *denn du siehst nicht auf die Person*« (Mt 22,16). Diese Worte beschreiben vollständig *das Verhalten Jesu von Nazaret*. Darin liegt auch eine Erklärung für die Berufung der »Zwölf«. Sie sind während des Letzten Abendmahles bei Christus; sie allein empfangen im Zusammenhang mit der Einsetzung der Eucharistie den sakramentalen Auftrag: »Tut dies zu meinem Gedächtnis!« (Lk 22,19; 1 Kor 11,24). Sie empfangen am Abend des Auferstehungstages den Heiligen Geist, um die Sünden zu vergeben: »Wem ihr die Sünden vergebt, dem sind sie vergeben; wem ihr die Vergebung verweigert, dem ist sie verweigert« (Joh 20,23). Wir befinden uns hier mitten im Ostergeheimnis, das Gottes bräutliche Liebe zutiefst offenbart. Christus ist der Bräutigam, weil er »sich hingegeben hat«: Sein Leib wurde »hingegeben«, sein Blut wurde »vergossen« (vgl. Lk 24,19.20). So hat er »seine Liebe bis zur Vollendung erwiesen« (Joh 13,1). Die »aufrichtige Hingabe«, die im Kreuzesopfer enthalten ist, hebt endgültig den bräutlichen Sinn der Liebe Gottes hervor. Christus ist als Erlöser der Welt der Bräutigam der Kirche. *Die Eucharistie ist das Sakrament unserer Erlösung.* Sie ist das *Sakrament des Bräutigams und der Braut.* Die Eucharistie vergegenwärtigt und verwirklicht auf sakramentale Weise aufs neue den Erlösungsakt Christi, der die Kirche als seinen Leib »erschafft«. Mit diesem »Leib« ist Christus verbunden wie der Bräutigam mit der Braut. Alle diese Aussagen sind im *Brief an die Epheser* enthalten. In dieses »tiefe Geheimnis« Christi und der Kirche wird die seit dem »Anfang« von Mann und Frau gebildete bleibende »Einheit der zwei« eingefügt. Wenn Christus nun die Eucharistie bei ihrer Einsetzung so ausdrücklich mit dem priesterlichen Dienst der Apostel verbunden hat, darf man annehmen, daß er auf diese Weise die gottgewollte Beziehung zwischen Mann und Frau, zwischen dem »Weiblichen« und dem »Männlichen« sowohl im Schöpfungsgeheimnis wie im Geheimnis der Erlösung ausdrücken wollte. Vor allem *in der Eucharistie* wird ja in sakramentaler Weise *der Erlösungsakt Christi, des Bräutigams, gegenüber der Kirche, seiner Braut*, ausgedrückt. Das wird dann durchsichtig und ganz deutlich, wenn der sakramentale Dienst der Eucharistie, wo der Priester »in persona Christi« handelt, vom Mann vollzogen wird. Diese Deutung bestätigt die Lehre der im Auftrag Papst Pauls VI. veröffentlichten Erklärung *Inter Insigniores*, die Antwort geben sollte auf die Frage nach der Zulassung der Frauen zum Priesteramt.[2]

---

[2] Kongregation für die Glaubenslehre, Erklärung zur Frage der Zulassung der Frauen zum Priesteramt Inter Insigniores (15.10.1976): AAS 69 (1977) 98–116.

Die Hingabe der Braut

27. Das II. Vatikanische Konzil hat in der Kirche das Bewußtsein des allgemeinen Priestertums erneuert. Im Neuen Bund gibt es nur ein Opfer und nur einen Priester: Christus. An diesem *einen Priestertum Christi haben alle Getauften*, Männer wie Frauen, *teil*, denn sie »sollen sich als lebendige, heilige, Gott wohlgefällige Opfergabe darbringen« (vgl. Röm 12,1), überall von Christus Zeugnis geben und allen, die es fordern, Rechenschaft ablegen von ihrer Hoffnung auf das ewige Leben (vgl. 1 Petr 3,15)[3]. Die allgemeine Teilhabe am Opfer Christi, in dem der Erlöser dem Vater die ganze Welt und namentlich das Menschengeschlecht dargebracht hat, bewirkt, daß alle in der Kirche »Könige und Priester« sind (Offb 5,10; vgl. 1 Petr 2,9), das heißt, nicht nur an der priesterlichen, sondern auch an der prophetischen und königlichen Sendung Christi, des Messias, teilhaben. Diese Teilhabe bestimmt ferner die organische Verbundenheit der Kirche als Volk Gottes mit Christus. In ihr kommt zugleich das »tiefe Geheimnis« des *Epheserbriefes* zum Ausdruck: *die mit ihrem Bräutigam vereinte Braut*; vereint, weil sie sein Leben lebt; vereint, weil sie an seiner dreifachen Sendung (*tria munera Christi*) teilhat; vereint *in einer Weise, daß sie* mit ihrer »aufrichtigen Hingabe« *das unermeßliche Geschenk der Liebe des Bräutigams*, des Erlösers der Welt, *erwidert*. Das betrifft alle in der Kirche, Frauen ebenso wie Männer, und es betrifft natürlich auch jene, die am Amtspriestertum teilhaben, das Dienstcharakter besitzt.[4] Vor dem »tiefen Geheimnis« Christi und der Kirche sind alle aufgerufen, wie eine Braut mit der Gabe ihres Lebens auf die unermeßliche Hingabe der Liebe Christi zu antworten, der als Erlöser der Welt allein der Bräutigam der Kirche ist. Im »königlichen Priestertum«, das allgemein ist, kommt gleichzeitig die Hingabe der Braut zum Ausdruck.

Bischof Franz Kamphaus, Mutter Kirche und ihre Töchter (1989)

Mutter Kirche und ihre Töchter. Frauen im Gespräch, Freiburg 1989, 75–83.

Dieser Text ist zwar kein offizielles Lehrdokument, stellt aber dennoch eine wichtige Interpretation der kirchlichen Lehre durch einen Vertreter des Lehramtes dar.

[3] Vgl. II. Vatikanisches Konzil, Dogmatische Konstitution über die Kirche Lumen Gentium, 10.
[4] Vgl. ebd., 10.

Warum dürfen Frauen nicht Priester werden?

1. Heiße Fragen

Ein heißes Eisen, Anlaß zu heftigen Auseinandersetzungen in den Medien, in Jugendgruppen, Frauenkreisen, Pfarrgemeinderäten. Kaum einer anderen Frage begegne ich in Gesprächen und Briefen so oft wie dieser. Für nicht wenige Frauen ist die Frage der Weihe eine Art Testfall. »Wir dringen darauf, daß die Frauen im Gemeinschaftsleben der Gesellschaft und auch der Kirchen den ihnen eigenen Anteil an Verantwortung und Mitbestimmung haben« (Römische Bischofssynode 1971). »Die Kirche soll Modell für das gleichwertige und partnerschaftliche Zusammenleben und -wirken von Männern und Frauen sein« (Die deutschen Bischöfe 1981). »Wenn die Kirche es mit ihren hehren Worten ernst meint, warum schließt sie uns dann«, so fragen Frauen, »von der Weihe aus?« Wenn heute die Chancengleichheit von Frauen und Männern in allen Berufen zur Selbstverständlichkeit wird, warum dann nicht auch in der Kirche? Ist das wirklich der Wille Jesu und des Heiligen Geistes, oder ist es eher die Angst der männlichen Amtsträger? Ist es wirklich Treue zur Tradition, oder ist es patriarchalische Unbeweglichkeit? Zeigen nicht die Erfahrungen evangelischer und anglikanischer Kirchen, daß Frauen durchaus Pfarrerinnen sein können? Würde die Zulassung der Frauen zur Priesterweihe nicht das Problem des Priestermangels lösen? Fragen über Fragen.

Der Schriftsteller Samuel Beckett hat in den Niederlanden einen Prozeß verloren, den er gegen zwei Frauen angestrengt hatte, die beanspruchten, die beiden männlichen Hauptrollen seines Stückes »Warten auf Godot« zu spielen. Nach diesem Urteil dürfen Frauen auch männliche Rollen auf der Bühne spielen. Die Gleichberechtigung geht über künstlerische Fragen. Aber: Wird ein weiblicher Faust oder ein männliches Käthchen von Heilbronn noch das vermitteln, was der Autor eigentlich sagen wollte?

Das rührt an einen wesentlichen Punkt in Sachen Priesterweihe der Frau. Wenn die Eucharistiefeier zum Gedächtnis an Tod und Auferstehung Jesu sein letztes Mahl mit den Jüngern vergegenwärtigen will, kann dann der Priester, der in Person Christi handelt, auch durch eine Frau repräsentiert werden?

2. Wahre Gleichheit

Als im Sommer des vergangenen Jahres das Apostolische Schreiben des Papstes zur »Würde und Berufung der Frau« erschien, wurde es hierzulande in den meisten Medien »zerrissen«. Man achtete nicht auf die vielen neuen und richtungweisenden Aussagen, sondern beurteilte das umfangreiche Dokument von einem kleinen Abschnitt her, in dem (sehr behutsam) gesagt wird, der Dienst des Priesters in der Eucharistie werde vom Mann vollzogen. Das scheint für die gängige Kritik in Sachen Stellung der Frau der »springende Punkt« zu sein. Diese Fixierung auf die Priesterin ist ungesund. Mit vollem Recht wehren sich Frauen dagegen, sich auf die Amtsfrage in der Weise, wie sie sich heute stellt, festlegen zu lassen. Man wird dem Problem auch sicher nicht gerecht, wenn man den Frauen Machthunger und umgekehrt den Männern Konkurrenzangst unterstellt. Es geht nicht etwa nur um die Öffnung eines Männerberufs für Frauen, nicht um eine Steigerung der Priesterzahlen. Es geht zunächst und vor allem um eine neue Gestalt der einen Kirche von Frauen und Männern, so wie sie vom II. Vatikanischen Konzil vorgegeben ist.

Es ist ein ganz wichtiges Ergebnis dieses Konzils, daß es in der Kirchenkonstitution das gemeinsame Priestertum aller Glaubenden, der Frauen und Männer, bewußtmacht und zur Geltung bringt. Christgläubige sind die, »die durch die Taufe Christus einverleibt, zum Volk Gottes gemacht und des priesterlichen, prophetischen und königlichen Amtes Christi auf ihre Weise teilhaftig, zu ihrem Teil die Sendung des ganzen christlichen Volkes in der Kirche und in der Welt ausüben« (Art. 31). Dort heißt es weiter: »Wenn auch einige nach Gottes Willen als Lehrer, Ausspender der Geheimnisse und Hirten für die anderen bestellt sind, so waltet doch unter allen eine *wahre Gleichheit* in der allen Gläubigen gemeinsamen Würde und Tätigkeit zum Aufbau des Leibes Christi« (Art. 32).

Diese Aussagen des Konzils sind in der kirchlichen Realität noch lange nicht eingelöst. Wie in gesellschaftlichen Institutionen gibt es weiterhin ein Verhalten von unten nach oben und von oben nach unten, das gerade nicht von geistlicher Gleichberechtigung aus Taufe und Firmung geprägt ist. Die Kirche als ganze aus Frauen und Männern muß die Lehre des Konzils von der wahren Gleichheit aller neu lernen. Das ist eine Herausforderung für alle, nicht zuletzt für diejenigen, die ein besonderes Amt ausüben.

Erst wenn ausdrücklich der gemeinsame Wurzelboden des Glaubens, der alle Glieder der Kirche – Frauen und Männer – nährt und verbindet, als Teilnahme am Erlösungsamt Christi wahrgenommen wird, stellt sich die Amtsfrage im besonderen Sinne. Jedenfalls sind frühere Begründungen für einen Ausschluß vom Priesteramt überwunden, die sich auf die Zweitrangigkeit, besondere Sündigkeit, intellektuelle Minderwertigkeit oder emotionale Unbeständigkeit von Frauen berufen. Hier wirkt zumal das jüngste Schreiben des Papstes in seinen grundsätzlichen Aussagen befreiend. Mann und Frau sind in ihrem Wesen und in ihrer Würde gleich. »Man muß von einer wesentlichen ›Gleichberechtigung‹ sprechen« (Würde, 16).

3. In Person Christi

Läßt sich von der Heiligen Schrift her etwas zur Teilhabe der Frau am Priesteramt sagen? Jesus beauftragt Frauen zur Verkündigung des Evangeliums. Sie halten bis zuletzt bei der Kreuzigung aus, und sie sind die ersten Zeugen der Osterbotschaft (Maria Magdalena verkündet den »Brüdern« die Osterbotschaft, Joh 20,17f.; sie wird von Rhabanus Maurus und Thomas von Aquin als Apostelin der Apostel bezeichnet). In der frühen Christenheit leiten sie kleine Hauskirchen, werden von Paulus als »Mitarbeiterinnen« (Röm 16,3) und »Mitkämpferinnen« (Phil 4,3) bezeichnet, wirken als Prophetinnen (auch im Gottesdienst, 1 Kor 11,5) und üben das Amt der Diakoninnen aus (Röm 16,1). Ohne die engagierte und kirchlicherseits voll anerkannte Mitwirkung der Frauen wäre die Ausbreitung des Christentums undenkbar. – Aber nehmen sie mit alledem schon teil am Priesteramt?

Die römische Kongregation für die Glaubenslehre hat 1976 die Argumente gegen eine Zulassung von Frauen zur Priesterweihe ausführlich dargelegt. Sie seien hier zusammen mit den Aussagen des Papstes in seinem jüngsten Apostolischen Schreiben in aller Kürze wiedergegeben:

- In der zweitausendjährigen Geschichte der Kirche hat es die Priesterweihe der Frau nie gegeben.
- Christus hat nur Männer in den Zwölferkreis berufen, keine Frauen, und zwar nicht etwa aus der damaligen zeitbedingten Vorstellung heraus. »Er tat es mit derselben Freiheit, mit der er in seinem Gesamtverhalten die Würde und die Berufung der Frau betonte, ohne sich nach den herrschenden Sitten und nach der auch von der Gesetzgebung der zeitgebilligten Tradition zu richten« (Johannes Paul II., Würde, 26).
- Der Priester handelt nicht in eigener Person, sondern an Christi Stelle. Weil Jesus ein Mann ist, kann er auch nur durch einen Mann vertreten werden.
- Die Eucharistie ist die sakramentale Feier der Erlösungstat Christi, des *Bräutigams* gegenüber der Kirche, seiner *Braut*. Diese Symbolik, so sagt der Papst, wird dann »durchsichtig und ganz deutlich, wenn der sakramentale Dienst der Eucharistie, wo der Priester ,in persona Christi' handelt, vom Mann vollzogen wird« (Würde, 26). Summa: »Die Kirche hält sich aus Treue zum Vorbild ihres Herrn nicht dazu berechtigt, die Frauen zur Priesterweihe zuzulassen« (Inter Insigniores, VApS 117, 13).

Die katholische Kirche hat es in ihrer ganzen Tradition abgelehnt, Frauen zum Priesteramt zuzulassen, freilich nicht durch eine »letztverbindliche dogmatische Entscheidung« (Katholischer Erwachsenen-Katechismus, 300), sondern durch andere Formen der Lehre und durch das Kirchenrecht. Die Glaubenskongregation hat die Frage nach der Diakonatsweihe der Frau nicht negativ beantwortet, sondern wird sie weiter bearbeiten (Römischer Kommentar zu Inter Insigniores, VApS 117, 38).

In einem Schreiben zu Fragen der Stellung der Frau in Kirche und Gesellschaft (1981) sagen die deutschen Bischöfe: »Anders als die Frage des Priestertums stellt sich uns die Frage nach der Zulassung von Frauen zum sakramentalen Diakonat. Die Gemeinsame Synode der Bistümer in der Bundesrepublik Deutschland hat die Zulassung von Frauen zum Diakonat eingehend erörtert. Sie empfiehlt, an die in Teilen der alten Kirche geübte Praxis der Weihe von Diakoninnen wieder anzuknüpfen. Darum hat sie den Papst gebeten, die Frage des Diakonates der Frau entsprechend den heutigen theologischen Erkenntnissen zu prüfen und angesichts der gegenwärtigen pastoralen Situation womöglich Frauen zur Diakonatsweihe zuzulassen! Diese Frage bedarf noch weiterführender Diskussion, vor allem aber einer größeren Übereinstimmung der Meinung in der gesamten Kirche« (23f.). Ähnlich wie die Deutsche Bischofskonferenz haben auch andere Bischofskonferenzen votiert.

4. Einheit der Kirche

Die Bedenken gegen eine Zulassung der Frauen zum Priesteramt sind gewichtig. Sie geben nicht nur die Meinung Roms wieder, sondern auch die unserer Vorfahren im Glauben, der Bischöfe und vieler heutiger Katholiken, Männer und Frauen in der ganzen Weltkirche. Daß es andere Positionen, gerade auch unter Theologinnen und Theologen gibt, soll nicht bestritten werden. Soviel ist klar: Es geht hier nicht um eine Randfrage, sondern um ein zentrales kirchliches Problem.

• Die Zulassung der Frauen zum Priesteramt betrifft nicht nur den inneren Frieden und das Selbstverständnis jeder einzelnen Kirche (vgl. die Auseinandersetzungen in der anglikanischen Kirche), sondern insbesondere die Gemeinschaft der Kirchen untereinander, die Ökumene. Diese ist eng mit der gegenseitigen Anerkennung der Ämter verbunden. Die orthodoxe Kirche hat ihre Ablehnung gegenüber der Weihe von Frauen deutlich bekundet und darauf hingewiesen, daß diese die ökumenischen Beziehungen erheblich belasten würde. Die meisten Kirchen der Reformation sehen weniger Probleme in der Teilhabe der Frau am Amt. Das hängt mit ihrem andersartigen Amtsverständnis zusammen: Für sie gibt es kein Weihepriestertum.

• Wie bewußt ist uns die Wahrheit vom gemeinsamen Amt aller Glaubenden am Erlösungsamt Christi? Für die Glaubensvermittlung sind alle Getauften zuständig und beauftragt, Frauen und Männer. Es darf nicht dahin kommen, daß die Realisierung der Freiheit des Evangeliums nur einigen wenigen »Experten« überlassen bleibt. Wir dürfen mit Freude feststellen, vor allem im Blick auf die Weltkirche, wie viele Frauen nicht nur im Dienst der Caritas und Katechese, sondern auch ausdrücklich in der Verkündigung und der Seelsorge tätig sind. Die Vielfalt der Gnadengaben, wie Paulus sie beschreibt (1 Kor 12), kommt weltkirchlich immer mehr zum Tragen.

• Mit allem Nachdruck ist zu betonen: Die Ämter in der Kirche »begründen keine Überlegenheit der einen über die anderen und bieten auch keinen Vorwand für Eifersucht. Das einzige höhere Charisma, das sehnlichst erstrebt werden darf und soll, ist die Liebe (vgl. 1 Kor 12f.). Die Größten im Himmelreich sind nicht die Amtsdiener, sondern die Heiligen.« (Inter Insigniores, VApS 117, 28). Diesen letzten Satz bezeichnet der offizielle römische Kommentar zur Erklärung der Glaubenskongregation 1976 als »Leitmotiv« und schließt: »Man ist noch weit davon entfernt, sich die Größe der Sendung der Frau in der Kirche und in der Gesellschaft ganz bewußtgemacht zu haben, sowohl für die Erneuerung und Vermenschlichung der Gesellschaft als auch dafür, daß die Gläubigen das wahre Antlitz der Kirche wieder neu entdecken. Wir sind leider noch weit davon entfernt, alle Benachteiligungen überwunden zu haben, deren Opfer die Frauen noch immer sind, nicht nur im Bereich des öffentlichen, beruflichen oder geistigen Lebens, sondern auch im Innern der Familie.« (VApS 117, 55).

Katechismus der Katholischen Kirche (1993)

Katechismus der Katholischen Kirche, München u.a. 1993, 425.

Wer kann das Weihesakrament empfangen?
Nr. 1577
»Die heilige Weihe empfängt gültig nur ein getaufter Mann [vir]« (CIC, can. 1024). Jesus, der Herr, hat Männer [viri] gewählt, um das Kollegium der zwölf Apostel zu bilden (vgl. Mk 3,14–19; Lk 6,12–16), und die Apostel taten das gleiche, als sie Mitarbeiter wählten (vgl. 1 Tim 3,1–13; 2 Tim 1,6; Tit 1,5–9), die ihnen in ihrer Aufgabe nachfolgen sollten (vgl. Klemens v. Rom, Kor. 42,4; 44,3). Das Bischofskollegium, mit dem die Priester im Priestertum vereint sind, verge-

genwärtigt das Kollegium der Zwölf bis zur Wiederkehr Christi. Die Kirche weiß sich durch diese Wahl, die der Herr selbst getroffen hat, gebunden. Darum ist es nicht möglich, Frauen zu weihen (vgl. Enzyklika Mulieris Dignitatem 26–27; Erklärung der Glaubenskongregation »Inter insigniores«).
Nr. 1578
Niemand hat ein *Recht* darauf, das Sakrament der Weihe zu empfangen. Keiner maßt sich dieses Amt selbst an. Man muß dazu von Gott berufen sein (vgl. Hebr 5,4). Wer Anzeichen wahrzunehmen glaubt, daß Gott ihn zum geweihten Dienst beruft, muß seinen Wunsch demütig der Autorität der Kirche unterbreiten, der die Verantwortung und das Recht zukommt, jemanden zum Empfang der Weihen zuzulassen. Wie jede Gnade kann auch dieses Sakrament nur als ein unverdientes Geschenk *empfangen* werden.

Papst Johannes Paul II., Ordinatio sacerdotalis. *Apostolisches Schreiben über die nur Männern vorbehaltene Priesterweihe (22. Mai 1994)*

Lat.: Epistola Apostolica De sacerdotali ordinatione viris tantum reservanda: AAS 86 (1994) 545–548.
Dt.: VApS 117, 3–7.

Verehrte Brüder im Bischofsamt!
1. Die Priesterweihe, durch welche das von Christus seinen Aposteln anvertraute Amt übertragen wird, die Gläubigen zu lehren, zu heiligen und zu leiten, war in der katholischen Kirche von Anfang an ausschließlich Männern vorbehalten. An dieser Tradition haben auch die Ostkirchen getreu festgehalten.
Als die Frage der Ordination von Frauen in der anglikanischen Gemeinschaft aufkam, war Papst Paul VI. darauf bedacht, in Treue zu seinem Amt, die apostolische Überlieferung zu schützen und ebenso in der Absicht, ein neues Hindernis auf dem Weg zur Einheit der Christen zu vermeiden, den anglikanischen Brüdern in Erinnerung zu rufen, worin der Standpunkt der katholischen Kirche besteht: »Sie hält daran fest, daß es aus prinzipiellen Gründen nicht zulässig ist, Frauen zur Priesterweihe zuzulassen. Zu diesen Gründen gehören: das in der Heiligen Schrift bezeugte Vorbild Christi, der nur Männer zu Aposteln wählte, die konstante Praxis der Kirche, die in der ausschließlichen Wahl von Männern Christus nachahmte, und ihr lebendiges Lehramt, das beharrlich daran festhält, daß der Ausschluß von

Frauen vom Priesteramt in Übereinstimmung steht mit Gottes Plan für seine Kirche«.[1]

Da die Frage jedoch auch unter Theologen und in manchen katholischen Kreisen umstritten war, beauftragte Paul VI. die Kongregation für die Glaubenslehre, die diesbezügliche Lehre der Kirche darzulegen und zu erläutern. Das geschah durch die Erklärung *Inter Insigniores*, deren Veröffentlichung der Papst nach Bestätigung des Textes anordnete.[2]

2. Die Erklärung wiederholt und erläutert die von Paul VI. dargelegten Gründe dieser Lehre, wobei sie schlußfolgert, daß die Kirche für sich nicht die Vollmacht in Anspruch nimmt, »Frauen zur Priesterweihe zuzulassen«.[3] Zu solchen fundamentalen Gründen fügt jenes Dokument noch theologische Gründe hinzu, die die Angemessenheit jener göttlichen Verfügung für die Kirche erläutern, und es zeigt deutlich, daß die Handlungsweise Christi nicht auf soziologischen oder kulturellen Motiven der damaligen Zeit beruhten. So führte Papst Paul VI. dann erläuternd aus, »der wahre Grund liegt darin, daß Christus es so festgelegt hat, als er die Kirche mit ihrer grundlegenden Verfassung und ihrer theologischen Anthropologie ausstattete, der dann in der Folge die Tradition der Kirche stets gefolgt ist«.[4]

In dem Apostolischen Schreiben *Mulieris dignitatem* habe ich selbst diesbezüglich geschrieben: »Wenn Christus nur Männer zu seinen Aposteln berief, tat er das völlig frei und unabhängig. Er tat es mit derselben Freiheit, mit der er in seinem Gesamtverhalten die Würde und Berufung der Frau betonte, ohne sich nach den herrschenden Sitten und nach der auch von der Gesetzgebung der Zeit gebilligten Tradition zu richten«.[5]

[1] Vgl. PAUL VI., Antwortschreiben an Seine Gnaden den Hochwürdigsten Herrn Dr. F. D. Coggan, Erzbischof von Canterbury, über das Priestertum der Frau, 30. November 1975: AAS 68 (1976), 599–600: »Your Grace is of course well aware of the Catholic Church's position on this question. She holds that it is not admissible to ordain women to the priesthood, for very fundamental reasons. These reasons include: the example recorded in the Sacred Scriptures of Christ choosing the Apostles only among men; the constant practice of the Church, which has imitated Christ in choosing only men; and her living teaching authority which has consistently held that the exclusion of women from the priesthood is in accordance with God's plan for his Church« (S. 599).

[2] Vgl. KONGREGATION FÜR DIE GLAUBENSLEHRE, Erklärung Inter Insigniores über die Frage der Zulassung von Frauen zum Amtspriestertum, 15. Oktober 1976: AAS 69 (1977), 98–116.

[3] *Ebd.*, 100.

[4] PAUL VI., Ansprache über *Die Rolle der Frau im Heilsplan*, 30. Januar 1977: *Insegnamenti*, Bd. XV, 1977, 111. Vgl. auch JOHANNES PAUL II., Apostolisches Schreiben *Christifideles laici*, 30. Dezember 1988, Nr. 51: *AAS* 81 (1989), 393–521; *Katechismus der katholischen Kirche*, Nr.1577.

[5] Apostolisches Schreiben *Mulieris dignitatem*, 15. August 1988, Nr.26: AAS 80 (1988), 1715.

In der Tat bekunden die Evangelien und die Apostelgeschichte, daß diese Berufung gemäß dem ewigen Plan Gottes erfolgte: Christus erwählte die, die er wollte (vgl. *Mk* 3,13–14; *Joh* 6,70), und er tat das zusammen mit dem Vater »durch den Heiligen Geist« (*Apg* 1,2), nachdem er die Nacht im Gebet verbracht hatte (vgl. *Lk* 6,12).

Darum hat die Kirche bei der Zulassung zum Amtspriestertum[6] stets als feststehende Norm die Vorgehensweise ihres Herrn bei der Erwählung der zwölf Männer anerkannt, die er als Grundsteine seiner Kirche gelegt hatte (vgl. *Offb* 21,14). Sie übernahmen in der Tat nicht nur eine Funktion, die dann von jedem beliebigen Mitglied der Kirche hätte ausgeübt werden können, sondern sie wurden in besonderer Weise und zutiefst mit der Sendung des fleischgewordenen Wortes selbst verbunden (vgl. *Mt* 10,1.7–8; 28,16–20; *Mk* 3,13–15; 16,14–15). Die Apostel taten das gleiche, als sie Mitarbeiter wählten[7], die ihnen in ihrem Amt nachfolgen sollten.[8] In diese Wahl waren auch jene eingeschlossen, die durch die Zeiten der Geschichte der Kirche hindurch die Sendung der Apostel fortführen sollten, Christus, den Herrn und Erlöser, zu vergegenwärtigen.[9]

3. Im übrigen zeigt die Tatsache, daß Maria, die Mutter Gottes und Mutter der Kirche, nicht den eigentlichen Sendungsauftrag der Apostel und auch nicht das Amtspriestertum erhalten hat, mit aller Klarheit, daß die Nichtzulassung der Frau zur Priesterweihe keine Minderung ihrer Würde und keine Diskriminierung ihr gegenüber bedeuten kann, sondern die treue Beachtung eines Ratschlusses, der der Weisheit des Herrn des Universums zuzuschreiben ist.

Auch wenn die Gegenwart und die Rolle der Frau im Leben und in der Sendung der Kirche nicht an das Amtspriestertum gebunden ist, so bleiben sie doch absolut notwendig und unersetzbar. Wie von der Erklärung *Inter Insigniores* herausgestellt wurde, wünscht die Heilige Mutter Kirche, »daß die christlichen Frauen sich der Größe ihrer Sendung voll bewußt werden: ihre Aufgabe ist heutzutage von höchster Bedeutung sowohl für die Erneuerung und Vermenschlichung der Gesellschaft als auch dafür, daß die Gläubigen das wahre Antlitz der Kirche wieder neu entdecken«[10]. Das Neue Testament und die ganze Kirchengeschichte erweisen umfassend die Präsenz von Frauen in der Kirche, als wahre Jüngerinnen und Zeugen Christi in der Familie und im bürgerlichen Beruf oder in der vollkommenen Weihe an den Dienst

[6] Vgl. Dogmatische Konstitution *Lumen Gentium*, Nr.28; Dekret *Presbyterorum ordinis*, Nr.2.

[7] Vgl. 1 Tim 3,1–13; 2 Tim 1,6; Tit 1,5–9.

[8] Vgl. Katechismus der Katholischen Kirche, Nr.1577.

[9] Vgl. Dogmatische Konstitution *Lumen Gentium*, Nr. 20 und Nr. 21.

[10] Kongregation für die Glaubenslehre, Erklärung *Inter Insigniores*, VI: *AAS* 69 (1977), 115–116.

für Gott und das Evangelium.»In der Tat hat die Kirche, indem sie für die Würde der Frau und ihre Berufung eintrat, Verehrung und Dankbarkeit für jene zum Ausdruck gebracht, die – in Treue zum Evangelium – zu allen Zeiten an der apostolischen Sendung des ganzen Gottesvolkes teilgenommen haben. Es handelt sich um heilige Märtyrerinnen, Jungfrauen, Mütter, die mutig ihren Glauben bezeugt und dadurch, daß sie ihre Kinder im Geiste des Evangeliums erzogen, den Glauben und die Überlieferung der Kirche weitergegeben haben«.[11] Auf der anderen Seite ist die hierarchische Struktur der Kirche vollkommen auf die Heiligkeit der Gläubigen ausgerichtet. Daher ruft die Erklärung *Inter Insigniores* in Erinnerung,»das einzige höhere Charisma, das sehnlichst erstrebt werden darf und soll, ist die Liebe (vgl. *1 Kor* 12–13). Die Größten im Himmelreich sind nicht die Amtsträger, sondern die Heiligen«.[12]

4. Obwohl die Lehre über die nur Männern vorbehaltene Priesterweihe sowohl von der beständigen und umfassenden Überlieferung der Kirche bewahrt als auch vom Lehramt in den Dokumenten der jüngeren Vergangenheit mit Beständigkeit gelehrt worden ist, hält man sie in unserer Zeit dennoch verschiedenenorts für diskutierbar, oder man schreibt der Entscheidung der Kirche, Frauen nicht zu dieser Weihe zuzulassen, lediglich eine disziplinäre Bedeutung zu.

Damit also jeder Zweifel bezüglich der bedeutenden Angelegenheit, die die göttliche Verfassung der Kirche selbst betrifft, beseitigt wird, erkläre ich kraft meines Amtes, die Brüder zu stärken (vgl. *Lk* 22,32), daß die Kirche keinerlei Vollmacht hat, Frauen die Priesterweihe zu spenden, und daß sich alle Gläubigen der Kirche endgültig an diese Entscheidung zu halten haben.

Während ich auf euch, verehrte Brüder, und auf das ganze christliche Volk den beständigen göttlichen Beistand herabrufe, erteile ich allen den Apostolischen Segen.

Papst Johannes Paul II., Brief an die Frauen vom 29. Juni 1995

Ital.: AAS 87 (1995) 803–812.
Dt.: VApS 122.

10. Daher, liebe Schwestern, ist es mein Wunsch, daß mit besonderer Aufmerksamkeit über das Thema»*Genius der Frau*« nachgedacht

---

[11] JOHANNES PAUL II., Apostolisches Schreiben *Mulieris dignitatem*, Nr.27: AAS 80 (1988), 1719.
[12] KONGREGATION FÜR DIE GLAUBENSLEHRE, Erklärung *Inter Insigniores*, VI: S. 69 (1977), 115.

werde, nicht nur um darin die Züge eines genauen Planes Gottes zu erkennen, der angenommen und eingehalten werden muß, sondern auch um ihm im gesamten Leben der Gesellschaft, auch dem kirchlichen, mehr Raum zu geben (...) *Die Kirche sieht in Maria den erhabensten Ausdruck des »Genius der Frau«* und findet in ihr eine Quelle nicht versiegender Inspiration. Maria hat sich als »Magd des Herrn« bezeichnet (Lk 1,38). Aus Gehorsam gegenüber dem Wort Gottes hat sie ihre bevorzugte, aber alles andere als leichte Berufung einer Braut und Mutter der Familie von Nazaret angenommen. Dadurch, daß sie sich in den Dienst Gottes stellte, stellte sie sich auch in den Dienst der Menschen: ein *Liebesdienst*. Dieser Dienst hat es ihr ermöglicht, in ihrem Leben die Erfahrung einer geheimnisvollen, aber echten »Herrschaft« zu verwirklichen. Nicht zufällig wird sie als »Königin des Himmels und der Erde« angerufen. So ruft sie die ganze Gemeinschaft der Gläubigen an, viele Nationen und Völker rufen sie als »Königin« an. *Ihre »Herrschaft« ist Dienst! Ihr Dienst ist »Herrschaft«!* So sollte die Autorität sowohl in der Familie wie in der Gesellschaft und in der Kirche verstanden werden. Das »Herrschen« offenbart die wesentliche Berufung des Menschen, der geschaffen ist nach dem »Bild« dessen, der Herr des Himmels und der Erde ist, und dazu berufen, in Christus Gottes Adoptivkind zu sein. Der Mensch ist auf Erden die einzige »von Gott um ihrer selbst willen gewollte Kreatur«, wie das II. Vatikanische Konzil lehrt, das bezeichnenderweise hinzufügt, daß der Mensch »sich selbst nur durch die aufrichtige Hingabe seiner selbst vollkommen finden kann« (*Gaudium et spes*, 24). Darin besteht die mütterliche »Herrschaft« Mariens. Da sie mit ihrem ganzen Sein Hingabe für den Sohn gewesen war, *wird sie auch zur Hingabe für die Söhne und Töchter des ganzen Menschengeschlechts*, indem sie das tiefe Vertrauen dessen weckt, der sich an sie wendet, um sich auf den schwierigen Pfaden des Lebens zu seiner endgültigen, transzendenten Bestimmung geleiten zu lassen. Dieses *Endziel* erreicht ein jeder über die Etappen seiner Berufung, ein Ziel, das dem zeitlich-irdischen Einsatz sowohl des Mannes wie der Frau die Richtung weist.
11. Vor diesem Horizont des »Dienstes« – der, wenn er in Freiheit, Gegenseitigkeit und Liebe erbracht wird, das wahre »Königtum« des Menschen zum Ausdruck bringt – ist es möglich, ohne nachteilige Folgen für die Frau *auch einen gewissen Rollenunterschied* anzunehmen, insofern dieser Unterschied nicht das Ergebnis willkürlicher Auflagen ist, sondern sich aus der besonderen Eigenart des Mann- und Frauseins ergibt. Es handelt sich hier um eine Thematik mit einer spezifischen Anwendung auch auf den innerkirchlichen Bereich. Wenn Christus – in freier und souveräner Entscheidung, die im Evan-

gelium und in der ständigen kirchlichen Überlieferung gut bezeugt ist – nur den Männern die Aufgabe übertragen hat, *durch die Ausübung des Amtspriestertums »Ikone« seines Wesens als »Hirt« und als »Bräutigam« der Kirche* zu sein, so tut das der Rolle der Frauen keinen Abbruch. Dies gilt übrigens auch für alle die anderen Mitglieder der Kirche, die nicht das Priesteramt innehaben. Sie sind doch *alle* in gleicher Weise mit der Würde des *»gemeinsamen Priestertums«* ausgestattet, das in der Taufe seine Wurzeln hat. Diese Rollenunterscheidungen dürfen nämlich nicht im Lichte der funktionellen Regelungen der menschlichen Gesellschaften ausgelegt werden, sondern mit den spezifischen Kriterien der *sakramentalen Ordnung*, das heißt jener Ordnung von »Zeichen«, die von Gott frei gewählt wurden, um sein Gegenwärtigsein unter den Menschen sichtbar zu machen.

Im übrigen kommt gerade im Rahmen dieser Ordnung von Zeichen, wenn auch außerhalb des sakramentalen Bereiches, dem nach dem erhabenen Vorbild Mariens gelebten »Frausein« keine geringe Bedeutung zu. Denn im »Frausein« der gläubigen und ganz besonders der »gottgeweihten« Frau gibt es eine Art immanentes »Prophetentum« (vgl. *Mulieris dignitatem*, 29), einen sehr beschwörenden Symbolismus, man könnte sagen, eine bedeutungsträchtige »Abbildhaftigkeit«, die sich in Maria voll verwirklicht und mit der Absolutheit eines *»jungfräulichen«* Herzens, um *»Braut«* Christi und *»Mutter«* der Gläubigen zu sein, das Wesen der Kirche als heilige Gemeinschaft treffend zum Ausdruck bringt. In dieser Sicht »abbildhafter« gegenseitiger Ergänzung der Rollen des Mannes und der Frau werden zwei unumgängliche Dimensionen der Kirche besser herausgestellt: das »marianische« und das »apostolisch-petrinische« Prinzip (vgl. *ebd.*, 27).

Andererseits ist – daran erinnerte ich die Priester in dem erwähnten Gründonnerstagsbrief dieses Jahres – das Amtspriestertum im Plan Christi »nicht Ausdruck von *Herrschaft*, sondern von *Dienst*« (Nr. 7). Es ist die dringende Aufgabe der Kirche bei ihrer täglichen Erneuerung im Lichte des Wortes Gottes, dies immer klarer zu machen, sei es bei der Entwicklung des Gemeinschaftsgeistes und bei der sorgfältigen Förderung aller typisch kirchlichen Mittel der Teilnahme, sei es durch die Achtung und Aufwertung der unzähligen persönlichen und gemeinschaftlichen Charismen, die der Geist Gottes zum Aufbau der christlichen Gemeinschaft und zum Dienst an den Menschen weckt. In diesem weiten Raum des Dienstes hat die Geschichte der Kirche in diesen zweitausend Jahren trotz vieler Konditionierungen wahrhaftig den »Genius der Frau« kennengelernt, wenn sie aus ihrer Mitte Frauen von erstrangiger Größe hervorgehen sah, die in der Zeit ihre tiefe und heilsame Prägung hinterlassen haben. Ich denke an die lange Reihe von Märtyrerinnen, von Heiligen, von außergewöhnlichen Mystikerinnen. Ich denke in besonderer Weise an die heilige Katharina von Siena und die heilige Theresia von Avila, der Papst Paul VI. seligen Angedenkens den Titel einer Kirchenlehrerin zugesprochen hat. Und wie wäre hier sodann nicht an zahlreiche Frauen zu erinnern, die auf Antrieb ihres Glaubens Initiativen ins Werk gesetzt haben von außerordentlicher sozialer Bedeutung im Dienst vor allem der Ärmsten? Die Zukunft der Kirche im dritten Jahrtausend wird es gewiß nicht versäumen, neue und wunderbare Äußerungen des »Genius der Frau« festzustellen.

Päpstliche Bibelkommission, Die Interpretation der Bibel in der Kirche (23. April 1993)

Franz.: Biblica 74 (1993) 451–528, hier: 479–481.
Dt.: VApS 115, 58–60.

2. Feministischer Zugang

Die feministische Bibelhermeneutik entstand am Ende des 19. Jahrhunderts in den USA, im sozio-kulturellen Kontext des Kampfes für die Frauenrechte, mit dem Komitee der Bibelrevision. Dieses brachte »The Woman's Bible« in zwei Bänden (New York 1885, 1898) heraus. Seit den Siebziger Jahren unseres Jahrhunderts, im Gefolge der Frauen-Befreiungsbewegung trat diese Strömung mit neuer Kraft in Erscheinung und hatte eine enorme Entwicklung, hauptsächlich in Nordamerika. Um genau zu sein, muß man verschiedene feministische biblische Hermeneutiken unterscheiden, denn der Umgang mit der Heiligen Schrift ist in diesem Umkreis sehr verschieden. Ihre Einheit kommt vom gemeinsamen Thema, der Frau, und vom verfolgten Ziel, der Befreiung der Frau und der Eroberung der gleichen Rechte wie die des Mannes.

Wir wollen hier drei Hauptformen der feministischen Bibelhermeneutik erwähnen: die radikale, die neu-orthodoxe und die kritische Form.

Die *radikale* Form weist die Autorität der Bibel total zurück, indem sie sagt, die Bibel sei ein Produkt von Männern mit dem Zweck, die Herrschaft des Mannes über die Frau zu sichern (Androzentrismus). Die *neu-orthodoxe* Form nimmt die Bibel als prophetisches Buch und ist bereit, sich ihrer in dem Maß zu bedienen, als sie für die Schwachen, also auch für die Frauen Partei ergreift; diese Orientierung gilt als »Kanon im Kanon«, um all das ins Licht zu stellen, was zugunsten der Befreiung der Frau und ihrer Rechte gesagt ist.

Die *kritische* Form benützt eine subtile Methodologie und versucht, Stellung und Rolle der christlichen Frau innerhalb der Jesus-Bewegung und in den paulinischen Kirchen zu entdecken. Zu dieser Zeit hätte man sich zur Gleichberechtigung der Geschlechter bekannt. Doch diese Situation wäre dann zum großen Teil schon in den Schriften des Neuen Testaments und erst recht später verwischt worden, da das Patriarchat und der Androzentrismus immer mehr die Oberhand gewannen.

Die feministische Hermeneutik hat keine eigene neue Methode ausgearbeitet. Sie bedient sich gängiger Methoden der Exegese, speziell der historisch-kritischen. Sie fügt aber zwei Forschungskriterien hinzu.

Das erste ist das feministische Kriterium, das der Frauenbefreiungsbewegung entnommen ist und sich auf der Linie der allgemeineren Bewegung der Befreiungstheologie bewegt. Es benützt eine Hermeneutik des Verdachtes: da die Geschichte regelmäßig durch die Sieger geschrieben wird, kann man nur zur Wahrheit gelangen, wenn man sich nicht einfachhin auf die Texte verläßt, sondern in ihnen nach Indizien sucht, die etwas anderes durchblicken lassen.

Das zweite Kriterium ist soziologischer Art. Es stützt sich auf die Erforschung der Gesellschaft der biblischen Epoche, ihrer sozialen Schichten und der Stellung der Frau.

Was die neutestamentlichen Texte anlangt, so ist letzten Endes das Forschungsziel nicht die Auffassung von der Frau, wie sie im Neuen Testament erscheint, sondern die geschichtliche Rekonstruktion von zwei verschiedenen Situationen der Frau im 1. Jahrhundert: die gewöhnliche in der jüdischen und griechisch-römischen Welt und die schöpferisch neue, die in der Bewegung Jesu und in den paulinischen Kirchen aufgekommen war, wo alle, Männer und Frauen, eine »Gemeinschaft von Jüngern und Jüngerinnen Jesu« geformt hätten, die »alle gleich« waren. Man beruft sich für diese Ansicht auf den Text von Gal 3,28. Es geht darum, für die heutige Zeit die vergessene Geschichte der Rolle der Frau in der Urkirche wieder zu entdecken.

Die positiven Beiträge der feministischen Exegese sind zahlreich. Die Frauen nehmen seit ihrem Aufkommen aktiver an der exegetischen Forschung teil. Es ist ihnen oft besser als den Männern gelungen, die Präsenz, die Bedeutung und die Rolle der Frau in der Bibel, in der Geschichte der christlichen Ursprünge und in der Kirche wahrzunehmen. Der moderne kulturelle Horizont, der der Würde und der Rolle der Frau in Gesellschaft und Kirche mehr Beachtung schenkt, läßt uns dem biblischen Text neue Fragen stellen. Daraus ergeben sich Gelegenheiten für Neuentdeckungen. Die frauliche Sensibilität findet und korrigiert gewisse geläufige Interpretationen, die tendenziös sind und darauf hinauslaufen, die Herrschaft des Mannes über die Frau zu rechtfertigen. Was das Alte Testament betrifft, so haben sich verschiedene Studien um ein besseres Verständnis des Gottesbildes bemüht. Der Gott der Bibel ist nicht die Projektion einer patriarchalen Mentalität. Er ist Vater; er ist aber auch ein Gott der Zärtlichkeit und mütterlicher Liebe. In dem Maß, in dem sich die feministische Exegese einem Programm verschreibt, setzt sie sich der Versuchung aus, die biblischen Texte in tendenziöser und damit in anfechtbarer Weise zu interpretieren. Um ihre Thesen zu belegen, muß sie dann oft in Ermangelung besserer Argumente auf das *Argumentum e silentio* zurückgreifen. Dieses ist, wie man weiß, meist unzuverlässig; es genügt jedenfalls nicht, um solide Schlußfolgerungen zu erzielen. Andererseits gehört der Versuch, dank flüchtiger in den Texten entdeckter Indizien eine geschichtliche Situation zu rekonstruieren, die von den Texten selbst hätte verschleiert werden sollen, nicht mehr zu der eigentlichen exegetischen Arbeit. Denn er führt dazu, den Inhalt der inspirierten Texte selbst zurückzuweisen, um ihm dafür eine andere, hypothetische Konstruktion vorzuziehen. Die feministische Exegese wirft die Machtfrage in der Kirche auf. Diese Frage ist bekanntlich Gegenstand von Diskussionen und Meinungsverschiedenheiten. In dieser Problematik kann die feministische Exegese der Kirche nur in dem Maße nützlich sein, als sie nicht dem Übel erliegt, das sie selbst anklagt. Sie darf auch ihrerseits die evangelische Lehre über die Macht als Dienst nicht aus dem Auge verlieren, eine Lehre, die Jesus an alle seine Jünger, Männer und Frauen, gerichtet hat.[1]

Antwort der Kongregation für die Glaubenslehre auf den Zweifel bezüglich der im Apostolischen Schreiben »Ordinatio Sacerdotalis« vorgelegten Lehre (28.10.1995)

Lat.: AAS 87 (1995), 1114.
Dt.: G. L. Müller.

Zweifel: Ob die Lehre, die im Apostolischen Schreiben »Ordinatio Sacerdotalis« als endgültig zu haltende vorgelegt worden ist, nach der

---

[1] Über den Text des letzten Abschnitts wurde abgestimmt. 11 von 19 Stimmen sprachen sich für ihn aus; 4 dagegen, und 4 enthielten sich der Stimme. Die Gegner dieser Formulierung verlangten, daß das Resultat dieser Abstimmung im Text publiziert werde. Die Kommission hat sich dazu verpflichtet.

die Kirche nicht die Vollmacht hat, Frauen die Priesterweihe zu spenden, als zum Glaubensgut gehörend zu betrachten ist.

Antwort: Ja.

Diese Lehre fordert eine endgültige Zustimmung, weil sie, auf dem geschriebenen Wort Gottes gründet und in der Überlieferung der Kirche von Anfang an beständig bewahrt und angewandt, vom ordentlichen und universalen Lehramt unfehlbar vorgetragen worden ist (vgl. II. Vatikanisches Konzil, Dogmatische Konstitution *Lumen gentium*, 25,2). Aus diesem Grund hat der Papst angesichts der gegenwärtigen Lage in Ausübung seines eigentlichen Amtes, die Brüder zu stärken (vgl. Lk 22,32), die gleiche Lehre mit einer förmlichen Erklärung vorgelegt, in ausdrücklicher Darlegung dessen, was immer, überall und von allen Gläubigen festzuhalten ist, insofern es zum Glaubensgut gehört.

Papst Johannes Paul II. hat in der dem unterzeichneten Kardinalpräfekten gewährten Audienz die vorliegende Antwort, die in der ordentlichen Versammlung dieser Kongregation beschlossen worden war, gebilligt und zu veröffentlichen angeordnet.

Motu proprio »Ad tuendam fidem« (18.5.1998)

Lat.: AAS 90 (1998) 457–461.
Dt.: L'Osservatore Romano deutsch, Nr. 29 vom 17. Juli 1998, 7f.

PAPST JOHANNES PAUL II., Apostolisches Schreiben als Motu Proprio AD TUENDAM FIDEM erlassen, durch das einige Normen in den Codex Iuris Canonici und in den Codex Canonum Ecclesiarum Orientalium eingefügt werden.

Zum Schutz des Glaubens der katholischen Kirche gegenüber den Irrtümern, die bei einigen Gläubigen auftreten, insbesondere bei denen, die sich mit den Disziplinen der Theologie beschäftigen, schien es Uns, deren Hauptaufgabe es ist, die Brüder im Glauben zu stärken (vgl. Lk 22,32), unbedingt notwendig, in die geltenden Texte des Codex Iuris Canonici und des Codex Canonum Ecclesiarum Orientalium Normen einzufügen, durch die ausdrücklich die Pflicht auferlegt wird, die vom Lehramt der Kirche in endgültiger Weise vorgelegten Wahrheiten zu beachten. Dabei finden auch die diesbezüglichen kanonischen Sanktionen Erwähnung.

1. Seit den ersten Jahrhunderten bekennt die Kirche bis auf den heutigen Tag die Wahrheiten über den Glauben an Christus und über das Geheimnis seiner Erlösung; diese wurden nach und nach in den Glau-

bensbekenntnissen zusammengefaßt. Heute sind sie gemeinhin als Apostolisches Glaubensbekenntnis oder als Nizäno-konstantinopolitanisches Glaubensbekenntnis bekannt und werden von den Gläubigen bei der Meßfeier an Hochfesten und Sonntagen gebetet. Eben dieses Nizäno-konstantinopolitanische Glaubensbekenntnis ist in der kürzlich von der Kongregation für die Glaubenslehre erarbeiteten Professio fidei[1] enthalten, die in besonderer Weise von bestimmten Gläubigen verlangt wird, wenn diese ein Amt übernehmen, das sich direkt oder indirekt auf die vertieftere Forschung im Bereich der Wahrheiten über Glaube und Sitten bezieht oder mit einer besonderen Vollmacht in der Leitung der Kirche verbunden ist[2].

2. Die Professio fidei, der mit Recht das Nizäno-konstantinopolitanische Glaubensbekenntnis vorangestellt ist, enthält darüber hinaus drei Absätze, die jene Wahrheiten des katholischen Glaubens darlegen sollen, die die Kirche unter der Führung des Heiligen Geistes, der sie »in die ganze Wahrheit führen wird« (Joh 16,13), im Lauf der Jahrhunderte erforscht hat oder noch tiefer erforschen muß [3].

Der erste Absatz lautet:»Fest glaube ich auch alles, was im geschriebenen oder überlieferten Wort Gottes enthalten ist und von der Kirche als von Gott geoffenbart zu glauben vorgelegt wird, sei es durch feierliches Urteil, sei es durch das ordentliche und allgemeine Lehramt«[4].

Dieser Absatz hat seine entsprechende Bestimmung in der allgemeinen Gesetzgebung der Kirche in can. 750 des Codex Iuris Canonici[5] und in can. 598 des Codex Canonum Ecclesiarum Orientalium[6].

[1] Kongregation für die Glaubenslehre, Professio fidei et Iusiurandum fidelitatis in suscipiendo officio nomine Ecclesiae exercendo, 9. Januar 1989, in AAS 81 (1989), S. 105.

[2] Vgl. Codex Iuris Canonici (CIC), can. 833.

[3] Vgl. CIC, can. 747 § 1; Codex Canonum Ecclesiarum Orientalium (CCEO), can. 595 1.

[4] Vgl. II. Vatikanisches Konzil, Dogmatische Konstitution Lumen gentium, De Ecclesia, Nr. 25, 21. November 1964, in AAS (1965), S. 29–31; Dogmatische Konstitution Dei Verbum, De divina Revelatione, 18. November 1965, Nr. 5, in AAS 58 (1966), S. 819; Kongregation für die Glaubenslehre, Instruktion Donum Veritatis, De ecclesiali theologici vocatione, 24. Mai 1990, Nr. 15, in AAS 82 (1990), S. 1556.

[5] Codex Iuris Canonici, can. 750 – Kraft göttlichen und katholischen Glaubens ist all das zu glauben, was im geschriebenen oder im überlieferten Wort Gottes als dem einen der Kirche anvertrauten Glaubensgut enthalten ist und zugleich als von Gott geoffenbart vorgelegt wird, sei es vom feierlichen Lehramt der Kirche, sei es von ihrem ordentlichen und allgemeinen Lehramt; das wird ja auch durch das gemeinsame Festhalten der Gläubigen unter der Führung des heiligen Lehramtes offenkundig gemacht; daher sind alle gehalten, diesen Glaubenswahrheiten entgegenstehende Lehren jedweder Art zu meiden.

[6] Codex Canonum Ecclesiarum Orientalium, can. 598 – Kraft göttlichen und katholischen Glaubens ist all das zu glauben, was im geschriebenen oder im überlieferten Wort Gottes als dem einen der Kirche anvertrauten Glaubensgut enthalten ist und zugleich als von Gott geoffenbart vorgelegt wird, sei es vom feierlichen Lehramt der Kirche, sei es von ihrem ordentlichen und allgemeinen Lehramt; das wird ja auch durch das ge-

Der dritte Absatz lautet:»Außerdem hange ich mit religiösem Gehorsam des Willens und des Verstandes den Lehren an, die der Papst oder das Bischofskollegium vorlegen, wenn sie ihr authentisches Lehramt ausüben, auch wenn sie nicht beabsichtigen, diese in einem endgültigen Akt zu verkünden«[7]. Er findet seine Entsprechung in can. 752 des Codex Iuris Canonici[8] und in can. 599 des Codex Canonum Ecclesiarum Orientalium[9].

3. Im zweiten Absatz heißt es:»Mit Festigkeit erkenne ich auch an und halte an allem und jedem fest, was bezüglich der Lehre des Glaubens und der Sitten von der Kirche endgültig vorgelegt wird«[10]. Dafür gibt es allerdings keinen entsprechenden Canon in den Codices der katholischen Kirche. Dieser Absatz der Professio fidei ist jedoch von größter Bedeutung, da er sich auf die mit der göttlichen Offenbarung notwendigerweise verknüpften Wahrheiten bezieht. Diese Wahrheiten, die bei der Erforschung der katholischen Glaubenslehre eine besondere Inspiration des Heiligen Geistes für das tiefere Verständnis einer bestimmten Wahrheit über Glaube oder Sitten durch die Kirche zum Ausdruck bringen, sind aus historischen Gründen oder als logische Folge mit der Offenbarung verknüpft.

4. Von der erwähnten Notwendigkeit gedrängt, haben Wir deshalb beschlossen, diese Lücke im allgemeinen Kirchenrecht in der folgenden Weise zu schließen:

A. Can. 750 des Codex Iuris Canonici wird von nun an zwei Paragraphen haben, deren erster aus dem Wortlaut des geltenden Canons besteht und deren zweiter einen neuen Text enthält. Insgesamt lautet can. 750 jetzt folgendermaßen:

meinsame Festhalten der Gläubigen unter der Führung des heiligen Lehramtes offenkundig gemacht; daher sind alle gehalten, diesen Glaubenswahrheiten entgegenstehende Lehren jedweder Art zu meiden.

[7] Kongregation für die Glaubenslehre, Instruktion Donum Veritatis, De ecclesiali theologici vocatione, 24. Mai 1990, Nr. 17, in AAS 82 (1990), S. 1557.

[8] Codex Iuris Canonici, can. 752 – Nicht Glaubenszustimmung, wohl aber religiöser Verstandes- und Willensgehorsam ist einer Lehre entgegenzubringen, die der Papst oder das Bischofskollegium in Glaubens- oder Sittenfragen verkündigen, wann immer sie ihr authentisches Lehramt ausüben, auch wenn sie diese Lehre nicht definitiv als verpflichtend zu verkündigen beabsichtigen; die Gläubigen müssen also sorgsam meiden, was ihr nicht entspricht.

[9] Codex Canonum Ecclesiarum Orientalium, can. 599 – Nicht Glaubenszustimmung, wohl aber religiöser Verstandes- und Willensgehorsam ist einer Lehre entgegenzubringen, die der römische Papst oder das Bischofskollegium in Glaubens- oder Sittenfragen verkündigen, wann immer sie ihr authentisches Lehramt ausüben, auch wenn sie diese Lehre nicht definitiv als verpflichtend zu verkünden beabsichtigen; die Gläubigen müssen also sorgsam meiden, was damit nicht übereinstimmt: KONGREGATION FÜR DIE GLAUBENSLEHRE, Erklärung Inter Insigniores, VI: S. 69 (1977), 115.

[10] Vgl. Kongregation für die Glaubenslehre, Instruktion Donum Veritatis, De ecclesiali theologici vocatione, 24. Mai 1990, Nr. 16, in AAS 82 (1990), S. 1557.

Can. 750 – § 1. Kraft göttlichen und katholischen Glaubens ist all das zu glauben, was im geschriebenen oder im überlieferten Wort Gottes als dem einen der Kirche anvertrauten Glaubensgut enthalten ist und zugleich als von Gott geoffenbart vorgelegt wird, sei es vom feierlichen Lehramt der Kirche, sei es von ihrem ordentlichen und allgemeinen Lehramt; das wird ja auch durch das gemeinsame Festhalten der Gläubigen unter der Führung des heiligen Lehramtes offenkundig gemacht; daher sind alle gehalten, diesen Glaubenswahrheiten entgegenstehende Lehren jedweder Art zu meiden.

§ 2. Fest anzuerkennen und zu halten ist auch alles und jedes, was vom Lehramt der Kirche bezüglich des Glaubens und der Sitten endgültig vorgelegt wird, das also, was zur unversehrten Bewahrung und zur getreuen Darlegung des Glaubensgutes erforderlich ist; daher widersetzt sich der Lehre der katholischen Kirche, wer diese als endgültig zu haltenden Sätze ablehnt.

In can. 1371, n. 1 des Codex Iuris Canonici wird dementsprechend die Zitation des can. 750, § 2 eingefügt, so daß can. 1371 von nun an insgesamt so lauten wird:

Can. 1371 – Mit einer gerechten Strafe soll belegt werden:
1. wer außer dem in can. 1364, § 1 genannten Fall eine vom Papst oder von einem Ökumenischen Konzil verworfene Lehre vertritt oder eine Lehre, worüber can. 750, § 2 oder can. 752 handelt, hartnäckig ablehnt und, nach Verwarnung durch den Apostolischen Stuhl oder den Ordinarius, nicht widerruft;
2. wer sonst dem Apostolischen Stuhl, dem Ordinarius oder dem Oberen, der rechtmäßig gebietet oder verbietet, nicht gehorcht und nach Verwarnung im Ungehorsam verharrt.

B. Can. 598 des Codex Canonum Ecclesiarum Orientalium wird von nun an zwei Paragraphen enthalten: Dabei wird der erste aus dem Wortlaut des geltenden Canons bestehen und der zweite einen neuen Text vorlegen, so daß can. 598 insgesamt so lautet:

Can. 598 – § 1. Kraft göttlichen und katholischen Glaubens ist all das zu glauben, was im geschriebenen oder im überlieferten Wort Gottes als dem einen der Kirche anvertrauten Glaubensgut enthalten ist und zugleich als von Gott geoffenbart vorgelegt wird, sei es vom feierlichen Lehramt der Kirche, sei es von ihrem ordentlichen und allgemeinen Lehramt; das wird ja auch durch das gemeinsame Festhalten der Gläubigen unter der Führung des heiligen Lehramtes offenkundig gemacht; daher sind alle gehalten, diesen Glaubenswahrheiten entgegenstehende Lehren jedweder Art zu meiden.

§ 2. Fest anzuerkennen und zu halten ist auch alles und jedes, was vom Lehramt der Kirche bezüglich des Glaubens und der Sitten endgültig vorgelegt wird, das also, was zur unversehrten Bewahrung und zur getreuen Darlegung des Glaubensgutes erforderlich ist; daher widersetzt sich der Lehre der katholischen Kirche, wer diese als endgültig zu haltenden Sätze ablehnt. In can. 1436 des Codex Canonum Ecclesiarum Orientalium sollen dementsprechend die Worte hinzugefügt werden, die sich auf can. 598, § 2 beziehen, so daß can. 1436 insgesamt lauten wird: Can. 1436 – § 1. Wer eine Wahrheit leugnet, die kraft göttlichen und katholischen Glaubens zu glauben ist, oder sie in Zweifel zieht oder den christlichen Glauben gänzlich ablehnt und nach rechtmäßiger Ermahnung sein Unrecht nicht einsieht, soll als Häretiker oder Apostat mit der großen Exkommunikation bestraft werden; der Kleriker kann darüber hinaus mit anderen Strafen belegt werden, die Absetzung nicht ausgeschlossen. § 2. Außer diesen Fällen soll derjenige, der eine als endgültig zu halten vorgelegte Lehre hartnäckig ablehnt oder an einer Lehre festhält, die vom Papst oder vom Bischofskollegium in Ausübung ihres authentischen Lehramtes als irrig zurückgewiesen worden ist, und nach rechtmäßiger Ermahnung sein Unrecht nicht einsieht, mit einer angemessenen Strafe belegt werden. 5. Wir befehlen, daß alles, was Wir durch dieses als Motu proprio erlassene Apostolische Schreiben entschieden haben, in der oben dargelegten Weise in die allgemeine Gesetzgebung der katholischen Kirche, in den Codex Iuris Canonici bzw. in den Codex Canonum Ecclesiarum Orientalium, einzufügen und unter Aufhebung alles Entgegenstehenden rechtskräftig und gültig ist.

Rom bei St. Peter, am 18. Mai 1998, im 20. Jahr Unseres Pontifikates

Kardinal Carlo Maria Martini, Woran glaubt, wer nicht glaubt? (1998)

Carlo Maria Martini/Umberto Eco, Woran glaubt, wer nicht glaubt? 1998, 67–73.

Und in diesem Zusammenhang greife ich gerne Ihre »heiße Frage« auf, warum die katholische Kirche den Frauen die Priesterweihe vorenthält. Sie stellen diese Frage mit Recht als Verständnisfrage eines sensiblen, empfänglichen Nichtgläubigen, der herausfinden will, warum die Kirche bestimmte Dinge gutheißt oder ablehnt – auch wenn es sich nicht um ein ethisches, sondern um ein theologisches Problem handelt. Es geht darum zu verstehen, warum die katholische Kirche und mit ihr alle Kirchen des Ostens – und das heißt praktisch: alle Kirchen, die sich auf eine zweitausendjährige Tradition berufen – darin fortfahren, einer beständigen kulturell bestimmten Praxis zu folgen, nach der die Frauen von der Weihe zum Priester ausgeschlossen sind. Sie sagen, Sie hätten in der Lehre der Kirche keine überzeugenden Gründe finden können, würden aber von Ihrer Seite die Autonomie der Kirche in einer so heiklen Sache respektieren. Und Sie geben zu erkennen, daß Sie etwas ratlos sind, was die Interpretation der Schrift, die sogenannten theologischen Gründe, die Gründe der Symbolik oder die aus der Biologie abgeleiteten Gründe betrifft; und schließlich erörtern Sie scharfsinnig Passagen aus den Schriften des hl. Thomas, in denen dieser »Mann von außerordentlich klarem Verstand« wenig kohärente Argumente vorzubringen scheint.

Gehen wir in Ruhe alle diese Punkte durch, ohne uns in allzu subtile Erörterungen zu verlieren – nicht, weil ich das nicht gerne täte oder für überflüssig hielte, sondern weil ich fürchte, daß dieser Brief, der ja Teil eines für die Öffentlichkeit bestimmten Briefwechsels ist, dann kaum Leser finden dürfte. Ich frage mich so schon, ob Leser, die die Heilige Schrift nicht gut kennen – und noch weniger den hl. Thomas –, in der Lage sind, Ihren diesbezüglichen Ausführungen zu folgen. Aber ich freue mich, daß Sie diese Texte herangezogen haben, nicht nur, weil ich mich in ihnen zuhause fühle, sondern auch, weil ich hoffe, daß der eine oder andere sich dadurch angeregt fühlt, in ihnen zu blättern.

Kommen wir also zur Heiligen Schrift. Sie rufen zunächst ein allgemeines hermeneutisches Prinzip in Erinnerung, wonach die Texte nicht wörtlich-fundamentalistisch verstanden werden dürften, sondern Zeit und Umfeld, in denen sie geschrieben wurden, berücksichtigt werden müssen. Ich stimme diesem Prinzip voll und ganz zu und bin ebenfalls der Ansicht, daß eine fundamentalistische Auslegung nur in Sackgassen führt. Ich möchte allerdings einwenden, daß hinsichtlich Haarwuchs und Barttracht der Priester nicht einmal ein Fundamentalist durch die von Ihnen angemahnte Regel in Verlegenheit käme.

Sie führen Ezechiel 44,20 an und verweisen auf das Buch Levitikus (dabei beziehen Sie sich wohl auf Lev 19,27–28 und 21,5, zu vergleichen mit Deuteronomium 14,1) und wollen damit zeigen, daß man in einen Widerspruch geraten würde, müßten diese Texte wörtlich genommen werden: der nicht gestutzte Bart in Levitikus und das kurzgeschnittene Haar bei Ezechiel. Aber mir (und vielen Exegeten) scheint, daß in dieser Detailfrage (die hier nur als Beispiel dienen soll) gar kein Widerspruch vorliegt. Ezechiel will der Levitikus-Stelle gar nicht widersprechen. In Levitikus werden bestimmte Trauerriten wahrscheinlich heidnischen Ursprungs verboten (21,5 ist zu übersetzen: »Sie sollen sich auf ihrem Kopf keine Glatze scheren, ihren Bart nicht stutzen und an ihrem Körper keine Einschnitte machen«, und Ezechiel bezieht sich vermutlich auf diese Norm).

Ich sage das weder zur Verteidigung der Fundamentalisten noch um diese oder jene Frisur zu favorisieren, sondern um darauf aufmerksam zu machen, daß es nicht immer leicht ist zu sagen, was die Bibel zu bestimmten besonderen Punkten sagen will, noch leicht zu entscheiden, ob sie über ein bestimmtes Thema in Übereinstimmung mit den Gebräuchen der Zeit spricht oder ein beständiges Erfordernis für das Volk Gottes anmahnt.

Was nun unser Thema betrifft, haben sich die Exegeten immer schwer getan, in der Bibel positive Argumente für das Priestertum der Frauen zu finden.

Was die Argumente betrifft, die man als »theologische« Gründe bezeichnen könnte und die Sie mit dem Beispiel verdeutlichen, daß Reis und Saki als Materie für die Eucharistie hätten dienen können, wenn Christus »durch unerforschlichen göttlichen Ratschluß in Japan Mensch geworden wäre«: Die Theologie ist nicht die Wissenschaft davon, was möglich gewesen wäre oder »was geschehen hätte können, wenn ...«; sie muß von den positiv gegebenen historischen Tatsachen der Offenbarung ausgehen und sie zu verstehen versuchen. So ist nicht zu leugnen, daß Jesus Christus die zwölf Apostel ausgewählt hat. Von dieser Tatsache muß jeder Versuch, andere Formen des Apostolats in der Kirche festzulegen, ausgehen. Es geht nicht darum, nach a-priori-Begründungen zu suchen, sondern darum zu akzeptieren, daß Gott sich in einer bestimmten Weise und in einer bestimmten historischen Situation mitgeteilt hat und daß diese geschichtliche Situation in ihrer Singularität heute noch bestimmend ist.

Ich stimme Ihnen auch zu, daß die symbolischen Gründe, zumindest wie sie bis jetzt dargestellt wurden, nicht a priori überzeugend sind. Sie weisen mit Recht auf die besonderen Vorrechte hin, die Christus den Frauen hat zuteil werden lassen, die ihm nachgefolgt sind und denen er nach seiner Auferstehung als ersten erschienen ist. Im Widerspruch zu den damaligen Gesetzen hat Jesus Christus einige klare Hinweise auf die Gleichheit der Geschlechter gegeben. Dies ist ein Faktum, aus dem die Kirche im Laufe der Zeit die entsprechenden Konsequenzen ziehen muß, und wir sollten nicht meinen, wir würden dem Anspruch dieser Handlungsanweisungen schon voll genügen. Überholt ist sicherlich die Argumentation mit der veralteten Biologie. Deshalb sind auch die Argumente, die der hl. Thomas vorbringt, für uns nicht mehr überzeugend. Thomas war zweifellos ein großer Lehrer und ein Mann von klarem Verstand, aber er vermochte doch nicht allzu weit über die wissenschaftlichen Auffassungen seiner Zeit und auch nicht über die Mentalität seiner Zeitgenossen hinauszugehen. Ich versage es mir, auf die subtile Analyse einzugehen, die Sie von einigen Passagen der *Summa* vorlegen, nicht weil ich sie nicht interessant fände, sondern weil ich fürchte, der Leser würde uns nicht folgen. Aber Ihre Erörterung zeigt, daß Thomas innerlich sozusagen hin- und hergerissen war, daß er angestrengt nach Gründen für die Praxis der Kirche suchte, sich dabei aber bewußt war, daß sie insgesamt nicht recht überzeugend waren. Schwierigkeiten bereitete ihm vor allem das Prinzip, nach dem das männliche Geschlecht »edler« als das weibliche sei (III, 31, 4 ad primum). Es war einerseits für die damalige Zeit evident, andererseits widersprach es den Vorrechten, die Christus den Frauen gegeben hat und die sie in der Kirche auch hatten. Für uns heute ist dieses Prinzip überholt, und damit sind auch die daraus abgeleiteten theologischen Gründe hinfällig.

Aber, werden Sie mich fragen, was folgt daraus? Es folgt daraus eine sehr einfache und sehr wichtige Sache, nämlich: Es gibt eine Praxis der Kirche, die zutiefst in ihrer Tradition verwurzelt ist und von der es in ihrer zweitausendjährigen Geschichte keine wirklichen Ausnahmen gegeben hat. Das ist nicht allein mit abstrakten Gründen oder A-priori-Begründungen zu erklären, sondern rührt an etwas, das sein Geheimnis in sich selbst trägt. Die Tatsache, daß viele der Gründe, die jahrhundertelang dafür vorgebracht wurden, daß nur Männer die Priesterweihe empfangen könnten, heute nicht mehr geltend gemacht werden können, die Kirche aber mit großer Bestimmtheit an der Praxis festhält (es mag genügen, daran zu erinnern, welche Krise die Einführung der gegenteiligen Praxis auch außerhalb der katholischen Kirche, zum Beispiel bei den Anglikanern, hervorgerufen hat), diese Tatsache ist ein Hinweis darauf, daß wir es hier nicht nur mit einfach menschlichen Überlegungen zu tun haben, sondern mit dem Bestreben der Kirche, nicht untreu zu sein gegenüber den Heilstatsachen, die sie ins Leben gerufen haben und die sich nicht von menschlichen Gedanken, sondern vom Handeln Gottes herleiten.

Daraus ergeben sich zwei wichtige Folgerungen, an die sich der gegenwärtige Papst streng hält. Zum einen geht es darum, die Rolle und Präsenz der Frauen in allen Bereichen des Lebens der Gesellschaft und der Kirche in weit größerem Ausmaß als bisher wertzuschätzen. Und andererseits gilt es, ein Verständnis des Wesens des Priestertums und der priesterlichen Ämter zu erarbeiten, das tiefer greift als die Auffassungen der hinter uns liegenden Jahrhunderte. Ich erlaube mir in diesem Zusammenhang eine höchst bedeutsame Aussage des II. Vatikanischen Konzils zu zitieren: »Es wächst das Verständnis der (in der apostolischen Tradition) überlieferten Dinge und Worte durch das Nachsinnen und Studium der Gläubigen, die sie in ihrem Herzen erwägen (vgl. Lk 2,19 und 51), durch innere Einsicht, die aus geistlicher Erfahrung stammt, durch die Verkündigung derer, die mit der Nachfolge im Bischofsamt das sichere Charisma der Wahrheit empfangen haben; denn die Kirche strebt im Gang der Jahrhunderte ständig der Fülle der göttlichen Wahrheit entgegen, bis sich an ihr Gottes Worte erfüllen« (Konstitution über die göttliche Offenbarung *Dei Verbum*, n. 8).

Die Kirche weiß also sehr wohl darum, daß sie hinsichtlich der Geheimnisse, die sie lebt und feiert, noch nicht zur Fülle des Verstehens gelangt ist, aber sie blickt voll Vertrauen in eine Zukunft, in der es möglich sein wird, die Fülle nicht nur der schlichten menschlichen Erwartungen und Sehnsüchte, sondern der göttlichen Verheißungen selbst zu leben. Auf diesem Weg ist sie besorgt darum, sich von der Praxis und dem Beispiel Jesu Christi nicht zu entfernen, denn nur wenn sie seinem Beispiel treu bleibt, wird sie imstande sein, die Implikationen der Befreiung zu erfassen, die – wie der hl. Thomas, Augustinus zitierend, erinnert – *in utroque sexu debuit apparere*: »Es war am entsprechendsten, daß der Sohn Gottes sein Fleisch aus einer Frau annahm, ... weil dadurch die gesamte menschliche Natur geadelt wurde. Deshalb sagt Augustinus: Die Befreiung des Menschen sollte sich in beiden Geschlechtern offenbaren« (Summa III 31,4).

Glaubenskommission der Bischofskonferenz der Vereinigten Staaten von Amerika: Antworten auf zehn unaufhörlich gestellte Fragen (1998)

Quelle: http://www.nccbuscc.org/comm/archives/98-210a.htm

Ten Frequently Asked Questions about the Reservation of Priestly Ordination to Men:
A Pastoral Response by the Committee on Doctrine of the National Conference of Catholic Bishops

Introduction

Once, when Christ looked over the crowd following him and noted the abundance of the harvest but the small number of laborers, he instructed his disciples to pray to God to send workers into the harvest (Matt. 9:37–38; Luke 10:2). In this way, he showed us that, despite the great and immediate need, no one could take up the task of being a laborer in the harvest without being sent by the Lord of the harvest to do so. The twelve apostles were chosen by a free decision of Jesus himself following upon his own prayer (Mk 3:13; Lk 6:12–13; cf. Jn 15:16). The Church has always understood that the prayer for workers has in part been answered in Christ's sending of the Apostles and their successors as laborers to continue his work in the harvest of salvation. In the sacrament of Holy Orders, by which bishops and priests are ordained for service in the Church, we see an essential part of God's splendid answer to our prayers for workers in this harvest. Giving praise and thanks to God, the Church confesses that the ministerial priesthood is nothing less than Christ's gift to us, his priestly people.

This faith provides the context for understanding and accepting the teaching that the Church has no authority to ordain women to the ministerial priesthood and why this teaching does not deny the equality or God-given rights of human persons. Partly in order to foster this understanding and acceptance, the National Conference of Catholic Bishops in 1994 offered a pastoral reflection on women and society, *Strengthening the Bonds of Peace*, which considered »ways in which women can exercise leadership in the Church.« The pastoral concern of the bishops' Committee on Doctrine now moves us to present answers to frequently asked questions about women and priestly ordination. The purpose of these questions and answers is not to »prove« the truth of the Church's teaching, which must be accepted in faith, but to offer some background to assist the faithful in their acceptance of what the Church teaches.

1. What is the Catholic Church's teaching on priestly ordination concerning women?

In the apostolic letter, *Ordinatio Sacerdotalis*, Pope John Paul II reaffirmed that the Catholic Church has no authority to confer priestly ordination on women. This teaching is to be held definitively by all the faithful as belonging to the deposit of faith. The Congregation for the Doctrine of the Faith clarified the authority of this teaching by stating that it is founded on the written Word of God, has been constantly preserved and applied in the Tradition of the Church, and has been set forth infallibly by the universal ordinary magisterium.

2. What does it mean to say that a teaching »belongs to the deposit of the faith«?

To say that a teaching belongs to the deposit of faith is to affirm that it belongs to, or is necessarily connected with, what the Church has received from Christ. The Church believes that the sacraments are entirely the gift of Christ to the Church. The Catechism of the Catholic

Church says: »As she has done for the canon of Sacred Scripture and for the doctrine of the faith, the Church, by the power of the Spirit who guides her ›into all truth,‹ has gradually recognized this treasure, [i.e., the saving power of the sacraments] received from Christ and, as the faithful steward of God's mysteries, has determined ist ›dispensation.‹ Thus, the Church has discerned over the centuries that among liturgical celebrations there are seven that are, in the strict sense of the term, sacraments instituted by the Lord« (1117). In other words, the essentials of the celebration of these sacraments are matters which — like the canon of Sacred Scripture and the doctrines of the faith — the Church has discerned and explained but not invented or generated on her own authority. The Church has called these essential elements the »deposit« or treasury of the faith, which is Christ's legacy to his people and from which they continually draw. Scripture, doctrines, and sacraments are gifts which the Church has received and must guard because they express the divine wisdom that is constantly at work in leading us to the communion of life and love that is the Blessed Trinity.

3. What are some of the Church's reasons for this teaching?
Ordination to the ministerial priesthood is reserved to men because the Church is bound to follow the example of the Lord, who chose only men as his Apostles. The sacrament of Holy Orders – which hands on their office of teaching, sanctifying, and governing – has always been reserved to men, in fidelity to Christ's example and to apostolic practice. The Church considers this constant and universal tradition to be in accordance with God's plan and to constitute a permanent norm.

4. Is it arbitrary for the Church to limit ordination to men?
The basis for this teaching is the authority of Christ himself. There is a parallel in the theology of the Eucharist. Bread and wine are essential to the celebration of the Eucharist. It could be argued that other foods or beverages would be more appropriate for cultural or other reasons and that the restriction of the Eucharist to just these foodstuffs is merely conventional or arbitrary. Just as the only Eucharist is the one Christ instituted, so the elements he employed cannot be considered optional. The Church must accept the fundamental structure of sacramental order as inherited from Christ. Sacramental signs reflect the deep symbolism of actions and things and also link Christians of every age to the constitutive events of Christianity and to Christ himself. Just as the Church cannot alter the elements of the Eucharist, so the Church cannot determine the recipients of priestly ordination in a manner that contradicts the actions of Christ.

5. What is the scriptural authority supporting this teaching?
The Church claims biblical authority for this teaching because Scripture attests to the fact that Jesus chose only men as members of the Twelve, and that this example was followed in the apostolic community. Nevertheless, it is by means of a tradition of practice that the Church acquires certainty about the normative character of the biblical example. Biblical research and scholarship contribute to, but cannot fully determine, what the Church should teach. In faith, the Church reads, interprets, and proclaims Scripture as a coherent, inspired whole which communicates God's revelation. The Church's confidence that Scripture bears witness to Christ's word and will is a matter of faith. The Church takes account of the results of modern scholarly study of the Bible, but does so in the light of a long tradition of reading, pondering, proclaiming, celebrating and praying the Scriptures down through the ages by her countless saints and doctors, popes and councils. Above all else, the Church is guided by the Holy Spirit in the authentic interpretation of the meaning of Scripture in the matter of priestly ordination and in many other matters as well. There is, in fact, considerable biblical evidence that indicates that the pastoral leadership of the Church from the beginning was male. This evidence supports the Church's judgment about the proper recipient of priestly ordination.

6. Did Christ's decision to choose only men as Apostles depend on the cultural circumstances of the time?
Christ's election only of men for apostolic office and ministerial priesthood represented not an accommodation to the cultural circumstances of Palestine in antiquity but a deliberate choice bearing on the very nature of these orders. He often demonstrated freedom from the cultural and religious conventions of the day; and when he did observe them, it was by way of bringing them to fulfillment, not by way of accommodation. The greatly altered cultural circumstances of our own day have prompted the expansion of ministerial roles for women in the Church within the framework of God's plan for a sacramental order in which priestly ordination is reserved to men. Christ continues to be present to the Church, and through the sacrament of Holy Orders he exercises his headship over the Church.

7. What theological discussion and debate has led the Church to make a definitive statement on this issue?
It is misleading to suggest that this is an entirely new topic. The issue of the possibility of ordaining women was first raised in the second century, and has been raised and addressed by theologians down to

the present day. The Church's recent statement of the definitive character of the teaching about ordination must be seen in the light of a long-standing tradition. Moreover, given the contemporary questioning of the Church's teaching and practice, it seemed pastorally opportune for the Holy Father to speak on the matter at this time. The Church now invites theologians to deepen their understanding of the gift of the priesthood. For example, one promising line for further theological study might be the theme of the fittingness of Christ's selection of men for apostolic and priestly office because they can represent him as bridegroom and head of the Church.

8. Since the Church teaches that men and women are equal in dignity, is it just to exclude women from priestly ordination?
The Catechism defines justice as »the moral virtue that consists in the constant and firm will to give their due to God and neighbor« (1807). In society, giving the neighbor his or her due is often understood in terms of equality: equal rights, equal protection under the law, because every human person, as a person, has equal dignity, and certain rights flow from that (see CCC 1935). In the Church, which, by grace and the Holy Spirit, is a supernatural society, we may likewise speak of equality: the equal dignity of the baptized and the equal call to holiness that comes from that. The question of justice as it concerns ordination is whether withholding ordination from women constitutes an obstacle to their response to the call to holiness. In response to this, it must be noted that ordination is essential for no one: »Holy Orders and Matrimony are directed towards the salvation of others; if they contribute as well to personal salvation, it is through service to others that they do so« (CCC 1534). No one has a right by baptism to ordination, for this sacrament is not essential for any person in his response to the call to holiness. The Church has clearly affirmed the equal dignity of women and men, and the equality of baptized women with baptized men. Ordination to the ministerial priesthood, however, is a distinct gift. It is not essential for salvation, and is given not for one's own salvation but for the service of God and of the Church. In accepting and handing on this gift, the Church is bound by fidelity to the example of Christ to reserve ordination to males who have experienced this call and who are in other respects suitable candidates.

9. What about women who feel called to ordination to priesthood?
The only calling that is universal — embracing all women and men — is the call to holiness. Every claim to the possession of an authentic call to priestly ordination must be tested and validated by the Church,

chiefly by the successors of the Apostles who also consult the community as they determine the worthiness and suitability of a candidate for the ministerial priesthood. The Church cannot consider the claim of a woman that God has called her to ordained ministry because the very possibility of priestly ordination arises only within the framework of a divine plan and order in which participation in Christ's role as head of the Church is reserved to men. The Church must follow the example of Christ who called women to discipleship but not to membership in the Twelve. The holy women who form such an important part of the gospel story, beginning with the Blessed Virgin Mary, clearly had a different role to play, and in that they have been followed by other women down through the ages in ways appropriate to the time and place. Pastors have a duty to welcome and provide for women's active participation in the Church's life and mission as members of the common priesthood.

10. Does this teaching create a challenge in the Church's relationships with other Christians?
The Church's teaching that only men can be ordained to the ministerial priesthood arises from fidelity to the example of the Lord as witnessed by the New Testament and to the constant tradition of the Eastern and Western Churches. Differences between churches and ecclesial communities on this matter are derived from different understandings of the Church's authority with regard to the sacraments. We are painfully aware that these differences present obstacles along the way toward unity among us. »We should neither be surprised nor held back by the difficulties involved ... Only a theological vision inspired by prayerful, contemplative faith will ensure opennness to the Spirit's sure guidance as we continue our pilgrimage towards full communion. In the face of these and other difficulties where does our ecumenical hope lie? It is grounded in the very strength of the things which unite us in spite of our differences.« (Pope John Paul II, November 7, 1994, Reception of a joint pilgrimage of Episcopal and Catholic Bishops from the United States.)

III. Theologentexte

1. Altertum

1.1 Sind Frauen Empfänger des Weihesakramentes?

Clemens von Rom, Brief an die Korinther (um 96 n. Chr.)

Siehe Texte des kirchlichen Lehramtes

Pseudo-Clemens, De Virginitate II 15,1

Lat.: Funk-Diekamp, Patr. Apost. 2, ³1913, 47 f.
Dt.: BKV¹, Briefe der Päpste I (Wenzlowsky), Kempten 1875, 95.

Die beiden lange Zeit dem Papst Clemens I. zugeschriebenen Briefe *Ad virgines* bilden vermutlich ein einziges Rundschreiben an männliche und weibliche Aszeten und stammen wohl erst aus dem 3. Jahrhundert. Wichtigstes Anliegen ist die Bekämpfung des Syneisaktentums, also des Zusammenwohnens geistlicher Männer und Frauen. Vom griechischen Original sind nur größere Fragmente als Zitate des Mönches Antiochus im Sabaskloster bei Jerusalem erhalten. Der vollständige Text ist durch eine Syrische Übersetzung überliefert. In einer koptischen Übersetzung von Ep. 1,1/8 wird Athanasius als Verfasser genannt (vgl. Altaner/Stuiber, 1993, 47).

Et ut ne longius producamus sermonem nostrum, quid dicamus de Domino nostro Iesu Christo? Ipse Dominus cum duodecim apostolis suis fuit assiduus, postquam in mundum prodiit. Neque solummodo hoc [fecit], sed et cum emitteret eos, *binos* simul *misit illos*, viros cum viris; mulieres autem non fuere missae cum illis; et neque in via neque domi cum mulieribus aut cum adolescentulis commorabantur; atque ita Deo usquequaque placuerunt.

Und, um nicht allzu weitläufig zu werden, was sollen wir sagen von unserem Herrn Jesus Christus? Der Herr selbst ging, nachdem er in die Welt getreten war, beständig mit seinen zwölf Aposteln um. Und nicht bloß das, sondern da er sie aussandte, schickte er sie zu zweien (Mk 6,7) zugleich, Männer mit Männern; Frauen aber wurden nicht geschickt mit ihnen; auch verkehrten sie weder auf dem Wege noch zu Hause mit Frauen oder Jungfrauen, und so gefielen sie Gott immerdar.

Irenäus von Lyon († um 200), Adversus haereses I 13,2

Gr./Lat./Dt.: FC 8,1 (Brox) 218f.

In gnostisch-christlichen Gruppen gab es Frauen als »Bischöfinnen« und »Presbyterinnen«, die das Vorsteheramt mit Lehre und Sprechen der Epiklese ausübten (vgl. schon 1 Tim 2,11; 4,3 als mögliche Reaktion). Irenäus hat eine ähnliche Praxis des Magiers Markos (des Valentinos Schüler?) vor Augen, der »viele Männer und nicht wenige Frauen dazu verführt hat, sich ihm anzuschließen« (Haer. I 13,1). Er läßt Frauen in pseudo-mystischer Hochzeit und sexueller Vereinigung am Samen der ihm zuteil gewordenen Gnosis teilhaben und gibt vor, sie zu besonderen Weissagungen und Prophetien zu befähigen. Dazu vollzieht er mit ihnen eine Nachäffung der Eucharistie. Für die Frage nach dem möglichen Amtspriestertum der Frau ergibt sich: Irenäus sieht darin eine von kirchlicher Praxis und apostolischer Tradition abweichende Übung, insofern in häretischen Gruppierungen dieser Art sowohl der Unterschied zwischen den Laien und den Priestern und damit die apostolisch-sakramentale Grundlage ihres Verkündigungsdienstes und ihrer Liturgie, wie auch die Christusrepräsentation im Apostel und Presbyter/Episkopos, die immer Männer waren, in Frage gestellt ist. Zurückgewiesen wird implizit auch die Ausübung priesterlicher Handlungen durch Frauen bei den Gnostikern, und zwar als Gegensatz zur katholischen Lehre und apostolischen Tradition. Der gnostischen Spekulation über eine mann-weibliche Gottheit und dem Ursprung des Bösen in der Materie und Leiblichkeit stellt Irenäus die Lehre von dem einen Gott und Schöpfer, der wesenhaften Gutheit des Geschaffenen sowie der Gottebenbildlichkeit von Mann und Frau entgegen.

Markos tut so, als würde er über einen Kelch mit Mischwein den Dank sprechen (*eucharistein*), und zieht das Wort der Epiklesis ganz erheblich in die Länge. Dabei macht er, daß der Wein ganz rot aussieht, und man soll glauben, daß die aus den allerobersten Räumen stammende Charis (Gnade) ihr Blut auf seine Anrufung hin in seinen Kelch tropfen läßt, und die Anwesenden sollen ganz versessen darauf werden, von diesem Trank zu kosten, damit die von diesem Magier beschworene Charis auch auf sie herabregnet. Oder er gibt auch Frauen solche Becher mit Mischwein und läßt sie den Dank darüber sprechen, während er dabeisteht. Danach nimmt er selbst dann einen anderen Kelch, der sehr viel größer ist als der, über den die hinters Licht geführte Frau den Dank gesprochen hat, leert den Wein aus dem kleineren Becher, über den von der Frau der Dank gesprochen worden war, in den von ihm herbeigebrachten und sagt dazu: »Die Charis, die vor allem war, unausdenkbar, unsagbar, erfülle deinen inneren Menschen (vgl. Eph 3,16) und vermehre in dir ihre Erkenntnis (Gnosis), indem sie das Senfkorn (vgl. Mk 4,31 par) in die gute Erde (vgl. Mk 4,8 par) senkt«.

Tertullian (um 150–220)

Die Prozeßeinreden gegen die Häretiker (ca.200) (praescr. 41)

Lat./Franz.: SC 46 (Refoulé/de Labriolle) 146–148.
Dt.: BKV² 24 (Kellner/Esser) 350–351.

In seinem Kampf gegen die Zersetzung des christlichen Glaubens durch die Häretiker (Markion, Apelles, Valentinos) nennt Tertullian die mangelnde kirchliche Disziplin als Hauptmerkmal der Irrlehrer. Die Kirche, die aus apostolischer Überlieferung die Schrift empfangen hat, entscheidet über deren rechte Interpretation. Das Amt des Bischofs, Presbyters und Diakons ist wesentlich für die Kirchenverfassung. Ihre speziellen Aufgaben können nur von den dazu Berechtigten wahrgenommen werden.

41. Ich will nicht unterlassen, auch von dem Wandel der Häretiker eine Schilderung zu entwerfen, wie locker, wie irdisch, wie niedrig menschlich er sei, ohne Würde, ohne Autorität, ohne Kirchenzucht, so ganz ihrem Glauben entsprechend. Vorerst weiß man nicht, wer Katechumene, wer Gläubiger ist, sie treten miteinander ein, sie hören miteinander zu, sie beten miteinander; auch wenn Heiden dazu kommen, werfen sie Heiliges den Hunden und Perlen, wenn auch unechte, den Säuen hin. Das Preisgeben der Kirchenzucht wollen sie für Einfachheit gehalten wissen, und unsere Sorge für dieselbe nennen sie Scharwenzelei. Was den Kirchenfrieden angeht, so halten sie ihn unterschiedslos mit allen. Es ist in der Tat auch zwischen ihnen, obwohl sie abweichende Lehren haben, kein Unterschied, wenn sie nur zur gemeinschaftlichen Bekämpfung der einen Wahrheit zusammenhalten. Alle sind aufgeblasen, alle versprechen Erkenntnis. Die Katechumenen sind schon Vollendete, ehe sie noch Unterricht erhalten haben. Und selbst die häretischen Frauen, wie frech und anmaßend sind sie! *Sie unterstehen sich, zu lehren, zu disputieren, Exorzismen vorzunehmen, Heilungen zu versprechen, vielleicht auch noch zu taufen (ipsae mulieres haereticae, quam procaces, quae audeant docere, contendere, exorcismos agere, curationes repromettere, forsitan et tingere).* Die Ordinationen der Häretiker sind aufs Geratewohl leichtfertig und ohne Bestand. Bald stellen sie Neophyten an, bald an die Welt gefesselte Männer, bald unsere Apostaten, um die Leute durch die Ehre an sich zu ketten, da sie es durch Wahrheit nicht vermögen. Nirgends gibt es leichtere Beförderung als im Lager der Rebellen, wo bloß sich aufzuhalten schon als Verdienst gilt. *Und so ist denn heute der eine Bischof, morgen der andere, heute ist jemand Diakon und morgen Lektor, heute einer Presbyter und morgen Laie. Denn sie tragen die priesterlichen Verrichtungen auch Laien auf.*

Über die Taufe 17

Lat.: CCL 1 (Dekkers) 291f.
Dt.: BKV² 7 (Kellner) 294ff.

Die Taufe kann im Notfall auch der Laie spenden, unbeschadet der dem Bischof, Presbyter und Diakon allein zustehenden Vollmachten. Tertullian wendet sich gegen die apokryphen Thekla-Akten, deren Verfasser, ein Presbyter aus der Provinz Asia, wegen dieses Machwerks aus dem Amt entfernt worden sei. Der Meinung, aus apokryphen und gnostischen Texten den Tatbestand einer offiziellen quasi-episkopalen Lehrtätigkeit von Frauen in der Kirche der ersten Zeit entnehmen zu können, bleibt eine Hypothese ohne jeden historischen Anhaltspunkt.

Um diesen kleinen Gegenstand abzuschließen, ist nur noch über die Regeln bei Erteilung und Empfang der *Taufe* eine Erinnerung hinzuzufügen. *Sie zu erteilen hat das Recht der oberste Priester, welcher der Bischof ist, danach die Priester und Diakonen, jedoch nicht ohne Vollmacht vom Bischof wegen der der Kirche schuldigen Ehrerbietung, bei deren Beobachtung der Friede bewahrt bleibt. In anderen Fällen haben auch die Laien das Recht dazu* – denn was bloß aus Billigkeitsgründen empfangen wird, kann in gleicher Weise gegeben werden, – es müßte denn etwa sein, lernende Brüder wollten sich Bischöfe, Priester oder Diakonen nennen lassen. Das Wort des Herrn darf vor niemand verborgen werden; ebenso kann auch die Taufe, in gleicher Weise der Anfang des Göttlichen, von allen ausgespendet werden. Aber da sogar den obern die Zucht der Ehrerbietung und Bescheidenheit obliegt, so ist es um so mehr Pflicht für die Laien, damit sie sich nicht das dem Bischof zugewiesene Amt anmaßen. *Die Feindschaft gegen den Episkopat ist die Mutter der Spaltungen.* Alles, sagt der heilige Apostel, sei erlaubt, aber nicht alles bringe Nutzen. Es möge dir genug sein, dich dessen in Notfällen zu bedienen, wenn irgendwo die Beschaffenheit des Ortes, der Zeit oder der Person dazu Anlaß gibt. Dann nämlich ist die Entschlossenheit des zu Hilfe Eilenden willkommen, wenn die Lage eines gefährdeten Menschen drohend ist. Man würde am Untergange eines Menschen schuld sein, wenn man es versäumte, das zu gewähren, was man frei gewähren darf. *Der tolle Übermut von Frauen aber, der sich vermessen hat, lehren zu wollen, wird sich hoffentlich nicht auch das Recht zu taufen aneignen, außer wenn etwa eine neue Bestie ähnlich der früheren auftreten sollte, so daß, wie jene die Taufe vernichtete, nun einmal irgend eine sie aus sich erteilen würde. Wenn sie die Schriften, welche verkehrterweise für Schriften Pauli gelten, und das Beispiel der Thekla zugunsten der Statthaftigkeit des Lehrens und Taufens durch Frauen vorschützen, so mögen sie wissen, daß jener Priester*

228

in Asien, welcher die genannte Schrift gefertigt hat und so den Ruhm des Paulus gleichsam durch seinen eigenen vervollständigte, seiner Stelle entsetzt worden ist, nachdem er überführt war und gestanden hatte, es aus Liebe zu Paulus getan zu haben. Wie wahrscheinlich wäre es wohl, daß der, welcher der Frau beharrlich die Erlaubnis zu lehren verweigert hat, ihm die Macht, zu lehren und zu taufen, sollte eingeräumt haben? »*Sie sollen schweigen*«, *drückte er sich aus,* »*und zu Hause ihre Ehemänner befragen*«.

De virginibus velandis 9,1

Lat./Franz.: SC 424 (Schulz-Flügel/Mattei) 158f.
Dt.: G. L. Müller.

In dieser Schrift (»Über den Schleier der Jungfrauen«), die der Zeit seiner Zugehörigkeit zu den Montanisten angehört, welche Frauen schon zum Ordo (d.h. zur Gesamtheit aller Kirchendiener) zählten, bekräftigt Tertullian den in der Catholica allgemein geltenden Standpunkt. Vgl. *Chr. Stücklin*, Tertullian, De virginibus velandis. Übersetzung, Einleitung, Kommentar. Ein Beitrag zur altkirchlichen Frauenfrage (Europäische Hochschulschriften XXIII 26) Bern/Frankfurt 1974, 45.

Non permittitur mulieri in ecclesia loqui sed nec docere, nec tinguere, nec illius virilis muneris, nedum sacerdotalis officii sortem sibi vindicare.

»Es ist der Frau nicht gestattet, in der Kirche zu sprechen« (1 Kor 14,34). Auch darf sie nicht unterrichten, taufen, opfern oder sich den Rang eines männlichen Amtes anmaßen, geschweige denn Anteil am priesterlichen Dienst beanspruchen.

Clemens von Alexandrien (ca. 140/150–220)

Der Erzieher (Paedagogus) III, 97,2

Griech.: SC 158 (C. Mondésert/Ch. Matray/H.-I. Marrou) 182f.
Dt.: BKV² II/8 (Stählin) 218.

Clemens kennt in der Kirche seiner Zeit den Dienst der Witwen. Er ist aber ein anderer als der Dienst von Bischof, Presbyter, Diakon. Die Frauen, die die Apostel als Schwestern begleitet haben, galten als »dienende Frauen«, durch die das Evangelium auch in Frauengemächern besseren Zugang fand der Schicklichkeit wegen.

Plurima autem (alia) praescripta quae ad electas personas pertinent, in sanctis libris scripta sunt: haec quidem presbyteris, alia vero episcopis, alia diaconis, alia autem viduis.

Unzählige gute Lehren aber, die sich auf bestimmte Personen beziehen, stehen in den heiligen Büchern geschrieben, die einen für Presbyter, die andern für Bischöfe und Diakonen, wieder andre für *Witwen* ...

Stromata III, 53, 1–4

Griech.: GCS 15 (Stählin) 220.
Dt.: BKV² Clemens III (Stählin) 288f.

Clemens bezeugt hier den in seiner Zeit von den höheren Klerikern geübten Enthaltsamkeitszölibat, d.h. daß Bischof und Presbyter, die als verheiratete geweiht worden sind, nach der Weihe enthaltsam lebten. Diese Bestimmung geht nach Meinung des Clemens schon auf die Apostel zurück. Er geht davon aus, daß Petrus und die übrigen Apostel, die ihre Frauen auf die Missionsreise mitgenommen haben, enthaltsam lebten, weil sie in einem geistlichen Sinne Menschen durch das Wort für das ewige Leben gewinnen und somit in einem übertragenen Sinne Väter im Glauben sind (vgl. 1 Kor 9, 1 Kor 4,15, 1 Tim 3,2; vgl. Origenes, In Lk. hom. 17: FC 4/1 [Sieben] 204ff.; Firmilianus von Caesarea, Brief an Cyprian von Karthago [= Cyprian, Ep. 75]; Gregor d. Große, Dial. IV,11). Allgemein zur Entwicklung von Enthaltsamkeits- zum Ehelosigkeitszölibat vgl. S. *Heid*, Zölibat in der frühen Kirche, Paderborn 1997. – In Abschnitt 4 hebt Clemens auf die Mitarbeit von Frauen bei der Seelsorge ab. Diese besteht in der Entlastung der Apostel von der Hausarbeit. Die Frauen, die sie nicht als Ehegattinnen, sondern als Schwestern mit sich führten, sind »Mitdienerinnen« mit den anderen Frauen, die die Hausarbeit leisteten. Sie bringen aber auch das Evangelium in die Frauengemächer, die um des guten Rufes willen von Männern nicht betreten werden sollten. Diese Sitte abgeschlossener Wohnbezirke für Frauen war im westlichen Kulturbereich des Altertums aber nicht bekannt. Dies erklärt das Aufkommen des Diakonissen-Instituts vor allem im syrischen Raum, während im Westen die Diakonisse hauptsächlich die Helferin bei der Taufe von Frauen und später einfach die Klostervorsteherin gewesen ist.

1. Auch Paulus trägt kein Bedenken, in einem seiner Briefe seine Gattin anzureden (vgl. aber Phil 4,3: Gefährten), die er nur nicht mit sich herumführte, um in der Ausübung seines Amtes nicht gehindert zu sein. 2. Er sagt daher in einem Brief:»Haben wir nicht auch die Freiheit, eine Schwester als Gattin mit uns zu führen wie die übrigen Apostel?« (vgl. 1 Kor 9,5). 3. Aber diese richteten, ihrem Dienst entspre-

chend, ihre Gedanken nur auf die Predigt, ohne sich ablenken zu lassen, und führten ihre Frauen nicht als Ehegattinnen, sondern als Schwestern mit sich, damit sie ihre Gehilfinnen bei den Hausfrauen seien; und durch sie konnte die Lehre des Herrn auch in das Frauengemach kommen, ohne daß übler Nachruf entstand. 4. Wir kennen ja auch die Anordnungen, die der edle Paulus in dem einem der beiden Briefe an Timotheus für die dienenden Frauen (*diakonon gynaikon*) gibt (1 Tim 3,11; 5,9f).

Origenes (um 185–253/54)

Kommentar zu Röm 16,1–4

Lat./Dt.: FC 2/5 (Heither) 243–247.

Origenes gibt Zeugnis von der allgemeinen Wertschätzung der Dienste von Frauen für den Aufbau der Kirche. Phöbe wird als Dienerin der Gemeinde von Kenchreä bezeichnet. Die griechische Version *he diakonos* wird von Rufinus zu Recht wiedergegeben mit »diejenige, die *in ministerio ecclesiae* Cenchrea steht«. Denn im Lateinischen wird *diakonia* allgemein mit *ministerium* übersetzt und bezeichnet auch die Dienstfunktion eines jeden kirchlichen Amtes. Dort wo *diakonos* sich zur Amtsbezeichnung für den dritten Grad des Weihesakraments verfestigt hatte, wurde diese im Lateinischen mit dem Lehnwort *diaconus* wiedergegeben.

Buch X, 17–18

17. *Ich empfehle euch aber unsere Schwester Phöbe, die Dienerin der Gemeinde von Kenchreä; nehmt sie im Namen des Herrn auf, wie es geziemend ist, und steht ihr in jeder Sache bei, in der sie euch braucht. Sie selbst hat nämlich vielen, darunter auch mir, geholfen* (Röm 16,1f). Diese Stelle lehrt mit apostolischer Autorität, daß auch Frauen zum Dienst in der Kirche bestellt werden. Diese Phöbe, die ein Amt in der Gemeinde von Kenchreä hat, erwähnt Paulus mit großem Lob und empfiehlt sie, indem er auch ihre hervorragenden Taten aufzählt und sagt: Sie hat so sehr allen geholfen, das heißt, sie war in Notlagen zur Hilfe bereit, daß sie auch mir in meinen Notlagen und in den Mühen, die ich als Apostel auf mich nahm, mit voller Hingabe des Geistes beistand. Ich möchte sagen, daß ihr Werk der Gastfreundschaft des Lot glich, der immer Gäste aufnahm und es deshalb auch einmal verdiente, Engel als Gäste aufzunehmen (vgl. Gen 19,1–22). Ebenso Abraham, der immer den Gästen entgegeht und es deshalb verdient hat,

daß sogar der Herr mit seinen Engeln in sein Zelt einkehrte (vgl. Gen 18). So hat auch diese gottesfürchtige Phöbe, die allen beisteht und allen dient, sogar dem Apostel beistehen und dienen dürfen. Daher lehrt diese Stelle zweierlei: daß es auch Frauen als Dienerinnen in der Gemeinde gab, wie wir sagten, und daß solche in den Dienst aufgenommen werden sollten, die vielen beigestanden hatten und durch ihre guten Dienste dahin gelangt waren, daß der Apostel sie lobte. Der Apostel mahnt auch dazu, daß die Brüder denen, die sich in der Gemeinde um gute Werke bemühen, ihr Tun vergelten und sie ehren sollen. Wo immer ihr Dienst nötig ist, auch im irdischen Bereich, sollen sie in Ehren gehalten werden.

18. *Grüßt Priska und Aquila, meine Mitarbeiter in Christus Jesus, die für mich ihr eigenes Leben aufs Spiel gesetzt haben; nicht allein ich, sondern alle Gemeinden der Heidenchristen sind ihnen dankbar. Grüßt auch die Gemeinde, die zu ihrem Haus gehört* (Röm 16,3–5).

Das sind, wie mir scheint diejenigen, von denen in der Apostelgeschichte geschrieben steht: »Hierauf verließt Paulus Athen und ging nach Korinth. Dort traf er einen aus Pontus stammenden Juden namens Aquila, der vor kurzem aus Italien gekommen war, und dessen Frau Priszilla. Klaudius hatte nämlich angeordnet, daß alle Juden Rom verlassen müßten. Diesen beiden schloß er sich an, und da sie das gleiche Handwerk betrieben, blieb er bei ihnen, und sie arbeiteten zusammen. Sie waren nämlich Zeltmacher von Beruf« (Apg 18,1–3), das heißt, sie nähten die Zelte zusammen.

Man braucht sich nicht zu wundern, daß Paulus im Brief die Frau Priska nennt, die in der Apostelgeschichte als Priszilla erwähnt ist, während die anderen Namen übereinstimmen. Vielleicht waren sie zu jener Zeit, als die Juden durch den Befehl des Kaisers aus Rom vertrieben worden waren, nach Korinth gekommen, und vielleicht waren sie, nachdem das Edikt nicht mehr solch strenge Geltung hatte, nach Rom zurückgekehrt, so daß sie dort von Paulus gegrüßt wurden. Offenbar haben sie, als Paulus durch die Intrigen der Juden bedroht war, selbst Widerstand geleistet und sich dafür eingesetzt, daß er unbehelligt abreisen konnte. Daß dies auch ein gewisser Jason getan hat, wird in der Apostelgeschichte berichtet (vgl. Apg 17,5f). Das Lob dieser Leute verschweigt Paulus nicht, sondern er stellt es allen Gemeinden als bewundernswertes Beispiel hin und sagt daher: »Nicht allein ich, sondern alle Gemeinden der Heidenchristen sind ihnen dankbar.« Daraus geht hervor, daß sie dienstbereit und gastfreundlich gewesen sind zu allen glaubenden Brüdern, nicht nur zu den ehemaligen Juden, sondern auch zu den Glaubenden aus dem Heidentum. Denn großes Wohlgefallen findet der Dienst der Gastfreundschaft nicht nur vor Gott, sondern auch vor den Menschen. Aber nicht nur durch den Willen und das Vorhaben der Herren, sondern auch aufgrund des willkommenen und treuen Dienstes der Knechte besteht sie. Daher hat Paulus alle, die mit ihnen diesen Dienst in Treue erfüllt haben, als die »Gemeinde« bezeichnet, »die zu ihrem Haus gehört«.

Kommentar zu Röm 16,7

Lat./Dt.: FC 2/5 (Heither) 249–251.

Origenes, einer der besten Schriftkenner, dessen Muttersprache Griechisch war, liest die umstrittene Form Iunian in Röm 16,7 als Akkusativ zum Nominativ Iunias, so daß die mit diesem Namen bezeichnete Person als ein Mann verstanden wird. Im Unterschied zu Origenes hat Johannes Chrysostomus in seinem Kommentar zum Römerbrief Iunian als Akkusativ zur weiblichen Form Junia gelesen und damit die Frau des Andronikos angesprochen gesehen. Weder Origenes noch Chrysostomus leiten aus ihren Interpretationen von Röm 16,1 (Phöbe) und Röm 16,7 (Junias oder Junia) einen gleichberechtigten Apostolat von Mitarbeitern und Mitarbeiterinnen des Apostels Paulus ab, das die Grundlage für einen Dienst von Frauen als Presbyter bilden könnte.

21. *Grüßt Andronikus und Junias, meine Verwandten, die mit mir zusammen in Gefangenschaft waren; sie sind angesehene Apostel und haben sich schon vor mir zu Christus bekannt (Röm 16,7).*
Es kann sein, daß sie auch nach dem Fleisch die Verwandten des Paulus waren, daß sie schon vor ihm zum Glauben kamen und angesehene Apostel Christi waren. Möglicherweise kann man auch folgendes von ihnen annehmen: Vielleicht gehörten sie zu den zweiundsiebzig, die auch Apostel genannt wurden, und Paulus bezeichnet sie darum als angesehene Apostel, als solche, die schon vor ihm Apostel waren. Aber es ist mir noch nicht klar, warum er sagt: »die mit mir zusammen in Gefangenschaft waren«. Denn welche Gefangenschaft des Paulus war das, von der er bezeugt, daß Andronikus und Junias mit ihm zusammen gefangen waren? Vielleicht müssen wir ein tieferes Mysterium darin erkennen und unseren Blick auf die Gefangenschaft richten, von der Christus durch sein Kommen erlösen wollte. Von dieser Gefangenschaft steht geschrieben, er sei gekommen und habe den Gefangenen die Freiheit geschenkt und den Blinden das Augenlicht (vgl. Jes 61,1; Lk 4,18). In dieser Gefangenschaft sind sie offenbar mit der gleichen Begründung, die auch für Paulus gilt. Wenn wir zum Beispiel sagen: Als das Volk Israel in der Gefangenschaft bei den Assyrern oder Babyloniern war, waren offenbar zwar alle Gefangene, aber der Grund dafür war verschieden. Aus einem anderen Grund als Daniel, Hananja, Asarja und Mischael waren die übrigen vom Volk

gefangen. Die einen nämlich waren in Gefangenschaft wegen ihrer Sünden, diese aber waren deshalb selbst in der Gefangenschaft, um für die anderen Gefangenen Trost zu sein. Wenn darum Daniel von einem aus dem Volk gesagt hätte, er sei mit ihm in der Gefangenschaft gewesen, dann wäre es offensichtlich nicht so angemessen gewesen, dies zu sagen, wie wenn er es von Hananja, Asarja und Mischael gesagt hätte. Bei ihnen war der Grund für die Gefangenschaft ein und derselbe, der aber sehr verschieden war von dem Grund für die Gefangenschaft des übrigen Volkes. Weil also Paulus ein ganz verborgenes Mysterium als Grund erblickt und so etwas von sich, Andronikus und Junias sagen kann, bezeichnet er sie als solche,»die mit ihm in der Gefangenschaft« dieser Welt sind, und nennt sie »angesehene Apostel«.

Kommentar zu 1 Kor 14,34–35

Griech.: Journal of Theological Studies 10 (1909) 41f.
Franz.: Gryson, 57f.
Dt.: R. Voderholzer.

Origenes bringt das paulinische Schweigegebot und die prophetische Rede von Frauen in der Gemeindeversammlung in Einklang, indem er die vollmächtige Proklamation des Evangeliums durch die Apostel und ihre Nachfolger unterscheidet von dem prophetischen Zeugnis aller Christen, also auch von Frauen, die für den charismatischen Aufbau notwendig sind. Er unterscheidet also das Prophetenamt der Apostel, die in Sendung und Vollmacht Christi die Kirche durch das Wort grundlegen, vom Charisma prophetischer, d.h. geistbegabter Rede der Laien, Männer und Frauen, in der Gemeindeversammlung.

»Die Frauen sollen in ihren Versammlungen schweigen« (1 Kor 14,34). Sie hielten sich nicht an dieses Gebot, die Schülerinnen der Frauen, die sich zu Schülerinnen von Priscilla und Maximilla gemacht hatten und nicht Jüngerinnen Christi waren, des Bräutigams seiner Braut. Aber wir wollen fair sein und uns den Argumenten stellen, die sie für überzeugend halten. Der Evangelist Philippus, so sagen sie, hatte vier Töchter, und diese weissagten. Wenn diese weissagten, was ist es dann Befremdliches, wenn auch unsere Prophetinnen – so nennen sie sie – weissagen?
Lösen wir die Schwierigkeit. Erstens. Wenn Ihr sagt:»Unsere Frauen weissagten«, dann zeigt uns bei ihnen die Kennzeichen der Prophetie. Zweitens. Wenn die Töchter des Philippus weissagten, dann sprachen sie zumindest nicht in den Versammlungen, denn darüber lesen wir nichts in der Apostelgeschichte. Genausowenig wie im Alten Testa-

ment. Deborah wird bescheinigt, sie sei Prophetin gewesen. Miriam, die Schwester des Aaron, leitete mit der Trommel in der Hand den Gesang der Frauen. Aber man liest nichts darüber, daß Deborah Reden vor dem Volk gehalten hätte, so wie Jeremia oder Jesaja. Man findet nichts darüber, daß Hulda, die eine Prophetin war, zum Volk gesprochen hätte, sondern nur zu einem Mann allein, der sie zu Hause aufgesucht hatte. Im Evangelium selbst wird die Prophetin Hanna erwähnt, die Tochter Penuels aus dem Stamm Ascher; aber sie sprach nicht in der öffentlichen Versammlung.

Selbst wenn also einer Frau gemäß den Kennzeichen der Prophetie der Titel Prophetin zugesprochen wird, so ist es ihr dennoch nicht erlaubt, in der öffentlichen Versammlung zu sprechen. Wenn Miriam, die Prophetin sprach (vgl. Ex 15,20), dann war sie Anführerin mehrerer Frauen. Denn:»Es gehört sich nicht für eine Frau, vor der Gemeinde zu reden« (1 Kor 14,35), und:»Einer Frau erlaube ich nicht, zu lehren«, nicht einmal etwas so einfaches, geschweige denn,»über den Mann zu herrschen« (1 Tim 2,12). Und das könnte ich noch mit anderen Stellen beweisen, obwohl die schon genannten deutlich genug zum Ausdruck bringen, daß sich die Frau durch ihr Reden nicht zum Führer des Mannes machen darf.»Ebenso seien die älteren Frauen würdevoll in ihrem Verhalten, ... auf daß sie das Gute lehren und die jungen Frauen in der Weisheit unterrichten können« (Tit 2,3–4), und nicht einfach lehren in einem allgemeinen Sinn.»Das Gute zu lehren«, gewiß, das müssen auch die Frauen, aber nicht so, daß die Männer vor ihnen sitzen und den Frauen zuhören, als fehlte es an fähigen Männern, das Wort Gottes zu verkünden.»Wenn sie sich über einen bestimmten Sachverhalt kundig machen wollen, sollen sie zu Hause ihre Männer fragen; denn für eine Frau ziemt es sich nicht, in der öffentlichen Versammlung zu sprechen« (vgl. 1 Kor 14,35). Mir scheint, daß der Ausdruck»ihre Männer« sich nicht nur auf ihre Ehegatten bezieht, denn wenn dies so wäre, dann würden entweder die Jungfrauen in der öffentlichen Versammlung sprechen oder sie hätten niemanden, der sie unterrichten könnte, und dasselbe gilt für die Witwen. Kann aber»ihre Männer« nicht auch heißen der Bruder, irgendein Familienangehöriger, der Sohn? Kurz, die Frau soll den Mann um Auskunft fragen, der zu ihr gehört, indem»Mann« im geschlechtsspezifischen Sinne verstanden wird im Unterschied zu»Frau«. »Denn für eine Frau gehört es sich nicht, in der Versammlung zu sprechen«, und zwar was immer sie sagt, auch wenn es sich um wunderbare Dinge, auch wenn es sich um heilige Dinge handelt. Dies spielt keine Rolle, in dem Moment, da es aus dem Munde einer Frau kommt. »Eine Frau in der Versammlung«: es ist klar, daß es für ungeziemend erklärt wird, daß sie für die ganze Gemeinde verantwortlich ist.

In Luc. Homilie 17

Lat./Dt.: FC 4/1 (Sieben) 204ff.

[...] ab ecclesiasticis dignitatibus non solum fornicatio, sed et secundae nuptiae repellunt – neque enim episcopus nec presbyter nec diaconus nec vidua possunt esse digami [...]

[...] nicht nur Unzucht, sondern auch ein zweiter Ehebund von kirchlichen Ämtern ausschließt – kein Bischof, kein Priester, kein Diakon und keine »Witwe« kann eine zweite Ehe eingehen – [...]

Cyprian von Karthago (200/210–258)

Ep. 63,14, Ep. 59,5 sowie Ps.-Cyprian, De aleatoribus 1–2, siehe unter den Texten des kirchlichen Lehramtes.

Ephräm der Syrer (um 306–373)

In seinem Kommentar zum paulinischen Schweigegebot und Lehrverbot für Frauen (1 Kor 14 und 1 Tim 2) äußert sich Ephräm, einer der bedeutendsten Lehrer der syrischen Kirche, zur Möglichkeit des Dienstes von Frauen in der Kirche. Obwohl im syrischen Raum das Institut der Diakonissen am weitesten entwickelt worden ist, stellt er klar heraus, daß nur die Priester allein öffentlich lehren können und daß ihnen allein das Leitungsamt anvertraut ist in Abhebung von der Sendung von Laien, sowohl Männern als auch Frauen. Den Witwenstand nach 1 Tim 5 identifiziert er mit dem Amt der Diakonissen.

Kommentar zu 1 Kor 14

Lat.: Venedig 1893, 78.
Dt.: M. Schlosser.

Sicut in omnibus Ecclesiis Sanctorum, mulieres vestrae in Ecclesiis taceant. Dicitur, quod mulier quaedam ex ipsis prophetis inter Ecclesiam Corinthiorum loquebatur.
Quare dixit: *Si quis praesumat se prophetam esse, aut spiritualem, cognoscat primum, quae scripsi vobis, quia Domini sunt mandata.*
Alioquin neque ipse coram Domino nostro cognoscetur.

Itaque aemulamini prophetare, quin prohibeatis illos, qui loquuntur linguis.
Omnia autem honeste, prudenter, et *secundum ordinem facite,* sicut et convenit utique.

Wie in allen Kirchen (ecclesiis) der Heiligen, sollen eure Frauen in den Kirchen (ecclesiis) schweigen. Man sagt, daß eine bestimmte Frau aus der Reihe der Propheten während der gottesdienstlichen Versammlung (inter ecclesiam) der Korinther redete. Daher schrieb er (Paulus): Wenn jemand sich brüstet, Prophet zu sein oder ein geisterfüllter Mensch, soll er zuerst erkennen, daß das, was ich euch geschrieben habe, Auftrag des Herrn ist. Andernfalls wird auch er selbst vom Herrn nicht anerkannt werden. Strebt also nach der Prophetie, aber ohne diejenigen zu hindern, die in Zungen reden. Alles geschehe mit Anstand, Klugheit und in rechter Ordnung.

Kommentar zu 1 Tim 2

Lat.: Venedig 1893, 248.
Dt.: M. Schlosser.

Praeterea postquam docuisset *viros orare sine ira,* et indignatione, conversus est ad revocandas ad sobrietatem mulieres quoque, ut evacuent ornamenta impudicitiae futilia, et torturas crinum deauratas, margaritisque contexas, vestemque pretiosam.
Sed sicut decet mulieres, promittentes pietatem per opera bona, in operibus justitiae, et modestiae colant justitiam puritatis.
Adhaec coepit praecipere eis, ut *in subjectione* persistant virorum suorum, et sacerdotum; atque *in silentio discant* semper.
Numquam autem gradum doctoris illae sumant, etiam si loquaces sint, et sapientes. *Docere autem,* ait, *mulieri* justum *non censeo*; neque eloquentiorem viro fieri, *sed esse in silentio,* et discere semper.
Adam enim primus formatus est, deinde ejus gratia formata et *Heva* mulier sua.
Et Adam non est seductus; mulier autem praecedens transgressa est mandatum.
Salvabitur autem per filiorum generationem, quae data est illi cum nisu, et dolore, si afferat sibi studium, et diligentiam *permanendi in fide, et dilectione,* justitiaque veritatis.

Nachdem er die Männer unterwiesen hatte, ohne Zorn und Groll zu beten, wendet er sich nun der Ermahnung der Frauen zu, um sie zur Nüchternheit zurückzurufen: sie sollten eitlen Schmuck, das Zeichen der Sittenlosigkeit, aufgeben, auch die kunstvoll gedrehten Frisuren samt Schmuck von Gold und Perlen und die kostbaren Gewänder. Vielmehr sollten sie, wie es sich für Frauen geziemt, welche ein Leben in Frömmigkeit mit guten Werken führen wollen, der Gerechtigkeit eines reinen Lebenswandels durch Werke der Gerechtigkeit und der Bescheidenheit die Ehre geben. Dazu schreibt er ihnen vor, sie sollten ihren Männern und den Priestern untergeordnet bleiben, und immer im Schweigen lernen. Niemals sollten sie den Rang eines Lehrers einnehmen, auch wenn sie beredt und weise seien. Lehren nämlich, so schreibt er, erachte ich nicht als rechtens für eine Frau, auch soll sie nicht wortgewandter werden als der Mann, sondern im Schweigen verharren und stets lernen. »Adam nämlich wurde zuerst geformt«, dann wurde um seinetwillen Eva als seine Frau geformt. »Und nicht Adam wurde verführt«, sondern Eva tat vor ihm den ersten Schritt zur Übertretung des Gebotes. »Sie wird jedoch dadurch gerettet werden, daß sie Kinder gebiert«, wie es ihr gegeben ist, unter Mühsal und mit Schmerzen, wenn sie sich Treue im Glauben und der Liebe und Eifer in der wahren Gerechtigkeit angelegen sein läßt.

Kommentar zu 1 Tim 5

Lat.: Venedig 1893, 252.
Dt.: M. Schlosser.

Viduas honora, quae vere viduae sunt; idest, ciba.
Si qua autem vidua sit, quae *filios, et nepotes habeat, discat* illa a te, primum sua dona domui suae facere, et deinde aliis. Illae autem, quae justitiam non impleverunt, et mutuam vicem beneficii, quam patri, et matri debebant, non reddiderunt, quis credet, quod exteri de illis contenti sint, quum de illis summopere murmurant interni? *Hoc enim opus, quod dixi, acceptum est coram Deo.*
Si quis autem suorum, et maxime domesticorum suorum *curam non habet, fidem negavit*; quia non operatur opus, quod fides praedicat: *et est infideli deterior*; quoniam facit id, quod ipse noluit facere. Praeterea eliges viduam ad ministerium diaconatus, quae *non minus sexaginta annorum* sit, *quae fuerit unius viri uxor*. Si enim erga primum suum virum constans fuit dilectio ejus, ita ut post ejus mortem alteri minime nupserit, quanto magis continens erit in dilectione Dei? Si *in operibus bonis testimonium habeat, si filios* suos *educavit*, illosque minime distraxit; *si omne opus bonum subsecuta est*, talis erit.
Adolescentiores autem viduas devita, non est enim in eis spes confugii: honorantur illi gradus gratia, et feruntur ad luxuriandum; caro au-

tem resilit; et volunt nubere.

Judicium praeseferentes: *quia primam fidem irritam fecerunt*, priorem videlicet promissionem.

Simul autem et otiosae discunt circuire domos, loquentes etiam *quae non oportet.*

Potius *volo juniores nubere*, ne ullam occasionem dent Satanae blasphemii gratia.

»Ehre die Witwen, wenn sie wirklich Witwen sind«, das bedeutet: speise sie.

»Wenn es sich aber um eine Witwe handelt, die Kinder oder Enkel hat«, soll sie von dir lernen, daß man zuerst dem eigenen Haus seine Gaben zuteilt und dann anderen. Wenn jene nicht tun, was Recht und Gerechtigkeit verlangt, und ihrem Vater oder ihrer Mutter nicht die schuldige Unterstützung erweisen, wer wollte glauben, daß Außenstehende damit zufrieden seien, wenn schon die Familienangehörigen über sie aufgebracht sind? »Das Werk nämlich«, von dem ich sprach, »ist Gott wohlgefällig.« »Wenn aber jemand sich um seine Angehörigen, vornehmlich um seine Hausgenossen, nicht kümmert, verleugnet er den Glauben«; denn er tut nicht das Werk, das der Glaube predigt. »Er ist schlimmer als ein Ungläubiger«; denn [dieser] tut, was er selbst nicht tun will.

Des weiteren »erwähle nur eine Witwe« zum Dienst des Diakonats (ad ministerium diaconatus), »die mindestens sechzig Jahre alt ist und nur mit einem Mann verheiratet war«. Wenn nämlich ihre Liebe zu ihrem Mann so beständig war, daß sie nach seinem Tode keinen anderen heiratete, wieviel mehr wird sie in der Liebe zu Gott die Enthaltsamkeit wahren? »Wenn sie das Zeugnis guter Werke besitzt, wenn sie ihre Kinder erzogen« und in keiner Weise auf einen falschen Weg gebracht hat, »wenn sie sich um gute Taten aller Art eifrig bemüht hat«: dann ist sie solch eine wirkliche Witwe.

»Jüngere Witwen meide«; du kannst nicht hoffen, daß sie verläßlich sind. Sie lassen sich wegen dieses Ranges ehren[1], neigen [aber] zur Ausschweifung, das Fleisch leistet Widerstand, »und sie wollen heiraten«. Sie sprechen sich das Urteil, denn sie wurden ihrer ursprünglichen Treue, nämlich ihrem früheren Vorsatz, untreu.

»Sie überlassen sich dem Müßiggang, beginnen in den Häusern herumzulaufen (...) und alles mögliche zu reden, was sich nicht gehört«.

»Ich will lieber, daß die jüngeren Witwen heiraten, (...) damit sie dem Satan keine Gelegenheit zur Schmähung geben.«

---

[1] so ist wohl der Sinn.

Euthymius der Große (376–473)

Lat.: L. Surius, De probatis Sanctorum historiis, I, Köln 1570, 454.
Dt.: M. Schlosser.

Der armenische Bischof Euthymius der Große (376–473) war eine Füh-
rergestalt des Mönchtums, der Lehrer des hl. Sabas, und selbst einer der
entschiedensten Vertreter der nizänisch-chalcedonensischen Orthodoxie
gegenüber dem Monophysitismus. Er erwähnt die Einsetzung seiner Mutter Dionysia als Diakonissin seiner Kirche.

Otreius, qui Melitenensi praeerat ecclesiae ... matrem Dionysiam, ut
quae divinis vacaret assidue, diaconissam ordinat suae ecclesiae.

Otreius, welcher der Kirche von Melitene [in Armenien] vorstand,
setzte seine Mutter Dionysia, als eine Frau, die sich beständig den göttlichen Dingen widmete, als Diakonisse in seiner Kirche ein (*ordinat*).

Reisebericht der Egeria (ca. 381–384) 23, 2–3

Lat./Dt.: FC 20 (Röwekamp) 216–218.

Die berühmte Pilgerin ins Heilige Land (381–384) bietet bedeutsame
Einblicke in das Mönchtum, in Liturgie und Frömmigkeit der Kirche von
Jerusalem und Palästina. Eine Diakonisse begegnet als Vorsteherin des
Frauenklosters.

2. Et quoniam inde ad sanctam Teclam, qui locus est ultra civitatem in
colle sed plano, habebat de civitate forsitan mille quingentos passus,
malui ergo perexire illuc, ut stativa, quam factura eram, ibi facerem.
Ibi autem ad sanctam ecclesiam nichil aliud est nisi monasteria sine
numero virorum ac mulierum. 3. Nam inveni ibi aliquam amicissi-
mam michi, et cui omnes in oriente testimonium ferebant vitae ipsius,
sancta diaconissa nomine Marthana, quam ego aput Ierusoliman no-
veram, ubi illa gratia orationis ascenderat; haec autem monasteria
aputacticum seu virginum regebat. Quae me cum vidisset, quod gaudium illius vel meum esse potuerit, nunquid vel scribere possum?

Das Grab der Thekla
2. Weil es von dort bis zur heiligen Thekla – einem Ort, der außerhalb
der Stadt auf einem Hügel liegt, der oben aber flach ist, von der Stadt
aus 1500 Schritt waren, wollte ich also lieber dorthin gehen, um dort,

wie geplant, Station zu machen. Dort bei der heiligen Kirche stehen nur unzählige Einsiedeleien von Männern und Frauen. 3. Dort traf ich eine meiner besten Freundinnen, der alle im Orient ein gutes Zeugnis über ihr Leben ausstellten, die heilige Diakonisse namens Marthana, die ich in Jerusalem kennengelernt hatte, wohin sie des Gebetes wegen gekommen war. Sie stand Einsiedeleien von Apotaktiten und Jungfrauen vor. Als sie mich gesehen hatte, wie groß war da ihre und auch meine Freude! Wie könnte ich es beschreiben?

Rabula, Bischof von Edessa († 435)

Lat.: I. Pinius, Tractatus de ecclesiae diaconissis, in: Acta Sanctorum Sept. I, Antwerpen 1746, V § 22.
Dt.: G. L. Müller.

Der syrische Kirchenschriftsteller gilt als Förderer und Erneuerer des Mönchtums. Die Begriffe Presbyter und Diakonisse dienen hier, wie im verbreiteten Sprachgebrauch zur Bezeichnung des Vorstehers (nicht unbedingt Priesters) oder der Mönchsgemeinde oder der Leiterin des Nonnenklosters. Sie leiten den Gebetsgottesdienst (nicht zu verwechseln mit der eucharistischen Feier).

Monachi absque presbytero et moniales absque diaconissa ne pergant ad synaxes; ut enim presbyter monachis ita et diaconissa monialibus praeest in divinis officiis.

Die Mönche sollen nicht ohne Presbyter und die gottgeweihten Jungfrauen nicht ohne Diakonisse zur gottesdienstlichen Versammlung eilen. Wie nämlich der Presbyter den Mönchen, so steht die Diakonisse den gottgeweihten Jungfrauen beim Stundengebet vor (praeest in divinis officiis).

Gregor von Nyssa (um 335–394), Lebensbeschreibung seiner Schwester Makrina, Cap. 29

Griech./Franz.: SC 178 (Maraval) 236-237.
Dt.: BKV² 56 (Weiß) 360.

Die Dirigentin im Gesangschor der gottgeweihten Jungfrauen hieß Lampadia. Sie hatte den Rang der Diakonie.

241

Epiphanius von Salamis (310/320–403), Panarion (Haer. 49,1–3; 78, 23; 79,2–3) und Anakephalaiosis (48f.)

Siehe unter Texten des kirchlichen Lehramtes.

Ambrosiaster (366–384)

Die Kommentare des Ambrosiaster, die im Mittelalter dem hl. Ambrosius von Mailand zugeschrieben worden sind, hatten in der Tradition der lateinischen Kirche eine vorbildliche Bedeutung und einen enormen Einfluß. Die Frage, ob Frauen zum Lehr- und Leitungsamt des Priestertums zugelassen werden können, beantwortet er mit Hilfe von 1 Kor 14, sowie 1 Tim 2 und 3. Er weist ausdrücklich die Lehre und Praxis der Kataphrygier, Frauen die sakramentale Weihe zu spenden, als Häresie zurück.

Kommentar zum 1. Korintherbrief 14,34f.

Lat.: CSEL 81,2 (Vogels) 163f.
Dt.: M. Schlosser.

14,34. *Mulieres vestrae in ecclesiis taceant.*
1. nunc tradit quod praetermiserat. superius enim velari mulieres in ecclesia praecepit; modo ut quietae sint et verecundae ostendit, ut operae pretium sit, quia velantur. si enim imago dei vir est, non femina, et viro subiecta est lege naturae, quanto magis in ecclesia debent esse subiectae propter reverentiam eius, qui illius legatus est, qui etiam viri caput est.
Non enim permittitur illis loqui, sed esse in silentio, sicut et lex dicit. 2. quid dicit lex? *ad virum tuum conversio tua et ipse tui dominabitur.* lex haec specialis est. hinc Sarra dominum vocabat Abraham virum suum. ac per hoc in silentio iubentur esse, ne supra dictae legis sententia infirmetur, cuius memor Sarra viro suo erat subiecta, sicut dictum est. quamvis una caro sit, sed duabus ex causis iubetur esse subiecta, quia et ex viro est et per ipsam intravit peccatum.
14,35. *Si quid autem discere volunt, domi viros suos interrogent; turpe est enim mulieribus in ecclesia loqui.* Turpe est, quia contra disciplinam est, ut in domo dei, quia eas subiectas viris suis esse praecepit, de lege loqui praesumant, cum sciant illic viros habere primatum et sibi magis competere, ut in domo dei precibus vacent linguam retinentes, aures aperiant ut audiant, quomodo misericordia dei mortem vicit per Christum, quae per Evam regnavit. nam si audeant in ecclesia loqui,

dedecus est, quia idcirco velantur, ut humiliatae appareant. illae autem se inverecundae ostendunt, quod et viris obprobrium est. in mulierum enim insolentia etiam mariti notantur.

14,34. »Eure Frauen sollen in der Kirche schweigen.«
1. Nun behandelt er, was er ausgelassen hatte. Weiter oben hatte er die Verschleierung der Frau in der gottesdienstlichen Versammlung vorgeschrieben; jetzt weist er darauf hin, daß sie von keuscher Zurückhaltung sein sollen, damit sie der Verschleierung wert seien. Wenn nämlich der Mann das Ebenbild Gottes ist, nicht die Frau, und diese dem Mann nach dem Gesetz der Natur untergeben, um wieviel mehr müssen Frauen erst in der gottesdienstlichen Versammlung sich unterordnen aus Ehrfurcht vor dem Gesandten dessen, der auch des Mannes Haupt ist.
»Es ist ihnen nicht erlaubt zu sprechen, vielmehr sollen sie im Schweigen verharren, wie es auch das Gesetz vorschreibt.«
2. Was sagt denn das Gesetz? »Du wirst dich zu deinem Mann wenden, er wird über dich herrschen.« Dies ist ein besonderes Gesetz. Deswegen nannte Sara ihren Mann Abraham ihren Herrn. Daher wird ihnen geboten, im Schweigen zu verharren, damit der oben genannte Gesetzesspruch nicht kraftlos werde. In Erinnerung an ihn war Sara ihrem Mann untertan, wie schon gesagt. Obwohl die beiden ein Fleisch sind, soll die Frau dem Mann aus zwei Gründen untergeordnet sein: weil sie vom Mann genommen ist, und weil durch sie die Sünde in die Welt kam. 14,35. »Wenn sie aber etwas lernen wollen, sollen sie zu Hause ihre Männer fragen; eine Schande ist es nämlich für Frauen, in der Versammlung zu reden.« Es ist eine Schande, weil es gegen die Ordnung ist, daß sie im Haus Gottes, der ihnen doch die Unterordnung unter ihren Mann vorgeschrieben hat, über das Gesetz zu reden sich herausnehmen. Sie wissen doch, daß die Männer dort den Vorrang haben, während es ihnen eher zukommt, im Hause Gottes schweigend zu beten und die Ohren zu öffnen, auf daß sie hören, wie die Barmherzigkeit Gottes durch Christus den Tod besiegt hat, der durch Eva zur Herrschaft gelangt war. Denn wenn sie sich anmaßten, in der Kirche zu sprechen, dann wäre das eine Schande für sie, weil sie ja deswegen verschleiert werden, um demütig zu erscheinen. Jene aber zeigen ihren Mangel an keuscher Zurückhaltung, was auch für die Männer eine Schande ist. Die Unverschämtheit einer Frau läßt auch auf ihren Mann schließen.

Kommentar zum 1. Timotheusbrief 2,9–15

Lat.: CSEL 81,3 (Vogels) 263f.
Dt.: M. Schlosser.

2,9. *Similiter et mulieres in habitu ordinato, cum verecundia et pudicitia, ornantes semetipsas non tortis crinibus aut auro aut margaritis aut veste pretiosa, 10. sed quod decet mulieres profitentes pietatem, per opera bona.* humili habitu mulieres orare debere, non in iactantia; qui enim vult audiri, inclinare se debet amota a se pompa, ut misericordiam dei provocet. habitus enim superbus nec inpetrat nec recta de se facit credi. quis enim prudentium iactanter ornatam mulierem non horreat? quanto magis auctor deus, qui corpus a se liberum factum obligatum metallis videt! nam humilis habitus bonae professioni congruit, ut possit non aliud aestimari quam cernitur. quae autem in domo dei cum pompa se mavult videri, non utique propter deum, sed propter homines consequitur quod vult, ut gloriosa videatur, nihil consecutura a deo nisi maculam. quanto enim hominibus splendida videtur, tanto magis despicitur a deo. **2,11.** *Mulier in silentio discat in omni subiectione. 12. docere autem mulieri non permittitur neque dominari viro, sed esse in silentio.* non solum habitum humilem mulierem habere debere (habere debere mulierem), verum etiam auctoritatem ei denegandam et subiciendam praecipit viro, ut tam habitu quam obsequiis sub potestate sit viri, ex quo trahit originem. **2,13.** *Adam enim primus creatus est, deinde Eva, 14. et Adam non est seductus, mulier autem seducta facta est in praevaricationem. 15. salva autem erit per filiorum generationem, si manserint in fide et in dilectione et sanctimonia cum pudicitia. 1.* praefert virum mulieri, propter quod primus creatus est, ut inferior sit mulier, quia post virum et ex viro creata est. adicit et aliud, quia diabolus non virum seduxit, sed mulierem, vir autem per mulierem deceptus est. ac per hoc nulla illi concedenda audacia est, sed esse debet in humilitate, quia per illam mors intravit in mundum. *2. salva autem erit,* inquit, *per filiorum generationem,* si tamen in fide manserint et caritate et pura vita. hos enim filios dicit, qui regenerantur per fidem Christi, quia si in regeneratione sua perseveraverint, cum his liberabitur resurgens ex mortuis, non quo ab illis liberabitur, sed per illorum generationem. cum credunt, qui destinati sunt in vitam aeternam, pervenitur ad resurrectionem ex mortuis, et fiet salva credentibus illis et vitam astam agentibus {tamdiu enim resurrectio suspensa est, quamdiu omnes credant praedestinati ad salutem}.

(2,9) »Ähnlich sei auch das äußere Auftreten der Frauen anständig, von keuscher Zurückhaltung, ihr Schmuck seien nicht kunstvolle Frisuren, Gold, Perlen oder kostbare Gewänder, (10) sondern gute Werke, wie es angebracht ist für Frauen, welche sich zur Frömmigkeit bekennen.« Bescheiden sei ihr Äußeres beim Gebet, nicht prahlerisch; denn wer erhört werden will, muß allen Prunk ablegen und so sein Haupt neigen, damit er die Barmherzigkeit Gottes auf sich herabrufe. Ein stolzes Gehaben erlangt sie nicht, und es bewirkt keinen guten Eindruck. Welcher gescheite Mensch würde nicht vor einer aufdringlich geschmückten Frau zurückschrecken? Wieviel mehr Gott, der Schöpfer, wenn er den Leib, den er frei erschaffen hat, mit Metall behängt sieht! Das bescheidene Äußere entspricht dem guten Bekenntnis, so daß das Urteil nicht anders ausfallen kann, als der äußere Eindruck. Wer aber im Haus Gottes mit Prunk gesehen werden will, tut dies jedenfalls nicht Gottes wegen, sondern der Menschen wegen. Eine solche Frau wird auch erhalten, was sie will: sie wird in ihrer Pracht gesehen, aber in Gottes Augen ist dies nur ein Makel. Je mehr sie bei den Menschen glänzt, desto weniger Ehre hat sie bei Gott. (2,11) »Die Frau soll schweigend lernen und in Unterordnung.« (12) »Zu lehren ist einer Frau nicht erlaubt, noch über ihren Mann zu herrschen, vielmehr soll sie schweigsam sein.« Er schreibt also nicht nur vor, daß sie ein bescheidenes Äußeres zeigen solle, sondern auch, daß ihr keine Autorität zukomme, sondern sie dem Mann untergeordnet sein solle, so daß sie sowohl dem äußeren Benehmen nach wie durch den Gehorsam unter der Vollmacht des Mannes stehe, von dem sie ja stamme.

(2,13) »Zuerst nämlich wurde Adam erschaffen, dann Eva. (14) Auch wurde nicht Adam verführt, sondern Eva ließ sich verführen und übertrat das Gebot. (15) Sie wird jedoch dadurch gerettet werden, daß sie Kinder zur Welt bringt, wenn sie in Glaube, Liebe und Heiligkeit ein besonnenes Leben führen.«* Er stellt also den Mann der Frau voran, weil er zuerst geschaffen worden ist, so daß die Frau nachgeordnet ist, weil sie nach dem Mann und aus ihm erschaffen worden ist. Dann fügt er hinzu, daß der Teufel nicht den Mann, sondern die Frau verführte, der Mann aber durch die Frau sich täuschen ließ. Deswegen darf man ihr keine Kühnheiten erlauben, sie soll vielmehr in Demut verharren; denn durch sie trat der Tod in die Welt. »Sie wird jedoch dadurch gerettet werden, daß sie Kinder zur Welt bringt«, sagt er, freilich, wenn sie in Glaube, Liebe und einem sittenreinen Leben bleiben. Kinder (Söhne) nennt er diejenigen, welche durch den Glauben an

---

* Nach der Einheitsübersetzung. Diese bezieht allerdings den letzten Nebensatz auf die Frau: »wenn sie ... führt.«

Christus neu geboren wurden. Wenn diese im Zustand des Wiederge-
borenseins verbleiben, wird sie mit ihnen aus dem Tod befreit; nicht
so, daß sie durch sie befreit wird, sondern dadurch, daß sie sie geboren hat. Wenn diejenigen glauben, die zum ewigen Leben bestimmt
sind, gelangt sie zur Auferstehung von den Toten, und wird gerettet
mit denen, die glauben und ein reines Leben führen. {Dann erst nämlich wird die Auferstehung stattfinden, wenn alle, die zum Heil
bestimmt sind, gläubig geworden sind.}

Kommentar zu 1 Tim 3,11

Siehe unter den Texten des kirchlichen Lehramtes

Johannes Chrysostomus (um 350–407), Über das Priestertum (Sac. II,2; III,8; III,9)

Siehe unter den Texten des kirchlichen Lehramtes.

Pelagius († nach 418), Kommentar zum 1. Korintherbrief

Unabhängig von den Irrtümern in der Gnadenlehre ist der mit seinem Namen verbundene Kommentar des Pelagius zu 1 Kor 14 von Interesse, da
er die allgemeine Überzeugung seiner Zeit wiedergibt.

Lat.: PLS 1, 1227.
Dt.: M. Schlosser.

Mulieres (vestrae) taceant in ecclesiis: non enim permittitur eis loqui.
Quia contra ordinem est naturae vel legis ut in conventu virorum
feminae loquantur. quaeritur ergo quo modo alibi dicat mulieres docere prudentiam et castitatem debere: sed hoc in sexu suo. simul et
cum designat locum ubi taceant, alibi eis loqui permisit. *Sed subditas
esse, sicut et lex dicit.* Quia et vir prior factus est, et Sarra dominum
vocabat Abraham. *Siquit autem volunt discere, domi viros suos interrogent. turpe est enim mulieribus in ecclesia loqui.* Ne videretur eas
etiam discere vetuisse, domi illas hoc quod publice non decebat facere debere praecepit.

»Eure Frauen sollen in den gottesdienstlichen Versammlungen*
schweigen; es ist ihnen nämlich nicht erlaubt zu reden«. [Das ist gesagt,] weil es der Naturordnung wie auch dem Gesetz widerspricht,
daß Frauen in der Versammlung von Männern reden. So stellt sich die
Frage, wie Paulus dann anderswo sagen kann, die Frauen sollten
Klugheit und Keuschheit lehren. Dies gilt für ihr eigenes Geschlecht.
Gerade indem er ihnen den Ort weist, wo sie zu schweigen haben,
erlaubt er ihnen, anderswo zu reden. »[Es ziemt sich für sie,] untergeordnet zu sein, wie auch das Gesetz sagt.« Denn der Mann wurde zuerst geschaffen, und Sara nannte Abraham ihren Herrn. »Wenn sie etwas lernen wollen, sollen sie zu Hause ihre Männer fragen. Es gehört
sich nicht, daß eine Frau in der Versammlung redet.« Er will nicht den
Anschein erwecken, daß er ihnen verbiete zu lernen, darum schreibt
er ihnen vor, sie sollten das zu Hause tun, was sich in der Öffentlichkeit für sie nicht schicke.

Palladius, Bischof von Helenopolis (364–ca.431),
Leben der heiligen Väter

Griech.: The Lausiac History of Palladius, hg. von Cuthbert Butler, Texts
and Studies Bd. 6, Cambridge 1898, 128f.
Dt.: BKV² 5 (Krottenthaler) 405f. 422–425.

Der Freund des hl. Johannes Chrysostomos, ein Promotor des Mönchtums, beschreibt in diesem Werk das Leben heiliger Männer und Frauen.
Er bestätigt die Bedeutung des Titels Diakonisse als Vorsteherin einer Gemeinschaft gottgeweihter Frauen. Von einem angeblich der Berufung zum
Mönchtum zugrundeliegenden Affekt gegen das Weibliche und die daraus
resultierende Tendenz, die Frauen aus allen Ämtern zu vertreiben, findet
sich keine Spur.

Cap. 41: Heilige Frauen

BKV² 5, 405f.

In diesem Buch muß auch jener mannhaften (starken) Frauen gedacht
werden, denen Gott die gleichen Kampfpreise gab, wie den Männern,
damit wir nicht in dem Wahne leben, sie seien schwächer, wenn es sich
um den Fortschritt in der Tugend handelt; denn so viele sah ich und
lernte viele kennen durch eigenen Umgang, vornehme Jungfrauen

---

* »In ecclesiis«: »In den gottesdienstlichen Versammlungen«, oder: »in den Kirchen«,
»in den Gemeinden«.

und Witwen, die Römerin Paula, ihre Tochter Eustochium ... Ferner traf ich in Antiochien die *Diakonisse* Sabiniana, eine Tante des Bischofs Johannes (Chrysostomos) ...

Cap. 55: Silvania/Melanie d. Ä. u. a.

BKV² 5,422f.

[...] Silvania (wahrscheinlich ist gemeint: Melania d.Ä.) besaß so tiefes Verständnis und so mächtiges Verlangen nach Wissenschaft und Bildung, daß sie die Nächte zu Tagen macht vor emsiger Beschäftigung mit allen Schriftdenkmälern der Alten; so las sie von Origenes drei Millionen (Zeilen), von Gregorius (Naziancenus), Stephanus, Pierius, Basilius und anderen bedeutenden Schriftstellern fünfundzwanzigtausend (Stichoi). Sie pflegte nicht einmal und flüchtig zu lesen, sondern sieben bis achtmal studierte sie jedes Buch mit aller Aufmerksamkeit. So wurde sie fähig, frei von der fälschlich sogenannten Gnosis (vgl. 1 Tim 3,15) und gestärkt mit köstlicher Weisheit, wie ein Vogel auf den Flügeln edler Hoffnung emporzuflattern und durch geistlichen Wandel zu Christus zu gelangen.

Cap. 56: Olympias

BKV² 5,423f.

Gemeint ist die von Johannes Chrysostomos zur Diakonisse als Klostervorsteherin geweihte Olympias (Sozomenos, Hist.eccl. 8,24: PG 67,1578; Analecta Boll. 15,415).

«[...] voll unermüdlichen Eifers [...] Allen Reichtum gab sie den Armen, kämpfte für die Wahrheit, bekehrte viele Frauen, erwies den Priestern Achtung und den Bischöfen Ehre und ward gewürdigt, Zeugnis für die Wahrheit abzulegen. In Konstantinopel zählt man sie den Bekennern bei, da sie mitten im Kampfe für die Sache Gottes starb».

Gerontius, Mönch in Jerusalem († 485), Leben der hl. Melania d.J., Kap. 54

Diese Lebensbeschreibung, die einen der besten Einblicke in Geist und Kultur des alten Mönchtums vermittelt, enthält u.a. auch ein Zeugnis von der Lehrtätigkeit von Frauen und ihrem gewichtigen geistigen Einfluß auf die großen theologischen Fragen der Zeit.

Griech.: SC 90 (D. Gorce) 1962, 124–271, hier: 232–235.
Dt.: BKV² 5 (Krottenthaler) 483.

Eben um jene Zeit hatte der Teufel die Geister unerfahrener Leute verwirrt durch die gottlose Lehre des Nestorius. Deshalb suchten viele Gattinnen von Senatoren und andere Leute unsere heilige Mutter auf und stritten mit ihr um den wahren Glauben. Da sie den Heiligen Geist im Herzen hatte, lehrte sie vom frühen Morgen bis zum späten Abend unermüdlich die göttlichen Dinge, führte viele zum wahren Glauben, bestärkte die Zweifler und nützte den Besuchern insgesamt durch den gottbegeisterten Unterricht.

Theodor von Mopsuestia (ca. 352–428)

Wie Origenes unterscheidet auch Theodor das öffentliche Lehren, wie es nur Priestern zukommt, von dem persönlichen charismatischen Auslegen des Wortes im Kreis der Familie.

Komm. zu 1 Timotheus

Lat.: Ed. Swete, Bd. 2, Cambridge 1882, 93–95.
Dt.: M. Schlosser.

Mulier in silentio discat cum omni subiectione. Et evidentius dictum suum interpretans, adicit: *mulierem autem docere non permitto neque dominari super virum suum, sed esse in silentio.*
Evidens est quoniam hoc de statu illo adicit qui in commune fiebat, eo quod non conveniat eas in ecclesia docere. necessaria autem erat illo in tempore huiusmodi praeceptio, quando et prophetasse divinae gratiae digne existimabantur; ex quibus non modicam dicendi fiduciam in commune adsequi videbantur. unde et instruebantur necessario ut non ad deturbationem ecclesiae illud ostendere ad aliorum utilitatem debebant. de domestica enim conversatione earum haec statuere nequaquam patiebatur Paulus; neque vetabat mulieres ut impios maritos suos ad pietatem vel invitarent vel docerent, aut pios inconvenienter conversantes ad opera invitarent virtutem. nam ubi erit quod dictum est, unde enim scis, mulier, si virum salvum facias? dicit ergo illa ad communem, ut dixi, ornatum; nam ad plenam illa quae in commune conveniunt plurima in epistolae parte visus est dixisse. unde et copiose intendens quod in communi congregatione non deceat mulieres docere, sed esse in silentio, et primam quidem probationem facit ex natura, adserens:

249

Adam enim primus plasmatus est, deinde Eva.
Secundo de illis quae acciderant:
et Adam non est seductus; mulier autem seducta in praevaricationem
facta est.
et quidem seductus est et ille; sed quoniam in commune disputabat di-
scernens quae quidem a mulieribus fuissent peccata admissa, quae
vero a viris, bene illum quidem non fuisse seductum, hanc vero se-
ductam, eo quod illius seductionis mulier causa extitisse videbatur,
quia ea in illum causam vertere nequaquam poterat.

»Die Frau soll im Schweigen und in aller Unterordnung lernen«. Um
dieses Wort noch deutlicher werden zu lassen, fügt er hinzu: »Daß eine Frau lehre, gestatte ich nicht, noch daß sie über ihren Mann herr-
sche, sondern daß sie in Schweigen verharre.«
Es ist einleuchtend, daß dies für den Stand [der Frau] in der Gemeinde gelten soll (in commune), so daß es ihr nicht zukommt, in der gottesdienstlichen Versammlung zu lehren. Eine solche Vorschrift war
zur damaligen Zeit nötig, als auch Frauen der göttlichen Gabe prophetischer Rede für würdig gehalten wurden. Einige scheinen daraus
ziemlich viel Kühnheit geschöpft zu haben, auch in der Gemeinde (in
commune) zu reden. So mußten sie notwendigerweise belehrt werden, daß sie jene Gabe nicht zur Schau stellen sollten, damit nicht Verwirrung in der Versammlung entstehe statt Nutzen für die übrigen.
Über ihr Verhalten zu Hause wollte Paulus keineswegs solche Vorschriften festsetzen; auch hat er nicht verboten, daß Frauen ihre ungläubigen (impios) Männer zum rechten Glauben (ad pietatem) einlu-
den und sie darin unterwiesen, oder ihre bereits gläubigen (pios),
wenn ihr Lebenswandel dem Glauben nicht entsprechen sollte, zu
Werken der Tugend ermunterten. Denn warum hieße es sonst an anderer Stelle: »Woher weißt du denn, Frau, ob du den Mann rettest?«
Er sagt dies also im Hinblick auf die Gemeindeordnung (ad communem ornatum), wie ich erklärte. Denn das meiste in diesem Abschnitt
des Briefes scheint er hinsichtlich der Vollzüge in der Gemeinde geschrieben zu haben.
Er will aber noch ausführlicher zeigen, in der Versammlung der Gemeinde zu lehren zieme sich für Frauen nicht, »sondern im Schweigen
zu verharren«, und nimmt ein erstes Argument aus der Natur: »Adam
wurde zuerst gebildet, dann Eva.« Das zweite Argument hat die darauf folgenden Ereignisse zum Inhalt: »Adam wurde nicht verführt,
sondern Eva wurde zur Übertretung des Gebotes verführt.« Freilich
wurde auch er verführt. Aber da Paulus hier allgemein (in commune)
darlegt und unterscheidet, welche Verfehlungen von Frauen, welche
von Männern begangen wurden, hat es seinen Sinn, wenn er schreibt,

jener wurde nicht verführt, sie aber wurde verführt, weil offensichtlich die Ursache seiner Verführung die Frau wurde, und sie auf keinen Fall ihm die Schuld zuschieben konnte.

Katechetische Homilien 15, 24–25

Vgl. die Einleitung zu Cyprian von Karthago unter den Texten des Lehramtes.
Dt.: FC 17/2 (Bruns) 407–409.

24. Da die Dinge nämlich schaudererregend sind, die unser Herr Christus für uns getan hat, deren vollkommene Vollendung wir in der kommenden Welt erwarten, die wir aber im Glauben (bereits) empfangen haben, und damit wir uns in dieser Welt bemühen, uns nur ja nicht in einem Punkt vom Glauben an diese Dinge zu entfernen, vergewissern wir uns durch diesen sakramentalen (μυστικός) Dienst im Glauben an das, was uns gezeigt worden ist. Dabei lassen wir uns durch diesen (Dienst) zu dem anleiten, was kommen soll, gemeinsam als ein gewisses Bild (εἰκών) vom unaussprechlichen Heilswalten (οἰκονομία) in Christus, unserem Herrn, wodurch wir Schau und Schatten jener Geschehnisse erhalten. Deshalb bilden wir durch den Priester gleichsam in einem gewissen Bildnis (εἰκών) Christus, unseren Herrn, in unserem Sinn ab, den wir als den ansehen, der uns im Selbstopfer erlöst und errettet hat. Durch die Diakone (διάκονοι) aber, die den Dienst am Geschehen vollziehen, prägen wir in unseren Verstand die unsichtbaren, dienenden Mächte (vgl. Hebr 1,14) ein, die sich in jenen unaussprechlichen Dienst gestellt haben. Sie sind es, die dieses Opfer und die Sinnbilder (τύποι) für das Opfer herbeibringen, ordnen und auf den furchtgebietenden Tisch legen. Dies ist beim Anblick dessen, was sich unserem Verstand darbietet, für den Betrachter eine furchtgebietende Angelegenheit.
25. Wir müssen *durch die Sinnbilder (τύποι) Christus sehen, der jetzt hinabgeführt wird und zum Leiden auszieht und der wiederum, ein weiteres Mal auf dem Altar für uns ausgebreitet wird, um geopfert zu werden.* Wenn nämlich in den heiligen Geräten, auf den Patenen (πίνακες) und in den Kelchen, das Opfer hervortritt, das dargestellt werden soll, dann müssen wir denken, daß der zum Leiden hingeführte Christus, unser Herr, hervortritt. Doch bringen ihn nicht die Juden; denn das wäre nicht statthaft und erlaubt, daß in den Sinnbildern (τύποι) unseres Heiles und unserer Erlösung ein übles Sinnbild (τύπος) wäre. Vielmehr werden wir auf die »unsichtbaren, dienenden Mächte« verwiesen, die auch damals zugegen waren, als das Erlösungsleiden vollzogen wurde, und ihren Dienst versahen, da sie beim

gesamten Heilswirken (οἰκονομία) unseres Herrn Christus ihren Dienst taten. Dies ist aber nichts Geringes. Auch im Augenblick des Leidens waren sie zugegen mit ihrem Dienst. Sie waren bemüht, den göttlichen Willen zu erfüllen. Auch als unser Herr in der Betrachtung und in Furcht versunken war, als das Leiden bevorstand, »erschien«, wie der selige Evangelist Lukas sagt, »ein Engel, der ihn stärkte und ihm Kraft gab« (Lk 22,43), wie die, die mit ihren Rufen gewöhnlich den Sinn der Athleten (ἀθλητής) anfeuern, wurde er – der gesalbt worden war, um die Drangsale zu bestehen – durch aufmunternde Worte überzeugt, mit allem Eifer die Drangsale zu ertragen, wobei erzählt wurde, wie gering doch das Leiden sei im Vergleich zu dem Gewinn, der daraus erwachsen soll. Denn nach seinem Leiden und Sterben sollte er in großer Herrlichkeit sein und von da an Ursache für viele Güter, nicht nur für die Menschen, sondern auch für die ganze Schöpfung. Du mußt dir also vorstellen, daß es ein Sinnbild (τύπος) jener unsichtbaren, dienenden Mächte (Hebr 1,14) ist, was die Diakone (διάκονοι) ausführen, sobald sie nun das Stück Brot zur Opferung herbeischaffen, nur mit dem Unterschied, daß sie durch ihren Dienst Christus, unseren Herrn, durch dieses Gedächtnis nicht zum rettenden Leiden schicken.

Theodoret von Kyros (393/95–ca. 466), zu 1 Tim 3,11

Theodoret von Kyros versteht die Mahnung an die Frauen in 1 Tim 3,11 nicht als an die Frauen der Diakone gerichtet, sondern an Frauen als Diakonissen. Da er sich in seiner Auslegung auf Paränese beschränkt, ist nicht ersichtlich, wie er das Amt der Diakone und das der Diakonissen theologisch voneinander abhebt.

Griech./Lat.: PG 82, 810.
Dt.: M. Schlosser.

Mulieres similiter. Scilicet diaconissas. *Graves, non calumniantes, sobrias, fideles in omnibus.* Quae viris, eadem etiam constituit mulieribus. Quemadmodum enim dixit diaconos honestos, ita et has honestas: et quemadmodum jussit illos non esse bilingues, ita has non esse calumniatrices: et sicut illos statuit non esse multo vino deditos, ita etiam has jussit esse sobrias.

»Ähnlich seien die Frauen ...«, nämlich die Diakonissen, »würdevoll, nicht schmähsüchtig, nüchtern, in allen Dingen treu.« Das gleiche, was er für die Männer verlangt, fordert er für die Frauen. Ebenso wie er die Diakone »ehrbar« nennt, so nennt er auch sie »ehrbar«. Und ebenso, wie er jene heißt, »nicht doppelzüngig« zu reden, so untersagt er diesen üble Nachrede. Auch fordert er von jenen, nicht allzusehr dem Weine zugeneigt zu sein, und ebenso befiehlt er diesen, nüchtern zu sein.

Severus von Antiochien (ca. 465–538)

Severus, Haupt der monophysitischen Partei, dessen Lehre heute aber eher als Verbal- denn als Realmonophysitismus interpretiert wird, bezeugt für Antiochien die Existenz der Diakonissen und deren Weihe durch Handauflegung. Er setzt sie mit den Äbtissinnen gleich.

Lat.: Bar Hebraeus VII, 7 Mai, 51 (J. Mayer, 52).
Dt.: G. L. Müller.

Mos in oriente seu ditione Antiochena obtinet, ut abbatissae monialium diaconissae sint, ac subiectis monialibus sacramenta distribuant, idque presbytero casto aut diacono absentibus dumtaxat minime vero iis praesentibus.

Es ist Brauch im Orient und besonders in Antiochien, daß die Äbtissinnen auch Diakonissen sind. Und sie teilen an die ihnen unterstellten Nonnen die Sakramente (die hl. Kommunion) aus, wenn kein sittenreiner Presbyter oder Diakon gegenwärtig ist, keineswegs jedoch, wenn solche anwesend sind.

Lat.: Bar Hebraeus, VII, 7; Mai, 51 (J. Mayer, 52).
Dt.: G. L. Müller.

Die Handauflegung empfingen nach den Apost. Konst. VIII nicht nur Bischöfe, Presbyter und Diakone, sondern auch andere Kleriker. Daneben gibt es die Segenshandauflegung. Hier ist an einen Segensgestus mit Einsetzung in ein kirchliches Amt zu denken. Daß die Diakonisse zu den kirchlichen Amtspersonen gehört, zeigt sich auch am Orarion, einer Vorform der Stola, die zu dieser Zeit aber noch nicht ausschließlich den Empfängern des sakramentalen Ordo vorbehalten war.

Chirotonia diaconissae fiat secundum regionis consuetudinem: porro in oriente notum est, quod humero eius orarium imponitur instar diaconi.

Die Handauflegung für die Diakonisse geschieht je nach Gewohnheit der Region: ferner ist im Orient bekannt, daß auf ihre Schulter das Orarium gelegt wird so wie beim Diakon.

Johannes bar Kursos (ca. 483–538)

Der Anhänger des Severus von Antiochien und monophysitisch gesinnte Bischof von Tella ist für die Liturgiegeschichte und die Sakramententheologie wichtig. In seiner die Eucharistie beteffenden Kanonessammlung bezeugt er die Krankenkommunion nur unter einer Gestalt. Hier finden sich auch einige Anweisungen für die Diakonissen.

Lat.: Bar Hebraeus VII,7; Mai, 51 (J. Mayer, 53).
Dt.: G. L. Müller.

Non permittitur mulieri diaconissae eucharistiam dare masculo, qui annum aetatis quintum excesserit.

Es ist der Diakonisse nicht erlaubt, einem Mann die Eucharistie darzureichen, der das fünfte Lebensjahr überschritten hat.

Diaconissa, cum thus ponit, non debet suam vocem extollere et recitare orationem thuris.

Wenn die Diakonisse den Weihrauch einlegt, darf sie nicht ihre Stimme erheben und das Gebet zum Weihrauch rezitieren.

Cum non habet viam mulierum, licet ei ingredi in sanctuarium et dare sacramentum ac ministrare calicem, si fuerit necessitas; similiter etiam iussu episcopi potest in calicem infundere vinum et aquam.

Wenn sie nicht den Weg der Frauen geht (?), ist es ihr (der Diakonisse) erlaubt, in das Heiligtum einzutreten, das Sakrament und den Kelch darzureichen, wenn eine Notwendigkeit dazu besteht. Ebenso kann sie auch auf Anordnung des Bischofs Wein und Wasser in den Kelch eingießen.

Cum non adest presbyter aut diaconus in coenobio sororum, diaconissa potest sanctuarium ingredi pro se et sororibus.

Wenn kein Presbyter oder Diakon im Frauenkloster da ist, kann die Diakonisse in das Heiligtum eintreten für sich und für ihre Schwestern.

254

Diaconissae in sanctuarium ingredi non licet neque in aedem martyrum virorum neque in monasterium mulierum praeterquam proprium nisi negotium urgeat.

Die Diakonisse darf nicht ins Heiligtum eintreten, auch nicht in die Kapelle männlicher Märtyrer oder in ein Frauenkloster außer ihrem eigenen, wenn nicht eine dringende Sache vorliegt.

Jakobos von Edessa (ca. 633–708)

Der bedeutendste Exeget der jakobitischen (chalkedonkritisch-»monophysitischen«) Kirche, der aber auch bei Katholiken in höchstem Ansehen steht, überliefert interessante Details zum Verständnis des Diakonissenamtes im syrischen Raum.

Lat.: Bar Hebraeus VII, 7; Mai 51 (J. Mayer, 53).
Dt.: G. L. Müller.

Non licet diaconissae partem sancti corporis in calicem sanctificationis mittere aeque ac licet diacono, eo quod non est diaconissa altaris sed mulierum aegrotantium.

Es ist der Diakonisse nicht erlaubt, den (Hostien-)Partikel des heiligen Leibes in den Kelch der Heiligung zu legen in derselben Weise wie es dem Diakon erlaubt ist, und zwar deswegen, weil sie nicht Diakonisse des Altares, sondern der kranken Frauen ist.

Pontifikale der Jakobiten

(Vgl. 1.2 Texte aus der Weiheliturgie)

Michael, Patriarch der Jakobiten, Pontifikale Syriacum (1171/72)

(Vgl. unter 1.2 Texte aus der Weiheliturgie)

Aus dem Pontifikale der Nestorianer

(Vgl. unter 1.2 Texte aus der Weiheliturgie)

Johannes von Damaskus (ca. 650–ca. 750), Liber de haeresibus 49

Der Damaszener gilt als der letzte der östlichen Kirchenväter. Er faßt die gesamte Lehrentwicklung zusammen. In seiner Schrift über die Häresien, die auf Epiphanius' Panarion und anderen Häresienkatalogen aufbaut, weist er die Lehre der Pepuzianer oder Kataphrygier, die den Frauen das Leitungsamt und Priestertum zugebilligt haben, ausdrücklich als Häresie zurück.

Griech.: Ed. Bonifatius Kotter, Bd. IV, Berlin/New York 1991, 33f.
Lat.: PG 94, 707.
Dt.: G. L. Müller.

Pepuziani, qui et Quintiliani dicuntur, quibus arcedunt Artotyritae; haereses duae. Superioribus quidem illis, hoc est Cataphrygibus, adnumerantur, sed ab eis tamen diversa nonnulla sentiunt: ac Pepuzam, desertum quoddam oppidum, Galatiam inter et Cappadociam, ac Phrygiam situm, divinis honoribus extollunt, eamque Hierosolymam esse dicunt. Est autem et alia Pepuza. Mulieribus magistratus et sacerdotia deferunt. Sacra faciunt, puerum quidem acubus aereis compungentes, ut solent Cataphryges, ejusque sanguini farina admista, panem conficientes, oblationis participes fiunt. Pepuzae Christum olim se Quintillae, seu etiam Priscillae, videndum praebuisse muliebri specie. Vetus ac Novum Testamentum adhibent, ita tamen ut omnia pro animi libidine ad pravos sensus transferant.

Die Pepuzianer, die auch Quintillianer genannt werden, und die Artotyriten, von denen sie sich unterscheiden, bilden zwei verschiedene Häresien. Die Pepuzianer werden den Kataphrygiern zugezählt [...] Den Frauen überlassen sie das Leitungsamt und das Priestertum (*apodidontes to archein kai hierateuein; magistratus et sacerdotia deferunt*). [...]

1.2 Texte aus der Weiheliturgie

Traditio Apostolica (um 215 n. Chr.) des Hippolyt von Rom (ca. 160/170–235 n. Chr.)

Griech./Lat./Dt.: FC 1 (Geerlings) 240–243.

Diese Kirchenordnung, die für die meisten Kirchenordnungen späterer Zeit die Grundlage abgibt, vermittelt einen Einblick in Liturgie und Amtsverständnis der römischen Kirche um die Wende zum 3. Jahrhundert, gibt aber die Traditionen, die weit ins 2. Jahrhundert zurückreichen, wieder. Der Bischof ist der Vorsteher der Ortskirche zusammen mit den ihm zugeordneten Presbytern, die mit ihm zusammen am Geist des sacerdotiums teilhaben. Zugeordnet ist ihnen der Weihe nach der Diakon. Davon verschieden sind kirchliche Ämter und Dienste, in die man nicht durch Handauflegung (cheirotonia) des Bischofs, sondern durch Bestellung eingesetzt wird.

Traditio Apostolica 10–13

10. Die Witwen:
Wenn eine Frau in den Witwenstand aufgenommen wird, wird sie nicht geweiht, sondern sie wird namentlich erwählt. Wenn ihr Mann schon längere Zeit verstorben ist, dann kann man sie einsetzen. Ist ihr Mann noch nicht so lange tot, soll man ihr nicht gleich vertrauen. Selbst wenn sie schon alt geworden ist, prüfe man sie erst eine gewisse Zeit. Oft werden nämlich die Leidenschaften zusammen mit dem alt, der ihnen bei sich Raum gewährt hat. Die Witwe soll nur durch das Wort bestellt werden und sich den übrigen Witwen anschließen. *Die Hand soll ihr nicht aufgelegt werden, weil sie nicht die Gaben darbringt und keinen liturgischen Dienst versieht. Beim Klerus hingegen wird die Handauflegung (cheirotonia) des liturgischen Dienstes wegen vorgenommen.* Die Witwe jedoch wird für das Gebet bestellt (*kathistasthai/instituitur*). Das aber ist die Sache aller.
11. Der Lektor:
Der Lektor wird eingesetzt, indem der Bischof ihm das Buch überreicht, ohne daß er dabei geweiht wird (*cheirotheteitai*).
12. Die Jungfrauen:
Einer Jungfrau soll die Hand nicht aufgelegt werden, denn allein ihr Entschluß macht sie zur Jungfrau.
13. Der Subdiakon:
Dem Subdiakon soll die Hand nicht aufgelegt werden; er wird vielmehr ernannt, damit er dem Diakon folgt.

Apostolische Konstitutionen (um 380)

Die Const. apost. sind die größte kirchenrechtlich-liturgische Sammlung des Altertums. Für das 8. Buch diente die *Traditio apostolica* des Hippolyt als Grundlage. Der unbekannte Kompilator hat um 380 in Syrien oder Konstantinopel die Sammlung seiner acht Bücher erstellt. Mit Ausnahme der Apostol. Kanones (Cap. 47) hat das II. Trullanische Konzil (692) die Apostolischen Konstitutionen »als von Häretikern verfälscht« abgewiesen. Unter historischen Gesichtspunkten bleibt diese Sammlung allerdings interessant.

VIII, 17 und 18: Von der Weihe der Diakonen

Griech.: Funk I, 522f.
Dt.: BKV² 5 (Schermann) 57f.

Der Vf. beschreibt nach der Darstellung der Bischofs- und Priesterweihe die Weihe des Diakons, dann der Diakonisse, des Subdiakons und der Lektoren. Alle Weihen geschehen unter Handauflegung und Bitte um den Empfang des Heiligen Geistes. Innerhalb der Weihegebete werden hauptsächlich bei Bischof und Presbyter die mit diesen Ämtern verbundenen Funktionen genannt. Die Amtstufe der Diakonisse unterscheidet sich eindeutig von der des Diakons durch die Funktionen, die allein der Diakon kraft seiner Weihe ausüben darf. Im Sinne der Tradition bilden die Ämter des Bischofs, Presbyters und Diakons eine Einheit (VIII/I 20). Diese Weihegrade empfängt nur ein Mann (vgl. VII 4,2).

Über die Weihe der Diakonen verordne ich, Philippus:
Wenn Du, o Bischof, einen Diakon aufstellst, so lege ihm unter Beistand des ganzen Presbyteriums und der Diakonen die Hände (Cheirotonia) auf und bete mit den Worten: Allmächtiger, wahrhafter und untrüglicher Gott, der Du alle bereicherst, die in Wahrheit Dich anrufen, schrecklich in Deinen Ratschlüssen, weise in Deinen Gedanken, Starker und Großer. Erhöre unser Gebet, o Herr, vernimm unsere Bitte, laß Dein Angesicht leuchten über diesen Deinen Knecht, welcher für Dich zum Diakonatsdienste gewählt worden ist. Erfülle ihn mit Geist und Stärke, wie Du den Martyrer und Nachahmer der Leiden Deines Christus, Stephanus, damit erfüllt hast. Würdige ihn, den ihm übertragenen Dienst unverwandt, tadellos und unbescholten zu verrichten und eines höheren Grades gewürdigt zu werden durch die Vermittlung Deines eingeborenen Sohnes, mit welchem Dir und dem Heiligen Geiste Ehre, Ruhm und Anbetung sei in Ewigkeit. Amen.

VIII, 19 und 20: Weihe der Diakonisse

Griech.: Funk I, 524.
Dt.: BKV² 5 (Schermann) 58f.

Vgl. VIII 2,9 die Erwähnung der Prophetinnen und Marias im AT und NT. Aber die Prophetengabe und die Dienste des Bischofs, Presbyters und Diakons sollen innerhalb der einen charismatischen und sakramentalen Ordnung der Kirche nicht zur Überhebung von prophetischen Frauen über Männer, die dieses Charisma nicht haben, führen, noch der Bischöfe über die Laien.

Über die Diakonisse aber verordne ich, Bartholomäus: O Bischof, Du wirst ihr unter Dabeistehen des Presbyteriums, der Diakonen und Diakonissen die Hände auflegen (*epithesis ton cheiron*) und sprechen: Ewiger Gott, Vater unseres Herrn Jesus Christus, Schöpfer des Mannes und der Frau. Du hast Miriam, Deborah, Hanna und Hulda mit Geist erfüllt, Du hast es nicht für unwürdig erachtet, daß Dein eingeborener Sohn aus einer Frau geboren werde, und im Zelte des Zeugnisses und in dem Tempel hast Du Wächterinnen der heiligen Tore aufgestellt. Siehe auch jetzt selbst auf diese Deine Dienerin, die zu Deinem Dienste (*diakonia*) gewählt worden ist, und *gib ihr den Heiligen Geist* und reinige sie von aller Befleckung des Fleisches und Geistes, daß sie das ihr anvertraute Werk würdig verrichte zu Deiner Ehre und zum Lobe Deines Christus, mit welchem Dir und dem Heiligen Geiste Ehre und Anbetung sei in Ewigkeit. Amen.

VIII, 21 und 22: Weihe der Subdiakone und Lektoren

Griech./Lat.: Funk I, 524–527.
Dt.: BKV² 5 (Schermann) 59.

Beide Weihen nimmt der Bischof vor durch »*cheirotonia*« und »Gott verleiht den Heiligen Geist, damit der Subdiakon würdig die heiligen Geräte berühre ... und der Lektor dem Volk Gottes die heiligen Schriften Gottes vorlese«.

VI, 17,4

Lat.: Funk I, 341.
Dt.: G. L. Müller.

Diaconissa fiat virgo sacra; nisi exstat talis, vidua semel nupta, fidelis et honorata.

Diakonisse werde eine gottgeweihte Jungfrau, oder wenn nicht, eine einmal nur verheiratet gewesene Witwe, die zuverlässig ist und in Ehren steht.

VIII, 13,14

Lat./Griech.: Funk I, 517.
Dt.: BKV² 5 (Schermann) 54.

Bei der Kommunion in der Eucharistiefeier gilt folgende Reihenfolge:

Post hoc sumat et communicet episcopus, deinde presbyteri, diaconi, subdiaconi, lectores, cantores et ascetae, et in feminis diaconissae, virgines et viduae; postea pueri, tuncque omnis populos ordine cum pudore et reverentia absque strepitu.

Und hierauf kommuniziere der Bischof, dann die Presbyter, Diakone, Subdiakone, Vorleser, Sänger und die Asketen, und unter den Frauen die Diakoninnen, die Jungfrauen und Witwen, dann die Kinder und das ganze Volk der Reihe nach mit Scheu, Ehrfurcht ohne Lärm.

VIII, 24,2

Lat./Griech.: Funk I, 528f.
Dt.: BKV² 5 (Schermann) 60.

Die Jungfrau wird nicht ordiniert (non ordinatur virgo), denn dazu gibt es kein Gebot des Herrn. Denn Sache des freien Willens ist der Siegespreis, nicht zur Verurteilung der Ehe, sondern zur Muße für die Frömmigkeit.

VIII, 25,2–3

Griech./Lat.: Funk I, 528f.
Dt.: BKV² 5 (Schermann) 60.

Eine Witwe wird nicht geweiht, sondern wenn sie vor langer Zeit den Mann verloren, keusch und tadellos gelebt und für die Hausgenossen auf das Beste gesorgt hat, wie die hochheiligen Frauen Judith und Hanna, soll sie in den Witwenstand aufgenommen werden. Wenn sie aber erst kürzlich ihren Mann verloren hat, so schenke man ihr kein Vertrauen, sondern lasse die Jugend durch die Zeit prüfen, denn zuweilen werden die Leidenschaften mit den Menschen alt, wenn sie nicht durch einen ziemlich starken Zügel bezähmt werden.

VIII, 28

Griech.: Funk I, 530.
Dt.: BKV² 5 (Schermann) 62.

Der reale Unterschied der sakramentalen Weihen und der Segenshandauflegung für einen Kirchendienst kommt sehr deutlich durch die Abgrenzung der in der Amtsübertragung begründeten Funktionen zum Ausdruck. Es kann keine Rede davon sein, daß die Diakonenweihe und die
Diakonissenweihe die gleiche Vollmacht übertragen hätten, die nur (durch
gesellschaftliche Vorurteile bedingt) bei Frauen disziplinär eingeschränkt
worden seien. Wenn die zeitbedingten Vorstellungen hier ausschlaggebend
gewesen wären, hätte man eher die Ablehnung der Diakonissenweihe er-
wartet.

Der Bischof segnet und wird nicht gesegnet; er legt die Hände auf,
weiht und bringt das Opfer dar ... Der Presbyter segnet und wird
nicht gesegnet ... Der Diakon weiht nicht und erteilt nicht den Segen,
aber er empfängt ihn vom Bischof und Presbyter, er tauft nicht und
opfert nicht, aber vom Opfer des Bischofs oder Presbyters teilt er dem
Volke mit, nicht als Presbyter, sondern im Dienste der Presbyter. Von
den übrigen Klerikern ist es keinem gestattet, das Amt des Diakons
auszuüben.

*Die Diakonisse segnet nicht und tut überhaupt nichts von demjenigen,
was die Priester und Diakonen tun,* sondern hat die Kirchentüren zu
bewachen oder des Anstandes wegen den Presbytern bei der Taufe der
Frauen zu dienen.

Aus dem Pontifikale der Nestorianer

Syr.: Assemani, Bibliotheca Orientalis III, 2, 851.
Lat.: J. Mayer, 54.
Dt.: G. L. Müller.

Et ita peragitur ordo de filiabus foederis, quae segregantur ad opus
diaconatus. Ad altare autem non accedit, quia mulier est, sed tantum
ad oleum unctionis. Et hoc est officium eius, ut oret in corde suo in
capite filiarum foederis tempore officii divini et in fine orationis dicat
amen, et ungat mulieres appropinquantes baptismo, et ipsa admoveat
eas ad manum sacerdotum; non enim est eis licitum ungere mulierem,
sed tempore hoc ungunt, cum non fingat oculos suos sacerdos in feminam.

Und so werde der Ordo von Nonnen vollzogen, die für das Amt des Diakonates erwählt werden. Zum Altar tritt die Diakonisse aber nicht hinzu, weil sie eine Frau ist, sondern nur zur Ölsalbung. Und das ist ihr Amt, daß sie während des Stundengebets in ihrem Herzen betet über das Haupt ihrer Mitschwestern. Am Ende sagt sie Amen. Auch hat sie die Aufgabe, die Frauen, die zur Taufe kommen, zu salben und zu den Priestern hinzuführen. Aber es ist ihr nicht erlaubt die Frau (im eigenen Namen, d.Ü.) zu salben, da sie in diesem Moment nur salben, damit der Priester nicht seine Augen auf die (zu taufende, nackte, d.Ü.) Frau richte.

Ordnung der Handauflegung bei den Nestorianern in Syrien

Lat.: Joseph Assemani, Bibliotheca Orientalis III/2, Rom 1719–28, 851.
Dt.: G. L. Müller.

Die Diakonisse ist hier die zum Vorsteherdienst bestellte Nonne, die eine Segenshandauflegung empfängt, die von der anderen Handauflegung zur Bestellung der Kleriker unterschieden wird.

Die Ordnung der Handauflegung, die den weiblichen Diakonen gilt (Ordo impositionis manuum, quae [fit] super Ordo impositionis manuum, quae [fit] super mulieres diaconissas ... mulieres diaconissas). Es werde eine der Klosterschwestern erwählt, die reif an Lebensjahren und verdient im Dienst des Klosters und die das Zeugnis guter Werke hat. Auf Anordnung des Bischofs werde sie zur Zeit der Mysterien in das Diaconium geführt ... Der Bischof betet über sie: Starker, allmächtiger Gott, du, der du alles durch die Kraft deines Wortes geschaffen hast und durch deinen Befehl das All zusammenhältst, und der du gleichermaßen Gefallen hast an Männern und Frauen, damit du ihnen deinen heiligen Geist schenkest: Du, Herr, erwähle nun in deiner Barmherzigkeit diese deine demütige Magd zu dem guten Werk des Diakonates und gib ihr, daß sie ohne Makel vor dir den großen und erhabenen Dienst verrichte, damit sie ohne Tadel bewahrt werde in allen Disziplinen der Vortrefflichkeit, und sie lehre ihre Familie (des Klosters) die Reinheit und alle gerechten Werke, damit sie würdig sei des Lohns für die guten Werke am großen und glorreichen Tag der Offenbarung deines Sohnes ... Und alle antworten: Amen. Und der Bischof legt seine Hand auf ihr Haupt, nicht nach Art der Handauflegung, sondern benedizierend segnet er sie und betet über sie ein stilles Gebet (Episcopus ponit manum suam super caput eius, non in modum impositionis manuum, sed benedicendo benedicit illi et orat super eam orationem secretam).

Pontifikale der Jakobiten

Lat.: Assemani, Bibliotheca Orientalis II, Dissertatio de Monophysitis c. X (J. Mayer, 53). Dt.: G. L. Müller.

Potestas infra altare omnino illi non est, quoniam et cum ordinatur, in ecclesia tantum stat. Et potestas, quam habet, haec est: ut verrat altare et accendat luminaria in sanctuario, et haec si non sit presbyter vel diaconus, qui sit propinquus. Ac demum habet potestatem, ut depromat sacramenta ex theca, ubi non adest presbyter vel diaconus et det mulieribus aut pueris. De altari autem non habet potestatem, ut ea depromat, neque ut ponat ea super illud, neque ut tangat omnino mensam vitae. Et cum praeparantur mulieres adultae, ut baptizentur, ungat eas iussu sacerdotis, et visitet et ungat gratia mulieres, quae aegrotant. Haec est potestas eius et secundum haec ministrat, et propter haec ordinatur, ut ministret coram sacerdotibus et pontificibus in ecclesia sancta dei.

Eine Vollmacht bezüglich des Altares kommt der Diakonisse in keinem Falle zu, da sie, wenn sie geweiht wird, nur in der Kirche steht. Die Vollmacht, die sie hat, ist diese: daß sie den Altar vom Staub freihält und die Kerzen im Heiligtum anzündet. Dies gilt, wenn kein Presbyter oder Diakon in der Nähe sind ... Und schließlich hat sie die Vollmacht, daß sie das Sakrament vom Aufbewahrungsort nimmt und, sofern Presbyter und Diakon nicht anwesend sind, davon den Frauen und Kindern reicht. Über den Altar hat sie keine Vollmacht, sei es daß sie die sakramentalen Gaben wegräumt oder auf den Altar stellt noch daß sie überhaupt den Tisch des Lebens berührt. Wenn aber die erwachsenen Frauen zur Taufe vorbereitet werden, salbt sie diese auf Geheiß der Priester und sie besucht und salbt die kranken Frauen. Das ist ihre Vollmacht, der gemäß sie ihren Dienst ausübt; und deswegen ist sie eingesetzt worden, damit sie vor den Priestern und Bischöfen in der der heiligen Kirche Gottes diene.

Michael, Patriarch der Jakobiten, Pontifikale Syriacum (1171/72)

Syr.: Assemani, Bibliotheca Orientalis II, Diss. de Monophysitis c. X; A. Baumstark, Geschichte der syrischen Literatur, Bonn 1922, 298.
Lat.: J. Mayer, 54f.
Dt.: G. L. Müller.

Chirotoniam, id est ordinationem faciebant olim etiam diaconissis. Et propterea scriptus est ordo, qui est de his, in libris antiquis. Erat enim olim necessitas, ut essent diaconissae, praesertim propter baptismum mulierum. Eae enim, quae ex gentibus vel ex Judaeis instituebantur in christianismo et accedebant ad baptismum sanctum, – per manus diaconissarum ungebant sacerdotes et pontifices mulieres istas, cum baptizarentur. Et propter hoc etiam ordinationem id est chirotoniam faciebant ei, quae electa erat, ut sit diaconissa. Nos autem quia vidimus, longo iam tempore hanc rem ex ecclesia evanuisse, quia in infantia et puerili aetate baptizantur ei, qui baptizantur, et non esse necessitatem, ut sint diaconissae, quia non sunt mulieres, qui baptizentur, ac demum aliis de causis, non scripsimus hic ordinem iustum, quamquam in multis libris probatis complete et accurate scriptus inveniatur. Et si quis pontificum, quia in aliquo tempore occurat causa, voluerit diaconissam ordinare, mulierem de castitate testimonium habentem et satis senectuti propinquam ordinet, quia etiam sancti apostoli et patres ordinaverunt, ut fiat.

Die Handauflegung, d.h. die Ordination wurde einstmals auch den Diakonissen erteilt. Und deswegen ist ihr Ordo auch in den alten Büchern verzeichnet. Früher bestand eine Notwendigkeit, daß es Diakonissen gab, vor allem wegen der Taufe der (erwachsenen) Frauen. Diejenigen aus dem Judentum oder aus dem Heidentum, die im christlichen Glauben unterwiesen wurden und die heilige Taufe erhalten sollten, wurden durch die Hände der Diakonissen von den Priestern und Bischöfen gesalbt. Und das war der Grund, warum Frauen durch Handauflegung zum Amt der Diakonisse erwählt und bestellt worden waren. Wir sehen aber heute, daß seit langer Zeit dieses Amt in der Kirche nicht mehr ausgeübt wird, da die Täuflinge schon als Kinder getauft werden. Darum besteht keine Notwenigkeit mehr, daß es überhaupt Diakonissen gibt. Denn es gibt keine Frauen mehr, die als Erwachsene getauft werden. Auch aus anderen Gründen beschreiben wir dieses Amt hier nicht, obwohl es in vielen bewährten Büchern vollständig und exakt beschrieben ist. Wenn aber ein Bischof eine Diakonisse weihen will, weil dies in früherer Zeit der Fall gewesen ist, soll er eine Frau weihen, die ein Zeugnis der Enthaltsamkeit gibt und die in einem weit fortgeschrittenen Alter ist, weil dies auch die heiligen Apostel und Väter so getan haben.

Römische Ordnung zur Diakonissenweihe

In der römischen Weiheordnung sind noch bis ins 9./10. Jahrhundert Orationen zur Bestellung von Diakonissen tradiert worden, obwohl das Amt der Diakonisse in dem Sinne, wie es im syrisch-orientalischen Raum praktiziert wurde, in dieser Zeit auch im Westen nicht mehr ausgeübt worden sein dürfte. Durch die vorherrschende Säuglingstaufe war die Hilfe von Diakonissen bei der Taufe erwachsener Frauen nicht mehr nötig. Daneben gab es aber weiterhin die Jungfrauen- und Äbtissinnenweihe. Das in diesem Zusammenhang erwähnte »orarium« ist noch nicht identisch mit der später nur Bischof, Presbyter und Diakon als Zeichen ihrer sakramentalen Ordines vorbehaltenen Stola. Es handelt sich ursprünglich um ein Unterscheidungsmerkmal der Laien einerseits und der Kleriker und der Christen gottgeweihten Lebens andererseits. Zu Geschichte und Bedeutungswandel liturgischer Kleidung und Ordensgewandung vgl. J. *Braun*, Die liturgische Gewandung im Occident und Orient nach Ursprung und Entwicklung, Verwendung und Symbolik, Freiburg 1907. ND: Darmstadt 1964.

Lat.: M. Hittorp, De divinis catholicae ecclesiae officiis et mysteriis, in: MBVP 10, Paris 1644, 161f. (J. Mayer, 59–61, hier 59f.).
Dt.: G. L. Müller.

Sequitur consecratio in modum praefationis. Deus, qui Annam filiam Phanuelis, vix per annos septem sortitam iugale coniugium, ita in annos octoginta quattuor in sancta et intemerata viduitate servasti, ut noctibus ac diebus orationes ieiuniaque miscentem, usque ad prophetiae gratiam sub circumcisione Christi tui, iustus remunerator, adduceres; quique deinceps per apostolicam intentionem sanctarum huius ordinationis manibus foeminarum, sexus ipsius adolescentulas ac iuniores instrui cum sancti chrismatis visitatione iussisti, suscipere dignare, omnipotens, piissime rerum omnium Deus, huius famulae tuae arduum et laboriosum nec satis discrepans a perfecta virginitate propositum, quia tu creaturarum omnium conditor probe nosti mundiales illecebras non posse vitari: sed cum ad te venitur per te, numquam animas semel vivificatas vel terribiles passiones vel deliciarum blandimenta sollicitant. Nam sensibus, quibus ipse dignaris infundi, nihil est desiderabilius quam regnum tuum, nihil terribilius quam iudicium tuum. Da ergo, Domine, ad petitionem nostram huic famulae tuae inter coniugatas trigesimum, cum viduis sexagesimum fructum. Sit in ea cum misericordia districtio, cum humilitate largitas, cum libertate honestas, cum humanitate sobrietas. Opus tuum die ac nocte meditetur, ut die vocationis suae talis esse mereatur, quales per spiritum prophetiae esse voluisti. Per. Tunc ponat episcopus orarium in collo eius, dicens: stola iocunditatis induat et Dominus. Ipsa autem imponat velamen capiti suo palam omnibus de altari acceptum, cum Antiph. Ipsi sum desponsata, cui angeli.

Es folgt das Weihegebet in der Art einer feierlichen Präfation: Gott, du hast die heilige Hanna, die Tochter Penuels, nachdem sie kaum sieben Jahre in der Ehe gelebt hatte, bis zu ihrem 84. Jahr in heiliger und unverletzter Witwenschaft bewahrt. Sie, die Tag und Nacht fastete und betete, hast du, der du gerecht belohnst, mit der Gnade der Prophetie beschenkt am Tag der Beschneidung deines Sohnes. Später hießest du durch den Auftrag der Apostel die heiligen Frauen dieses Standes (ordinationis) die Jüngeren ihres Geschlechts belehren und mit dem heiligen Chrisam salben. Wir bitten dich, Allmächtiger, Allgütiger, Gott des Alls: Nimm das schwere und mühevolle Vorhaben dieser deiner Dienerin, das sich nur wenig vom Vorsatz vollkommener Jungfräulichkeit unterscheidet, gnädig an. Denn du bist der Schöpfer aller Dinge und weißt wohl, daß wir den Verlockungen der Welt nicht ausweichen können. Doch wenn man zu dir kommt, von dir gezogen, wird die einmal neu belebte Seele für immer frei vom Ansturm schrecklicher Leidenschaften und unwiderstehlicher Verlockungen. Denn den Sinnen, in die du selber einströmst, ist nichts ersehnter als dein Reich, nichts mehr gefürchtet als dein Gericht. Gib also, o Herr, auf unsere Bitte dieser deiner Dienerin unter den Verheirateten eine dreißigfache, bei den Witwen eine sechzigfache Frucht. In ihr sei mit der Barmherzigkeit die Zurückhaltung, mit der Demut die Freigebigkeit, mit der Freiheit die Ehrenhaftigkeit, mit der Menschlichkeit die Nüchternheit verbunden. Sie betrachte Tag und Nacht dein Werk, damit sie an dem Tag, da du sie rufst, erfunden wird als eine Frau nach deinem Willen, so wie der Geist der Prophetie es sagt. Durch Christus unseren Herrn.

Ordo Romanus IX

Lat.: Hittorp, 97 (J. Mayer, 61f., hier 61).
Dt.: G. L. Müller.

In dieser Beschreibung der heiligen Weihen (*sacrae ordinationes*) in der römischen Kirche werden, nachdem der Papst aus St. Peter zur Prozession herausgetreten ist, auch Frauen als *diaconissae* et *presbyterissae* genannt, die an diesem Tag die Segnung zu ihrem Amt als gottgeweihte Jungfrauen und als deren Vorsteherinnen empfangen haben.

Ipse (sc. Papa Romanus) sedet super equum album: praecedens et subsequens populus canit ei laudem. Similiter feminae diaconissae et presbyterissae, quae eodem die benedicuntur.

Der Papst sitzt auf einem weißen Pferd inmitten der Gläubigen, die ihm voranziehen und folgen und ihm zujubeln; so auch die Diakonissen und Presbyterissen, die an jenem Tag benediziert worden sind.

Ad diaconam faciendam (Cod. Lit. VIII)

Lat.: J. Assemani, Cod. Lit. VIII, pars IV, 115f. (J. Mayer, 56–58). Dt.: G. L. Müller.

Weihegebet für Diakoninnen im byzantinischen Ritus (älteste Handschrift aus dem 7.–8. Jh.).

Postquam facta est sancta oblatio et apertae sunt portae, antequam dicat diaconus »omnium sanctorum« ordinanda ad episcopum ducitur, et alta voce pronuntians istud »divina gratia« ordinandae caput inclinanti manum imponit, factisque tribus crucis signis sic precatur: Deus sancte et omnipotens, qui per nativitatem filii tui unigeniti et Dei nostri ex virgine secundum carnem sanctificasti sexum muliebrem et largitus es non solum viris sed etiam mulieribus gratiam et adventum Spiritus sancti; ipse nunc, Domine, rescipice super hanc ancillam tuam, eamque advoca ad opus ministerii tui et immitte in eam divitem et abundantem donationem s. tui Spiritus: conserva illam in orthodoxa fide, in conversatione irreprehensibli, ministerium suum iuxta id, quod tibi placitum est, semper exequentem, quia te decet omnis gloria et honor. Dicto Amen diaconorum unus hanc facit orationem: In pace Dominum deprecemur ... pro hac ista, quae nunc promovetur diaconissa, et eius salute, ut clemens et hominum amans Deus noster puram et inculpatam illi largiatur diaconiam ...

Nach der heiligen Darbringung, nach der Öffnung der Türen, bevor der Diakon spricht: »Aller Heiligen …«, wird die Weihekandidatin zum Bischof geführt. Dieser spricht mit lauter Stimme: »Göttliche Gnade …«, und legt ihr, während sie das Haupt neigt, die Hand auf und macht drei Kreuzzeichen. Dann betet er:

»Heiliger, allmächtiger Gott, durch die Geburt deines eingeborenen Sohnes, unseres Gottes, der aus der Jungfrau Maria dem Fleische nach geboren wurde, hast du das weibliche Geschlecht geheiligt und hast nicht nur den Männern, sondern auch den Frauen die Gnade und das Kommen des Hl. Geistes geschenkt. So blicke nun, o Herr, auf diese deine Magd. Berufe sie zum Wirken in deinem Dienst und gieße aus über sie in überreicher Fülle die Gabe deines Hl. Geistes. Bewahre sie im wahren Glauben und in untadeligem Lebenswandel, auf daß sie ihren Dienst stets erfülle nach deinem Wohlgefallen. Denn dir gebührt alle Herrlichkeit und Ehre.«

Nach dem »Amen« betet einer der Diakone dieses Gebet: »Im Frieden wollen wir den Herrn bitten (…) für diese [Schwester], die nun zur Diakonisse wird, für ihr Heil, daß unser gütiger und menschenliebender Gott ihr gewähre, ihren Dienst rein und schuldlos zu verrichten ...«

Pontificale Romanum, Gebet zur Bischofsweihe

Pontificale Romanum, Die Weihe des Bischofs, der Priester und der Diakone, hg. im Auftrag der Bischofskonferenzen Deutschlands, Österreichs und der Schweiz sowie der (Erz-)Bischöfe von Bozen-Brixen, Lüttich, Luxemburg und Straßburg, Trier ²1994, 64f.

Die heutigen Weihegebete für die sakramentalen Weihestufen von Bischof, Presbyter und Diakon in den östlichen und westlichen Liturgien basieren auf den Weihegebeten der Traditio Apostolica (Ende 2. Jahrhundert): Vgl. Trad. Apost. 3, 7 und 8.

Wir preisen dich,
Gott und Vater unseres Herrn Jesus Christus,
Vater des Erbarmens und Gott allen Trostes.
Du wohnst in der Höhe
und schaust doch voll Güte herab auf die Niedrigen;
du kennst alle Wesen,
noch bevor sie entstehen.
Durch das Wort deiner Gnade
hast du der Kirche ihre Ordnung gegeben.
Von Anfang an
hast du das heilige Volk der Kinder Abrahams auserwählt;
du hast Vorsteher und Priester eingesetzt
und dein Heiligtum
nie ohne Diener gelassen.

Du wolltest verherrlicht sein
von Anbeginn der Welt
in denen, die du erwählt hast.
So bitten wir dich:
Gieße aus über deine Diener, die du erwählt hast,
die Kraft, die von dir ausgeht,
den Geist der Leitung.
Ihn hast du deinem geliebten Sohn Jesus Christus gegeben,
und er hat ihn den Aposteln verliehen.
Sie haben die Kirche
an den einzelnen Orten gegründet als dein Heiligtum,
zur Ehre und zum unaufhörlichen Lob deines Namens.
Du, Vater, kennst die Herzen
und hast deine Diener zum Bischofsamt berufen.
Gib ihnen die Gnade, dein heiliges Volk zu leiten
und dir als Hohepriester
bei Tag und Nacht ohne Tadel zu dienen.
Unermüdlich sollen sie dein Erbarmen erflehen
und dir die Gaben deiner Kirche darbringen.
Verleihe ihnen durch die Kraft des Heiligen Geistes
die hohepriesterliche Vollmacht,
in deinem Namen Sünden zu vergeben.
Sie sollen die Ämter nach deinem Willen verteilen
und lösen, was gebunden ist,
in der Vollmacht, die du den Aposteln gegeben hast.
Schenke ihnen ein lauteres und gütiges Herz,
damit ihr Leben ein Opfer sei,
das dir wohlgefällt
durch unsern Herrn Jesus Christus.
Durch ihn ist dir mit dem Heiligen Geist
in der heiligen Kirche
alle Herrlichkeit und Macht und Ehre
jetzt und in Ewigkeit.
Amen.

Pontificale Romanum, Gebet zur Presbyterweihe

Pontificale Romanum, Die Weihe des Bischofs, der Priester und der Diakone, hg. im Auftrag der Bischofskonferenzen Deutschlands, Österreichs
und der Schweiz sowie der (Erz-)Bischöfe von Bozen-Brixen, Lüttich,
Luxemburg und Straßburg, Trier ²1994, 115–117.

Wir preisen dich,
Herr, heiliger Vater, allmächtiger, ewiger Gott,
und rufen deinen Namen an:
Steh uns bei,
du Ursprung aller menschlichen Würde,
du Quell aller Gnaden.
Alles, was du geschaffen hast,
gedeiht allein durch dich
und bleibt durch dein Wirken erhalten.
Um dir ein priesterliches Volk zu bereiten,
erwählst du in der Kraft des Heiligen Geistes
Diener deines Sohnes Jesus Christus
und ordnest ihren Dienst in den geistlichen Ämtern.
Im Alten Bund schon
hast du Ämter und Dienste in heiligen Zeichen entfaltet:
Mose und Aaron hast du bestellt,
dein Volk zu leiten und zu heiligen.
Zu ihrer Hilfe beim gemeinsamen Werk
hast du Männer eines weiteren Dienstes und Amtes berufen.
Auf dem Zug durch die Wüste
hast du den siebzig Presbytern
vom Geist des Mose mitgeteilt,
so daß er dein Volk mit ihrer Hilfe
leichter zu führen vermochte.
Den Söhnen Aarons
hast du Anteil gegeben am hohen Amt ihres Vaters,
damit die Zahl der Priester des Alten Bundes genügte
für die Opfer im heiligen Zelt,
die nur Schatten und Vorausbild waren des kommenden Heiles.
In der Fülle der Zeit
hast du, heiliger Vater,
deinen Sohn in die Welt gesandt,
Jesus, deinen Apostel und Hohenpriester,
zu dem wir uns alle bekennen.
Er hat sich dir dargebracht im Heiligen Geist
als makelloses Opfer.
Seine Apostel hat er durch die Wahrheit geheiligt
Und ihnen Anteil geschenkt
an seiner eigenen Sendung.
Ihnen hast du Gefährten zugesellt,
die auf dem ganzen Erdkreis
das Werk deines Heiles verkünden und vollziehen.
So bitten wir dich, Herr, unser Gott,

schenke auch uns Bischöfen
solche Gefährten und Helfer,
deren wir bedürfen
in unserem apostolischen und priesterlichen Dienste.
Allmächtiger Vater, wir bitten dich,
gib diesem deinem Diener
die Würde des Priestertums.
Erneuere in ihm den Geist der Heiligkeit.
Das Amt, das er aus deiner Hand,
o Gott, empfängt,
die Teilhabe am Priesterdienst,
sei sein Anteil für immer.
So sei sein Leben für alle
Vorbild und Richtschnur.
Uns Bischöfen sei er ein zuverlässiger Helfer.
In der Gnade des Heiligen Geistes
bringe das Wort der Frohen Botschaft
durch seine Verkündigung
reiche Frucht in den Herzen der Menschen,
und es gelange bis an die Enden der Erde.
Mit uns sei er ein treuer Verwalter deiner heiligen Mysterien:
So wird dein Volk durch das Bad der Wiedergeburt erneuert,
so wird es genährt an deinem Altar;
so werden die Sünder versöhnt,
so werden die Kranken gesalbt zu ihrer Heilung.
Mit uns Bischöfen vereint,
erflehe dieser Priester, Herr, dein Erbarmen
für die anvertraute Gemeinde
und für alle Menschen auf Erden.
So werden die vielen Völker in Christus vereint;
sie wachsen zusammen zu einem einzigen Volk
und werden vollendet in deinem ewigen Reiche.
Darum bitten wir durch ihn,
Jesus Christus, deinen Sohn,
unsern Herrn und Gott,
der in der Einheit des Heiligen Geistes
mit dir lebt und herrscht in alle Ewigkeit.
Amen.

Pontificale Romanum, Gebet zur Diakonenweihe

Pontificale Romanum, Die Weihe des Bischofs, der Priester und der Diakone, hg. im Auftrag der Bischofskonferenzen Deutschlands, Österreichs und der Schweiz sowie der (Erz-)Bischöfe von Bozen-Brixen, Lüttich, Luxemburg und Straßburg, Trier ²1994, 170–172.

Wir preisen dich,
Herr, allmächtiger Gott,
und rufen deinen Namen an:
Steh uns bei,
du Spender aller Gnaden.
Denn du berufst zum heiligen Dienst,
und du erwählst zum Amt in der Kirche.
Gott, unser Vater, du bleibst derselbe durch alle Zeiten,
du erneuerst alles in deiner Kraft
und ordnest alles nach deinem ewigen Ratschluß.
Du fügst und gewährst immer neu,
was uns not tut im Wechsel der Zeiten,
durch dein Wort, deine Weisheit und Kraft:
durch deinen Sohn, unsern Herrn Jesus Christus.
Du hast deine Kirche geschmückt
mit dem Reichtum himmlischer Gnaden.
Du hast den Leib Christi wunderbar gestaltet
in der Vielfalt der Glieder
und ihn durch den Heiligen Geist
geeint und geheiligt.
Du schenkst deiner Kirche Leben und Wachstum;
sie breitet sich aus
und wird auferbaut zum Tempel des Neuen Bundes.
Deinem Namen zu dienen,
hast du das dreifache Dienstamt gestiftet
und ausgestattet mit heiligen Gaben,
wie du schon im Anfang die Söhne des Levi
zum Dienst am ersten heiligen Zelt dir erwählt hast.
Als die Kirche zu wachsen begann,
bestellten die Apostel deines Sohnes,
geleitet vom Heiligen Geist,
sieben bewährte Männer.
Ihre Helfer sollten sie sein
für den täglichen Dienst;
sie selbst wollten frei sein für das Gebet
und für die Verkündigung des Wortes.

Diesen Erwählten
haben sie durch Handauflegung und Gebet
den Dienst an den Tischen übertragen.
So bitten wir dich,
Herr, unser Gott:
Schau in Gnaden herab
auf diesen deinen Diener.
Demütig treten wir vor dich hin
und stellen ihn dir vor:
Nimm ihn als Diakon
in den Dienst an deinem Altare.
Sende auf ihn herab, o Herr,
den Heiligen Geist.
Seine siebenfältige Gnade möge ihn stärken,
seinen Dienst getreu zu erfüllen.
Das Evangelium Christi durchdringe sein Leben.
Selbstlose Liebe sei ihm eigen,
unermüdliche Sorge für die Kranken und die Armen.
Mit Würde und Bescheidenheit soll er allen begegnen,
lauter im Wesen
und treu im geistlichen Dienste.
In seinem Wirken
sollen deine Weisungen aufleuchten;
das Beispiel seines Lebens
soll die Gemeinde auf den Weg der Nachfolge führen.
So bezeuge er wahrhaft den Glauben
und bleibe bis ans Ende
fest in Christus verwurzelt.
Führe du ihn auf Erden den Weg deines Sohnes,
der nicht gekommen ist, sich bedienen zu lassen,
sondern zu dienen,
damit er an seiner Herrschaft im Himmel
einst Anteil erlange.
Darum bitten wir durch ihn,
Jesus Christus, deinen Sohn,
unsern Herrn und Gott,
der in der Einheit des Heiligen Geistes
mit dir lebt und herrscht in alle Ewigkeit.
Amen.

Pontificale Romanum, Die Weihe der Äbtissin

Pontificale Romanum, Authentische Ausgabe für den deutschen Sprachraum, 54.

Erstes Segensgebet:
Wir preisen dich, Gott, allmächtiger Vater:
Denn du hast deinen Sohn in die Welt gesandt,
damit er den Menschen diene
und als der Gute Hirt sein Leben hingebe für seine Herde.
Wir bitten dich:
Segne + und stärke deine Dienerin N.,
die zur Äbtissin dieses Klosters
(des Klosters N.) erwählt ist.
In deiner Kraft
sei sie allen ein Vorbild im klösterlichen Leben;
in deiner Gnade
sei sie des Namens würdig, den sie von nun an trägt:
Äbtissin – das bedeutet Mutter.
Das Wort ihrer Lehre werde zum Sauerteig;
es wirke in den Herzen der Ihren,
damit sie deinem Willen in allem folgen.
Allezeit bedenke sie,
daß sie ein schweres und mühevolles Amt übernommen hat:
Menschen auf dem Weg des Heiles zu führen
und ihnen gemäß ihrer Eigenart zu dienen;
sie wisse, daß sie mehr helfen als herrschen soll.
Gib ihr ein wachsames Herz,
daß sie sich darum mühe,
keine von denen zu verlieren, die du ihr anvertraust.
Mit deinem Beistand trage sie Sorge für alles,
doch halte sie Maß und gebe die Weisungen so,
daß die Ihren wachsen in der Liebe zu Christus
und zu allen Menschen
und so auf dem Weg deiner Gebote
freudigen Herzens vorangehn.
Erfülle deine Dienerin mit den Gaben deines Geistes,
damit sie zusammen mit ihren Schwestern
deine Ehre und das Wohl deiner Kirche sucht.
An Christus allein hänge ihr Herz,
und sie lehre auch ihre Schwestern,
den Herrn über alles zu lieben.
Wenn dann der Jüngste Tag kommt,

gib ihr mit ihren Schwestern Anteil an deinem Reiche.
Darum bitten wir
durch Jesus Christus, ...

1.3 Allgemeine Texte zur theologischen Anthropologie

Tertullian, Ad uxorem II 9 (ca. 203 n. Chr)

Lat.: CCL 1 (Dekkers) 393.
Dt.: BKV² 7 (Kellner) 84.

Für die Nichtweihe von Frauen zu Priestern in der sog. »Großkirche« im Unterschied zu häretischen Sekten, die angeblich die älteren katholischen Traditionen gewahrt hatten, wird vor allem Tertullian verantwortlich gemacht, der »als erster die Auffassung von der religiösen und sittlichen Minderwertigkeit der Frau in der Kirche ausgesprochen; er ist der Vater jener Weiberfeindschaft, die in der Kirche so rasch Schule gemacht hat« (F. Heiler, Die Frau in den Religionen der Menschheit, Berlin 1977, 138). Wie dies allerdings mit dem warmherzigen Loblied auf seine Ehefrau vereinbar ist, bleibt dahingestellt. Ebenso ungereimt ist die Behauptung, daß es erst die »religiös motivierte Frauenfeindschaft im abendländischen Mönchtum« (ebd. 134) gewesen sei, die die Frauen aus dem Leitungs- und Diakonenamt vertrieben hätte, das sie trotz der Frauenfeindschaft der Kirchenväter bis ins 12. Jahrhundert innehatten.

Woher soll ich die Kräfte nehmen, um das Glück einer Ehe zu schildern, welche vor der Kirche eingegangen, durch die Darbringung (des eucharistischen Opfers) bestätigt, mit dem Segen besiegelt ist, welche die Engel ansagen und der himmlische Vater genehm hält? Es ist ja nicht einmal auf Erden recht und gesetzlich, wenn Kinder ohne die Einwilligung der Eltern heiraten. Welch schönes Zweigespann sind ein Paar Gläubige, die *eine* einzige Hoffnung, *ein* Ziel ihrer Wünsche, *einerlei* Lebensweise und dieselbe Art des Dienstes haben! Sie beide sind Geschwister, Mitknechte, es ist kein Unterschied vorhanden, weder an Geist noch an Körper. Sie beten zu gleicher Zeit, sie werfen sich zusammen nieder, sie halten zu gleicher Zeit die Fasten, sie belehren, sie ermahnen, sie tragen sich gegenseitig. Sie finden sich in gleicher Weise in der Kirche Gottes und beim Tische des Herrn ein, sowie sie sich auch in Bedrängnissen, bei Verfolgungen und in guten Tagen in gleicher Weise verhalten. Keins hat vor dem anderen Heimlichkeiten, keins meidet das andere, keins wird dem andern zur Last. Gern besucht man die Kranken und kommt dem Dürftigen zu Hilfe. Die Almosen werden gereicht ohne lange Quälerei, das Opfer gehalten ohne Erregung von Verdruß, die tägliche Beobachtung der Religion ist ungehindert. Die Bekreuzigung findet nicht verstohlen statt, die Beglückwünschungen nicht mit Zittern, der Segen wird nicht bloß in

Gedanken gesprochen. Aus beider Mund ertönen Psalmen und Hymnen, und sie fordern sich gegenseitig zum Wettstreite heraus, wer wohl am besten dem Herrn lobsingen könne. Dergleichen zu sehen und zu hören ist ein Gegenstand der Freude für Christus. Solchen sendet er seinen Frieden.

Origenes (um 185–253/54), 9. Josua-Homilie

Lat./Franz.: SC 71 (Annie Jaubert) 262–267, hier: 267.
Dt.: G. L. Müller.

Im Buch Josua 8,35 heißt es, daß alle von Mose angeordneten Worte der ganzen Versammlung Israels vorgelesen wurden. Eigens wird betont: (neben den Männern) auch den Frauen, Kindern und Fremden, die dabei waren. Die Verschiedenheit der Gruppen innerhalb des Gottesvolkes deutet die Vielfalt der Gläubigen der Kirche voraus. Gemeint sind damit auch die Starken und Schwachen im Glauben, die dennoch zur einen Kirche gehören. Zu verstehen ist dies nicht von Männern und Frauen ihrem Geschlecht nach, sondern in einem übertragenen Sinn (vgl. Röm 15,1). Auch Frauen können zu den Starken im Glauben gehören. Für alle Glaubenden gilt: Seid stark, ermannt euch: *viriliter agite* (1 Kor 16,13).

Non enim novit Scriptura divina secundum sexum separationem virorum ac mulierum facere. Etenim apud Deum sexus nulla discretio est, sed pro animi diversitate vel vir, vel mulier designatur. Quantae ex mulierum sexu apud Deum in viris fortibus numerantur? et quanti ex viris inter remissas et languidas mulieres reputantur? Annon tibi videtur inter mulieres existimandus ille vir qui dicit: Non possum observare quae scripta sunt, vendere quae habeo et dare pauperibus non possum, percutienti maxillam praebere alteram non possum, maledicentem benedicere non possum, blasphematus deprecari non possum, persecutionem pati et sustinere non possum?

In der Tat trifft die Göttliche Schrift keine Unterscheidung zwischen Männern und Frauen ihrem Geschlechte nach. Denn vor Gott gibt es keine Wertdifferenz zwischen den Menschen wegen ihres Geschlechts, sondern nur wegen ihrer Seele (in Gnade und Verdienst, d.Ü.). Denn wieviele Frauen werden bei Gott zu den Starken gezählt und wieviele Männer sind matt und schlaff und müssen den Schwachen zugerechnet werden. Denn muß man nicht denjenigen Mann unter die »Frauen« (d.h. die Schwachen im Glauben, d.Ü.) rechnen, der gleich aufschreit: Ich *kann nicht* die Gebote erfüllen, ich *kann nicht*

›alles verkaufen, was ich besitze und den Armen geben‹, ich *kann nicht* ›den segnen, der mich verflucht‹, ich *kann nicht* ›beten für den, der mich verflucht‹, ich *kann nicht* ›leiden und Verfolgung ertragen‹.

Ephräm der Syrer (306–373), 47. Hymnus gegen die Irrlehren

Dt.: BKV² 61 (Rücker) 165.

2. Wenn (nach Meinung der Häretiker) unser Herr den Leib verachtete, weil er unrein, befleckt und häßlich ist, dann ist auch befleckt und häßlich das Brot (Eucharistie) und der Kelch des Heiles bei den Leugnern. Wie? Hat er denn den Leib verachtet und sich doch mit dem Brote bekleidet? Denn siehe, das Brot ist doch ein Verwandter des schwachen Leibes. Wenn ihm nun aber das stumme Brot wohlgefiel, um wieviel mehr dann der Leib, der ja der Sprache mächtig ist. Auch im Brote ahmte er den Gerechten nach, denn dessen Tisch liebte das Schaubrot.
3. Über das Hochzeitsmahl in Kana schmähen sie, es hätte nämlich unserm Herrn fern liegen sollen, dahin zu gehen; und doch nennen sie die Kirche die Braut und unsern Herrn den wahren Bräutigam. Und das Geheimnis des Hochzeitsweines in ihren Kelchen ist ein Bild des Mahles bei ihren Festen. Die Irrlehre ist also unsinnig, denn sie widerlegt sich selbst jederzeit, ohne daß sie es merkt; was nämlich ihre Worte leugnen, widerlegen ihre Handlungen. Möchten doch die Leugner, die Kinder der Hölle, zu Gästen deines Paradieses werden!

Gregor von Nazianz (gest. 390), VIII. Rede (Trauerrede auf seine Schwester Gorgonia)

In der Trauerrede auf seine Schwester Gorgonia rühmt Gregor von Nazianz sie als das Vorbild einer christlichen Frau. In der Verwirklichung des Christseins in Familie und Kirche übertrifft sie viele Männer.

Griech.: PG 35, 794–806
Dt.: BKV² 59 (Häuser) 232–249.

5. Dem Gebete und der Leitung der Mutter verdanken wir den guten Hirten und das Vorbild eines guten Hirten. Des Vaters Verdienst ist es, allen Ernstes den Götzendienst verlassen zu haben und nunmehr

die Dämonen zu verscheuchen. Sie hatte niemals das Salz mit den Götzendienern geteilt. In der Ehe, welche sie nicht nur fleischlich, sondern auch in den Tugenden und mit Gott verbunden hat, teilen sie ihre Ehren, ihre Gesinnungen, ihre Seelen. Gleich sind sie an Lebensjahren, gleich an Verständigkeit und Tugendglanz. Dem Fleische nach werden sie allerdings noch einige Zeit hienieden zurückgehalten; geistig aber sind sie, wenn sie auch noch nicht gestorben sind, doch der Welt entrückt. Die Welt hat auf sie keinen Einfluß, aber sie auf die Welt; denn sie verachten die Welt und achten sie wieder. Sie verzichten auf Reichtum, werden aber im Gutestun reich; indem sie die Welt verachten, tauschen sie himmlische Schätze ein. Kurz ist der Rest dieses Lebens, der ihnen noch verbleibt, um Gott zu dienen; sehr lang aber war das Leben, das sie in Mühen verbringen mußten. Nur noch ein einziges weiteres Wort will ich über die Eltern sprechen: in schöner und gerechter Weise wurden sie den beiden Geschlechtern zugewiesen, er als Zierde der Männer, sie als Zierde der Frauen, doch nicht nur als Zierde, sondern auch als Vorbild.

6. Solchen Eltern verdankte Gorgonia Leben und Ehre, die Keime der Religiosität, den guten Lebenswandel, die Hoffnung auf ein besseres Leben, den seligen Tod ... Gorgonias Adel offenbarte sich in der Reinhaltung des Ebenbildes, in der durch Verstand und Tugend bewirkten Verähnlichung mit dem Urbilde, in dem Verlangen, die wahren Idealisten immer mehr zu vergöttlichen, und in der Erkenntnis des menschlichen Ursprungs, Wesens und Zieles.

7. Ich bin hierüber unterrichtet. Darum erkläre ich mit Überlegung ihre Seele für edler als alles, was das Morgenland bietet ...

8. Gorgonia zeichnete sich durch Enthaltsamkeit aus und übertraf hierin alle Frauen ihrer Zeit, um nicht zu sagen, die in dieser Beziehung viel gerühmten Frauen des Altertums so sehr, daß sie von den beiden in der Regel unterschiedenen Ständen, dem ehelichen und unehelichen Stande, wovon der eine erhabener und göttlicher, aber auch opferreicher und gefährlicher, der andere erniedrigender und ungefährlicher ist, die Schattenseiten mied und das Schönste erkor, die Erhabenheit des ehelosen Lebens mit der Ungefährlichkeit des ehelichen Lebens verbindend. Sie pflegte die Enthaltsamkeit, ohne sich zu brüsten. Als Ehefrau eignete sie sich die Vorzüge einer Unverheirateten an und zeigte, daß weder der eine noch der andere Stand ohne weiteres mit Gott und der Welt verbindet oder davon trennt, daß man also weder den einen als solchen allgemein fliehen, noch den anderen in jeder Beziehung empfehlen darf. Der Geist ist es, der sowohl die Ehe, wie die Jungfräulichkeit zum Guten lenkt. Durch sein schaffendes Wort werden beide wie eine Masse geformt und gebildet, um zur Tugend zu werden. Nicht war Gorgonia, da sie sich fleischlich verbun-

den hatte, deshalb vom Geiste getrennt, und obwohl sie in ihrem Manne ihr Haupt sah, anerkannte sie gleichwohl ihr oberstes Haupt. Nachdem sie nur kurze Zeit der Welt und dem Fleische gedient hatte, soweit es nämlich das Gesetz des Fleisches oder vielmehr der Geber dieses Gesetzes verlangt hatte, weihte sie sich vollständig Gott. Das Schönste und Erhabenste ist, daß sie ihren Mann für sich gewann und in ihm nicht einen mürrischen Herrn, sondern einen gütigen Mitarbeiter erhielt. Doch sie machte auch noch die Frucht des Leibes, ihre Kinder und die Kinder der Kinder, zu einer Frucht des Geistes. Ihre ganze Familie und ihr ganzes Haus schuf sie zu einer einzigen Seele, um sie Gott zu weihen. Sie ehrte ihre Ehe durch ihr würdiges Eheleben und die schönen ehelichen Früchte. Solange sie lebte, war sie ihren Kindern ein Vorbild für alles Gute, und nachdem sie abberufen war, hinterließ sie ihrem Hause ihren Willen als stumme Predigt. 11. (...) Welcher Verstand war schärfer als der ihrige? Denn nicht nur ihre Verwandten und Landsleute und Nachbarn, sondern auch die ganze Umgebung fragten sie um Rat. Ihre Vorschriften und Mahnungen wurden als unverletzliches Gesetz betrachtet. Welche Reden waren treffender als die ihrigen? Wo war ein Schweigen so verständig wie das ihrige? Doch da ich gerade vom Schweigen spreche, will ich noch etwas besonderes Charakteristisches von ihr erzählen; es geziemt den Frauen sehr und ist für die Gegenwart besonders zu empfehlen. Wer schöpfte sowohl aus der Offenbarung wie aus dem eigenen Wissen reichlichere Gotteserkenntnis? Wer sprach so wenig wie sie und blieb so sehr innerhalb der dem Weibe von der Religion gesteckten Grenzen? Und – was zu einer wahrhaft gottesfürchtigen Frau gehört und worin sich eine gesunde Verschwendung offenbarte – wer hat so sehr wie sie die Kirchen beschenkt, sowohl die fremden, wie die hiesige, die vielleicht nach ihrem Tode nicht mehr geschmückt werden wird? Noch mehr, wer hat sich so wie sie zum lebendigen Tempel Gottes gemacht? Wer hat so wie sie die Priester geehrt, u.a. den, der ihr religiöser Kampfgenosse und Lehrer war [es war der Bischof Faustinus von Ikonium] und dem es zu verdanken ist, daß ihre Kinder fromm sind und zwei derselben sich Gott geweiht haben [zwei Söhne der Gorgonia wurden Bischöfe]. 13. (...) Und wenn sie sich in dieser Abtötung stärker als die mutigsten Frauen und Männer erwies, hat sie etwa irgendeinem Mann oder einer Frau den Ruhm gelassen, sie zu übertreffen im verständnisvollen Singen der Psalmen, im Lesen und Offenbaren göttlicher Worte, in der rechtzeitigen Betrachtung, im Verbeugen der abgehärteten und fast mit dem Boden verwachsenen Knie, im Vergießen von Tränen, welche den Sündenschmutz eines zerknirschten Herzens und eines gedemütigten Geistes reinigen, in erhebenden Gebeten, durch einen festen, dem Himmel zugewandten Sinn u. dgl.?

14. (...) Ihre weibliche Natur erwies sich im gemeinsamen Kampfe für die Erlösung der männlichen überlegen und zeigte, daß die Geschlechter sich nur dem Leibe, nicht der Seele nach unterscheiden. Rein lebte sie nach der Taufe; ihre Seele wohnte als Braut Christi im Leibe wie in reinem Brautgemache. Durch ihr Entsagen hat sie das bittere Verlangen (der Stammeltern), Eva, die Mutter des Menschengeschlechtes und der Sünde, die trügerische Schlange und den Tod überwunden. Durch ihre Abtötung hat sie die Selbstentäußerung Christi, seine Knechtsgestalt, seine Leiden geehrt.

Ambrosius (um 339–397), Exameron V

Standespredigt für Mann und Frau in der Ehe.

Lat.: PL 14,226 f.
Dt.: BKV² 17 (Niederhuber) 178–182.

Das Evangelium ein Meer. Viper und Muräne ebenso ein ideales Vorbild ehelicher Liebe und Treue wie ein abschreckendes Beispiel ehebrecherischen Verkehrs.

17. Du darfst dich nicht daran stoßen, daß ich für ›Meer‹ ›Evangelium‹ setzte. Das Evangelium ist es, worauf Christus wandelte. Das Evangelium ist es, worin Petrus, ob er auch bei der Verleugnung schwankte, durch Christi Rechte die Stärkung im Glauben und die Gnade der Standhaftigkeit fand (vgl. Mt 14,25ff.). Das Evangelium ist es, aus dem der Märtyrer heraufkommt. Das Evangelium ist das Meer, worin die Apostel fischen (vgl. Mt 4,19), wo das Netz ausgeworfen wird, das dem Himmelreiche gleicht (vgl. Mt 13,47). Das Evangelium ist das Meer, worin Christi Geheimnisse vorgebildet wurden. Das Evangelium ist das Meer, worin der Hebräer Rettung, der Ägypter Untergang fand (vgl. Ex 14,21ff.). Das Evangelium ist das Meer; denn über den Meeren ist die Braut Christi, die Kirche, und die Fülle der göttlichen Gnade begründet nach des Propheten Wort:»Er hat über den Meeren sie gegründet« (Ps 23,2). Hüpfe auf, o Mensch, über den Fluten; denn ein Fischlein bist du! Nicht sollen die Wogen dieser Welt dich bedecken! Braust der Sturm, tauche zur Tiefe auf den Grund! Lacht heiterer Himmel, spiele in den Fluten! Stürmt die See, gib acht auf den klippenreichen Strand, daß nicht die wütende Brandung dich an ein Felsenriff schleudert! Denn es steht geschrieben:»Seid listig wie die Schlangen!« (Mt 10,16).

18. Und weil gerade das Beispiel von den listigen Schlangen aufgezogen wurde: Seien wir listig auch in der Eingehung und Wahrung der Ehen, halten wir in Liebe an der Lebensgemeinschaft fest, die unser Teil ward! Ob solche, die im Augenblick ihrer Geburt ferne Lande getrennt hatten, sich zusammenfanden, ob der Mann in die Fremde zog: keine Ferne, keine Enthaltung darf die Zuneigung und Liebe mindern. Dasselbe Gesetz bindet sie, ob sie anwesend oder abwesend sind; dasselbe Band der Natur knüpft zwischen ihnen, ob sie fern oder nahe sind, die Rechte der ehelichen Liebe; dasselbe Joch der Einsegung ruht auf beider Nacken, mag auch ein Eheteil für lange Zeit scheiden und in abgelegene Lande ziehen; denn nicht auf den Nacken des Leibes, sondern des Geistes nehmen sie das Joch der Gnade.

Die Viper, die verworfenste Art von Tieren und die hinterlistigste aller Schlangenarten, begehrt, wenn Lust sie anwandelt, nach der Vermischung mit der Seemuräne, die sie längst gewohnt ist, oder die sie neu vorbereitet. Sie kriecht an das Gestade vor, bekundet mit Zischen ihre Anwesenheit und lockt so jene als Gatten zum Verkehre an. Die Muräne aber bleibt auf diese Einladung nicht fern und gewährt der Giftschlange den ersehnten Umgang mit ihr. Was bezweckt nun ein derartiger Hinweis anders als die Einschärfung der Pflicht, den Gatten, wie er auch geartet ist, zu ertragen und, falls er abwesend ist, sein Erscheinen abzuwarten? Mag er rauh, falsch, ungeschlacht, ein Leichtfuß, ein Trunkenbold sein: was wäre schlimmer als Gift? Und doch flieht es die Muräne im Gatten nicht. Gerufen bleibt sie nicht fern und umfängt in beflissener Liebe die schlüpfrige Schlange. Er (der Gatte) muß das Schlimme an dir und die Unbeständigkeit deiner weiblichen Laune ertragen: du, Weib, wolltest deinen Mann nicht aushalten können? Adam wurde durch Eva verführt, nicht Eva durch Adam (1 Tim 2,14). Es ist also nur gerecht, daß das Weib den Mann, den es zur Schuld verleitete, zum Führer nimmt, um nicht wiederum in weibliche Unbeständigkeit zu fallen. Aber er ist so struppig und ungeschlacht: Er hat dir ein für allemal gefallen! Oder ist die Wahl des Mannes öfter zu treffen? Das Rind verlangt nach seinem Jochgenossen und das Pferd ist ihm zugetan, und ob auch an dessen Statt ein neuer tritt, weiß es als Genosse des anderen das Joch nicht mehr zu tragen und dünkt sich nicht mehr ganz: du willst deinen (Ehe-) Genossen verschmähen, glaubst ihn oftmals wechseln zu dürfen, führst, wenn er nur einen Tag abwesend ist, hinter seinem Rücken den Nebenbuhler ein und läßt dir ohne weiteres, als wäre der ungewohnte Verkehr ein gewohnter, die Verletzung der Keuschheit zuschulden kommen. Die Viper verlangt nach dem abwesenden Genossen, ruft und lockt den abwesenden mit einschmeichelndem Zischen und speit, sobald sie ihn herankommen sieht, aus Achtung vor dem Gatten, aus Ehrfurcht vor der Ehe das Gift aus: du, Weib, wolltest den Gatten bei der Rückkehr aus der Ferne unter Schmähungen abweisen? Die Viper blickt hinaus auf das Meer, späht nach des Gatten Spur: Du wolltest dem Manne mit Grobheiten den Weg verlegen? Du wolltest des Zankes Gift statt auszuspeien in Wallung setzen? Du wolltest in dem Augenblick, da der Gatte dich umarmen will, aufbrausend tödliches Gift ausspritzen, ohne Ehrfurcht vor der Ehe, ohne Achtung vor dem Gatten? 19. Aber auch du, Mann – auch so können wir's nehmen –, lege das aufbrausende Wesen im Herzen, deine Schroffheit im Benehmen ab, so oft dir die treubeflissene Gattin entgegenkommt. Fort mit dem Unwillen, wenn die liebenswürdige Gattin dich zur Gegenliebe herausfordert! Nicht Herr, sondern Gemahl bist du; nicht eine Magd, sondern eine Gattin hast du dir heimgeführt; zum Leiter über das schwache Geschlecht wollte Gott dich bestellen, nicht zum Allgewaltigen. Erwidere Aufmerksamkeit mit Aufmerksamkeit, erwidere Liebe mit Liebenswürdigkeit! Die Viper läßt ihr Gift ausfließen: du vermöchtest deine Hartnäckigkeit nicht abzulegen? Doch du besitzest von Natur ein frostiges Wesen: du hast die Pflicht, es in Anbetracht der Ehe zu mildern und sollst aus Ehrfurcht vor ihrem Bande deine rohe Gesinnung ablegen!

Auch so kann man's fassen: Begehret, Männer, nicht nach fremdem Ehebett, lauert nicht auf fremden Umgang! Schwer (sündhaft) ist der Ehebruch, eine Verletzung der Natur. Zwei Menschen hat Gott ursprünglich erschaffen, Adam und Eva, d.i. Mann und Weib, und zwar das Weib vom Manne, d.i. von einer Rippe Adams, und er hieß beide in *einem* Leibe wandeln und in *einem* Geiste leben. Wie dürftest du die Leibeseinheit trennen. Wie die Geisteseinheit lösen? Eine Schändung der Natur wäre es. Das lehrt der Umgang, nach welchem nicht das in der (gleichen) Art begründete Recht, sondern das Feuer der Begierlichkeit Muräne und Viper verlangen macht. Höret, Männer! Solcher Schlangen Beilager verschafft sich, wer eine fremde Gattin zu beschlafen sucht; solcher Schlange auch gleicht er selbst. Er eilt der Viper entgegen, die nicht auf dem geraden Wege der wahren, sondern auf dem schlüpfrigen Abwege der sinnlichen Liebe in den Schoß des Mannes dringt. Er eilt zu einer, die den Giftzahn füllt gleich der Viper, die nach Beendigung des Beischlafes das Gift, das sie ausgespien hatte, wieder einschlürfen soll. Eine Buhlerin ist eben die Viper. Darum spricht auch Salomo, da auf Wein die Begierlichkeit zu entbrennen pflegt: es werde der Trunkene wie vom Natternbiß aufgebläht und es werde ihm wie von einer Hornschlange Gift durch die Glieder geträufelt. Und daß man erkenne, daß er die Ehebrecherin meinte, fügte er hinzu: »Wenn deine Augen nach einer Fremden blicken, wird dein Mund Verkehrtes reden« (Spr 23,32f.).

20. Niemand glaube, wir bewegten uns in Widersprüchen damit, daß wir uns sowohl in Beziehung auf das Gute wie auf das Böse des Beispiels dieser Viper bedienten. Zeitigt doch beides eine Frucht der Belehrung, wenn wir uns schämen, sei es dem Geliebten die Treue nicht zu wahren, dem selbst die Schlange sie wahrt, sei es über den heiligen Ehebund hinweg eine schlüpfrige und verderbliche Verbindung der heilsamen vorzuziehen, wie es jene (Muräne) tut, die sich mit der Schlange vermischt.

Johannes Chrysostomus (um 350–407)
Homilien zum Römerbrief

Von einem Ressentiment gegenüber Frauen oder einer Befangenheit in den frauenabwertenden Vorstellungen der Gesellschaft kann bei Johannes Chrysostomus keine Rede sein, wie sein klassischer, für viele späteren Väter und Theologen dienender Musterkommentar zur Grußliste des hl. Paulus in Röm 16 erhellt. Interessant ist, daß Chrysostomus im Unterschied zu Origenes Junia (Röm 16,7) für eine Frau hält. Chrysostomus kennt die biblische Unterscheidung des Apostelbegriffs, einmal der Zwölf und des Apostels Paulus sowie der Gemeindeapostel und andererseits verschiedener Helfer der Apostel. Der Erzbischof von Konstantinopel sieht in Junia, in heutiger Sprache ausgedrückt, vorbildlich eine Form des Laienapostolates verwirklicht.

31. Homilie, zu Röm 16,1–5

Gr.: PG 60, 663-668.
Dt.: BKV² 42, Johannes Chrysostomus VI (Jatsch) 264–269.

»Ich empfehle euch die Schwester Phoebe, derzeit Diakonin der Kirche in Kenchreä«.
– Sieh, mit wie auszeichnenden Worten der Apostel diese Frau ehrt! Er tut ihrer Erwähnung vor allen andern und nennt sie »Schwester«. Nichts Geringes ist es, Schwester des Paulus genannt zu werden. Er setzt auch ihre Würde hinzu, indem er sie »Diakonin« nennt.
V. 2: *»Daß ihr sie aufnehmet im Herrn, wie es Heiligen gehört«*, d.h. um des Herrn willen, daß sie von euch Achtung erfahre. Denn wer einen um des Herrn willen aufnimmt, der nimmt ihn mit fürsorglicher Gastlichkeit auf, wenn er in dem Gast auch nicht gerade einen bedeutenden Mann aufnimmt. Ist der Aufgenommene aber gar ein Heiliger, dann stelle dir vor, welche Verehrung er genießen soll! Darum fügt der Apostel bei: *»Wie es Heiligen gehört«*, wie man sol-

che aufnehmen soll. Einen zweifachen Grund, von euch mit Verehrung behandelt zu werden, hat diese Frau: daß sie um des Herrn willen aufgenommen wird, und daß sie eine Heilige ist.

»Und steht ihr bei, wo sie eurer bedarf!«

– Siehst du, wie wenig er lästig fallen will? Er sagt nicht, daß ihr sie ganz aushalten sollt, sondern daß ihr sie unterstützt, so viel in euren Kräften steht, und ihr die Hand reicht, und: »wo sie eurer bedarf«; also nicht in allem, sondern nur da, wo sie euch in Anspruch nimmt; sie wird euch aber nur in solchen Dingen in Anspruch nehmen, in denen ihr imstande seid, zu helfen. Dann folgt wieder ein ausnehmend großes Lob:

»Denn sie ist selbst vielen eine Stütze gewesen und auch mir.«

– Siehst du da die Klugheit des Paulus? Zuerst kommt Lob, dann in der Mitte eine Ermahnung (der Frau behilflich zu sein) und dann wieder Lob. So umgibt Paulus von allen Seiten seine Bitte um Hilfe mit Lobsprüchen auf diese glückselige Frau. Wie sollte sie nicht glückselig sein, sie, die von Paulus ein solches Zeugnis ausgestellt erhält und die dem Völkerlehrer selbst einen Dienst erweisen durfte! Das war der Gipfel ihrer Auszeichnung. Darum kommt zum Schluß: »und auch mir«. Was heißt das: »und auch mir«? Mir, dem Weltprediger, der so viel gelitten hat, der vielen Tausenden seine Kräfte gewidmet hat. Ahmt darum, ihr Männer und Frauen, diese heilige Frau nach und auch die andere, die gleich nach ihr kommt, zugleich mit ihrem Manne! Nun, wer sind denn diese beiden?

V. 3: *»Grüßt die Priscilla und den Aquila, meine Mitarbeiter in Christus Jesus.«*

– Die Tugend dieser beiden bezeugt auch Lukas, und zwar einmal, wenn er sagt:»Bei ihnen blieb Paulus; sie waren nämlich ihres Handwerkes Zeltmacher« (Apg 18,3) und dann, wenn er erzählt, daß diese Frau den Apollo aufgenommen und ihn den Weg des Herrn gelehrt habe (Apg 14,26).

– Das sind ja auch recht ansehnliche Leistungen; viel größer aber ist das, was Paulus von ihnen berichtet. Was sagt er: Erstlich nennt er sie »Mitarbeiter« und deutet dadurch an, daß sie an seinen unaussprechlichen Mühen und Gefahren teilgenommen haben. Dann sagt er:

V. 4: *»Weil sie für mein Leben ihren Hals eingesetzt haben.«*

– Siehst du da die fertigen Märtyrer? Es ist ja auch naheliegend, daß unter Nero tausend Gefahren die Christen umlauerten, da er auch den Befehl gegeben hatte, daß alle Juden aus Rom fort müßten.

»Denen danke nicht allein ich, sondern auch alle heidenchristlichen Gemeinden.«

– Hier deutet der Apostel ihre Gastfreundlichkeit und ihre Hilfeleistung durch Geld an; er bewundert sie, daß sie ihr Blut vergossen und

ihr ganzes Vermögen der Gemeinde zur Verfügung gestellt hatten. Siehst du da hochgemute Frauen, die sich durch die Schwäche ihrer Natur nicht aufhalten ließen auf der Bahn der Tugend? Und das ist echt christliche Art;»denn in Christus Jesus gibt es nicht Mann und nicht Frau« (Gal 3,28). Dasselbe, was Paulus von der erstgenannten Frau gesagt hat, das sagt er auch von dieser; von jener hieß es:»Sie ist vielen eine Stütze gewesen und auch mir«; von dieser heißt es:»Nicht allein ich danke ihr, sondern auch alle heidenchristlichen Gemeinden.« Damit seine Worte nicht als bloße Schmeichelei erscheinen, führt er noch viel mehr Zeugen für diese Frauen an:
V. 5:»*Und ihre kirchliche Hausgemeinde.*«
Sie war nämlich so bewährt (im Glauben), daß sie ihr Haus zu einer kirchlichen Gemeinde machte teils dadurch, daß sie alle zu Gläubigen machte, teils dadurch, daß sie es allen Fremden öffnete. Nicht leicht pflegt der Apostel Privathäuser kirchliche Gemeinden zu nennen; nur dann, wenn große Frömmigkeit und große Gottesfurcht darin Wurzel geschlagen hat. Darum sagt er auch im Briefe an die Korinther:»Grüßt den Aquila und die Priscilla mitsamt ihrer Hausgemeinde!« (1 Kor 16,19). Und betreffs des Onesimus schreibt er:»Paulus an Philemon und Apphia, die geliebte Schwester, und deine Hausgemeinde« (Phil 1,1). Es ist ja auch im verheirateten Stande möglich, Bewunderung zu verdienen und Edelmut zu haben. Sieh, auch Aquila und Priscilla waren verheiratet und leuchteten doch gewaltig hervor, obzwar ihr Beruf nicht gerade ein glänzender war; sie waren nämlich Zeltmacher. Aber ihre Tugend verdeckte alles und machte sie glänzender als die Sonne. Weder ihr Handwerk noch das Joch der Ehe war ihnen zum Schaden; sie legten eben jene Liebe an den Tag, welche Christus gefordert hat.»Eine größere Liebe«, sagt er,»hat niemand als der, welcher sein Leben einsetzt für seine Freunde« (Joh 15,13). Auch was das Zeichen eines Jüngers (Christi) ist, das übten sie: sie nahmen ihr Kreuz auf sich und folgten ihm nach. Denn wenn sie für Paulus dies taten, so würden sie dieselbe Mannhaftigkeit noch viel eher für Christus an den Tag gelegt haben. (...) So sollen die Frauen sein.»Nicht in künstlich gekräuselten Haaren oder in Goldschmuck oder Prunkkleidern« (1 Tim 2,9), sondern in solch guten Werken sollen sie ihren Ruhm suchen. Sag' an, welche Königin hat solchen Glanz erlangt, welche wird so besungen wie diese Frau des Zeltmachers? Sie ist in aller Mund, nicht zehn oder zwanzig Jahre lang, sondern bis zur Wiederkunft Christi. Alle preisen sie auf Grund dieser paar Worte des Paulus, die sie mehr zieren als ein königliches Diadem. Denn was gibt es Größeres, was kommt dem gleich, dem Paulus eine Stütze gewesen zu sein, den Lehrer des Erdkreises mit eigener Gefahr gerettet zu haben? Bedenke, wie viele Königinnen werden mit Schweigen übergan-

gen, diese Zeltmachersfrau dagegen wird mit ihrem Manne allenthalben gepriesen, und so weit die Sonne die Erde bescheint, reicht ihr Ruhm. Perser und Skythen und Thraker und die an den Enden des Erdkreises wohnen, besingen diese Frau und preisen sie selig. Was für Geld, was für Geschmeide, was für Purpurgewänder sollte man nicht gerne hingeben dafür, ein solches Zeugnis zu bekommen! Man kann auch nicht einwenden, daß sie nur in Gefahren sich so benahmen und freigebig im Geldausgeben waren, um die Verkündigung des Evangeliums aber sich nicht kümmerten; der Apostel nennt sie ja seine Helfer und Mitarbeiter. Er findet es auch nicht unter seiner Würde, eine Frau seine »Mitarbeiterin« zu nennen, er, das Gefäß der Auserwählung, sondern er rühmt sich dessen sogar. Nicht auf das Geschlecht kommt es ihm an, sondern dem guten Willen reicht er die Krone. Was kommt solchem Schmucke gleich? Wo bleibt da der Reichtum, der euch allenthalben umgibt? Wo das schön geschminkte Gesicht? Wo der eitle Ruhm? Lerne da den echten Schmuck der Frau kennen, der nicht am Leibe hängt, sondern die Seele ziert, der niemals abgelegt wird, der nicht im Kasten liegt, sondern im Himmel hinterlegt ist!

32. Homilie, zu Röm 16,6f.

Griech.: PG 60, 668-670.
Dt.: BKV² 42, Joh. Chrysostomus VI (Jatsch) 275–278.

V. 6: »*Grüßt Maria, die sich viel Mühe um euch gemacht hat!*«
Wie? Wieder wird eine Frau belohnt und gepriesen, wieder werden wir Männer beschämt, oder besser gesagt: wir werden nicht allein beschämt, sondern wir können uns auch geehrt fühlen. Geehrt können wir uns fühlen, daß wir solche Frauen haben; beschämt werden wir aber dadurch, daß wir Männer weit hinter ihnen zurückbleiben. Aber wenn wir nur einmal erkannt haben, wo sich der Ruhm jener Frauen herschreibt, werden auch wir ihnen bald nachkommen. Wo schreibt sich ihr Ruhm also her? Hört es, ihr Männer und Frauen! Nicht von Armbändern, nicht von Halsketten, nicht von Kammerdienern und Kammerzofen und goldgestickten Gewändern, sondern von Mühen für die Verbreitung der Wahrheit. »Denn diese«, heißt es, »hat sich viel Mühe um euch gemacht«; nicht allein um *sich*, nicht um ihre eigene Tugend, was viele Frauen auch jetzt tun, indem sie fasten und auf der bloßen Erde schlafen, sondern auch um andere. Sie hat Apostel- und Evangelistenarbeit geleistet. Wie kann also der Apostel sagen: »Zu lehren gestatte ich der Frau aber nicht«? (1 Tim 2,12). Damit untersagt er ihr nur, den Vorsitz in der Versammlung zu führen und den Sitz auf der Rednerbühne einzunehmen, nicht aber überhaupt mit

Worten zu lehren. Wenn dem so wäre, wie könnte er da zu einer Frau, die einen ungläubigen Mann hat, sagen:»Denn was weißt du, Frau, ob du deinen Mann nicht zum Heile führen wirst?« (1 Kor 7,16). Wie hätte er die Frau dazu anhalten können, ihre Kinder zu unterweisen, indem er sagt:»Sie wird aber selig werden durch Kindergebären, wenn diese im Glauben und in der Liebe und im Streben nach Heiligkeit, verbunden mit Sittsamkeit, verharren«? (1 Tim 2,15). Wie hätte Priscilla den Apollo unterweisen können? – Der Apostel will also damit (den Frauen) nicht Privatbelehrung verbieten, die ja mit allem Nutzen geschehen kann, sondern nur das Lehren in der öffentlichen Versammlung, das allerdings nur den Predigern zukommt. Ebensowenig hindert er den Mann, wenn er im Glauben ziemlich fortgeschritten und imstande ist, zu lehren, seine Frau zu belehren und auf den rechten Weg zu bringen, damit sie weiser werde. Der Apostel sagt auch nicht:»die viel gelehrt hat«, sondern:»die sich viel Mühe gemacht hat«. Er gibt damit zu verstehen, daß sie außer der privaten Unterweisung auch andere Dienste geleistet hat: Gefahren auf sich genommen, Geld hergegeben, Reisen gemacht.

Ja, jene damaligen Frauen waren mutiger als Löwen in der Unterstützung der Apostel bei ihren Arbeiten für die Verkündigung des Evangeliums. Sie unternahmen Reisen mit ihnen und dienten ihnen in allem anderen. Auch Christus folgten ja Frauen, die ihm mit ihrem Vermögen dienten und dem Lehrer auch sonstige Dienste leisteten.

V. 7:»*Grüßt den Andronikus und die Junias, meine Landsleute.*«
Schon darin scheint ein Lob zu liegen; noch mehr aber in dem folgenden. Wie lautet es?

»*Und meine Mitgefangenen.*«
Das ist wohl der schönste Ruhmeskranz, der höchste Lobpreis! Wo ist aber Paulus ein Kriegsgefangener gewesen, daß er sagt:»meine Mitgefangenen«? Kriegsgefangener ist er zwar nicht gewesen, aber er hat mehr Übel der Gefangenschaft ausgestanden als Kriegsgefangene: er war nicht bloß fern von Heimat und Haus, sondern er hatte auch beständig zu kämpfen mit Hunger und Tod und unzähligen andern Übeln. Für den Kriegsgefangenen liegt das Üble seiner Lage allein darin, daß er fern von seinen Angehörigen weilen muß und statt eines Freien oft ein Sklave wird. Bei diesem heiligen Manne aber ist eine ganze Wolke von Drangsalen zu nennen, die er auszustehen hatte: er wurde hin und hergetrieben, gegeißelt, in Ketten gelegt, gesteinigt, auf dem Meere herumgetrieben und hatte unzählige Nachstellungen zu erdulden. Die Kriegsgefangenen haben keinen Feind mehr, wenn sie einmal hinweggeführt sind, im Gegenteil, sie erfreuen sich sogar großer Fürsorge von seiten derer, die sie gefangen genommen haben. Paulus dagegen befand sich beständig inmitten von Kämpfen, überall

sah er gezückte Speere um sich starren und scharfe Schwerter; Kampf und Krieg war sein Los. Weil nun die Genannten wahrscheinlich seine Genossen in vielen dergleichen Gefahren gewesen waren, darum nennt er sie seine »Mitgefangenen«; so sagt er auch an einer andern Stelle: »Aristarchus mein Mitgefangener« (Kol 4,10).
– Dann folgt ein weiteres Lob:
»*Welche unter den Aposteln hervorragend sind.*«
Es ist schon etwas Großes, ein Apostel zu sein; aber erst unter den Aposteln hervorragend zu sein, bedenke, was das für ein Lob ist! Hervorragend waren sie durch ihre Taten und guten Werke. Ach, was muß das für eine erleuchtete Tugend dieser Frau gewesen sein, daß sie des Titels eines Apostels würdig erachtet wurde! Aber Paulus bleibt dabei noch nicht stehen, sondern fügt noch ein anderes Lob bei:
»*Die schon vor mir in Christus gewesen sind.*«
Auch darin liegt ein sehr großes Lob, voraus gewesen und vor andern gekommen zu sein. Betrachte da die heilige Seele, wie sie frei war von Ruhmsucht! Trotz seines hohen Ansehens stellt er doch andere über sich; er verbirgt es nicht, daß er später gekommen war als sie, und schämt sich nicht, dies zu bekennen. Was wundert dich das, daß er sich dessen nicht schämt, da er doch keinen Anstand nimmt, sein früheres Leben an die große Glocke zu hängen, indem er sich selbst »einen Gotteslästerer und Verfolger« nennt. Da er keinen andern Grund findet, sie (den Andronikus und die Junias) über sich zu stellen, so sucht er ihn darin, daß er nach ihnen zum Glauben gekommen sei, und findet darin einen Grund, ihnen Lob zu spenden, indem er sagt: »die schon vor mir in Christus gewesen sind«.

32. Homilie, zu Röm 16,1–16

Griech.: PG 60, 672.
Dt.: BKV² 42 (Jatsch) 282f.

Zusammenfassend spricht Paulus von den Frauen, indem er die eine bei ihrer amtlichen Würde nennt; er nennt sie nicht einfach Dienerin – denn wenn er dies gewollt hätte, so hätte er auch der Tryphäna und der Persis denselben Namen gegeben –, sondern »*Diakonin*« (gr.: *diakonos*); die andere »Mitarbeiterin und Gehilfin«, die dritte »Mutter«, die vierte nennt er »wegen der Mühe, die sie sich gegeben hat«.

Hieronymus (um 347-419), Ep. 49, Verteidigungsschrift an Pammachius

In der Auseinandersetzung mit den Lehren Jovinians, der von Papst Siricius und Ambrosius wegen Irrlehre verurteilt worden war, hatte sich Hieronymus zu scharfen Formulierungen zu Ehe und Ehelosigkeit hinreißen lassen, die ihm den Vorwurf der Leibfeindlichkeit einbrachten. In seiner Verteidigungsschrift an Pammachius stellt er sich auf den Boden der gemeinsamen Lehre der Kirchenväter zum Wert der Ehe und dem monastischen Lebensideal des Christen.

Lat.: CSEL 54 (Hilberg) 350–387, hier: 351–354.
Franz./Lat.: Labourt II, 119–150, hier: 119–122.
Dt.: BKV² II/18, Hieronymus III (Schade) 151–187, hier: 151–155.

2. Man tadelt mich von gewisser Seite, daß ich in meinen Schriften gegen Jovinian im Lobe der Jungfräulichkeit und in der Verächtlichmachung der Ehe zu weit gegangen sei. Man behauptet, es liege gewissermaßen eine Verurteilung der Ehe vor, wenn die Keuschheit so verherrlicht wird, daß sich eine Gattin kaum mehr neben einer Jungfrau sehen lassen kann. Wenn ich mich der Problemstellung richtig entsinne, so bestand die Meinungsverschiedenheit zwischen Jovinian und mir in folgendem: Er hat die Ehe der Jungfräulichkeit gleichgesetzt; ich schätze sie geringer ein. Jovinian will zwischen beiden keinen oder nur einen kleinen Unterschied gelten lassen; für mich ist der Unterschied groß. Schließlich ist Jovinian dafür auf Dein Betreiben nächst Gott verurteilt worden, daß er es gewagt hat, die Ehe der dauernden Jungfrauschaft gleichzustellen. Wenn Jungfrau und verheiratete Frau im Werte gleich stehen, wie konnte sich dann Rom so sehr entrüsten über die lästerliche Behauptung: «Maria ist Jungfrau, insofern sie unberührt vom Manne blieb; sie ist es nicht mehr, seitdem sie geboren hat». Einen Mittelweg gibt es nicht. Entweder besteht meine Auffassung zu Recht oder die Jovinians. Wenn man mich tadelt, daß ich die Jungfräulichkeit über den Ehestand stelle, so verdient er dafür gelobt zu werden, daß er beide gleichsetzt. Nachdem er aber wegen dieser Gleichsetzung verurteilt worden ist, so bedeutet diese Verurteilung eine Rechtfertigung meiner Ansicht. Wenn die Weltleute daran sich stoßen, daß ihr Stand geringer sein soll als der jungfräuliche, so habe ich dafür Verständnis. Wundern muß ich mich aber darüber, daß Geistliche, Mönche und solche, welche enthaltsam leben, sich nicht für den Stand einsetzen, den sie gewählt haben. Sie verzichten auf die Ehe, um die Keuschheit zu üben wie die Jungfrauen, und nun wollen sie, daß verheiratet und jungfräulich gleich zu werten sei? Dann sollen sie sich wieder mit ihren Gattinnen vereinigen, denen sie entsagt

haben. Leben sie aber fernerhin enthaltsam, dann geben sie doch still-
schweigend durch ihr Verhalten zu, daß sie etwas Kostbareres gegen
die Ehe eingetauscht haben. Bin ich denn so unerfahren in der Schrift,
oder lese ich zum ersten Male die heiligen Bücher, daß ich die Grenze
oder, um mich einmal so auszudrücken, den dünnen Faden zwischen
Jungfräulichkeit und Ehe nicht mehr erkennen kann? Offenbar war
mir die Schriftstelle: «Wolle nicht allzu gerecht sein« (Eccle. 7,17) unbekannt. Ich habe die eine Seite geschützt und bin an der anderen ver-
wundet worden. Um deutlicher zu werden: Während ich festen Fußes
gegen Jovinian kämpfte, habe ich mich hinterrücks von den Ma-
nichäern erdolchen lassen. Ich bitte Dich, habe ich nicht gleich zu
Eingang meines Werkes auf Folgendes aufmerksam gemacht: «Ich
verteidige keineswegs die Auffassungen des Marcion und der Ma-
nichäer, wenn ich die Ehe geringer einschätze. Ich lasse mich nicht
einfangen vom Irrtum des Tatian, des Führers der Enkratiten, die jeden ehelichen Verkehr für gemein halten. Dieser verwirft nicht nur die
Ehe, sondern auch die Speisen, die Gott erschaffen hat, damit wir uns
ihrer bedienen. Ich weiß, daß in einem großen Haushalte nicht nur
goldene und silberne Gefäße in Gebrauch sind, sondern auch hölzer-
ne und irdene (2 Tim 2,20). Und auf dem Fundamente Christi, das
Paulus als Baumeister gelegt hat, baute der eine Gold, Silber und
Edelsteine weiter, ein anderer hingegen Heu, Holz und Stroh (1 Kor
3,10.12). Ich weiß, daß die Ehe eine ehrbare Sache und das Ehebett
rein von jeder Makel ist (Hebr 13,4). Lesen wir doch als ersten Aus-
spruch Gottes: Wachset und mehret euch und erfüllet die Erde! (Gen
1,28). Aber ich stelle mich zur Ehe so ein, daß ich die Jungfräulichkeit,
welche die Ehe zur Voraussetzung hat, vorziehe. Bleibt das Silber etwa deshalb kein Silber, weil das Gold kostbarer ist als Silber? Liegt eine Geringschätzung des Baumes oder des Samens darin, daß ich die
Früchte und die Körner der Wurzel und den Blättern, dem Halm und
den Grannen vorziehe? Wie das Obst aus dem Baume und das Ge-
treide aus dem Halme, so geht die Jungfräulichkeit aus der Ehe hervor. Es gibt hundert-, sechzig- und dreißigfältige Frucht (Mt 13,8).
Mag auch der Boden gleich und die Art des Samens dieselbe sein, so
gibt es doch in der Zahl gewaltige Unterschiede. Die Zahl 30 bezieht
sich auf die Ehe; denn die Stellung der Finger, will man die Zahl 30
ausdrücken, weist durch die zärtliche Verbindung auf das Verhältnis
zwischen Gatte und Gattin hin. Die Zahl 60 geht auf die Witwen, die
in Not und Sorge leben. Sie werden durch den oberen Finger bedrückt. Je schwerer es nämlich ist, sich von den einstigen Freuden und
Genüssen zu enthalten, desto größer wird auch der Lohn sein. Bei der
Zahl 100, ich bitte genau darauf zu achten, geht man von der Linken
zur Rechten und macht mit denselben Fingern, aber nicht mit der

gleichen Hand, mit denen man an der Linken den Ehe- und den Witwenstand andeutete, einen Kreis, um damit die Krone der Jungfräulichkeit zu versinnbilden« (Adv Jov. I 3).

Ps.–Hieronymus (530)

Comm. in ep. ad Rom. 16

Lat.: PL 30, 714.
Dt.: M. Schlosser.

Unter dem Namen des Hieronymus gibt ein Anonymus (um 530) Auslegungen von wichtigen Schriftstellen zum Dienst von Frauen in der Urkirche.

»*Commendo autem vobis Phoeben sororem nostram quae est in ministerio ecclesiae quae est in Cenchroeis.*« Sicut etiam nunc in orientalibus diaconissae in suo sexu ministrare videntur in baptismo, sive in ministerio verbi, quia privatim docuisse feminas invenimus, sicut Priscillam, cuius vir Aquila vocabatur.

»Ich empfehle euch aber Phöbe unsere Schwester, die im Dienst der Kirche steht, die in Kenchreae ist«. So scheinen auch heute im Osten Diakonissen bei der Taufe von Frauen zu dienen; und ferner auch einen Dienst am Wort zu leisten; denn wir stellen fest, daß sie im privaten Bereich Frauen unterwiesen, wie etwa Priszilla, deren Mann Aquila hieß.

Comm. in ep. I ad Tim. 3

Lat.: PL 30, 880; J. Mayer, 48.
Dt.: M. Schlosser.

»*Mulieres similiter pudicas.*« Similiter eas ut diaconos eligi iubet. Unde intelligitur, quod de his dicat, quas adhuc hodie in oriente diaconissas appellant.

«Die Frauen seien ebenso ehrbar.« (Der Apostel) befiehlt, daß sie ähnlich wie die Diakone ausgewählt werden. Daraus wird erkennbar, daß er über diejenigen spricht, die bis heute im Osten Diakonissen genannt werden.

Comm. in ep. I ad Tim 5

Lat.: PL 30, 883f., J. Mayer, 48.
Dt.: M. Schlosser.

» Vidua eligatur non minus sexaginta annorum, quae fuerit unius viri uxor.« Tales voluit eligi diaconissas, quae omnibus essent exemplo vivendi.

»Als Witwe werde erwählt eine Frau nicht unter 60 Jahren, die nur eines Mannes Frau war«. Solche Frauen wollte (der Apostel) als Diakonissen ausgewählt sehen, die allen ein Beispiel des (christlichen) Lebens geben könnten.

Augustinus (354–430), Zur Ehrung der Frau

Auf der Grundlage der Eva-Maria-Typologie, die sich schon bei Justin (Dial. 100) und Irenäus von Lyon (Haer. III, 22,4; V,19,1; Epid. 33) findet, zeigt nun Augustinus die Beteiligung beider Geschlechter in der Verwirklichung des Heils. Somit ist eine anthropologische, heilsgeschichtliche und gnadentheologische Unterbewertung der Frau a limine ausgeschlossen. Die manichäische Verhältnisbestimmung von Mann und Frau, die den Mann der geistigen und die Frau der materiellen Welt typologisch zuordnet, ist ein häretischer Widerspruch zum katholischen Glauben.

Lat.: Serm. Denis. 25,4, ed. G. Morin: Miscellanea Agostiniana. Testi e Studi I, Rom 1930, 159/11–21.
Dt.: G. L. Müller.

[Christus] wollte in seiner Person das männliche Geschlecht anerkennen; das der Frau würdigte er sich, in seiner Mutter zu ehren. Auch wenn einstmals die Frau gesündigt, und an den Mann die Sünde weitergereicht hat, so ist doch die Ehe beider durch des Teufels Trug in die Irre geführt worden. Wäre Christus nur als Mann gekommen ohne jedwede Empfehlung für das weibliche Geschlecht, würden die Frauen an sich verzweifeln, insbesondere weil durch sie der Mann gefallen ist. Nun aber hat er beide geehrt, beide gerühmt, beide angenommen. Von einer Frau wurde er geboren. Verzweifelt nicht, ihr Männer; denn Christus würdigte sich, ein Mann zu sein. Verzweifelt nicht, ihr Frauen; denn von einer Frau wurde Christus geboren. Beide Geschlechter mögen dem Heil Christi zueilen; es komme der Mann; es komme die Frau: im Glauben gibt es weder Mann noch Frau.

Sermo 51,3 Warum Christus von einer Frau geboren werden wollte

Lat.: PL 38, 334–335.
Dt.: Carl Haas, Augustinus–Postille. Eine Auswahl aus den Reden des heiligen Augustin auf das Kirchenjahr vertheilt und aus dem Lateinischen übersetzt für Prediger und zur Privaterbauung, Tübingen 1861, 27–29.

Durch die Frau das Gift, durch die Frau das Heil. Um also dieses durchzusetzen, ist unser Herr Jesus Christus dadurch, daß er in der Tat von einer Frau geboren wurde, der Menschensohn geworden. Was ginge aber ab, wenn er von der Jungfrau Maria nicht geboren würde? Sagt Einer: Ein Mensch wollte er sein; ja so wäre er doch Mensch ohne die Geburt von einer Frau: denn der, welcher den ersten Menschen erschuf, erschuf ihn nicht aus der Frau. Schau, was darauf zu antworten sein möchte. Du sagst: warum erwählte er zu seiner Geburt eine Frau? Man antwortet dir: Ja warum sollte er zu seiner Geburt die Frau meiden? Sei der Meinung, ich könne dir nicht zeigen, warum er es vorzog von einer Frau geboren zu werden: so zeige uns, was er an der Frau hätte vermeiden sollen? Man hat zuweilen schon vorgebracht, daß, würde er den Leib der Frau gänzlich vermeiden, er gleichsam damit anzeigte, er hätte von ihr aus befleckt werden können. Aber je unbefleckbarer er mittels seines Wesens war, um so weniger hatte er sich vor dem fleischlichen Schoße zu fürchten, als könnte er dadurch befleckt werden: aber durch seine Geburt von der Frau hatte er uns etwas von einem großen Geheimnis zu zeigen. Denn in der Tat, Brüder, bekennen auch wir, daß wenn Gott so Mensch werden wollte, daß er nicht von einer Frau geboren wurde, die seiner Majestät in allweg leicht war. Denn wie er aus der Frau ohne Mann geboren werden konnte, so könnte er auch ohne die Vermittlung einer Frau geboren werden. Aber das zeigte er uns, daß nämlich die menschliche Kreatur in keinem Geschlecht an sich verzweifeln sollte. Denn das menschliche Geschlecht besteht aus Männern und Frauen. Gäbe es also einen wirklich existierenden Mann so, wie er es in allweg sein sollte, ohne Geburt aus der Frau; so würden die Frauen an sich verzweifeln, eingedenk ihrer ersten Sünde, weil durch die Frau der erste Mensch berückt wurde; und sie würden dafür halten, sie hätten sich durchaus keine Hoffnung auf Christus zu machen. Es kam also der Mann und zog das männliche Geschlecht vor und durch seine Geburt aus der Frau tröstete er das weibliche Geschlecht, indem er es gleichsam mit den Worten anredet: Damit ihr wisset, daß keine Kreatur Gottes bös ist, sondern böse Lust sie verkehrt, so schuf ich, als ich im Anfange den Menschen schuf, einen Mann und ein Weib. Nicht die Kreatur, die ich schuf, verdamme ich. Siehe ich bin als Mann geboren, siehe ich bin von der Frau geboren. Ich verdamme also nicht die Kreatur, die ich schuf, sondern die Sünden, die ich nicht schuf. Beide Geschlechter mögen ihre Ehre sehen, und beide mögen ihre Ungerechtigkeit bekennen, und beide auf Heil hoffen. Zur Berückung ist dem Menschen Gift durch die Frau gereicht worden: zur Herstellung möge dem Menschen das Heil durch die Frau gereicht werden. Ersatz leisten soll die Frau für die Sünde, durch die sie den Menschen berückte, dadurch, daß sie Christus zur Welt brachte. Daher verkündigten auch zuerst die Frauen den Aposteln die Auferstehung des Herrn. Den Tod kündigte die Frau im Paradies ihrem Mann an; Frauen auch verkündigten das Heil den Männern in der Kirche. Die Auferstehung Christi sollten die Apostel den Völkern verkündigen: den Aposteln verkündigten sie die Frauen. Niemand aber tadle Christus wegen seiner Geburt von einer Frau, ein Geschlecht, von welchem der Befreier nicht befleckt hat werden können und ein Geschlecht, welches der Schöpfer empfehlen sollte.

Über die Dreieinigkeit XII, 7
Mann und Frau sind nach dem Bilde der Dreieinigkeit geschaffen.

Lat.: CCL 50 (Mountain/Glorie) 363–367.
Dt.: BKV² II/12 (Michael Schmaus) 136–140.

7. Kapitel: Wie der Mann, so ist auch die Frau Bild Gottes.
9. Nicht dürfen wir demnach die Tatsache, daß der Mensch nach dem Bilde der Dreieinigkeit, das ist nach dem Bilde Gottes, erschaffen wurde, so verstehen, daß ein und dasselbe Bild nur in drei Menschen verwirklicht wird, zumal der Apostel (1 Kor 11,7) sagt, daß der Mann Bild Gottes ist, und ihm daher den Schleier des Hauptes wegnimmt, den zu gebrauchen er die Frau mahnt (ebd. 11,5), indem er sagt:»Der Mann braucht das Haupt nicht zu verhüllen, da er das Abbild und der Abglanz Gottes ist, die Frau aber ist der Abglanz des Mannes« (ebd. 11,7). Was sollen wir dazu sagen? Wenn die Frau für ihre Person das Bild der Dreieinigkeit vollendet, warum heißt dann der Mann, wenn sie von seiner Seite weggenommen wird, noch Abbild? Oder wenn schon von drei menschlichen Personen auch eine einzelne für sich Bild Gottes heißt, wie in der erhabenen Dreieinigkeit auch jede einzelne Person Gott ist, warum ist dann nicht auch die Frau Bild Gottes? Deshalb wird ihr ja vorgeschrieben, das Haupt zu verhüllen, was dem Mann, weil er Bild Gottes ist, verwehrt wird.
10. Man muß aber zusehen, wie das Wort des Apostels, daß nicht die Frau, sondern der Mann Bild Gottes sei, nicht in Widerspruch steht mit dem, was in der Genesis geschrieben steht:»Gott schuf den Menschen, nach dem Bilde Gottes schuf er ihn, als Mann und Frau schuf

er sie und segnete sie« (Gen 1,27f.). Hier heißt es ja, daß nach dem Bilde Gottes die ganze menschliche Natur geschaffen ist, welche von beiden Geschlechtern verwirklicht wird; die Schrift schließt vom Verständnis des Bildes Gottes die Frau nicht aus. Auf das Wort, daß Gott den Menschen nach dem Bilde Gottes schuf, folgt nämlich: »Er schuf ihn als Mann und Frau«, oder nach der sicheren Lesart in anderer Unterscheidung: »er schuf sie als Mann und Frau«. Wieso haben wir also vom Apostel vernommen, daß der Mann das Bild Gottes ist, weshalb er davon abgehalten wird, das Haupt zu verhüllen, die Frau aber nicht, die eben deshalb geheißen wird, es zu verhüllen? Der Grund liegt, wie ich glaube, darin – ich sprach schon davon, als ich von der Natur des menschlichen Geistes handelte (Trin. XII,3) –, daß die Frau zusammen mit ihrem Manne Bild Gottes ist, so daß die ganze menschliche Substanz ein Bild ist. Wenn aber die Zuteilung der Hilfeleistung stattfindet, die allein Sache der Frau ist, dann ist sie nicht Bild Gottes. Was aber den Mann allein betrifft, so ist er Bild Gottes, so vollkommen und so vollständig, wie mit der zur Einheit mit ihm vereinten Frau. Es ist so, wie wir es von der Natur des menschlichen Geistes sagten: Wenn er als ganzer die Wahrheit beschaut, ist er Bild Gottes; und wenn seine Aufgaben aufgeteilt werden und etwas von ihm in einer Art Hinrichtung auf die Beschäftigung mit den zeitlichen Dingen hierzu abgeordnet wird, ist er nichtsdestoweniger mit dem Teil, mit dem er die geschaute Wahrheit erwägt, Bild Gottes. Mit dem Teil indes, der auf die Beschäftigung mit dem Niederen hingerichtet ist, ist er nicht Bild Gottes. Und weil er, wie sehr immer er sich nach dem ausstreckt, was ewig ist, dadurch nur um so mehr nach dem Bilde Gottes gestaltet wird und deshalb nicht angehalten werden darf, sich hiervon zurückzuhalten oder hierin zu mäßigen, deshalb braucht der Mann sein Haupt nicht zu verhüllen. Weil aber jener Verstandesbeschäftigung, die sich um das Körperliche und Zeithafte sorgt, ein allzu weites Hineinschreiten in das Niedere gefährlich ist, muß sie Gewalt haben über ihr Haupt, was der Schleier andeutet, das Zeichen dafür, daß sie im Zaune zu halten ist. Willkommen ist nämlich den heiligen Engeln ein geheiligtes und frommes Zeichen. Denn Gott sieht nicht nach den Maßen der Zeit, und nichts Neues taucht in seiner Schau und in seinem Wissen auf, wenn sich etwas zeithaft und vergänglich begibt; auf die Sinne freilich, seien es die fleischlichen der Tiere und Menschen, seien es auch die himmlischen der Engel, macht dies Eindruck.

11. Daß also in dem sichtbaren Symbol des männlichen und weiblichen Geschlechtes der Apostel Paulus das Geheimnis einer verborgenen Wirklichkeit darstellen wollte, läßt sich auch daraus ersehen, daß er, während er an einer anderen Stelle sagt, die wahre Witwe sei ganz

vereinsamt, ohne Söhne und Enkel, sie müsse jedoch ihre Hoffnung auf Gott setzen und im Gebete verharren Tag und Nacht (1 Tim 5,5), andererseits darauf hinweist, daß die Frau sich verführen ließ und in Sünde fiel, daß sie aber ihr Heil erlangen werde durch Kindergebären (1 Tim 2,14f.); er fügt dann hinzu:»wenn sie im Glauben, in der Liebe und in der Heiligung besonnen verharren« (1 Tim 2,15). Gleich als ob es der guten Witwe Unheil brächte, wenn sie keine Söhne hat, oder jene, die sie hat, in guten Werken nicht ausharren wollten. Weil aber die guten Werke, von denen wir sprechen, gleichsam die Söhne unseres Lebens sind – das hat man im Auge bei der Frage, welches Leben jemand führe, das heißt, wie er die zeitlichen Dinge betreibe; die Griechen heißen dieses Leben nicht Zoe, sondern Bios; diese guten Werke pflegt man vor allem im Dienste der Barmherzigkeit zu verrichten. Werke der Barmherzigkeit nützen indes nichts den Heiden und Juden, die nicht an Christus glauben, und auch nichts den Häretikern und Schismatikern, bei denen sich Glaube, Liebe und nüchterne Heiligung nicht findet –, so ist offenkundig, was der Apostel zum Ausdruck bringen wollte. Deshalb wird das Symbol und das Geheimnis, das er mit der Verhüllung des Hauptes der Frau meinte, sinnlos bleiben, wenn es nicht auf ein verborgenes Mysterium bezogen wird.

12. Wie nämlich nicht nur der darin durchaus richtig urteilende Verstand, sondern auch der Text beim Apostel selbst dartut, ist der Mensch nicht hinsichtlich seiner Leibesform, sondern hinsichtlich seines vernunftbegabten Geistes nach dem Bilde Gottes geschaffen. Schändlich und eitel ist ja das Denken, welches Gott durch die Umrisse körperlicher Glieder umschrieben und begrenzt sein läßt. Sagt sodann nicht derselbe selige Apostel: «Erneuert euch im Sinne eures Geistes und ziehet den neuen Menschen an, den, der nach Gott geschaffen ist?« (Eph 4,23f.). Und anderswo sagt er noch offenkundiger: »Ziehet aus den alten Menschen mit seinen Werken, ziehet den neuen an, der erneuert wird zur Erkenntnis Gottes, nach dem Bilde dessen, der ihn schuf« (Kol 3,9f.). Wenn wir also im Sinne unseres Geistes erneuert werden und eben der neue Mensch es ist, der zur Erkenntnis Gottes erneuert wird nach dem Bilde dessen, der ihn schuf, so ist niemandem zweifelhaft, daß der Mensch nicht hinsichtlich des Leibes und nicht hinsichtlich irgendeines Teiles seiner Seele, sondern hinsichtlich des vernunftbegabten Geistes, in dem die Erkenntnis Gottes stattfinden kann, nach dem Bilde dessen erschaffen wurde, der ihn schuf: Nach dieser Erneuerung aber werden wir auch Söhne Gottes durch die Taufe auf Christus, und indem wir den neuen Menschen anziehen, ziehen wir sicherlich durch den Glauben Christus an. Wer ist es also, der von dieser Gemeinschaft die Frauen ferne hält, wo sie doch mit uns die Erben der Gnade sind, und der gleiche Apostel an

einer anderen Stelle sagt: «Alle seid ihr Söhne Gottes durch den Glauben an Christus Jesus. Ihr alle nämlich, die ihr auf Christus getauft seid, habt Christus angezogen. Da ist nicht Jude noch Grieche, nicht Sklave noch Freier, nicht Mann noch Frau, alle nämlich seid ihr eins in Christus Jesus« (Gal 3,26-28). Haben also etwa die gläubig gewordenen Frauen das Geschlecht des Leibes verloren? Nein. Denn weil sie dort nach dem Bilde Gottes erneuert werden, wo es kein Geschlecht gibt, so ist dort der Mensch nach dem Bilde Gottes geschaffen, wo es kein Geschlecht gibt, das heißt im Sinne seines Geistes. Warum braucht also deshalb der Mann sein Haupt nicht zu verhüllen, weil er das Abbild und der Abglanz Gottes ist, die Frau aber muß es verhüllen, weil sie der Abglanz des Mannes ist, gleich als ob die Frau nicht im Sinne ihres Geistes erneuert würde, der zur Erkenntnis Gottes erneuert wird nach dem Bilde dessen, der ihn schuf? Weil sie aber durch die geschlechtliche Eigenart ihres Leibes vom Mann verschieden ist, konnte ordnungsgemäß durch ihre körperliche Verschleierung jener Teil des Verstandes versinnbildet werden, der zur Leitung des Zeitlichen abgleitet, so daß das Bild Gottes nur in jenem Teil des Geistes bleibt, in dem er der Beschauung und Erwägung der ewigen Wesensgründe anhängt – diesen Teil haben indes offenkundig nicht nur die Männer, sondern auch die Frauen.

Isaak von Antiochien (5. Jh.?), Gedicht über das Fasten

Dt.: BKV² 6 (Landersdorfer) 124–127.

Auch euch Frauen, Jüngerinnen Christi, will ich ermahnen, in frommer und verständiger Weise zu fasten. Nicht werde das Fasten der Trauer eine Gelegenheit zu Gespräch und Unterhaltung, damit nicht die Zunge die durch den Mund eingesammelten Verdienste wieder zerstreue! Wir sehen, daß diejenigen, welche in Trauer versetzt sind, schweigend und ruhig dasitzen, denn ihre Gedanken gestatten ihnen nicht, in Lachen auszubrechen. Trauer geziemt sich für diese Tage, an welchen jener Ehrwürdigste von den schändlichen Kreuzigern, von dem Staube, den die Gerechtigkeit hinwegweht, verspottet wurde. Wenngleich nun euer Herr sich nicht in Trauer befindet, da er vielmehr der Erfreuer aller Betrübten ist, so geziemt es sich doch für euch, über die Frechheit der Kreuziger zu trauern. Auch unser Herr weinte ja über Lazarus, obgleich er doch wußte, daß er ihn wieder auferwecken werde; denn durch sein Weinen wollte er seine Liebe kund tun, gleichwie seine Allmacht durch die Auferweckung. So zeiget auch ihr in dieser Zeit euere Trauer, so daß sie in dieser Zeit des Scheidens sich stärker und inniger äußere als gewöhnlich! Betrübt war Maria, seine Mutter, und auch ihre heiligen Begleiterinnen; die Apostel verbargen sich im Hause, bis der eingeborene Sohn wieder auferstand. Alsdann erfreute er seine Mutter durch seine Auferstehung und seine Jünger durch seinen Gruß; gleichwie sie vorher die Trauer bedrückt hatte, so erfreute sie nun die Auferstehung. So wird auch derjenige, welcher jetzt das in dieser Zeit gefeierte Leiden mitempfindet, sich dereinst mit Christus im Himmelssaale freuen, wenn er seine Heiligen versammeln wird.

O ihr Bräute Christi, treibet keinen Kleiderprunk! Die Bräute dieser Welt ziehen zur Zeit ihrer Hochzeitsfeier keine schlechten Kleider an, weil ihre Hoffnung auf das Diesseits gerichtet ist. Ihr aber, die ihr Bräute des neuen, zukünftigen Brautgemaches seid, hüllet euch nicht in schöne Kleider, damit der Schmuck nicht euere Hoffnung zerstöre! Schmücket euere Herzen für den Bräutigam, der in das Verborgene sieht! Denn diejenige, welche sich für die Welt schmückt, hat auch ihre Erwartung in dieser Welt, da das äußere Gewand ihre innere Gesinnung verrät. Diejenige aber, deren Hoffnung der Herr ist, trägt ihren Schmuck im Herzen; denn sie ist im Verborgenen geschmückt für denjenigen, welcher die geheimsten Gedanken durchschaut. Die Irdischgesinnte dagegen schmückt ihre Glieder, damit ihr Schmuck dem Unverständigen zum Fallstricke gereiche. Deshalb möge euch, o Jungfrauen, das reine Fasten als Schmuck dienen, und die Keuschheit gleich einem Beryll an euerer Stirne befestigt sein! Denn jenen üppigen Schmuck verachten die Verständigen, aber diesen geistlichen Schmuck loben die Himmlischen. Ein jeder tadelt gar sehr diejenige, deren Tracht und Benehmen ausgelassen ist, und jeder lobt gar sehr diejenige, deren Keuschheit sich in ihrem Äußeren ausprägt.

Auch ihr, verheiratete Frauen, belehret eure Gatten durch das Beispiel eueres Fastens und bittet Gott unaufhörlich, daß ihr euere Kinder gut zu erziehen vermöget! Euer Fasten gleiche dem der Esther und euer Gebet dem der Judith, jener edlen Frauen, welche gottlose Männer besiegt haben! Das Fasten der Esther war eine unter Gebet erbaute Mauer, hinter welcher ihr ganzes Volk vor der Drohung des Bösewichtes Schutz fand. Wenn also das Fasten einer Einzigen ein ganzes Volk ohne Kampf erretten konnte, um wie viel mehr wird uns dann das Fasten unserer ganzen Herde zu erretten vermögen!

Diese Vorbilder sind denjenigen, welche sie nachahmen wollen, vorgezeichnet; wer ihr Schüler zu werden verlangt, kann sie als seine Lehrmeister ansehen. Die Greise mögen den Mose nachahmen, dessen Verstand nicht mit dem Alter abnahm und dessen Glieder durch das Fasten strahlend wurden, während es sonst den Leib aufzureiben pflegt! Die Einsiedler mögen dem Elias nacheifern, welcher kämpfte, siegte und triumphierte, und dessen Gelenke durch das Fasten gestärkt wurden, welches sonst die Füße matt zu machen pflegt! Die Jünglinge mögen sich ihre glorreichen Altersgenossen in Babel zum Muster nehmen, welche sich nicht durch Lüste gefangen nehmen ließen, obgleich niemand da war, der sie davon zurückgehalten hätte! Unsere Jungfrauen mögen fasten wie Maria; die Töchter sollen diese ihre Mutter nachahmen, welche in heiligem Fasten die Verkündigung des Herrn der Faster empfing! Die verheirateten Frauen mögen sich Esther zum Vorbild nehmen, welche fastete, betete und erhört wurde! Auch ihre Mägde mögen die Mägde der Esther nachahmen, welche mit ihrer Herrin im Fasten wetteiferten! Endlich möge das gesamte Volk unseres Heerlagers sich ein Beispiel an den Niniviten nehmen, welche durch ein heiliges Fasten Gott besänftigten! Denn alles, was der allwissende Gott über jene hat aufzeichnen lassen, ist uns deshalb kund geworden, damit wir sie als Vorbilder benützen und ihre Werke nachahmen möchten.

Eznik von Kolb, Bischof von Bagrevand/Armenien, *Wider die Irrlehre (um 500), IV. Buch, Cap.13 u.14*

Der bedeutende armenische Schriftsteller erklärt den Wesensunterschied zwischen der katholischen Lebensform der gottgeweihten Jungfräulichkeit und Ehe einerseits und der gnostisch-manichäischen Verachtung der Leiblichkeit und Ehe sowie des damit verbundenen Libertinismus (so schon Irenäus von Lyon, Haer. I 27f u.ö.).

Text: M. Minassim.
Dt.: BKV² 57 (Simon Weber) 174f.

Auch die Jungfrauen in der heiligen Kirche bewahren nicht deswegen die Jungfräulichkeit, als ob sie die von Gott eingesetzte Ehe für Unreinheit hielten wie Markion und Mani und die Messalianer. Denn wenn sie in diesem Geiste sich den Gelübden zugewandt hätten, dann wäre auch die Jungfräulichkeit nicht wahre Jungfräulichkeit. Allein zum Zwecke größerer Liebe Gottes enthalten sie sich auch von guten Geschöpfen Gottes, auf daß sie den Engeln Gottes ähnlich sich zeigten, wo es weder Mann noch Frau gibt, und auf Erden dieselbe Tugend bewahrten. Dies geschieht nach dem Worte: »Es gibt Verschnittene, welche sich selbst zu Verschnittenen gemacht haben um des Himmelreiches willen, zu werden in der Auferstehung wie die Engel Gottes« (Mt 19,12, und nach dem Rat des Apostels 1 Kor 7,7).

Venantius Fortunatus (ca. 530–ca. 600), Vita Sanctae Radegundis XII, 26.28

Lat.: MGH AA IV,2,41.
Dt.: M. Schlosser.

Der spätere Bischof von Poitiers und bekannteste Dichter der Merowingerzeit lernte die hl. Radegunde, die fränkische Königin, und deren Pflegetochter in Poitiers kennen und wurde Priester und Seelsorger ihrer Klostergemeinde. Er berichtet u.a., wie Radegunde, die er über alles verehrte, zur diacona, nämlich zur Nonne geweiht wurde.

Veniens ad beatum Medardum Novomago, supplicat instanter ut ipsam mutata est veste domino consecraret. ... Sanctissima ... intrans in sacrarium, monachica veste induitur, procedit ad altare, beatissimum Medardum his verbis alloquitur dicens: Si me consecrare distuleris ... de manu tua, pastor, ovis anima requiratur. Quo ille contestationis concussus tonitruo, manu superposita consecravit diaconam.

Sie kommt zum seligen Medard von Noyon und bittet ihn inständig, daß er sie, nach dem Wechsel des Gewandes, dem Herrn weihe (consecraret). Die Heilige betritt das Heiligtum, wird mit dem Gewand des mönchischen Lebens bekleidet, schreitet zum Altar und richtet diese Worte an den seligen Medard: »Wenn du meine Weihe hinauszögern willst (...), dann wird meine Seele wie ein Schaf von dir als seinem Hirten gefordert.« Die beschwörenden Worte trafen ihn wie ein Donnerschlag, er legte ihr die Hand auf (manu superposita) und weihte sie so (consecravit) zur *diacona*.

Beda Venerabilis (ca. 672–735), Kirchengeschichte des Englischen Volkes (731)

In seiner Kirchengeschichte geht der Verfasser auf die Begegnung des christlichen Glaubens mit eingewurzelten heidnischen Vorstellungen in einer entscheidenden Periode der Germanenmission ein. In aller Deutlichkeit weist er Auffassung zurück, Frauen würden durch Menstruation oder Entbindung kultisch unrein. Dies wäre mit dem Verständnis von Taufe und Kommunion unvereinbar. Die Behauptung, der Priesterzölibat oder die Praxis der Kirche, das Weihesakrament dem männlichen Geschlecht vorzuhalten, beruhe auf alttestamentlichen oder paganen Vorstellungen von kultischer Unreinheit oder Minderwertigkeit der Frau, entbehren jeder Begründung.

Lat./Dt.: Beda der Ehrwürdige, Kirchengeschichte des Englischen Volkes, nach dem Text von B. Cograve u. R.A.B. Mynors übers. von Günter Spitzbart, Darmstadt ²1997, S. 93–97.

VIII. Frage Augustins: Ob eine schwangere Frau getauft werden soll, und nach welcher Zeit sie die Kirche betreten kann, nachdem sie geboren hat; und nach wieviel Tagen kann das Kind, das sie geboren hat, das Sakrament der Heiligen Taufe empfangen, damit es nicht vorher vom Tode hinweggerafft wird? Und nach welcher Zeit kann ihr Mann sich mit ihr in der Verbindung des Fleisches vereinigen? Und darf sie, wenn sie die Periode hat, die Kirche betreten oder das Sakrament der Heiligen Kommunion empfangen? Und ob der Mann, der sich mit seiner Gattin vereinigt hat, die Kirche betreten oder auch zum Geheimnis der Heiligen Kommunion gehen kann, bevor er sich mit Wasser gewaschen hat. Dies alles muß dem ungebildeten Volk der Engländer bekannt sein.

Gregor antwortet: Ich bezweifle nicht, daß dies Deine Brüderlichkeit, der ich schon die Antwort gegeben zu haben glaube, gefragt worden ist; aber ich glaube, daß Du das, was Du selbst sagen und wissen konntest, durch meine Antwort bei Dir bestätigt haben wolltest. Warum sollte denn eine schwangere Frau nicht getauft werden, da die Fruchtbarkeit des Fleisches vor den Augen des allmächtigen Gottes keine Schuld ist? Denn als unsere ersten Eltern im Paradies sündigten, verloren sie die Unsterblichkeit, die sie erhalten hatten, durch das gerechte Urteil Gottes. Doch weil dieser allmächtige Gott das Menschengeschlecht wegen seiner Schuld nicht vollständig ausrotten wollte, nahm er dem Menschen zwar wegen dessen Sünde die Unsterblichkeit, ließ ihm aber dennoch aufgrund des Wohlwollens seiner Liebe die Fruchtbarkeit für die Nachkommen. Aus welchem Grund kann er das, was der menschlichen Natur als Geschenk des allmächtigen Gottes erhalten geblieben ist, von der Gnade der Heiligen Taufe ausschließen? Bei diesem Mysterium, in dem alle Schuld vollständig ausgelöscht wird, wäre es ja sehr töricht, wenn es schiene, als könne das Geschenk der Gnade dazu im Widerspruch stehen.

Wenn aber eine Frau entbunden hat, nach wieviel Tagen darf sie die Kirche betreten? Aus der Lehre des Alten Testaments hast Du gelernt (vgl. Lev 12,4f.), daß sie bei einem Jungen 33, bei einem Mädchen 66 Tage fernbleiben soll. Man muß jedoch wissen, daß dies symbolisch zu verstehen ist. Denn wenn sie in der Stunde, in der sie geboren hat, eine Kirche betritt, um Dank zu sagen, wird sie von keiner Sündenlast bedrückt; denn die Lust des Fleisches, nicht der Schmerz ist Sünde. In der Vereinigung des Fleisches liegt die Lust; und bei der Geburt des Nachkommen ist der Schmerz; so wird auch zu jener ersten Mutter

302

aller gesagt: ›In Schmerzen wirst Du gebären‹ (Gen 3,16). Wenn wir daher einer Frau, die entbunden hat, verbieten, die Kirche zu betreten, so rechnen wir ihr diese ihre Strafe als Schuld an.

Wenn sie von Todesgefahr bedroht wird, ist es keinesfalls verboten, die Wöchnerin oder das Kind, das sie geboren hat, zu taufen in der gleichen Stunde, in der sie gebiert, oder das Kind, das geboren wird, in der Stunde, in der es geboren ist; denn die Gnade des heiligen Mysteriums soll, so wie sie für Lebende und Unterscheidende mit großer Sorgfalt vorzusehen ist, denjenigen, denen der Tod bevorsteht, ohne jedes Zögern dargeboten werden, damit nicht, während noch die Zeit zur Darreichung des Erlösungsmysteriums gesucht wird, wegen einer kleinen Verzögerung derjenige, der erlöst werden soll, nicht mehr anzutreffen ist.

Zum Beischlaf aber darf ihr Mann solange nicht kommen, bis der Säugling nicht mehr gestillt wird. In den Sitten der Eheleute hat sich jedoch der schlechte Brauch entwickelt, daß es Frauen ablehnen, die Kinder, die sie gebären, zu stillen, und sie anderen Frauen zum Stillen übergeben; dies scheint nämlich aus dem alleinigen Grund der mangelnden Enthaltsamkeit entstanden zu sein, denn wenn sie nicht enthaltsam sein wollen, lehnen sie es ab, die Kinder zu stillen, die sie gebären. Die Frauen aber, die ihre Kinder aus schlechter Gewohnheit anderen zum Stillen übergeben, dürfen sich ihren Männern nicht hingeben, bevor die Zeit der Reinigung vorbei ist, weil sie sich ja auch ohne den Anlaß einer Geburt ihren Männern nicht hingeben dürfen, wenn sie die gewohnte Menstruation haben, und weil das Heilige Gesetz sogar mit dem Tod straft, wenn ein Mann zur menstruierenden Frau geht (vgl. Lev 20,18). Einer Frau darf jedoch während der Menstruation nicht untersagt werden, eine Kirche zu betreten, weil ihr der Ausfluß der Natur nicht als Schuld angerechnet werden kann und es nicht gerecht ist, daß sie durch das, was sie wider Willen erduldet, am Betreten der Kirche gehindert wird. Wir wissen nämlich, daß eine Frau, die unter der Blutung litt, hinter dem Rücken des Herrn demütig herankam, den Saum seines Gewandes berührte und ihr Unwohlsein sofort von ihr wich (vgl. Mt 9,20–22; Mk 5,27–29; Lk 8,44). Wenn also die unter der Blutung leidende Frau in lobenswerter Weise das Gewand des Herrn berühren konnte, warum soll es dann der Frau, die die Menstruation erduldet, nicht erlaubt sein, die Kirche des Herrn zu betreten? Aber Du wirst sagen: Jene zwang die Krankheit, diese aber, von denen wir sprechen, bindet die Gewohnheit. Bedenke aber, teuerster Bruder, daß alles, was wir in diesem sterblichen Fleisch durch die Schwäche der Natur erdulden, durch das würdige Urteil Gottes nach der Schuld zugemessen ist; hungern, dürsten, schwitzen, frieren, ermüden rührt nämlich aus der Schwäche der Natur her. Und was ist das Suchen von Nahrung gegen den Hunger, Trinken gegen den Durst, Wind gegen die Hitze, Kleidung gegen die Kälte, Ruhe gegen die Müdigkeit denn anderes als die Suche nach einem Heilmittel gegen die Krankheiten? So ist auch die Monatsblutung der Frau eine Krankheit. Wenn also die von Unwohlsein befallene Frau, die das Gewand des Herrn berührte, richtig handelte, warum soll dann das, was einer kranken Person zugestanden wird, nicht allen Frauen zugestanden werden, die von einem Gebrechen ihrer Natur heimgesucht werden?

1.4 Blick in gnostisch-antikatholische Texte

In gnostisch geprägten Gemeinden hatten Frauen das Lehr- und Leitungsamt inne. Dagegen hat sich offenbar 1 Tim 2,11–14 gewandt. Die Pastoralbriefe weisen die Vorstellung zurück, daß Ehe und Kindergebären sündhaft sind, weil sie den Menschen mit der Materie in Verbindung bringen (vgl. 1 Tim 4,3). Für gnostische Vorstellungen ist die Gegenüberstellung von Mann und Frau wie Geist und Materie kennzeichnend, wobei der Geist das gute Prinzip und die Materie der Ursprung des Bösen ist. Es gibt auch den platonischen Mythos von der Entstehung von Mann und Frau durch die Spaltung eines übergeschlechtlichen Urmenschen in ein männliches und ein weibliches Individuum. Versöhnung besteht demnach in einer Wiedervereinigung des Männlichen und des Weiblichen in differenzlose Einheit. Darum kann auch die in der Schöpfung grundgelegte Unterscheidung der Geschlechter nicht in ihrer Positivität gesehen werden, insofern jeder Mensch Bild Gottes ist. In der Konsequenz kann auch die bräutliche Bezogenheit von Mann und Frau nicht die natürliche Grundlage für die heilsgeschichtliche Beziehung Gottes zu Israel und Christi zur Kirche darstellen. Diese bräutliche Beziehung von Christus als Bräutigam und Haupt der Kirche, die seine Braut und sein Leib ist, kann wegen der gnostischen Abwertung der Frau unter der geschlechtlichen Verfassung des Menschen nicht im Gegenüber von geweihtem Priester als Mann und Kirche zur Darstellung gebracht werden.

Das Thomas-Evangelium

Dt.: Ernst Haenchen, Die Botschaft des Thomas-Evangeliums, Berlin 1961, Spruch 22.114, S. 19.33.

»Wenn ihr ... macht das Männliche und Weibliche zu einem Einzigen, damit nicht das Männliche männlich und das Weibliche weiblich ist ..., dann werdet ihr eingehen in das Reich.« »Siehe ich werde sie (Maria) ziehen, daß ich sie männlich mache, damit sie auch zu einem lebendigen Geist wird, der euch Männern gleicht. Denn eine Frau, die sich zum Manne macht, wird eingehen ins Reich der Himmel.«

Iulius Cassianus, Begründer des Doketismus (nach Clemens von Alexandrien, Strom. III, 91,1–91,2; 92,2)

Griech.: GCS, Clemens 2 (Stählin) 238.
Dt.: BKV² II/17 (Stählin) 313.

91,1. Derartige Gefühle führt auch Iulius Cassianus, der Begründer der Lehre des Doketismus, an. In seiner Schrift »Über die Enthaltsamkeit oder über das Verschnittensein« sagt er wörtlich: »Und niemand sage, der geschlechtliche Verkehr sei von Gott gestattet, weil wir solche Körperteile haben, daß das Weib so und der Mann anders gestaltet ist, das Weib zum Empfangen, der Mann zum Befruchten. **2.** Denn wenn die derartige Einrichtung von Gott wäre, dem wir zustreben, so hätte er die Eheuntüchtigen nicht selig gepriesen, und der Prophet hätte nicht gesagt, sie seien ›kein unfruchtbarer Baum‹, indem er das Bild von dem Baum auf den Menschen anwandte, der sich mit Absicht solcher Gedanken entledigt.«
92,2. Deshalb sagt Cassianus: »Als Salome fragte, wann man das werde erkennen können, wonach sie gefragt hatte, antwortete der Herr: Wenn ihr das Gewand der Scham mit Füßen tretet, und wenn die zwei eins werden und das Männliche mit dem Weiblichen verbunden weder männlich noch weiblich sein wird.«

Pistis Sophia 72

Dt.: Carl Schmidt (Hg.), Die Pistis Sophia. Die beiden Bücher des Jeû. Unbekanntes altgnostisches Werk, bearb. von W. Till (Koptisch-gnostische Schriften I: GCS 43,13), Berlin ³1959, 104.

Eine zeitgenössische Situation wird in das Leben Christi zurückverlegt, und die Angriffe richten sich gegen Petrus; Maria Magdalena beklagt sich:

»Mein Herr, mein Verstand ist allezeit verständig, um jedesmal vorzutreten und die Auflösung der Worte ... vorzutragen, aber ich fürchte mich vor Petrus, weil er mir droht und unser Geschlecht haßt.« Jesus antwortete darauf: »Ein jeder, der mit dem Lichtgeiste (Pneuma) erfüllt sein wird, um vorzutragen und die Auflösung von dem, was ich sage, vorzutragen – niemand wird ihn hindern können.«

Evangelium nach Maria

Dt.: H.-C. Puech, »Gnostische Evangelien und verwandte Dokumente«: Hennecke-Schneemelcher I, 254.

Levi verteidigt Maria gegen Petrus:

»Nun sehe ich, wie du dich gegen die Frau ereiferst wie die Widersacher. Wenn der Erlöser sie aber würdig gemacht hat, wer bist denn du, daß du sie verwirfst?«

Thekla-Akten, 40–43

Dt.: E. Hennecke/W. Schneemelcher, Neutestamentliche Apokryphen II, 249–251.

Thekla aber sehnte sich nach Paulus und suchte ihn, indem sie überall herumschickte. Und es wurde ihr mitgeteilt, er sei in Myra. Da nahm sie Diener und Dienerinnen, gürtete sich und nähte ihr Gewand zu einem Oberkleid nach Männerart, und sie kam in Myra an und fand Paulus, wie er das Wort Gottes verkündete, und trat zu ihm. Er aber erschrak, als er sie sah, und die Menge bei ihr, da er daran dachte, ob ihr nicht eine andere Versuchung nahe sei. Sie aber bemerkte es und sprach zu ihm:»Ich habe das Bad genommen, Paulus; denn der mit dir zusammen gewirkt hat für das Evangelium, hat auch mit mir zusammen gewirkt, (mich) zu waschen.« Und Paulus ergriff sie bei der Hand und führte sie in das Haus der Hermias und hörte von ihr alles (, was sich ereignet hatte), so daß Paulus sich sehr wunderte und die Hörer gestärkt wurden und für Tryphäna beteten. Und Thekla stand auf und sprach zu Paulus: »Ich gehe nach Ikonium.« Paulus aber antwortete: »Gehe hin und lehre das Wort Gottes!« (...) und nachdem sie viele durch das Wort Gottes erleuchtet hatte, entschlief sie eines sanften Todes.

2. Mittelalter

Anonymus, Catalogus sanctorum Hiberniae secundum diversa tempora (ca. 750)

Lat.: J. Mayer, 47.
Dt.: M. Schlosser.

Mulierum administrationem et consortia non respuebant; quia super petram Christi fundati, ventum tentationis non timebant. Hic ordo sanctorum per quatuor duravit regna.

Die Dienstleistungen und den Umgang mit Frauen wiesen sie nicht zurück; denn da sie auf den Felsen Christi gegründet waren, fürchteten sie den Sturmwind der Versuchung nicht. Dieser Stand von Heiligen währte vier Regierungsperioden lang [d.h. etwa 440–543].

Sedulius Scotus (gest. 854), Scripta quae supersunt universa, Kap. XVI

Lat.: PL 103, 123f.
Dt.: G. L. Müller.

Der irische Gelehrte war ein bekannter Schrifterklärer und Pauluskommentator.

Commendo vobis Phoeben sororem nostram, quae est in ministerio Ecclesiae, quae est Cenchris. (...) Quae est in ministerio Ecclesiae. Sicut etiam nunc in Orientalibus locis diaconissae mulieres in suo sexu ministrare videntur in baptismo sive in ministerio verbi, quia privatim docuisse feminas invenimus, sicut Priscilla, cujus vir Aquila vocabatur: hi duo caesum Paulum virgis, vino oleoque, et aliis rebus medicati sunt. Hanc ministram esse Ecclesiae Cenchris ait; et quia multis adjutorio fuit, etiam ipsa ad adjuvandum peregrinationis causa dicitur. Cenchris portus Corinthi, quia omnes qui ad Corinthum veniunt, mansionem Cenchris habent. (...) *Quae multum laboravit in vobis.* Docet et in hoc debere etiam feminas laborare pro Ecclesiis Dei. Nam et laborant, dum docent adolescentulas sobrias esse, diligere viros suos, filios enutrire, pudicas esse, castas, domum bene regentes, benignas, subditas viris suis, hospitio recipere, sanctorum pedes lavare.

Ich empfehle euch Phöbe unsere Schwester, die im Dienst der Kirche zu Kenchreae steht. ... *Die im Dienst der Kirche steht:* Wie auch heute im Osten der Kirche Frauen als Diakonissen dem eigenen Geschlecht bei der Taufe dienen oder auch durch den Dienst des Wortes, denn wir finden Frauen, die im privaten Bereich Unterweisung gegeben haben, wie nämlich Priszilla, deren Mann Aquila hieß. Diese beiden haben den durch Rutenschläge verletzten Paulus mit Wein, Öl und so weiter gesund gepflegt. Von ihr (i.e. Phoebe) sagt er, sie sei eine Dienerin (ministra) der Kirche von Kenchreae gewesen; und weil sie vielen eine Hilfe war, empfiehlt er nun sie selbst anläßlich ihrer Reise der Unterstützung. Kenchreae ist der Hafen von Korinth, und alle, die nach Konrinth kommen, nehmen in Kenchreae Quartier. (....) *Die viel unter euch gearbeitet hat:* Damit lehrt er, daß auch die Frauen für die Kirchen Gottes wirken müssen. Sie arbeiten nämlich, indem sie die jungen Frauen lehren (docent), besonnen zu sein, ihre Männer zu lieben, ihre Kinder zu erziehen, ehrbar und keusch zu sein, ihrem Hauswesen gut vorzustehen, gütig zu sein, ihren Männern untergeben, Gastfreundschaft zu üben und den Heiligen die Füße zu waschen (vgl. 1 Tim 5,10).

Agnellus von Ravenna, Liber pontificalis (ca. 820), Kapitel 154: Consecratio einer Diakonisse

Dt.: FC 21/2 (Nauerth), 538–541.

Nähere Angaben zur Tätigkeit der Diakonissen fehlen. Sie gehörte aber nicht zum Klerus, der aus Bischof, Presbyter, Diakon, Subdiakon, Akolythen, Ostiariern, Lektoren und Kantoren besteht (vgl. Kapitel 121, S. 449). Allgemein kann jede Form der Weihe von Personen und Sachen mit den Termini *ordinare, consecrare, sacrare* bezeichnet werden, z.B. auch der Männer oder der Dienerinnen Gottes in den Monasterien (Kapitel 60, S. 279). In der noch nicht fixierten Terminologie bedeutet *ordinatio* allgemein die Bestellung zu einem Amt oder Stand innerhalb des Weihesakramentes, und *ordinare* bezeichnet die Bestellung der Person und bedeutet somit darin nur ein Element. Dazu kommen die bischöfliche Handauflegung und das epikletische Weihegebet, in dem die spezifischen Tätigkeiten von Bischof, Presbyter und Diakon umrissen werden. Erst in der Hochscholastik wird *ordinatio* zur Bezeichnung des gesamten Weihevorgangs, und der Begriff *consecratio* wird dem Bischof vorbehalten, um so die höchste Stufe des Weihesakramentes von Presbyterat und Diakonat abzuheben.

Sergius, der 40. Bischof (...) war Laie und hatte eine Braut. Diese hieß Eufemia und Sergius weihte (consecravit) sie nach Übernahme der Kirchenleitung zu seiner Diakonisse, und in diesem Stande blieb sie.

Atto II. Bischof von Vercelli (924–ca. 961), Epistola 8

Lat.: PL 134, 113–115.
Dt.: M. Schlosser.

Der gelehrte, der Kirchenreform (gegen die Simonie) zugewandte Bischof beantwortet die Fragen des Priesters Ambrosius nach der Mitwirkung der Frauen in der frühen Kirche und nach dem Status innerhalb der kirchlichen Ämter. Was bedeuteten die Begriffe *presbytera* und *diaconissa*? Versteht er die Mitwirkung der Diakonissen bei der Taufe von Frauen nach den von ihm zitierten Canones als Salbung der weiblichen Täuflinge oder als den Akt der Taufspendung als solchen? (*Cultor* ist der Mesner; davon *cultrix* = eine Frau, die sich um die Kultgeräte kümmert als Sakristanin; vgl. Lexicon Latinitatis medii aevi: CCL C.M., Turnholti 1986, 268).

[...] Igitur quod vestra prudentia consulere judicavit, quid in canonibus presbyteram, quidve diaconam intelligere debeamus: videtur nobis quoniam in primitiva Ecclesia, quia secundum Dominicam vocem: *Messis multa, operarii pauci (Luc. X,5)*, videbantur, ad adjumentum virorum etiam religiosae mulieres in sancta Ecclesia cultrices ordinabantur. Quod ostendit beatus Paulus in epistola ad Romanos, cum ait: *Commendo vobis Phaebem sororem meam, quae est in ministerio Ecclesiae, quae est Cenchris (Rom. XVI,1)*. Ubi intelligitur quia tunc non solum viri, sed etiam feminae praeerant Ecclesiis, magnae scilicet utilitatis causa. Nam mulieres diu paganorum ritibus assuetae, philosophicis etiam dogmatibus instructae, bene per has familiarius convertebantur, et de religionis cultu liberius edocebantur. Quod Laodicense postmodum prohibet concilium cap. 11, cum dicitur: quod non oportet eas quae dicuntur presbyterae vel praesidentes, in Ecclesiis ordinari. Diaconas vero talium credimus fuisse ministras. Nam diaconum ministrum dicimus, a quo derivatam diaconam perspicimus. Denique legimus in concilio Chalcedonensi, cap. 15 (can. 15) diaconam non ordinandam ante annum quadragesimum, et hanc cum summo libramine. Talibus etiam credimus baptizandi mulieres injunctum esse officium, ut absque ulla penitus verecundia aliarum corpora ab his tractarentur. Nam in statutis Orientalium scriptum est (*Concil. Carthag.* IV, c. 12): Viduae vel sanctimoniales quae ad ministerium mulierum baptizandarum eliguntur, tam instructae sint ad officium ut

possint apto et sano sermone docere imperitas et rusticas mulieres
tempore quo sunt baptizandae, qualiter ad interrogata respondeant, et
qualiter accepto baptismate vivant: sicut enim hae presbyterae dicebantur, praedicandi, jubendi vel edocendi, ita diaconae ministrandi vel
baptizandi officium sumpserant: quod nunc jam minime expedit.
Nam in tanta parvitate ob parentum religionem infantulae baptizantur, ut nulla eis verecundia, nullus baptizantibus voluptatis possit sti-
mulus impedire. Unde jam statum est, ut mulier baptizandi usum assumere non praesumat. Sunt etiam, qui eas priscis temporibus diaconas asseruere appellatas, quas nunc abbatissas nominamus, quod nobis minime congruere videtur. Abbas namque Pater dicitur; unde secundum normam aliorum nominum in genere feminino derivatum abbatissa eadem significatione manente. Cujus vocabuli vis, timoris pariter et amoris, reverentiae et affectionis explicat qualitatem. Diaconam vero nihil aliud quam ministram intelligimus. Quapropter si hujus officii nomen nunc etiam quoquomodo perduraret, in his quae per
mulieres adhuc dispensari videntur, illas diaconas putaremus, quae aetate senili devictae, religiosam vitam cum castitate servantes, oblatio-
nes sacerdotibus offerendas fideliter praeparant, ad ecclesiarum limi-
na excubant, pavimenta detergunt. Possumus quoque presbyteras vel
diaconas illas existimare, quae presbyteris vel diaconis ante ordinationem conjugio copulatae sunt: quas postea caste regere debent, sicut in
canonibus promulgatum est, qui apostolorum titulo annotantur, cap.
6. »Episcopus aut presbyter aut diaconus uxorem propriam nequaquam sub obtentu religionis abjiciat: si vero rejecerit, excommunice-
tur. Sed si perseveraverit, dejiciatur.« Item ex Decretis Leonis papae
cap. 1,7: »Lex continentiae eadem est altaris ministris quae episcopis
atque presbyteris, qui cum essent laici sive lectores, licite et uxores du-
cere et filios procreare, potuere, sed cum ad praedictos pervenere gradus, coepit eis non licere quod licuit«. Unde ut de carnali fiat spiri-
tuale conjugium, oportet eos nec dimittere uxores, et quasi non habeant, sic habere, qua et salva sit charitas connubiorum, et cesset opcra-
tio nuptivarum. Libentius tamen, charissime doctor, secundum super-
iorem sensum quae explicata sunt accipimus, donec a vobis mereamur
certius informari. Omnibus vero istis, sicut mandastis, denegata sunt
conjugia, ut ecclesiasticus honor servetur in omnibus.

(...) Du hast mich um Auskunft gebeten, wie wir in den Canones
»Presbytera« oder »Diacona« zu interpretieren haben. Es scheint uns,
daß in der Urkirche, da es nach dem Herrenwort offenbar bei der
»großen Ernte nur wenige Arbeiter« (Lk 10,2) gab, zur Unterstützung der Männer auch gottesfürchtige Frauen in der heiligen Kirche
als Helferinnen für die Kirchendienste eingesetzt waren. Dies belegt

der heilige Paulus im Brief an die Römer, wo er sagt: »Ich empfehle euch Phöbe, meine Schwester, die im Dienst der Kirche zu Kenchreae steht« (Röm 16,1). Daraus läßt sich entnehmen, daß damals nicht nur Männer, sondern auch Frauen einer Kirche vorstanden (*praeerant ecclesiae*), weil dies nicht wenig Nutzen brachte. Denn die lange in den heidnischen Riten eingewöhnten Frauen, die auch durch die philosophischen Lehranschauungen geprägt waren, wurden im Umgang mit diesen christlichen Frauen auf gute und ihnen vertraute Weise bekehrt und viel freier unterrichtet in Lehre und Praxis der christlichen Religion. Dies hat dann die Synode von Laodikaia im Kanon 11 später verboten, wenn es heißt: Man darf die Frauen, die »Presbyterae« oder »Vorsteherinnen« heißen, nicht [zum Dienst] in den Kirchen ordinieren. Die Diakoninnen aber, so glauben wir, waren deren Dienerinnen (ministrae). Denn diaconus nennen wir den Diener, davon wurde diacona abgeleitet. Schließlich lesen wir im 15. Kanon des Chalkedonense, daß die Diakonin nicht vor dem 40. Lebensjahr bestellt werden soll, und nur nach reiflicher Abwägung. Wir glauben auch, daß ihnen die Aufgabe übertragen wurde, Frauen zu taufen, damit deren Körper ohne jede Verletzung des Schamgefühls berührt werden konnte. Denn in den Statuten der Orientalen (4. Konzil von Karthago, can. 12) ist festgelegt: Witwen und gottgeweihte Frauen, die für den Dienst bei der Taufe von Frauen erwählt werden, sollen so unterwiesen sein für ihre Aufgabe, daß sie mit geeigneter und gesunder Rede die unwissenden Frauen [vom Land] unterrichten können, zu welcher Zeit die Taufe stattfindet, was sie auf die Fragen [des Taufspenders] zu antworten haben, und wie sie nach dem Empfang der Taufe leben sollen. So wie diejenigen, die Presbyterae hießen, die Aufgabe übernommen hatten, zu verkündigen, Anordnungen zu treffen und zu lehren, so hatten die Diakoninnen die Aufgabe, zu dienen oder zu taufen. Dies ist heute keineswegs mehr sinnvoll. Denn so schnell werden, weil die Eltern gläubig sind, schon die kleinen Kinder getauft, daß bei den Täuflingen kein Schamgefühl und keine Erregung von Begierde bei den Taufenden im Weg steht. Von daher steht fest, daß die Frau sich nicht den Vollzug der Taufe anmaßen kann. Manche fügen hinzu, daß die in den frühen Zeiten Diakoninnen Genannten jetzt von uns Äbtissinnen genannt werden, was uns aber keineswegs schlüssig erscheint. Abt heißt nämlich Vater, und nach der Regel der Wortbildung, wie sie auch in anderen Fällen gilt, wird davon das Feminin Äbtissin abgeleitet, wobei die Bedeutung die gleiche bleibt. Dieses Wort beinhaltet Furcht und Liebe gleichermaßen, Ehrerbietung und Zuneigung. Diacona aber heißt nichts anderes als Dienerin. Wenn also der Name dieses Dienstes auf irgendeine Weise fortdauerte, so bezieht er sich auf die Tätigkeiten, die von Frauen bisher ausgeübt werden, und wir halten diejenigen für Diakoninnen, die im fortgeschrittenen Alter, das religiöse Leben mit Keuschheit bewahren, den Priestern treu die Opfergaben bereiten, die Schwellen der Kirche hüten und den Fußboden reinigen. Wir können jene Presbyterinnen und Diakoninnen auch als die Ehefrauen der Presbyter und Diakone ansehen, die diese vor der Weihe hatten. Mit ihnen sollten sie später in Keuschheit zusammenleben, wie es in den Canones festgesetzt ist (Tit. Apost., cap. 6). [...]

Bartholomäus († um 1050), Abt von Grottaferrata, Vita Sancti Nili Junioris

Lat.: PG 120, 134.
Dt.: G. L. Müller.

In der Lebensgeschichte des hl. Neilos d.J. (910–1005), eines der bedeutendsten Vertreter des ital.-griechischen Mönchtums, begegnet eine Diakonissa als Vorsteherin eines Klosters. Dies bestätigt die bis ins 12. Jahrhundert im Osten und im Westen übliche Terminologie, die Leiterin eines Klosters Diakonisse oder *hegoumene/praeposita* zu nennen.

Als der Heilige die Stadt betrat, kamen ihm alle auf der Straße entgegen, um sein verehrungswürdiges Antlitz zu sehen und seinen Segen zu empfangen. Unter ihnen war auch eine Diakonin/Diakonisse (*diakonos*), Vorsteherin eines Klosters (*hegoumene/praeposita*) zusammen mit ihrem Presbyter, der noch in blühender Jugend war. Sie hatte alle ihr untergebenen Jungfrauen zusammengerufen und ging dem heiligen Mann entgegen.

Theodoros Balsamon (1140–1198)

In can. 19 conc. Nicaeni I

Lat.: PG 137, 303; J. Mayer, 63.
Dt.: M. Schlosser.

Der Konstantinopler Kanonist und ernannte Patriarch von Antiochien Theodoros Balsamon (um 1140–1198) vermittelt in seinen bekannten Kommentaren zu Konzilskanones und Vätertexten einen Einblick in die byzantinische Rechtsgeschichte wie in die zeitgenössische Bewertung der Diakonie der Frauen.

313

De diaconissis autem res ita se habet: virgines aliquando ad ecclesiam accedebant, et episcopi suasione sevabantur, ut deo dedicatae, sed cum amictu laico. Id enim est eas in habitu censeri. Cum autem 40 annorum aetatis essent, diaconissarum quoque ordinationem recipiebant, si omnino dignae invenirentur.

Mit den Diakonissen verhält es sich so: Die Jungfrauen kamen zu einer bestimmten Zeit zur Kirche, empfingen die Ermahnung (suasio/προτροπή) des Bischofs und lebten [von da an] als Gott geweiht, blieben jedoch in der Stellung bzw. im Gewand (amictus; σχῆμα) des Laien. Das nämlich ist der Sinn des Ausdrucks: Sie werden nach ihrem Verhalten (habitus; σχῆμα) eingeschätzt [Nicaen. can. 19 hatte bestimmt, daß die aus der Sekte der Paulianer konvertierten Amtsträger, so sie ansonsten für würdig befunden würden, vom katholischen Bischof ordiniert werden konnten. Das gelte auch bzgl. der Diakonissen, »die freilich nach ihrem *habitus* beurteilt werden, da sie keinerlei Handauflegung erhalten, so daß sie zu den Laien zählen«]. Wenn sie dann aber das 40. Lebensjahr erreicht hatten, empfingen sie auch eine Einsetzung durch Handauflegung als Diakonissen, wenn sie gänzlich als würdig befunden wurden.

In can. 15 conc. Chalkedon

Lat./Griech.: PG 137,441.
Dt.: G. L. Müller.

Quae in praesenti canone tractantur, omnino exolevere. Diaconissa enim hodie non ordinatur, etiamsi quaedam ascetriae abusive diaconissae dicantur.

Was in diesem Kanon behandelt wird, ist heute ganz ohne Bedeutung. Die Diakonisse wird heute nicht mehr geweiht (*cheirotoneistei*), obgleich es gewisse Asketinnen gibt, die mißbräuchlich Diakonissen genannt werden.

In can. 48 conc. in Trullo

Lat.: PG 137,688; J. Mayer, 64.
Dt.: G. L. Müller.

Quod autem laicae solum mulieres dignae diaconissae dignitate habebantur, verum non est. Nam et monachae ea dignae habebantur.

Nicht wahr ist es, daß nur weibliche Laien der Würde des Diakonissenamtes für würdig erachtet wurden. Denn auch die Nonnen wurden dafür würdig gehalten.

Responsa ad interrogationes Marci

Lat.: PG 138, 988; J. Mayer, 64.
Dt.: M. Schlosser.

Nach manchen alten Kirchenordnungen (aus dem syrischen Raum) folgten die Diakonissen bei der Aufstellung des Klerus auf den Altarstufen nach Bischof, Presbytern und Diakonen vor dem Subdiakon und weiteren ordines minores. Daß dies jetzt nicht mehr der Fall ist, obwohl das Amt der Diakonisse als Klostervorsteherin aber noch in manchen Kirchen besteht, führt der Vf. auf die mögliche Verunreinigung des Altarraums durch die monatliche Blutung zurück. Dies scheint aber eher praktisch gemeint zu sein, da ja das Amt der Diakonisse weiterbesteht, als daß Vorstellungen einer Unreinheit der Frau, die sie kultunfähig machen würden, dahinterstehen. Die alttestamentliche Vorstellung der kultischen Reinheit, die für die christliche Liturgie in keiner Weise maßgebend ist, hat keinen geschlechtsabwertenden Hintergrund, sondern ist Ausdruck der Ehrfurcht vor dem Mysterium der Mann und Frau anvertrauten Weitergabe des Lebens, dessen Urheber und Schöpfer allein Gott ist. Der Enthaltsamkeitszölibat und später der Ehelosigkeitszölibat für die höheren Kleriker entstand auf dem Hintergrund der Vorstellung der geistlichen Ehe Christi und der Kirche, die der Priester sakramental darstellt. Durch Wort und Sakrament zeugt er nicht leiblich, sondern geistlich Kinder für das Gottesreich.

Olim aliquando ordines diaconissarum canonibus cogniti fuere, habebantque ipsae gradum ad altare. Menstruorum autem inquinatio ministerium earum a divino et sancto altari expulit. In sanctissima autem ecclesia sedis Constantinopolitanorum diaconissae deliguntur, unam quidem communicationem non habentes ad altare, in multis autem habentes conventum, et muliebrem coetum ecclesiastice dirigentes.

Einstmals wußten die Canones auch vom Stand der Diakonissen; sie gehörten zum Klerus[1]. Die Verunreinigung aufgrund der monatlichen Regel hat zur Abschaffung ihres Dienstes am heiligen Altar Gottes geführt. In der heiligen Kirche des Stuhles von Konstantinopel be-

---

[1] Wörtlich: »Sie hatten Zugang zum Altar« (βαθμόν ἐν τὸ βήματι). Dieser Ausdruck wird im übertragenen Sinn gebraucht: »zum Stand des Klerus gehören«. Für den Übersetzungshinweis danke ich Herrn Dr. Jurij Avvakumov.

stellt man jedoch Diakonissen; sie haben zwar keinen bestimmten Stand im Klerus, leisten aber verschiedene Kirchendienste, und sie achten auf Ordnung in dem Bereich der Kirche, wo sich die Frauen befinden[2].

Petrus Abaelardus (1079–1142)

Zur Zeit Abaelards war es üblich, die vormals Diakonisse genannte Vorsteherin des Klosters »Äbtissin« zu nennen.

Brief 8 an Eloisa

Lat.: V. Cousin I, Paris 1849, 555f.
Dt.: M. Schlosser.

Septem vero personas ex vobis ad omnem monasterii administrationem necessarias esse credimus atque sufficere: cellerariam, vestiariam, infirmariam, cantricem, sacristam et ad extremum diaconissam, quam nunc abbatissam nominant.

Für die ganze Verwaltung des Klosters halten wir sieben Personen für notwendig und ausreichend: die Zellerarin, die Vestiarin, die Krankenschwester, die Kantorin, die Sakristanin und schließlich die Diakonisse, die man nun Äbtissin nennt.

Sermo 31, In natali St. Stephani

Im Hinblick auf Röm 16,1 erklärt Abaelard die Tätigkeit der Diakonissen als Fortsetzung des Dienstes von Frauen, den sie zuerst Christus und dann den Aposteln geleistet haben. Er beruft sich für seine traditionelle Auslegung der Rolle von Phöbe auf Cassiodor, Claudius von Turin, Hieronymus und Origenes.

Lat.: PL 178, 569–573, hier: 572.
Dt.: M. Schlosser.

[2] Der Gegensatz besteht offenbar zwischen: μίαν μεν μετουσίαν μὴ ἔχουσαι εν τῷ βήματι und ἐλησιάξουσαι δὲ τὰ πολλά. Männer und Frauen hatten in der Kirche getrennte Plätze und u.U. verschiedene Eingänge. Vgl. Apost. Konst. VIII, 11 (BKV 1912 Bd. 5, S. 42): Diakone, Subdiakone und wohl auch Diakonissen hatten die Aufgabe, für Ordnung zu sorgen, daß kein Geschwätz entstehe etc.; vgl. auch Apost. Konst. VIII, 28 (S. 62): »Die Diakonisse segnet nicht und tut überhaupt nichts von dem, was die Priester und Diakone tun, sondern hat die Kirchentüren zu bewachen oder des Anstandes wegen den Priestern bei der Taufe von Frauen zu dienen«. Vgl. oben S. 261.

Perpendite (sorores) et quanto vos honore divina gratia sublimaverit, qui vos primum suas et postmodum apostolorum habuit diaconas, cum tam illis (coni.: illi) quam istis sanctis viduis (coni.: viduas) de suis facultatibus constet ministrasse. Unde et ipsas tam diaconas quam diaconissas antiquitus appellare doctores sancti consuevere. De quarum etiam mensis ordo diaconatus in praedictis viris incoeptus, ad dominicam altaris mensam postmodum est translatus; ut qui diaconarum fuerant diaconi, nunc levitae efficiantur Christi. Quibus pariter et feminas in hoc diaconatus ordine ab apostolo coniunctas esse, doctores sancti multis profitentur in locis. (Sequitur Rom 16,1). Quem quidem locum Cassiodorus in huius epistolae commentariis suis exponens:»Significat«, inquit,»diaconissam fuisse matris ecclesiae, quod in partibus Graecorum hodie usque peragitur, quibus et baptizandi usus in ecclesia non negatur.« Hinc et Claudius ita meminit:»Hic locus apostolica auctoritate docet etiam feminas in ministerio ecclesiae institui, in quo officio positam Phoeben apud ecclesiam, quae est in Cenchris, apostolus magna cum laude et commendatione prosequitur.« Hieronymus quoque illum apostoli locum ad Timotheum scribentis exponens, dicit:»Adolescentiores autem viduas devita in ministerio diaconatus praeponere, nec malum pro malo detur exemplum.«

Bedenkt, Schwestern, zu welcher Ehre euch die Gnade Gottes erhoben hat, der euch zuerst als seine Dienerinnen, und dann als Dienerinnen seiner Apostel in Anspruch nehmen wollte, da es feststeht, daß sowohl ihm als auch diesen Heiligen Witwen mit ihrem Vermögen dienten. Daher haben die heiligen Lehrer seit alters her diese Frauen Diakoninnen oder Diakonissen genannt. Vom Dienst an deren Tischen aus nahm der Stand des Diakonates mit den vorher erwähnten Männern den Anfang, und wurde dann auf den Dienst am Tisch des Herrn übertragen, so daß diejenigen, die vorher Diener der Dienerinnen (diaconi diaconarum) waren, nun zu Leviten Christi wurden. Daß diesen gleichermaßen auch Frauen in diesem Stand vom Apostel beigegeben wurden, bezeugen die heiligen Lehrer an vielen Stellen. »Ich empfehle euch Phoebe ...« (es folgt Röm 16,1). Diese Stelle legt Cassiodor in seinem Kommentar folgendermaßen aus:»Er bezeichnet damit eine Diakonisse der Mutter Kirche, wie es heute noch Brauch ist im griechischen Bereich, wo ihnen (i.e. Diakonissen) auch das Taufen zugestanden wird.« Daher erwähnt auch Claudius [Bischof, gest. 827, der ihm hier zugeschriebene Satz läßt sich bis Origenes zurückverfolgen, Kommentar zum Römerbrief 10, 17: vgl. J. Mayer, 8]: »Diese Stelle lehrt mit apostolischer Autorität, daß auch Frauen zum Dienst in der Kirche bestellt werden können; daß Phoebe in einem solchen Dienst stand in der Kirche, die in Kenchreae war, schildert der

Apostel mit großem Lob.« Auch Hieronymus sagt anläßlich der Auslegung jener Stelle im Timotheus-Brief: »Vermeide es, jüngere Witwen zum Dienst des Diakonates zu nehmen (praeponere), damit nicht
ein Übel für das andere ein Vorbild abgibt.«

Hildegard von Bingen (1098–1179), Scivias, II. Teil, 6. Schau

Als Vertreterin der symbolischen Theologie des frühen Mittelalters gibt
Hildegard die Tradition der Kirche wieder. Sie erschließt die Bestimmung
der Kirche, daß Frauen nicht zum Priesterdienst am Altar hinzutreten
können, von der Bräutigam-Braut-Beziehung zwischen Christus und der
Kirche her. Der Priester repräsentiert in der natürlichen Symbolik seiner
Bezogenheit als Mann zur Frau den Bräutigam Christus, der durch seine
Hingabe am Kreuz sich die Kirche als Braut erworben hat.

Lat.: CCL C.M. 43 (Führkötter/Karlevaris) 290.
Dt.: Scivias, hrsg. von W. Storch, Augsburg 1991, 271.

76. Quod feminae ad officium altaris non debent accedere.
Sic etiam nec feminae ad idem officium altaris mei debent accedere,
quoniam ipsae infirmum et debile habitaculum sunt, ad hoc positae ut
filios pariant et eos parientes diligenter enutriant. Sed femina non per
semetipsam, sed de viro infantem concipit, sicut nec terra per semetipsam sed per agricolam aratur. Quapropter ut terra semetipsam arare
non potest, ita nec femina in officio consecrationis corporis et sangui-
nis Filii mei sacerdoti comparanda est, quamvis in laude creatoris sui
sonare possit, ut et terra ad irrigationem fructuum pluviam suscipit.
Et ut terra omnem fructum profert, ita etiam et in femina omnis fructus boni operis perficitur. Quomodo? Quia summum sacerdotem
sponsum accipere potest. Quomodo? Virgo desponsata Filio meo
sponsum eum accipit, quoniam corpus suum carnali viro conclusit, et
ideo in sponso suo sacerdotium et omne ministerium altaris mei habet
atque omnes divitias ipsius cum eo possidet. Sed et vidua eiusdem Filii mei sponsa potest appellari, quae carnalem virum renuens sub alas
protectionis eius fugit. Et ut sponsus sponsam suam valde diligit, sic
etiam Filius meus sponsas suas dulcissime amplectitur quae ad eum in
amore castitatis sollicite currunt.

76. Frauen dürfen nicht zum Altardienst hinzutreten.
So dürfen auch keine Frauen zu diesem meinem Altardienst hinzutreten, weil sie ein schwaches und gebrechliches Gefäß sind. Sie sind dazu bestellt, Kinder zu gebären und die sie gebären, sorgfältig aufzu-

ziehen. Doch empfängt die Frau nicht aus sich, sondern von einem Mann ein Kind, wie auch die Erde von einem Landmann und nicht durch sich selbst gepflügt wird. Wie daher die Erde nicht aus sich selbst pflügen kann, so darf auch dem Priester beim Dienst der Konsekration des Leibes und Blutes meines Sohnes keine Frau gleichgestellt werden, wenngleich sie das Lob ihres Schöpfers singen kann. So empfängt auch die Erde Regen zu fruchtbarer Bewässerung; und wie die Erde jede Frucht hervorbringt, so kommt in der Frau jede Frucht eines gutes Werkes zur Vollendung. Wieso? Weil sie den Hohenpriester zum Bräutigam nehmen kann. Auf welche Weise? Die meinem Sohn vermählte Jungfrau erhält ihn als Bräutigam, weil sie ihren Leib einem fleischlichen Mann versagte (conclusit). Und deshalb hat sie in ihrem Bräutigam das Priestertum und jeden Altardienst und besitzt all seinen Reichtum mit ihm. Doch auch eine meinem Sohn geweihte Witwe kann man Braut nennen, denn sie hat einen fleischlichen Mann zurückgewiesen und hat sich unter seine schützenden Flügel geflüchtet. Und wie der Bräutigam seine Braut innig liebt, so umarmt auch mein Sohn liebevoll seine Bräute, die aus Liebe zur Keuschheit eifrig zu ihm eilen.

Decretum Magistri Gratiani, (1142) p. I dist. 32 c.19

Gratian, der »Vater der Kirchenrechtswissenschaft« in Bologna, hat in seiner Schrift »Concordia discordantium canonum« die gesamte kanonistische Tradition gesichtet und kommentiert. Dieses Werk bildet unter der Bezeichnung Decretum Gratiani zusammen mit einer Dekretensammlung den Grundstock des bis 1917 geltenden Corpus Iuris Canonici, das vom Codex Iuris Canonici 1917 und 1983 abgelöst wurde. Der Verf. klärt die Bezeichnungen *presbyterae* und *matricuriae* (d.h. Diakonissen, vgl. Lexicon Latinitatis Medii aevi: CCL C.M., Turnholt 1986) für Frauen, die aber nicht im Sinne der sakramentalen Ordination geweiht sind. Vgl. aus dem Decretum Gratiani Cap. 15, q. 3 unter den Texten des Lehramtes.

Lat.: Friedberg I, 122.
Dt.: G. L. Müller.

Mit den Frauen, die bei den Griechen *presbyterae*, bei uns aber Witwen genannt werden, sind jene älteren Frauen gemeint, die einmal verheiratet gewesen waren (*univirae et matricuriae*), und Wächterinnen des Kircheneingangs heißen, sie darf man aber in der Kirche nicht gleichsam als Geweihte (*ordinatas*) einsetzen.

Magister Rufinus, Summa Decretorum (ca. 1157), Causa 27 q. 1

Der bedeutende Kanonist der Schule von Bologna, der auf dem III. Laterankonzil 1179 als Bischof von Assisi anwesend war, behandelt in seiner Summa aus den Jahren 1157–1159 das Thema der Diakonissen mit Berufung auf Ambrosius (= Ambrosiaster). Er unterscheidet sachlich und dogmatisch die Ordination zum Diakon als Sakrament von einer sonstigen Einsetzung zu einem Dienst in der Kirche. Er weist die Behauptung der Kataphrygier, daß die Weihe der Diakonin als Sakrament zu verstehen ist, als Häresie zurück. Mit der Ausbildung des Sakramentsbegriffs in der Pariser Schule um 1150, als der allgemeine Begriff von Sakrament für jedwedes heilige Zeichen zu einem Terminus technicus für die sieben *ex opere operato* wirksamen Heilszeichen reserviert wurde, ist auch die Interpretation der Diakonissenweihe eindeutig. Im Unterschied zu den drei Amtsstufen des Weihesakramentes kann sie nur als eine Benediktion bzw. als *ordo minor* gewertet werden.

Lat.: Summa Decretorum, hg. von Heinrich Singer, Paderborn 1902, S. 437.

Dt.: M. Schlosser.

Cap. 23. *Diaconissam* etc. Satis mirandum ducimus, quomodo concilium diaconissas post annos XL statuat ordinandas, cum Ambrosius [Ambrosiaster] dicat diaconas ordinari esse contra auctoritatem. Ait enim, in epistol. [I.] ad Timotheum super illum locum »Mulieres similiter pudicas« etc. »Occasione horum verborum Catafrige dicunt diaconas debere ordinari, quod est contra auctoritatem«. Sed aliud est eas ordinari sacramento tenus ad altaris officium, sicut ordinantur diacones: quod quidem prohibetur; aliud ad aliquod aliud ecclesie ministerium: quod hic permittitur. Hodie tamen huiusmodi diaconisse in ecclesia non inveniuntur, sed forte loco earum abbatisse ordinantur.

Cap. 23 Die Diakonisse etc. Wir finden es sehr verwunderlich, daß das Konzil (von Chalkedon) das Mindestalter für die Weihe der Diakonissen auf 40 festlegt, da doch Ambrosius (i.e. der Ambrosiaster) sagt, daß die Weihe der Diakoninnen gegen die Autorität (des Apostels) steht. Er schreibt nämlich anläßlich der Stelle im 1. Timotheusbrief zur Stelle, wo es heißt: »Ebenso seien die Frauen ehrbar« (1 Tim 3,11) folgendes: Diese Worte nehmen die Kataphrygier (i. e. die Montanisten) zum Anlaß, zu behaupten, daß auch Frauen zu Diakoninnen zu weihen seien, was gegen die (apostolische) Autorität ist. Aber es ist *eine* Sache, durch ein Sakrament, das sich auf den Dienst am Altar bezieht, geweiht zu werden (ordinari), so wie die Diakone geweiht werden, was jedoch verboten ist. Eine *andere* Sache ist es, zu irgendeinem Dienst der Kirche geweiht zu werden, was hier erlaubt wird. Heute jedoch finden wir in der Kirche nicht mehr die Diakonissen dieser Art, sondern womöglich werden an ihrer Stelle die Äbtissinnen geweiht.

Magister Rolandus Bandinelli (Papst Alexander III.) (1159–1181), Summa, Causa 27 q. 1

Der bedeutende Kanonist und spätere Papst kommentiert den Brauch der Bestellung von Diakonissen. Sie sind für ihn Vorleserinnen des Evangeliums in den Kirchen von Frauenklöstern.

Lat.: F. Thaner (Hg.), Summa Magistri Rolandi, Innsbruck 1874, 121.
Dt.: G. L. Müller.

Antiquitus diaconissas i.e. evangeliorum lectrices in ecclesiis ordinari moris fuisse, dubium non est, quarum nulla ante quadragesimum annum ordinari debebat, nec post ordinationem matrimonium eis contrahere ullomodo licebat.

Daß es von alters her Brauch gewesen ist, Diakonissen, d.h. Vorleserinnen des Evangeliums in den Kirchen zu weihen (ordinari), daran besteht kein Zweifel. Keine von ihnen durfte vor dem 40. Lebensjahr geweiht werden, auch war es ihnen keinesfalls mehr erlaubt, nach der Weihe eine Ehe einzugehen.

Robert von Flamborough (b. Yorkshire), Liber poenitentialis (1208/13), q. VI, 42

Lat.: Cod. Bamberg Patr. 132 f. 13.
Dt.: M. Schlosser.

Der Verf. war Beichtvater der Abtei St. Viktor in Paris. Gemäß der Unterscheidung in der systematisch ansetzenden Sakramententheologie der Früh- und Hochscholastik wird sprachlich und sachlich unterschieden zwischen der Substanz des Sakraments im Unterschied von den kirchlich hinzugefügten Riten. Ab 1150/1200 wird in allen Kommentaren zu den Sentenzen des Lombardus (Sent IV, dist. 25), und dann auch ab 1300 zum Supplementum quaestio 39 der Summa theologiae des Thomas von Aquin, der *sexus virilis* zur Substanz des Weihesakraments, das heißt zu dessen Wesensbestand, gerechnet. Demgemäß wäre die an einer Frau vollzogene Weihehandlung nicht nur unerlaubt als Verstoß gegen die Disziplin der Kirche, sondern auch ungültig und damit unwirksam vor Gott.

De substantia ordinis sunt sexus, baptismus, prima tonsura, ceterorum ordinis fundamentum, potestas ordinantis et eius intentio et forte intentio ordinati et verba. Sexus est de substantia ordinis, quia mulieres benedicantur, non ordinantur, licet inveniatur, quod aliquando fuerunt diaconisse. Sed in alio sensu dicebantur diaconisse quam hodie diaconus. Nunquam enim habuit femina illud officium, quod modo habet diaconus, nec hermafroditus, etiam si in eo prevaleat sexus virilis.

Zur Substanz des Weihesakraments gehören das Geschlecht, die Taufe, die erste Tonsur als Grundlage der weiteren Stufen des Ordo; des weiteren die Vollmacht des Weihespenders und seine Intention und wohl auch die Intention des Weihekandidaten sowie die Worte (des Weihegebets). Das (männliche) Geschlecht gehört zur Substanz des Weihesakraments, da Frauen zwar einen Segen empfangen, aber nicht die Ordination, auch wenn festzustellen ist, daß es einst Diakonissen gab. Aber in einem anderen Sinn sprach man von Diakonisse als heute vom Diakon. Niemals hatte die Frau jenen Dienst, der nur dem Diakon eigen ist. Auch ein Hermaphrodit kommt nicht in Frage, selbst wenn bei ihm das männliche Geschlecht überwiegen sollte.

Thomas von Aquin (1225/26–1274)

Die Schlüsselgewalt der Kirche: Suppl. 39 a. 1

Lat./dt.: Deutsche Thomas-Ausgabe, Bd. 32, 309–312.

Da die Summa theologiae im 3. Teil bei der Behandlung des Bußsakraments abbricht, wurde die Darstellung der weiteren Sakramente aus Thomas' Kommentar zu den Sentenzen des Lombardus ergänzt. Dieser Kommentar ist ein Frühwerk. Der Kanon der Fragen nach dem gültigen Weiheempfänger (Kind oder Erwachsener, Leibeigener oder Freier, Mann oder Frau) wird behandelt mit Hilfe der scholastischen Methode von Auctoritas (positive Beweise aus Schrift, Tradition, kirchliche Lehrentscheidungen) und Ratio (spekulative Beweise der Vernünftigkeit und Konvenienz). Die persönlichen psychologischen Dispositionen, die bei mittelalterlichen Autoren wenig bekannt sind, spielen für die Darlegung überhaupt keine Rolle. Der Empfang der Tonsur ist die Aufnahme in den Klerikerstand, der in sieben aufsteigenden Graden der niederen und höheren Weihen verliehen wird. Wem der Zugang zu dieser Stufenfolge nicht zusteht, kann a fortiori auch das eigentliche Sakrament, das *sacerdotium,* nicht empfangen. Thomas stellt insgesamt fest, daß eine Frau nicht nur *de necessitate praecepti,* sondern *de necessitate sacramenti* die Weihe der inneren

Gnadenwirklichkeit und der Vollmachtsübertragung nach nicht empfangen kann, selbst wenn äußerlich die Weihehandlung vollzogen würde. Der innerste Grund für die Praxis ist darum der Stiftungswille Christi als ius divinum, das in der Heiligen Schrift grundgelegt ist, in der Lehrtradition der Kirche folgerichtig entfaltet und in der Lehrentscheidung von Bischöfen und Papst authentisch ausgelegt wird. Er geht keineswegs anthropologisch von einer lex naturalis, etwa einer naturhaften geistigen Unterlegenheit der Frau aus und schließt dabei auf das göttliche Recht bezüglich eines dadurch unmöglichen Weiheempfangs durch eine Frau. Vielmehr geht er positiv vom ius divinum aus und versucht dies mit Hilfe von Konvenienzargumenten zu verdeutlichen. Die Konvenienzargumente sind aber nicht ausschlaggebend für die kirchliche authentische Glaubenslehre, die wie gesagt in den kirchenkonstitutiven Akten Christi gründet. Er verweist sakramententheologisch auf die Positivität der Mann-Frau-Relation, die sich im Verhältnis Christi zur Kirche darstellt und ihr zugleich eine sakramentale Dimension eröffnet. Dies besagt aber auch, daß wegen der Zeichennatur des Weihesakramentes nur ein Mann Christus in seinem Verhältnis als Bräutigam der Kirche zur Kirche selbst realsymbolisch repräsentieren kann. Vgl. Rupert von Deutz (1111), De divinis officiis, 1,19: »Sacerdos in officio altaris capitis sui scilicet Christi, cuius membrum est, personam gerit.« (CCL C. M. 7,17).

Articulus I
Utrum sexus femineus impediat ordinis susceptionem
Ad primum sic proceditur. Videtur quod sexus femineus non impediat ordinis susceptionem. Quia officium prophetiae est majus quam officium sacerdotis; quia propheta est medium inter Deum et sacerdotes, sicut sacerdos est inter Deum et populum. Sed prophetiae officium aliquando mulieribus est concessum, ut patet 4 Reg. Ergo et sacerdotii officium eis competere potest.
2. *Praeterea,* sicut ordo ad quandam perfectionem pertinet, ita et praelationis officium, et martyrium, et religionis status. Sed praelatio committitur mulieribus in novo Testamento, ut patet de abbatissis: et in veteri, ut patet de Debbora, quae judicavit Israel, Judic. 4. Competit etiam eis martyrium, et religionis status. Ergo et ordo Ecclesiae.
3. *Praeterea*, ordinum potestas in anima fundatur. Sed sexus non est in anima. Ergo diversitas sexus non facit distinctionem in receptione ordinum.
Sed contra est quod dicitur 1 Tim. 2: »Mulierem in Ecclesia docere non permitto, nec dominari in virum.«
2. *Praeterea*, in ordinandis praeexigitur corona: quamvis non de necessitate sacramenti. Sed corona et tonsura non competunt mulieribus: ut patet 1 Cor. 11. Ergo nec ordinum susceptio.
Respondeo dicendum quod quaedam requiruntur in recipiente sacramentum quasi de necessitate sacramenti: quae si desunt, non potest

aliquis suscipere neque sacramentum neque rem sacramenti. Quaedam vero requiruntur non de necessitate sacramenti, sed de necessitate praecepti, propter congruitatem ad sacramentum. Et sine talibus aliquis suscipit sacramentum, sed non rem sacramenti. Dicendum ergo quod sexus virilis requiritur ad susceptionem ordinum non solum secundo modo, sed etiam primo. Unde, etsi mulieri exhibeantur omnia quae in ordinibus fiunt, ordinem non suscipit. Quia, cum sacramentum sit signum, in his quae in sacramento aguntur requiritur non solum res, sed signum rei: sicut dictum est quod in extrema unctione exigitur quod sit infirmus ut significetur curatione indigens. Cum igitur in sexu femineo non possit significari aliqua eminentia gradus, quia mulier statum subjectionis habet; ideo non potest ordinis sacramentum suscipere.

Quidam autem dixerunt quod sexus virilis est de necessitate praecepti, sed non de necessitate sacramenti, quia etiam in Decretis fit mentio de »diaconissa« et »presbytera«. – Sed ›diaconissa‹ dicitur quae in aliquo actu diaconi participat, sicut quae legit homiliam in ecclesia. ›Presbytera‹ autem dicitur vidua, quia presbyter idem est quod ›senior‹.

Ad primum ergo dicendum quod prophetia non est sacramentum, sed Dei donum. Unde ibi non exigitur significatio, sed solum res. Et quia secundum rem in his quae sunt animae mulier non differt a viro, cum quandoque mulier inveniatur melior quantum ad animam viris multis: ideo donum prophetiae et alia hujusmodi potest recipere, sed non ordinis sacramentum.

Et per hoc patet solutio *Ad secundum et tertium*.

De abbatissis tamen dicitur, quod non habent praelationem ordinariam, sed quasi ex commissione, propter periculum cohabitationis virorum ad mulieres. – Debbora autem in temporalibus praefuit, non in sacerdotalibus: sicut et nunc possunt mulieres temporaliter dominari.

1. Artikel

Verhindert das weibliche Geschlecht den Empfang der Weihe?

1. Das Amt der Prophetie steht höher als das Amt des Priesters: denn der Prophet steht in der Mitte zwischen Gott und den Priestern, wie der Priester in der Mitte steht zwischen Gott und dem Volk (Hebr 5,1). Nun aber wird das Amt der Prophetie bisweilen Frauen zugestanden, wie aus 4 (2) Kön 22,14 hervorgeht. Also kann ihnen auch das Amt des Priestertums zukommen.

2. Wie die Weihe eine gewisse Vollkommenheit bedeutet, so auch das Amt der kirchlichen Vorsteherschaft, das Martyrium und der Ordensstand. Nun aber wird im Neuen Bund den Frauen eine Vorsteherschaft aufgetragen, wie das bei den Äbtissinnen offensichtlich ist; und im Alten Bund bei Debora, welche über Israel zu Gericht saß (Ri

4,4ff.). Ebenfalls kommt ihnen auch das Martyrium zu und der Ordensstand. Also auch die Weihe der Kirche.
3. Die Gewalt der Weihen ist in der Seele begründet. Nun aber liegt das Geschlecht nicht in der Seele. Also bewirkt die Verschiedenheit des Geschlechts keinen Unterschied im Empfang der Weihen.

Anderseits (sed contra) heißt es 1 Tim 2,12:»Ich erlaube der Frau nicht, in der Kirche zu lehren, noch über den Mann zu herrschen« (vgl. 1 Kor 14,34).
2. Bei den zu Weihenden ist die Tonsur erforderlich, obwohl sie kein notwendiges Erfordernis des Sakramentes ist. Nun aber sind kleine und große Tonsur für Frauen nicht passend, wie aus 1 Kor 11,6 hervorgeht. Also auch nicht der Empfang von Weihen.

Antwort: Für den Empfänger des Sakramentes ist einiges erfordert, was zum Zustandekommen des Sakramentes notwendig ist: fehlt es, so kann jemand weder das Sakrament noch die Sache (Wirkung) des Sakramentes (vgl. S.th. III 66,1) empfangen. Einiges hingegen ist erfordert, das nicht zum Zustandekommen des Sakramentes, sondern zur Erfüllung des Gebotes notwendig ist, aus Gründen der Angemessenheit dem Sakrament gegenüber. Fehlt nur dieses, so empfängt jemand das Sakrament, nicht aber die Sache (die Wirklichkeit) des Sakramentes. Es ist also zu sagen: männliches Geschlecht ist zum Empfang der Weihen nicht nur in der zweiten Weise erfordert, sondern auch in der ersten. Wenn darum auch einer Frau gegenüber alles vollzogen wird, was bei den Weihen geschieht, so empfängt sie dennoch das Sakrament nicht. Da nämlich das Sakrament ein Zeichen darstellt, ist beim Vollzug des Sakramentes nicht nur die Sache, sondern auch das Zeichen erfordert; so ist schon gesagt worden (32,1), bei der Letzten Ölung sei es erforderlich, daß der Empfänger krank ist, damit bezeichnet wird, daß er der Behandlung bedarf. Da nun beim weiblichen Geschlecht kein Zeichen für einen Vorrang vorliegen kann, weil die Frau einen Stand der Unterordnung einnimmt, darum kann sie das Sakrament der Weihe nicht empfangen.
Einige haben jedoch gesagt, das männliche Geschlecht sei nur zur Erfüllung des Gebotes notwendig, nicht aber zum Zustandekommen des Sakramentes, weil auch im Dekret (Gratians) der »Diakonisse« und der »Presbyterin« Erwähnung geschieht. – Nun aber wird ›Diakonisse‹ jene Frau genannt, die an einer Tätigkeit des Diakons teilhat, so z.B. die Vorleserin der Homilie in der Kirche. ›Presbyterin‹ aber wird die Witwe genannt, denn ›Presbyter‹ bedeutet dasselbe wie ›der Ältere‹.
Zu 1. Die Prophetie ist kein Sakrament, sondern eine (besondere) Gabe Gottes (S.th. II-II 172,1). Darum wird für den Propheten keine Zeichenbewandtnis erfordert, sondern nur die Sache (Gnadengabe) selbst.

Und weil die Frau im seelischen Bereich sich der Sache nach nicht vom Manne unterscheidet – denn bisweilen findet sich eine Frau, die der Seele nach besser ist als viele Männer – : darum kann sie die Gabe der Prophetie empfangen und anderes dergleichen, nicht aber das Sakrament der Weihe. Hieraus ergibt sich die Lösung Zu 2 und Zu 3. [Zu 2.] Was allerdings die Äbtissinnen betrifft, so haben sie keine ordentliche Vorsteherschaft, sondern gleichsam nur eine übertragene, wegen der Gefahr des Zusammenwohnens von Männern mit Frauen. – Debora aber hatte einen Vorrang im weltlichen Bereich, nicht aber im priesterlichen; wie ja auch heute Frauen im weltlichen Bereich Herrschaft ausüben können.

Thema »Herrschaft«: S.th. I 96 a. 4.

Lat./Dt.: Deutsche Thomas-Ausgabe, Bd. 7, 129–131.

Articulus IV
Utrum homo in statu innocentiae homini dominabatur
Ad quartum sic proceditur. Videtur quod homo in statu innocentiae homini non dominabatur. Dicit enim Augustinus, 19 de Civ. Dei [cap. 15]: »Hominem rationalem, ad imaginem suam factum, non voluit Deus nisi irrationalibus dominari; non hominem homini, sed hominem pecori.«
2. *Praeterea*, illud quod est introductum in poenam peccati, non fuisset in statu innocentiae. Sed hominem subesse homini, introductum est in poenam peccati; dictum est enim mulieri post peccatum: »Sub potestate viri eris«, ut dicitur Gen. 3. Ergo in statu innocentiae non erat homo homini subjectus.
3. *Praeterea*, subjectio libertati opponitur. Sed libertas est unum de praecipuis bonis, quod in statu innocentiae non defuisset, quando »nihil aberat quod bona voluntas cupere posset«, ut Augustinus dicit, 14 de Civ. Dei [cap. 10]. Ergo homo homini in statu innocentiae non dominabatur.
Sed contra, conditio hominum in statu innocentiae non erat dignior quam conditio angelorum. Sed inter angelos quidam aliis dominantur; unde et unus ordo *Dominationum* vocatur. Ergo non est contra dignitatem status innocentiae, quod homo homini dominaretur.
Respondeo dicendum quod dominium accipitur dupliciter. Uno modo, secundum quod opponitur servituti; et sic dominus dicitur cui aliquis subditur ut servus. Alio modo accipitur dominium, secundum quod communiter refertur ad subjectum qualitercumque; et sic etiam ille qui habet officium gubernandi et dirigendi liberos, dominus dici potest. Primo ergo modo accepto dominio, in statu innocentiae homo

homini non dominaretur; sed secundo modo accepto dominio, in statu innocentiae homo homini dominari potuisset. Cujus ratio est, quia servus in hoc differt a libero, quod »liber est causa sui«, ut dicitur in principio Metaph. [cap. 2]; servus autem ordinatur ad alium. Tunc ergo aliquis dominatur alicui ut servo, quando eum cui dominatur, ad propriam utilitatem sui, scilicet dominantis, refert. Et quia unicuique est appetibile proprium bonum, et per consequens contristabile est unicuique quod illud bonum quod deberet esse suum, cedat alteri tantum; ideo tale dominium non potest esse sine poena subjectorum. Propter quod in statu innocentiae non fuisset tale dominium hominis ad hominem.

Tunc vero dominatur aliquis alteri ut libero, quando dirigit ipsum ad proprium bonum ejus qui dirigitur, vel ad bonum commune. Et tale dominium hominis ad hominem in statu innocentiae fuisset propter duo. Primo, quia homo naturaliter est animal sociale; unde homines in statu innocentiae socialiter vixissent. Socialis autem vita multorum esse non potest, nisi aliquis praesideret, qui ad bonum commune intenderet; multi enim per se intendunt ad multa, unus vero ad unum. Et ideo Philosophus dicit in princ. Polit. [cap. 5], quod quandocumque multa ordinantur ad unum, semper invenitur unum ut principale et dirigens. – Secundo, quia, si unus homo habuisset super alium supereminentiam scientiae et justitiae, inconveniens fuisset nisi hoc exequeretur in utilitatem aliorum; secundum quod dicitur 1 Petr 4: »Unusquisque gratiam quam accepit, in alterutrum illam administrantes.« Unde Augustinus dicit, 19 de Civ. Dei [cap. 14 sq.], quod »justi non dominandi cupiditate imperant, sed officio consulendi; hoc naturalis ordo praescribit, ita Deus hominem condidit«.

Et per hoc patet responsio ad omnia objecta, quae procedunt de primo modo dominii.

4. Artikel
Ob der Mensch im Unschuldsstande über den Menschen herrschte
1. Es scheint, daß der Mensch im Unschuldsstande nicht über den Menschen herrschte, denn Augustinus sagt: »Vernunftbegabt, nach Gottes Ebenbild erschaffen, sollte der Mensch nach Gottes Willen nur über die vernunftlosen Wesen herrschen, nicht als Mensch über die Menschen, sondern als Mensch über das Tier.«
2. Was zur Strafe für die Sünde eingeführt wurde, wäre im Unschuldsstande nicht gewesen. Die Unterwerfung des Menschen unter den Menschen ist aber durch die Sünde eingeführt worden; denn Gen 3,16 wurde der Frau gesagt: »Du sollst unter der Gewalt des Mannes sein.« Also war der Mensch dem Menschen im Unschuldsstande nicht unterworfen.

3. Das Unterworfensein steht im Gegensatz zur Freiheit. Die Freiheit ist aber eines der höchsten Güter, das im Unschuldsstande nicht gefehlt haben würde, »wo nichts fehlte, was der gute Wille begehren konnte« (Augustinus). Also hätte der Mensch im Unschuldsstande über den Menschen keine Herrschergewalt gehabt.

Anderseits: Die Daseinsbedingungen der Menschen im Urzustande waren nicht erhabener als die der Engel. Unter den Engeln besitzen aber einige Herrschergewalt über die andern. Darum heißt auch eine Ordnung die der »Herrschaften«. Es widerspricht der Würde des Urzustandes also nicht, daß der Mensch über den Menschen Herrschergewalt besitzt.

Antwort: ›Herrschaft‹ wird in zweifachem Sinne genommen: Einmal als Gegensatz zur Sklaverei. In diesem Sinne heißt derjenige Herr, dem ein anderer als Sklave unterworfen ist. Zweitens nimmt man Herrschaft, insofern es ganz allgemein eine Beziehung besagt zu einem, der auf irgendeine Weise untergeben ist. In diesem Sinn kann man auch denjenigen Herrn nennen, der das Amt innehat, freie Menschen zu leiten und zu führen. Im erstgenannten Sinne also hätte der Mensch im Unschuldszustande keine Herrschermacht über den Menschen gehabt. Herrschergewalt aber im zweiten Sinne hätte der Mensch im Unschuldsstande über den Menschen besitzen können. Der Grund ist dieser: Der Sklave unterscheidet sich dadurch vom Freien, daß der Freie um seiner selbst willen da ist (Aristoteles), der Sklave dagegen auf einen andern hingeordnet ist. Dann beherrscht also ein Mensch den andern als Sklaven, wenn er den, über den er Herrschergewalt ausübt, auf seinen eigenen, d. h. auf den Vorteil des Beherrschenden hinordnet. Weil nun einem jeden das eigene Gut erstrebenswert ist und es infolgedessen für jeden betrüblich ist, das ihm zukommende Gut an einen andern abtreten zu müssen, darum kann eine solche Herrschergewalt nicht ohne Strafe für die Untergebenen sein. Eine solche Herrschaft des Menschen über den Menschen wäre deswegen im Unschuldsstande nicht gewesen.

Dann aber übt jemand die Herrschergewalt über einen andern als Freien aus, wenn er ihn auf das Gut des Geführten hinleitet oder auf das Allgemeingut. Eine solche Herrschaft des Menschen über den Menschen hätte im Urzustande aus zwei Gründen bestanden: Erstens, weil der Mensch naturhaft ein Gemeinschaftswesen ist. Darum hätten die Menschen im Urzustande in Gemeinschaft miteinander gelebt. Ein gemeinschaftliches Leben vieler ist aber nicht möglich ohne einen Vorgesetzten, dessen Absicht auf das Allgemeingut gerichtet ist. Denn die Absicht einer Mehrheit von Menschen geht an sich auf vieles, die eines einzigen jedoch auf eines. Darum sagt der Philosoph, wo vieles auf eines hingeordnet ist, dort findet sich immer ein Führendes und Leitendes. – Zweitens wäre es unangemessen gewesen, wenn ein den andern an Wissen und Gerechtigkeit überlegener Mensch diese seine Überlegenheit nicht zum Nutzen der andern verwertet hätte, nach 1 Petr 4,10: »Dienet einander, ein jeder mit der Gabe, die er empfangen hat.« Darum sagt Augustinus: »Sie (die Gerechten) befehlen ihnen ja nicht aus Herrschsucht, sondern in dienstwilliger Beihilfe; das schreibt die natürliche Ordnung vor, so hat Gott den Menschen geschaffen.« Und damit ist die Antwort gegeben auf alle Einwände, die von der ersten Art der Herrschergewalt ausgehen.

Von den Gnadengaben Mariens: S.th. III 27 a.5 ad 3

Lat./Dt.: Deutsche Thomas-Ausgabe, Bd. 26, 240.

Zu 3. Man darf nicht zweifeln, daß die allerseligste Jungfrau in hervorragendem Maße sowohl die Gabe der Weisheit und die Gnade der Wunderkraft als auch die Gnade der Weissagung empfangen hat, wie auch Christus. Jedoch erhielt sie diese Gnaden nicht, um über diese und ähnliche uneingeschränkt zu verfügen, wie dies bei Christus der Fall war, sondern so, wie es ihrer Stellung entsprach. In der Beschauung machte sie von der Weisheitsgabe Gebrauch; nach Lk 2,19: »Maria aber bewahrte alle diese Worte und erwog sie in ihrem Herzen.« Nicht aber hatte sie den Gebrauch der Weisheitsgabe, um zu lehren, weil dies dem weiblichen Geschlecht nicht zukam; nach 1 Tim 2,12: »Zu lehren gestatte ich der Frau nicht.« – Auch die Ausübung der Wundergabe kam ihr, solange sie lebte, nicht zu; denn zu dieser Zeit sollte die Lehre Christi durch Wunder bekräftigt werden; deshalb kam es nur Christus und Seinen Jüngern, die Träger der Lehre Christi waren, zu, Wunder zu wirken. Darum heißt es auch von Johannes dem Täufer (Joh 10,41), daß »er kein Zeichen wirkte«, damit alle ihre Blicke auf Christus richteten. – Wohl aber besaß sie den Gebrauch der Weissagung, wie dies aus ihrem Hochgesang »Hoch preiset meine Seele den Herrn« (Lk 1, 46.48) hervorgeht.

In Epistulam ad Corinthios I, Cap. XI, Lectio I

Lat.: Opera Omnia, Vol. 20, Paris 1889, S. 718; Marietti, Ep. Paul. I, S. 345, n. 588.
Dt.: M. Schlosser.

Caput autem mulieris vir: quod etiam secundum praedicta quatuor verificatur. Nam primo quidem vir est perfectior muliere, non solum quantum ad corpus, quia, ut Philosophus dicit in libro *De generatione animalium*, lib. I *Phys.*, text. LXXI, femina est masculus occasionatus: sed etiam quantum ad animae vigorem, secundum illud Eccle. VII, 29: *Virum ex mille reperi unum, mulierem ex omnibus non inveni.*

Das Haupt der Frau ist der Mann, was sich erweisen läßt gemäß den bereits genannten vier Punkten. Denn erstens ist der Mann vollendeter im Vergleich zur Frau, und zwar nicht nur dem Leibe nach – denn der Philosoph sagt im Buch *Über die Entstehung der Sinneswesen* und in der *Physik,* daß »die Frau nur zufällig kein Mann« (oder: »ein nicht ganz ausgereifter Mann«) sei –, sondern auch was die seelische Kräftigkeit anbetrifft – wie es bei Koh 7, 29 heißt: »Unter tausend Menschen habe ich nur einen Mann wiedergefunden, unter allen fand ich keine Frau«.

In Epistulam ad Corinthios I, Cap. XIV, Lectio VII

Lat.: Opera Omnia, Vol. 21, Paris 1889, S.25; Marietti, Ep. Paul. I, n. 878–881.
Dt.: M. Schlosser.

Hic Apostolus ponit personas quibus interdicit usum prophetiae, et circa hoc duo facit. Primo, ostendit quibus prophetiae usus interdicitur; secundo, removet objectionem, ibi: *Si quid autem volunt discere, domi viros suos interrogent.* Circa primum duo facit. Primo, ponit mandatum de interdicto; secundo, hujus rationem assignat, ibi: *Non enim permittitur eis loqui.* Dicit ergo: Volo ut viri hoc modo utantur dono prophetiae; sed *mulieres* in ecclesia nolo loqui, sed *taceant in ecclesiis.* I Tim., II,12: *Mulierem docere in ecclesia non permitto.* Et rationem hujus assignat Chrysostomus dicens (*Hom. VI in I ad Timoth.,* cap. II), quod semel est locuta mulier, et totum mundum subvertit.

Sed contra hoc videtur, quia de multis mulieribus legitur quod prophetarunt, sicut de Samaritana, Joan., IV, et de Anna uxore Phanuel, Luc., II, et de Debora, Jud., IV, et de Holdama propheta uxore Sellum, IV Regum, XXII, et de filiabus Philippi, Act., XXI. Supra, II, 5, etiam dicitur: *Omnis mulier orans vel prophetans non velato capite, deturpat caput suum.*

Responsio. Dicendum quod in prophetia sunt duo: scilicet revelatio et manifestatio revelationis; sed a revelatione non excluduntur mulieres, sed multa revelantur eis, sicut et viris. Sed annuntiatio est duplex. Una publica, et ab hac excluduntur; alia est privata, et haec permittitur eis, quia non est praedicatio, sed annuntiatio. Hujus autem rationem assignat, dicens: *Non enim permittitur eis loqui*, scilicet ab Ecclesiae auctoritate; sed hoc est officium earum, ut sint subditae viris. Unde, cum docere dicat praelationem et praesidentiam, non decet eas quae subditae sunt. Ratio autem quare subditae sunt, et non praesunt, est quia deficiunt ratione, quae est maxime necessaria praesidenti. Et ideo dicit Philosophus in *Politica* sua (lib. IV; cap. XI), quod corruptio regiminis est, quando regimen pervenit ad mulieres.

Consequenter cum dicit: *Si quid volunt discere, domi viros suos interrogent*, quia possent aliqui dicere quod ad minus de dubiis possunt quaerere in Ecclesia; ideo Apostolus hoc excludit, et circa hoc duo facit. Primo enim, removet objectionem; secundo, rationem assignat, ibi: *Turpe est enim mulieri loqui in ecclesia.* Dicit ergo: Dico quod mulieres taceant in Ecclesia; *sed si aliqua* de quibus dubitant, *addiscere volunt, interrogent viros suos domi.* I Timoth., II, 11: *Mulier in silentio discat cum omni subjectione.* Hujus autem ratio est, quia turpe est, non solum indecens; in mulieribus enim commendatur verecundia. Eccli., XXVI, 19: *Gratia super gratiam mulier sancta et pudorata.* Si ergo in publico quaereret et disputaret, signum esset inverecundiae, et hoc est ei turpe; et inde est etiam quod in jure interdicitur mulieribus officium advocandi. (Cf. In Epistolam ad 1 Timotheum 2,11–14: Marietti 1953, 228–230).

Hier nennt der Apostel die Personen, denen er die Ausübung der Prophetie untersagt, und er gliedert dies zweifach. Erstens zeigt er, wem die Ausübung der Prophetie untersagt ist, zweitens weist er einen Einwand zurück, dort wo es heißt: »*Wenn sie etwas lernen wollen, sollen sie zu Hause ihre Männer fragen.*« Aus dem erstern ergeben sich wiederum zwei Punkte. Zum ersten stellt er ein Verbot auf, zum zweiten zeigt er dessen Begründung – dort wo es heißt: »*Es ist ihnen nicht erlaubt, zu sprechen*«. Er sagt also: Ich will, daß Männer auf diese Weise die Prophetiegabe ausüben, aber daß Frauen in der Kirche sprechen, will ich nicht, sondern daß sie *in den Kirchen schweigen.* 1 Tim 2, 12: *Daß eine Frau in der Kirche lehrt, erlaube ich nicht.* Die Begründung dafür gibt Chrysostomus, wenn er sagt (Hom. 6 zu 1 Tim 2): »Einmal hat eine Frau gesprochen, und sie hat die ganze Welt umgekehrt.«

Dagegen scheint zu sprechen, daß man von vielen Frauen lesen kann, sie hätten prophetisch geredet, z.B. die samaritische Frau, Joh 4, Hanna, die Tochter Penuels, Lk 2, Deborah, Ri 4, die Prophetin Hulda, die Frau des Schallum, 2 Kön 22, und die Töchter des Philippus, Apg 21.

Weiter oben, 1 Kor 2,5, heißt es sogar: »*Jede Frau, die betet oder prophetisch redet, und ihr Haupt nicht verhüllt, entehrt ihr Haupt.*« *Antwort:* Man muß sagen, daß in der Prophetie zwei Aspekte zu unterscheiden sind: die Offenbarung selbst und die Kundgabe dieser Offenbarung. Von der Offenbarung sind die Frauen nicht ausgeschlossen, vielmehr wird ihnen vieles offenbart, wie auch den Männern. Die Verkündigung aber ist wiederum zweifach: Eine findet in der Öffentlichkeit statt, und von ihr sind sie ausgeschlossen, eine andere geschieht im privaten (familiären) Bereich, diese ist ihnen zugestanden; denn hier handelt es sich nicht um Predigt, sondern um (einfache) Verkündigung.

Als Begründung dafür schreibt Paulus: *Es ist ihnen nicht erlaubt zu sprechen,* nämlich mit kirchlicher Vollmacht, sondern es ist ihre Aufgabe, ihren Männern untertan zu sein. Da das Lehren eine Überordnung und Vorrangstellung bezeichnet, paßt es nicht für diejenigen, die untergeordnet sind. Der Grund, warum sie untergeordnet sind, und nicht eine leitende Stellung haben, liegt darin, daß ihre Vernunft schwächer ist. Gerade diese ist aber für einen Vorsteher hauptsächlich nötig. Und darum sagt der Philosoph (Politik IV, 9), daß es Niedergang der Regierung bedeutet, wenn die Herrschaft zu den Frauen gelangt.

Folgerichtig fährt er fort: *Wenn sie etwas lernen wollen, sollen sie zu Hause ihre Männer fragen.* Es könnten ja manche sagen, daß sie zumindest über Zweifelsfälle in der Kirche Fragen stellen könnten. Das schließt der Apostel in zwei Schritten aus: Zuerst weist er den Einwand zurück, dann bringt er die Begründung, nämlich mit den Worten: *Es ist eine Schande für eine Frau, in der Kirche zu sprechen.* Er sagt also: Die Frauen sollen in der Kirche schweigen, aber sollte eine über etwas im Unklaren sein und Klarheit suchen, dann frage sie zu Hause ihren Mann. 1 Tim 2, 11: »Die Frau lerne im Schweigen mit aller Demut.« Der Grund dafür ist, daß es schimpflich ist, nicht nur unpassend; denn für Frauen ist scheue Zurückhaltung eine Zier, Sir 26, 19: »*Anmut über Anmut ist eine heilige und schamhafte Frau*«. Wenn sie in der Öffentlichkeit Fragen stellte und disputierte, wäre das ein Zeichen mangelnden Feingefühls (verecundia), und das ist schimpflich. Daher ist es im Recht den Frauen auch untersagt, die Aufgabe eines Advokaten zu übernehmen.

In Epistolam I ad Timotheum, Cap. III, Lectio II

Lat.: Marietti, Ep. Paul. II, S. 235, n. 118.
Dt.: G. L. Müller.

Es haben aber die Kathaphrygier behauptet, daß Frauen ordiniert
werden können zu den heiligen Weihen, und und zwar weil von ihnen
gesprochen wird innerhalb der Rede über die Diakone. Man muß aber
wissen, daß zuweilen Frauen rechtens Diakonissen heißen, nicht weil
sie eine Weihestufe des Ordo innehätten [der nach Dionysius in der
Urkirche in den Graden des Bischofs, der Presbyter und Diener be-
stand], sondern wegen irgendeines Dienstes in der Kirche, so wie im
Griechischen jedweder Diener Diakon heißt.

In Epistolam ad Romanos, Cap. XVI, Lectio I

Lat.: Opera Omnia, Bd. 20, Paris 1889, 597f. Marietti, Ep. Paul. I, S. 225,
nn. 1194–1199.
Dt.: Des Heiligen Thomas von Aquin Kommentar zum Römerbrief. Aus
dem Lateinischen zum ersten Mal ins Deutsche übersetzt und herausgege-
ben von Helmut Fahsel, Freiburg i.Br. 1927, 499f.

Bei der Bestellung besonderer Grüße spricht der Apostel zuerst von
einer Frau aus Korinth, welche nach Rom gekommen war. Diese
empfiehlt er ihnen, indem er erstens ihren Namen nennt: *Ich empfehle euch aber Phöbe*, welche zwar Gott sehr ergeben war, aber trotzdem nicht so großes Ansehen genoß, um einer schriftlichen Empfehlung entbehren zu können; ähnlich wie er einmal das Gegenteil be-
hauptete: *Oder bedürfen wir etwa (wie einige) Empfehlungsbriefe*
(2 Kor 3,1). Zweitens erwähnt er ihre Glaubenszugehörigkeit, wenn
er sagt: *unsere Schwester*; denn alle gläubigen Frauen werden Schwestern genannt, wie auch alle Männer Brüder: *Ihr seid alle Brüder* (Mt
23,8). Drittens erwähnt er ihr religiöses Amt, wenn er sagt: *die im
Dienste der Kirche zu Kenchreä ist*, dem Hafen von Korinth, wo einige Christen zusammenlebten, denen offenbar diese Frau diente; wie es
auch von Christus selbst heißt (Lk 8,3), daß gewisse Frauen ihm mit
ihrer Habe dienten. Ferner heißt es von der zu erwählenden Witwe:
Sie hat Gastfreundschaft geübt, und den Heiligen die Füße gewaschen
(1 Tim 5,10). Darauf gibt er zwei Dinge an, zwecks derer er sie empfohlen haben will: Erstens, daß sie geziemend aufgenommen werde.
Deshalb sagt er: *daß ihr sie im Herrn*, d.h. um der Liebe Gottes willen, *wie es Heiligen ziemt, aufnehmet*, d.h. wie sich die Aufnahme
Heiligen gegenüber geziemt: *Wer einen Gerechten aufnimmt auf den
Namen eines Gerechten hin, wird eines Gerechten Lohn empfangen*

(Mt 10,41). Einige Texte haben statt *Heiligen* (sanctis) »genugsam« (satis), was soviel heißt wie »angemessener Weise«; jedoch stimmt diese Lesart nicht mit der griechischen überein. Zweitens bezweckt seine Empfehlung, daß sie dieselbe angelegentlich unterstützen. Deshalb fügt er hinzu: *und ihr beisteht*, nämlich ihr Rat und Hilfe angedeihen lasset, *in allen Anliegen, in denen sie eurer bedarf*. Denn sie hatte vielleicht etwas in der Kurie (Hof) des Kaisers zu erledigen. Dem scheint jedoch eine andere Mahnung des Apostels zu widersprechen: *Besorget eure eigenen Angelegenheiten* (1 Thess 4,11). Als ob er hiermit sagen will: Mischt euch nicht in fremde Angelegenheiten. Man muß aber sagen, daß es eine zweifache Beistandsleistung in fremden Angelegenheiten gibt: Erstens eine weltliche, d.h. um der Gunst der Menschen willen oder des Gewinnes halber, und das paßt nicht für Diener Gottes: *Kein Streiter Gottes verwickelt sich in weltliche Geschäfte* (2 Tim 2,4). Zweitens gibt es einen Beistand aus Barmherzigkeit (Pietät), z.B. in der Hilfeleistung den Bedürftigen und Elenden gegenüber, und dies ist Gottesdienst: *Ein Gottesdienst rein und makellos vor Gott dem Vater ist dies: die Waisen und Witwen in ihrer Trübsal besuchen* (Jak 1,27). Und von solchem Beistand spricht der Apostel hier. Schließlich hebt er ihre Verdienstlichkeit hervor, auf Grund derer ihr solcher Beistand besonders geschuldet ist: *denn auch sie hat vielen beigestanden, und auch mir selbst: Saget dem Gerechten, daß es wohl um ihn steht ...; denn ihm wird Vergeltung werden nach seinen Taten* (Jes 3,10). *Selig die Barmherzigen, denn sie werden Barmherzigkeit erlangen!* (Mt 5,7). Darauf trägt der Apostel ihnen die Grüße an andere mit ihm verbundene Personen auf, indem er sagt: *Grüßet Priska und Aquila*, der der Gatte Priskas war. Er nennt jedoch die Frau zuerst, vielleicht wegen ihrer größeren Hingabe an den Glauben. Er nennt die beiden: *meine Mitarbeiter in Christus Jesus*, d.h. in meiner Predigt vom Glauben Christi, da er wohl bei ihnen in Korinth wohnte (Apg 18,2). *Welche für mein Leben ihren Hals eingesetzt haben*, d.h. sich für Erhaltung meines Lebens selbst der Todesgefahr ausgesetzt haben, was das Zeichen größter Liebe ist: *Eine größere Liebe hat niemand als diese, daß er sein Leben für seine Freunde hingibt* (Joh 15,13). Dies scheint zu Korinth geschehen zu sein, wo Paulus Verfolgung erlitt (Apg 18). [...]

Raimundus de Peñaforte (um 1180–1275), Summa de paenitentia, Tit. 23

Lat.: Tomus B, Rom 1976 (Universa Bibliotheca Iuris, Vol. 1).
Dt.: M. Schlosser.

Der bedeutende Kanonist des 13. Jh. stellt nachfolgend die gemeinkirchliche Lehrüberzeugung fest und nennt dafür einige Konvenienzgründe.

Tit. XXIII – De impedimento sexus
[Summarium: Femina non potest recipere characterem clericalem; de diaconissis].
Postquam circa tractatum ordinum aliquantulam fecimus digressionem, de impedimento sexus pauca subiciamus. Unde notandum quod femina non potest recipere characterem alicuius ordinis clericalis. Ambrosius super illum locum Apostoli in prima epistola ad Timotheum: »Mulieres similiter oportet esse pudicas«, ait occasione horum verborum: »Cathafrigae dicunt diaconissam debere ordinari; quod est veritati contrarium, quia mulieres characterem non recipiunt, impediente sexu et constitutione Ecclesiae; und nec possunt praedicare, etiam abbatissae, nec benedicere, nec excommunicare, nec absolvere, nec paenitentias dare, nec iudicare, nec officium aliquorum [aliquod?] exercere, quantumcumque sint doctae, sanctae vel religiosae«. Licet enim Beatissima Virgo Maria dignior et excellentior fuerit Apostolis universis, non tamen illi, sed istis Dominus claves regni caelorum commisit. Quidam tamen mentiuntur adhuc cum Cathaprygis feminam recipere characterem, etiam diaconalem vel presbyteralem. Inducunt pro se: 27 q. 1 *Diaconissam* et *Si quis rapuerit*, in fine. In illis expresse videtur probari de ordine diaconali. De ordine presbyterali probant per capitulum 32 dist. *Presbyter*. Sed illa capitula *Diaconissam* et *Si quis* vocant diaconissam illam super quam forte fundebatur aliqua benedictio, ratione cuius consequebatur aliquod speciale officium, forte legendi homiliam in matutinis, vel aliud, quod non licebat aliis monialibus. In illo autem capitulo *Presbyter* appellatur presbytera, quia erat uxor presbyteri, vel etiam vidua, vel matricuria, id est, de rebus Ecclesiae curam habens ad instar matris familias. Et ita exponit concilium Laudicense in sequenti capitulo eiusdem distinctionis.

Nachdem wir hinsichtlich des Traktates über die Weihegrade einen kleinen Exkurs gemacht haben, wollen wir noch einige Worte über das Weihehindernis des weiblichen Geschlechtes anfügen. Es ist zu beachten, daß eine Frau das Prägemal keiner der Weihestufen empfangen kann. Ambrosius (i.e. Ambrosiaster) nimmt jene Stelle *1 Tim (3,11)*: »In ähnlicher Weise seien die Frauen ehrbar...« zum Anlaß, in seinem Kommentar zu schreiben: »Die Kataphrygier sagen, daß auch die Diakonisse ordiniert werden müsse. Aber das ist nicht wahr; denn Frauen empfangen das Prägemal nicht, weil dies ihr Geschlecht und die Bestimmungen der Kirche (constitutio ecclesiae) nicht zulassen. Sie können weder predigen – auch die Äbtissin nicht –, noch Segnungen vornehmen oder Exkommunikationen aussprechen, nicht die Absolution geben noch Bußen auferlegen, sie können nicht richten und kein Amt (officium) innehaben [gemeint ist vermutlich ein liturgisches Amt]. Das gilt auch für den Fall, daß sie sehr gelehrt, heiligmäßig oder hervorragende Ordensfrauen seien.« Gewiß hat die seligste Jungfrau Maria alle Apostel an Rang und Würde überragt, und doch hat der Herr nicht ihr, sondern ihnen die Schlüssel des Himmelreiches übertragen. Manche behaupten noch heute wie die Kataphrygier, daß die Frau das Prägemal empfangen könne, auch das des Diakonates oder Presbyterates. Für ihre Ansicht berufen sie sich auf *causa 27, q.1 Diaconissam* und *Si quis rapuerit*, gegen Ende. Diese Stellen scheinen ausdrücklich den Ordo des Diakonates zu belegen. Was den presbyteralen Ordo betrifft, nehmen sie als Argument *dist. 32, Presbyter*, für sich in Anspruch.

Jene Kapitel aber, *Diaconissa* und *Si quis*, nennen eine »Diakonisse« eine Frau, die wahrscheinlich eine Segnung (benedictio) empfangen hat, aus der sich ein bestimmter Dienst (officium) ergab: etwa die Homilie innerhalb der Matutin vorzulesen, oder ein anderer Dienst, der den übrigen Nonnen nicht erlaubt war. In dem Kapitel *Presbyter* aber wird »presbytera« im Sinne der Ehefrau eines Presbyters verwendet, oder im Sinne von »Witwe«, oder auch von »Mesnerin« (matricuria), also einer Frau, die sich um die Kirche (de rebus ecclesiae) kümmert, wie eine Familienmutter. Diese Auslegung entspricht dem Konzil von Laodicea, im folgenden Kapitel derselben Distinctio.

Bonaventura (ca. 1217–1274), In IV Sent. dist. 25, a. 2, q. 1

Lat.: Opera omnia IV, 649a–651b.
Dt.: M. Schlosser.

Ähnlich wie Thomas sieht Bonaventura die Bindung des Weihesakramentes an die Getauften männlichen Geschlechts im positiven Stiftungswillen Christi begründet. Der eventuelle Vollzug des Weiheritus an einer Frau hätte keine sakramentale Wirkung zur Folge. Die Kirche hat keine Vollmacht, diese Bedingung zu ändern, weil es sich hier nicht um veränderbares kirchliches Recht, sondern um eine im Willen Gottes begründete Verfügung iuris divini handelt. An dieser Begründung sind die Konvenienzgründe zu unterscheiden, bei denen es nur darum geht, den inneren Sinn dieser Bestimmung soweit wie möglich plausibel zu machen.

Utrum ad susceptionem ordinis requiratur sexus virilis.

Quantum ergo ad primum, quod sexus virilis requiratur, ostenditur:

1. Primo sic: nullus ordo potest conferri ei qui non habet naturalem possibilitatem vel aptitudinem ad illum; nullus autem habet possibilitatem ad ordinem, qui non habet aptitudinem ad tonsuram et coronam; et nullus ad hoc habet naturalem aptitudinem, quem decet semper habere velatum caput: si ergo solum virum per naturam decet orare capite non velato, mulierem autem velato capite, sicut dicitur primae ad Corinthios undecimo, quod et ipsa natura docet, ergo etc.

2. Item, nullus est possibilis ad ordines suscipendos, nisi qui Dei gerit imaginem, quia in hoc Sacramento homo quodam modo fit Deus sive divinus, dum potestatis divinae fit particeps; sed vir ratione sexus est *imago Dei*, sicut dicitur primae ad Corinthios undecimo: ergo nullo modo mulier potest ordinari.

3. Item, in ordine spiritualis potestas datur ordinatio; sed talis potestatis non est mulier susceptibilis; sicut dicitur primae ad Timotheum secundo: *Mulierem in Ecclesia docere non permitto neque dominari in virum*: ergo nec ordinis.

4. Item, ordines alii praeparant ad episcopatum, si quis bene in illis conversetur; sed episcopus sponsus est Ecclesiae; ergo cum mulier non possit ad episcopatum provehi, sed tantum vir, alioquin sponsus non esset Ecclesiae; ergo ad ordines antecedentes promoveri est tantum virorum.

Contra: 1. Iudicum quarto legitur, quod Debora iudicavit Israel et ei praefuit: ergo videtur, quod mulieri competat potestas iudiciaria, maxime quando abundat in gratia: ergo et potestas sacerdotalis.

2. Item, in novo testamento videmus abbatissas, quibus committuntur collegia regenda: ergo videtur, quod eis committi debeat potestas absolvendi et ligandi: ergo pari ratione videtur, quod conferri posset eis ordo sacerdotalis.

3. Item, ordo sacerdotalis et alii respiciunt animam et non carnem; sed quantum ad animam non est distinctio sexus, immo ita imago Dei est mulier ut vir: ergo aeque bene est susceptibilis ordinis.

4. Item, non est maior perfectio, quam sit status religionis, nec maior fortitudo, quam sit in perpessione martyrii; sed mulieres admittuntur tam ad religionem quam ad martyrium ad martyrium: ergo debent et possunt admitti ad ordinem sacrum.

Respondeo: Dicendum, quod communis hoc tenet opinio, quod mulieres ad sacros ordines admitti non debent. Nam expresse dicitur distinctione vigesima tertia: »Sacratas Deo feminas vel monachas sacra vasa vel sacratas pallas penes vos contingere et incensum circa altare deferre, perlatum est ad apostolicam Sedem, quae omnia vituperatione et reprehensione plena esse, nulli recte sapientium est dubium. Quapropter huius sanctae Sedis auctoritate, ne pestis haec latius divulgetur, per omnes provincias abstergi citissime mandamus«.

Et sic omnes consentiunt, quod promoveri non *debent*; sed utrum *possint*, dubium est. Sane quorundam opinio fuit, quod possunt, qui dicti sunt Cataphrygae, qui etiam non solum praemissis auctoritatibus innituntur, sed auctoritatibus adhaerent canonum et pro se adducunt, in quibus ostenditur, mulieres antiquitus ordines suscepisse. Dicitur enim Causa vigesima septima, quaestione prima: »Diaconissam ante annos quadraginta non debere ordinari, statuimus«; [...] et similiter distinctione trigesima secunda mentio fit de presbytera. – Sed certe, si attendatur quod dicitur distinctione trigesima secunda, *Presbyteram* etc., ibi ostenditur, quod presbyterae vocantur viduae et seniores et matronae; et ex hoc colligitur, quod diaconissae dicebantur quae communicabant cum diaconibus in legendo homiliam, quibus fiebat aliqua benedictio. Unde nullo modo credendum est, quod unquam secundum canones mulieres fuerint ad sacros ordines promotae. Et secundum saniorem opinionem et prudentiorem doctorum non solum non debent vel non possunt *de iure*, verum etiam non possunt *de facto*.

Et si quaeratur ratio huius, dicendum, quod hoc non venit tam ex institutione Ecclesiae quam ex hoc, quod eis non competit ordinis Sacramentum. In hoc enim Sacramento persona, quae ordinatur, significat Christum mediatorem; et quoniam mediator solum in virili sexu fuit et per virilem sexum potest significari: ideo possibilitas suscipiendi ordines solum viris competit, qui soli possunt *naturaliter repraesentare* et secundum *characteris susceptionem* actu signum huius ferre. Et ista positio probabilior est et multis auctoritatibus Sanctorum potest probari.

1. Ad illud ergo quod obiicitur de Debora, dicendum, quod illa fuit potestas *temporalis*, non spiritualis. Mulieribus autem bene licet temporaliter dominari, sed non spirituali dominio, quod est signum, quod ille qui dominatur, gerit typum capitis Christi; quoniam ergo mulier non potest esse caput viri, ideo ordinari non potest.

2. Ad illud quod obiicitur de abbatissis, dicendum, quod non habent locum *praelationis ordinariae*, sed quasi loco abbatis sunt substitutae propter periculum cohabitandi cum viris; unde non possunt ordinarie absolvere nec ligare. *Officium* autem *sacerdotale*, vel etiam cuiuslibet ordinis, cui datur ordinarie potestas ista et ordo, significationem habet, quae non competit mulieri, quamvis *regimen* competat feminis.

3. Ad illud quod obiicitur, quod ordo respicit animam; dicendum, quod non respicit animam tantum, sed animam, ut est carni coniuncta, et hoc ratione significationis, quae consistit circa signum visibile, ac per hoc etiam circa corpus; et exsecutio et usus ordinis coniunctum respicit. [...]

4. Ad illud quod obiicitur de perfectione religionis et martyrii; dicendum, quod est perfectio, quae respicit gratiam *gratum facientem*, et huius aeque bene est susceptibilis mulier, ut vir; et est perfectio status, qui concernit aliquid *gratis datum*, et haec potest competere uni sexui, quamvis non competet alii; quia haec non tantum respicit quod est *interius*, sed etiam quod est *exterius*. Talis est perfectio ordinis, in qua est collatio potestatis, quam ostendit multiplex ratio mulieribus minime convenire.

Ob zum Empfang des Weihesakramentes (ordo) das männliche Geschlecht vorausgesetzt ist.

Fundamenta [= Argumente, die nicht unbedingt die Meinung Bonaventuras widerspiegeln]:
Daß das männliche Geschlecht vorausgesetzt sei, läßt sich durch folgende Argumente zeigen:
1. Keine Weihestufe kann jemandem gespendet werden, der nicht die natürliche Möglichkeit oder Eignung dafür hat; niemand aber hat die Möglichkeit zum Ordo, der nicht die Geeignetheit zur Tonsur und zur ›Corona‹ besitzt, und niemand hat die natürliche Eignung dazu, dem es geziemt, das Haupt immer verschleiert zu haben. Wenn es also lediglich dem Mann von Natur aus zukommt, ohne Kopfbedeckung zu beten, der Frau aber mit verschleiertem Haupt, wie es 1 Kor 11,4 heißt und wie es auch die Natur lehrt, folgt daraus, daß das männliche Geschlecht Voraussetzung zum Weiheempfang ist.
2. Niemand ist fähig zum Empfang der Ordines, der nicht Gottes Bild trägt, denn in diesem Sakrament wird der Mensch auf eine gewisse Weise Gott oder göttlich, denn er wird der göttlichen Vollmacht teilhaftig; der Mann aber ist aufgrund seines Geschlechtes Bild Gottes, wie *1 Kor 11,7* gesagt wird: also kann eine Frau in keiner Weise ordiniert werden.
3. Im Ordo wird dem Ordinierten eine geistliche Vollmacht gegeben; eine Frau aber kann eine solche Vollmacht nicht empfangen, wie es *1 Tim 2,12* gesagt wird: »Ich erlaube nicht, daß die Frau in der Kirche lehrt, noch daß sie über den Mann herrscht«: also kann sie auch keinen der Ordines empfangen.
4. Die anderen Ordines bilden die Vorbereitung zum Episkopat, wenn jemand sich in ihnen bewährt. Der Bischof aber ist der Bräutigam der

Kirche. Weil also die Frau nicht Bischof werden kann, sondern nur der Mann – sonst gäbe es keinen Bräutigam für die Kirche –, deswegen können auch zu den voraufgehenden Ordines lediglich Männer bestellt werden.

Gegenargumente:
1. In *Ri 4* kann man lesen, daß Debora Richterin in Israel war und dem Volk vorstand. Also kann der Frau anscheinend die richterliche Gewalt zukommen, vor allem dann, wenn sie in hohem Maß begnadet ist. Also kann ihr auch die priesterliche Vollmacht zukommen.
2. Außerdem sehen wir im Neuen Bund Äbtissinnen, welchen die Leitung ihrer Konvente anvertraut ist. Daraus ergibt sich doch anscheinend, daß ihnen die Vollmacht, zu binden und zu lösen, zukommt. aus dem gleichen Grund könnte ihnen doch auch die Priesterweihe (ordo sacerdotalis) gespendet werden.
3. Des weiteren betreffen die Priesterweihe und die übrigen Weihegrade nicht den Körper, sondern die Seele. Bezüglich der Seele aber gibt es nicht den Unterschied des Geschlechts, die Frau ist vielmehr genauso Bild Gottes wie der Mann. Also besitzt sie die gleiche Empfänglichkeit für den Ordo wie er.
4. Schließlich: Es gibt keine größere Vollkommenheit als die des Ordensstandes, und keine größere Tapferkeit als das Erleiden des Martyriums. Sowohl der Ordensstand wie das Blutzeugnis steht auch Frauen offen. Also müssen und können sie auch zu den heiligen Weihen zugelassen werden.

Antwort:
Allgemeine theologische Ansicht ist es, daß Frauen zu den heiligen Weihen nicht zugelassen werden dürfen. Denn es heißt ausdrücklich *dist. 23, can. 25:* »Es wurde dem Apostolischen Stuhl berichtet, daß bei euch gottgeweihte Frauen oder Nonnen mit den heiligen Gefäßen und Tüchern hantieren und den Altar mit Weihrauch inzensieren. Daß all solches scharf zu tadeln ist, darüber ist niemand im Zweifel, der ein gesundes Urteil hat. Daher befehlen wir in der Autorität des heiligen Stuhles, daß solche verderblichen Bräuche in allen Provinzen schnellstens aufzuhören haben, damit sie sich nicht noch weiter verbreiten.«
Es herrscht also Übereinstimmung darin, daß sie nicht zugelassen werden *dürfen,* ob sie aber zugelassen werden *könnten,* steht zur Frage. Immerhin vertraten einige Leute, welche man die Kataphrygier nannte, die Ansicht, daß Frauen zugelassen werden können. Sie stützen sich nicht nur auf die oben angeführten Argumente, sondern halten sich auch an die Autorität der Canones und führen sie für sich ins

Feld. Aus manchen Canones nämlich ergibt sich anscheinend, daß Frauen von alters her Ordines empfangen konnten. Es heißt nämlich *Causa 27, q.1 (can.* 23: *Diaconissam*):»Wir setzen fest, daß eine Diakonisse nicht vor dem vierzigsten Lebensjahr eingesetzt werden darf« [....]. Ähnlich wird in *dist. 32* die »presbytera« erwähnt. Wenn man jedoch genau beachtet, was *dist. 32, cap.*19, *Presbyteram*, steht, dann zeigt sich, daß mit »Presbyterae« Witwen oder ältere Frauen gemeint sind. Es ergibt sich auch, daß »Diakonissen« diejenigen Frauen hießen, die mit den Diakonen gemeinsam hatten, daß sie die Homilie zu lesen hatten, und die auch eine bestimmte Segnung empfingen. Daher ist keinesfalls anzunehmen, daß irgendwann einmal Frauen gemäß den Canones die heiligen Weihen empfangen hätten. Die gesündere und vernünftigere Position unter den theologischen Lehrern vertritt außerdem, daß die Zulassung der Frauen nicht nur von Rechts wegen, sondern auch der Sache nach nicht möglich sei.

Und wenn man nach der Begründung dafür fragt, so ist zu sagen, daß dies nicht so sehr aus einer Anordnung der Kirche, sondern daher kommt, daß ihnen (den Frauen) das Sakrament des Ordo nicht zukommt. Die Person, welche ordiniert wird, bezeichnet in diesem Sakrament den Mittler Christus; und weil der Mittler allein das männliche Geschlecht hatte und durch das männliche Geschlecht bezeichnet werden kann (significari potest), deswegen kommt die Möglichkeit, Ordines zu empfangen, alleine dem Mann zu. Denn er kann von seiner Natur her den Mittler repräsentieren [aufgrund der Ähnlichkeit, welche das sakramentale Zeichen zum Bezeichneten haben muß, um es erkennbar zu machen], und er kann aktual das Zeichen dieser Repräsentanz tragen, durch den Empfang des sakramentalen Prägemals. Diese Position hat die größere Wahrscheinlichkeit für sich und läßt sich durch zahlreiche Stellen bei den heiligen Lehrern stützen.

Ad 1: Auf den Einwand bezüglich Debora ist zu sagen: Sie hatte eine Vollmacht, die sich auf zeitliche Dinge bezog, nicht eine geistliche Vollmacht. Es ist Frauen sehr wohl erlaubt, eine Herrschaft in zeitlichen Dingen auszuüben, nicht jedoch eine geistliche Herrschaft. Das zeigt sich daran, daß derjenige, welcher geistliche Herrschaft ausübt, in Ähnlichkeit zu Christus als dem Haupt der Kirche handelt (gerit typum Christi capitis). Da aber die Frau nicht das Haupt des Mannes sein kann (*1 Kor 11,3*), kann sie den Ordo nicht empfangen.

Ad 2: Was die Äbtissinnen betrifft, ist zu sagen: Die Herrschaft kommt ihnen nicht in eigener Vollmacht zu [praelatio ordinaria], sondern weil sie gewissermaßen anstelle eines Abtes stehen, um die Gefahren eines Zusammenlebens von Männern und Frauen zu vermeiden. Daher können sie auch nicht kraft Amtes binden und lösen. Der

Dienst des Priesters jedoch, oder jeder Weihestufe, der diese Vollmacht von Amts wegen übertragen wird, hat eine Zeichenhaftigkeit (significatio), die der Frau nicht zukommt, wiewohl ihr die Herrschaft durchaus zukommt.

Ad 3: Auf den Einwand, daß die Weihe sich ja auf die Seele beziehe, ist zu antworten, daß sich die Weihe nicht einfach nur auf die Seele bezieht, sondern auf die Seele, insofern sie mit dem Leib verbunden ist. Das Weihesakrament hat nämlich auch die Dimension des Zeichens (ratio significationis), und die besteht in der Sichtbarkeit des Zeichens, bezieht sich also auf den Leib. Die Ausübung, der Vollzug des Weihesakramentes betrifft den Menschen als leib-seelisches Coniunctum [...].

Ad 4: Was nun die Vollkommenheit des Ordensstandes oder des Martyriums betrifft, ist zu sagen: Es gibt die Vollkommenheit hinsichtlich der heiligmachenden Gnade (gratia gratum faciens), und die kann eine Frau genauso empfangen wie ein Mann. Und es gibt die Vollkommenheit des Standes (status), die sich auf eine frei gewährte Gnadengabe (gratia gratis data) bezieht. Bei ihr ist es möglich, daß sie nur einem Geschlecht zukommt, nicht aber dem anderen; weil diese Gnade nicht nur das Innere des Menschen betrifft, sondern auch das Äußere. Eine solche Art von Vollkommenheit ist der Ordo, in dem eine Vollmacht übertragen wird, die Frauen nicht zukommt, wie zahlreiche Argumente zeigen.

Petrus von Tarantasia, später Papst Innozenz V. (um 1224–1276), In quattuor libros commentaria, Bd. IV

Lat.: Toulouse 1651; Nachdr. 1964.
Dt.: M. Schlosser.

In seinem Sentenzenkommentar bestätigt Petrus von Tarantasia OP die klassische kirchliche Lehrmeinung, daß Frauen aufgrund des göttlichen Gebotes nicht die Priesterweihe empfangen können. Er steht damit in der dogmatischen und kanonistischen Lehrtradition, die besagt, daß ex necessitate sacramenti das männliche Geschlecht für den gültigen Weiheempfang konstitutiv ist und somit zur substantia sacramenti gehört.

Quaestio III. De Idoneitate Conferentis Ordines.
Circa tertium problema quaeruntur tria. Primo an sexus muliebris impediat susceptionem Ordinis. Secundo an aetas puerilis. Tertio an conditio seruilis.
Articulus I.

An sexus muliebris impediat susceptionem ordinis.

Ad primum sic proceditur. Videtur quod mulier possit ordinari. 1. Quia maius est officium Prophetae, quam Diaconi, et Subdiaconi: sed mulier potest officium Prophetae habere, ut patet in Anna Prophetissa Luc. 2. Ergo multo magis officium Diaconi vel Subdiaconi.
2. Vigesima septima dist. *Diaconissam* prohibet Canon ante annos quadraginta ordinari.
3. Trigesima secunda dist. *Presbytera* instruitur qualiter domum Dei regat: ergo mulier potest presbytera fieri.
4. Galat. 3. In Christo Iesu non est servus, nec liber, masculus, nec foemina: ergo quantum ad mysteria et sacramenta novae legis non est differentia foeminae, et masculi.
5. Ordo in anima est, sexus vero in corpore: ergo non potest susceptionem Ordinis impedire.
6. Dignior ist ministrare Deo bona mulier, quam vir peccator: ergo magis debet in ministerium Divinum ordinari.
7. Officium praelationis quod maius est potest mulieribus committi: ergo multo magis officium Ordinis.

Contra 1. Clericus debet in modum coronae radi, mulier vero non, ut patet 1. Cor. 11. ergo non debet in clericatum ordinari.
2. Primae Timoth. 11. Mulieres in Ecclesiis taceant: Clerici vero in Ecclesia debent docere: ergo mulieres non debent in clericatum ordinari.
3. Vigesima prima dist.: Sacratas Deo foeminas, sacra vasa, vel pallas contingere, incensum circa altare deferre, perlatum est ad Apostolicam Sedem, quae omnia reprehensione dignissima sunt: ergo non licet mulieribus officiis Clericatus uti.

Respondeo ad sacramenta quaedam requiruntur de necessitate, sine quibus non constat sacramentum: quaedam de honestate sine quibus potest constare. Sexus virilis connumeratur inter ea quae requiruntur de necessitate, unde nullo modo potest mulier ordinari, tum quia officium annexum, scilicet doctrina eis non competet: tum quia non debent viris in ullo ministerio Divino praeferri, quia vir immediatus se habet ad Deum, cum vir sit imago et gloria Dei, mulier autem viri, 1. Cor. 11. Unde per viros mulieres debent in Deum reduci, non e converso.
Ad 1. de Prophetia. Resp. Non est simile, quia per donum Prophetiae non datur potestas super alterum, sicut per donum Ordinis.
Ad 2. de Diaconissa Resp. Diaconissa vocatur non a charactere Ordinis, sed a similitudine actus, Illa mulier cui in matutinis competebat le-

gere homiliam, non tamen in missa ministrare, vel Evangelium cantare.

Ad 3. de Presbytera. Resp. Presbytera vocatur non ab Ordine suo, sed ab ordine viri sui, coniugata sacerdoti.

Ad 4. Gal. 5. Resp. Apud Christum non est differentia personarum in merito, est tamen in officio.

Ad 5. de Ordine. Resp. Quamvis Ordo sit in anima, tamen eius executio est mediante corpore.

Ad 6. de dignitate Resp. Quamvis bona mulier dignior sit merito, non tamen natura vel officio.

Ad 7. de praelatione. Resp. Praelatio committitur mulieribus super mulieres, propter periculum cohabitationis.

Quaestio III: Der dritte Fragenkomplex schließt in sich drei Einzelfragen: Erstens, ob das weibliche Geschlecht ein Weihehindernis darstellt, zweitens, ob unreifes Alter, drittens, ob der Stand des Unfreien ein Weihehindernis sind.

Artikel 1: Ob weibliches Geschlecht den Empfang des Ordo hindert.

[Argumente dagegen:] Es scheint, daß eine Frau den Ordo empfangen könne:

1. Der Dienst (officium) eines Propheten ist höher als das eines Diakons oder Subdiakons. Nun kann aber eine Frau den prophetischen Dienst innehaben, wie sich an der Prophetin Hanna, *Lk 2*, zeigt. Also kann sie erst recht den Dienst des Diakons oder Subdiakons innehaben.

2. Das kirchliche Recht untersagt in *dist. 27, Diaconissam*, daß eine Diakonisse vor dem vierzigsten Lebensjahr ordiniert werde.

3. In *dist. 32, Presbytera*, wird die »Presbytera« unterwiesen, wie sie dem Haus Gottes vorstehen solle (regat): Das heißt doch, daß eine Frau »presbytera« werden kann.

4. Im *Galaterbrief, 3. Kap.*, heißt es: In Christus Jesus gibt es nicht Sklaven oder Freie, nicht Mann oder Frau. Dementsprechend gibt es, was die Mysterien und Sakramente des Neuen Bundes angeht, keinen Unterschied zwischen Mann und Frau.

5. Das Weihesakrament betrifft die Seele, das Geschlecht betrifft den Körper: Also kann es den Empfang des Weihesakramentes nicht hindern.

6. Eine gute Frau ist würdiger, Gott zu dienen, als ein Mann, der Sünder ist. Daher müßte sie um so mehr zum Gottesdienst (ministerium divinum) bestellt werden.

7. Das Leitungsamt, das höher ist, kann einer Frau übertragen werden, um so mehr also auch das Weiheamt.

[Argumente dafür:]
1. Der Kleriker muß einen Haarkranz geschoren bekommen, eine Frau aber darf nicht geschoren werden, wie sich aus 1 Kor 11 ergibt. Also kann sie auch nicht in den Klerikerstand aufgnommen werden.
2. *1 Tim 2, 11* (eig.: *12*) heißt es: »*Frauen sollen in der Kirche schweigen*«. Die Kleriker aber müssen in der Kirche lehren. Also [...]
3. In der *Distinctio 21* steht: »Es ist dem Apostolischen Stuhl berichtet worden, daß bei euch gottgeweihte Frauen mit den heiligen Gefäßen und Tüchern hantieren und den Altar mit Weihrauch inzensieren. Das alles ist scharf zu tadeln«. Also dürfen Frauen nicht die Aufgaben des Klerus übernehmen.

Antwort:
Manches ist zum Zustandekommen eines Sakraments unabdingbar notwendig; anderes ist zum würdigen Vollzug erfordert, nicht jedoch zum Bestand des Sakramentes notwendig. Das männliche Geschlecht gehört zu den Dingen, welche notwendig sind. Daher kann eine Frau die Weihe nicht empfangen. Dies liegt daran, daß ihr zum einen die mit der Weihe verbundene Aufgabe des Lehrens nicht zukommt, zum anderen dürfen sie nicht in irgendeinem heiligen Dienst (ministerio divino) eine Vorrangstellung vor den Männern einnehmen, denn der Mann verhält sich unmittelbar zu Gott, insofern der Mann Bild und Abglanz Gottes ist, die Frau aber des Mannes Abglanz, *1 Kor 11*. Daher müssen die Frauen durch die Vermittlung von Männern zu Gott zurückgeführt werden, nicht umgekehrt.
Ad 1, die Prophetiegabe betreffend: Das ist nicht vergleichbar, weil durch die Gabe der Prophetie keine Vollmacht über andere verliehen wird.
Ad 2, betreffend den Absatz *Diaconissa:* »Diakonisse« wird hier nicht in Bezug auf das Prägemal des Weihesakramentes gebraucht, sondern in Bezug auf eine ähnliche Tätigkeit [von Diakon und Diakonisse]; bezeichnet wird damit eine Frau, welcher die Lesung der Homilie in der Matutin zukam, nicht jedoch der Dienst innerhalb der Meßfeier oder der Vortrag des Evangeliums.
Ad 3, betreffend den Absatz *Presbytera:* »Presbytera« heißt jemand nicht von ihrem Amt, sondern vom Amt ihres Mannes her, als Ehefrau eines Presbyters nämlich.
Ad 4, zu *Gal 3*: Bei Christus gibt es kein Ansehen der Person, was das Verdienst betrifft; was das Amt betrifft schon.

Ad 5: Obwohl das Weihesakrament die Seele prägt, so wird es doch nur mittels des Leibes ausgeübt.

Ad 6: Eine gute Frau ist freilich hinsichtlich ihrer Verdienste würdiger [Gott zu dienen], jedoch nicht unter der Hinsicht der Natur oder des Amtes.

Ad 7: Das Leitungsamt wird Frauen über Frauen gegeben, wegen der Gefahren des Zusammenlebens beider Geschlechter.

Duns Scotus, Sentenzenkommentar, Ox. IV Sent. d. 25 q. 2

Lat.: Joannis Duns Scoti Opera 24, Paris 1984, 369ff.
Dt.: M. Schlosser.

Der mit Albertus Magnus, Thomas von Aquin und Bonaventura bedeutendste Vertreter der Scholastik läßt das übliche Konvenienzargument der mangelnden natürlichen Qualifikation der Frauen zum Lehren und Leiten weitgehend außer acht. Nach ihm hätte die Kirche aus eigener Autorität das ganze weibliche Geschlecht vom gültigen Empfang der Weihe nicht ausschließen können, wenn diese Anordnung nicht auf Christus selbst zurückgeht. In der Tradition ist dies immer als eine Anordnung göttlichen Rechtes gelehrt worden. Er betont die Heiligkeit und Gnadenfülle der Gottesmutter Maria. Sie ist das vornehmste Glied der Kirche. Sie hat aber nicht das Apostelamt empfangen, aus dem das priesterliche Hirtenamt der Kirche hervorgegangen ist. Damit wird klar, daß Jesus in einem freien und bewußten Stiftungswillen nur einigen Getauften männlichen Geschlechts das Weihesakrament vorbehalten hat.

Sed quantum ad sexum dico quod sexus muliebris simpliciter impedit susceptionem Ordinum, et hoc tam ex honestate quam ex necessitate praecepti et facti; non enim est honestum mulieres in tali sacramento aliquo modo ministrare. Excluduntur etiam a susceptione Ordinum necessitate praecepti, et necessitate facti non tantum Ecclesiae, vel praecepto Apostolorum, quia non credo quod ex instituto Ecclesiae, vel praecepto Apostolorum fuit ablatus aliquis gradus utilis ad salutem ab aliqua persona, et multo magis a toto sexu in vita. Si ergo Apostoli vel Ecclesia non possent juste auferre ab aliqua una persona aliquem gradum utilem suae saluti, nisi ubi Christus, qui est caput eorum, instituit auferri, multo magis nec a toto sexu muliebri; ergo Christus tantum praecepit hoc primo, qui hoc sacramentum instituit. Ad hoc potest esse duplex congruentia, una talis: Omnis Ordo recipitur in ordine ad Sacerdotium et doctrinam; Sacerdotibus autem competit principaliter docere, ut habetur *dist.* 16. *quaest.* 1. adjicimus; et non Diaconis, nisi ex commissione, ubi praedicatio vel doctrina accipitur pro lectione Evangelica, quam legere convenit eis. Sed mulieribus prohibetur ille actus, 1. Timoth. 2. *Mulieres in silentio discant*, et *illas docere, vel loqui non permitto*, ubi glossa, *non ego tantum, sed et Dominus non permittit*, et hoc propter debilitatem intellectus in eis, et mutabilitatem affectus, quae communiter magis patiuntur quam homines. Debet enim Doctor habere vivacem intellectum in cognitione veritatis, et stabilitatem affectionis in confirmatione ejus.

Unde quidquid additur ex Decretis, vel praeceptis Pauli, ad excludendum mulieres ab Ordinibus suscipiendis, non sunt nisi quaedam suppletiones, vel potius expressiones praecepti Christi de hoc; Mater enim Christi dignissima erat et sanctissima, et tamen non conferebatur ei hujusmodi potestas. Et si opponas de Magdalena quae fuit Apostola, et tanquam praedicatrix et praefecta super omnes mulieres peccatrices, respondeo quod ipsa fuit singularis mulier, et singulariter accepta Christo, et ideo privilegium personale personam sequitur, et extinguitur cum persona, *Extra de reg. juris, in 6. lib.* et alibi: quae a Jure communi exorbitant, nequaquam ad contraria sunt trahenda, ibidem.

Secunda congruentia potest esse ista: Ordo, ut supra est dictum, est aliquis gradus eminentiae super ceteros populos in Ecclesia, et ad aliquem actum excellentem, quod aliquo modo significari debet ex eminenti conditione et gradu in natura; mulier vero respectu viri naturalem subjectionem habet; ergo nullum gradum eminentiae debet habere super aliquem virum, quia tam natura quam conditione et nobilitate sunt ignobiliores quocumque viro; unde post peccatum subjecit eam Dominus dominio et potestati viri. Si autem posset aliquem Ordinem in Ecclesia suscipere, posset alicui praesidere et dominari, quod est contra ejus conditionem; igitur Episcopus in conferendo Ordines mulieri, non solum facit male, quia contra praeceptum Christi, imo nihil facit, nec ipsa aliquid recipit, quia ipsa non est materia capax ad suscipiendum hoc sacramentum, quia Christus tantum instituit hoc sacramentum posse conferri individuo speciei humanae et sexus masculini. Patet ex auctoritate Apostoli, *ad Timoth. 2.*

Sed contra hoc objicitur sic: Ubi est agens et passum ejusdem speciei, ibi est effectus, cum effectus non dependeat ex aliis nec sit diversitas ex diversitate alicujus illorum, 12. *Met. Text. com.* 18; sed Episcopus conferens mulieri sacramentum Ordinis, est agens ejusdem speciei cum passo, quia sexus non variat rationem speciei; ergo effectus proximus est ejusdem rationis in ipsa, sicut in masculo ordinatio.

Dico quod major est vera de agente naturali, et quando non est impedimentum ex parte passi; sed si agens principale fuit agens voluntarium, et instrumentale agens non agat nisi in virtute illius, quia omnino determinatur ad agendum determinate a Superiori agente, sicut est in proposito de Episcopo respectu Dei, qui posuit impedimentum ex parte unius passi, et non alterius, etiamsi fuerit ejusdem rationis propter sexum difformem, non sequitur, si passa sint ejusdem rationis, quod effectus sit ejusdem rationis. Nam si Episcopus confert Ordinem mulieri, nihil faceret quantum ad illud sacramentum, quia non est principale agens imprimens characterem Ordinis, sed tantum secundarium et instrumentale; et ideo in illa materia suscipiente Ordines imprimit characterem, quae determinatur sibi principaliter a Deo, principaliter characterem imprimente, tanquam conveniens, et non impeditus ex conditione sexus, cujusmodi est masculus speciei humanae tantum.

Ad primum argumentum in oppositum, cum dicitur: *In Christo nec est masculus, neque est foemina, servus, vel liber*, dico quod licet quantum ad salutem et vitam aeternam habetur quod non sit differentia inter masculum et foeminam, servum vel liberum, est tamen differentia inter eos quantum ad officium et gradum eminentem in Ecclesia possidendum, quia in hoc praefertur vir mulieri, ut dictum est. Quoad susceptionem autem aliorum sacramentorum sunt capaces mulieres.

Ad secundum de Presbytera, dico quod ibi vocatur *Presbytera* non mulier ordinata sacro Ordine, sed mulier vidua antiqua, de qua praesumitur quod sit probata et sancta inter mulieres. Possunt etiam uxores Presbyterorum de Graecia dici *presbyterae*, ut denominatae ab officio virorum suorum. Unde in Jure non intelliguntur per *presbyteras* mulieres ordinatae, ut supponit ratio, quia dicit Canon. Distinct. 27. c. 1. *Illas tanquam ordinatas non debere in Ecclesia institui decrevimus*, inter bonas mulieres excellentes in vita, sicut presbyteri, sed aliquae bonae matronae viduae, vel perfectae debent super alios in moribus et vita praecedere. Per *diaconissam* autem intelligitur Abbatissa, secundum glossam ibi. Melius tamen potest dici, quod per Diaconissas intelliguntur mulieres, quibus competit ex ordinatione Abbatissae, vel collegii legere homiliam Evangelii in matutino, quod non est actus alicujus Ordinis.

Was das Geschlecht betrifft, so antworte ich, daß das weibliche Geschlecht einfachhin ein Hindernis für den Empfang des Weihesakramentes darstellt, und zwar ebenso ein Hindernis hinsichtlich der würdigen Spendung (honestas), wie ein Hindernis, das von den geltenden Vorschriften und von der Sache selbst auferlegt ist, also nicht nur von einem Gebot der Kirche oder der Apostel. Ich glaube nämlich nicht, daß durch die Anordnung der Kirche oder eine Vorschrift der Apostel irgendein für das Heil nützlicher Stand irgendeiner Person verweigert worden ist, und noch viel weniger einem ganzen lebenden Geschlecht. Wenn also die Apostel oder die Kirche keine Person von irgendeinem dem Heile dienlichen Stand fernhalten könnten, und noch viel weniger das ganze weibliche Geschlecht, außer Christus als ihr Haupt hat es so bestimmt, folgt, daß nur Christus zuerst dies vorgeschrieben hat, er, der das Sakrament eingesetzt hat.

Für diese Anwort könnte man noch zwei Argumente anführen, die ihre Angemessenheit verdeutlichen. Erstens: Der Empfang jedes Weihegrades wird bestimmt von der Zuordnung zum Weihegrad des Priestertums und zur Lehr-Aufgabe. Den Priestern kommt die Lehre als Hauptaufgabe zu, wie es sich aus *dist. 16 q. 1* ergibt; den Diakonen wird das Lehren nur übertragen (commissione), wobei »Predigt« und »Lehre« hier als »Lesung des Evangeliums« aufgefaßt werden, was ihnen tatsächlich zukommt. Den Frauen aber wird dieses Tun untersagt, 1 Tim 2: »Die Frauen sollen im Schweigen lernen«, und: »daß sie lehren oder reden, erlaube ich nicht«, wozu die *Glossa* sagt: »nicht nur ich, sondern auch der Herr erlaubt es nicht«. Das ist gesagt, weil die intellektive Kraft in ihnen schwächer ausgeprägt ist, und sie – jedenfalls im allgemeinen – mehr zur affektiven Unausgeglichenheit neigen als Männer. Nun muß aber ein Lehrer einen hellwachen Verstand besitzen, um die Wahrheit zu erkennen, und Festigkeit des Charakters [oder: Willens], um sie zu bezeugen.

Was also aus den Dekreten [= »Kirchenrecht«] oder aus den Vorschriften Pauli noch an Argumenten hinzugefügt wird, um Frauen vom Empfang der Weihen auszuschließen, so sind das alles nur gewisse Ergänzungen oder vielmehr Ausdrucksformen (expressiones) des Gebotes Christi hierzu. Denn der Mutter Christi wurde trotz ihrer überragenden Würde und Heiligkeit diese Vollmacht nicht übertragen.

Man könnte nun Maria Magdalena als Argument ins Feld führen, die *apostola* war und gleichsam Predigerin und Vorsteherin aller Büßerinnen. Darauf antworte ich, daß sie ein Einzelfall war, in einzigartiger Weise von Christus angenommen. Deswegen ist dieses persönliche Vorrecht an die Person gebunden und erlischt mit ihr. So heißt es *Extra de reg. iuris, in VI. lib.* und auch andernorts: Was den Rahmen des allgemein geltenden Rechtes überschreitet, kann nicht dazu benützt werden, das Gegenteil des geltenden Rechtes zu begründen.

Das zweite stützende Argument könnte so formuliert werden: Das Weihesakrament schließt eine herausgehobene Stellung im Volk der Kirche ein, sowie ein besonders herausgehobenes Tun. Dies muß irgendwie auch durch die entsprechende Stellung im Bereich der Naturordnung angezeigt werden (significari). Die Frau ist gegenüber dem Mann von der Natur her untergeordnet. Sie darf also keine Vorrangstellung über irgendeinen Mann haben; denn sowohl von ihrer Natur wie von den Lebensumständen (condicio) und Eigenschaften erreichen sie nicht die Vorzüge irgendeines Mannes. Daher hat der Herr sie nach dem Sündenfall der Herrschaft des Mannes unterworfen. Wenn sie nun eine der kirchlichen Weihen empfangen könnten, dann könnten sie jemandem vorgesetzt sein und herrschen – was gegen ihren Stand (condicio) ist.

Daher würde ein Bischof, spendete er die Weihe einer Frau, nicht nur schlecht handeln, weil er gegen das Gebot Christi handelt, sondern er würde gar nichts vollziehen, und die Frau würde auch nichts empfangen, weil sie nicht die Möglichkeit hat, Empfänger des Weihesakraments zu sein (materia capax). Denn Christus hat bei der Einsetzung des Sakraments festgesetzt, daß es nur einem Individuum der menschlichen Art und zwar männlichen Geschlechts gespendet werden könne. Das ergibt sich aus dem Wort des Apostels, 1 Tim 2.

Dagegen ließe sich sagen: Wo der Handelnde und der Empfangende der gleichen Spezies zugehören, kommt die Wirkung zustande, wenn die Wirkung nicht von anderen Dingen abhängt und die Verschiedenheit sich nicht von einem dieser Dinge her ergibt, wie Aristoteles im 12. Buch der *Metaphysik* schreibt. Ein Bischof aber, der einer Frau das Weihesakrament spendet, ist von der gleichen Spezies wie die Empfängerin; denn das Geschlecht verändert nicht die Zugehörigkeit zur Spezies. Demnach ist die erste Wirkung der Ordinationshandlung von gleicher Art bei Frau und Mann.

Ich sage darauf, daß der Obersatz wahr ist, insofern es um ein Handeln im Bereich des Naturhaften geht, und insoweit nicht auf Seiten des Empfängers ein Hindernis vorliegt. Anders ist es, wenn der Haupt-Handelnde ein Wesen mit freiem Willen ist, und der als Instrument Handelnde nur in dessen Kraft wirken kann; denn dann bestimmt der höhere Handelnde den instrumental Handelnden zu einem ganz bestimmten Handeln. So verhält sich in unserem Fall der Bischof gegenüber Gott, der bezüglich des einen Empfängers ein Hindernis gesetzt hat, bezüglich des andern nicht. Auch wenn also die Geschlechterdifferenz [allein] keinen Unterschied der Wirkung begründete, so folgt doch nicht, daß die Wirkung immer von der gleichen Art sei, wenn nur die Empfänger von gleicher Art seien. Wenn der Bischof nämlich einer Frau das Weihesakrament spendete, dann würde er in bezug auf das Sakrament gar nichts vollziehen, denn er ist nicht der Haupt-Handelnde, der das sakramentale Prägemal eindrückt, sondern nur eine instrumental mitwirkende Zweitursache (secundarium et instrumentale agens). Und daher kann er das Prägemal nur den potentiellen Empfängern mitteilen, die ihm Gott, der Haupt-Handelnde, der auch in erster Linie das Prägemal eindrückt, als angemessen festgelegt hat – und das ist ein männliches Individuum der menschlichen Spezies.

Zum ersten Gegenargument *Gal 3* (28):»In Christus Jesus gibt es weder Mann noch Frau, weder Sklaven noch Freie« [daher scheinen weder das Geschlecht noch der Status den Empfang der Weihe zu hindern]: Darauf antworte ich, in bezug auf das Heil und das ewige Leben wird kein Unterschied zwischen Mann und Frau, Sklave und Freiem gemacht. Dennoch gibt es zwischen ihnen einen Unterschied bezüglich der Aufgabe (officium) und der Vorrangstellung in der Kirche, weil hier, wie gesagt, der Mann der Frau vorgeordnet ist. Die anderen Sakramente können Frauen empfangen.

Auf den Einwand bezüglich der »Presbytera« ist zu sagen: Dort bedeutet »Presbytera« nicht eine mit einer heiligen Weihe ordinierte Frau, sondern eine alte Witwe, von der man annimmt, sie sei von erprobtem heiligem Wandel unter den Frauen. Es können auch die Ehefrauen der Presbyter im griechischen Bereich so genannt werden, indem man diesen Namen vom Amt ihres Mannes ableitet. Daher sind in den Rechtstexten unter »Presbyterae« nicht – wie es das angeführte Argument voraussetzt – ordinierte Frauen zu verstehen; denn *Dist. 27 c.1* heißt es:»Wir setzen fest, daß« hervorragend tugendhafte Frauen »nicht, als ob sie ordiniert wären, in den Kirchen eingesetzt werden dürfen«, wie Presbyter. Vielmehr versteht man darunter gute, ältere Witwen, die wegen ihres vollkommen tugendhaften Lebens vor anderen zu Recht den Vorrang genießen.
Unter »Diakonissa« aber wird eine Äbtissin verstanden, jedenfalls nach der *Glosse* zu dieser Stelle. Besser jedoch könnte man sagen, daß mit den Diakonissen Frauen gemeint sind, denen es aufgrund der Beauftragung (ordinatio) der Äbtissin oder der Gemeinschaft obliegt, bei der Matutin die Evangelien-Homilie zu lesen. Dies zu tun ist ja nicht für einen bestimmten Weihegrad spezifisch.

Richard von Mediavilla (um 1249–ca. 1308), Lib. IIII, Dist. XXV., Art. IIII., q. 1

Lat.: Brixen 1591, ND Frankfurt 1963, 388 f.
Dt.: M. Schlosser.

Der Franziskaner Richard bestätigt in seinem bedeutenden und breit rezipierten Sentenzenkommentar die klassische Lehre, daß eine Frau nicht gültig das Weihesakrament empfangen kann. Er gehört zur mittleren Franziskanerschule und ist außer von Bonaventura auch stark von Thomas beeinflußt.

Utrum sexus muliebris impedit ordinis susceptionem

Et videtur, quod non. Christus est qui principaliter ordinat: sed sicut dicitur ad Gal. 3 *In Christo Jesu non est masculus neque foemina*: ergo ita potest ordinari foemina sicut masculus.
Item decre. di. 32 *Presbyter* et cap. *Mulieres*: sit mentio de presbytera, et 27.q.1 dicitur diaconissam non debere ante annos 40 ordinari: ergo mulieres suscipere possunt ordines diaconatus, et presbyterii.
Item mulieres possunt habere actum prophetandi. Unde Lucae. 2 *Erat Anna prophetissa*: ergo a simili possunt ordinari.
Contra, decreto distin. 23 *Sacratas.* Sacratas Deo foeminas, vel monachas sacra vasa, vel sacras pallas penes vos contingere, et incensum circa altaria deferre perlatum est ad Apostolicam sedem, quae omnia repraehensione, et vituperatione plena esse nulli recte sapientium dubium est. Sed illud quod impedit contactum sacramentorum, impedit ordinis susceptionem: ergo sexus muliebris impedit ordinis susceptionem.
Item clerici debent tonsurari (ut superius habitum est), sed ut dicit Apostolus, primae ad Corinthios secundo. *Turpe est mulieri tonderi*, et parum post. *Si comam nutriat gloria est illi*: cum ergo non debeant ordinari, nisi clerici: mulier non debet ordinari.

Conclusio [Tum de iure, tum de facto sexus foemineus ita impedit ordinis susceptionem, ut nulla foemina characterem recipere possit.]
Respondeo, quod sexus muliebris impedit susceptionem ordinis de iure, quia non debet ordinari, et etiam de facto, quia si circa mulierem fierent exterius omnia, quae fiunt circa illos qui ordinantur ordinem non susciperet. Cuius ratio est. Sacramenta vim habent ex sua institutione; Christus autem hoc sacramentum instituit conferri masculis tantum, non mulieribus. Cuius institutionis duplex fuit ratio congrua. Una quia ordini competit officium doctrinae inquantum omnis ordo ordinatur ad presbyteratum: cui hoc officium convenit. 16 q. prima. Adjicimus, quod etiam conveniat ordini diaconatus dicitur decre. distinct. 25 perlectis. § ad diaconum et 92 distin. In sancta, quod sic debet intelligi, ut sacerdotis, sit principaliter officium, et diaconi ex delegatione, vel secundum glo. ibidem praedicationem vocat lectionem evangelicam: docere autem publice mulieri non convenit propter debilitatem intellectus, et mutabilitatem affectus: quos defectus mulieres, de communi lege notabilius patiuntur, quam viri: decet enim Doc-

torem habere vivacem intellectum in veritatis cognitione, et stabilem affectum in persistendo in eius confessione.

Alia ratio est, quia ordo ordinatum constituit in aliquo gradu eminentiae, quod aliquo modo significari debet ex eminenti natura illius qui ordinatur: mulier vero in respectu viri statum subiectionis habet, quod etiam naturae consonum est, quia muliebris sexus naturaliter imperfectus est, in respectu sexus virilis. Has duas rationes extrahere possumus ex dictis Apostoli primo Timo. 2 dicentis: Mulier in silentio discat cum omni subiectione, docere autem mulieri non permitto: neque dominari in virum.

Ad primum in oppositum, cum dicitur, quod in Christo non est masculus, neque foenima: dico, quod per comparationem ad Christum, quamvis non sit differentia inter masculum, et foeminam quo ad meritum: est tamen quo ad officium.

Ad secundum dicendum, quod ibi vocantur presbyterae viduae seniores: non mulieres ordinatae: immo de illis, quae ibi vocantur presbyterae, dicit: idem canon, quod illas tanquam ordinatas in ecclesia constitui non debere decernimus: per diaconissam autem intelligitur abbatissa secundum gloss. ibidem. Melius est tamen, ut dicamus, quod diaconissae dicebantur quibus fiebat aliqua benedictio ad legendum homeliam in matutino, ut dicit alia glo. ibidem.

Ad tertium dicendum, quod non est simile, quia per prophetiam non datur mulieri potestas aliqua super virum: ordinatus autem est aliquo gradu eminentiae super non ordinatos viros. unde quamvis non repugnet mulieri esse abbatissam super mulieres ad coercendum eas propter periculum cohabitationis virorum, tamen absonum esset, ut esset abbatissa virorum.

Ob das weibliche Geschlecht ein Weihehindernis ist

Es scheint, daß dem nicht so ist. Denn es ist Christus, der eigentlich die Weihe spendet, und *Gal 3* heißt es: »In Christus Jesus gibt es nicht Mann noch Frau«. Daher kann eine Frau genau so das Weihesakrament empfangen wie ein Mann.

Im *Decretum, dist. 32, Presbyter,* und *cap. Mulieres* findet die »presbytera« Erwähnung, und in *Causa 27, q.1* steht, daß eine »diakonissa« nicht vor dem vierzigsten Lebensjahr ordiniert werden dürfe: also können auch Frauen die Weihegrade des Diakonates und Presbyterates empfangen.

Außerdem können Frauen auch die prophetische Gabe ausüben, weswegen *Lk 2* von der Prophetin Hanna die Rede ist. Ähnlich können sie auch die Weihe empfangen.

Dagegen spricht *Decretum dist. 23, Sacratas*: »Es wurde dem Aposto-

lischen Stuhl berichtet, daß bei euch gottgeweihte Frauen oder Nonnen mit den heiligen Gefäßen oder Tüchern hantieren und am Altar
Weihrauch darbringen. Daß das alles scharf zu tadeln ist, wird niemandem zweifelhaft sein, der ein gesundes Urteil hat.« Was aber die
Berührung der Sakramente [oder: geweihter Gegenstände] verhindert,
verhindert auch den Empfang des Weihesakraments. Also verhindert
das weibliche Geschlecht den Empfang des Weihesakraments.

Außerdem müssen die Kleriker die Tonsur bekommen (wie wir oben
schon dargelegt haben), »für eine Frau aber ist es eine Schande, geschoren zu werden«, wie der Apostel *1 Kor 2* schreibt, und ein wenig später: »Wenn sie ihr Haar pflegt, ist es eine Ehre für sie«. Da also nur Kleriker [mit Tonsur] ordiniert werden dürfen, darf eine Frau nicht ordiniert werden.

[Conclusio: Sowohl *de iure* wie *de facto* ist das weibliche Geschlecht
ein Hindernis für den Empfang der Weihe, so daß keine Frau dieses
sakramentale Prägemal empfangen kann.]
Ich antworte, daß das weibliche Geschlecht den Empfang der Weihe
verhindert, und zwar zum einen von Rechts wegen, insofern sie nicht
ordiniert werden darf, zum andern auch der Sache nach, insofern eine
Frau auch dann, wenn äußerlich alles vollzogen würde, was an einem
Weihekandidaten vollzogen werden muß, den Weihe-Charakter nicht
empfinge. Der Grund ist folgender: Die Sakramente haben ihre Wirk-
kraft aus der Einsetzung. Christus aber bei der Einsetzung dieses Sakramentes festgesetzt, daß es nur Männern gespendet wird, nicht aber
Frauen. Und daß er es so einsetzte, hat einen doppelten Grund.
Dem Weihesakrament kommt das Amt zu lehren zu, insofern jede Weihestufe auf das Priesteramt (presbyteratum) hingeordnet ist, dem die
Lehre aufgetragen ist. *16, q.1.* Wir fügen hinzu, daß dies auch das Amt
des Diakons ist, wie es im *Decretum, dist. 25, Perlectis, § Ad diaconum*
und *dist. 92, In sancta*, heißt. Das ist so zu verstehen, daß die Lehre in
erster Linie und ursprünglich Aufgabe des Priesters ist, in abgeleiteter
Weise aber auch des Diakons; man könnte auch mit der *Glossa* zu dieser Stelle sagen: »Predigt« meine hier einfach die Lesung des Evangeliums. – Die öffentliche Lehre aber kommt einer Frau nicht zu, wegen
der Schwäche des Intellekts und der Wankelmütigkeit des Willens [der
Stimmungen]. Diese beiden Mängel machen sich bei Frauen im allgemeinen mehr bemerkbar als bei Männern. Nun muß aber ein Lehrer einen wachen Geist haben, da er die Wahrheit erkennen muß, und einen
gefestigten Willen, um die Wahrheit auch standhaft kundzutun.
Der zweite Grund liegt darin, daß das Weihesakrament den Geweihten in eine besonders herausgehobene Stellung einsetzt. Dies muß
auch in der Natur dessen, der ordiniert wird, eine zeichenhafte Ent-

sprechung haben. Die Frau aber hat hinsichtlich des Mannes einen untergeordneten Stand inne, was auch der Natur entspricht. Denn das weibliche Geschecht ist, von der Seite der Natur her betrachtet, verglichen mit dem männlichen Geschlecht, unvollendet. Diese beiden Begründungen können wir *1 Tim 2, 11f.* entnehmen, wo Paulus schreibt: »Die Frau lerne in aller Stille und Demut; zu lehren erlaube ich ihr nicht, noch über den Mann zu herrschen.«

Auf den ersten Einwand – daß in Christus weder Mann noch Frau sei –, antworte ich: Was die Hinordnung (comparatio) auf Christus betrifft, gibt es keinen Unterschied zwischen Mann und Frau hinsichtlich des Verdienstes, jedoch hinsichtlich des Amtes.

Zum zweiten Einwand: »Presbyterae« werden hier ältere Witwen genannt, nicht Frauen, die das Weihesakrament empfangen hätten. Wir ersehen vielmehr aus dem gleichen Canon, daß die dort genannten »presbyterae« in der Kirche keinen Stand wie Ordinierte innehatten. – Unter der Bezeichnung »diaconissa« ist eine »abbatissa« zu verstehen, wie eine *Glossa* zur entsprechenden Stelle sagt. Wir jedoch halten eine andere *Glossa* für die bessere Erklärung, daß nämlich »diaconissae« jene Frauen genannt wurden, die eine besondere Segnung erhielten, um in der Matutin die Homilie zu lesen.

Zum dritten ist zu sagen, daß es sich hier nicht um einen vergleichbaren Fall handelt: Durch die Gabe der Prophetie wird nämlich der Frau keine Vollmacht über den Mann gegeben. Ein Mann aber, der das Weihesakrament empfangen hat (ordinatus) ist gewissermaßen über diejenigen Männer gestellt, die das Weihesakrament nicht empfangen haben. Somit kann eine Frau durchaus als Äbtissin die Autorität über Frauen ausüben – denn die Gefahren des Zusammenwohnens mit Männern müssen vermieden werden –, doch wäre es ganz abwegig, wenn sie Äbtissin über Männer wäre.

Thomas von Straßburg (†1357), Commentaria in IIII libros sententiarum, Dist. XXV, Art. 3

Lat.: Thomae ab Argentina, Commentaria in IIII. libros sententiarum, Venedig 1564, 142f.
Dt.: M. Schlosser.

In seinem verbreiteten und einflußreichen Sentenzenkommentar bestätigt der Ordensgeneral der Augustiner die geltende kirchliche Lehre.

Conclusio secunda est, quod ordinandus sit sexus masculini, hoc est de necessitate sacramenti: Quia illa persona, vel ille sexus non est capax sacramenti ordinis, cui ex Apostolica ordinatione docere in ecclesia semper est inhibitum, et habere caput velatum in ecclesia quando orat, est praeceptum. Sexus foemineus est huiusmodi: ergo de necessitate sacramenti esse videtur, ut ordinandus sit sexus masculini. Maior patet: quia ordinato competit docere in ecclesia, et hoc vel actu, puta, si est sacerdos, aut diaconus: quia etiam diacono competit praedicare Evangelium. vel potentia, si est in ceteris ordinibus infra ordinem diaconatus. Etiam nulli ordinato competit semper habere caput velatum in ecclesia, quando orat, ut de se patet. Minor etiam probari potest ex dictis Apostoli: *quia mulier debet orare velato capite*, ut dicit Apostolus I. ad Cor. XI. Nec debet docere: quia ait Apostolus I. ad Tim. II. *Mulierem docere in ecclesia non permitto.*

Sed oppositum istius conclusionis tenuit secta quorundam, qui vocati sunt Cathafrige, qui pro suo errore palliando adducunt auctoritates utriusque canonis, scilicet iuris, et scripturae sacrae. – 1) Iuris quidem: quia XXVII q.I praecipitur, ut diaconissa non ordinetur, antequam sit annorum XL ergo diaconatus ordo quandoque potest conferri ipsi mulieri. Et in eadem quaestione praecipitur ne aliquis rapiat, vel sollicitet diaconissam. Item, dist. XXXII instruitur praesbytera, qualiter debeat regere domum: ergo videtur, quod ordo praesbyteratus possit conferri, et de facto quandoque fuerit collatus mulieri. – 2) Praeterea, si ordo repugnaret sexui foemineo, hoc maxime esset pro tanto: quia mulieri non posset competere potestas iudicandi: sed hoc non obstat: quia ut patet Iudicium. IV, Debora iudicavit populum Isdrael, et ei praefuit multis annis: ergo secundum sacram scripturam ordo non repugnat mulieri. – 3) Praeterea, istud confirmant ratione sic. Quantum ad animam non est distinctio inter virum, et mulierem: Sed ordo non respicit hominem, quantum ad corpus: sed potius, quantum ad animam, cum sit quaedam potestas spiritualis: ergo quantum ad aptitudinem recipiendi ordinem non videtur esse distinctio inter virum et mulierem. – 4) Praeterea, quandocunque sunt aliqua plura passa eiusdem speciei, tunc qua ratione idem agens potest aliquem effectum producere in uno illorum passorum, eadem passione [coni.: ratione] consimilem effectum potest producere in altero: Sed vir, et mulier sunt eiusdem speciei: ergo qua ratione aliquis Episopus potest viro conferre sacramentum ordinis, eadem ratione potest mulieri idem sacramentum.

Sed ista opinio stare non potest: quia Christus Matri suae, non obstante, quod esset nobilissima et sanctissima creatura, sacramentum ordinis non contulit: ergo nullam mulierem huiusmodi sacramenti voluit esse capacem. Antecedens est notum: quia, ut patet ex superius dictis, Christus sacramentum ordinis contulit tantummodo viris: consequentia etiam patet: quia Christus, tanquam bonus filius, Matrem suam honoravit prae cunctis creaturis, et per consequens si secundum divinam ordinationem mulier esset capax istius sacramenti: Christus nequaquam hunc gradum honoris subtraxisset a veneranda, et dilectissima Matre sua.

Ad primum motivum istorum dicendum, quod antiquitus aliquae moniales dicebantur diaconissae, non pro tanto, quod ordinem diaconatus haberent: sed propter hoc, quod licentiatae fuerunt ad legendam Homiliam in officio matutinali: praesbytera vero in regno Graecorum, dicitur uxor praesbyteri: In ecclesia vero Romana praesbytera solebat dici abbatissa, vel quaelibet alia honesta matrona, quae aliis praebet iter moribus, et exemplis. Et sic non dicitur praesbytera ab ordine praesbyteratus: sed solum ab etymologia nominis.

Ad 2 dicendum, quod potestas iudicandi est duplex. Una in temporalibus. Alia in spiritualibus. Prima non repugnat mulieri: quia multae fuerunt mulieres multam, et magnam habentes temporalium potestatem, et adhuc sunt in diversis partibus mundi. Talis etiam erat potestas ipsius Delborae, de qua procedit argumentum: Sed potestas spiritualis iudicii nulli competit mulieri, nec per consequens ordo, cuius potestas est simpliciter spiritualis.

Ad 3 dicendum, quod licet inter virum, et mulierem non sit distinctio, quantum ad animam in his, quae spectant ad aeternae vitae meritum: quia, ut sic, sive sit vir, sive mulier, quicunque homo deum magis diligit, et virtuosius in hoc mundo se gerit, ille in vita aeterna maius praemium habebit. Et iuxta hunc sensum ait Apostolus. In Christo Iesum non est servus, neque liber non est masculus, neque foemina: Est tamen distinctio inter virum, et mulierem quantum ad animam in his, quae spectant ad officium, maxime si tale est officium, cuius exercitium prosequitur anima mediante corpore, et mediantibus corporalibus operationibus exterius transeuntibus, quale est officium cuiuslibet ordinis. Et ideo quamvis ordo sit quaedam spiritualis potestas: tamen ratione annexi officii non est communicabilis ex divina ordinatione ipsi mulieri.

Ad 4 dicendum, quod maior non est vera, loquendo de agente instrumentali, et maxime respectu talis effectus, qui non attingitur a causa intrumentali, nisi secundum extrinsecam dispositionem sibi competentem ex ordinatione principalis agentis libere, et contingenter inducentis huiusmodi effectum. His enim conditionibus stantibus, tunc non obstante similitudine passorum instrumento potest competere actio respectu unius, praeter hoc, quod sibi competat respectu alterius, secundum quod ordinatio principalis agentis determinat instrumentum ad unum illorum passorum, et non ad alterum. Sed quantum ad collationem characteris, seu potestatis, de qua pro nunc loquimur, Episcopus ordinans est instrumentum dei, disponens extrinsece ex divina ordinatione sexum masculinum, et non foeminum pro praedictae potestatis receptione: ergo etc.

[Zweite Schlußfolgerung:] Daß der Weihekandidat männlichen Geschlechts sein muß, gehört notwendig zu diesem Sakrament. Denn eine Person oder ein Geschlecht, dem durch die Anordnung des Apostels das Lehren in der Kirche stets untersagt ist, und das nach seiner Anweisung beim Gebet in der Kirche das Haupt zu verhüllen hat, ist auch nicht fähig, das Weihesakrament zu empfangen. Dies trifft auf das weibliche Geschlecht zu; also ist offensichtlich für den Weihekandidaten das männliche Geschlecht erforderlich.

Der Obersatz leuchtet ein: Wer das Weihesakrament empfangen hat, dem kommt das Lehren zu, und zwar entweder aktual, das heißt, wenn er Priester oder Diakon ist – denn auch dem Diakon kommt es zu, das Evangelium zu verkündigen –, oder wenigstens potentiell, das ist der Fall bei den Weihestufen unter dem Diakonat. Daß es keinem, der das Weihesakrament empfangen hat, zukommt, in der Kirche stets mit verhüllten Haupt zu beten, ist auch klar.

Der Untersatz läßt sich mit den Worten des Apostels Paulus belegen: da »eine Frau mit verhülltem Haupt beten soll«, *1 Kor 11;* und nicht lehren darf, denn er sagt *1 Tim 2,* »Ich erlaube nicht, daß eine Frau in der Kirche lehrt.«

Das Gegenteil zu dieser unserer Antwort hielten jedoch die Anhänger einer Sekte fest, die man Kataphrygier nannte. Diese berufen sich, um ihre Irrlehre zu bemänteln, sowohl auf Stellen aus den Canones des kirchlichen Rechts, wie auch aus dem Kanon der Hl. Schrift. Erstens, aus dem Recht: *Dist. 27 q. 1* schreibt vor, daß eine *diaconissa* nicht vor dem vierzigsten Lebensjahr »ordiniert« werden dürfe. Also konnte der Diakonat einmal auch Frauen übertragen werden. In derselben Quaestio werden auch Sanktionen angedroht für den Fall, daß jemand einer *diaconissa* Gewalt antue oder sie belästige. Außerdem instruiert *dist. 32* die *presbytera,* wie sie dem Hauswesen vorstehen solle. Daraus lasse sich offensichtlich schließen, daß der Weihegrad des Presbyterats auch Frauen übertragen werden könne, und daß er tatsächlich einmal an sie übertragen worden sei. Zweitens: Wenn tatsächlich das weibliche Geschlecht sich mit dem Weihesakrament nicht vereinbaren ließe, dann spräche als Hauptargument dafür, daß einer Frau die Vollmacht zu richten nicht zukommen könne. Aber genau dies trifft nicht zu, da es *Ri 4* heißt: Debora habe das Volk Israel gerichtet und ihm viele Jahre lang vorgestanden. Also verträgt sich der Hl. Schrift zufolge das Weihesakrament mit dem weiblichen Geschlecht. Drittens versuchen sie ihre Ansicht auch durch Vernunftgründe zu stützen: Was die Seele angeht, so bestehe kein Unterschied zwischen Mann und Frau. Das Weihesakrament aber beziehe sich auf den Menschen nicht unter Hinsicht des Leibes, sondern der Seele; denn es verleiht ja eine geistliche Vollmacht. Daher scheine kein Unterschied zwischen

Mann und Frau zu bestehen hinsichtlich der Eignung, das Weihe-sakrament zu empfangen. Außerdem ein viertes Argument: Wenn innerhalb ein und derselben Species mehrere Subjekte eine Wirkung erleiden können, dann kann die gleiche Wirkursache auf dieselbe Weise, mit der sie eine bestimmte Wirkung in dem einen Erleidenden hervorbringt, eine ähnliche Wirkung auch in einem anderen [dieser Species] hervorbringen. Frau und Mann sind aber von der gleichen Species. Also könnte der Bischof auf die gleiche Weise wie er dem Mann das Weihesakrament erteilen kann, es auch der Frau erteilen. Aber jene Ansicht läßt sich nicht halten. Christus hat nämlich seiner Mutter, obwohl sie das edelste und heiligste Geschöpf ist, das Weihe-sakrament nicht gespendet. Also wollte er nicht, daß irgendeine Frau dieses Sakrament empfangen könne (capacem esse). Der erste Satz ist bekannt: Wie aus dem oben Gesagten hervorgeht, hat Christus das Weihesakrament nur Männern gespendet. Die Folgerung ist ebenfalls klar: Christus war ein so guter Sohn, er ehrte seine Mutter vor allen Geschöpfen, und er hätte folglich seiner verehrungswürdigen liebsten Mutter niemals diesen Ehrenrang versagt, wenn nach Gottes Ordnung eine Frau dieses Sakrament überhaupt empfangen könnte.

Zu dem ersten ihrer Argumente ist zu sagen: In alter Zeit hießen bestimmte Nonnen »Diakonissen«, nicht weil sie die Weihestufe des Diakonates inngehabt hätten, sondern weil sie die Erlaubnis erhalten hatten, im morgendlichen Gottesdienst die Homilie zu lesen. »Presbytera« wird im Bereich der Griechen die Ehefrau eines Presbyters genannt; in der Römischen Kirche aber war diese Bezeichnung nur für eine Äbtissin in Gebrauch, oder auch für eine ehrbare ältere Frau, die anderen durch ihren Charakter und ihr Verhalten ein Vorbild bot. Somit wird »Presbytera« nicht von der Weihestufe des Presbyterats abgeleitet, sondern lediglich von der Wortbedeutung [d.h. von »alt«].
Zum zweiten Argument: Es gibt eine zweifache richterliche Gewalt, eine im Bereich des Zeitlichen, ein andere im Bereich des Geistlichen. Die erste kann durchaus einer Frau zukommen: Es gab ja zahlreiche Frauen, die umfassende und große Macht in zeitlichen Dingen innehatten, und es gibt sie verschiedentlich immer noch. Von solcher Art war die Macht Deboras, auf die das Argument sich stützt. Hingegen kommt die geistlich-richterliche Gewalt keiner Frau zu, und daher auch nicht das Weihesakrament, dessen Gewalt schlechthin geistlich ist.
Zum dritten Argument: Freilich besteht zwischen Mann und Frau kein Unterschied, was die Seele betrifft, nämlich in dem, was mit den Verdiensten (meritum) für das ewige Leben zusammenhängt. Denn derjenige Mensch – als solcher, sei es Mann oder Frau –, der Gott

mehr liebt und in seinem Leben in dieser Welt einen höheren Grad an Tugend verwirklicht, der wird im ewigen Leben auch den größeren Lohn haben. Das meint der Apostel mit den Worten: »In Christus Jesus gibt es nicht Sklaven noch Freie, nicht Mann noch Frau«. Es gibt jedoch einen Unterschied zwischen Mann und Frau, auch hinsichtlich der Seele, nämlich in dem, was mit einer Aufgabe (officium) zusammenhängt; vor allem gilt dies für eine Aufgabe von der Art, daß die Seele sie ausführt mittels des Leibes und mittels leiblicher Vollzüge, die sich äußerlich ereignen. Von dieser Art sind die jeweiligen Aufgaben, die den Weihestufen entsprechen. Obwohl also der Ordo eine bestimmte geistliche Vollmacht ist, kann er wegen der damit verbundenen Funktionen aufgrund göttlicher Anordnung einer Frau nicht erteilt werden.

Zum Vierten: Der Obersatz stimmt nicht; denn wir reden von einer bloßen Instrumentalursache, und es geht gerade um eine Wirkung, die von einer Instrumentalursache nicht erzielt werden kann, außer durch eine äußerliche Vorbereitung, die ihr deswegen zukommt, weil es die eigentliche, ursprüngliche Ursache so angeordnet hat. Diese bringt in Freiheit die Wirkung hervor. Unter diesen Umständen kann es sein, daß der Instrumentalursache – auch wenn die möglichen Empfänger der Wirkung untereinander ähnlich sind – das Handeln nur in bezug auf den einen möglichen Empfänger zukommt und nicht auf einen anderen: dann nämlich, wenn die hauptsächliche Ursache es so bestimmt hat, daß die instrumentale Ursache sich nur auf einen möglichen Empfänger beziehen kann und nicht auf einen anderen. Was nun die Übertragung des Charakters oder der geistlichen Vollmacht anbetrifft, über die wir jetzt sprechen, so ist der weihende Bischof das Werkzeug Gottes (instrumentum Dei), und seine von außen disponierende Tätigkeit richtet sich, weil Gott es so geordnet hat, nur auf das männliche Geschlecht, nicht auf das weibliche, weil damit wie gesagt der Empfang der geistlichen Gewalt verbunden ist.

3. Neuzeit

François Hallier (1595–1659)

Der Theologe und spätere Bischof von Cavaillon (1657) faßt in seinem Traktat über den Ordo (1636) die gesamte Diskussion über den Empfänger des Weihesakraments zusammen. Seine Ausführungen sind von erstaunlicher Aktualität.

Lat.: Migne, Theologiae cursus completus, Bd. 24, Paris 1841, hier: 821–830.

Dt.: G. L. Müller.

I. Bei den Heiden findet man Frauen, die mit dem Priestertum ausgezeichnet waren und Opfer darbrachten, wie uns literarische Dokumente zuverlässig überliefern. Dieser Brauch war bei den Galliern ebenso üblich wie bei den Germanen. So belegt es Tacitus. Allgemein bekannt ist, daß bei den Griechen Frauen der eleusinischen Ceres und bei den Römern der Bona Dea geopfert haben. Es war der Irrtum der Heiden, wie Klemens bezeugt, für die weiblichen Gottheiten weibliche Priester auszuwählen. Derselbe Irrtum befiel den Geist verschiedener Häretiker: Diesen Irrtum rechnet der Autor der Paulusbriefkommentare, der volkstümlich Ambrosius (= Ambrosiaster) genannt wird, den Kataphrygiern zu. Augustinus spricht von den Pepuzianern, die Frauen nicht nur zu Diakonissen, sondern auch zu Priesterinnen und Bischöfinnen geweiht haben. Epiphanius spricht von den Quintillianern, den Pepuzianern, Priszillianern, den Artotyriten und den Kataphrygiern. Freilich werden alle diese Bezeichnungen manchmal unterschiedslos gebraucht, so daß aus ihnen eine einzige Sekte von Häretikern entsteht. Dazu gehören die Montanisten, die den Lehren des Montanus folgen, dem die Pseudoprophetinnen Priszilla und Quintilla zuzurechnen sind; dann die Pepuzianer, die benannt werden nach der Stadt Pepuza, aus der ihre Irrlehrer stammen; dann die Kataphrygier, die nach Phrygien benannt werden, weil sie dort am meisten ihre Irrtümer verbreiteten. Von dem schändlichen Tun her, daß sie mit Brot und Käse das Opfer feierten, heißen andere Artotyriten. Aber wie auch immer sie alle heißen mögen (denn die verschiedenen Sekten der Montanisten mit verschiedenen Namen zu bezeichnen gab uns Tertullian den Wink, als er sich noch nicht von den Albernheiten des Montanus täuschen ließ), allen ist ihnen eigen, daß sie offen Frauen zu Priesterinnen bestellt haben. Daß dies zu seiner Zeit bei den Häretikern ganz und gar üblich war, bezeugt Tertullian in seiner Schrift *De praescriptione haereticorum* Cap. 41 mit den Worten: »Diese häretischen Frauen, wie frech sie sind. Sie wagen es, zu lehren, zu disputieren, Exorzismen vorzunehmen und vielleicht auch noch zu taufen etc.« Daß die Gnostiker diese Tätigkeiten usurpiert haben, berichtet auch Irenäus (Haer. I, 13). Ebenso bezeugt Bischof Firmilian von Kappadozien, daß eine besessene Frau in Kappadozien dies versuchte. Von den Kollyridianerinnen berichtet Epiphanius, daß Frauen bei ihnen an einem feierlichen Tag des Jahres der seligen Jungfrau Maria das Opfer darzubringen pflegten. Und daß schließlich Akephale [Akephale werden seit Isidor von Sevilla, Eccl. off. 2, 3, 1, Kleriker ohne Bischof und manche mittelalterliche Sekten genannt; d.Ü.] Frauen zum Dienst des Diakons ordiniert haben, berichten Sigebertus (von Gembloux, ca. 1030–1112, Chronicon: MGH.SS 6, 300–374) und Marianus Scotus [11.Jh; Vf. der Weltchronik, DA 17 (1961) 155–194; MGH.SS 5, 481–568]. Diesem Urteil scheinen auch die Häretiker unserer Zeit anheimgefallen, (die zu ihrer Schande sich die Fetzen aller Häresien zusammenflicken), wenn sie freilich lehren, alle Christen, gleich welcher Bedingung und welchen Geschlechts, seien von Gott geweihte Priester, und kein anderes Opfer darzubringen erlauben als des Dankes, der Bitte und des Lobes, insofern es von allen dargeboten wird, wenn sie den Männern keine Prärogative des Priestertums bewahren, außer vielleicht daß sie publice die anderen lehren. Aber auch diese Einschränkung übergehen sie oft, da wir wissen, daß Frauen bei ihnen das Amt des Lehrers übernommen haben und dieselben heilige Themen behandeln, und daß sie nicht nur zulassen, daß die Frauen in ihren Tempeln, wie sie sagen, mit den übrigen zusammen singen, sondern daß sie es ihnen sogar befehlen.

§ 2 *Frauen zu weihen ist durch Gesetz verboten, und niemals in der katholischen Kirche rezipiert worden*

II. Diesen Irrtum widerlegt zuerst Paulus 1 Kor 14, wo er sagt: *Die Frauen sollen in der Kirche schweigen, es ist ihnen nicht erlaubt zu reden, sondern sie sollen untergeben sein, wie es das Gesetz sagt (Gen 3); wenn sie aber etwas lernen wollen, sollen sie zuhause ihre Männer fragen.* Ebenso gilt 1 Tim 2: *Zu lehren erlaube ich der Frau nicht, auch nicht zu herrschen über den Mann, sondern sie soll still sein: Adam wurde zuerst erschaffen, dann die Frau; nicht Adam, sondern die Frau wurde zur Übertretung verführt.* Schließlich heißt es im Brief an die Epheser 5: *Die Frauen seien ihren Männern untergeben wie dem Herrn, da ja der Mann das Haupt der Frau ist, wie Christus das Haupt der Kirche, der Erlöser seines Leibes; aber wie die Kirche Christus un-*

tergeben ist, so sollen es in allem auch die Frauen ihren Männern sein. Diese Zeugnisse des Paulus führt Epiphanius gegen die Artotyriten ins Feld. Aus ihnen können die passenden Argumente gezogen werden, um dieses göttliche Gesetz zu stützen: *erstens*, weil Frauen durch ein gewisses angeborenes Schamgefühl zögern, die Funktionen des Lehrens und andere mit dem Priestertum verbundene Aufgaben anzustreben; das Gesetz aber, das Frauen vom Priestertum abhält, gilt es als von Christus begründet zu glauben, »so wie einer, der die Harmonie der Natur und die Schönheit des Sachverhalts kennt, gleichsam als Urheber der Natur und Gesetzgeber« wie Clemens von Rom (lib. 3 Const. Apost., c. 9) sagt, *zweitens*, weil der Frau das untergeordnete Geschlecht zukommt. Der Mann ist das Haupt der Frau; der Priester aber ist das Haupt des Volkes, dem das Volk untergeben ist. Die Frau ist also für das Priestertum nicht berufen, da Gott sie nicht als Haupt wollte. Ihr liegt es fern, daß sie sich das Volk unterstellt, da sie vielmehr nach dem Willen Gottes dem Mann untergeordnet ist. Daher bringt Clemens Romanus zu Recht vor, daß einer die Wesensverfassung des Mannes und der Frau pervertiert, der, indem er der Frau das Priestertum zugesteht, den Mann der Frau unterstellt, und nicht die Frau dem Mann, und daß einer, der dies tun würde, die mit der Schöpfung mitgegebene Grundordnung verletzen würde, weil er bei der Einsetzung des Hauptes der Kirche das natürliche Haupt beiseiteschiebe und zum entfernteren Leib abstiege. Daß die Frau Leib des Mannes ist [d.h. sich ihr Verhältnis in dieser Relation von Haupt und Leib spiegelt, d. Vf.], geht daraus hervor, daß sie aus seiner Seite gebildet wurde und ihm so untergeben ist. Sie ist von ihm separiert zur Erzeugung der Kinder. Von Anfang an hat Gott dem Mann über sie Herrschaft und Vorrang zugeteilt (*dominationem et principatum*). Von daher hat auch Tertullian in seiner Schrift *De virginibus velandis*, cap. 3, die Notwendigkeit der Demut gelehrt, die mit dem weiblichen Geschlecht aufgrund seiner geschöpflichen Kondition notwendig verbunden ist, weshalb nun auch jede Frau, sei sie Ehefrau oder Jungfrau, vom Anteil am priesterlichen Dienst ausgeschlossen ist. *Drittens*, weil die Erschaffung des Mannes der Hervorbringung der Frau voranging, die Sünde der Frau der des Mannes vorausging und sie ihm die Gelegenheit dazu bot, erschiene Gott gleichsam als ein unüberlegt Handelnder, wenn er ihr das Priestertum, wodurch die Menschen zur Frömmigkeit geführt werden, zugestanden hätte, eben ihr, die später geschaffen, als erste in die Sünde fiel und ihren Mann in die Fallgrube der Sünde lenkte. *Viertens*, weil Christus als Bräutigam und Gemahl der Kirche das Urbild und die vollkommene Idee unseres Priestertums ist. Davon würde man abfallen, wenn jemand als *Braut* der Kirche, nicht als Bräutigam benannt würde, und das Amt des Mannes in

der ihm anvertrauten Kirche, nämlich zu leiten, zu schützen, zu beschenken und dafür zu sorgen, daß die Aussaat des göttlichen Wortes Frucht bringt, also die priesterlichen Aufgaben, ausüben müßte. Zu bedenken sind diese Worte aus der Apostelgeschichte im 1. Kapitel, wo nämlich einer die Stelle des Judas einnehmen soll. Sie sagen: Es muß aus den Männern, die mit uns zusammen waren, einer ausgewählt werden, wohlgemerkt aus den Männern und nicht aus den Frauen, damit wir zur Kenntnis nehmen, daß das weibliche Geschlecht vom Apostolat ausgeschlossen ist.
III. Bei einem anderen Punkt diskutiert Epiphanius, Haer. 59 oder 79, cap. 2 u. 3, diese absurde Meinung (dabei spricht er wörtlich von rasenden Weibern [d.h. von den Kollyridianerinnen, die in einem nur für Frauen zugelassenen Kult Maria als Göttin anbeteten]). Er sagt, daß niemals seit Anbeginn der Schöpfung bei den Anhängern der wahren Religion das Priestertum von einer Frau ausgeübt worden ist. Selbst Eva, die ein so großes Vergehen lostrat, hätte sich niemals eine solche Untat (= die Anmaßung des Priestertums) zu begehen angemaßt, ebenso wenig eine ihrer Töchter. Indessen brachte Abel Gott sogleich ein heiliges Opfer dar, so auch Kain, wenngleich sein Opfer dem Herrn nicht gefiel. Ihnen folgten Henoch, Noah, Melchisedek, Abraham, Isaak, Jakob, Levi, Mose, Aaron, die Söhne Aarons und andere aus der männlichen Nachkommenschaft der Leviten. Dazu kommt nach Epiphanius im Neuen Testament folgende Beobachtung: wenn Christus den Frauen ein entsprechendes Mandat oder wenigstens einen kanonischen Auftrag, in der Kirche vorzustehen, eingeräumt hätte, hätte er keiner anderen Frau als zuerst Maria das priesterliche Amt übertragen müssen, der eine so große Ehre zu teil wurde, daß sie in ihrem Schoß den König aller Welt und den Gott des Himmels, den Sohn Gottes empfangen sollte. Dies war auch die Überlegung des Clemens von Rom, daß, wenn bisher keiner Frau das Amt zu lehren übertragen wurde, es auch ferner ihr nicht übertragen werden dürfe; daß, wenn es erlaubt wäre, von Frauen getauft zu werden, Christus von seiner Mutter und nicht von Johannes getauft worden wäre. Wenn das Lehramt den Frauen zugestanden werden könnte, wäre es zuerst Maria übertragen worden, sowie auch anderen Frauen, die von Anfang an bei ihm waren und ihn und seine Lehre mit großer Aufmerksamkeit gehört haben. Diese priesterlichen Verrichtungen waren aber Frauen in allen zurückliegenden Jahrhunderten weder im Alten noch im Neuen Bund gestattet. Wenn selbst der hl. Jungfrau und Gottesmutter die priesterlichen Tätigkeiten nicht zukommen, stehen sie erst recht nicht irgendeiner anderen Frau zu. Zu Recht sagt darum Tertullian in der Schrift *De virginibus velandis*, cap. 8 (= 9,1): Es ist der Frau in der Kirche nicht erlaubt zu reden, zu lehren, zu taufen oder das Opfer darzu-

bringen, noch sonst ein männliches Amt und schon gar nicht den priesterlichen Dienst zu beanspruchen.

IV. Hier können wir auch das Dekret des Papstes Soter beiziehen, »*daß eine Nonne nicht den Manipel (Stola?) trage und nicht den Weihrauch einlege während der Feier des Opfers*« (Pontif. Damas., et Plat. in Vita Soteris). Das gleiche sagen die Canones 99 und 100 des 4. Konzils von Karthago, »*daß eine Frau, sei sie auch noch so gelehrt und heilig, vor den Männern in der Versammlung nicht zu lehren oder in ihrer Gegenwart zu taufen sich herausnehme*«.

Ebenso untersagt Bonifatius (in seiner Vita), »daß eine Frau oder Nonne mit den heiligen Tüchern hantiert oder die Weihrauchgefäße berührt«. Gemäß den Autoritäten, die wir erwähnt haben, Irenäus, Ambrosius [= Ambrosiaster], Epiphanius und Augustinus ist unter die Häresien jene Lehrmeinung *(dogma)* zu rechnen, die den Frauen die priesterliche Würde oder die entsprechenden Funktionen zugesteht. Mit ihnen allen steht fest, daß es als eine häretische Sentenz anzusehen ist, wenn behauptet wird, daß die Frau gültig das Priestertum empfangen kann. Frauen, so folgt aus all dem Gesagten, können auch nicht all die Weihegrade empfangen, die auf das Priestertum als ihren Gipfel hinführen. Dazu gehört auch die Tonsur, da die Tonsur Weg und Disposition zu den anderen Weihen ist. Die Frauen, die nicht gültig die Priesterweihe empfangen, können darum auch alle anderen Weihegrade nicht erhalten inklusive der Tonsur. Wenn man diesem Argument noch die ununterbrochene Kontinuität der Tradition hinzufügt, die die Frauen von jedem Weihegrad und der Tonsur ausschließt, und wenn man die Würde der Weihen bedenkt, die – wie wir oben darlegten – die Verfaßtheit der dem Mann untergeordneten Frau überragt, und wenn man schließlich das Gebot des Apostels, daß Frauen in der Kirche schweigen sollen, in Rechnung stellt, dann ist es als Gefahr für den Glauben zu beurteilen, wenn sich einer die Meinung derer zulegt, die behaupten, daß Frauen mit jedem Weihegrad inklusive der Tonsur bezeichnet werden können.

V. Zu zeigen ist dennoch für die einzelnen Weihestufen, wie die Meinung derer, die Frauen für weihefähig halten, differenziert zu qualifizieren ist. Denn wir wagen es, die Meinung derer für häretisch zu halten, die Frauen für den gültigen Empfang des Presbyterats für geeignet beurteilen, und mit nicht viel geringerer Zensur trifft dies auch für den Diakonat zu, da von beiden Weihestufen feststeht, daß sie von Christus eingesetzt sind, ja auch, wie es einigen gefällt, daß sie die volle Bedeutung des Weihesakramentes haben, da beiden Weihestufen die Aufgaben zukommen, in der Kirche zu lehren, zu taufen, dem gläubigen Volk vorzustehen und es zu leiten.

Allerdings verurteilen wir nicht mit derselben Zensur die gewagte

Meinung derer, die Frauen für den Subdiakonat für geeignet erachten, obgleich wir diese Meinung, die die ganze Schule der Theologen verurteilt, als unbedacht zurückweisen. Mit einer milderen Zensur bedenken wir die Meinung derer, die Frauen den Zugang zu den niederen Weihen und zur Tonsur gestatten. So lehrte auch Petrus de Palude (ca. 1280–1342), daß Frauen fähig sind, die Tonsur zu empfangen, wie Jacques Almain (ca. 1480–1515) berichtet (...) Da, wie sie sagen, Tonsur und niedere Weihen von der Kirche eingesetzt und nicht durch göttliches Recht gestützt sind, stehe es der Macht der Kirche auch frei, deren Form, Materie und Ritus zu verändern, da sie im eigentlichen Sinn Sakramente seien, wie es aus dem Vorhergesagten als Meinung einiger Theologen hervorgeht. Dennoch müssen jene Weihen eingesetzt sein gleichsam als Sakramentalien, die als Dispositionen, Anwege und Stufen gelten, um zum Priestertum zu gelangen. Deswegen wird denen, welchen der Weg zum Priestertum versperrt ist, auch kraft desselben Rechts den Zugang zur Tonsur und den niederen Weihen versagt bleiben müssen. Dies wird bestätigt von Paulus 1 Kor 11. Denn Paulus bringt verschiedene Prärogativen der Männer vor den Frauen vor: daß der Mann das Haupt der Frau ist, so wie Christus das Haupt des Mannes und Gott das Haupt Christi ist, daß die Frau Bild und Abglanz des Mannes ist; daß die Frau wegen des Mannes sei, nicht der Mann wegen der Frau, daß die Frau aus dem Mann geschaffen sei und nicht umgekehrt. Er lehrt auch, was nicht ganz unpassend ist, zum Thema der Tonsur: Da es eine Schande sei für die Frau, sich die Haare abschneiden oder sich gar kahlscheren zu lassen und sie daher ihr Haupt verhüllen soll, zeigt sich auch ein Grund, warum es nicht schicklich ist, die nicht mit der klerikalen Tonsur zu bezeichnen, die ihr Haupt nicht scheren soll.

§ 3 *Aufgrund welchen Rechts die Weihe von Frauen verboten ist*
VI. Weder nur durch kirchliches Recht, noch durch bloß natürliches Recht, sondern durch göttliches Recht sind Frauen ihrer Wesensnatur entsprechend vom Weihesakrament ausgeschlossen. Das ist es, was Paulus und die erwähnten Väter als verboten erweisen, und zwar aus dem Stiftungswillen Christi und den inneren Angemessenheitsgründen aus der menschlichen Natur. Man dürfte diejenigen, die Frauen zum Priestertum weihten, nicht Häretiker nennen, wenn die Frauen nur duch ein Gesetz der Kirche vom Priestertum ferngehalten würden, denn sie wären nur der Kirche ungehorsam und solche, die ihre Disziplin verletzten. Die Weihe von Frauen wäre keineswegs ungültig, wenn sie nur durch Kirchengesetz verboten und nicht durch göttliches Recht untersagt wäre. Die Exkommunizierten und Suspendierten und dergleichen, die die Kirche zu weihen ablehnt, empfangen

nicht ungültig die Weihe hinsichtlich des Charakters, aber es ist ihnen die Ausübung jedweden Dienstes untersagt. Aber sicher ist, daß die Frau vergeblich die Händeauflegung empfängt und damit auch nicht den sakramentalen Charakter aufnehmen kann, wann auch immer sie sich der Zeremonie der Ordination unterzöge. Eine solche ungültige und verbotene Weihehandlung wäre ein Sakrileg. Wenn nicht kraft göttlichen Rechts die Weihe der Frau verboten wäre, – ganz abgesehen davon, daß die Kirche möglicherweise wegen des Wankelmuts, der Unbeständigkeit und aus anderen Gründen Frauen, die keine Prärogative genießen, von den heiligen Weihen fernhalten könnte –, mit welchem Recht hätte man die heilige Jungfrau von der Weihe fernhalten können, die zur Mutter Gottes erwählt war und an deren Heiligkeit, Klugheit und Würde zu zweifeln ein Frevel wäre? Wer konnte nämlich würdiger das Wort Gottes verkünden als die, die es zuerst im Herzen und dann im Leib empfangen hat? Wer konnte lichtvoller die Geheimnisse des Glaubens auslegen als die, die vom Heiligen Geist überschattet war und über die die Kraft Gottes kam? Wer konnte würdiger das Opfer darbringen als die, die voll der Gnade war, indem der Engel ihr die Offenbarungen verkündete? Aber es stand dem die göttliche Einsetzung entgegen, wodurch jene das Priesteramt nicht bekleiden konnte, deren Würde als Mutter Gottes die Würde des Priestertums erreicht, ja sogar noch überragt. Gar nicht zu erwähnen sind die vielen Frauen, die in der Heiligkeit bewährt und durch Klugheit ausgezeichnet waren. Ihnen allen könnte die Kirche kaum ohne ein schweres Unrecht das Priestertum vorenthalten. So frage ich, mit welcher Autorität wäre das ganze weibliche Geschlecht, wenn Christus selbst es für das Priestertum nicht für unpassend gehalten hätte, allein durch kirchliches Gesetz ungeeignet gemacht worden? Diese Autorität ist das göttliche Recht, wodurch die Frauen von der Weihe ausgeschlossen sind, was auch bedeutet, daß nicht dem ganzen weiblichen Geschlecht ein Unrecht angetan wird.

VII., VIII. Jenes göttliche Recht ist nicht nur natürliches (göttliches) Recht. Würde nämlich die göttliche Anordnung, wodurch die Frauen von der Weihe ausgeschlossen sind, aufgehoben, so widerspräche die natürliche Konstitution der Frau nicht in jeder Hinsicht der hl. Weihe. Denn, wie die heilige Schrift uns lehrt, hat Debora als Frau das Heer geführt, das Volk Israel regiert und ihm hilfreich beigestanden (als Richterin in Israel). Im Alten und Neuen Testament lesen wir von Frauen als Prophetinnen, etwa von Mirjam, der Schwester des Mose, der vorgenannten Debora, Hulda, Hanna, die im Tempel die Ankunft Christi verkündet hat, und den vier Töchtern des Evangelisten Philippus. In vielen Regionen ist es auch Gesetz, daß Frauen kraft Erbrechts die Thronnachfolge als Königin antreten. All das zeigt, daß es dem Naturrecht nicht gänzlich widerspricht, daß Frauen über Männer Befehlsgewalt ausüben. Dennoch ist es im allgemeinen dem natürlichen Recht nach viel angemessener, daß sie nicht über Männer befehlen. Außer der natürlichen Unterordnung, die den Frauen ziemt, stehen dem die Zurückhaltung sowie das Ehr- und Schamgefühl des weiblichen Geschlechtes entgegen. So stehen ihr die öffentlichen Aufgaben des Priestertums nicht gut an. Entgegen stehen auch die dem weiblichen Geschlecht angeborene Unbeständigkeit, mangelnde Festigkeit und Kraft. Somit ist es *außerhalb der Natur,* daß Frauen priesterliche Aufgaben ausüben, wie schon Clemens oft anmerkte. Da die göttliche Vorsorge und Leitung der Kirche auf das allerbeste geordnet ist, sind Frauen von der Leitung der Kirche fernzuhalten, und kein Vorwand der Notwendigkeit oder Nützlichkeit kann diese von Gott verfügte Einrichtung umstoßen oder außer Kraft setzen. Das heißt aber nicht, daß Frauen nicht zuzulassen wären zur Regierung von Staaten und Königreichen wegen des öffentlichen Wohls, wo das Gesetz es erlaubt.

§ 4 *Darstellung der Gründe, die zugunsten der Frauenordination vorgebracht werden*
IX. Nun sollen noch die Fundamente der Häretiker eingerissen werden, auf denen sie den Turm Babel aufbauen wollen, indem sie versuchen, Konfusion in die ganze Kirche hineinzubringen. In seiner Schrift gegen die Häresien hat schon Epiphanius diese Fundamente nach Kräften erschüttert. Das *erste* ihrer Fundamente ist die Autorität des Paulus, wenn er nach Gal 3,28 sagt: »Ihr, die ihr auf Christus getauft seid, habt Christus als Gewand angezogen: nicht mehr gilt Jude oder Grieche; nicht mehr Sklave oder Freier; nicht mehr gilt Mann oder Frau; sondern ihr seid aller eins [genauer: einer] in Christus Jesus.« Wenn also in Christus nicht mehr gilt, ob jemand Mann oder Frau ist, wenn also die geschlechtliche Bestimmtheit des Einzelmenschen vor Christus keine Rolle spielt, warum heißt es dann, daß aufgrund des Stiftungswillens Christi allein der Mann zum Priestertum zuzulassen, die Frau aber davon auszuschließen ist? Das *zweite* Fundament, auf das sich die Häretiker berufen, ist die Tatsache, daß die Gaben des Heiligen Geistes ohne Unterschied *(indiscriminatim)* auf Männer und Frauen ausgegossen wurden, und eben das ist die Gnade des Gesetzes des Evangeliums, wie es in reichlichem Maße auf die Menschen beiderlei Geschlechtes sich ergießt. So interpretiert in der Apostelgeschichte (2,27) Petrus die Stelle beim Propheten Joel: »In den letzten Tagen, so spricht der Herr, gieße ich meinen Geist aus über alles Fleisch; und eure Söhne und Töchter werden prophetisch reden, eure jungen Männer werden Visionen haben, und eure Alten

werden Träume haben. Auch über meine Knechte und Mägde werde
ich meinen Geist ausgießen in jenen Tagen, und sie werden prophetisch reden.« Es scheint demnach ein Vorzug des evangelischen Gesetzes zu sein, daß in der Zeit des Evangeliums auch Frauen das Priestertum ausüben. Wenn nämlich die Frauen vollkommen gleich wie
die Männer mit den Gaben des Heiligen Geistes und den Gnaden gratis datae beschenkt werden, ergibt sich doch auch, daß sie mit der
Würde des Priestertums bekleidet werden können? Wenn ihnen der
Geist der Lenkung und Leitung zugestanden ist, kann man ihnen auf
keinen Fall die Ehre und Autorität der Leitung [der Kirche] abspre-
chen? Derselbe Christus, der in der Kirche Hirten, Lehrer und Propheten (vgl. Eph 4,11) eingesetzt hat, denen er die Gnade zu prophezeien und Verborgenes vorherzusagen gegeben hat, kann ihnen doch
nicht zugleich das Amt zu lehren, auszulegen und seine Herde zu weiden versagt haben.

X. Als *drittes* Fundament führen sie an, daß man zumindest in den ersten Jahrhunderten der Kirche von Subdiakoninnen, Diakonissen,
Presbyterinnen, ja sogar von Bischöfinnen hört. Die Diakonissen er-
wähne Paulus selbst im Brief an Timotheus, nachdem er die Weihe-
kriterien für die Presbyter und Diakone anmahnte. In diesem Zusammenhang spreche er auch von den Qualifikationen, die für die Diakonisse erforderlich sind. Zu verbinden sei dabei die Stelle 1 Tim 3,11:
»Ebenso sollen die Frauen ehrbar sein, nicht verleumderisch, sondern
nüchtern und in allem zuverlässig« mit 1 Tim 5,9: »Eine Frau soll nur
dann in die Liste der Witwen aufgenommen werden, wenn sie mindestens sechzig Jahre alt ist, nur einmal verheiratet war, wenn bekannt
ist, daß sie viel Gutes getan hat, wenn sie Kinder erzogen hat, gastfreundlich gewesen ist und den Heiligen die Füße gewaschen hat,
wenn sie denen, die in Not waren, geholfen hat und wenn sie zu jedem guten Werk bereit war«. Die Worte des hl. Paulus sind dabei im
einzelnen zu bedenken. Zum einen instruiert er seinen Schüler über
die Auswahl der heiligen Diener und er spricht dann auch von der
Auswahl der Diakonisse, die er Witwe nennt, damit er sich ein Urteil
bilde über ihre Eignung zum heiligen Dienst. Die Auswahl nach diesen Kriterien geschehe ja nicht, damit die Witwe durch die Kirche
Hilfe erhalte, weil dazu eine solche Prüfung nicht notwendig war.
Ebensowenig gehe es um ein profanes Amt. [...] Die Diakonisse/Wit-
we werde vielmehr zu einem heiligen Dienst erwählt, für den der
Apostel so ausgezeichnete Voraussetzungen verlangt. Und zum andern sei folgendes zu beachten: Wenn der Apostel vorschreibt, daß sie
die Ehefrau nur eines Mannes gewesen sein muß, kann das dann einen
anderen Sinn haben, als daß sie damit die Eignung aufweisen muß, die
Verbindung der Kirche mit Christus zu bezeichnen, wenn sie durch

die heilige Weihe in [das Mysterium] der Hochzeit der Kirche (mit Christus) aufgenommen wird? Und es könne keinen begründeten Zweifel geben, daß sie als Frau dennoch die männliche Person und Kondition im Hinblick auf die Kirche vertritt: in jener geistlichen Auferstehung wie in der körperlichen werden die Frauen weder heiraten noch geheiratet werden, sondern sie werden sein wie die Engel im Himmel nach Mt 22,30. Hinzuzufügen sei, daß wir aus der Kirchengeschichte die den Diakonissen übertragenen Ämter im sakralen Bereich kennen und daß sie dieselben waren wie bei den Diakonen. Wenn also die Diakone, wenn sogar die im Vergleich zu den Diakonen niederen Diener zu Ausübung ihrer Dienste geweiht werden mußten, warum nennen wir dann nicht auch die den Diakonissen erteilte Ordination eine heilige Weihe? Besonders gilt dies, da schon Gregor von Nazianz in dem 95. Brief (in den Beifügungen) an Gregor von Nyssa dessen Ehefrau, die Diakonisse Theosebeia, »eine wahrhaft heilige Diakonisse und Frau des Priesters ihm an Ehre ebenbürtig und der großen Geheimnisse würdig« nennt. So nannte auch das Konzil von Chalkedon, Can. 15 und Kaiser Justinian, Novelle 3, die Frau Diakonin im Unterschied zu den männlichen Diakonen. Dies gewinnt noch an Bedeutung durch die Feststellung, daß das Konzil von Tours unter Pelagius I., das Konzil von Auxerre ungefähr zu Zeiten des Adeodat, das römische Konzil unter Gregor II. und auch andere von Bischöfinnen und Presbyterinnen sprechen. Was aber könnten das für Bischöfe und Presbyterinnen sein, wenn sie nicht die Funktionen der Presbyter und Bischöfe ausgeübt hätten? Und wie hätten sie die Aufgaben wahrnehmen können, wenn sie ihnen nicht durch die heilige Weihe übertragen worden wären? Dies könne auch belegt werden mit dem 7. Brief, Buch 7, indict. 2 Gregors des Großen an Januarius, den Bischof von Calaris. Dieser zeigt, daß es besondere Priestergewänder gab, als er erwähnte, daß in Gravinia die Äbtissin zu tadeln war, weil sie sich nicht mit dem Mönchsgewand bekleiden wollte, »sondern in Gewändern bleiben wollte, die an jenem Ort die Presbyterinnen tragen«. Diese Verschiedenheit der Gewänder zeige, daß es den besonderen Ordo der Presbyterinnen gab, der weder der Stand der Nonnen oder der bloßen Laien, sondern von Gott Geweihten war.

XI. Schließlich geben sie als letztes Fundament für eine mögliche Ordination der Frau folgendes an, daß die *Nonnen und Asketinnen oder enthaltsam lebenden Frauen* die Funktionen der niederen Weihestufen unbeanstandet und öffentlich in der Kirche ausüben, indem sie z.B. die gottesdienstlichen Lesungen vortragen, die Psalmen singen etc. Ebenso finden wir in der Kirche den allgemein akzeptierten Stand von Kanonikerinnen vor, dem dieselben Aufgaben wie den männlichen Kanonikern zugewiesen sind. Man würde daher zu Unrecht behaupten, daß Frauen die heilige Weihe nicht empfangen können, da man sie doch kirchlicher Funktionen für fähig hält und da sie in das Verzeichnis kirchlicher Dienste aufgenommen sind. Auch Papst Gregor spricht im vorher erwähnten Brief von der auf feierliche Weise vom Bischof eingesetzten [ordinierten] Äbtissin. Die Kirche anerkennt wenigstens die geistliche Vollmacht von Äbtissinnen auch gegenüber Männern, wie es die Dokumente von der Äbtissin des Klosters Ebraldi Fons (Fontevrault-l'Abbaye) belegen. Wieso sollten also die Frauen die heiligen Weihen nicht empfangen können, wenn sie eine geistliche Jurisdiktion ausüben können und dürfen? Oder würde es sich der Frau noch weniger ziemen, daß sie über Männer eine Jurisdiktion, als daß sie die Aufgaben einer niederen Weihestufe ausübt? Oder würden das weibliche Ehrgefühl und die natürliche Unterordnung nicht weniger der Ausübung der geistlichen Jurisdiktion über Männer widerstreiten als die Funktionen irgendeines Grades der niederen Weihen?

§ 5 *Widerlegung der Einwände gegen die kirchliche Praxis aus der Heiligen Schrift*
XII. Die beiden ersten Grundlagen [der gegen die Kirche vorgebrachten Lehre von der dogmatischen Möglichkeit der Weihe von Frauen], die sich auf Zeugnisse der Hl. Schrift beziehen, sind ganz leicht zu erschüttern. Die beiden letzteren Fundamente, die sich auf verschiedenen Dokumente des kirchlichen Altertums beziehen, bedürfen einer breiten Kenntnis der alten Disziplin und einer ausführlichen Darstellung, um zu zeigen, daß sie keinen Halt bieten. Die erste Säule stürzt ein, da sich in der Tat kein Vorrang des einen vor dem anderen Geschlecht bezüglich des Heils findet, nämlich der Beobachtung des göttlichen Gesetzes, der Rechtfertigungsgnade, der Adoption als Söhne Gottes, der Teilhabe an allen Wohltaten Gottes und im ewigen Lohn der Glückseligkeit. Allen steht der Zugang zum Empfang des Glaubens offen, zur Erfüllung des Gesetzes Christi, zur Erlangung der Gotteskindschaft und zum Verdienen der ewigen Seligkeit in Gott. Aber ungleich wird es, wenn es um das Priestertum geht. Und daß aus der Gleichheit im Heil (nach Gal 3,28) kein unterschiedsloser Anspruch von Männern und Frauen auf das Priestertum [weil es keine Heilsgabe, sondern Vollmacht zum Dienst am Heil ist] abgeleitet werden kann, ergibt sich offensichtlich aus dem Kontext der Stelle, wenn der Apostel vorher sagt: »Alle seid ihr nämlich Söhne Gottes durch den Glauben, der in Christus ist«.
XIII. Das zweite Fundament der Gegner kann ebenso leicht zum Einsturz gebracht werden. Wenn auch die Gnaden gratis datae gleicher-

maßen über Frauen und Männer von Gott ausgegossen werden können, folgt daraus dennoch nicht, daß das Weihesakrament unterschiedslos von beiden Geschlechtern empfangen werden kann.
[Was die gratiae gratis datae betrifft, gilt:] das Schwache hat Gott erwählt, um das Starke zu beschämen und um den Reichtum seiner
Gnaden zu zeigen, hat Gott die Schätze seiner Güte und Freigebigkeit
in ein Gefäß ausgegossen, das an sich ganz ungeeignet ist, diese über-
fließenden Gaben aufzunehmen. Angesichts dieser Gaben kann in
keiner Weise die Naturordnung das Maß angeben, da die empfangene
Gnade die Natur bei weitem überbietet. Anders verhält es sich bei der
Stiftung des kirchlichen Leitungsamtes. Wenn Christus auch den Priestern und Dienern eine übernatürliche Vollmacht gegeben hat, so
wollte er dabei doch die Ordnung der Natur wahren, indem das Geschlecht von der Wahrnehmung dieser Vollmacht [zum Dienst am
Heil der anderen, nicht zum eigenen Heil] ausgeschlossen ist, das geschaffen ist zur Unterordnung und nicht zur Wahrnehmung dieser
Leitungsvollmacht. Den Sinn dieser Anordnung demonstriert Thomas im Sentenzenkommentar, Buch 4, dist. 25, q.2 art. 1 ad 1 mit folgenden Worten:»Die Prophetengabe ist kein Sakrament, sondern eine Gnadengabe Gottes. Darum ist hier keine Zeichendimension verlangt, es handelt sich nur um die Wirklichkeit des Chrismas. Und da
der Wirklichkeit nach, d.h. was die Seele [als identitätsstiftende Mitteilung der Wesensnatur] betrifft, die Frau sich vom Mann nicht unterscheidet, ja was die Seele betrifft [in der Realisierung ihrer intellek-
tuellen und ethischen Potenzen] manchmal eine Frau vielen Männern
überlegen ist, kann eine Frau die Prophetengabe und viele andere
Gnaden und Charismen empfangen, woraus aber nicht folgt, daß sie
deswegen auch das Weihesakrament empfangen kann«. Den Sinn dieser Unterscheidung [des Empfangs der Gnade oder einer geistlichen
Vollmacht] erklärt Thomas so: Der Wesensgrund des Sakraments erfordert im Empfänger, daß er der Zeichengestalt dieses Sakraments
und seinem Einsetzungssinn entspricht. Das kann auch am Beispiel
der Ehe und der Letzten Ölung aufgezeigt werden. Da nämlich die
Ehe die gegenseitige leibliche Hingabe bezeichnet, können diejenigen,
die unfähig sind zur körperlichen Vereinigung, in der sich die gegenseitige Hingabe erfüllt, auch nicht die Ehe eingehen, da sie nicht fähig
sind, die sakramentale Zeichendimension der Ehe auszudrücken. Wer
sich voller Gesundheit erfreut, kann das Sakrament der Krankensal-
bung nicht empfangen, da die Letzte Ölung von Gott eingesetzt ist,
um die Kranken zu stärken. Deshalb ist ein Gesunder nicht fähig, die
Wirklichkeit des Sakraments zu empfangen, weil die Zeichendimension fehlt. Das Weihesakrament ist eingesetzt zur Leitung, weshalb bei
den zu Weihenden ein dieses Leiten bezeichnendes Element des Vor-

rangs ausgemacht werden muß. Die Frau aber ist von Gott im Stand der Unterordnung unter den Mann geschaffen [insofern in der menschlichen Gemeinschaft der Ehe und Familie einer als Haupt die Aktionseinheit bezeichen muß]. Darum sind die Frauen nicht in der Verfassung, daß sie die Weihe empfangen können, weil der Stand der Unterordnung gerade nicht die dem Weihesakrament eignende Leitungsvollmacht im Zeichen [in dem die Wirklichkeit des Sakraments in der Kirche sichtbar wird] darzustellen in der Lage ist. Diese Lösung weicht nicht viel von der Argumentation des Richard von Mediavilla ab, der im IV. Buch seines Sentenzenkommentars, dist. 25, ebenso auf den Unterschied des Wesenssinns des Weihesakraments und der Prophetie und aller anderen sakramentalen Heilsgaben und Charismen abhebt. Er sagt, daß die Prophetengabe der Frau keinerlei [geistliche] Leitungsvollmacht über die Männer verleiht, die durch das Weihesakrament übertragen wird. Denn dies stünde im Widerspruch zur Einsetzung des Weihesakraments durch Gott [als Übertragung geistlicher Leitungsvollmacht und Darstellung Christi als Haupt und Einheitsgrund der bräutlichen Einheit von Christus und Kirche als einer Person], der [um der Einheit der beiden in einem Fleisch; vgl. 1 Kor 11,3; 2 Kor 11,2; Eph 5, 23; Offb 19,7] die Unterordnung der Frau unter den Mann gewollt hat.

(Sp. 830–854 behandelt Hallier mit Rückgriff auf die gesamte Quellenlage die Stellung der Diakonissen, die ein Kirchenamt innehatten, und der Äbtissinnen, die in ihrem Kloster eine spirituelle und organisatorische Leitung wahrnahmen. Er kommt zum Schluß, daß sie nie eine sakramentale Weihestufe und damit Anteil am eigentlichen Weihesakrament erhalten hatten, daß die Äbtissinnen keine bischöfliche Jurisdiktion als Anteilhabe an der Schlüsselgewalt der Apostel innegehabt hatten. Die Rede von der Subdiakonissa, Diakonissa, Presbytera und Episkopissa in den Kanones frühmittelalterlicher Synoden läßt sich eindeutig klären als Bezeichnung für die Ehefrauen der Subdiakone, Diakone, Presbyter und Bischöfe, die von der Weihe an enthaltsam leben sollten, um nicht mehr leiblich, sondern geistlich Kinder zu zeugen; vgl. 1 Kor 4,15).

Cornelius a Lapide SJ (1567–1637)

Der einflußreiche Exeget (ab 1616 im Collegium Romanum), dessen Werke bis ins 20. Jahrhundert aufgelegt wurden, bietet in seinen Kommentaren zu Röm 16 und 1 Tim 2 den sensus communis der katholischen Schriftauslegung seit der Kirchenväterzeit. Er bezeugt auch die sententia communis, daß die Berufung von Frauen zum Episkopat und Presbyterat entsprechend dem Zeugnis des hl. Epiphanius von Salamis über die Quintillianer, Kataphrygier Pepuzianer, Gnostiker und Montanisten zu den Häresien gezählt wird.

Kommentar zum Römerbrief, Kap. XVI, 1 u. 7

Lat.: Cornelius a Lapide, In Epistolas D. Pauli Commentaria in S. Scripturam, Bd. 18, Paris 1891, 242f.
Dt.: M. Schlosser.

1. COMMENDO VOBIS PHOEBEN SOROREM NOSTRAM, QUAE EST IN MINISTERIO ECCLESIAE, QUAE EST IN CENCHRIS. – Nota: Paulus vocat Phoeben *sororem*, ob cognationem, non carnis, sed fidei et religionis. Sicut enim omnes viri Christiani vocabantur fratres, ita omnes feminae Christianae vocabantur sorores. Male ergo quidam recentiores *sororem* interpretantur uxorem Pauli, cum qua, inquiunt, vivebat jam caelebs. Nam Paulus ipse innuptis se annumerat 1 *Corinth*. VII, 8. Phoebe haec, ut hinc patet, Corintho profecta fuit Romam, atque adeo latrix fuit hujus epistolae ad Romanos, ut habent Graeca, Syra et Latina Complut. in fine epistolae.
Nota *secundo*: Fuit haec Phoebe *in ministerio Ecclesiae*, graece *diákonos*, id est, ut explicant S. Chrysostomus et Origenes, *diaconissa*. Quaenam fuerint olim diaconissae, dicam I *Timoth*. 5, 9 (1).

Ich empfehle euch Phöbe unsere Schwester, die im Dienst der Kirche zu Kenchris steht. Beachte: Paulus nennt Phöbe seine *Schwester* wegen der Verwandtschaft nicht dem Fleische nach, sondern dem Glauben und der Frömmigkeit nach. Wie nämlich alle männlichen Christen Brüder genannt werden, so heißen alle christlichen Frauen Schwestern. Schlecht interpretieren manche Neuere das Wort Schwester als Ehefrau des Paulus, mit der er, wie sie sagen, freilich zölibatär lebte. Denn Paulus selbst zählt sich den Unverheirateten zu gemäß 1 Kor 7,8. Diese Phöbe war offensichtlich von Korinth nach Rom gereist und war daher die Überbringerin dieses Briefes an die Römer [...] Beachte zweitens: Diese Phöbe stand *im Dienst der Kirche*, was griechisch mit der Bezeichnung *diákonos* ausgedrückt wird. Chrysostomos und Origenes verstehen darunter die Diakonisse. Denn einst gab es Diakonissen, wovon 1 Tim 5,9 spricht.

Kommentar zum 1. Korintherbrief, Kap. XIV, 35–36

Lat.: Cornelius a Lapide, In Epistolas D. Pauli Commentaria in S. Scripturam, Bd. 18, Paris 1891, S. 396f.
Dt.: M. Schlosser.

34. MULIERES IN ECCLESIIS TACEANT, – etiam Prophetissae, quia contra ordinem naturae est et legis, *Genes.* III, 16, ut in conspectu virorum feminae eis subditae loquantur. Ita Ambrosius, et ex eo Anselmus. *Secundo,* quia idipsum est praeter earum verecundiam et humilitatem. Ita Anselmus. *Tertio,* quia vir melioris es judicii, rationis, discursus et discretionis, quam femina. *Quarto,* jure, ait Anselmus, tacere jubetur femina, quae cum loqueretur, viro suo peccatum, *Genes.* III. *Quinto,* ut frenum injiciatur ejus loquacitati. Nam:
Tot pariter pelves, tot tintinnabula dicas Pulsari, cum duae mulieres litigant: quod facile in ecclesia contingeret, si eis docere permitteretur. De hoc mulieris silentio plura dicam 1 *Tim.* II, 9. Quam ergo contra Apostolum, contra fas omne, jus et decus est, si mulier caput sit Ecclesiae alicujus?
Tropologice, mulier est passio et concupiscentia, vir est ratio; illa ergo taceat, et rationi se subdat. Vide Chrysostomum, *homil.* 37 in morali. *Mulier,* inquit Aristoteles, *lib. IX De Natura animal., cap. I, misericors magis et ad lacrymas propensior est, quam vir: invida item magis, et querula, et maledicentior, et mordacior: praeterea anxia, et desperans magis quam mas, atque impudentior et mendacior, quin etiam facilior decipi.*
35. SI QUID VOLUNT DISCERE, DOMI VIROS SUOS INTERROGENT. – Hinc ait Primasius: Viri adeo docti esse deberent, ut uxores suas docere et in rebus fidei instruere possent; sed, quid si indocti sint, ut saepe fit, a quibus instruerentur mulieres? Respondet Primasius: Habent concionatores, confessarios et magistros, qui eas instruant. *Secundo,* melius est illis quaedam non necessaria ignorare, quam cum scandalo et inverecundia in ecclesia ea rogare et discere.
Dices: Anna Prophetissa in templo loquebatur omnibus de Christo, Lucae II. Respondeo: Loquebatur omnibus, id est, singulis privatim, non in Ecclesia, id est, Ecclesiastico conventu, nec in templo proprie dicto: nam templum Judaeorum nec mulier nec vir, sed soli sacerdotes ingredi poterant. Loquebatur ergo Anna mulieribus singulis in atrio feminarum: nam atrium distinctum ab atrio virorum habebant feminae, teste Josepho.
Dices secundo: Moniales in ecclesiis suis canunt. Respondeo: Ibi non est Ecclesia, id est fidelis populi conventus, sed est chorus Monialium tantum. Apostolus enim non vetat loqui aut canere inter mulieres, sed tantum id fieri vetat in communi Ecclesia, ubi scilicet tam viri quam

mulieres conveniunt. Ita Cajetanus. Rursum loquitur Paulus de locu-
tione, non publica et approbata, sed propria et privata, quae fit do-
cendo, exhortando, interrogando.

Adde, Apostolam proprie tantum loqui de mulieribus conjugatis; has
enim jubet in Ecclesia tacere et subjici maritis, eosque domi interro-
gare.

34. *Die Frauen sollen in der Kirche schweigen*, auch die Prophetinnen,
denn es ist gegen die Ordnung der Natur und auch des Gesetzes (Gen
3,16), daß Frauen im Angesicht der Männer, denen sie untergeordnet
sind, sprechen. So sagt es Ambrosius [Ambrosiaster], und von ihm
übernimmt es Anselm. *Zweitens*, weil dies gegen die Zurückhaltung
und Demut der Frau ist, wie Anselm sagt. *Drittens*, weil der Mann ein
stärkeres diskursives Denkvermögen und größere Unterscheidungs-
kraft besitzt als die Frau. *Viertens* wird der Frau, wie Anselm sagt,
Schweigen geboten, weil sie mit ihrer Rede einst ihrem Mann zur Sünde riet (Gen 3). *Fünftens*, damit ihrer Gefährdung, viel zu reden, Zügel angelegt werden. Wenn zwei Frauen streiten, was sehr leicht eintreten könnte, wenn man ihnen das Lehren erlaubte. [...] Wäre es nicht
gegen den Apostel, gegen jedes göttliche und menschliche Recht und
ganz ungeziemend, wenn eine Frau das Haupt einer Kirche wäre?
Tropologisch gesprochen steht die Frau für Leidenschaft, der Mann
aber für Vernunft. Sie soll also schweigen und sich der Vernunft unterordnen. Vgl. dazu Chrysostomus, 37. *Homilie in morali*. Auch sagt
Aristoteles im 9. Buch von *De natura animalium*, cap. 1, daß die Frau
mehr zu Mitleid und zu Tränen geneigt sei als der Mann. Auch sei sie
eher zum Neid, zum Jammern, zu übler Nachrede und zur Bissigkeit
geneigt. Außerdem sei sie auch ängstlicher und leichter verzagt als der
Mann, aber auch unverschämter und unaufrichtiger und zugleich
leichter der Täuschung erliegend.

35. *Wenn sie lernen wollen, sollen sie zu Hause ihre Männer fragen.*
Daher sagt Primasius: Die Männer müßten so gelehrt sein, daß sie ihre Frauen belehren und unterweisen könnten in den Dingen des Glaubens. Aber wenn sie nun ungelehrt sind, wie es häufig vorkommt, von
wem sollen dann die Frauen belehrt werden? Die Antwort des Primasius lautet: Sie haben Prediger, Beichtväter und Lehrer, die sie unterweisen können. Außerdem sei es für sie besser, manches, was nicht
notwendig ist, nicht zu wissen, als ohne Scham in der Kirche ständig
wißbegierig danach zu fragen, was ein Ärgernis wäre.

Du könntest sagen: Die Prophetin Hanna hat im Tempel zu allen über
Christus gesprochen (Lk 2). Ich antworte: Sie hat zu allen gesprochen,
d.h. zu jedem einzelnen persönlich, nicht in der Kirche, d.h. nicht in
der Versammlung der Gemeinde, nicht im Tempel im eigentlichen

Sinn, denn in den Tempel der Juden durften weder Mann noch Frau, sondern allein die Priester eintreten. Also sprach Hanna zu einzelnen Frauen im Vorhof der Frauen; denn die Frauen hatten, wie Josephus bezeugt, einen von dem der Männer abgetrennten Vorhof. Du könntest weiter sagen: Die Nonnen singen in ihrer Kirche. Ich antworte: Das ist keine Kirche im Sinne einer Zusammenkunft des gläubigen Volkes, sondern es ist nur der Chor der Nonnen. Der Apostel verbietet ja nicht, daß sie unter Frauen sprechen oder singen, sondern nur daß sie das in der Öffentlichkeit der Kirche tun, wenn nämlich Männer und Frauen zusammenkommen. Das ist die Meinung Cajetans. Und wiederum spricht auch Paulus von einer Rede, die nicht öffentlich und gewissermaßen amtlich ist, sondern persönlich und privat, und die in Belehrung, Ermahnung und Fragen besteht. Nimm noch hinzu, daß der Apostel hier eigentlich von den verheirateten Frauen spricht, denn von ihnen verlangt er, daß sie in der Kirche schweigen und sich ihren Ehemännern unterordnen und sie zu Hause fragen.

Kommentar zum 1. Timotheusbrief, Kap. II,12

Lat.: Commentaria in S. Scripturam, Bd. 19, Paris 1891, 205.
Dt.: M. Schlosser.

12. DOCERE AUTEM MULIERI NON PERMITTO, – in ecclesia et coetu publico, ubi agitur communis oratio, de qua hactenus egit. Unde I *Corinth*. XIV, 34: *Mulieres, inquit, in ecclesiis taceant; non enim permittitur eis loqui, sed subditas esse, sicut et lex dicit; si quid autem volunt discere, domi viros suos interrogent. Turpe est enim mulieri loqui in ecclesia.* Ut enim notat Theophylactus, mulieres aliquae tempore Pauli acceperant donum prophetiae; ne ergo putarent sibi fas esse in ecclesia loqui et prophetare, hic eis id inhibet Apostolus, idque tum honestatis, pudoris, infirmitatis ac loquacitatis muliebris causa, inquit Chrysostomus; tum studio reverentiae et subjectionis erga virum, quae requirit, ut eo praesente et loquente sileat mulier, praesertim in ecclesia et rebus sacris; nam privatim domi Priscilla fidem Christi docuit virum eloquentem Apollo, *Act.* XVIII, 26. Et *ad Titum* II, 4, vult Apostolus, ut matres filias et ancillas suas privatim doceant prudentiam et modestiam; et fidelis mulier infidelem virum convertere et instruere jubetur, I *Corinth.* VII, 16. Sic S. Caecilia fidem Christi docuit Valerianum sponsum suum, S. Natalia Adrianum, S. Monica Patricium, S. Martha Marium; Theodelinda Agilulphum, Longobardorum regem; Clotildis Clodoveum, Flavia Domitilla Flavium Clementem. Nam; ut inquit Chrysostomus, hom. 60 *in Joannem: Nihil potentius*

est muliere bona ad instruendum et informandum virum quaecumque
voluerit, neque tam leviter amicos, neque magistros, neque principes
patietur, ut conjugem admonentem atque consulentem; habet enim
voluptatem quamdam admonitio uxoria, cum plurimum amet (vel, ut
alii legunt, ametur), quod consulit.
Adde, non tantum Apostolum hic vetare, ne publice doceat mulier,
puta in ecclesia, verum etiam nec permittere illi ut privatim doceat, si
id facere velit quasi ex officio vel auctoritate. Unde sequitur:
NEQUE DOMINARI (Graece *authenthein*, hoc est, auctoritatem usurpa-
re) IN VIRUM (supple permitto mulieri), SED ESSE IN SILENTIO. - Graece *hesychia*, id est quiete. Hoc silentium, haec verecundia, haec modestia longe magis mulierem ornat, quam pretiosa vestis, inquit Chrysostomus. Et, ut ait Euripides in *Heraclid.*: *Feminae pulcherrimum do-*
num est silentium et modestia, et intus tranquillam manere. Hinc Go-
rgoniam sororem ita laudat Nazianzenus: *Quid silentio prudentius?*
quaenam res divina tum ex divinis oraculis, tum ex propria intelligen-
tia et sagacitate magis cognovit? quaenam rursus minus locuta est
quam illa, in mulieribus pietatis finibus se continens?
Ex hoc Apostoli loco Epiphanius, *haeres.* 49, quae est Quintilian-
orum, confutat eos, quod mulieres ad episcopatum aut presbyterium
assumerent, in gratiam et honorem Evae.
Si enim Apostolus docere, imo loqui non permittit mulieri in ecclesia,
quid, si vidisset quod hoc saeculo vidimus, mulierem scilicet Ecclesiae
alicujus caput, rectricem et doctricem? an non exclamasset: Monstrum
horrendum! nimirum justo Dei judicio tale sibi deligunt monstrosum
caput, qui caput a Christo constitutum, S. Petrum dico, sanctique Petri successores nolunt agnoscere.
12. *Zu lehren aber erlaube ich der Frau nicht* – in der Kirche und in
öffentlicher Vesammlung, wo es sich um eine allgemeine Rede handelt. Das ist begründet in 1 Kor 14,34: *Die Frauen, sagt der Apostel,*
sollen in den Kirchen schweigen; denn es ist ihnen nicht erlaubt zu
sprechen, sondern sie sollen sich unterordnen, wie auch das Gesetz es
will; wenn sie aber etwas lernen wollen, sollen sie zu Hause ihre Män-
ner fragen. Es ist für eine Frau keine Ehre, in der Versammlung zu re-
den. Wie Theophylakt feststellt, hatten einige Frauen zu Zeiten des
Paulus die Gabe der Prophetie empfangen; damit sie aber nicht glauben sollten, daß es ihnen gestattet sei, in der Kirche zu sprechen und
prophetisch zu reden, untersagt es ihnen der Apostel an dieser Stelle,
und der Grund liegt nach Chrysostomus ebenso in der Würde und
Ehrbarkeit der Frau wie in der Schwäche und weiblichen Geschwä-
zigkeit, ebenso in der Ehrfurcht der Frau gegenüber ihrem Mann und
der Unterordnung unter ihn, was erfordert, daß sie in seinem Beisein
und während seiner Rede schweige besonders in der Kirche und in sa-

kralen Angelegenheiten. Privat zu Hause aber belehrte Priszilla den redekundigen Apollos über den Glauben an Christus, Apg 18,26. Und im Brief an Titus 2,4, bekundet der Apostel auch seinen Willen, daß die Mütter ihre Töchter und Dienerinnen privat Klugheit und Bescheidenheit lehren sollten. Der gläubigen Frau wird sogar die Aufgabe gestellt, ihren ungläubigen Ehemann zu bekehren und zu unterweisen, 1 Kor 7,16. So belehrte die hl. Cäcilia ihren Bräutigam Valerianus im Glauben an Christus, die hl. Natalia den Hadrian, die hl. Monika den Patricius, die hl. Martha den Marius, Theodolinde den Agilulf, den Langobardenkönig; die Chlothilde den Chlodwig, die Flavia Domitilla den Flavius Clemens. So sagt niemand anderer als Chrysostomus in der 60. Homilie zum Johannesevangelium: Nichts vermag wirkungsvoller den Mann zu belehren als eine gute Ehefrau, in welchem Thema auch immer. Und er erträgt weder Freunde noch Lehrer und Fürsten so leicht wie seine Frau, die ihn ermahnt und berät. Es bereitet die Ermahnung durch die Ehefrau eine gewisse Wonne, da einer am meisten liebt, was sie rät.

Nimm noch dazu, daß der Apostel hier nicht nur verbietet, daß die Frau öffentlich lehrt, nämlich in der Kirche, sondern daß er ihr auch nicht zugesteht, privat zu lehren, wenn sie dabei die Absicht hat, von Amts wegen und mit Vollmacht zu sprechen. Daher folgt: *und nicht zu herrschen* (griech.: sich Autorität anzumaßen) *über den Mann, sondern zu schweigen* (griech.: in Ruhe zu sein). – Dieses Schweigen, diese Zurückhaltung und Bescheidenheit ist, wie Chrysostomus sagt, bei weitem ein größerer Schmuck als ein kostbares Kleid. [...]

Mit Hilfe dieser Stelle weist Epiphanius in seiner Widerlegung der Häresien (cap. 49) die Praxis der Quintillianer zurück, die Frauen zum Episkopat und Presbyterium hinzunahmen, zum Dank und zur Ehre Evas. Wenn nämlich der Apostel der Frau nicht das Lehren, ja nicht einmal das Sprechen in der Kirche zugesteht, was würde er sagen, wenn er sähe, was wir in unserem Jahrhundert zur Kenntnis nehmen müssen, daß nämlich eine Frau auftritt als Haupt einer Kirche, als ihre Leiterin und Lehrerin? Würde er etwa nicht ausrufen: Welch ein Monstrum! Welches gerechte Gericht Gottes zeigt sich darin, daß gerade die, die das Haupt, das von Christus eingesetzt ist, nämlich den hl. Petrus und die Nachfolger des hl. Petrus, nicht anerkennen wollen, sich ein solch monströses Haupt erwählt haben.

Claudius Frassen OFM (1620–1711), De Ordine et matrimonio (1672ff)

Lat.: Scotus academicus XXII, Rom 1902, 119.
Dt.: M. Schlosser.

Der bedeutendste Skotist seiner Zeit bestätigt die allgemeine Überzeugung im Glaubensbewußtsein der Kirche, daß die Weihe von Frauen zu den ordines maiores mit der gesamten Tradition als häretisch gilt. Der Vf. bezieht sich auf einige alte Canones, wo von den Ehefrauen der Bischöfe, Priester, Diakone und Subdiakone als episcopissa etc. die Rede war, und verneint, daß daraus das Recht auf die entsprechenden Weihegrade für Frauen abgeleitet werden kann.

Ex his omnibus, inquit Vasquez n. 52, constat, nullas mulieres nullo tempore in Latina aut etiam Graeca Ecclesia in Sacerdotissas ita fuisse ordinatas, ut offerre possent sacrificium, sicut Cataphrygae contendebant; neque fuisse ordinatas in Episcopissas, ut alias etiam ordinare possent, aut munus aliquod proprium Episcoporum exercere; neque in Diaconissas, aut Subdiaconissas, sed ad ea munera, tam intra Ecclesiam, quam extra, quae diximus. Ex quo inferri non licet, posse etiam foeminas ordinari in Episcopissas et Subdiaconissas ad sacrificandum, neque in ullo Ordine Ecclesiae constitui, per quem ad Sacerdotium ascenditur, vel quo quis aliquo modo praeparatur.

Aus all dem ergibt sich klar, so sagt Gabriel Vazquez Nr. 52, daß niemals Frauen zu irgendeiner Zeit in der Lateinischen und der Griechischen Kirche in der Weise zu Priesterinnen geweiht worden sind, daß sie das hl. Opfer darbringen konnten, wie es die Kataphrygier durchsetzen wollten. Und sie waren auch nie zu Bischöfinnen geweiht, so daß sie andere weihen oder in irgendeiner Form die Amtsaufgaben der Bischöfe ausführen konnten. Auch waren sie weder zu Diakonissen noch zu Subdiakonissen geweiht, sondern zu den Aufgaben innerhalb wie außerhalb der Kirche bestellt, die wir bereits erläutert haben. Deshalb kann man nicht schließen, daß Frauen zu Bischöfinnen und Subdiakonissen geweiht werden könnten, um das Opfer darzubringen, oder daß sie in irgendeine Ordostufe eingesetzt werden könnten, die auf das Priestertum hinführt, bzw. wodurch jemand darauf vorbereitet wird.

Vincenzo Lodovico Gotti OP (1664–1742)

Der Kardinal und Dominikanergelehrte bietet eine repräsentative Auslegung der Lehre des hl. Thomas zum Empfänger des Weihesakraments und bezüglich des weiblichen Geschlechts als Weihehindernis göttlichen Rechts.

Lat.: Theologia scholastico-dogmatica iuxta mentem D. Thomae Aquinatis, Bd. IV, Bologna 1734, 72–73.
Dt.: M. Schlosser.

Tractatus de Sacramento Ordinis, Quaestio III

An Muliebris Sexus idoneus sit Ordinationi recipiendae?
Resolutio Dubii.

I. Gnostici, Cataphrygae, et Pepuziani haeretici secundi saeculi mulieres sacris Ordinibus initiari posse contendebant. Imo Pepuziani, teste S. August. 1. de Haeres. c. 27 Tantum dabant Mulieribus principatum, ut Sacerdotio quoque apud eos honorarentur. Dicebant enim: Quintillae, et Priscillae in eadem civitate Pepuza Christum specie foemina revelatum. Hoc eodem errore infectos fuisse Collyridianos asserit S. Epiphanius, Haeresi 79. infra referendus; apud quos foeminae collyridam panis Mariae Virgini in sacrificium tanquam Deae offerebant. Lutherus tandem volens, ut supra vidimus, omnes Christianos esse aequaliter Sacerdotes, nec in Ecclesia ullum ordinem esse, dicere non erubit, mulieres juste posse Sacerdotio insigniri. Contra hos omnes.

II. Dico. Mulieres jure divino, positivo, et naturali ita incapaces sunt sacrae Ordinationis, quae sacramentum sit; ut in eis tentata, irrita sit, ac nulla. Ita S. Th. in Suppl. 3. p. q. 39. a. 1. Prob. primo ex Scriptura, qua docemur, Paulo teste 1. Cor. 14. v. 34. Mulieres in Ecclesias taceant, non enim permittitur eis loqui, sed subditas esse, sicut et lex dicit. Si quid autem volunt discere, domi viros suos interrogent; turpe est enim mulieri loqui in Ecclesia. Et 1. ad Timoth. 2. V. 12. Docere autem mulieri non permitto ... Sed esse in silentio. Si ergo mulieribus, nec loqui in Ecclesia, nec absolute docere permittit Paulus; quia hoc Turpe esset, et quia mulier subdita esse debeat, nec dominari: a fortiori turpe esset, ordinatione, et manuum impositione eisdem potestatem tradere, nedum loquendi in Ecclesiis, et docendi, sed populo publice divina tradendi, sacrificium ad altare offerendi, vel proxime assistendi offerrenti, solemniter baptizandi, a peccatis absolvendi: uno verbo, in altiori Ordine, quam viros laicos eas collocare. Quod in Gnosticorum foeminis detestatur Tertullianus 1. de Praescript. c. 41. his verbis: Ipsae mulieres haereticae, quam procaces, quae audeant docere, contendere, exorcismos agere, curationes repromittere, forsitan et tingere (idest solemniter baptizare). Propterea Patres omnes tanquam haereticos eos omnes damnarunt, qui in sua secta mulieres ad sacros Ordines, ipsumque sacerdotium admittebant.

Frage: Ist das weibliche Geschlecht geeignet, das Weihesakrament zu empfangen?
Lösung: 1. Die Gnostiker, Kataphrygier und Pepuzianer, Häretiker des 2. Jahrhunderts, behaupteten, daß Frauen Zugang zu den heiligen Weihen haben. Besonders die Pepuzianer, von denen der hl. Augustinus in seiner Schrift *De haeresibus* cap. 27 bezeugt: Sie übertrugen Frauen in solchem Grad die Führung, daß sie bei ihnen auch mit dem Priestertum geehrt wurden. Sie sagten nämlich, daß sich Christus der Quintilla und Priscilla in der genannten Stadt Pepuza in Gestalt einer Frau geoffenbart habe. Daß von diesem Irrtum auch die Kollyridianerinnen angesteckt waren, berichtet der hl. Epiphanius in seiner Schrift *Über die Häresien* Art. 79: die Frauen hätten ein Brotgebäck der Jungfrau Maria gleichsam wie einer Göttin zum Opfer dargebracht. Luther, der, wie wir sahen, alle Christen in gleicher Weise als Priester gelten lassen wollte und in der Kirche jede Form von Weihesakrament abtat, schämte sich nicht zu sagen, daß Frauen zu Recht als Priester ausgezeichnet werden könnten.
Gegen all diese sage ich: 2. Frauen sind durch göttliches, positives und natürliches Recht unfähig (incapaces), die heilige Weihe, die ein Sakrament ist, zu empfangen. Wenn dies aber doch versucht würde, wäre eine solche Weihe null und nichtig.
So bezieht sich Thomas in der *Tertia pars* der *Summa* im *Supplementum* q.39 a.1 auf die Schrift, die uns belehrt mit dem Zeugnis des Apostels Paulus, 1 Kor 14,34: *Die Frauen sollen in der Versammlung schweigen, es ist ihnen nicht erlaubt zu reden, sondern sie sollen sich unterordnen, wie es auch das Gesetz verlangt. Wenn sie aber etwas lernen wollen, sollen sie zu Hause ihre Männer fragen; denn schändlich ist es für eine Frau, in der Kirche zu lehren*; sowie 1. Brief an Timotheus 2,14: *der Frau erlaube ich nicht, zu lehren*. Wenn also Paulus den Frauen in der Kirche nicht zu reden und nicht ohne Einschränkung zu lehren erlaubt, weil das schändlich wäre, und weil es der Frau zukommt, sich unterzuordnen, nicht zu herrschen, um wie viel schändlicher wäre es, ihnen durch Weihe und Handauflegung die Vollmacht zu übertragen, in der Kirche nicht nur zu reden und zu lehren, sondern dem Volk öffentlich die göttlichen Gnadengaben auszuteilen, das Opfer darzubringen oder dem Opfernden zu assistieren, feierlich zu taufen und von den Sünden loszusprechen, mit einem Wort: sie in einem höheren Stand als die männlichen Laien zu versetzen. Das ist es, was Tertullian in seiner Schrift *De praescriptione haereticorum*, cap. 41

an den Frauen bei den Gnostikern verurteilt mit den Worten:»Die häretischen Frauen, wie frech und anmaßend sie sind. Sie nehmen sich heraus zu lehren, zu disputieren, Exorzismen vorzunehmen, Heilungen zu versprechen und vielleicht sogar feierlich zu taufen.« Deswegen verurteilen alle Väter alle jene als Häretiker, die in ihrer Sekte Frauen zu den heiligen Weihen und zum Priestertum zulassen.

Theologia Wirceburgensis (1751–1754)

Verfasser sind Ignaz Neubauer, Heinrich Kilber, Thomas Holzklau, Ulrich Munier; vgl. Karl Werner, Geschichte der katholischen Theologie, 243.
Lat.: Patrum Societatis Jesu Theologia Dogmatica. Tomus quintus, De sacramentis in genere et in specie, Paris 1853, 417–424.
Dt.: M. Schlosser

Artikel 10: Über den Empfänger der Weihe:
Von den Häretikern der Antike waren es diejenigen aus der Herde Markions und der Gnostiker, die Frauen die Konsekrationsvollmacht für die Eucharistie übertrugen, wie Irenäus Adv. haer. I, 13 bezeugt, dann auch die Montanisten, die auch Pepuzianer, Kataphrygier und Priscillianer genannt werden. Diese haben nicht nur Diakonissen, sondern auch Presbyterinnen und sogar Bischöfinnen geweiht, wie zu ersehen ist aus Epiphanius, Haer. 39 et 49, Augustinus, De haer. cap.27 [...].
Der Empfänger, der dieses Sakrament wirklich empfangen kann, ist einzig und allein der getaufte Mann. Der 1. Grund dafür, daß nur der Mann das Weihesakrament empfangen kann, ist genommen aus der Heiligen Schrift, wo der Apostel sagt, 1 Kor 14: Die Frauen sollen in der Kirche schweigen [...] und ebenso 1 Tim 2: Die Frau schweige in aller Unterordnung. [...] Daraus ist zur Genüge zu entnehmen, daß die Frau in keinem kirchlichen (Weihe-)Grad sein kann; die nämlich in einem solchen Ordo stehen, müssen in der Kirche lehren und reden und haben Autorität und eine Vorrangstellung. Der Apostel aber verneint dies für die Frau, indem er sie dem *status subjectionis* zurechnet.
Aus der Tradition ergibt sich folgendes Argument: Von Christus an, der beim Letzten Abendmahl nicht einmal seine allerheiligste Mutter, sondern allein Männer eingesetzt hat, bis zum heutigen Tag ist niemals ein Frau von den Aposteln oder ihren Nachfolgern sakramental geweiht worden. Ja sogar wenn wir das Naturgesetz wie auch das mosaische Gesetz in Erwägung ziehen, begegnet niemals ein Frau, die das Priestertum ausgeübt hat. Darüber hinaus gilt: Die Kirche hat immer

diejenigen als Häretiker betrachtet, die das Priestertum Frauen übertragen haben. Der Grund dafür liegt darin, daß der Ordo eine herausgehobene Stellung (*superioritas et eminentia*) mit sich bringt. Die Frau aber hat den *status subjectionis*; denn der Mann ist das Haupt der Frau nach Eph 5 und nicht die Frau das Haupt des Mannes. Außerdem ist die Frau so geschaffen, daß es ihrer Ehrbarkeit und zarteren Natur etc. nicht entspräche, wenn sie öffentlich in der Kirche Ämter ausübte und am Altar stünde. Daraus folgt, daß sie nicht einmal die Tonsur gültig empfangen kann, da diese eine Vorbereitung auf die kirchlichen Ordines darstellt; deshalb ist sie aufgrund göttlichen Rechts (*jure divino*) des Empfangs des Weihesakraments nicht mächtig. Sie kann das Sakrament als solches, in seiner Form nicht empfangen, wie sie auch als unfähig zu gelten hat für die Disposition und die Vorbereitung auf den Empfang der Form (forma sacramenti). [...]
[Im folgenden geht der Text auf die Fabel von der Päpstin Johanna ein:]
Selbst wenn die Sache sich so ereignet hätte, hätte sich ein fürchterlicher Irrtum ereignet. Getäuscht worden wären diejenigen, die sie erwählt hätten, und die Bischöfe, die sie geweiht hätten; aber sie hätten ihr in der Weihe nichts übertragen; getäuscht worden wäre auch jene Frau, die ein anderes Geschlecht vortäuschend, nichts empfangen hätte [d.h. nicht Form und Wirklichkeit des Sakraments, d.Ü.; im folgenden wird erklärt, daß die Äbtissinnen nie eine geistliche Jurisdiktion hatten, für die die Bischofsweihe vorausgesetzt ist, und daß die Bischöfinnen, Presbyterae und Diakonissen nichts anderes waren als die Frauen derer, die die entsprechenden Weihestufen erhalten sollten, wie aus vielen Canones alter Konzilien hervorgeht].

Giovanni Perrone (1794–1876), *Tractatus de Ordine, 128f.*

Lat.: Migne, Theologiae cursus completus Bd. 25, Paris 1841, 52 f. Dt.: G. L. Müller.

128. De subjecto ordinationis pauca a nobis dicenda sunt. Ratum quippe et exploratum est apud omnes ad valorem ordinationis 1) requiri masculinum sexum. Ecclesia enim semper execrata est Marcosianos, Montanistas et Collyridianos sacram ordinationem mulieribus conferentes. Nunquam aut in lege naturae, aut in lege Mosaica femina ulla sacris altaribus admota est; nec Christus, neque apostoli vel ipsam Deiparam Virginem sacerdotio exornarunt. Imo, apostolus Paulus, 1 Cor. 14,34, praecipit ut mulieres in ecclesiis taceant, nec iis docere permittit, nec dominari in virum, sed in silentio esse.

129. Nec refert passim in monumentis ecclesiasticis, recenseri diaconissas, presbyteras, aut episcopas; nec magni praeterea faciendum est quod aliqui addunt non repugnare mulieribus politicum regimen, vel abbatissas praeesse mulieribus, vel denique ethnicos indiscriminatim mulieres aeque ac viros ad aras admisse. etenim diaconissarum inauguratio, ut vidimus, nullam relationem ad sacerdotium habebat; presbyterae vero aut episcopae non erant nisi uxores presbyterorum vel episcoporum, quas isti ante ordinationem duxerant. Ad id vero quod adjicitur de regimine politico, reponimus aliam esse rationem regiminis politici, aliam ecclesiastici longe sublimoris, a Christo instituti. Quod vero spectat ad abbatissas, dicimus illarum potestatem non esse verae jurisdictionis, quae videlicet ex auctoritate clavium descendat Ecclesiae concessa, sed earum munus ad vigilantiam referri, ad curam quamdam domesticam, maternam et oeconomicam. Quod si ethnici ad aras admittebant etiam mulieres, ex insanis ethnicorum ritibus perperam colligitur etiam admitti eas posse in religione christiana, cum id unice a Christi voluntate pendeat. Et haec dicta sufficiant adversus mulierosos sive veteres sive recentiores haereticos.

128. Über das Subjekt (den Empfänger) ist nur wenig zu sagen. Fest steht bei allen kirchlichen Autoren, daß für die Gültigkeit der Weihe zuerst das männliche Geschlecht erforderlich ist. Die Kirche hat immer verworfen die Markioniten, die Montanisten und die Kollyridianer, die die heilige Weihe Frauen übertragen haben. Niemals aber, weder im Naturgesetz noch im Mosaischen Gesetz, ist eine Frau zu den heiligen Altären zugelassen worden. Weder Christus noch die Apostel haben selbst die Gottesgebärerin und Jungfrau mit der Würde des Priestertums bekleidet. Hingegen schreibt der Apostel 1 Kor 14,34 vor, daß Frauen in den Kirchen zu schweigen haben, daß ihnen nicht erlaubt ist, zu lehren oder über den Mann zu herrschen, sondern stille zu sein.

129. Und es trägt nicht viel bei, in kirchlichen Dokumenten die Erwähnung von Diakonissen, Presbyterae und Bischöfinnen festzustellen. Auch hat es keine allzugroße Bedeutung, wenn manche sagen, daß es dem Frausein nicht widerspricht, das politische Regiment zu führen, oder daß Äbtissinnen Frauen vorstehen, und schließlich auch, daß die Heiden unterschiedslos (indiscriminatim) gleicherweise Frauen wie Männern zu den Altären Zutritt ließen. Die Anstellung der Diakonissen hatte, wie wir sahen, keinen Bezug zum Priestertum. Die Presbyterinnen oder die Bischöfinnen waren nichts anderes als die Ehefrauen der Presbyter und Bischöfe, die diese vor der Weihe hatten. Was das politische Regiment betrifft, stellen wir einen völlig andern Sinn fest bei der politischen Leitung und bei der kirchlichen Leitung,

die von Christus eingesetzt ist. Was die Äbtissinnen betrifft, gilt, daß deren Vollmacht nicht eine Jurisdiktion im eigentlichen Sinn umfaßt, die aus der der Kirche verliehenen Schlüsselgewalt fließt, sondern sie bezieht sich auf die Fürsorgepflicht und eine gewisse häusliche, mütterliche und ökonomische Aufgabenstellung. Wenn aber die Heiden zu ihren Altären Frauen zuließen, kann darum nicht aus der ungesunden religiösen Praxis der Heiden gefolgert werden, daß Frauen dann auch in der christlichen Religion zugelassen werden könnten (als Priesterinnen), weil dies einzig und allein von Christi Willen abhängt. Was hier gesagt wurde, genügt, gegen die weibertollen alten und neueren Häretiker.

José de Aldama, Francisco Solá, Sacrae Theologiae Summa IV

Lat.: Madrid ³1956 (= B.A.C. 73,II), L.1, c. 3, a. 2, 701f.
Dt.: G. L. Müller

121. Die heilige Weihe empfängt gültig nur der Mann (CIC 1917, can. 968,1). Daher ist zu beachten:
1. Die Frau vermag das Weihesakrament nicht zu empfangen. Dies ist die *katholische Lehre* (doctrina de fide catholica) zu Episkopat und Presbyterat. Sie hat bezüglich des Diakonates die theologische Qualifikation *theologice certus*. Dies kann man entnehmen der Lehre des Irenäus (Haer. I,13,2), des Epiphanius von Salamis (Haer. 49,2–3) und des Augustinus (Haer. 27), die die entsprechende Lehre der Pepuzianer, Markioniten bzw. Markosianer und Kollyridianer als eine Häresie qualifiziert haben. Die Pepuzianer gehörten zur Sekte der Montanisten (der Name geht auf die Stadt Pepuza in Phrygien zurück), bei denen »Frauen Bischöfe und Presbyter sind, und zu weiteren Graden zugelassen sind, so daß keine Unterscheidung der Geschlechter gilt, da in Christus Jesus weder Mann noch Frau (nach Gal 3,28) gelte« (Epiphanius, Haer. 49,2f; Ambrosiaster, In 1 Tim 3,1). [...]
Marcus Magnus, von dem Irenäus spricht, machte einige Frauen verrückt und hieß sie das heilige Opfer darzubringen.
Die Kollyridianer waren eine Sekte in Armenien. Deren Frauen pflegten ein Opfer zu Ehren der seligsten Jungfrau Maria zu feiern.
Das Fundament der kirchlichen Lehre bilden die Aussagen des hl. Paulus: »Die Frauen sollen in der Kirche schweigen; es ist ihnen nicht erlaubt zu reden, sondern sie sollen sich unterordnen, wie es das Gesetz vorsieht. Wenn sie aber etwas lernen wollen, sollen sie zuhause ihre Männer fragen, schändlich ist es für eine Frau, in der Kirche zu reden« (1 Kor 14,34f; ähnlich heißt es 1 Tim 2,11f: »Die Frau soll in

aller Stille mit aller Zurückhaltung lernen. Zu lehren erlaube ich der Frau nicht, ebensowenig über den Mann zu herrschen, sondern alles soll in Stille geschehen ...«. Wenn es also schon göttlichen Rechts (*de iure divino*) ist (denn der hl. Paulus handelt als Apostel im Namen Christi), daß eine Frau nicht einmal in der Kirche bitten darf, belehrt zu werden, und der Apostel will, daß sie sich in allem unterordne, um wieviel weniger kann ihr erlaubt werden, daß sie das hl. Opfer darbringt, was das Leitungs- und Lehramt voraussetzt. Daran hält die gesamte katholische Tradition fest, die diejenigen als Häretiker erachtet, die das Gegenteil lehren und praktizieren, wie wir gesagt haben. Dem steht keineswegs das Amt der Diakonissen entgegen, das Frauen übertragen worden war. Denn wie wir bei der Besprechung (der klassischen Stellen, vgl. ebd. Nr 56, S. 644f.) vom Diakonissat sagten, handelte es sich beim weiblichen Diakonenamt nicht um um eine heilige Weihe [also um ein Sakrament im eigentlichen Sinne], sondern höchstens um ein Sakramentale von besonders hohem Rang. Dasselbe gilt auch für die Benediktion der Äbtissinnen, denn diese verfügen über keinerlei Vollmacht, wie sie aus dem Weihesakrament resultiert. Ihnen kommt nur die Aufgabe zu, ihr Kloster zu leiten.

Johann Baptist Heinrich (1818–1891), Der Empfänger des Weihesakramentes

Johann Baptist Heinrich (fortgeführt durch Constantin Guthberlet), Dogmatische Theologie Bd. X, Münster i. W. 1904, 296f.

§ 594 Empfänger und Spender der Ordination:

I. Zum giltigen Empfange der sakramentalen Weihe ist nebst der Taufe das männliche Geschlecht wesentlich; zum würdigen und segensreichen der Stand der Gnade, weil es ein Sakrament der Lebendigen ist, und zwar wegen des hohen Berufes ein nicht gewöhnlicher Gnadenstand, sondern wie es die Natur der Sache und die kirchlichen Ritualien und gesetzlichen Bestimmungen verlangen, eine längere Vorbereitung durch ein frommes klerikales Leben und Studium der heiligen Wissenschaft.

1. Daß der Taufcharakter wesentlich ist, versteht sich bei der Bedeutung der Taufe als Eingang in die Kirche von selbst. Vorsteher der Kirche kann nicht werden, wer nicht ihr angehört. Der Firmcharakter ist nicht durchaus nothwendig; aber es ist doch höchst angemessen, daß der, welcher den besonderen Dienst des Herrn in der Kirche über-

nimmt, bereits der allgemeinen Ordnung der Streiter für den Glauben eingereiht ist (S. Thom. Suppl. q. 35. a. 2. 3.).
2. Das weibliche Geschlecht ist unfähig einen Ordo, auch den niedrigsten (selbst nicht die Tonsur) zu empfangen. Schon in der bürgerlichen Gesellschaft wird das Weib wegen der Schwäche und der charakteristischen Eigenthümlichkeit in Anlage und Neigung von öffentlichen Aemtern ausgeschlossen; es ist mehr für das innere häusliche Wesen, nicht für die öffentliche sociale Thätigkeit von der Vorsehung bestimmt. Die hl. Schrift betont noch besonders seine Abhängigkeit vom Manne, seine Unterordnung unter dessen Auctorität. Diese ist aber mit der Gewalt, der Superiorität, welche in der Ordination dem Priester oder auch nur dem Diakon und Minoristen verliehen wird, unvereinbar. Es ist also jure divino nur das männliche Geschlecht zum Empfang der Ordines befähigt (S. Thom. Suppl. q. 39. a. 1).

Adolphe-Alfred Tanquerey (1854–1932), De Ordine

Lat.: Synopsis Theologiae Dogmaticae III, Paris [28]1955, Cap. I, Art. IV, 1023. 1024 (S. 735f).
Dt.: G. L. Müller.

CIC (1917) can 968 § 1: Die heilige Weihe empfängt gültig (valide) nur der getaufte Mann; [...]
Zur gültigen Weihe gehören drei Bedingungen; daß 1. der Kandidat ein getaufter Mann ist; 2. daß er erwachsen ist und 3. daß er die Intention hat, das Weihesakrament zu empfangen.
Kraft göttlichen Rechts (de jure divino) können nur Menschen im Pilgerstand, und zwar Menschen männlichen Geschlechts gültig dieses Sakrament empfangen.
Dazu die Heilige Schrift: Priester und Diakone müssen predigen. Der hl. Paulus aber sagt: Die Frauen sollen in der Kirche schweigen; denn es ist ihnen nicht erlaubt zu reden, sie sollen sich in allem unterordnen (1 Kor 14,34f); die Frau lerne im Schweigen in aller Unterordnung. Zu lehren erlaube ich der Frau nicht (1 Tim 2,11).
Dazu die Tradition: Die heiligen Irenäus (Haer. I,23,2), Epiphanius von Salamis (Haer. 34,2 nach PG 41, 583f.) und Augustinus (Haer. 27) und andere haben die Pepuzianer, die Markosianer und Kollyridianer als Häretiker bezeichnet, weil diese lehrten, daß Frauen das Priestertum empfangen und somit das hl. Opfer darbringen könnten. Diese Lehrmeinung wird von ihnen also zu den Häresien gerechnet. Es reicht zu hören, was Epiphanius sagt:»Niemals seit die Welt existiert hat man gehört, daß die Frau das Priestertum ausgeübt hat« (Haer.

79,3). Das weibliche Priestertum ist in der Kirche darum immer als ein heidnischer Frevel eingeschätzt worden, was auch die Apostolischen Konstitutionen feststellen (III,9: PG 1, 783–786). Wenn die Kirche Frauen, offenbar den Diakonissen, einstmals ein gewisses kirchliches Amt übertragen hatte, wollte sie ihnen nicht eine Partizipation am Priestertum einräumen. Denn die Kirche hat stets ihren Dienst am Altar und sogar den Dienst am Wort abgelehnt. So lesen wir in den Apostolischen Konstitutionen: »Wir erlauben nicht, daß Frauen in der Kirche lehren; sie sollen beten, während sie die Lehrer hören. Wenn es die Aufgabe der Frauen wäre zu taufen, hätte der Herr viel eher von seiner Mutter als von Johannes getauft werden müssen. Und als er einst die Apostel aussandte, um zu taufen, hätte er auch Frauen (aus dem Jüngerkreis) mit diesem Dienst beauftragen können; aber nichts von alledem ist mündlich oder schriftlich überliefert ...« (Apost. const. III 6,9: PG 1, 770, 787). Das hingegen waren die hauptsächlichen Aufgaben der Diakonissen: Sie assistierten den Frauen bei der Taufe, sie lehrten privat die Katechumenen, sie unterstützten die kranken Frauen, sie bewachten die Türen, durch die die Frauen die Kirche betraten (ebd. III, cap. 16 n.1 VIII cap. 28, n.6).

Franx Xaver Arnold (1898–1969),
Die Stellung der Frau in der Kirche

Die Frau in der Kirche, Nürnberg 1949, 59–64.

Stellung und Sendung der Frau in der Kirche sind gekennzeichnet:
1. durch deren Ausschluß aus dem Amtspriestertum und der Hierarchie;
2. durch ihre Berufung zum allgemeinen Priestertum, zum Laienapostolat und zur Teilnahme am hierarchischen Apostolat.

1. *Der Ausschluß der Frau aus dem Amtspriestertum und der Hierarchie* wurde mit dem protestantischen Theologen Zscharnack als das Ergebnis eines »episkopalen Neides«, oder mit der modernen Frauenbewegung als eine Folgerung aus der Minderbewertung der Frau, oder mit der soziologischen Milieutheorie als ein Überbleibsel aus der absoluten Männerherrschaft, dem androkratischen Patriarchat, gedeutet. In Wirklichkeit aber handelt es sich dabei um die Anerkennung der Andersartigkeit und des Eigenwesens der Frau und um die entsprechende Zuweisung spezifisch fraulicher Aufgaben, bei voller Aufrechterhaltung der Gleichwertigkeit des Frauenwesens.

Wenn, wie wir hörten, die Welt der Frau nicht die laute Öffentlichkeit ist, so ergeben sich daraus naheliegende Folgerungen auch für die Stellung der Frau in der Kirche. Der Raum ihres Wirkens ist nicht die Vollversammlung der Gemeinde. Dementsprechend wünscht bereits Paulus 1 Kor. 14,34: »Die Frauen sollen in den Versammlungen schweigen; es steht ihnen nicht zu, zu reden«, d.h. in der Gemeindeversammlung das Wort zu führen. Damit ist indes kein absolutes Schweigegebot verhängt. Spricht doch derselbe Apostel im gleichen Brief 1 Kor 11,5 davon, daß die Frau unter Umständen in der öffentlichen Gemeindeversammlung verhüllten Hauptes nicht nur beten, sondern auch »prophezeien« darf. Offenbar unterscheidet Paulus zwischen gelegentlichem »prophetischem« Reden und der amtlichen Verkündigung in der Versammlung. Letzteres, das heißt die amtliche Lehrtätigkeit, ist nicht Sache der Frau, sondern ausschließlich Aufgabe des Mannes. Bei dieser paulinischen Weisung ist es in der Kirche geblieben.

Daß diese Praxis aber nicht Ausdruck einer gewissen Minderbewertung sein muß, sondern sehr wohl aus der Respektierung der wahren Eigenart der Frau entspringen kann, bedarf nach der bereits dargelegten grundsätzlichen Betonung der personalen Würde der Frau durch die Offenbarung kaum eines Beweises. Auf jeden Fall läßt der Vergleich mit jenen nicht christlichen Religionen, von denen bereits die Rede war, keinen Zweifel darüber, daß Zulassung der Frau zum amtlichen Priestertum nicht ohne Weiteres ein Beweis für die Anerkennung ihrer Ebenbürtigkeit, Gleichberechtigung und generellen Hochschätzung ist. Im Gegenteil war ihre Beteiligung am Priestertum zuweilen gerade dort, wo die Frau am höchsten in Ehren stand, relativ auffallend gering. […] Umgekehrt findet sich in Religionen und Kulturen mit niedriger Wertung der Frau eine auffallend starke Beteiligung derselben Frau am kultischen Dienst. […] Das Ergebnis dieser kurzen Bestandsaufnahme ist auffallend. Vergegenwärtigt man sich nämlich auf der einen Seite die mehr oder weniger entehrende Abwertung, welche sich die Frau in den genannten Kulten und Kulturen gefallen lassen muß, und auf der andern Seite die Erhebung der Frau zur Priesterin durch teilweise genau dieselben Kulte, so liegt offen zutage, daß Berufung zum kultischen Dienst, zum Priestertum, nicht ohne Weiteres als Ausfluß der Respektierung des Frauenwesens angesprochen werden kann. […] Es scheint vielmehr eher so zu sein, daß Anerkennung der fraulichen Menschen- und Personwürde folgerichtig zur Respektierung auch ihrer besonderen Eigenart und schließlich dazu führt, daß der Frau das amtliche kultische Wirken in der Öffentlichkeit nicht zugemutet wird, daß ihr vielmehr nur jene Aufgabe zugesprochen wird, die ihrer Andersartigkeit entspricht.

Matthias Premm (1890–1973), Der Empfänger der Weihe

Katholische Glaubenskunde. Ein Lehrbuch der Dogmatik, Bd. III/2, Wien 1957, S. 240–243.

5. Hauptsatz: Nur ein Mann (1), und zwar jeder Mann (2) kann gültig geweiht werden.
1. u. 2. Tl. theol, sicher. (Suppl. 39,1 s).
I. *Nur Männer*
Unter den Frauen machte sich in neuerer Zeit eine Bewegung bemerkbar, welche die Priesterweihe auch von Frauen anstrebte. Daß nur Männer geweiht werden könnten, das sei eben einseitige »Männertheologie«. In Wahrheit können wir Männertheologen nichts daran ändern. Denn es ist ein von Christus aufgestelltes, also *göttliches Gebot*, daß nur Männer gültig eine sakramentale Weihe empfangen können.
Kirche. – Die Synoden von Laodicäa (um 350; can. 44), Nimes (394; can. 2), Aachen (789; can. 17), Paris (829; can. 45) haben den Ausschluß der Frau vom Empfang der Weihe eingeschärft. Der CJC erklärt: »Sacram ordinationem *valide* recipit *solus vir* baptizatus« (can. 968, § 1). Es handelt sich hier nicht um ein kirchliches, sondern *göttliches* Gesetz. Könnten nämlich Frauen ungehindert durch ein göttliches Gebot Weihen gültig empfangen, dann könnte die Kirche ihre Weihe zwar verbieten, aber nicht für ungültig erklären. Sogar den Empfang des Sakramentes der Ehe kann die Kirche für ungültig nur in jenen Fällen erklären, wo die Ungültigkeit nach ihrer Überzeugung vom Naturgesetz oder positiv-göttlichen Gesetz herstammt.
Von den erwähnten ausdrücklichen Entscheidungen der Kirche abgesehen können wir auch auf ihre *Praxis* verweisen: Nie im Laufe der Kirchengeschichte wurde eine Frau zum Priester geweiht, obwohl sie für die Ausübung des Priestertums wenigstens unter den Personen ihres Geschlechts als hervorragend geeignet erscheinen könnte. Das beweist die Überzeugung der Kirche, daß hier die Gültigkeit der Weihe in Frage steht.
Schrift. – Schon das *mosaische* Gesetz schloß die Frau vom Priestertum und der Ausübung einer liturgischen Amtshandlung aus. – *Christus* bestellte nur Männer zu Aposteln und diese weihten wiederum nur Männer zu ihren Nachfolgern, wie die Schrift berichtet. Nicht einmal seiner heiligen Mutter hat Christus in der Kirche eine Amtsstellung oder eine Weihe übertragen, ein Zeichen, daß Christus ganz allgemein die Frau von der Hierarchie der Kirche ausgeschlossen wissen wollte. – *Paulus* betonte dieses Verbot ausdrücklich. Fast mit einer gewissen Schroffheit schließt er die Frau von jeder liturgisch-

kirchlichen Amtstätigkeit aus mit den Worten:»Die Frauen sollen bei den (kirchlichen) Versammlungen schweigen. Es steht ihnen nicht an zu reden, wohl aber sich unterzuordnen, wie es auch das Gesetz verlangt. Wollen sie sich aber unterrichten, so mögen sie zu Hause ihre Männer fragen. Denn es schickt sich nicht für eine Frau, in der Versammlung zu sprechen« (1 Kor 14,34f.).»Die Frau lasse sich in aller Ruhe und Unterwürfigkeit belehren. Zu lehren gestatte ich der Frau nicht, noch sich über den Mann zu erheben, sondern sie soll sich schweigend verhalten« (1 Tim 2,11f.). Damit hat der Apostel die Frau vom Priestertum ausgeschlossen. Denn ein Diakon, Priester oder Bischof muß in der kirchlichen Versammlung reden und ist dort öffentlich und amtlich über andere gestellt, die Frau aber muß nach Paulus schweigen und sich unterordnen.

Überlieferung. – *Tertullian* († um 220) schreibt noch als Katholik in Anspielung auf gewisse Häretiker:»Ipsae mulieres haereticae quam procaces, quae audeant docere, contendere, exorcismos agere, curationes repromittere, forsitan et tingere (taufen)« (De praescr. 41). Bezüglich der Katholiken hingegen berichtet er von seiner Zeit:»Non permittitur mulieri in ecclesia loqui, nec tingere, nec offerre, nec ullius virilis muneris, nedum sacerdotalis officii sortem sibi vindicare« (De virg. veland. 9). Man war damals also noch strenger als heute, wo Frauen die Nottaufe spenden und gegebenenfalls bei der hl. Messe auf die Gebete des Priesters antworten dürfen. Noch energischer als Tertullian schreibt 200 Jahre später *Epiphanius* († 403), der dabei von einem göttlichen Gesetz spricht:»Numquam ex quo mundus conditus est sacerdotio est functa mulier ... Si sacerdotium mulieribus mandatum foret aut canonicum quiddam praestare in ecclesia liceret, nulli potius quam Mariae illud in N. Testamento committi sacerdotis officium debuit, cui tantus honor est habitus, ut gremio sinuque suo regem omnium ac coelestem Deum Deique Filium exciperet ... Episcoporum et presbyterorum successiones sunt in domo Dei *constitutae* [von Christus festgelegt]; nec inter illos tamen mulier ulla coaptata legitur« (Haer. 79,2). (...)

Konvenienzgründe. – Für die Anordnung Christi, daß nur Männer Verwalter der göttlichen Geheimnisse sein können, lassen sich auch Angemessenheitsgründe anführen, genommen aus den verschiedenen Anlagen des männlichen und weiblichen Geschlechtes. Es hätte sicher zu verschiedenen Unzulänglichkeiten geführt, hätte Christus auch die Weihe von Frauen zugelassen und es den Empfängern freigestellt, sich von einem Manne oder einer Frau pastorell leiten zu lassen. Hätte er aber verordnet, daß alle Männer von Männern, alle Frauen von Frauen betreut werden müssen, so hätte diese Trennung eine Zerreißung der lebendigen Einheit der pfarrlichen Gemeinde bedeutet.

So blieb nichts übrig, als die seelsorgliche Führung entweder dem männlichen oder dem weiblichen Geschlecht anzuvertrauen. Dabei mußte ganz naturgemäß die Entscheidung auf den Mann fallen. Denn wenn schon in der Ehe – wie Paulus immer wieder betont – die *Frau dem Manne untertan* sein soll, dann geziemt es sich für die Frau erst recht nicht, daß sie in Seelenangelegenheiten öffentlich über dem Manne stehe. Der Priester ist Abbild des Hohenpriesters Christus, Führer der Gläubigen, Autoritätsperson – alles Dinge, die wesentlich dem männlichen Bereich zugehören. Der *Mann* ist wegen seiner *mehr verstandes- und willensmäßigen Veranlagung* für das Priestertum viel mehr geeignet als die Frau mit ihrer gefühlsmäßigen Psyche. Die klare Erfassung und objektive Darbietung der übernatürlichen Wahrheiten, die überpersönliche, sachlich getreue Verwaltung der Sakramente, die unparteiische und rechtsbewußte, unbeirrbar klare Ausübung des Hirtenamtes sind Leistungen von so vorwiegend verstandes- und willensmäßiger Art, daß sich der Mann hiefür besser eignet. Es kommt uns Theologen sehr gelegen, daß dies auch von Frauenseite freimütig anerkannt wurde. Frau Oda Schneider (Vom Priestertum der Frau, Wien 1937[2]) führt aus: Die Frau besitzt die vorzüglichere Eignung zum »Gottfinden in allen Dingen« und ist so das Abbild des liebenden, ständig sich hingebenden Gottes an seine Geschöpfe, während der Mann vielmehr geeignet ist, alle Dinge zu Gott hinzuführen, und so das Abbild Gottes in seiner Werkhaltung darstellt (S. 32). Wollte mithin die Frau so sein »wie der Mann«, so wäre das eine beklagenswerte Verleugnung weiblicher Eigenart (S. 35). Außerdem geriete das eigentliche Priestertum der Frau in Gefahren, die beim Manne nicht so groß sind. Gemäß der geschlechtlichen Grundhaltung drängt es die Frau zum »Sichsehenlassen«, was das Priestertum, das nur die Stelle Christi zu vertreten hat, von sich weisen muß (S. 45). Ferner ist die Frau vor allem Hingabe und damit zum Sichverlieren an die gefühlsmäßig erfaßten Geschöpfe geneigt auf Kosten der verstandesmäßigen Rechenschaft über das Tun, was dem Manne an sich das Erste und zum Priestertum Unerläßliche ist (S. 52f.). »Vermag die Frau, dem hierarchischen Apostolat in der ihr gemäßen Weise angegliedert, im Nichtamtlichen ihr Bestes zu leisten, so würde sie oftmals, infolge der eigensten Gefahren ihrer Natur, im Amtlichen ihr Schlechtestes leisten« (S. 55). Das alles ist vortrefflich gesagt, und zwar von einer Frau, also nicht Männertheologie. Die *Frau* ist vom Priestertum ausgeschlossen nicht wegen ihrer Minderwertigkeit, sondern wegen ihrer Anderwertigkeit, die auf den Weg des mütterlichen Dienstes verweist, der ein *verborgenes, nicht-amtliches Priestertum* ist.

Herman Schell (1850–1906), Spender und Empfänger (des Weihesakramentes)

Herman Schell, Katholische Dogmatik, hg. von H. Petri und P.-W. Scheele, Paderborn 1994, 556, 558–560.

2. *Satz*: Zum Empfang der Priesterweihe sind als Voraussetzungen der Gültigkeit erfordert: a) das männliche Geschlecht; b) der Taufcharakter bzw. die Wiedergeburt durch die Taufe. Die Firmung hingegen ist nur pflichtmäßig; ebenso ist das gesetzliche Alter, der Titel zu standesgemäßem Unterhalt, die Freiheit von Hindernissen aus natürlichem Mangel oder aus sittlichem Verschulden (ex defectu sive ex delicto), die ordnungsmäßige Aufeinanderfolge der Weihen und Interstitien nur zum erlaubten Empfang der Weihe erforderlich. (...) Das *Geschlecht* bindet indes die *Persönlichkeit des Weibes* nicht; sie kann eine solche geistige Stärke entwickeln, daß auch sie auf all das verzichtet, was ihrem Geschlechte viel weniger entbehrlich ist als dem Manne, um dem ewigen Ziel in Gottes- und Nächstenliebe ungeteilt und rückhaltlos zu dienen. Daher ist das Verdienst des Weibes, das die Naturabhängigkeit in so heldenmütiger Weise überwindet, auch verhältnismäßig größer als beim Manne, der viel leichter ohne die Grundlage eines Hauswesens, Vermögens und Familienstandes bestehen kann. Wenn das Weib im allgemeinen für den Mann, d.h. für die Gemeinschaft mit demselben, für die Anlehnung an ihn als Schützer und Fürsorger angelegt ist, so kann es doch auch unmittelbar in Christus und in Gott selbst diese Stütze, in der Familie der Bräute Christi diese Gemeinschaft suchen. Das Klosterleben ist dann Ersatz für die Familie; allein zum Eremitenleben eignet sich das Weib nicht. Das Bedürfnis der Hingebung an eine andere Persönlichkeit oder einen Familienkreis, sei es der Natur- oder Geistesverwandtschaft, ist zu tief mit dem weiblichen Geschlecht verwachsen.

c) Da nun zum Wesen des *Diakonats* die vollkommene Berufshingabe an Gottes Dienst genügt und im Diakonat besondere neue Kräfte der Gnadenvermittlung nicht mitgeteilt werden, so ist die Unfähigkeit des weiblichen Geschlechtes für den Diakonat nach der göttlichen Einrichtung der Kirche nicht von vornherein selbstverständlich, wenn dasselbe auch vom besondern Priestertum ausgeschlossen ist. Im Alten Bund ist allerdings kein Anteil des weiblichen Geschlechtes an dem Levitentum nachzuweisen; allein nachdem die Jungfrau den Messias empfangen und geboren und damit die große Aufgabe ihres Geschlechts in der vorchristlichen Zeit erfüllt hat, ist ein größerer Anteil des Weibes an dem Dienste des sakramentalen und mystischen Christus zu erwarten. Ohnedies hat das Weib im Neuen Bunde in dem

Maß eine höhere Selbständigkeit gewonnen, als durch die fortschreitende Offenbarung der Geist und die Persönlichkeit überhaupt gegenüber der Natur gekräftigt wurde. Der Dienst des allgemeinen Priestertums gipfelt in dem Schmuck des Gottesdienstes und in der Pflege der Armen, Kranken und Elenden. Das Weib aber ist die geborene barmherzige Samariterin, stark in Geduld und Entbehrung. Daher findet sich das Institut der *Diakonissen* schon in der apostolischen Kirche. Paulus empfiehlt der römischen Kirche die Phoebe, ›als unsere Schwester, als Diakonin der Kirche zu Kenchreä‹, sehr eindringlich. Röm 16,1.2. – Der Apostel gibt in den Pastoralbriefen Anweisungen für die Witwen. 1 Tim 5,9. – Plinius erwähnt in seinem Bericht an Trajan zwei christliche ministrae[1]. Die Diakonissen empfingen die Handauflegung des Bischofs. Const. Ap. 8,19.20.[2] Conc. Chalc. can. 15.[3] Eine Gewalt gab die Handauflegung nicht, sondern einen hl. Dienst, wie dies zum Begriff des Diakonates genügt. Die Diakonissin hatte die (erste) Salbung der weiblichen Täuflinge vorzunehmen, solange dieselbe am ganzen Leib üblich war; den Unterricht der weiblichen Katechumenen, den Besuch der Kranken und Gefangenen sowie die Hausmission, für welche das Weib mit seiner Beweglichkeit, Klugheit und Zudringlichkeit im guten Sinne den Mann weit übertrifft. Auch Aufsichtsdienste im Gotteshaus waren ihnen übertragen sowie Dienste bei der Untersuchung weiblicher Personen vor dem bischöflichen Gericht.

Das Institut der *Diakonissen* ist mit der Umgestaltung des Kirchenwesens, dem Wegfall des Katechumenats und der Vereinfachung der alten Zeremonien in Abgang gekommen; die Liebesaufgabe des weiblichen Diakonats ist in den *Frauenorden großartig organisiert*. – Der weibliche Diakonat hat also den Charakter des Dienstes, nicht des öffentlichen Amtes mit hl. Gewalten; das männliche Geschlecht, als das naturfreiere, hat mit der Berufsweihe zum Priestertum die hl. Aufgabe und Gewalt empfangen, die Menschheit ihrem Gott, die Kirche ihrem himmlischen Bräutigam Christus zur seligen Lebensgemeinschaft zuzuführen. Offb 19. Der Priester ist, wie Johannes, der Vorläufer und Freund des Bräutigams (Joh 3,29): er ruft die Menschheit zur ewigen Hochzeit des Lammes.

---

[1] Vgl. C. Gaius Plinius Caecilius Secundus, Werke, hrsg. v. M. Schuster, Leipzig ³1958, Bd. 10, 8.
[2] Vgl. Funk (Hrsg.), Didascalia, 525.
[3] Vgl. Mansi 7, 377.383.419.

Edith Stein (1891–1942)
Die Frau. Ihre Aufgabe nach Natur und Gnade

EDW 5, Louvain/Freiburg 1959, 42–44.

Von Priestern und Ordensleuten sagt man, auch dem gewöhnlichen Sprachgebrauch nach, daß sie besonders *berufen* sein müßten, d.h., daß ein besonderer Ruf Gottes an sie ergangen sein müßte. Gibt es hierin einen Unterschied für Mann und Frau? Zum Ordensstand sind zu allen Zeiten Frauen wie Männer berufen worden, und wenn wir die mannigfach verzweigten Formen des heutigen Ordenslebens betrachten, die vielfältige äußere Liebestätigkeit, die in unserer Zeit auch von den weiblichen Orden und Kongregationen ausgeübt wird, so sehen wir einen wesentlichen Unterschied eigentlich nur noch darin, daß die eigentlich priesterliche Tätigkeit den Männern vorbehalten ist. Damit stehen wir vor der schwierigen und vielumstrittenen Frage des *Priestertums der Frau.*
Wenn wir das Verhalten des Herrn selbst in diesem Punkte betrachten, so sehen wir, daß er freie Liebesdienste für sich und die Seinen von Frauen annimmt, daß unter seinen Jüngern und nächsten Vertrauten Frauen sind – aber das Priestertum hat er ihnen nicht verliehen, auch nicht seiner Mutter, der Königin der Apostel, die an menschlicher Vollkommenheit und Gnadenfülle über die gesamte Menschheit erhoben war.
Die Urkirche kennt eine mannigfache karitative Tätigkeit der Frauen in den Gemeinden, eine stark apostolische Wirksamkeit der Bekennerinnen und Martyrinnen, sie kennt die liturgische Jungfräulichkeit und auch ein geweihtes kirchliches Amt, das Frauendiakonat, mit einer eigenen Diakonatsweihe[1] – aber das Priestertum der Frau hat auch sie nicht eingeführt. Die weitere geschichtliche Entwicklung bringt eine Verdrängung der Frauen aus diesen Ämtern und ein allmähliches Sinken ihrer kirchenrechtlichen Stellung, wie es scheint, unter dem Einfluß alttestamentlicher und römisch-rechtlicher Vorstellungen. Die neueste Zeit zeigt einen Wandel durch das starke Verlangen nach weiblichen Kräften für kirchlich-karitative Arbeit und Seelsorgehilfe. Von weiblicher Seite regen sich Bestrebungen, dieser Betätigung wieder den Charakter eines geweihten kirchlichen Amtes zu geben, und es mag wohl sein, daß diesem Verlangen eines Tages Gehör gegeben wird. Ob das dann der erste Schritt auf einem Wege wäre, der schließlich zum Priestertum der Frau führte, ist die Frage. *Dogmatisch* scheint mir nichts im Wege zu stehen, was es der Kirche verbieten könnte, eine solche bislang unerhörte Neuerung durchzu-

---

[1] Vgl. H. V. Boringen, *Rechtsstellung der Frau in der Katholischen Kirche*, Leipzig 1931.

führen. Ob es praktisch sich empfehlen würde, das läßt mancherlei Gründe für und wider zu. *Dagegen* spricht die gesamte Tradition von den Urzeiten bis heute, für mein Gefühl aber noch mehr als dies die geheimnisvolle Tatsache, die ich schon früher betonte: daß Christus als Menschen*sohn* auf die Erde kam, daß darum das erste Geschöpf auf Erden, das in einem ausgezeichneten Sinn nach Gottes Bild geschaffen wurde, ein Mann war – das scheint mir darauf hinzuweisen, daß er zu seinen amtlichen Stellvertretern auf Erden nur Männer einsetzen wollte. Wie er aber *einer* Frau sich so nahe verbunden hat wie keinem andern Wesen auf Erden und sie so sehr zu seinem Bilde geschaffen wie keinen Menschen vorher und nachher, wie er ihr für alle Ewigkeit eine Stellung in der Kirche gegeben hat wie keinem andern Menschen, so hat er zu allen Zeiten Frauen zur innigsten Vereinigung mit sich berufen, als Sendboten seiner Liebe, als Verkünderinnen seines Willens an Könige und Päpste, als Wegbereiterinnen seiner Herrschaft in den Herzen der Menschen. Einen höheren Beruf als den der *sponsa Christi* kann es nicht geben, und wer diesen Weg offen sieht, der wird nach keinem andern verlangen.

Gott in freier Liebeshingabe anzugehören und zu dienen, das ist nicht nur der Beruf einiger Auserwählter, sondern jedes Christen: ob geweiht oder ungeweiht, ob Mann oder Frau – zur Nachfolge Christi ist ein jeder berufen. Je weiter er auf diesem Wege voranschreitet, desto mehr wird er Christus ähnlich werden, und da Christus das Ideal menschlicher Vollkommenheit verkörpert, in dem alle Einseitigkeiten und Mängel aufgehoben, die Vorzüge der männlichen und weiblichen Natur vereint, die Schwächen getilgt sind, werden seine getreuen Nachfolger gleichfalls mehr und mehr über die Grenze der Natur hinausgehoben werden. Darum sehen wir bei heiligen Männern weibliche Zartheit und Güte und wahrhaft mütterliche Fürsorge für die Seelen, die ihnen anvertraut sind, bei heiligen Frauen männliche Kühnheit, Fertigkeit und Entschlossenheit.

So führt die Nachfolge Christi zur Entfaltung des ursprünglichen menschlichen Berufs, Gottes Bild in sich darzustellen: den *Herrn* der Schöpfung, indem der Mensch alle Geschöpfe in seinem Umkreis hütet, bewahrt und fördert; den *Vater*, indem er in *geistlicher* Vaterschaft und Mutterschaft Kinder für das Reich Gottes erzeugt und heranbildet. Das Herauswachsen über die natürlichen Grenzen, das höchste Gnadenwirkung ist, kann aber niemals erreicht werden durch einen eigenmächtigen Kampf gegen die Natur und durch Leugnung der natürlichen Grenzen, sondern nur durch demütige Unterwerfung unter die gottgegebene Ordnung.

Daniel Feuling OSB (1882–1947)
Spender und Empfänger der Weihe

Katholische Glaubenslehre. Einführung in das theologische Leben für weitere Kreise, Salzburg 1937, 4. Auflage 1951, Nr. 509f., S. 811–815.

509 *Spender* der Bischofs-, Priester- und Diakonweihe ist nur der Bischof. Der einfache Priester kann durch das kirchliche Recht und durch Bevollmächtigung des Papstes dazu berechtigt werden, das Subdiakonat und die vier niederen Weihen zu spenden; so haben heute die Äbte die Gewalt und Vollmacht, ihre Mönche zu den vier unteren Stufen des Weihesakraments zu erheben.

Empfänger irgend welcher Stufe des sakramentalen ordo ist ausschließlich der Getaufte männlichen Geschlechts, gleichviel welchen Alters. Zu beachten ist, daß die Bischofsweihe nur der empfangen kann, der schon den priesterlichen Weihecharakter besitzt, während die Gültigkeit und Wirksamkeit der Priesterweihe nicht durch den vorherigen Empfang des Diakonats und andern niedrigen Weihe bedingt ist.

Die Einschränkung der Fähigkeit zum ordo oder zur sakramentalen Priesterweihe auf das *männliche* Geschlecht ist oft schon Anlaß zu dem Mißverständnisse gewesen, als sei dadurch im Reiche unseres Herrn und im Reiche seiner Gnade der Frau ein für sie Wertvolles oder selbst Wesentliches vorenthalten – und es fehlten oder fehlen jene nicht innerhalb und außerhalb der Kirche, die diesen Vorenthalt dem Herrschgelüste des Mannes und der Priester in der Kirche zuzuschreiben suchen. Dazu sei in drei Punkten einiges bemerkt.
1. Der Herr selbst hat ganz augenscheinlich nur Männer zu seinen Aposteln und zu amtlichen Sendboten seines Reiches gemacht, nur Männer mit der Gewalt eucharistischer Opferfeier und der Vollmacht der Sündenvergebung im Heiligen Geist betraut; auch die Geschichte der Apostel und die Apostelbriefe zeigen uns nur Männer in formell apostolischer und priesterlicher Stellung. Die Übung und Lehre der Kirche (im gewöhnlichen Lehramte; eine formelle Entscheidung durch das außerordentliche Lehramt liegt nicht vor) entspricht ganz und gar dem Evangelium und dem apostolischen Gebrauche und Rechte.
2. Die Frau ist zweifellos durch ihre besondere Art nicht nur im allgemeinen in der Menschheit, sondern ganz besonders in der Kirche Christi ungleich mehr dazu befähigt, Dienerin des Reiches und der Gnade durch den Dienst der Liebe und der Treue in der Ehe oder in der gottgeweihten Jungfrauschaft zu Gottes- und Menschenliebe zu sein, als durch Ausübung der Kirchenämter in Priestertum und kirch-

licher Regierung und Verwaltung. Denn die Ur- und Grundart jeder echten Frau von der frühen Jungfrauschaft bis hinauf zum Alter, ja bis zum Greisentum liegt darin, daß das Treibende und Tragende in ihr die Liebesfreude und nicht die Liebesneigung ist: womit wir sagen wollen, daß sie der formell weiblichen Natur gemäß viel mehr dazu gebildet ist, das Gut der Liebe und der Gnade, das durch den Herrn gegeben wird, zu wahren, lebendig im Leben – dem eigenen und dem der Kinder oder irgend welcher Menschen – zu entfalten und so die Frucht der Sakramente wie der Lehre und der Kirchenordnung als die Gebärerin der Heiligkeit durch ihre Liebe gleichsam auszutragen und der Welt, der kirchlichen Gemeinde in einer wahren, hohen, geistigen Mutterschaft zu schenken. Der Mann hingegen ist in seiner Eigenart viel weniger der Liebesfreude als der Liebesneigung hingegeben und durch sie bestimmt; welcher Eigenart es tief gemäß ist, von Werk zu Werk gestaltend vorzudringen und den Gang der Welt und der Kirche durch stets neue Tat bewegend, strebend, kämpfend zu erwecken, zu erhalten und zu regeln. An dieser auch organisch, seelisch, geistig tief begründeten Verschiedenheit im ganzen ändert es nichts, daß ausnahmsweise große Frauen auch an der Art des Mannes einen starken Anteil haben; noch weniger ändert daran etwas jene geschichtliche Gegebenheit, die man heute mit dem Namen des Mutterrechtes oder Matriarchates bezeichnet, womit jene Form der Gesellschaftsordnung gemeint ist, die sich bei einigen Kulturen oder Menschheitskreisen da und dort gefunden hat. Denn wenn in primitiven Kulturverhältnissen das Mutterrecht, die Leitung der Familie und in etwa noch der öffentlichen Dinge durch die Frau schlecht und recht genügen mag: in der entwickelten Entfaltung der Reiche dieser Welt wie auch des Reiches Jesu kann die Frau nur schwer – und auf die Dauer nicht ohne eigene Verkümmerung der Frauenart – im ganzen den öffentlichen Dienst versehen.

3. Eine Zurücksetzung oder geringere »Berechtigung« der Frau in Jesu Gnadenreich kann in dieser Einschränkung der Weihe und der Weihefähigkeit auf den Mann nur derjenige erblicken, der das Höhere und Tiefere – im Besitze amtlicher Gewalt erblickt, weil er meint, im Reiche Christi sei das Größere die amtliche, priesterliche Hilfeleistung in Regierung, Verwaltung, sakramentaler Gnadenspendung und nicht das Gnadenleben selbst. Solche Betrachtung aber bedeutet Weltgeist und weltliche Gesinnung. Wenn irgend welcher Priester irgend welcher Stufe so redet oder sich so verhält, als sei er im Wesentlichen des Gnadenreiches durch sein Priestertum und Priesterwirken höheren Wertes und Ranges als der Laie und das Weib in ihrem Gnadenleben: solcher Priester versündigt sich in tiefer Weise gegen Jesu Forderung und Botschaft, daß amtliche Vorrangstellung in seiner Kirche

und Gemeinde einzig in der Demut echten Diensttums dem Grundgesetze des Reiches selbst entspricht, welches Grundgesetz in allem und in jedem darauf und nur darauf geht, daß die Liebe Gottes und der Menschen durch die Gnade in der gottgesetzten Gnadenordnung und Gnadenmitteilung der Kirche lebe, wachse und vollendet werde. Wir Priester Christi – ich muß hier als Priester im Namen aller Priester gemäß dem Evangelium reden –, wir Priester sind nur Werkzeuge des Gnadenlebens der Gemeinde; der Wert jeglichen Werkzeuges aber liegt in dem Werke, das hier eben ganz und gar das Gnadenleben der Gemeinde, gleichviel ob im Manne oder in der Frau, besteht. Gewiß, es ist groß und herrlich, Diener am Reiche zu sein; freilich nur dann, wenn der Diener im Geiste seines Dienstes wirkt; größer aber und herrlicher ist das Leben dieses Reiches, das Leben Christi in den Seelen und damit in der Kirche selbst; das Größte und Herrlichste aber gewinnt in Jesu heiliger Gemeinde jeder, ob Mann, ob Frau, wenn er an seiner Stelle ganz in Christi Geist die Liebe hat und Christus lebt. Hier aber sei gesagt: der wahre Priester Christi wird in aller Weise immer wieder den beneiden, der ohne die so großen, weiten, ewigen Verantwortungen des Priesterdienstes aller Art einfach in Liebe Gott zuleben darf.

510 Die mannigfachen Fragen, die infolge der verschiedenen Weiheriten der verschiedenen Zeiten in den Theologen wachgerufen worden sind, die Fragen über die *Materie* und *Form* der Priesterweihe, können ohne Eingehen auf viele Einzelheiten kaum besprochen werden. So genüge es, zu sagen, daß die Materie der Priesterweihe (um nur von ihr zu reden) ohne Zweifel einzig und allein die Handauflegung durch den Bischof, die Form aber das Gebet des Bischofs bei der Handauflegung ist, welches Gebet in der römischen Liturgie den Wortlaut hat: »Lasset uns, geliebteste Brüder, Gott, den allmächtigen Vater bitten, daß er über diese seine Diener, die er zum Priestertume erwählt hat, himmlische Gaben in Fülle ausgieße, damit sie durch seine Hilfe erlangen, was sie durch seine Gnade empfangen.« An der Handauflegung nehmen mit dem Bischofe die anwesenden Priester teil, das Gebet, die Form des Weihesakraments aber spricht allein der Bischof. Die Überreichung des Kelches und der Patene samt den dabei gesprochenen Gebeten – im nicht streng dogmatischen Dekret über die Armenier einzig erwähnt –, ebenso die streng vorgeschriebene Salbung der priesterlichen Hände des Geweihten sind liturgische Entfaltung und Ausdeutung des hauptsächlichen Sinngehaltes des Weiheaktes, nicht aber wesenhafter Teil der Weihe selbst.

Michael Schmaus (1897–1993), Priestertum der Frau?

Der Glaube der Kirche. Handbuch katholischer Dogmatik, Bd. 2, München 1970, 260–262.

Zum Schlusse dieser Darstellung sei noch eine Frage angeschnitten, die seit langem, insbesondere aber seit die Stellung des Laien in der Kirche deutlicher gesehen wird, eine beträchtliche Bewegung entfaltet hat, nämlich die Teilnahme der Frau an den hierarchischen Aufgaben der Kirche. Im Römerbrief (16,1) wird die Diakonisse Phöbe aus der Christengemeinde in Kenchräa von Paulus der römischen Gemeinde empfohlen. Sie wird diakonos (Maskulinum) genannt. Es ist umstritten, ob das Wort »diakonos« in dem Text des Briefes eine Amtsbezeichnung darstellt oder allgemein die Tätigkeit Phöbes im Dienste der Gemeinde bezeugt. Es kann hingegen nicht gut bestritten werden, daß an einer anderen Stelle, nämlich 1 Tim 3,11, von einer Diakonisse die Rede ist. Eine Sonderbezeichnung für die Diakonisse hat sich allerdings noch nicht entwickelt. Das Wort »diakonos« wird für männliche und weibliche Amtsträger verwendet. In der späteren Literatur, zunächst in der morgenländischen, im 5. Jahrhundert auch in der abendländischen, werden Diakonissen erwähnt, welche unterrichten und die Frauen taufen. Die Einrichtung hat sich jedoch in der katholischen Kirche nicht durchgesetzt (L. Ott, Das Weihesakrament, Freiburg 1969, 18, 39). Es ist eine weittragende Frage, ob die Frauen von der Teilnahme am hierarchischen Amt auf Grund göttlicher oder auf Grund geschichtlich-kirchlicher Bestimmungen ausgeschlossen sind. Für den apostolischen Charakter dieser Regelung beruft man sich häufig auf den 1. Korintherbrief des Apostels Paulus (1 Kor 14,34). Danach soll die Frau in der Versammlung (Ecclesia) schweigen. Es scheint hier von Paulus (ähnlich wie schon von der Synagoge) der Frau die Verkündigung, der Dienst am Offenbarungswort, in der Versammlung untersagt zu sein. Eine sorgfältige Interpretation führt jedoch zu einem differenzierteren Ergebnis. Man muß die Stelle in Zusammenhang bringen mit dem Text 1 Kor 11,2ff. Hier wird der Frau die prophetische Rede, die aus der Eingebung des Heiligen Geistes stammt, konzediert, falls die Frau verschleiert ist (siehe auch Apg 21,9, wo von prophetisch begabten Frauen die Rede ist). Da wir die urchristlichen Verhältnisse in diesen Bereichen zu wenig kennen, ist es schwer, den Widerspruch zu lösen. Vielleicht will Paulus nur das öffentliche Auftreten mit dem Anspruch auf Führung und Weisung untersagen, nicht aber das prophetische Gebet. Es läßt sich wohl nicht leugnen, daß das Verbot durch die Situation in Korinth und auch durch die kulturellen

Ansichten jener Zeit bedingt ist und keine prinzipielle Bedeutung hat. Wie uns im 12. Kap. des 1. Briefes an die Christengemeinde in Korinth berichtet wird, herrschte dort infolge des enthusiastischen Glaubenslebens im Gottesdienst eine verwirrende Unordnung. Paulus, welcher von Gemeindemitgliedern hierüber informiert worden war, wollte zwar die Geistesgaben nicht zurückdrängen oder unterdrücken, sie aber in die rechte Ordnung bringen. Zu diesem Zwecke erließ er mehrere Bestimmungen. Eine von ihnen lautete, daß die Frauen schweigen sollten. Daß er gerade dies gebot, hat, wie man nicht bezweifeln kann, seinen Grund in den zeitbedingten Ansichten über die Stellung der Frau im Orient (vgl. 1 Kor 14,35). Wir können den Text nicht als eine Anweisung göttlichen oder apostolischen Ursprungs im grundsätzlichen Sinne verstehen. Tatsächlich hat ja auch der Paulus-Text die Verkündigungsaufgabe der Frau in den verschiedensten Bereichen des kirchlichen Lebens nicht verhindert, während doch gerade diese Verkündigungsaufgabe von Paulus untersagt worden ist.

Schwer wiegt es, daß Jesus dort, wo er den Aposteln die Hauptaufgabe des bischöflich-priesterlichen Amtes übertrug, nämlich die Gedächtnisfeier des Todes und der Auferstehung, seine Mutter nicht eingeladen hat. Man wird nicht sagen können, daß Jesus die Einladung mit Rücksicht auf die Ansichten seiner Zeit unterließ. Er hat sich so oft zu den Gewohnheiten seiner Zeitgenossen in Widerspruch gesetzt, daß er dies wohl auch bezüglich jener Einladung getan hätte, wenn ihn zu ihrer Unterlassung nicht andere Gründe bewogen hätten. Auf der anderen Seite freilich waren unter den Anhängern Jesu, welche auf den von ihm verheißenen Geist in Jerusalem warteten, auch Frauen anwesend (Apg 1,14). Es wird ferner in der Apostelgeschichte ein eigenartiger Vorgang berichtet (Apg 18,24ff.). Apollos hielt in Ephesus mit Feuergeist eine Missionspredigt, bei welcher Priscilla und Aquila, ein theologisch offensichtlich gebildetes Ehepaar, anwesend waren. Die Predigt war ihnen allem Anscheine nach zu dürftig. Sie luden daher den Missionar ein und belehrten ihn zwei Tage über das Christusgeheimnis. Daraufhin vermochte er in einer wirksameren Weise seine Mission fortzusetzen.

Auf keinen Fall ist der Ausschluß der Frau aus dem hierarchischen Dienst in ihrem metaphysischen Wesen begründet. Derartiges zu behaupten, könnte nur aus einem veralteten Bilde der Frau begründet werden. Bei der großen Tragweite der Tradition ist es von hoher Bedeutung, daß in der Kirche das Bischofs- und Priesteramt stets dem Mann vorbehalten blieb. Hierbei sind keine metaphysischen und wohl auch keine göttlichen bzw. prinzipiellen apostolischen Anweisungen maßgebend, sondern geschichtliche Entwicklungen in dem

Vollzug des kirchlichen Heilsauftrages, welche sich zu festen Überzeugungen institutionalisiert haben. Das oberste Prinzip ist die Effizienz der kirchlichen Heilstätigkeit, für deren Verwirklichung menschliche Erfahrung, öffentliches Bewußtsein und kirchliche Weisung zugleich beachtet werden müssen.

Johann Auer (1910–1989), Spender und Empfänger des Weihesakramentes

Johann Auer, Die Sakramente der Kirche (= Kleine Katholische Dogmatik VII), Regensburg 1972, 363–365.

Eine echte Frage hinsichtlich des Empfängers scheint zu sein, ob nur *der Mann oder auch die Frau Empfänger der Weihe* sein kann. Hippolyt (Trad. apost. n. 10, n. 12: Botte 30–38) wie das Konzil von Nicäa 325 (I; can. 19: Mansi 2,684; vgl. L. Ott, Das Weihesakrament [= HDG IV,5], Freiburg 1969, 18) sowie die Statuta ecclesiae antiqua (can. 11: Mansi 3,952) heben ausdrücklich hervor, daß die Frau keine Weihe empfängt (non ordinatur), auch wenn sie für den Dienst in der Kirche, besonders bei der Taufe der Frauen und im Katechumenenunterricht oder bei der Caritasarbeit geweiht wird (consecratur). Diese Frage war vor allem dadurch akut, daß die frühe Kirche, wohl in Übereinstimmung mit Gepflogenheiten ihrer heidnischen Umgebung wie aus praktischen Gründen, ein eigenes Diakonissen- und Witweninstitut entwickelt hatte. Dabei war, vielleicht unter syrischem Einfluß und damit aufgrund einer größeren Hochschätzung der Frau, auch der Diakonissa eine förmliche Ordination zuteil geworden, und man hatte sie in den Ordo eingereiht; so schon in den Apostolischen Konstitutionen (VIII 19: Funk 524) und durch die Bestimmung des Konzils von Chalzedon 451 (can. 15: Mansi 7,397) wie bei Kaiser Justinian I. (527–560). Trotzdem wurde auch in diesen Fällen der Frau ausdrücklich eine gottesdienstliche Funktion, wie sie der Priester oder Diakon ausübt, selbst in den Apostolischen Konstitutionen (VIII 28,6: Funk 530) abgesprochen. Epiphanius hebt hervor (Haer. 79,3f: PG 42,743–746), daß die Frau, obwohl dem Ordo zugehörig, keinen eigentlichen priesterlichen Dienst habe, wie ihn verwerflicherweise die Montanisten auch Frauen gäben (Haer. 49,2: PG 41,881). Die westlichen Konzilien unterscheiden daher meist zwischen ordinatio der Diakone und Priester und consecratio der Diakonissen (so das 3. Konzil von Karthago [can. 4: Mansi 3,880] und die Statuta ecclesiae antiqua [can. 11: Mansi 3,952]). Die mittelalterlichen Theologen haben sich darüber viele Gedanken gemacht und ausdrücklich die Frage gestellt, ob die Ordination der Frau nur verboten oder auch in sich ungültig sei. Sie kamen fast alle zu der Lehre der Ungültigkeit. Sie begründeten diese Lehre entweder mit der Tatsache, daß der Priester Stellvertreter Christi (des Mannes) sei (so Johannes Teutonicus, Glossa zu c. 23 C. 27 q. 1; Bonaventura, Sent. IV d 25 a 2 q 1 und Thomas v. Aquin, S. Th. Suppl. q 39 a 1), oder sie vertraten die Meinung, Christus habe die Weihe der Frau verboten, wie aus 1 Tim 2,12 zu entnehmen sei (so Duns Scotus, Ord. IV d 25 q 2 und viele seiner Nachfolger; vgl. L. Ott, Das Weihesakrament, 108f). In neuester Zeit, vielleicht nicht unabhängig von der Tatsache, daß in den evangelischen Kirchen verschiedener europäischer Länder (Dänemark, Norwegen, Schweden, Holland) bereits Vikarinnen wirken, wurde, besonders anläßlich des 2. Vatikanischen Konzils, die Frage nach der Möglichkeit der Frauenordination auch im katholischen Bereich wieder erörtert. Eine Eingabe deutscher Frauen (Dr. Gertrud Heinzelmann, Münster; vgl. Frau und Konzil, Hoffnung und Erwartung, Zürich 1962) wurde Anlaß zu einer theologischen Dissertation »Priestertum der Frau?« durch Haye van der Meer SJ (erschienen in: Quaest. disp., 42, Freiburg i.Br. 1969). Der Osservatore Romano vom 11.11.1965 lehnte die Forderung der Frauen ab und betonte, Christus und seine Apostel hätten in ihrer Bestellung von Priestern und Diakonen keine Lücke gelassen. Ida Friedrike Görres erwiderte mit den sachlichen Argumenten der mittelalterlichen Theologen (vgl. Der christliche Sonntag 17 [1965] 197–199). Meist wird die Bitte der Frauen, die zum Priestertum zugelassen zu werden wünschen, begründet mit dem Hinweis, daß eben in der modernen Gesellschaft der Frau alle Berufe offenstehen und daß die Frau auch in allen Berufen sich bewährt habe. Die negative Wertung der Frau bei Paulus (vgl. 1 Kor 11,3–16; 14,33–36; 1 Tim 2,11–15) sei aus der jüdischen Soziologie der Zeit zu erklären und darum nicht als Offenbarungsaussage festzuhalten. Haye van der Meer weist im Nachwort seiner Dissertation mit Recht auf folgende Gedanken hin: So wie das heutige Pfarramt aussieht, ist es wesentlich durch die fast zweitausendjährige Tradition männlich gestaltet und die Frau, die eben dieses Amt erstrebt – ein anderes Bild vom Amt kann auch sie sich augenblicklich wohl nicht machen –, hat ihre frauliche Identität noch nicht oder nicht mehr richtig erfaßt. Auf dem Boden der soziologischen und psychologischen Gedanken vor allem von C. G. Jung stellt van der Meer aber auch die Forderung auf, »daß in einer zur Fülle des Eschaton wachsenden Kirche und Menschheit auch die Männer den Frauen mehr Platz einräumen sollen und die Frauen mehr geeignet werden, den Mann Christus zu repräsentieren« (S. 196). Soziologisch-psychologische Überlegungen stehen hier einer einheitlichen geschichtlichen Tradition gegenüber, unklare Emotionen wie intellektuelle Überlegungen über die innersten Lebensgründe des Menschen (anima-animus-Idee), die kaum durch den Intellekt ganz einzuholen sind, werden hier wirksam. Der Vergleich mit den evangelischen Kirchen, für die Priestertum wie Kirche etwas anderes sind als das, was etwa durch das 2. Vatikanum darüber gesagt wurde, kann trotz der ökumenischen Forderungen unserer Zeit nicht maßgeblich sein. Die Frage wird noch einer reiflichen Überlegung bedürfen und wenn irgendwo, dann gilt gewiß hier: Nicht vorher vom Menschen geschaffene Tatsachen dürfen bestimmend sein für die Glaubenserkenntnis, sondern umgekehrt: erst eine echte neue Glaubenseinsicht könnte es wagen, die zweitausendjährige Tradition zu ändern.

Louis Bouyer (*1913), Frauenpriestertum?

Louis Bouyer, Mystère et ministère de la femme, Paris 1976; dt.: Frau und Kirche (= Kriterien 42), übers. von Hans Urs von Balthasar, Einsiedeln 1977, 11–22.

Für gewöhnlich wird vorgebracht, die Weigerung, Frauen zu Bischöfen oder gewöhnlichen Priestern zu weihen, entstamme einer überholten Sicht von der Ungleichheit der Geschlechter, von einer grundsätzlichen Unterlegenheit der Frau gegenüber dem Mann. Ferner sagt man, wenn Christus und nach ihm die Apostel nur Männer geweiht haben, so deshalb, weil die Vorurteile ihrer Zeit nichts anderes erlaubten, ob sie nun meinten, diesen nicht erfolgreich begegnen zu können, oder ob sie selber darin befangen waren. Endlich behauptet man: daß Christus keine Frau zum Apostolat berufen habe, sei für die Kirche ebenso unerheblich wie die Tatsache, daß er ausschließlich Juden dazu berufen hat. Wie das Christentum, einmal der jüdischen Welt entronnen, das Priestertum fraglos an Nicht-Juden verlieh, so könne es, da es heute endlich einer einseitig männlichen Epoche entwachsen sei, keine Gründe mehr vorbringen, es nicht auch an Frauen zu verleihen.
Für solche, die, wie manche unserer Zeitgenossen, die Geschichte der Sitten und Ideen der Menschheit nicht kennen, mögen solche Gründe unwiderleglich erscheinen. Wer aber den Fakten und den darin sich offenbarenden Motiven ein wenig nachgeht, wird die Fragwürdigkeit, ja Hinfälligkeit dieser scheinbar so wohlfundierten Gründe entdecken.

Nehmen wir einmal den zweiten: Jesu Zeitgenossen, ja die antike Welt überhaupt konnte kein weibliches Priestertum hinnehmen. Man wundert sich, daß Leute, die sich aufgeklärt wähnen, in aller Seelenruhe solch unsinnige Behauptungen vortragen können. Hat doch die antike Welt, vor allem, doch durchaus nicht ausschließlich, die Mittelmeer-Kultur seit den ältesten Zivilisationen bis zum Griechenland und zum Rom der christlichen Zeit weibliches Priestertum neben männlichem gekannt, und zwar in keinerlei Unterlegenheit diesem gegenüber. Und wenn in dieser Hinsicht zur Zeit Christi und der Apostel eine Tendenz zu verzeichnen wäre, so eher im Sinne einer Aufwertung als Entwertung des weiblichen Priestertums. In den Mysterienreligionen, die sich gleichzeitig mit oder kurz nach dem Christentum auszubreiten begannen, und die vor seinem Sieg im 3. Jahrhundert als dessen bedrohlichste Nebenbuhler auftreten sollten, stellt man einen deutlichen Aufschwung weiblichen Priestertums fest, im Zusammenhang mit dem Kult der Muttergottheiten, Göttinnen der fruchtbaren Erde, die sich in solche des künftigen Lebens verwandelten und eines der kennzeichnendsten Merkmale damaliger Religion bilden.

Wenn also das beginnende Christentum trotz seines Widerspruchs gegen vielerlei jüdisches Brauchtum gerade in seiner großzügigen Öffnung zur heidnischen Umwelt an der biblischen und jüdischen Überlieferung festhielt, daß das Priesteramt ausschließlich Sache der Männer sei, so gewiß nicht, weil es den Vorurteilen seiner Umgebung nachgab. Vielmehr widersetzte es sich mit Entschiedenheit einer Sache, die in dieser Umgebung als durchaus selbstverständlich betrachtet wurde.

Und man muß beifügen: wenn das Judentum selbst in Nachfolge der alten hebräischen Religion diese Haltung übernommen und beibehalten hat, so in einer wenn möglich noch entschiedeneren Opposition gegen das bei all den Völkern Übliche, in deren Mitte die biblische Offenbarung sich ereignete – um dort ein Volk mit einer ganz verschiedenen Religion heranzubilden.

Die Sache ist so evident, daß wer ein paar elementare Kenntnisse in vergleichender Religionsgeschichte besitzt, zumal in der des semitischen Alten Orients, sich genötigt sieht, eine andere Erklärung zu suchen. Man sagt uns dann, daß wenn die mosaische Religion von Anfang an den Frauen das Priestertum verwehrt, dies als Reaktion gegen die mit untragbaren Praktiken wie der Prostitution behafteten naturalistischen Fruchtbarkeitsreligionen und deren orgiastische Kulte geschah. Leider erklärt man damit entweder zu wenig oder zu viel. Denn diese Praktiken, einschließlich der geweihten Prostitution, waren in den besagten Religionen keineswegs auf das weibliche Priestertum beschränkt, sondern im männlichen ebenso verbreitet. Warum hätten die Hebräer, die ein von solchen Mißbräuchen beflecktes weibliches Priestertum verwarfen, ein ebenso kompromittiertes männliches zulassen sollen?

Stellt man das hebräische, dann jüdische, schließlich christliche Priestertum in seinen historischen Rahmen, so wird evident, daß die konstante Ablehnung weiblichen Priestertums nichts mit zeitgenössischen Praktiken oder Vorurteilen zu tun haben kann. Sie erfolgt vielmehr in einem dauernden, durchaus bewußten Widerspruch dem gegenüber, was die gesamte antike Welt als normal empfand. Selbst wenn man keine ausdrückliche Theorie darüber aufstellt, ist diese Ablehnung kein Ergebnis fehlender Grundsätze, sondern viel eher das einer seltsam beharrlichen Treue, ein um jeden Preis und gegen allen Druck der Sitten und der Umgebung festgehaltenes Prinzip.

Dem wird man natürlich entgegenhalten: was anderes konnte dann aber ein solches Prinzip sein als die Annahme einer unüberwindlichen Inferiorität der Frau? Aber gerade hier erweist sich nochmals und stärker als je die Schwäche des Einwandes: die Religion der Bibel, dann die des Judaismus und deutlicher noch die des Christentums in deren Nachfolge mögen zwar nicht die einzige Tradition antiker Menschheit sein, die die wesentliche Gleichberechtigung der Frau mit dem Mann vor allem im religiösen, aber auch im natürlichen Bereich verkündet, gelebt und verteidigt hat, doch bildet sie in dieser Hinsicht die klarste und bewußteste dieser Traditionen. Und wenn heute die Sache selbstverständlich geworden ist, so wird kein seriöser Historiker bestreiten, daß die christliche Verkündigung der entscheidende Grund dafür ist, vorbereitet durch den Judaismus, hinter dem die Schrift seit Anfang steht.

Gewiß ist es für das Christentum nicht minder wesentlich, zu betonen, daß die Frau, um dem Mann ebenbürtig zu sein, von ihm verschieden sein muß. Ähnlichkeit bedeutet nicht Identität; sie fordert, um positiv und fruchtbar zu sein, gegenseitige Ergänzung. Wir werden sehen, daß eben die Gewähr für diese notwendige Ergänzung, ohne die die angestrebte Gleichberechtigung der Frau der totale Verlust ihrer Eigenart wäre, die ausschließliche Zueignung des Priesterdienstes an den Mann begründet.

Wir heben einstweilen nur hervor, wie sinnlos es ist, diese ausschließliche Zueignung bei Juden und Christen als Ergebnis einer Minderbewertung der Frau hinzustellen, wo es doch im Gegenteil Bibel und Evangelium waren, die allein die Gewißheit ihrer Ebenbürtigkeit durchgesetzt haben, gerade in einer Welt, in der doch das Priestertum nirgends und nie dem Manne vorbehalten war, wie das in Israel und in der Kirche der Fall war.

Das wird noch durch die Tatsache gestützt, daß in Israel, wo die Rolle des Prophetismus keine geringere war als die des Priestertums, im ganzen sogar eine weit bestimmendere, die prophetische Funktion schwerlich auf den Mann beschränkt war. Wenn relativ wenig Frauen als Trägerinnen dieser Gabe erscheinen, so finden wir doch keine Spur einer Gegnerschaft dort, wo Prophetinnen auftreten.

Und allgemeiner: Wo man in Bibel und älterem Judentum Spuren einer anscheinenden Diskreditierung der Frau und speziell der weiblichen Sexualität meint aufweisen zu können, erweist sich bei genauerem Zusehen das Gegenteil. Was besagt jene »Reinigung«, der die Frauen vierzig Tage nach der Geburt eines männlichen Kindes unterworfen waren, der auch die Männer sich zu unterziehen hatten, wenn sie Geschlechtsverkehr mit einer Frau hatten, ehe sie wieder am Kult teilhaben durften?[1] Liegt hierin wirklich, wie man uns versichert, die Vorstellung einer wesentlichen Unreinheit der Frau, der Befleckung, die ein Mann sich zuzöge, wenn er sich ihr nähert? Solch naive Deutungen sind für eine wissenschaftliche Religionsphänomenologie das Gegenteil des wahren Tatbestandes.

Um das einzusehen, braucht man sich nur zu erinnern, daß nach ältester jüdischer Tradition die bloße Berührung der Torarollen oder irgendeines inspirierten Buches »die Hände befleckt«. In ähnlich archaischem Sinn spricht heute noch die christliche Liturgie von einem »Reinigen« der heiligen Gefäße, wenn es darum geht, alle Spuren der heiligen Elemente daraus verschwinden zu lassen.

Damit ist der Schlüssel für jene die Sexualität betreffenden Vorschriften gegeben, insbesondere für den Anteil der Frau daran. Weder sie noch jene ist unrein. Vielmehr liegt in beiden etwas Sakrales, sofern die Sexualität die schöpferische Offenbarung des Lebens und die Teilnahme des Geschöpfes daran, die Frau das Werkzeug solch partizipierter Schöpferkraft darstellt. Daher der Verdacht, die Präsumption einer möglichen Verfehlung beim gefallenen Menschen, genau wie bei seinem Kontakt mit den Gestalten der göttlichen Gegenwart: ist er nicht stets in Gefahr, des rechten Glaubens an das Gotteswort zu entbehren, untreu zu sein gegenüber der göttlichen Absicht, die sich darin anzeigt und durchsetzen will?

Wenn in beiden Fällen ein Verdacht der Verderbnis besteht, so nur als Verdacht einer *corruptio optimi*, die stets zur *corruptio pessima* wird.

Und was hat man nicht auch jenem Segenswort entnehmen wollen, das von den Rabbinen den Männern beigebracht wurde: daß sie »zu Männern gemacht worden seien und nicht zu Frauen«? Dabei vergißt man erstens, daß die gleichen Rabbinen entsprechend die Frauen lehr-

---

[1] Lev 12,25 und das ganze 15. Kapitel.

ten, Gott zu preisen, daß sie zu dem gemacht wurden, was sie sind.[2]
Was aber bedeuten diese beiden Segensworte? Nach der dauernden
Lehre der gleichen Rabbinen sind das ganze Joch der Tora, insbesondere die priesterlichen Funktionen, die Aboda, der Opferdienst, dem
Mann allein auferlegt worden, der nur zu sehr versucht ist, sich gegen
die besonderen Verpflichtungen aufzulehnen, die darin auferlegt werden. Daher die Notwendigkeit ihm klarzumachen, daß diese so bela-
stenden Forderungen von ihm als eine Ehrung angenommen werden
müssen. Die Frau hingegen, der gegenüber Gott die Großmut seiner
Barmherzigkeit mehr offenbart als die Strenge seiner Gerechtigkeit,
soll ihm für die ihr eigene Berufung ihre Danksagung darbringen.
Dies besagt keineswegs, daß die Frau vom Gottesdienst ausgeschlossen sei. Bloß fällt der öffentliche Kult nicht unter ihre Verpflichtung,
auch wenn sie daran gleichen Rechtes wie der Mann teilnehmen darf.
Statt dessen hat sie die Verantwortung für die alles tragende Zelle im
Gottesvolk, die Familie, die für Israel das erste und letzte Heiligtum
bleibt. Insofern ist es ihres Amtes, das Ostermahl zu bereiten, das
grundlegende biblische Opfer, sowie jedes sakrale Mahl – obwohl sie
diesem nicht vorsteht –, wie auch sie jeden Sabbat das Sabbatlicht anzündet.
Das könnte uns bereits hinreichend zeigen, daß schon im Alten Bund
die geschlechtliche Differenz keine Minderwertigkeit, sondern eine
werthafte Ergänzung bedeutet, welche, wie wir bald sehen werden,
für die Frau ein tieferes und dauerndes Eingelassensein in das Heilige besagt als für den Mann. Aus diesem Grund spricht man in der
Bibel, dann in der jüdischen und christlichen Liturgie zwar immer
von Gott als einem männlichen Wesen, während die Weisheit, die die
engste Verbindung der Menschheit mit göttlichem Denken und Leben
bedeutet, von Israel immer als weiblich vorgestellt wird. Noch wich-
tiger ist, daß die Einwohnung Gottes in der Menschenwelt, ja im
Menschen selbst, von den Rabbinen immer weiblich, als die Scheki-
na,[3] beschrieben wird. Der Höhepunkt aber liegt darin, daß das, was
wir im Deutschen als den »Geist« Gottes bezeichnen, nämlich die
Mitteilung göttlicher Lebendigkeit und Energie an den Menschen, als
Einweihung in das innergöttliche Leben und Wirken, im Hebräischen
(wie in den übrigen semitischen Sprachen) mit einem weiblichen
Hauptwort bezeichnet wird: »Ruach Adonai«. Man müßte deshalb
eher von der »Geistigkeit« als vom Geist Gottes sprechen.

---

[2] Texte dieser Segnungen und ihr Kommentar in den Berakoth-Traktaten der Mischnah
und der Tosefta.
[3] Wir haben in: »Bible et Vie chrétienne« Dez. 1957, 7ff, diesen Begriff näher untersucht.

Hat man diese geschichtlichen Fakten beherzigt, die wie ein Gegenstück zu dem dem Manne vorbehaltenen Priestertum bilden, so erkennt man auch, daß es sich hier nicht um ein Phänomen handeln kann, das sich mehr aus zufälligen und vergänglichen Ursachen als aus wesentlichen Sachverhalten erklärte.

Gewiß sagen uns heute manche Theologen, darunter auch Bibelforscher, daß man, auch wenn die Tatsache unleugbar durch die ganze Bibel und Überlieferung hindurch feststeht, doch keine theologische Begründung dafür finden kann. Man stünde dann eben vor einer disziplinarischen Regelung, die nicht aus prinzipiellen, sondern aus Opportunitätsgründen getroffen worden wäre; wenn deshalb die Kirche unter gewandelten Voraussetzungen es für gut befände, der Frau das Priestertum zu gewähren – wie ihr in den vergangenen Zeiten das Gegenteil gut schien –, so könnte sie nichts daran hindern.

Aber ein solcher Schluß bleibt befremdlich haltlos. Daß die Kirche, in Nachfolge der ganzen Schrift und entgegen allen Gewohnheiten der übrigen Menschheit ein Verhalten beibehält, wäre unverständlich, wenn dieses sich nicht auf ein fundamentales Prinzip stützen könnte, mag dieses auch bis heute mehr oder weniger implizit geblieben sein.

Und ein solches theologisches, wenn nicht voll, so doch hinreichend geklärtes Prinzip besteht ohne Zweifel seit Anfang der Offenbarung. Wer anscheinend unfähig ist, es zu erkennen, hätte wohl vor dem Konzil von Nizäa ebenfalls gesagt, man könne die echte Gottessohnschaft Jesu nicht als theologisches Prinzip ansehen, da es ja eben dieses Konzils bedurfte, um sie als Gleichwesentlichkeit des Sohnes mit dem Vater herauszustellen. Er hätte nach dem gleichen Denkverfahren vor dem Konzil von Konstantinopel die Gottheit des Geistes als theologisch unvertretbar angesehen, oder vor Ephesus die Einheit der Personen in Christus, oder vor Chalkedon die unverminderte Wirklichkeit seiner beiden Naturen, der menschlichen wie der göttlichen usf.

Hinter solchen Aussagen steckt eine träge, weil rein statische Sicht der Theologie, die auf einer rein buchstäblichen Auffassung der Offenbarung beruht. Und man versteht dann auch plötzlich, weshalb alle beschränkten Konservativen die unwillkürlichen, aber leider nur allzu wirksamen Verbündeten häretischer Neuerer sind, nämlich aufgrund einer Gedankenlosigkeit, die sich für einen Ausdruck der Frömmigkeit hält. Im uns beschäftigenden Fall läßt sich sagen, daß wenn es zur Widerlegung unserer Gegner eines einzigen vorhandenen Textes bedürfte, ein solcher Text eben auch damals nicht existierte – die Mühsal und Schwierigkeit der arianischen Kontroverse hat es genugsam bewiesen –, als es darum ging, auf dem ersten ökumenischen Konzil die Gottheit Christi zu definieren, die gerade deshalb definiert werden mußte.

Dennoch stützt sich in unserem Fall der überwältigende *consensus fidelium* (von über zwanzig Jahrhunderten) auf eine Überfülle biblischer Belehrung und christlicher geistlicher Erfahrung, die nur ein Kurzsichtiger übersehen kann. Deshalb kann über den Wortlaut einer auf ihren Glauben gestützten Endentscheidung der Kirche auch keinerlei Zweifel herrschen, falls das zuständige Amt durch die Anfechter der Überlieferung einmal zu einer solchen gezwungen würde. Beigefügt sei, daß hinter dem christlich-biblischen Sinn in dieser Sache das natürlich-spontane Gespür gesunder Menschlichkeit steht, das eine schlichte anthropologische Reflexion, falls wahrhaft begründet und wissenschaftlich entfaltet, unschwer formulieren und rechtfertigen kann. Setzt doch die gegenwärtige Forderung eines Frauenpriestertums, um die Gleichheit von Mann und Frau zu sichern, voraus, diese Gleichheit könne nicht anders als durch möglichst radikale Gleichschaltung der Geschlechter erreicht werden. Aber erfahrene Psychologen und Soziologen wissen, daß solche Gleichschaltung eine moderne, besonders ungünstige Art ist, das Problem der geschlechtlichen Gleichwertigkeit anzugehen. Was man zu fördern gedenkt, wird damit von vornherein ruiniert, weil die Frage in einer sich selbst zersetzenden Weise gestellt wird. Unter solchen Umständen wäre der errungene Sieg sogleich der Verlust des Erstrebten.

Ein solches Frauenrechtlertum mag wohlmeinend sein, echte Befreiung der Frau wird es niemals fördern. Gleichheit, die mit bloßer Identität verwechselt wird, kann, solange der andere eben ein anderer, wenn auch Gleichberechtigter ist, nur Täuschung sein. Wer sie fordert, kann schließlich nur die eigene Identität einbüßen.

Das wurde neuerdings anläßlich eines ganz anderen und doch vergleichbaren Streites, desjenigen über Rassengleichheit in den Vereinigten Staaten, durchaus eingesehen. Die klügsten und realistischsten unter den schwarzen Führern haben es beizeiten erkannt, die ganze Fragestellung wurde dadurch innerhalb weniger Jahre verändert. Die Weißen guten Willens, gefolgt von den naiveren Schwarzen hatten zuerst gemeint, die vollkommene Gleichheit aufgrund von Integration in ihre Gesellschaft anbieten zu sollen, eben einer ganz durch die Weißen und nach ihrem Geschmack eingerichteten Gesellschaft. Die einsichtigeren Schwarzen erkannten jedoch bei einigem Nachdenken bald, daß für sie eine solche Integration keineswegs die erhoffte Befreiung gebracht, vielmehr die Auflösung dessen, was sie sein und mit Recht bleiben wollen, verursacht hätte. Wäre sie gelungen, so hätte sich aus den Schwarzen keine den Weißen Gleichberechtigte gemacht, sondern verschämte Schwarze, die ihr Negertum vergeblich hinter dem Wandschirm einer Pseudo-Weiße verborgen hätten. So sind die Führer der amerikanischen Schwarzen heute dazu gelangt, festzustellen, daß die zunächst vorgesehene Integration der Schwarzen in die weiße Gesellschaft für sie schlimmer wäre als die Apartheid Südafrikas. Denn wenn diese ihre Inferiorität, zumindest ihre bleibende Minorität einschließt, so beginnt sie doch wenigstens ihre Identität anzuerkennen. Die vorgeschlagene Integration dagegen, die eine solche schlicht zu ignorieren vorgab, hätte sie, falls sie eingetreten wäre, nur vernichten können. Systematisch angewandt und durchgeführt hätte sie zum Genozid geführt.

Mutatis mutandis verhält es sich, wie der große holländische Psychologe Buytendijk gezeigt hat,[4] nicht anders mit allem Feminismus, der kein anderes Mittel weiß, die Frau als dem Mann ebenbürtig zu erweisen, als sie zu vermännlichen. Damit wird ihre Weiblichkeit aufgehoben. Wenn diese Art Feminismus obsiegen sollte, wäre er für die Frau ein bloßer Pyrrhussieg. Das Ergebnis wäre die absurdeste Männlichkeit.

Dahin aber strebt, ob sie will oder nicht, die Annahme, Gleichheit von Mann und Frau könnte sich durch Verleihung des Priestertums an die Frau konsolidieren. Man kann aber Derartiges nur anstreben, wenn man das wahre Selbstsein der Frau mißkennt, ihr die angestammte Würde entzieht. – Nicht zufällig ist das Zeitalter, das solches anstrebt, dasselbe, das die Frau, wie vielleicht nie zuvor, zum bloßen Lustobjekt des Mannes entwertet. In beiden Richtungen behält sie keinen Eigenwert: entweder sie gerät in die vollste Abhängigkeit vom Mann oder sie fällt mit ihm zusammen.

Im Gegensatz zu beidem wird uns die Schilderung des Mysteriums der Frau, wie es in den biblischen Schriften und in der ganzen christlichen Überlieferung verborgen liegt, dazu verhelfen, die Stellung und die Ämter der Frau zu entdecken oder neu ins Licht zu stellen, die ihr wahrhaft eignen und die für die Kirche und die Welt von heute unentbehrlich sind.

Schon wird klar, daß dies nicht durch eine Herabsetzung ihrer Rolle in Kirche und Welt geschehen kann, sondern im Gegenteil indem man die unvergebbare Würde und Schönheit der Frau und ihres Geheimnisses ins Licht hebt. Einer der Schlüssel für die Krise, in der sich heute Kirche und Welt umtreiben – und paradoxerweise die Kirche noch mehr als die Welt –, ist das schlichte Verkennen, gründlicher betrieben als je, dieses Geheimnisses. In der Tat erscheint es in der Bibel wie in der kirchlichen Tradition als das abschließende Mysterium der Schöpfung, insbesondere der durch die Menschwerdung Gottes losgekauf-

---

[4] Buytendijk, Die Frau (Bachem, Köln 1953).

ten, erlösten, vergöttlichten Schöpfung, in der Gott aus der Frau Fleisch angenommen hat.[5]

Joseph Ratzinger (*1927), Das Priestertum des Mannes – ein Verstoß gegen die Rechte der Frau?

L'Osservatore Romano, Nr. 13, 1. April 1977, S. 5 u. 8. Ital.: Il sacerdozio dell'uomo: Una offesa ai diritti della donna?, in: Congregazione per la dottrina della fede (ed.), Dall' »Inter insigniores« all' »ordinatio sacerdotalis«, Libreria editrice vaticana 1996, 150–158. Dt. in Gerhard Ludwig Müller (Hg.), Frauen in der Kirche. Eigensein und Mitverantwortung, Würzburg 1999, 267–274.

Gegenüber der Beschränkung des Presbyter- und Bischofsamtes auf den Mann, wie sie durch die Erklärung *Inter insigniores* (1976) als Aussage der gesamtkirchlichen Tradition herausgestellt wurde, erhebt sich heute vor allem auch der Einwand, hier liege ein Verstoß gegen die fundamentale Gleichheit in Recht und Würde zwischen Mann und Frau vor. Diese Gleichheit der Grundrechte für alle Menschen, die zuerst auf der Basis des christlichen Schöpfungsglaubens in den frühen Dokumenten der sich bildenden nordamerikanischen Welt zum Ausdruck kam[1], ist vom II. Vatikanischen Konzil ausdrücklich bestätigt worden: »Jede Form einer Diskriminierung in den gesellschaftlichen und kulturellen Grundrechten der Person, sei es wegen des Geschlechts oder der Rasse, der Farbe, der gesellschaftlichen Stellung, der Sprache oder der Religion, muß überwunden und beseitigt werden, da sie dem Plan Gottes widerspricht«[2]. Die Erklärung über das Priesteramt erwähnt diesen Text, aber steht sie nicht doch in stillem Widerspruch dazu?

Um darauf antworten zu können, müssen wir die in Frage stehenden Begriffe klären, d.h. es muß klargestellt werden, was ein Grundrecht ist und was das Priestertum ist; dann erst können wir feststellen, ob

[5] Trotz unzähligen, meist oberflächlichen Popularisierungen der Freudschen Geschlechterlehre trifft man doch auf sehr wenige theologische Werke, die dieser Frage ernsthaft nachgehen. Immerhin kann auf die gute Untersuchung von Derrick Sherwin Bailey, »The Man-Woman Relation in Christian Thought«, London 1959, hingewiesen werden.

* Text aus: L'Osservatore Romano, Nr. 13, 1. April 1977, S. 5 u. 8. Jetzt auch als Il sacerdozio dell'uomo: Una offesa ai diritti della donna?, in: *Congregazione per la dottrina della fede* (ed.), Dall' »Inter insigniores« all' »ordinatio sacerdotalis«, Libreria editrice vaticana 1996, 150–158.

[1] Vgl. W. *Wertenbruch*, Menschenrechte, in: RGG II[3], 869f.

[2] Gaudium et spes 29.

das Priestertum zu den Grundrechten gezählt werden kann, in denen eine Unterscheidung der Geschlechter »dem Plan Gottes widerspricht«. Ohne daß wir uns in die schwierigen Diskussionen um die Frage der Grundrechte verlieren müßten, können wir feststellen, daß es geschichtlich gesehen zwei Hauptformen gibt, in denen der Gedanke der Grundrechte hervortritt. Der angelsächsische Typus mit seiner christlichen Fundierung ist vorhin schon angeklungen. Sein Kerngedanke ließe sich etwa so kennzeichnen: Der Begriff des Grundrechts ist mit dem Schöpfungsgedanken untrennbar verknüpft. Denn nur die Schöpfung kann Ansprüche begründen, die jeder geschichtlichen Institution vorausliegen und sie im voraus binden. Grundrechte sind also zunächst einmal jene Ansprüche des menschlichen Wesens, die aus seiner Herkunft von der Schöpfung folgen; Grundrechte sind Schöpfungsrechte, eben daraus folgt ihre unbedingte Gleichheit und ihr strikter Anspruchscharakter für alles, was Menschenantlitz trägt. Mit der Menschenrechtserklärung der Französischen Revolution tritt demgegenüber ein neuer Typus von »Menschenrechten« in Erscheinung, der freilich erst im Lauf der Zeit seine volle Deutlichkeit gewonnen hat und heute immer mehr den christlich geformten Typus verdrängt. Danach erscheint Recht als reine Setzung des Menschen. Von seiner Einsicht in die zweckmäßigste Gestaltung des menschlichen Zusammenseins her entwirft er, was als Recht gelten soll. Hier wird vorausgesetzt, daß der Mensch, dem kein schöpferischer Wille vorausgeht, vollständig über die Wirklichkeit verfügt und sich im Maß des Erwachens seiner Vernunft der Aufgabe stellt, die rationalste und damit die optimale Gestaltung der Wirklichkeit zu suchen. Rechtssetzung ist dann ein Mittel rationaler Bewältigung der Welt; die menschliche Rationalität ist die Quelle des Rechts, das vom Mehrheitswillen geformt und laufend verbessert wird. Die Rationalität tritt hier der Autorität entgegen; weil hier durch die Mehrheit fortwährend über alle entschieden wird, ist es gerecht und notwendig, daß alle an dem Prozeß der Meinungsbildung und der Mehrheitsbildung gleichmäßig beteiligt werden. Zusammenfassend können wir sagen: Die Idee der Grundrechte folgt entweder aus dem Schöpfungsglauben oder aber aus der Vorstellung von der Machbarkeit der Welt und ihrer Funktionalität auf die menschliche Vernunft hin. Daß das Konzil nur den ersten Typus von Grundrechtsidee aufgegriffen und als kirchliche Lehre bestätigt hat, braucht nicht eigens gesagt zu werden; auch die unterschiedlichen Konsequenzen aus beiderlei Ansatz stehen in diesem Zusammenhang nicht zur Debatte. Wie sieht es aus, wenn wir diese Modelle auf die Frage des Priestertums anwenden? Nun, zunächst sollte klar sein, daß das christliche Priestertum nichts ist, was aus der Schöpfungsordnung als solcher unmittelbar folgt und dem Menschen als Menschen zuteil werden muß. Wenn man in einem weitläufigen Sinn von einem Schöpfungspriestertum sprechen will, dann eignet es gewiß auf je eigene Weise dem Mann und der Frau: In ihrer Zwei-Einheit sind sie berufen, einander Brücke zum Schöpfer zu werden. Als Menschen sind sie berufen, das Zeugnis der Schöpfung weiterzutragen und in jene Botschaft einzustimmen, die die ganze Schöpfung durchzieht: »Die Himmel verkünden die Herrlichkeit Gottes …« (Ps 19 [18], 2). Noch einmal anders ausgedrückt: Die Berufung des Menschen – Mann und Frau – ist es, die stumme Anbetung der Schöpfung zu vollenden und die Schöpfung so zurückzutragen zu ihrem Ursprung. Aber um all dieses geht es hier ja nicht, obgleich es sicher nicht unangebracht ist, diese urmenschliche Berufung zu erwähnen, die durch den christlichen Glauben nicht aufgehoben, sondern vertieft und konkretisiert wird. Halten wir also fest: Das christliche Priestertum folgt nicht aus der Schöpfung; es hat auch nichts mit irgendeiner Art von übernatürlicher Chancengleichheit des Menschen vor seinem ewigen Ziel zu tun; bekanntlich war Augustinus ja sogar der Meinung, daß das Priestertum mit seiner ungeheueren Verantwortung eher eine Heilsgefährdung als eine Heilserleichterung bedeute[3]. So muß sich bei dieser ersten Prüfung der Zusammenhänge der Verdacht aufdrängen, daß die Bemühung der Menschenrechte in Sachen Priestertum ein Verflachen des Sinnes für das »Übernatürliche«, für das Neue, Unableitbare und Besondere des Christlichen verrate.

Aber, so wird man einwenden, mit alledem ist doch der Sinn der Argumentation völlig verkannt. Wir denken gar nicht daran, Priestertum als Schöpfungsordnung zu reklamieren: Der Gleichheitssatz bezieht sich ja nicht bloß auf Wirklichkeiten, die jedem Menschen zugehören, sondern auf den Ausschluß von Benachteiligungen um des Geschlechtes willen, nicht mehr und nicht weniger. Tatsächlich wird die gleichmäßige Zuteilung des Priestertums an Mann und Frau gerade in reformatorischen Kreisen vertreten, denen gewiß eine Ableitung des priesterlichen Amtes aus der Schöpfung ganz ferne liegt. Bei solcher Argumentation wird unterstellt, daß das Priestertum eine der Berufschancen ist, die die Institution Kirche anbietet und die daher zu den Rechten zählt, die sie zu vergeben hat und nach Maßgabe des Gleichheitssatzes vergeben muß. Anders ausgedrückt: Das Priestertum erscheint als eine Einrichtung der Kirche, die sie nach den Gesichtspunkten der Zweckmäßigkeit und unter der Beachtung der Chancen-

---

[3] Vgl. die in Lumen gentium 32, zitierte bekannte Stelle *Sermo* 340, 1 (PL 38, 1483): »Ubi me terret quod vobis sum, ibi me consolatur quod vobiscum sum. Vobis enim sum episcopus, vobiscum sum christianus. Illud est nomen officii, hoc gratiae; illud periculi est, hoc salutis.«

gleichheit zu ordnen hat. Die Kirche selbst wird damit als ein funktionierender Apparat gesehen und ihr Verhältnis zum Recht aus der Perspektive des Rechtsbegriffs der Aufklärung gefaßt. Wenn es so stünde, d.h. wenn Priestertum eine von der Kirche zu vergebende und frei zu ordnende Chance wäre, dann würde der Chance in der Tat ein Recht entsprechen und die Sperrung des Priesteramts für die Frau wäre ein klarer Fall jener Benachteiligung »um des Geschlechtes willen«, die das Vaticanum II ausdrücklich bekämpfen wollte. Aber ist es eigentlich so? Damit sind wir jetzt von selbst bei der vorhin angemeldeten zweiten Frage angelangt, was denn Priestertum seinem Wesen nach sei. Darauf könnte man zunächst sehr einfach antworten: Es ist nach katholischer Glaubensüberlieferung (die hier vielleicht zum Teil reformatorischen Auffassungen widersprechen mag) ein Sakrament. Das bedeutet: Es ist nicht einfach ein Beruf in der eigenen Verfügung der »Institution« Kirche, sondern es steht ihr in einer eigentümlichen Entzogenheit und Vorgegebenheit gegenüber. Das Sakrament hat der Kirche gegenüber eine ähnliche Stellung wie die Schöpfungsrechte dem staatlichen Gesetzgeber gegenüber; es läßt so gerade das Eigentümliche und andere der »Institution« Kirche gegenüber säkularen Institutionen aller Art und aller Ebenen erkennbar werden. Es baut einerseits die »Institution« Kirche auf, so daß diese überhaupt nur vom Sakrament her »institutio«, eingesetzte Wirklichkeit sui generis, ist; es gehört andererseits nicht zur institutionellen Manövriermasse der Kirche, sondern setzt ihrer Selbstverfügung die Grenze, in der ihr grundlegender Auftrag die Treue zum Übergebenen sein muß. Der Konflikt um die Frage einer Neuformung der Zutrittsbedingungen zum priesterlichen Amt erweist sich hier letzten Endes als ein Streit zwischen funktionalistischer Rechtsauffassung und sakramentalem Verständnis der Kirche. Dabei können wir zunächst die Frage zurückstellen, ob der totale Sieg des Funktionalismus, der der Institution alle Rechte zuspielt und die planerische Rationalität als einzig bestimmenden Maßstab übrig läßt, letzten Endes als ein Sieg der Frau und ihrer Rechte ausgehen kann; darauf wird später zurückzukommen sein. Vorläufig ist einfach festzuhalten, daß die Kirche gar nicht beliebig über sich selbst verfügt und daß das Priestertum keine von ihr aus eigener Machtvollkommenheit zu vergebende Chance ist. Es ist überhaupt nicht unter den Begriffen einer Chance oder eines Rechts zu werten, sondern als eine Berufung anzusehen, auf die schlechthin niemand einen Rechtsanspruch hat und die auch nicht von der Kirche einfach gesetzt werden darf, obwohl sie ohne das aufnehmende Ja der Kirche nicht vollständig werden kann. In den Vorgang der Berufung gehört zwar der Ruf durch die Kirche mit hinein, aber der Ruf der Kirche kann nur aufbauen auf dem Ruf von Gott her, und er findet als einen der Maßstäbe dafür die vorgegebene Grundstruktur der sakramentalen Überlieferung selbst vor. Nun könnte man einwenden: Gut, die Kirche erfindet die Sakramente nicht, sondern findet sie vor. Aber sie hat doch einen erheblichen Spielraum der Gestaltung, und gerade der solle hier ausgenützt werden, denn nichts beweise, daß die Männlichkeit des Priestertums zu seiner unverlierbaren Substanz gehöre; alles aber spreche dafür, daß es sich hier um eine inzwischen überfällige Konzession an die Zeit von damals handle. Nun ist richtig, daß niemand sozusagen mit zwingender metaphysischer Notwendigkeit beweisen kann, daß es um das Sakrament nur gerade so und nicht anders stehe. Wer solches behauptet, übernimmt sich. Darauf weist ja auch die Erklärung *Inter insigniores* mit Recht hin (Nr. 5): Sie will nicht einen Beweis führen, aus dem folgt, daß es so sein müsse, sondern sie versucht, das zugegebenermaßen kontingente Faktum vom inneren Gefüge des Glaubens her als sinnvoll zu verstehen. Aber diese Kontingenz gehört zur Bauart des christlichen Glaubens überhaupt, der nun einmal auf einer Heilsgeschichte und damit auf Zufälligem gründet, das durchaus je auch anders denkbar wäre. Niemand kann beweisen, daß der Logos Gottes nur gerade in Palästina und nur eben in der Zeit des Kaisers Augustus Mensch werden durfte; natürlich wäre prinzipiell auch anderes denkbar und »möglich«. Niemand kann beweisen, daß das Christentum sich dann zuerst gerade nach Europa ausbreiten mußte usw. Der reformierte Theologe J.-J. von Allmen hat diesen Gedanken sehr schön in bezug auf die eucharistischen Elemente durchgeführt: Warum eigentlich soll die Kirche in aller Welt und für alle Zeit das Herrenmahl mit den typischen Speisen des Mittelmeerraums feiern? Die Antwort liegt darin, daß »die Initiative zum Abendmahl nicht von der Kirche stammt«, »da ja Christus selber es ist, der den Tisch ... deckt, und wenn er zu Tisch bittet, dann ist er es auch, der die Speisen wählen sollte ... Der ewige Sohn Gottes ist als Jesus von Nazaret gekommen, um allen Menschen ... das Heil zu bringen. Als er zu diesem Jude-Sein ›konvertierte‹ ..., rief er die Menschen auf ..., sich damit abzufinden, daß man ihn nicht erkennen ... kann, es sei denn in dieser weit vergangenen Zeit ... Weil man in gewissem Sinn nicht anders kann, als Jude zu werden, wenn man ein Christ wird, müssen diese Elemente ..., d.h. Brot und Wein, respektiert werden ...«[4]. Die Bindung gerade an diese Geschichte, die Bindung an Gottes konkreten Heilswillen, wie er in dieser Geschichte Gestalt annahm, gehört

---

[4] *J.-J. von Allmen*, Ökumene im Herrenmahl, Kassel 1968, 45f. Von Allmen bringt sich freilich zuletzt um die Frucht seiner Einsicht, wenn er doch wieder die Beliebigkeit in der einen oder anderen Weise zu begründen versucht.

grundlegend zum Wesen des Sakraments. In der Treue zum »Zufälligen« vollzieht sich die Bindung an das Notwendige von Gottes Handeln mit uns. Darin liegt auch die klare Grenze kirchlicher Gestaltung im Bereich der Sakramente, von der die Erklärung *Inter insigniores* sehr eindrucksvoll in Nr. 4 spricht. Die Kirche gestaltet, aber sie gestaltet das Vorgegebene. Letztlich kann nur sie selber zwischen Substanz und Veränderbarem unterscheiden, aber gerade in diesem Unterscheiden erfährt sie ihre Bindung. Im übrigen hat die erwähnte Erklärung überzeugend sichtbar gemacht, daß das Argument schlechthin unzutreffend ist, Israel, Christus und die Apostel hätten sich hier zeitgeschichtlichen Notwendigkeiten gebeugt (Nr. 2 und 3). L. Bouyer hat die Zusammenhänge noch eingehender dargestellt und in seiner drastischen Art zu der Behauptung eines zeitgeschichtlich begründeten Entscheids gesagt:»Man glaubt zu träumen, wenn man Menschen, die sich für aufgeklärt und für vorurteilslos halten, derlei Unmöglichkeiten von sich geben hört«[5].»Eine Argumentation dieser Art ist von einer einzigartigen Ungereimtheit«[6].

Halten wir also fest: Das Priestertum ist keine Chance, und darum entspricht ihm auch kein Recht. Es ist, theologisch gesehen, keine Privilegierung irgend jemandes, sondern als Sakrament Ausdruck der geschichtlichen Treue der Kirche zu ihrer Herkunft, die gerade in ihrer geschichtlichen »Zufallsgestalt« konkreter Ausdruck von Gottes Handeln an den Menschen ist. Wir müssen jedoch hinzufügen: Damit diese theologisch einwandfreien Aussagen faktisch überzeugen, muß auch das Priestertum in seiner empirischen Gestalt seiner theologischen Idee entsprechen und immer wieder von dem Anstrich der Privilegierung gereinigt werden, den es übrigens geschichtlich immer da am deutlichsten hinter sich gelassen hat, wo es rein gelebt wurde: in den Missionaren, in all den restlos für das Wort sich aufzehrenden und verbrauchenden Boten der göttlichen Liebe.

Vielleicht könnten wir uns mit dem Gesagten begnügen, aber der Sakramentsbegriff ist doch damit noch nicht ausgeschöpft. Das Sakrament ist seinem Wesen nach symbolische Repräsentation, Vergegenwärtigung verborgener Wirklichkeit in Symbolen. Erst damit wird sein Gegensatz zu einem aufklärerisch-funktionalistischen Weltbild vollends klar. Für die aufklärerische Vernunft ist alles Existierende grundsätzlich »Material«, das der Mensch zum »Funktionieren« bringt und als Funktion in seinen Dienst stellt. Die Gleichheit alles

---

[5] *L. Bouyer*, Mystère et ministère de la femme, Paris 1976, 12.
[6] Ebd., 21. Vgl. auch S. 23:»Mais, dans le cas présent, aussi bien, le massif ›consensus fidelium‹ (de plus de vingt siècles!) est appuyé sur une surabondance, en réalité, d'enseignement biblique et d'expérience spirituelle chrétienne qui ne peut échapper qu'a une vue myope des textes et des faits.«

Wirklichen beruht auf dessen totaler Funktionalität bzw. darauf, daß »Funktion« zur einzigen Kategorie des Denkens und des Handelns wird. Demgegenüber kennt das Sakrament vorgegebene Symbolstrukturen der Schöpfung, die eine unumkehrbare Aussage in sich enthalten. In dieses Verständnis der Wirklichkeit gehört auch die symbolische Stellung von Mann und Frau hinein, die beide Menschen gleichen Rechts und gleicher Würde, aber mit je einer anderen Aussage sind. Gerade dies kann der Funktionalismus nicht dulden, der für seine totale Machbarkeit auch die totale Egalität unterstellen muß, in der alles seine Bestimmung erst vom machenden Menschen selbst her empfängt. L. Bouyer hat zu Recht darauf hingewiesen, daß diese Art von uniformierender Egalität in Wirklichkeit die Alleinherrschaft der männlichen Form einschließt und die Gleichheit durch die Negation der Frau herstellt[7]. Bezeichnend ist, daß die beiden Prädikate, in denen sich die besondere Weise und Würde fraulichen Seins unumkehrbar ausdrückt – Jungfräulichkeit und Mutterschaft – heute in einer beispiellosen Weise diffamiert und dem Gelächter preisgegeben werden. Anders gesagt: Die zwei Grundweisen menschlichen Seins, in denen die Frau auf eine nur ihr so verliehene Art die Höhe des Menschseins darstellt, sind zu verbotenen Begriffen geworden, und wer sie positiv ins Spiel bringt, ist damit von vornherein als Obskurant verdächtig. Das bedeutet, daß in dieser Form von Egalitätsidee letztlich das Besondere des Frauseins verboten ist und daß darin eine Maskulinisierung beispiellosen Ausmaßes vorliegt, in deren Mitte man unschwer einen manichäischen Zug entdecken kann: Der Mensch schämt sich des Geschlechtlichen, seines Mann- und Frauseins, das sich der völligen rationalen Planbarkeit und Gestaltbarkeit entzieht und ihn an seine schöpfungsmäßige Herkünftigkeit bindet. Das Geschlechtliche wird deshalb bewußt ins bloß Biologische abgedrängt, und dies wiederum wird als nicht eigentlich zur Humanität (die »Rationalität« heißt) gehörend behandelt: Das libertinistische Geschäft mit dem Leib ist im tiefsten eine manichäische Verspottung der biologischen Verwurzelung des Menschen, die aus dem Humanum ausgeklammert werden soll. Diese manichäische Hybris des Geistes geht zuerst auf Kosten der Frau: Die Inkarnation des Geistes, die das Besondere des Humanum, das kennzeichnend Eigene gerade dieses Gottesgeschöpfes Mensch, ausmacht – diese Inkarnation des Geistes tritt in ihr radikaler und unüberspringbarer in Erscheinung als im Mann. Er kann die Vaterschaft leichter in ein biologisches Nebenbei abdrängen als dies mit der Mutterschaft möglich ist; er vermag sich leichter in die fiktive Emanzipation der macherischen Rationalität aus

[7] Ebd., 23–27.

dem vorgegebenen Lebensgefüge der Schöpfung zu flüchten, als dies bei der Frau sein kann. Die manichäische Hybris, um die es mithin in alledem geht, ist als Zerreißung des Humanen, als Leugnung des Geschöpfes Mensch vor allem die Leugnung des Frauseins der Frau. Hinter der Maske der Emanzipation, der endlich hergestellten Gleichberechtigung, verbirgt sich die totale Assimilation und die Bestreitung des Rechts, eine Frau und gerade so auf höchste Weise ein Mensch zu sein[8]. Natürlich ist damit nicht bestritten, daß es wirkliche Benachteiligung und daß es einen berechtigten Kampf um Chancengleichheit gibt; das Bedrohliche liegt darin, daß das Berechtigte so leicht zum Vehikel für das Zerstörerisch-Unwahre dienen kann. Was aber hat dies alles mit unserem Thema zu tun? Es wäre zu simpel, wollte man die Frage des Priestertums der Frau direkt mit solchen Gefahren behaften. Nicht darum geht es. Wichtig ist vielmehr das Gegenüber von Funktionalität und symbolischer Repräsentation als Grenze der Funktionalität. Und soviel sollte freilich aus dem bisher Gesagten deutlich geworden sein: Die Verteidigung der symbolischen Repräsentation, die dem Entscheid der Glaubenskongregation zugrunde liegt, ist die gerade heute gebotene Verteidigung der Frau und darin die Verteidigung des Menschen als Menschen gegenüber dem technokratischen Totalitätsanspruch und seiner Schöpfungsverachtung. Dem ersten Anschein zum Trotz geht es hier genau um das Recht der Frau, sie selber zu sein, nicht in einer fragwürdigen Egalisierung, die das Sakrament als Karriere deutet und es damit zu einem Linsenmus umwandelt, das einzuhandeln nicht lohnt. Freilich müssen wir noch einmal hinzufügen, daß die schönsten Einsichten unglaubwürdig bleiben, ja unwahr werden, wenn ihnen die Tatsachen des kirchlichen Lebens nicht entsprechen – wenn Priestertum tatsächlich zur Karriere wird und wenn der Dienst der Frau nicht seinen eigenen Raum, seine eigene Größe und Würde in der Kirche findet. Darin liegt die wichtige Aufgabe, die die Erklärung *Inter insigniores* der Kirche von heute stellt.

**

Dem Papst – der im Zusammenhang von Ordinatio sacerdotalis (1994) noch einmal auf die Erklärung *Inter Insigniores* zurückkommt – ist die Notwendigkeit sehr gegenwärtig, jede Diskriminierung der Frau auszuschließen. Er weist daher mit Nachdruck auf die Würde

---

[8] Vgl. *Bouyer* (Anm. 5). Vgl. auch den wichtigen Beitrag des Wiener Pädiaters *H. Asperger*, Kind und Familie. Moderne Modelle, in: IKaZ 2 (1973) 178–185.
** Text aus: IKaZ 23 (1994) 343–345.

Marias – Mutter Gottes und Mutter der Kirche – hin: Daß sie mit dieser höchsten einer Kreatur möglichen Würde nicht auch die spezifische Sendung der Apostel und das priesterliche Amt empfangen hat, zeigt deutlich, daß die Nichtberufung der Frau zum priesterlichen Dienst in keiner Weise auf einer geringeren Würde der Frau beruht und keine Diskriminierung für sie einschließen kann (OS Nr. 2). Damit diese Aussage glaubhaft wird, ist freilich eine weitere Klarstellung über das Wesen des priesterlichen Dienstes nötig. In der gegenwärtigen Diskussion um die Frauenordination wird ganz selbstverständlich das Priestertum als decisionmaking-power – als Teilhabe an der Entscheidungsmacht, als Machtposition also – verstanden. Wenn das sein Wesen wäre, dann wäre allerdings schwer zu verstehen, wieso der Ausschluß der Frauen aus dem decision-making und damit aus der »Macht« in der Kirche keine Diskriminierung darstellen soll. Nun haben wir vorhin gesehen, daß die eigentliche Aufgabe des Papstes in der Kirche ist, Garant des Gehorsams gegenüber dem nicht zu manipulierenden Wort Gottes zu sein. Das Gleiche gilt auf je verschiedenen Ebenen für Bischöfe und Priester. Wenn zum Beispiel in den einzelnen Räten dem Priester in Sachen von Glauben und Sitte ein Vetorecht eingeräumt ist, so geht es dabei nicht darum, hierarchische Prärogativen dem Mehrheitswillen gegenüber festzuhalten (von der Frage ganz abgesehen, wie solche Mehrheiten zustandekommen und wen sie eigentlich repräsentieren); es geht vielmehr darum, den Punkt zu markieren, an dem Mehrheitswille endet und Gehorsam beginnt – Gehorsam gegenüber der Wahrheit, die nicht Produkt von Abstimmungen sein kann. Wer das Neue Testament aufmerksam liest, wird nirgendwo den Priester als decision–maker beschrieben finden. Eine solche Sicht kann überhaupt nur in einer rein funktionalen Gesellschaft entstehen, in der alles von uns selbst festgelegt wird. Der Priester ist in neutestamentlicher Sicht zu verstehen vom gekreuzigten Christus her, vom fußwaschenden Christus her, von dem predigenden Christus her, der sagt: Meine Lehre ist nicht meine Lehre. Die Hineinnahme ins Sakrament ist Selbstenteignung für den Dienst Jesu Christi. Wo Priestertum recht gelebt wird, wird dies auch offenkundig, und der Konkurrenzgedanke löst sich von selber auf: Bei den großen heiligen Priestern von Polykarp von Smyrna bis zum Pfarrer von Ars und bis zu den charismatischen Priestergestalten unseres Jahrhunderts ist dies ganz offenkundig. Die Logik weltlicher Machtstrukturen reicht eben nicht aus, um das Priestertum zu verstehen, das ein Sakrament ist und nicht eine soziale Organisationsform. Man kann es nicht unter den Maßstäben der Funktionalität, der Entscheidungsmacht und der Zweckmäßigkeit begreifen, sondern allein von dem christologischen Maßstab her, der ihm sein Wesen als »Sakrament« gibt – als Enteignung der eigenen Macht in den Gehorsam Jesu hinein.

Freilich ist hier eine Gewissenserforschung unumgänglich. Leider gibt es nicht nur die heiligen Priester, sondern auch gelebtes Mißverständnis, in dem tatsächlich Priestertum auf »decision–making« und auf »power« reduziert erscheint. Hier entsteht für die Erziehung zum Priestertum und für die geistliche Führung im Priestertum eine Aufgabe von großer Veranwortung: Wo das Leben das Wort des Glaubens nicht einlöst, sondern entstellt, kann die Botschaft nicht verständlich sein.

Ich möchte in diesem Zusammenhang an einige Papstworte erinnern, die das Gesagte unterstreichen. Paul VI. formuliert so: »Wir können das Handeln des Herrn nicht verändern noch auch den Ruf, den er an die Frauen gerichtet hat. Wohl aber müssen wir die Aufgabe der Frau in der Sendung der Evangeliumsverkündigung und für das Leben der christlichen Gemeinschaft erkennen und fördern«[9]. Johannes Paul II. fährt auf derselben Linie weiter, wenn er sagt: »Es ist unbedingt notwendig, von der theoretischen Anerkennung der aktiven und verantwortlichen Präsenz der Frau in der Kirche zur praktischen Verwirklichung zu kommen«[10]. Bei der Interpretation des päpstlichen Dokuments »Ordinatio sacerdotalis« wird man auf die nachdrückliche Anerkennung der Würde von Mann und Frau in der Ordnung der Heiligkeit den Finger legen müssen; alles andere in der Kirche ist nur dienende Stütze, damit Heiligkeit sei. Sie ist das gemeinsame Ziel aller Menschen; vor Gott zählt letztlich nur die Heiligkeit. Mit der gleichen menschlichen Würde der Geschlechter wird man aber immer auch ihre je spezifische Sendung sehen und sich jedem neuen Manichäismus entgegenstellen müssen, der den Leib ins Belanglose, ins »bloß Biologische« heruntergedrückt und damit der Geschlechtlichkeit ihre menschliche Würde, ihre spezifische Schönheit nimmt und bloß noch ein abstraktes geschlechtsloses Menschenwesen wahrnehmen kann.

Nur noch ein kurzes Wort zur ökumenischen Frage. Im Ernst wird niemand behaupten können, dies neue Dokument stelle ein Hindernis für das ökumenische Weiterkommen dar. Es drückt den Gehorsam der Kirche gegenüber dem in der Überlieferung gelebten biblischen Wort aus; es ist gerade eine Selbstbeschränkung kirchlicher Autorität. Es verbürgt damit die ungebrochene Gemeinschaft mit den Kirchen des Ostens im Verständnis des Gotteswortes wie im Sakrament, das

---

[9] *Paul VI.*, Rede an das Komitee für das internationale Jahr der Frau, 18. April 1975, in: AAS 67 (1975), S. 266.

[10] *Johannes Paul II.*, Christifideles laici. Über die Berufung und Sendung der Laien in Kirche und Welt, 1988, Nr. 51.

die Kirche baut. Ein neuer Streitpunkt gegenüber den aus der Reformation hervorgegangenen Gemeinschaften wird damit nicht aufgebaut, denn die Frage, was Priestertum sei, ob Sakrament oder letztlich von der Gemeinde selbst zu regelnder Dienst an ihrer Ordnung, gehörte von Anfang an zu den Streitpunkten, die zu dem Auseinanderbrechen im 16. Jahrhundert geführt haben. Daß die katholische Kirche (wie die orthodoxen Kirchen) zu ihrer Glaubensüberzeugung steht, die sie als Gehorsam dem Herrn gegenüber ansieht, kann niemanden verwundern, niemanden verletzen. Im Gegenteil, dies wird Anlaß sein, noch sorgsamer gemeinsam die bedrängenden Grundfragen zu bedenken: das Verhältnis von Schrift und Überlieferung, die sakramentale Struktur der Kirche selbst und den sakramentalen Charakter des priesterlichen Amtes. Klarheit in der Aussage und gemeinsamer Wille zum Gehorsam gegenüber dem Wort Gottes sind die Grundlagen des Dialogs. Es ist kein neuer Gegensatz entstanden, wohl aber eine verstärkte Herausforderung, den bestehenden Spalt von seiner Tiefe her zu bedenken und im Hinschauen auf den Herrn weiter und vermehrt um den Weg zur Einheit zu suchen.

Aimé-Georges Martimort, Der Wert der theologischen Formel »in der Person Christi«

Die Sendung der Frau in der Kirche. Die Erklärung »Inter Insigniores« der Kongregation für die Glaubenslehre mit Kommentar und theologischen Studien, hg. von der deutschsprachigen Redaktion des »Osservatore Romano«, Kevelaer 1978, 58–64.

In unseren Tagen macht sich in manchen Kreisen die Tendenz bemerkbar, darauf zu bestehen, daß der Priester bei der Meßfeier im Namen der versammelten Menge und ebenso im Namen der gesamten Kirche spricht. Es handelt sich dabei um eine sehr richtige und überkommene Aussage, die wir schon beim hl. Thomas von Aquin finden: »In den Gebeten während der Messe spricht der Priester in *persona Ecclesiae* (in der Person der Kirche), indem er die Stelle der Kirche einnimmt«[1]. Diese Aussage verlangt jedoch eine entsprechende Erklärung: denn nicht weil er von seiner Gemeinde zu ihrem Wortführer erwählt worden wäre, spricht der Priester in ihrem Namen; und andererseits geht das von ihm gesprochene Gebet bei weitem über den engen Kreis der Versammlung hinaus, deren Vorsitz er hier führt. Der hl. Thomas erläutert

---

[1] *Summ. theol.* III, quaest. 82, art. 7, ad 3um: »Während der Messe, genauer, während der Gebete, spricht der Priester *in persona Ecclesiae* (in der Person der Kirche), auf deren Einheit er sich stützt.«

es genauer: »Die ganze Kirche vertreten kann nur der, der die Eucharistie konsekriert, das Sakrament der universalen Kirche«[2]. Und Pius XII. hielt es für angebracht, in seiner Enzyklika *Mediator Dei* daran zu erinnern: »Der Priester handelt nur deshalb stellvertretend für das Volk, weil er die Rolle unseres Herrn Jesus Christus vertritt, der das Haupt aller seiner Glieder ist, sich selbst für sie hingibt ...«[3].

Man braucht sich deshalb also nicht zu wundern, wenn in den Texten des Zweiten Vatikanischen Konzils häufig die Formel *in der Person Christi* gebraucht wird, um die besondere Weise der Priesterhandlung zu charakterisieren.

A) So lesen wir vor allem in der Liturgiekonstitution *Sacrosanctum Concilium:* »... die Gebete, die der Priester, *in der Rolle der Person Christi* an der Spitze der Gemeinde stehend, an Gott richtet ...«[4].

B) In der Konstitution über die Kirche, *Lumen gentium,* bietet das Konzil, um das Amtspriestertum der Bischöfe und Priester vom allgemeinen Priestertum der Gläubigen zu unterscheiden, folgende Definition: »Der Amtspriester nämlich bildet kraft seiner heiligen Gewalt, die er innehat, das priesterliche Volk heran und leitet es; er vollzieht *in der Person Christi* das eucharistische Opfer und bringt es im Namen des ganzen Volkes Gott dar«[5]. Einige Seiten weiter kommt dieselbe Konstitution im Zusammenhang mit den Priestern wieder auf diese Formel zu sprechen, wobei übrigens eine neue Perspektive hinzugefügt wird, auf die wir später noch zurückkommen: »Die Priester sind kraft des Weihesakramentes nach dem Bilde Christi, des höchsten und ewigen Priesters, zur Verkündigung der Frohbotschaft, zum Hirtendienst an den Gläubigen und zur Feier des Gottesdienstes geweiht und so wirkliche Priester des Neuen Bundes. Auf der Stufe ihres Dienstamtes haben sie Anteil am Amt des einzigen Mittlers Christus und verkünden allen das Wort Gottes. Am meisten üben sie ihr heiliges Amt in der eucharistischen Feier oder Versammlung aus, wobei sie *in der Person Christi* handeln und sein Mysterium verkünden, die Gebete der Gläubigen mit dem Opfer ihres Hauptes vereinigen und das einzige Opfer des Neuen Bundes, das Opfer Christi nämlich, der sich ein für allemal dem Vater als unbefleckte Gabe dargebracht hat, im Meßopfer bis zur Wiederkunft des Herrn vergegenwärtigen und zuwenden«[6].

C) Im Dekret *Presbyterorum ordinis* schließlich kann man eine etwas weiter entwickelte Formulierung lesen: »... Dieses (Sakrament der

---

[2] *In IV Sent.,* 24, 2, 2.
[3] Pius XII., Enzyklika *Mediator Dei, AAS* 39, 1947, S. 553.
[4] *Sacrosanctum Concilium,* Nr. 33.
[5] *Lumen gentium,* Nr. 10.
[6] *Ebd.,* Nr. 28.

Priesterweihe) zeichnet die Priester durch die Salbung des Heiligen Geistes mit einem besonderen Prägemal und macht sie auf diese Weise dem Priester Christus gleichförmig, so daß sie in der Person des Hauptes Christus – *in persona Christi Capitis* – handeln können«[7]. Denselben Gedanken, wenn auch nicht mit denselben Worten, finden wir übrigens noch mehrmals in diesem Dekret:»Die Priester üben entsprechend ihrem Anteil an der Vollmacht das Amt – *munus* – Christi, des Hauptes und Hirten, aus ...«[8].»Das Weihesakrament macht die Priester Christus, dem Priester, gleichförmig. Denn sie sind Diener des Hauptes zur vollkommenen Auferbauung seines ganzen Leibes, der Kirche, und Mitarbeiter des Bischofsstandes«[9].

Wir haben absichtlich den lateinischen Ausdruck *in persona Christi* beibehalten. Manchen Übersetzern der Konzilstexte ist es hingegen entgangen, daß es sich um einen von der theologischen Überlieferung sanktionierten»Fachausdruck« handelte, und sie haben den genauen Sinn daher mißverstanden[10]. Die häufige Verwendung dieses Ausdrucks durch das Konzil beweist aber, welche Bedeutung ihm dieses für das Verständnis des besonderen Wesens des Amtspriestertums zuschreibt. Es wird daher nützlich sein, den Ursprung dieser Formel in Erinnerung zu rufen und so ihre Bedeutung zu ergründen[11]. Es war vor allem der hl. Thomas, der diese Formulierung, die in seinen Werken häufig vorkommt, zu einer klassischen Formel gemacht hat. Mehrmals stellt er dabei einen Bezug zu einem Abschnitt aus dem 2. Korintherbrief her, der von ihm freilich nach dem Text der Vulgata zitiert wird:»Denn auch ich habe, wenn hier etwas zu verzeihen war, *in persona Christi* – so schreibt Thomas –»um euretwillen verziehen« *(2 Kor* 2,10)[12]. Seine Interpretation der Stelle ist allerdings nicht exakt: Im Griechischen heißt es soviel wie»in der Anwesenheit Christi«,»im Angesicht Christi«,»vor Christus«. Doch um seine Vorliebe für diese Formel zu bekunden, kann der Doctor Angelicus noch eine weitere Stelle aus demselben Brief anführen:»Wir sind Gesandte an Christi Statt, und Gott ist es, der durch uns mahnt« *(2 Kor* 5,20)[13]. Diesmal

---

[7] *Presbyterorum ordinis*, Nr. 2.

[8] *Ebd.*, Nr. 6. Diese Formel lesen wir bereits in *Lumen gentium*, Nr. 28.

[9] *Presbyterorum ordinis*, Nr. 12.

[10] So lautet z. B. die Übersetzung in der französischen Ausgabe der Konzilstexte (Paris, Ed. Centurion, 1967) auf Seite 397f.:»*au nom du Christ tête en personne*«.

[11] Es ist bedauerlich, daß B. D. Marliangeas seine Arbeit zu diesem Thema nicht veröffentlicht, von der wir nur einen kurzen Auszug in dem Sammelwerk *La liturgie après Vatican II* (Paris, Ed. du Cerf, 1967) finden.

[12] Wir haben in der *Summa theologica* viermal diese Erklärung, ausgehend von *2 Kor* 2,10 gelesen: IIa IIae, 88, 12 corp.; IIIa, 8, 6 corp.; 22, 4 corp.; 64, 2, obj. 3. Sie findet sich ebenso in der *Expositio super 2 Cor.*, 2, 2, ed. Parmae 13, S. 309.

[13] *Summ. theol.*, III, 8, 6 corp.

handelt es sich nicht mehr um eine ungenaue Leseart und auch nicht um eine Anpassung. Der Apostel, der die Korinther ermahnt, »sich mit Gott versöhnen zu lassen«, bekräftigt mit allem Nachdruck: »Christus hat uns den Dienst der Versöhnung aufgetragen. Denn Gott war in Christus, als er durch ihn die Welt mit sich versöhnte...; und durch uns hat er das Wort von der Versöhnung eingesetzt« *(2 Kor 5,18–19)*. Und nun wird auch die von uns oben angeführte Schlußfolgerung deutlicher: »Wir sind also Gesandte *an Christi Statt,* und Gott ist es, der durch uns mahnt.« Kurz, das Wort des Apostels wiederholt das Wort Gottes oder, besser, Gott spricht durch den Mund des Apostels das Wort der Versöhnung aus.

Im Rahmen dieser paulinischen Sicht bedeutet die Formel *in persona Christi* vor allem, daß die Bischöfe als Nachfolger der Apostel und die Priester als ihre Mitarbeiter Gesandte Christi sind und in seinem Namen sprechen. In diesem Sinn sagt der hl. Thomas auch *ex persona* und nimmt damit einen Ausdruck wieder auf, den er ebenso in der Vulgata, und zwar im Zusammenhang mit den von Jiftach zum König der Ammoniter geschickten Boten, fand *(Ri 11,12 : ex persona sua).* Nun beschränkt sich aber die Funktion der Diener Christi nicht auf das Wort, das im übrigen von sich aus wirkt. Sie handeln im Namen Christi, entfalten seine Rolle, nehmen seine Stelle ein, und das nicht nur, wenn sie im eigentlichen Sinn das sakramentale Amt ausüben, sondern in ihrer Gesamttätigkeit innerhalb der Kirche: »Der Leiter der Kirche – so betont der hl. Thomas – vertritt Gott..., *in persona Dei,* in der Person Gottes bestimmt er, was ihn gut dünkt«[14]. »Christus ist aufgrund seiner persönlichen Macht und Autorität das Haupt der Kirche; die anderen hingegen werden als Häupter bezeichnet, insofern sie Christus vertreten«[15].

«*In der Person Christi* handeln« bedeutet also das gleiche wie »*an Stelle Christi* handeln«, und auch diese Formel finden wir in dem Konzilsdekret *Presbyterorum ordinis*[16]. Man braucht kaum hervorzuheben, wie genau sie der Überlieferung entspricht. Man kann sie bereits beim hl. Cyprian lesen, und zwar in Zusammenhang mit der Eucharistiefeier, die sich genau an ihre Einsetzung durch Christus halten muß: »Wenn nämlich Jesus Christus, unser Herr und Gott, selbst der Hohepriester Gottvaters ist, wenn er sich selbst im Opfer dem Vater hingab; wenn er gebot, dieses Opfer zu seinem Gedächtnis zu feiern, dann ist es ganz offenkundig, daß der Priester, der das nachahmt, was Christus getan hat, Christus vertritt: er bringt in der Kirche Gott ein

---

[14] *Summ. theol.,* II II, 88, 12 corp.
[15] *Summ. theol.,* III, 8, 6 corp.
[16] *Presbyterorum ordinis,* Nr.12 und 13.

wahres und vollkommenes Opfer dar, wenn er es ihm auf dieselbe Weise darbringt, wie Christus selbst es dargebracht hat«[17]. Bereits der hl. Ignatius von Antiochien, der die heiligen Diener der Verehrung der Gläubigen empfehlen wollte, stellte sie als Männer hin, die den Platz des Herrn einnahmen. Man muß jedoch beachten, daß seine »Typologie« recht vage ist und sich dieser unbestimmte Charakter auf die bis zum Ende des 4. Jahrhunderts im Orient entstandenen Traktate über die Kirchenordnung niedergeschlagen hat: »Sorgt dafür, alle Dinge in heiliger Eintracht auszuführen, unter dem Vorsitz des Bischofs, der die Stelle Gottes einnimmt, und der Priester, die den Platz der Apostelversammlung innehaben ...«[18]. Dafür wird der hl. Johannes Chrysostomos seiner Lehre eine solidere Basis geben, wenn er sich auf den 2. Korintherbrief stützt[19]. Ein in der Mitte des 11. Jahrhunderts verfaßter Kommentar zur byzantinischen Liturgie, die sogenannte *Protheoria,* nimmt schließlich in überraschender Weise die Formulierung des hl. Thomas von Aquin vorweg. Die hier verwendete Formel verdient es, zitiert zu werden:»Wenn jemand fragt, wie es möglich sei, daß die heutigen Bischöfe und Priester Vermittler dieser heiligen Geschehnisse sind, so soll er wissen, daß dies den Trägern dieser Würde nicht unmöglich ist, weil sie die ›Person Christi‹, des Hohenpriesters, an sich tragen«[20].

»Die Person an sich tragen« ist jedenfalls gleichbedeutend mit »das Amt Christi ausüben«. Zum besseren Verständnis eines solchen Ausdrucks muß aber daran erinnert werden, daß er eine klare Anspielung auf die Theatermaske enthält, mit deren Hilfe der Schauspieler in die Gestalt der Personen schlüpfte, deren Rolle er spielen sollte. Wenn das aber so ist, wird dann nicht vielleicht von der ursprünglichen Bedeutung des lateinischen Wortes *persona* dieselbe Vorstellung suggeriert? Es gilt also, die Analyse unserer Formel *in persona Christi* noch weiter zu vertiefen.

In den bereits zitierten Konzilstexten sowie übrigens auch in der *Summa Theologica* ist es vor allem die Funktion des Priesters bei der Feier der heiligen Eucharistie, von der gesagt wird, daß sie *in persona*

[17] Cyprianus, *Epist.* 63, 14; ed. Hartel (CSEL 3), S. 713.

[18] Ignatius von Antiochien, *Ad Magn.* 6, 1 (SC 10, S. 98). Ebenso in *Ad. Trall.* 2, 1–3, 1: »Ihr untersteht dem Bischof wie Jesus Christus..., dem Priester wie den Aposteln Jesu Christi... Alle sollen die Diakone achten wie Jesus Christus sowie auch den Bischof, der das Bild des Vaters ist, und die Priester als den Senat Gottes und als Apostelversammlung...« (SC 10, S. 112–113).

[19] Johannes Chrysostomos, *Homil. In 2 Cor.,* 5,20: PG 61, 477–78.

[20] Zu diesem Text und seiner doppelten Fassung: R. Bornert, *Les commentaires byzantins de la divine liturgie du VIIème au XVème siècle,* Paris 1966 (Archives de l'Orient chrétien 9), S. 187. Bei der Kommentierung der anaphorischen Priestergebete wiederholt der Autor mehrmals, das Gebet werde »*in der Person des Herrn* gesprochen«.

Christi ausgeführt werde. Ohne die anderen Tätigkeiten des Priesteramtes ausschließen zu wollen, ist es vor allem sie, die gleichsam als Test auf die Wahrheit der Verbindung des Priesters mit Christus im höchsten Sinne des Wortes angesehen wird.

In der Tat haben die griechischen und lateinischen Kommentatoren den ganz einzigartigen Charakter des Sakraments der Eucharistie hervorgehoben. Während die Worte des Priesters beim Vollzug der anderen Sakramente entweder Invokationen: »Sende, o Herr, deinen Geist ...« oder Aussagen sind: »Das Kind wird getauft« oder »Johannes, ich taufe dich... « verfährt der Priester bei der Konsekration der Eucharistie in historisch-erzählender Form, das heißt, er erzählt eine Geschichte, die zugleich Handlung ist, da er sie durch Wiederholung eben der Handlungen ergänzt, die Christus vollzogen hat: das Brechen des Brotes und die Austeilung der Kommunion[21]. Im Kontext dieser Erzählung verkündet der zelebrierende Priester eben die Worte Christi, und zwar spricht er sie in der ersten Person an: »Das ist mein Leib... das ist mein Blut.« Das unterstrich schon der hl. Ambrosius in seiner katechetischen Unterweisung der Neugetauften: »Alles, was vorher gesagt wird, wird vom Priester gesagt...; aber in dem Augenblick, wo er sich anschickt, das verehrungswürdige Sakrament zu feiern, bedient sich der Priester nicht mehr seiner eigenen Worte, sondern er macht Gebrauch von den Worten Christi: es ist daher das Wort Christi, das dieses Sakrament hervorbringt«[22].

Was die später von den Orientalen aufgeworfenen theologischen Diskussionen über die »Epiklese« angeht, so bestanden für die Tradition des Westens hier niemals irgendwelche Zweifel: der Priester verkündet die Worte Christi, und er verkündet sie mit derselben Wirksamkeit wie Christus. Seine Person ist gleichsam ausgelöscht vor der Person Christi, den er vertritt und dessen Stimme er ist. Vertretung und Stimme wirken das, was sie bedeuten. *In persona Christi* nimmt hier somit eine äußerst realistische Bedeutung an, wofür das christliche Denken verschiedene Erklärungen gefunden hat.

Vor allem hat es als unmittelbare Folge daraus abgeleitet, daß der Priester das Bild Christi ist. Das finden wir in einem bereits oben zitierten Abschnitt von *Lumen gentium*[23] wieder. Es handelt sich dabei um

---

[21] Man sollte die Schlußfolgerung des hl. Thomas im Zusammenhang mit der Austeilung der Kommunion beachten, *Summ. theol.*, III, 82, 3 corp.: »... Dem Priester obliegt die Austeilung des Leibes Christi..., weil er sie, wie gesagt wurde, *in persona Christi* konsekrierte. Christus selbst gab, als er beim letzten Abendmahl seinen Leib konsekrierte, auch den anderen zu essen. Deshalb obliegt dem Priester so wie die Konsekration des Leibes Christi auch seine Austeilung.«

[22] Ambrosius, *De Sacramentis*, IV, 14: SC 25*bis*, S. 108–111.

[23] *Lumen gentium*, Nr. 28: »Kraft des Weihesakramentes ... sind sie nach dem Bilde Christi geweiht.«

eine überlieferte Aussage, wofür der Hinweis auf einige Zeugnisse genügen soll. Zum Beispiel auf Narsai von Nisibis aus der Mitte des 5. Jahrhunderts, der in seiner XVII. Homilie zur Erklärung der Messe bei der Beschreibung des Einzugsritus ausrief:»Der Priester, der zur Feier dieses Opfers auserwählt ist, trägt in diesem Augenblick das Bild unseres Herrn an sich[24]. Am Beginn des 9. Jhs. erklärt der hl. Theodor Studita in seiner Polemik gegen die Bilderstürmer die Tatsache, daß der Priester für das Kreuzzeichen bei der Taufe keine Christusikone benötigte, mit den Worten:»Der Priester, der zwischen Gott und den Menschen steht, ist ein Abbild – griechisch *mimema* – Christi bei den priesterlichen Anrufungen...; da er selber ein Bild Christi ist, ahmt der Priester es natürlich nicht nach, indem er ein anderes Bild benutzt...«[25]. Man wird feststellen, daß Theodor Studita hier im Zusammenhang mit der Taufe vom Priester als Bild oder Abbild Christi spricht: Angefangen von der Eucharistie, kennzeichnet ihn diese Ähnlichkeit für seinen ganzen liturgischen Dienst. Entdeckt und erfaßt werden muß diese Ähnlichkeit aber vor allem in der Eucharistie. In diesem Sinn verwendet der hl. Thomas eine besonders wirkungsvolle Formulierung. Als er auf die Frage antworten soll:»Wird in diesem Sakrament Christus geopfert?«, entgegnet er mit dem Einwand:»Bei der Opferung Christi ist dieselbe Person Priester und Opfer, aber bei der Feier dieses Sakraments ist es nicht dieselbe Person, die Priester und Opfer ist«. Und er beschließt das Gesagte, indem er vor allem daran erinnert, daß»die Feier dieses Sakramentes repräsentatives Bild der Passion Christi ist« und daß aus demselben Grund auch der Priester das Bild Christi ist:»Auch der Priester ist Träger des Bildes Christi, in dessen Person und durch dessen Kraft er die Wandlungsworte spricht«[26].

Es ist nicht allein das Bild Christi, sondern auch seine Gegenwärtigkeit. Das Zweite Vatikanische Konzil hat in der Konstitution *Sacrosanctum Concilium* einen Satz der Enzyklika *Mediator Dei* wieder aufgegriffen:»(Christus) ist gegenwärtig im Opfer der Messe sowohl in der Person dessen, der den priesterlichen Dienst vollzieht – denn ›derselbe bringt das Opfer jetzt dar durch den Dienst der Priester, der sich einst am Kreuz selbst dargebracht hat‹ –, wie vor allem unter den eucharistischen Gestalten«[27].

[24] *The liturgical homilies of Narsai,* ed. R.H. Connolly, Cambridge 1909 (Text and studies, VIII, 1), S. 4 (ed. A. Mingana, Bd. 1, S. 273).
[25] Theodor Studita, *Adversus Iconomachos,* 4: PG 99, 593. Vgl. ders., *Epist.,* Lib. 1, 11: »Der Bischof ist ein Abbild *(mimêma)* Christi, nach welchem die, die ihm nachfolgen, gemäß dem Evangelium ihr Leben gestalten...« *(PG 99, 945 D).*
[26] *Summ. theol.,* III, 83, 1, ad 3um. Vgl. *In IV Sent.* 8, 3, ad 9um.
[27] *Sacrosanctum Concilium,* Nr. 7 (das Zitat stammt vom Konzil von Trient, 22. Sitzung, *De SS. Sacrificio missae,* cap. 2). Pius XII., *Mediator Dei; AAS* 39, 1947, S. 528.

Das fordert uns zu einem Verständnis des Sakramentes der Priesterweihe gemäß den allgemeinen Gesetzen der christlichen Sakramen-
tenlehre auf. Der hl. Thomas hat vor allem und mit Nachdruck unterstrichen, daß in der Eucharistie nicht nur der Gegenstand und das
Wort gesehen werden darf, sondern auch der Priester:»Die Wirk-
kraft, die die Verwandlung (von Brot und Wein in den Leib und das
Blut Christi) vollbringt, liegt weder nur im Wort noch allein im Priester, sondern in beiden... Und wie der Priester, mehr als das Wort, dem
Hauptakteur (Christus) ähnlich ist, dessen Bild er trägt, so ist, einfach
gesagt, seine Instrumentalkraft größer und würdiger: so ist auch sie
von Dauer und haftet sich an viele andere ähnliche Wirkungen...«[28].
Und von der Eucharistie dehnt sich dieses Merkmal des Amtspriestertums, nämlich Christus darzustellen und zu vertreten, weiter aus:
»Jeder Diener der Kirche trägt in gewisser Hinsicht die Gestalt Christi«, sagt Petrus Lombardus[29];»er stellt in höherem Maße als die anderen Christus vollkommen dar: der Priester verkörpert Christus, insoweit dieser durch ihn gewisse Dienste ausführen läßt; der Bischof
verkörpert Christus, insofern dieser noch andere Ämter eingerichtet
und die Kirche gegründet hat...«[30]. In der Logik eines solchen Ver-
nunftschlusses hätte der hl. Thomas eigentlich dazu gelangen müssen,
dem Bischofsamt sakramentalen Charakter zuzuerkennen; das wäre
vielleicht auch der Fall gewesen, wenn er seine *Summa* zum Abschluß
gebracht hätte.
Jedenfalls ist – um uns hier auf das Priesteramt zu beschränken – die
Gedankenfolge des Doctor Angelicus leicht einsichtig: das christliche
Priesteramt hat sakramentalen Charakter, und zwar nicht nur, was
den vorübergehenden Akt der Weihe betrifft, sondern in der Person
des Priesters. Gewiß ist die übernatürliche Wirkung seines Handelns
als Konsekrator der Eucharistie oder Spender des Bußsakramentes[31]
von dem in der Weihe empfangenen Charakter herzuleiten. Aber das
ist unsichtbar: der Priester selbst ist und muß Zeichen sein und daher
die zu diesem Zweck geforderten Bedingungen erfüllen: »Weil das
Sakrament ein Zeichen ist, ist für alles, was im Sakrament erfüllt wird,
nicht nur die *res,* die Sache, sondern auch das *signum rei,* das Zeichen
der Sache, erforderlich«[32]. Die wichtigste Bedingung dabei ist, daß das

[28] *In IV Sent.,* 8, 3, ad 9um.
[29] Petrus Lombardus, *IV Sent.,* 24, cap. 1.
[30] Thomas von Aquin, *In IV Sent.,* 24, 3, 2, 1.
[31] In der Lehre des hl. Thomas verkündet der Priester die sakramentale Absolution immer *in persona Christi,* obwohl sie im Indikativ ausgesprochen wird: *De forma absolu-
tionis,* cap. 1 (= *Opuscula omnia...,* ed. P. Mandonnet, Bd. 3, Paris 1927, S. 164). *Expositio super 2 Cor.,* 22, 2, ed. Parmae, Bd. 13, S. 309.
[32] Thomas, *In IV Sent.,* 25, 2, 2, quaestiuncula 1.

Zeichen eine natürliche Ähnlichkeit mit dem besitzt, was es bezeichnet: »Die sakramentalen Zeichen haben auf Grund einer natürlichen Ähnlichkeit repräsentativen Wert«[33]. Auf diese beiden Grundsätze beruft sich der hl. Thomas bekanntlich auch bei seiner Erklärung, warum Frauen nicht die Priesterweihe empfangen können.

Aus der Betrachtung der überlieferten Zeugnisse zum Thema des Amtspriestertums lassen sich, wie uns scheint, einige orientierende Hinweise herausschälen, die den Priestern dabei behilflich sein könnten, sich stärker bewußt zu machen, was sie eigentlich sind, und den entsprechenden Stellenwert jeder ihrer Tätigkeiten genau zu unterscheiden.

Einerseits handeln sie, wie wir oben gesehen haben, in allen diesen verschiedenen Tätigkeiten *in persona Christi,* dessen Bild sie ausdrücken; offenkundig aber wird dieses Geheimnis ihrer Identifizierung mit Christus von ihrer Funktion bei der Eucharistie her, weil es sich hier in der bezeichnendsten Weise verwirklicht. Ebenso gibt es verschiedene Formen und Stufen der Gegenwart Christi in seiner Kirche; sie werden in der Enzyklika *Mediator Dei,* in der Konstitution *Sacrosanctum Concilium* und noch ausführlicher in der Enzyklika *Mysterium fidei* aufgezählt. Man muß sich in beiden Fällen also auf die Analogie berufen und dabei von dem ersten Ähnlichkeitsfaktor ausgehen, der eben die Eucharistie ist. Besonders das Band, das den Spender der Sakramente mit Christus verbindet, unterscheidet sich seiner spezifischen Natur nach von jedem anderen Sakrament: das Sakrament der Taufe kann im Notfall auch von einem Heiden erteilt werden, das heißt – und darauf ist zu achten – von einer Person, die nichts von dem besitzt, was sie am Priestertum Christi teilhaben läßt. Damit die Eheschließung sakramentalen Charakter hat, ist erforderlich, daß die Brautleute getauft sind (der Hinweis, daß sie Spender sind, genügt nicht). Das Bußsakrament und die Eucharistie erfordern das Merkmal der Priesterweihe. Die nichtsakramentalen Handlungen wurden bisweilen als so weit unabhängig von der Priesterweihe betrachtet, daß man zwischen Amt und Jurisdiktion unterschieden und gewisse Aufgaben, die an sich Sache des Weiheamtes zu sein schienen, den Laien übertragen hat. Es ist hier nicht der Ort, diese Problematik zu untersuchen, zu deren Klärung ja im übrigen das Zweite Vatikanische Konzil beigetragen hat. Es war aber notwendig, auch die Tatsache hervorzuheben, daß die verschiedenen Funktionen der Kirche, jede auf ihre Weise, eine Teilhabe an der Sendung Christi und eine Bindung an ihn mit sich bringen, eine Bindung, deren Höhepunkt in der Feier der Eucharistie erreicht wird. Andererseits muß auf ähnliche Weise auch die Notwendigkeit dieser

---

[33] *Ebd.,* ad 4um.

verschiedenen Funktionen betont und unterstrichen werden, daß ihr Ziel und ihr Ausgangspunkt in der Eucharistie liegt. Im Dekret *Presbyterorum ordinis* heißt es:»Mit der Eucharistie stehen die übrigen Sakramente im Zusammenhang; auf die Eucharistie sind sie hingeordnet; das gilt auch für die anderen kirchlichen Dienste und für die Apostolatswerke. Die heiligste Eucharistie enthält ja das Heilsgut der Kirche in seiner ganzen Fülle, Christus selbst, unser Osterlamm und das lebendige Brot. Durch sein Fleisch, das durch den Heiligen Geist lebt und Leben schafft, spendet er den Menschen das Leben; so werden sie ermuntert und angeleitet, sich selbst, ihre Arbeiten und die ganze Schöpfung mit ihm darzubringen. Darum zeigt sich die Eucharistie als Quelle und Höhepunkt aller Evangelisation: die Katechumenen werden allmählich zur Teilnahme an der Eucharistie vorbereitet, die schon Getauften und Gefirmten durch den Empfang der Eucharistie ganz dem Leib Christi eingegliedert«[34].

Es ist selbstverständlich, daß der Priester und sein Amt nicht einzig und allein aufgrund der liturgischen Vollmachten, deren wichtigste die Feier der Eucharistie ist, erklärt werden kann. Aber schon gar nicht läßt er sich ohne diese begreifen: er vermag die Evangelisation zu ihrem Ziel zu führen: Taufe und Eucharistie; er ist mit seinem Bischof verbunden oder wird von diesem damit beauftragt, der zur eucharistischen Feier versammelten Ortsgemeinde das Siegel der Einheit aufzuprägen. Würde der Priester nicht in die apostolische und pastorale Verantwortung seines Bischofs mit hineingenommen, liefe er Gefahr, in eine jüdische Auffassung vom Priestertum zurückzufallen. Würde er umgekehrt seine sakramentalen Vollmachten nicht ausüben, ginge ihm schließlich das Bewußtsein seines Priestertums verloren, und er wäre nicht mehr imstande, den Menschen glaubwürdig jenes Geheimnis von Christus zu vermitteln, das sich ein für allemal erfüllt hat, das sich aber im gesamten Leben der Kirche wirklich und wahrhaftig erneuert. Der Priester macht in seiner Person das wunderbare Paradoxon des Heilsplans wieder lebendig[35].

---

[34] *Presbyterorum ordinis*, Nr. 5.
[35] Vgl. den Schluß unserer Studie *La testimonianza della liturgia* (S. 219–220), in: *Il prete per gli uomini di oggi*, Rom 1975, S. 192–220.

Hans Urs von Balthasar (1905–1988)

Frauenpriestertum? (1979)

Hans Urs von Balthasar, Neue Klarstellungen (= Kriterien 49), Einsiedeln 1979, 109–115.

Die weltweite Offensive des »Feminismus«, der um die Gleichstellung der Frau mit dem Mann kämpft, wirkt sich innerhalb der Kirche als Anspruch der Frau auf das Amtspriestertum aus. Die Gesamtkampffront ist verworren, was die innerkirchliche mitbeeinflußt, die außerdem ihre besondere Problematik hat.

1.

Der Angriff des »Feminismus« befindet sich gesamthaft in einer fatalen Lage, weil er in einer ausgesprochen männlich geprägten technischen Zivilisation um die Gleichberechtigung der Frau kämpft, die entweder Front bezieht gegen diese Zivilisation als solche (oder, was fast auf das gleiche herauskommt, gegen die sie prägende Männlichkeit), oder aber ihren Platz innerhalb dieser Zivilisation reklamiert, was schwerlich geschehen kann ohne eine widernatürliche Vermännlichung der Frau oder eine Einebnung der Differenz der Geschlechter. Alle diese Möglichkeiten enthalten a priori einen mehr oder weniger sichtbaren Widerspruch in Parole und Programm der Bewegung, den man aber keineswegs als »frauliche Unlogik« abtun darf, in dem sich vielmehr eine tiefe epochale Tragik verbirgt.
Wenn das Zeitalter matriarchaler Kultur ein längst vergangenes ist, so ist ebenfalls dasjenige patriarchaler – wenn auch noch nicht lange – vergangen; wir leben in einer ebenso vater- wie mutterlosen Zeit, und es ist anachronistisch, unsere heutigen Gesellschaftsformen vom einstmaligen Patriarchat her zu kennzeichnen und anzugreifen. Das Verwandtschaftsverhältnis des typisch männlichen Verstandes zur heutigen und allem Anschein nach auch morgigen technisierten Lebensweise der Menschheit hat mit einer Dominanz des Vaters in der Großfamilie nichts zu tun, sondern mit dem Vorherrschen eines Rationalismus, für den die natürlichen Dinge und Verhältnisse vornehmlich Material für Herstellbares bedeuten. Natürlich war der Mensch, solange es Kultur gibt, auch *homo faber*, aber er war, solange es wirklich *Kultur* gab, im Gleichgewicht mit einer die Natur betrachtenden, ihr Wesen empfangenden Haltung, die wir ganz allgemein als eine philosophische bezeichnen können. Wenn die Philosophie dort am Ende ist, wo der betrachtend-empfangende Blick in den bloß noch berechnenden (was man mit einer Sache anfangen kann)

übergegangen ist, so ist – um es kurz zu sagen – ein weibliches Moment, das den Menschen in Natur, im Sein überhaupt *geborgen* sein ließ, preisgegeben zugunsten eines Übergewichtes des Männlichen, das in die Dinge nur noch vorstößt, um sie durch Einpflanzung und Auferlegung des Eigenen zu verändern.

Das hier andeutend verwendete sexuelle Bild darf nicht gepreßt werden: auch die philosophische Haltung, die sich von Natur und Sein beschenken und befruchten läßt, ist nicht weiblich im Sinn von bloßer Empfänglichkeit; in ihr herrscht durchaus ein vordringliches Denken; freilich ein solches, das wie der befruchtete Schoß erhaltene Keime in Geduld auszutragen und in Bildern, Mythen, Begriffen zur Welt zu bringen vermag: in der betrachtenden Vernunft vermählt sich das Aktive des weiblichen Prinzips und das Passive des männlichen (das den sich schenkenden Schoß braucht, um geben zu können) aufs beste.

Wo dagegen das positivistische, auf Technik ausgerichtete Denken zur Alleinherrschaft gelangt, verschwindet das weibliche Element auch aus dem Verhalten des Mannes. Es gibt nichts mehr, was das Dasein des Menschen mütterlich umgreift, die Natur ist unter dem Geist des Menschen zum bloßen Material abgesunken, ja der Geist selbst droht zum Material der Selbstmanipulation zu werden, und das Sein-im-ganzen bleibt als das Unverzweckbare unbedacht.

Dieses epochale Vergessen, worin auch ein Vergessen der Fraulichkeit der Frau liegt, ist durch keinerlei rational-zweckhafte Planung aufzuheben, am wenigsten durch ein Hinübersiedeln der Frau in das schon übersetzte Feld. Durch solchen Wechsel würde das gestörte Gleichgewicht vollends aufgehoben, die allbefruchtende Geschlechterdifferenz zugunsten einer Geschlechtslosigkeit (aber mit männlichem Vorzeichen) eingeebnet, die letzten weltanschaulichen Reserven der Menschheit würden verzehrt. Denn evidentermaßen ist eine philosophielose, dem reinen Positivismus des Machens – und zuletzt Sichselbstmachens – verfallene Menschheit normen- und damit richtungslos; und wenn ein großer Teil dieser technischen Zivilisation sich ohnehin im Leergang zu Tode läuft, liegt einige Hoffnung einzig darin, daß ein anderer Teil – heute sind es neben den einsichtigen Frauen vor allem junge, der herrschenden Betriebsamkeit gegenüber mißtrauische Leute – Reserven schafft, die nach den Untergängen ein Fortdauern sichern. Reserven, die nicht auf »Brauchen« und »Verbrauchen« hin angelegt sind, wie alles, worum wir uns sorgen (die Weltwirtschaft, die Dritte Welt, die Erhaltung der Umwelt), sondern auf Sein, sinngebenden Hintergrund, Geborgenheit, Heimstatt für den immer entlaufenden, sich exponierenden Mann, was wesenhaft Rolle der Frau ist.

Kann dieses sinngewährende Gleichgewicht – das sich im Geschlechtlichen nur symbolisch anzeigt, aber in Wahrheit viel weiter reicht und das Menschsein in seiner Einbettung in das Sein-im-ganzen betrifft – in so später Geschichtsstunde nochmals erhofft werden? Wenn ja, sicher nur von der Frau, die ihre Rolle als Gegen- und Schwergewicht gegen die immer geschichtslosere Welt der Männer einsieht und wahrnimmt und dann das Gegenteil dessen tun müßte, was der geläufige Feminismus tut. Weder ist eine Konkurrenzierung der Männer auf dem typisch männlichen Feld sinnvoll, noch eine rational (mit männlichen Mitteln!) aufgezogene Gegenaktion gegen die männliche Welt, sondern einzig die Schaffung von Lebensgewicht gegen das gewichtlose technisierte Dasein, das Liegenlassen des angebotenen künstlichen Überflusses, um »des Lebens Überfluß« überhaupt wieder zu bemerken. Man wähne nicht, daß die Dinge sich von selbst »einpendeln« werden; es bedürfte tiefer sittlicher Entscheidungen der Frauen, um in die Speichen des ins Absurde rollenden Rades zu greifen ...

2.

Die Kirche ist – gegenüber der alten, sosehr in ihrem Gleichgewicht gefährdeten Welt – der Anfang des neuen in Jesus Christus gegründeten Kosmos. In ihm ist von seiner Grundlegung her das Gleichgewicht, auch das geschlechtliche, gesichert. Es kommt nur darauf an, es zu erkennen und in ihm zu leben. Kirche beginnt mit dem den Glauben Israels zusammenfassenden und zur überschwenglichen Vollendung bringenden Jawort der Jungfrau von Nazaret: Empfängnisbereitschaft ohne Vorbehalt, in völliger Freiheit, die ganze geistig-leibliche Fruchtbarkeit der Frau zur Verfügung stellend. Eine aktive Fruchtbarkeit, die alle dem Mann überlegene natürliche Fruchtbarkeit der Frau noch einmal unwahrscheinlich überragt und nicht irgendein Kind, sondern den Sohn Gottes austrägt, gebiert, ernährt und erzieht. Wie seinem ewigen Vater verdankt dieser sich diesem mütterlich-kirchlichen Schoß und wird Maria – die vom Schwert Durchbohrte – hinaufferziehen bis zum Kreuz, wo er sie zur Mutter seines Jüngers, der Apostel, der äußern kirchlichen Versammlung weihen wird. Die Zwölf, denen er Aufträge erteilt und die Vollmachten dazu verleiht, werden dreißig Jahre später erwählt. Sie erhalten männliche Aufgaben der Leitung und der Repräsentation innerhalb der umfassenden weiblichen, marianischen Kirche. Sie sind zunächst Versager – was am deutlichsten an Petrus demonstriert wird – und können die Qualität der ursprünglichen Kirche – der »vollkommenen Braut«, der *immaculata* – niemals einholen. Ihre Rolle ist ein Dienst innerhalb des bleibenden Seins der Kirche: sie haben Den zu repräsentieren, der von der Hingabe seiner ganzen Substanz am Kreuz her eucharistisch das Volk Gottes in sich versammelt und es unter die große Absolution des

Vaters stellt. Von seiner Hingabe her (aber keinesfalls von einem Tun Petri her) hat auch die »vor-erlöste« Mutter die Gnade erhalten, ihr fleckenloses, unfehlbares Jawort zu sprechen. Was Petrus für sein Leitungsamt als »Unfehlbarkeit« erhalten wird, wird eine partielle Teilnahme an der totalen Fehlerlosigkeit der weiblich-marianischen Kirche sein. Und was die ins Amt geweihten Männer an Konsekrations- und Absolutionsgewalt erhalten, wird in spezifisch männlicher Funktion – der *Durchgabe* einer Lebenskraft, die von weiter herkommt und nach weiter hinstrebt als sie selbst – auch wiederum Teilnahme sein an einer der vollkommenen weiblichen Kirche nichtamtlich eignenden Fruchtbarkeit (sie hat ja vor der Eucharistie Christus zur Welt gebracht) und Reinheit (sie war ja seit Ewigkeit absolviert).

Man kann sagen, daß Christus, sofern er der Repräsentant des Allgottes in der Welt ist, auch der Ursprung sowohl des weiblichen wie des männlichen Prinzips in der Kirche ist; von ihm her wird Maria vorerlöst und werden Petrus und die Seinen in ihr Amt eingesetzt. Und sofern Christus Mann ist, repräsentiert er nochmals den Ursprung, den Vater, denn immer ist die Fruchtbarkeit der Frau angewiesen auf eine ursprüngliche Befruchtung. Dies beides ist nicht zu relativieren, sowenig wie die daraus folgende Repräsentation des Ursprungs durch das kirchliche Amt.

Eine Frau, die nach diesem Amt greifen wollte, würde nach spezifisch männlichen Funktionen greifen, dabei aber vergessen, welchen Vorrang der weibliche Aspekt der Kirche vor dem männlichen hat. Mit diesem innerkirchlichen Feminismus geraten wir wieder in die Sphäre des im ersten Abschnitt beschriebenen, wo die Frau durch ein tragisches Mißverständnis nach dem spezifisch Männlichen griff; nur ist diesmal die Richtigstellung wesentlich leichter, weil das Gleichgewicht nicht mühsam gesucht werden muß, sondern im Wesen der Kirche schon bereitliegt. Freilich ist, um dies einzusehen, der Blick für das grundlegende Marianische der Kirche notwendig, jener Blick, den die Kirchenväter und noch das Mittelalter und der Barock besaßen und den erst wir – im Zeitalter der rationalistischen Aufklärung – verloren haben. Mit dem Marien-Titel »Mutter der Kirche« wurde versucht, etwas vom Bewußtsein zurückzuholen, das die Christenheit durch beinah zwei Jahrtausende besessen hat, aber in diesem Bewußtsein waren »Mutter« und »Kirche« noch näher beisammen: im Bild des Gnadenmantels etwa fließen das Urbild der Kirche und die in seiner Sphäre lebende Gesamtkirche ineinander.

Man wird, falls man unbefangen blickt, auch staunen, wie sehr dieses Urbild sich, gerade in der neuesten Zeit, durch aktive Bezeugungen vom Himmel her zu erinnern und zu bedenken gegeben wird, von Catherine Labouré zu Bernadettes Lourdes, zu Beauraing, Banneux,

Fatima (um nur wichtige und anerkannte Stationen zu nennen) bricht diese Selbstbezeugung der *Ecclesia immaculata* nicht ab. Sie darf sich nicht in falscher Demut hinter ihrem Sohn verbergen, sie tritt unbefangen hervor und zeigt ihr Wesen: »Ich bin die Unbefleckte Empfängnis« wird in Lourdes eingeschärft, und dies mit dem Rosenkranzgebet zusammen, das deutlich genug auf die göttliche Quelle des Sohnes und der ganzen Trinität hinweist. Die männliche Hierarchie hat die Botschaft, die von Lourdes und von Fatima ausging, willig genug anerkannt, und die zahlreichen marianischen Rundschreiben der Päpste haben unterstrichen, welche Stellung der Frau im innersten Wesen der Kirche zukommt.

Vielleicht ist die katholische Kirche aufgrund ihrer eigenen Struktur das letzte Bollwerk in der Menschheit einer echten Würdigung der Differenz der Geschlechter. Wie im Dogma der Trinität die Personen gleicher Würde sein müssen, um die Differenz zu sichern, die den dreieinigen Gott zur subsistierenden Liebe macht, so wird die Gleichheit der Würde von Mann und Frau von der Kirche betont, damit durch höchstmögliche Opposition ihrer Funktionen die geistige und leibliche Fruchtbarkeit des Menschenwesens gewährleistet sei. Jeder Übergriff des einen Geschlechts in die Rolle des andern schmälert die Spannweite und Dynamik der menschenhaft möglichen Liebe, auch dann, wenn diese Spannweite die Sphäre der Sexualität, der Geburt und des Todes übersteigt: zur Ebene der jungfräulichen Beziehungen zwischen Christus und seiner Kirche, die nicht in getrennten Einzelakten besonderer Organe sich vollzieht, sondern in einer Totalhingabe des ganzen Wesens.

Das Marianische in der Kirche umgreift das Petrinische, ohne es für sich in Anspruch zu nehmen. Maria ist »Königin der Apostel«, ohne apostolische Vollmachten für sich in Anspruch zu nehmen. Sie hat anderes und mehr.

Aber der heutige Mensch, der aus allen Dingen etwas zu »machen« strebt, kann »Vollmacht«, wie sie Jesus verleiht, nur schwer von »Macht« unterscheiden. Und doch sind beide grundverschieden. Kirchliche Vollmacht ist besondere Befähigung zu einem Dienst an der Gemeinschaft. Sie ist Eignung als Enteignung; Leitung, aber vom letzten Platz her. Man wird sich deshalb hüten, den Dienst des Bischofs und Priesters zu einer Qualität aufzusteigern, die den Frauen grundsätzlich unzugänglich ist. Sie haben, wie alle Christen, diese Qualität eminent im »gemeinsamen Priestertum« aller Gläubigen, das ein Mitopfern und Mitgeopfertsein aller mit Christus zusammen erlaubt und grundlegend ermöglicht. (Kardinal Mercier hat hier Verwirrung gestiftet, indem er verkündete, der Diözesanklerus sei der Stand der Vollkommenheit schlechthin.) »Macht« steht so oft am verbogenen Hebel vieler Kontestationen und Bewegungen, angeblich um Gerechtigkeit, Gleichberechtigung usf., daß gerade bei dem vorliegenden Thema höchste Vorsicht und schärfste Geistunterscheidung vonnöten ist. »Macht« wird von beiden Geschlechtern, je auf ihre Art, mit verschiedensten Methoden angestrebt. Sie ist mit der gesamtmenschlichen Erbsündigkeit und Konkupiszenz unterirdisch verbunden und wirkt sich natürlich auch als Motiv im Innern der Kirche aus. Sie ist keinesfalls eine Prärogative der Männer.

Anderseits darf das kirchliche Amt, das im Neuen Testament und von der frühesten Tradition an in seiner Profiliertheit so ausdrücklich hervortritt, nicht so in die übrigen Dienste und Charismen hinein nivelliert werden, daß es nur als eine einzelne Funktion unter andern erscheint: der »Hirte« ist einer gegenüber der geweideten Herde, und das Bild bleibt gültig, auch wenn in einer Gemeinde noch so viele Einzelfunktionen an Laien, Frauen wie Männer, ausgeteilt werden. Wer hat schließlich den Vorrang? Der beamtete Mann, sofern er Christus in und vor der Gemeinde repräsentiert, oder die Frau, in der sich das Wesen der Kirche verkörpert – so sehr, daß jeder, der Glied der Kirche ist, auch der Priester, sich dem Herrn der Kirche gegenüber weiblich-empfangend verhalten muß? Die Frage ist vollkommen müßig, denn die Differenz soll nichts anderem dienen als der gegenseitigen Liebe aller Glieder, in einem Kreislauf, über dem Gott allein der Erhaben-Überlegene bleibt: »Im Herrn ist weder das Weib unabhängig vom Mann, noch der Mann unabhängig vom Weib. Denn wie das Weib (Eva) vom Manne stammt, so ist der Mann (auch Christus) wieder durch das Weib da; alles aber kommt von Gott« (1 Kor 11, 11–12).

Gedanken zum Frauenpriestertum

IKaZ 25 (1996) 491–498 (= in: Gerhard Ludwig Müller [Hg.], Frauen in der Kirche. Eigensein und Mitverantwortung, Würzburg 1999, 259–266).

I. Vorüberlegungen

1. Die Forderung, Frauen zum Weihepriestertum zuzulassen, stützt sich wesentlich auf soziologische, nicht auf theologische Erwägungen. Von der weithin ungeprüften Voraussetzung ausgehend, die uns bekannten antiken Kulturen seien prävalent männlich gewesen, im Judentum sei die Frau ebenso untergeordnet gewesen wie sie es im Islam heute noch ist, argumentiert man, die – vielleicht durch christliche Anstöße verursachte, aber nicht zu Ende geführte – Befreiung der Frau zur Gleichberechtigung mit dem Mann lasse ihren Ausschluß vom kirchlichen Amt nicht länger sinnvoll und tragbar erscheinen.

Daß die feministischen Forderungen in der heutigen, hauptsächlich von Männern erfundenen und geführten technischen Zivilisation höchst zweischneidig sind, weil sie die Frau einer überwiegend männlichen Welt eingliedern wollen, braucht uns hier, wo es zunächst um innerkirchliche Fragen geht, nicht zu beschäftigen. Nur darauf sollte hingewiesen werden, daß die Forderung nach der Ausübung gleicher Funktionen aus einer soziologischen Sicht erfolgt.

2. Ein zweites ist ebenso wichtig: die im ökumenischen Gespräch in den Hintergrund gedrängte, oft ganz verwischte Frage nach der wesentlichen Differenz der Grundverfassung der katholischen und der nichtkatholischen christlichen Kirchen. (Die Orthodoxie kann hier unerwähnt bleiben, weil in ihr ein Streben nach dem Priestertum der Frau undenkbar ist; hingegen muß die anglikanische Kirche in ihren neueren Tendenzen ernsthaft auf die Seite des Protestantismus gestellt werden.) Nach katholischer Ansicht ist das bischöflich-priesterliche Amt von Christus vermittels der Apostel in den Organismus der Kirche dauernd eingestiftet. Wo hingegen die apostolische Sukzession als göttliche Einsetzung geleugnet wird, ist es die Kirche selbst, die aus ihrer Gemeinschaft heraus sich die ihr nötig erscheinenden »Funktionen« ausgliedern kann, auch wenn sie ihnen dann die Titel von Bischöfen und Pastoren verleihen mag. In dieser zweiten Sicht der Kirche besteht kein wesentliches Hindernis, warum solche Funktionen nicht an Frauen verliehen werden könnten. In der katholischen Sicht, wo die Einstiftung des Amtes *jure divino* erfolgt ist, wird man hingegen viel ernsthaftere Überlegungen anstellen müssen, ob es statthaft ist, von der durch Christus selbst eingesetzten Ordnung abzuweichen.

3. Daran anschließend eine weitere Vorüberlegung. Die – jedenfalls für seine Zeit – unerhörte »Befreiung« der Frau durch Christus – man denke nur an sein für einen Juden skandalöses Gespräch mit einer Samariterin, an die Szene mit der Sünderin beim Pharisäer, an die mit der Ehebrecherin, an die Duldung der in seinem Gefolge mitziehenden Frauen, an die Rolle, die er der ehemals Besessenen aus Magdala am Ostertag zudenkt – die analoge »Befreiung« bei Paulus, wo der Frau das gleiche Scheidungsrecht wie dem Mann zugesprochen (1 Kor 7,10f.), die Entstehung der Eva aus Adam relativiert (1 Kor 11,12), der Frau das gleiche Recht über den Leib des Mannes wie diesem über den der Frau eingeräumt wird (ebd. 7,4), erfolgt auf dem Hintergrund einer ebenso einmaligen wie bleibenden Aufwertung der Geschlechterdifferenz, die sich von der Auszeichnung Marias als Mutter des Herrn und später des Johannes (und damit der Kirche) durchhält bis in die (nicht mehr bloß symbolische, sondern) inkarnatorische Beziehung Christus-Bräutigam zu Kirche-Braut und die Neubewertung der Ehe von dort her (Eph 5). Dies geht weit über das alttestamentli-

che Verhältnis Jahwe-Israel hinaus, das noch keinen Widerhall im menschlich-geschlechtlichen Bereich gefunden hatte, und auch nichts gemein hat mit heidnischen und gnostischen Syzygien. Dies soll vorweg erinnert werden, weil diese neutestamentliche »Aufwertung« der Frau zur Würdegleichheit untrennbar ist von der gleichzeitigen Betonung der Differenz der Geschlechter. Das Christentum ist die Religion der inkarnierten Liebe, die als letzte Voraussetzung das trinitarische Gottesgeheimnis hat, worin die »Personen« so verschieden sind, daß sie unter keinen Gattungsbegriff Person subsumierbar sind und gerade so das eine und einzige Wesen Gottes bilden. Von daher kann im Anthropologischen gelten: je verschiedener die Ausprägungen von Mann und Frau in der identischen Menschennatur sind, um so vollkommener und fruchtbarer kann Einigung in der Liebe sein.

4. Jeder Getaufte ist »Priester für Gott« (Offb 1,6; 5,10), »Priester Gottes und Christi« (Offb 20,6). Da er als ein solcher »Gaben und Opfer darzubringen hat« (vgl. Hebr 5,1), werden diese seine Gaben vor allem er selber sein, wie das Paulus fordert: »Bringt euer leibhaftiges Wesen als ein lebendiges, heiliges, Gott wohlgefälliges Opfer dar in einem geistlichen (bzw. dem Logos entsprechenden) Gottesdienst« (Röm 12,1). Man kann dieses Priestertum deshalb ein inneres nennen, im Gegensatz zum Dienstamt, das ein äußeres Priestertum ist: »Was das innere Priestertum angeht, so werden alle getauften Christen Priester genannt, vor allem die Gerechten, die den Geist Gottes besitzen und gemäß göttlicher Gnade lebendige Glieder Jesu Christi, des höchsten Priesters geworden sind. Sie bringen in einem von Liebe entflammten Glauben auf dem Altar ihres Geistes Gott geistliche Opfer dar. Das äußere Priestertum eignet nicht der ganzen Menge der Gläubigen, sondern Einzelnen, die durch gültige Handauflegung Gott geweiht worden sind zu einem besonderen heiligen Priestertum«, welche Unterscheidung schon im Alten Bund bestand (Catech. Trid. Pars II, cap. 7, qu. 22). Hieraus erhellt vor allem: daß das Amtspriestertum mit seiner objektiv-sakramentalen Heiligkeit ganz im Dienst des inwendigen (personalen, existentiellen) Priestertums der Glaubenden steht und im Priester unbedingt die Realisierung des innern voraussetzt. Deshalb die Frage an Petrus bei der Amtsverleihung: »Liebst du mich mehr als diese?« Wenn ja, »weide meine Schafe«. Die genaueren Bestimmungen des Verhältnisses zwischen beiden Formen führt zu den zentral-theologischen Erwägungen hinüber.

II. Das Priestertum Christi

1. Das Hohepriestertum Christi ist wesensgemäß durch sein Selbstopfer (Hebr 9,12–14), also durch ein inneres Priestersein gekenn-

zeichnet. Es ist absolut einmalig, weil sein Opfer nur aufgrund seiner Gottessohnschaft und Gottmenschlichkeit möglich ist. Diese ist identisch mit seinem Wesen, so daß hier eine Einsetzung in ein Amt, eine Befugniserteilung nicht erfolgt sein kann. (Er kann nicht zur Gottessohnschaft erwählt und bevollmächtigt worden sein, nicht einmal der Messias Israels konnte ja zu diesem Amt »geweiht« werden.) Der Vater kann auch bei der Taufe Jesu nur auf das Faktum hinweisen: »Dieser ist mein geliebter Sohn« (Mt 3,17). Anderseits ist Jesus doch vom Vater »gesandt«, er erfüllt den »Auftrag« (*mandatum*) des Vaters, sein Tod am Kreuz ist, sosehr er seine eigene Selbsthingabe für die Sünde der Welt ist, zugleich die »Repräsentation« der Liebe des Vaters, der »uns durch Christus mit sich versöhnt hat« (2 Kor 5,18). Die hier erscheinenden zwei Momente in Jesu Versöhnungstat sind untrennbar geeint im gemeinsamen Heiligen Geist von Vater und Sohn, Jesus »opfert sich selbst kraft ewigen Geistes« (Hebr 9,14). Die Zweiheit der Aspekte seines Opfers tritt besonders deutlich bei Johannes hervor, wo Jesus seine eigene Autorität und Vollmacht zwar betont («auch wenn ich von mir selber Zeugnis gäbe, hat mein Zeugnis Kraft«; 8,14), dies aber, »weil ich weiß, woher ich komme, ... mit mir ist der Vater, der mich gesandt hat«: »Nun zeuge ich für mich, und der Vater, der mich gesandt hat, zeugt für mich« (8,18). Hier liegt die letzte (trinitarische) Wurzel für das kirchliche Auseinandertreten von innerem und äußerem Priestertum: Selbsthingabe – im Auftrag.

2. Sofern der menschgewordene Sohn Gottes die Liebe des Vaters in seinem Dasein angesichts der Welt repräsentierend zu offenbaren hat, kann er dies nur als Mann tun. Denn der Vater ist als der absolute fruchtbare Ursprung auf keine Befruchtung angewiesen, was keinesfalls heißt, daß Gott der Vater das Urbild des geschaffenen Mannes sei, der selbst aus der Frau stammt (1 Kor 11,12) und ohne die Frau überhaupt nicht fruchtbar sein kann. Somit hat die Anrede Gottes als Vater nichts mit »Patriarchat« zu tun.

Christus hingegen ist sowohl Gott wie Mensch. Als der *Gott*-Mensch, der im Namen des dreieinigen Gottes handelt und leidet, bedarf sein mit nichts vergleichbares Opfer keinerlei Ergänzung, es wird auch nie (etwa durch die Opfer der Kirche) irgendeinen Zuwachs erhalten. Als Gott-*Mensch* dagegen ist er voller Mensch nur, wenn seine Mannheit durch eine Fraulichkeit zu ihrer vollen Fruchtbarkeit ergänzt wird, woraus sich die (in ihrer Einseitigkeit mißverständliche und doch richtige) Aussage rechtfertigt: »Ich ergänze für den Leib Christi, die Kirche, in meinem Fleische, was an den Leiden Christi noch fehlt« (Kol 1,24).

Um dieses Ergänzende zu schildern wäre zentral die ganze Mariologie zu entfalten. Denn die besagte Ergänzung kann unmöglich auf dem rein natürlichen (physiologisch-psychologischen) Niveau erfolgen, sondern setzt, schon weil *dieser* Mann aus der Frau sein muß, und weil *dieses* einmalige Opfer von der Frau mitvollzogen werden muß, eine einmalige gnadenhafte Ausstattung ihrer Natur voraus, ohne daß sie deshalb – was unmöglich ist (gegen Boff!) – über ihre Geschöpflichkeit in eine »hypostatische Union« (etwa mit dem Heiligen Geist) erhoben werden könnte, ohne daß sie infolgedessen in ihrem Mitvollzug des Momentes der Repräsentation des Vaters teilhaft werden könnte. Sie wird also aufgrund ihrer den Mann ergänzenden Weiblichkeit und ihrer übernatürlichen Begnadung befähigt zum innern (personalen und existentiellen) Priestertum, ohne das zweite, von Jesu Männlichkeit abhängende Moment seiner Repräsentation des Vaters in dessen »Auftrag« und »Sendung« mitzuübernehmen.

4. Hier ist, ehe wir weitergehen, der einzig wichtige Einwand gegen die neutestamentliche Geschlechterlehre zu erörtern. Wenn christlich das Verhältnis zwischen Christus und der (durch Maria archetypisch vertretenen) Kirche zum Urbild aller ehelichen Beziehungen zwischen Mann und Frau erhoben wird (2 Kor 11,2; Eph 5,22–23), wird dann nicht die Unterordnung der Frau (die auch in Maria nur Geschöpf ist) unter den Mann (der in Christus Gott ist und im Gegensatz zur Frau, vom Alten Bund her, als der Ursprung der Frau – Gen 3 – und als das bevorzugte »Bild« und »Abglanz« Gottes gilt: 1 Kor 11,7) ein für allemal festgeschrieben? Diese Niveaudifferenz war schon im Alten Bund da, wenn Jahwe als Bräutigam oder Gatte, Israel als Braut oder Gattin galt, doch war dies immerhin noch ein Gleichnis, im Neuen Bund dagegen wird die Auswirkung auf das zwischengeschlechtliche Verhältnis aufgrund der Menschwerdung akut. Die Antwort auf diesen Einwand kann hier nur ganz summarisch angedeutet werden. Sie wird zuerst einräumen, daß im ursprünglichen Verhältnis zwischen dem schaffenden Gott und der geschaffenen Welt das Geschöpf sich Gott gegenüber als primär weiblich-empfangend verhält, daß aber dieser Empfang nicht als bloße Passivität, sondern als die Verleihung einer höchst aktiven Fruchtbarkeit zu werten ist, grundgelegt in der quasiweiblichen »Weisheit« (Chokma) in Gott selbst, die er in seiner Schöpfung und durch sie zur Entfaltung bringen will, und sich im letzten auswirkend in der göttlichen kenotischen Liebe, die sich geradezu in der Winzigkeit eines Samens in den marianischen Schoß »ausleert«, um sich von der »Gottesgebärerin« (hier erhält dieser Titel ein schaudervolles Gewicht) aus ihrem geist-leiblichen Wesen ausreifen und in die Welt setzen zu lassen. Was urbildlich in Maria geschieht, das ereignet sich (nach den Kirchenvätern) nachbildlich in der Jungfrau-Mutter Kirche, die in ihrem Schoß die Glieder des Leibes Christi austrägt und damit ihm selbst zu seiner »Vollreife«, seinem »Mannesalter« (Eph 4,13) verhilft. Diese gedräng-

te Antwort auf den erhobenen Einwand zeigt zugleich, daß, wenn es um die Frage des Frauenpriestertums geht, theologisch immer gleichzeitig das geschöpfliche Wesen der Frau, die Mariologie und die Ekklesiologie im Blickfeld stehen müssen. Die Paradiesessage, wonach die Frau aus dem Fleisch des Mannes gezogen wurde, und worauf sich das Neue Testament gelegentlich zurückbezieht, bleibt hier nur Illustration für das Christlich-Wesentliche, daß die Kirche aus Christus ist, wobei aber niemals vergessen werden darf, daß Christus aus Maria ist. »Denn wie die Frau aus dem Mann stammt, so wiederum der Mann aus der Frau, alles aber kommt von Gott« (1 Kor 11,12).

III. Das Priestertum in der Kirche

1. Von unten, vom Wesen der Frau als Geschöpf ausgehend, muß als erstes festgestellt werden, daß die Leistung der Frau in der Hervorbringung eines Kindes unvergleichlich die Leistung des Mannes überragt. Was der Mann in einem kurzen Augenblick leistet und was für ihn das Gegenteil eines Opfers, nämlich Lust bedeutet, das wird für die Frau eine durch neun Monate hindurch sich steigernde Arbeit und Last, die mit den (unter Umständen unerträglichen, ja tödlichen) Geburtsschmerzen endet. Sie ist die geschaffene aktive Potenz zu allem, Mann wie Frau, eine Potenz, die zwar einer äußern Erweckung bedarf, sich aber ohne fremde Hilfe steigert und zum Akt vollendet, wobei dieser Akt das Hervorbringen eines aus ihr gewordenen andern Ichs bedeutet. Sie erkennt deshalb das Kind in einer ganz anders intimen Weise als das ihre, als der Mann es vermag, der keine Proportion zwischen dem von ihm Gelieferten und dem vollendeten Ergebnis zu erkennen vermag.

Deshalb bedeutet die Trennung der Mutter vom Kind, die Durchschneidung der Nabelschnur, für die Frau einen ganz andern Verzicht, ein viel tieferes inneres, existentielles Opfer als für den Mann, für den der Geschlechtsakt wie gesagt überhaupt keine Beziehung zum Opfer hat. Wenn er fortan als »Haupt« der Familie fungiert, bleibt die Frau in einem wesentlichen Sinn deren »Herz«.

Man sollte sich deshalb nicht verwundern, sondern es als angemessen empfinden, wenn das eucharistische Opfer der Kirche für gewöhnlich von sehr viel mehr Frauen als Männern mitgefeiert wird. Die Anwesenheit der heiligen Frauen unter dem Kreuz, in erster Linie der Mutter, die ihren Sohn dahingibt, der sich von ihr trennt, bildet hier eine organische, theologisch richtige Vermittelung. Marias Hingabe des Sohnes an die ganze Welt, seine Rückgabe an Gott kann für die Frau in der Kirche der normale Einstieg in das Verständnis des Opfers des Sohnes – und dahinter das Vaters – sein. Es ist Zugang vollkommen durch das innere weibliche Opfer hindurch. Das Moment der Repräsentation spielt hier nicht die geringste Rolle. Die am Meßopfer teilnehmende Frau fühlt sich nicht als »Repräsentantin« der Kirche, sie ist einfach ein Teil von ihr; ebenso wenig »repräsentiert« Maria unter dem Kreuz irgend etwas oder jemanden, sie ist nur sie selbst, die Mutter schlechthin, die zur »Entbindung« von ihrem Kind ihr nie unterbrochenes Jawort gibt.

Wenn sie vom Sohn als Mutter dem Jünger Johannes zugewiesen wird, dann gehorcht sie als Opfernd-Geopferte der Weisung ihres Sohnes und wird dadurch zur Mutter nicht nur des Jüngers, sondern durch ihn aller Kinder Gottes. Johannes freilich gehört zur Schar jener Männer, die das »Tut dies zu meinem Andenken« gehört und damit die Vollmacht erhalten haben, das Opfer Jesu in der Kirche zu repräsentieren. Als der Liebesjünger hat er zu seinem »sacrificium externum« gewiß schon das »internum«: sich vom leidenden und sterbenden Meister zu trennen wird ihm furchtbar hart, und doch ist sein inneres Opfer mit dem der Mater dolorosa nicht vergleichbar. Aber er hat deren *sacrificium internum* und das der übrigen heiligen Frauen mit in das Innere der Kirche einzuführen.

2. Blickt man vom Opfer der Frauen nunmehr auf das Marias hinüber, so ist dieses Opfer zwar ein vollkommen weibliches, aber darin doch auch einmaliges. Denn was sie getragen, geboren, ernährt und aufgezogen hat, war Gottes einziger Sohn, was sie zumindest im Glauben gewußt und durch ihre leibliche Erfahrung bestätigt erhalten hat. Diesen Sohn, der Gott ist, nicht nur in der grausamsten physischen Qual, sondern in der Gottverlassenheit sterben zu sehen, mußte für sie ein unfaßlicher, gleichsam ihren ganzen Glauben durchbohrender Schmerz sein. Aber wie sie nie etwas für sich privat gelebt und gelitten hat, sondern *loco totius generis humani*, so wird ihr inwendiges Opfer zum fruchtbaren Zentrum aller existentiellen Opfer, die in der Kirche (ja in der Menschheit) je in Vergangenheit oder Zukunft gelitten werden, ja ihre Einweisung in das Herz der Kirche gleicht erst wirklich alle kirchlichen Opfer dem ihren an und gibt der Kirche ihren Kindern gegenüber ihre letztkonkrete Mütterlichkeit.

Wenn oben gesagt wurde, daß das Dienstamt (als *sacrificium externum*) mit Notwendigkeit (Joh 21) das *internum* mitfordert, dann dürfte daraus folgen, daß auch die Fruchtbarkeit »geistlicher Vaterschaft« von Priestern den Gläubigen gegenüber (1 Kor 4,15) sich wesentlich aus dem *sacrificium internum* des Opfers Marias, das in die Kirche einging, miternährt (daher die weiblichen Bilder Gal 4,19; 1 Thess 2,7).

Weil Maria unter dem Kreuz nicht, wie der Sohn, die Liebe des Vaters zu repräsentieren hat, sondern einzig für die Kreatur, die sie mit allen andern Geschöpfen *ist*, dasteht, ist es unvorstellbar, daß Maria das kirchliche Dienstamt versehen und am Altar das »Hoc est corpus meum« oder »ego te absolvo« sprechen könnte, gerade weil dieser Leib einmal in ihrem Leib war und gerade weil sie immer mit der Absolution Gottes einig war: diese Worte können nur in der Repräsentation des *andern* als des sie Aussprechenden sinnvoll gesagt werden.

3. Im Blick auf die Kirche aber wird klar, daß in ihr doch die beiden Aspekte des Wesens und Opfers des Sohnes in einem Gegenüber, das gleichzeitig ein Zueinander sein muß, vergegenwärtigt werden können. Denn wie der Sohn in der Welt die Autorität des Vaters vergegenwärtigt, so kann der Sohn in der Kirche nicht ohne das Moment der christologischen Autorität vergegenwärtigt werden, was, weil der Sohn den Vater als Mann darstellt, organischerweise nur Männern zufallen kann.

Wie der Mann bei der natürlichen Zeugung durch die Geringheit seines Beitrags verdemütigt wird, so werden Petrus und die übrigen amtlichen Repräsentanten des Herrn dadurch verdemütigt, daß sie als während der Passion Geflohene und Verleugnende in ihren Dienst eingesetzt werden (»da wurde Petrus traurig«; Joh 21,17). Er wird sich das *sacrificium internum* immer neu von der (weiblichen, marianischen) Kirche zu erbitten und auszuleihen haben. Freilich besagt auch seine Einsetzung in den Dienst eine totale Expropriation zugunsten der Kirche und Menschheit. Aber er, der Papst, wird sich immer neu an Maria halten müssen, um seinen Dienst Christus und Gott gegenüber in der kirchlichen Fülle zu versehen.

Man kann zuletzt, auf der neutestamentlich voll begründeten Analogie zwischen dem Verhältnis Mann-Frau und dem Verhältnis äußeres und inneres Priestertum beharrend, deren Untrennbarkeit feststellen. Nur unter dem eucharistischen Kreuz Jesu innerlich mitopfernd wird die Heiligkeit Marias vollendet und kann persönliche Heiligkeit in andern Gliedern der Kirche heranreifen, denn Jesus opfert sich ja nicht für sich selbst, sondern für uns, und der Priester feiert Eucharistie nicht für sich, sondern für Kirche und Welt, wovon er ein Glied ist. Somit ist der personale und weibliche Glaube der Kirche und ihr Opfer nicht in ihr selbst (soziologisch-psychologisch) vollendbar, sondern nur im Einbezogensein in das einmalige Opfer Christi.

Gerhard Lohfink (geb. 1934), Das Priestertum entspricht den Vorgaben des Neuen Testaments

Gottes Volksbegehren. Biblische Herausforderungen, München 1998, 257–267.

Im Priesteramt bündeln sich fast alle Sorgen, die derzeit die Kirche umtreiben. Man könnte die Probleme um das Priesteramt natürlich breitgefächert und differenziert formulieren. Ich formuliere sie aber einmal ganz knapp und schlicht – so wie sie heute von vielen ausgesprochen werden:
Da wird erstens gesagt: Im Neuen Testament gibt es noch gar keine Priester. Die Kirche hat also das Recht, dieses Amt jeweils so zu gestalten, wie die Verhältnisse es erfordern.
Da wird zweitens gesagt: Wir leben nicht mehr in der patriarchalischen Welt des Vorderen Orients, in der die Frauen unterdrückt werden. Das Priesteramt muß endlich auch den Frauen offenstehen.
Da wird drittens gesagt: Das Charisma der Ehelosigkeit kann nicht zum Gesetz gemacht werden. Priester sollten deshalb, wenn sie es wollen, heiraten dürfen.
Da wird viertens gesagt: Jesus wollte nicht, daß seine Jünger unter schweren Lasten seufzen. In seiner jetzigen Form ist das Priesteramt aber zu einer unerträglichen Last geworden.
Ich versuche eine Antwort. Und zwar in der Form der These, der Antithese und der Synthese. Also erstens zur These! Sie lautet:
Das priesterliche Amt, ausgeübt durch den ehelosen Priester, entspricht den Vorgaben und der Sinnrichtung des Neuen Testaments.
Zur Begründung: Es gibt zwar im Neuen Testament selbst noch kein ausgeformtes Priesteramt, wie es schon wenige Jahrzehnte später überall in der Kirche zu finden ist. Aber es gibt die Theologie des Hebräerbriefs. Der Hebräerbrief betrachtet Christus als den Priester schlechthin, in dessen Leben und Sterben alles frühere Priestertum Israels seine Erfüllung gefunden hat.
Und nirgendwo im Neuen Testament wird Christus als reines Individuum gesehen. Er ist vielmehr über seine geschichtliche Einmaligkeit hinaus Urbild, Typos, Präfiguration. Das heißt aber: Er muß sich als Urbild in der Kirche abbilden und ausprägen. Er muß in der Kirche zur Gestalt kommen.
Die Frage, ob Jesus selbst schon Priester geweiht habe – womöglich im Sinne des Konzils von Trient –, geht an der Realität dessen, was Kirche ist, vorbei. Die Kirche ist Gottes neue Schöpfung in der Welt, und Schöpfung geschieht immer als Evolution, als lebendige Ge-

schichte, als Sich-Herausbilden und –Herausformen dessen, was ihr von Gott eingestiftet ist.

Ein für allemal eingestiftet ist der Kirche Jesus Christus. Er ist das Haupt seines Leibes, und die Kirche, sein Leib, soll aufgebaut werden und hinwachsen zu ihrem Haupt. Der Epheserbrief hat das geradezu programmatisch formuliert (Eph 4,7–16).

Die entscheidende Frage ist deshalb nicht, ob Jesus Priester geweiht hat, ob beim Abendmahl auch Frauen anwesend waren oder ob Petrus schon so etwas wie der erste Papst war. Die entscheidende Frage ist vielmehr, wie das, was mit Christus endgültig in die Geschichte gekommen und in ihm neue Schöpfung geworden ist, sich nun in der Kirche abbildet und die richtige Form erhält. Darauf allein kommt es an.

Das Neue Testament sagt klar und eindeutig, daß Jesus Menschen braucht, die mit ihrem ganzem Leben bezeugen, was sie gehört und gesehen haben, und daß diese Zeugen zu Israel gesandt werden und über Israel in die ganze Welt:

Wie mich der Vater gesandt hat, so sende ich euch! (Joh 20,21).

Für diese offizielle, amtliche Zeugenschaft steht im Neuen Testament die Figur der Zwölf. Die Person Jesu und die Figur der Zwölf sind das Neue am Neuen Testament. Es ist eben kein Zufall, daß Jesus sofort mit dem Beginn seines öffentlichen Wirkens Jünger um sich sammelt und aus diesen Jüngern dann zwölf Zeugen auswählt. »Er schuf die Zwölf«, heißt es bei Markus (3,14).

Die Zeugenschaft der Zwölf findet in den kirchlichen Ämtern ihre Fortsetzung. Die Gemeinschaft der Bischöfe und die Gemeinschaft der Priester um ihren jeweiligen Ortsbischof haben sich seit dem Ende des 1. Jahrhunderts als die Form der offiziellen, der amtlichen Zeugen für Christus herausgebildet – und zwar in kürzester Zeit und für die gesamte Kirche.

Das 2. Vatikanum faßt eine uralte kirchliche Tradition zusammen, wenn es sagt, daß der Priester Repräsentant und Abbild Jesu Christi ist. Die entscheidende Formulierung lautet: Er handelt *in persona Christi capitis* – »in der Person Christi, des Hauptes« (Presbyterorum ordinis 2; vgl. Lumen Gentium 10). Diese Formulierung ist sehr glücklich, und sie ist ganz biblisch. Daß die Jünger, die Jesus als offizielle Zeugen zu ganz Israel aussendet, ihn selbst repräsentieren, ist bereits in Lk 10,16 ausgesprochen:

Wer euch hört, der hört mich,

und wer euch ablehnt, der lehnt mich ab;

wer aber mich ablehnt, der lehnt den ab, der mich gesandt hat.

Allerdings muß jeder Priester vor der Aussage, er handle in seinen priesterlichen Funktionen als Abbild Christi, zutiefst erschrecken. Denn er kennt seine eigene Schwäche und seinen Kleinglauben.

Für mich liegt die entscheidende Frage nun darin, was alles zu dem Bild Christi gehört, das durch seine Zeugen abgebildet werden soll. Hier wäre natürlich vieles aufzuzählen. Gehört dazu aber auch, daß Christus ehelos war und daß er ein Mann war? Gehört beides zu der Wirklichkeit der Person Christi, die der Priester abbildet?

Zunächst: Die Ehelosigkeit Jesu war kein bloßes Schicksal und erst recht kein Zufall, sondern sie hängt mit der Mitte seiner Sendung zusammen. Seine Ehelosigkeit war damals wie heute ein Ärgernis. So wie heute Autoren, die mit ihren Büchern das schnelle Geld machen wollen, nicht vor der Abgeschmacktheit zurückschrecken, Maria von Magdala zur Lebensgefährtin Jesu zu machen, schreckten damals seine Gegner nicht vor der Verleumdung zurück, er sei ein Kastrierter.

Jesus hat das böse Wort, er sei ja doch wohl ein Eunuch, aufgegriffen und umgedreht. Er hat gesagt: »Ja, es gibt Menschen, die sich selbst zu Verschnittenen gemacht haben (das heißt: es gibt freiwillig Ehelose) um der Gottesherrschaft willen, und wer es fassen kann, der fasse es« (Mt 19,12).

Jesu Ehelosigkeit ist also kein Randphänomen seiner individuellen Lebensgeschichte, sondern hängt mit seiner absoluten Hingabe an die Gottesherrschaft zusammen, die jetzt kommt. Die Ehelosigkeit gehört in die Personmitte Jesu – und gehört sie damit nicht auch zur Person des Bischofs und des Priesters, wenn es denn wirklich wahr ist, daß beide *in persona Christi* dem Mahl der Eucharistie vorstehen? Und daß Jesus ein Mann war – ist es eine Beliebigkeit? Das Alte und das Neue Testament haben das Gottesvolk fast ausschließlich unter dem Bild der Frau dargestellt: Sie sprechen von der Jungfrau und Tochter Zion, von Israel als der Geliebten Gottes, von der Witwe Jerusalem und von der apokalyptischen Frau, die mit zwölf Sternen umkränzt ist.

Dieses Bildgefüge wird im Epheserbrief aufgegriffen. Christus, heißt es dort, liebt seine Kirche, wie ein Mann seine Frau liebt. Er will, daß sie schön ist, er ernährt sie und gibt sein Leben für sie hin (Eph 5,25–33). Ist das alles beliebig?

Die Entscheidung, wie man solche Bilder gewichten darf, hängt letztlich an der Frage, was eigentlich ein Zeichen, was ein Symbol ist. Der heutige Mensch tut sich mit Symbolen schwer. Sie bleiben für ihn Oberfläche, sind austauschbar, bewegen sich auf der Ebene bloßer Verkehrszeichen und Piktogramme, können nach Belieben manipuliert werden, so wie am Ende des 20. Jahrhunderts nahezu alles manipuliert werden kann. Die Möglichkeiten der Manipulation reichen von der Bildbearbeitung am Computer bis zur Geschlechtsumwandlung.

Die Bibel meint aber mit Zeichen und Symbol etwas anderes. Denken wir etwa an die Zeichenhandlungen Jesu. Sie sind mehr als nur pädagogische Hilfen. Sie stiften selbst neue Wirklichkeit, die Wirklichkeit der schon herbeikommenden Gottesherrschaft, in der die Schöpfung wieder ihren Glanz und ihre Integrität findet. Deshalb sind sie als Zeichen auch nicht beliebig, und sie dürfen nicht manipuliert werden.

Es müßte doch zu denken geben, daß die Kirche es niemals gewagt hat, an die eucharistischen Zeichen von Brot und Wein zu rühren. Sie hat selbst da an Brot und Wein festgehalten, wo sie schwer zu bekommen waren. Brot ist eben etwas anderes als Kuchen, und Wein etwas anderes als Coca Cola.

Es gibt offensichtig in der Kirche Formen, die sich zwar geschichtlich entfaltet haben, in denen aber die Prägung, die der Kirche durch Jesus von Anfang an vorgegeben war, Gestalt geworden ist. Es liegt nicht in der Macht und im Belieben der Kirche, sie zu ändern. In seiner Ehelosigkeit soll der Priester die Ausschließlichkeit Jesu für die Gottesherrschaft widerspiegeln – und in seinem Geschlecht die Hingabe Jesu an die Kirche als an seine einzige Geliebte.

Soviel zur These! Aber nun kommt die Antithese:

Das ganze Volk Gottes ist ein priesterliches Volk. Alle Getauften und Gefirmten sind gesendet, und alle – Priester wie Laien – bilden in diesem Volk die »neue Familie Gottes«.

Ich brauche diese Antithese nicht näher zu begründen, da wir uns hier wohl einig sind. Ich möchte aber auf die Konsequenzen hinweisen.

Was der Kirche von Jesus her eingeprägt ist, soll sich immer deutlicher entfalten und ausformen. Dies kann jedoch nicht bedeuten, daß alle konkreten Ausprägungen kirchlicher Institutionen ewig und unwandelbar sind. Es gibt auch hier geschichtliche Bedingtheiten und dringend Reformbedürftiges, ja es gibt tote Seitenäste der Evolution.

So gehört es mit Sicherheit nicht zum Wesen der Ehelosigkeit des Priesters, daß er als Single lebt. Im Gegenteil! Hier wird eine kranke Existenzform unserer derzeitigen Gesellschaft unreflektiert übernommen, die mit der Kirche als der »neuen Familie Gottes« nichts, aber auch gar nichts zu tun hat.

Und genauso wenig gehört es zum ewigen Wesen der Kirche, daß es für die Nachfolge Jesu einen eigenen Stand gibt, nämlich den Ordensstand, daß hingegen den sogenannten »Durchschnittschristen« in den Pfarreien – Verheirateten wie Unverheirateten – keine Form angeboten wird, die ihnen ermöglicht, in der Nachfolge Jesu zu leben. Wenn wir schon von den Vorgaben sprechen, die Jesus dem Volk Gottes für immer eingestiftet hat, dann doch auch von dem, was er seinen Nachfolgern und Nachfolgerinnen verheißen hat:

Wer Haus, Brüder, Schwestern, Mutter, Vater, Kinder oder Äcker um meinetwillen und um des Evangeliums willen verlassen hat, der wird dafür das Hundertfache erhalten. Schon jetzt in dieser Welt: Häuser, Brüder, Schwestern, Mütter, Kinder und Äcker – wenngleich unter Verfolgungen ... (Mk 10,29–30).

Wo wird es heute wahr, daß jeder, der Priester geworden ist und auf die Gemeinsamkeit in der Ehe verzichtet hat, dafür eine Gemeinde findet mit hundert Müttern, Brüdern, Schwestern und Kindern? Das war doch von Jesus real gemeint!

Und wo wird es wahr, daß sich Eheleute über ihren normalen Beruf hinaus der Kirche mit ihrem ganzen Leben zur Verfügung stellen können, ohne daß ihre Familie dabei zu kurz kommt, weil sie Hilfe haben und getragen sind von hundert anderen, von jener neuen Familie, die Jesus gemeint hat?

Vielleicht gibt es das aber doch! Und wo es das in der Kirche schon gibt – wie eine zarte und noch ständig gefährdete Pflanze –, zeigt sich etwas Merkwürdiges: Dann wird plötzlich deutlich, daß auf dem Boden der Nachfolge zwischen Verheiratetsein und Nicht-Verheiratetsein kaum mehr ein Unterschied besteht: Die Priester leben dann nicht mehr allein, und Eheleute leben nicht mehr nur für sich und ihre eigenen Kinder.

Und es zeigt sich dann handgreiflich, daß die Not der Verheirateten genauso groß ist wie die Not der Priester und daß die Freude der Priester genauso groß ist wie die Freude der Verheirateten.

Und es zeigt sich dann schließlich, daß sie gegenseitig ihre Lasten tragen können und es einfach nicht stimmt, daß die Nachfolge Jesu eine unerträgliche Last sei.

Ich hatte Mk 10 zitiert: »hundert Häuser, hundert Brüder, hundert Schwestern, hundert Mütter, hundert Kinder, hundert Äcker«. Seltsamerweise werden im Nachsatz die Väter nicht mehr genannt. Das kann kein Zufall sein. Die Väter stehen in diesem Jesuswort für den Patriarchat, für die alte Gesellschaft, in der allein der Mann herrscht und bestimmt. Jesus hat seine Kirche nicht als Männerkirche gewollt. Er wollte nicht eine Herrschaft der Väter, wie sie im Orient selbstverständlich war.

Daß der Priester Mann sein muß, weil er Christus abbilden soll, kann also keinesfalls Männerherrschaft meinen. Der Priester darf vom Neuen Testament her gerade nicht der sein, der alles verfügt, alles weiß, alles kann, alles beherrscht. Er ist die Verdichtung, das Zeichen des dienenden Jesus inmitten seines Volkes. Ihm ist aufgegeben, *in persona Christi* vor der Gemeinde zu stehen – aber das heißt nun eben nicht, daß es neben ihm keine anderen Begabungen, keine Charismen, kein Heilswissen mehr gäbe. Er steht inmitten vieler anderer Frauen und Männer, die ihr Können und ihre Erfahrung in den Aufbau der Gemeinde einbringen.

Ich glaube, daß die Feministinnen mit ihrer Rebellion gegen eine reine Männerkirche recht haben. Aber ihre Therapie ist falsch. Die Therapie darf nicht heißen:»Alle Unterschiede nivellieren, alles Zeichenhafte der Schöpfung plattwalzen!«, sondern:»Lebendige Gemeinden, in denen es viele Charismen gibt und Möglichkeiten der Nachfolge für alle!«

Unter dem Punkt Antithese wäre noch vieles zu sagen. Dazu fehlt mir die Zeit. Aber es ist wohl schon deutlich geworden: Wir dürfen uns nicht einbilden, so wie die Kirche heute ist, so wie unsere Gemeinden heute sind, wäre schon das erreicht, was Jesus der Kirche eingestiftet hat.

Und wie könnte nun drittens die Synthese aussehen?

In welche Richtung sie gehen müßte, ist schon angeklungen. Ich möchte über die notwendige Synthese deshalb nun nicht mehr theoretisch reden, sondern zum Schluß einfach ein Bild vor Augen stellen, das uns Lukas geschenkt hat.

Es stammt aus dem 1. Kapitel der Apostelgeschichte. Der Pfingsttag steht bevor. Die junge Gemeinde hat sich in einem Jerusalemer Festgemach versammelt und wartet auf den Heiligen Geist. Lukas zeichnet das Bild der Versammelten in einer wunderbar klaren und anschaulichen Sprache. Deshalb ist dieses Bild auch über die Jahrhunderte hin immer wieder gemalt worden.

Lukas macht mit diesem Bild keine historische Momentaufnahme. Er will der Kirche vielmehr ein Urbild vor Augen stellen, eine Präfiguration, an der sie stets Maß nehmen soll. Was zeigt das Bild?

Es zeigt zunächst einmal die Zwölf. Ihre Zahl ist durch die Zuwahl des Matthias wieder vervollständigt worden, denn sie sollen ja der Anfang und die Mitte des endzeitlichen Zwölf-Stämme-Volkes sein. Die Zwölf sind von Jesus gesandt, Israel zu sammeln. Sie verkörpern also das Amt. Sie sind die Mitte der Versammlung, die Mitte der Ekklesia. Ihre Namen werden eigens genannt, denn die Sache Jesu, für die sie offizielle Zeugen geworden sind, kann nur von Angesicht zu Angesicht, von Person zu Person weitergegeben werden. Gott hat seine Kirche nicht auf Prinzipien, sondern auf Menschen gebaut.

Aber diese Zwölf sind eben nicht für sich, getrennt von den *anderen* – sozusagen in einem eigenen Tagungsraum. Um sie herum sind die anderen, insgesamt 120 Personen. Es ist also eine überschaubare Versammlung. Jeder kennt jeden. Jeder kennt die Schwächen, die Sorgen, die Not und auch die Freude der anderen.

Wichtig ist nun, daß Lukas, bei dem jedes Wort überlegt ist, nach der Aufzählung der Namen der Zwölf als erstes von »den Frauen« spricht und von Maria, der Mutter Jesu. Er meint vor allem die Frauen, die Jesus genau wie die übrigen Jünger schon von Galiläa her gefolgt waren, die sich seiner Sammlungsbewegung angeschlossen hatten und seine Sache mit ihrer ganzen Kraft unterstützt hatten (Lk 8,1–3).

Warum spricht Lukas sofort nach der Apostelliste von den »Frauen«? Offenbar will er mit allen Mitteln verhindern, daß man das Urbild von Ekklesia, das er zeichnet, als Männerkirche mißverstehen könnte. Die spätere Ikonographie hat diese Tendenz noch verstärkt, indem sie Maria in der Mitte der Versammlung sitzen läßt und die Zwölf im Kreis um sie herum.

Und dann wird noch eine dritte Gruppe genannt: die Verwandten Jesu. Auch sie sind jetzt dabei, obwohl es noch nicht lange her ist, daß sie versucht hatten, die öffentliche Wirksamkeit Jesu zu unterbinden und ihn in häuslichen Gewahrsam zu nehmen. Lukas will damit sagen: Der Tod und die Auferweckung Jesu haben alles verändert. Die Kirche als neue Schöpfung Gottes beginnt, und in ihr fügt sich auch die natürliche Familie in die neue Familie der Ekklesia ein, so daß auch sie verwandelt und erlöst werden kann.

In diesem Bild des Lukas steckt eine ganze Amtstheologie. Das apostolische Amt: nicht über der Kirche, nicht neben der Kirche, sondern inmitten der einen Versammlung, eingebaut in das neue Leben einer neutestamentlich gefügten Gemeinde.

Denn was Lukas da schildert, ist ja nicht nur eine Gebetsversammlung, die sich zu einer halbstündigen Novene am Abend getroffen hat. Es sind Menschen, die ihr Leben miteinander teilen und die all ihre Lasten gemeinsam tragen. Die Amtsträger bleiben Amtsträger, aber sie leben mitten in der Gemeinde und haben ihr Leben mit dem Leben der Gemeinde verknüpft. Dann, und nur dann, kann auch das Jesuswort vom sanften Joch und der leichten Bürde wahr werden. Dann wird es allerdings auch wahr.

IV. Der Empfänger des geistlichen Amtes in Aussagen der Reformatoren und als ökumenische Herausforderung

1. Texte der Reformatoren

Martin Luther, An den christlichen Adel deutscher Nation von des christlichen Standes Besserung (1520)

Seit der protestantischen Reformation des 16. Jahrhunderts ist die Natur des kirchlichen Dienstamtes umstritten. Dies hat erhebliche Auswirkungen für die Frage nach dem Empfänger des Weihesakraments bzw. der Bestellung zum evangelischen Predigtamt. Für Luther besteht aufgrund seiner Konzeption des allgemeinen Priestertums kein Unterschied zwischen Laien und Priestern aufgrund des Weihesakraments. Es ist kein Unterschied des Standes (d.h. aufgrund der sakramentalen Weihe), sondern nur des Amtes. Aus den Priestern, die durch die apostolische Nachfolge der Bischöfe Anteil haben an der Sendung des geschichtlichen Jesus von Nazaret in der Kraft des Geistes des erhöhten Herrn, werden Träger eines ihnen von der Gemeinde übertragenen Amtes, das allerdings im Sakrament der Taufe begründet ist, in der alle schon zu »Priestern« geweiht worden sind. Der Unterschied zwischen Taufsakrament und Weihesakrament besteht nicht mehr, weil es nach Luther das Weihesakrament als wahres und eigentliches, von der Taufe und anderen Sakramenten verschiedenes Sakrament nicht gibt. Ordination bedeutet jetzt nur noch juridische Amtseinweisung durch irgendeine höhere Autorität, während die zum terminus technicus gewordenen Begriffe sacramentum ordinis wie auch ordinare (begriffsgeschichtlich) in der katholischen Tradition das geistverleihende Bestellen zum Priestersein bzw. auch die Segensgeste zu einem nichtsakramentalen Amt oder zur Lebensform nach den evangelischen Räten bedeutet. Wenn Luther dennoch den Frauen die Wahrnehmung des Predigtamtes versagt, kann er das nicht aus dem Weihesakrament begründen, sondern nur mit einer positiven Anordnung des Apostels, der Frauen vom Predigtamt »ausgeschlossen« hat.

WA 6, 407f.

Denn alle Christen sind wahrhaft geistlichen Standes, und ist unter ihnen kein Unterschied denn des Amts willen ... Demnach so werden wir allesamt durch die Taufe zu Priestern geweihet, wie St. Peter, 1 Petr 2,9 sagt »Ihr seid ein königlich Priestertum und ein priesterlich Königreich«, und die Offenbarung: »Du hast uns gemacht durch dein Blut zu Priestern und Königen.« Denn wo nicht eine höhere Weihe in uns wäre, denn der Papst oder Bischof gibt, so würde nimmermehr durch des Papstes oder Bischofs Weihen ein Priester gemacht, könnte auch weder Messe halten, noch predigen, noch absolvieren. Darum ist des Bischofs Weihe nichts anderes, denn als wenn er an Statt und Person der ganzen Versammlung einen aus dem Haufen nähme – die alle

gleiche Gewalt haben – und ihm beföhle, dieselbe Gewalt für die andern auszurichten, gleich als wenn zehn Brüder, Königs Kinder und
gleiche Erben, einen erwählten, das Erbe für sie zu regieren; sie wären
alle Könige und gleicher Gewalt, und doch einem zu regieren befohlen wird. Und daß ich's noch klarer sage; wenn ein Häuflein frommer
Christenlaien würden gefangen und in eine Wüstenei gesetzt, die
nicht bei sich hätten einen von einem Bischof geweihten Priester, und
würden allda der Sache eins, erwählten einen unter sich, er wäre ehe-
lich oder nicht; und beföhlen ihm das Amt, zu taufen, Messe zu halten, zu absolvieren und predigen, der wäre wahrhaft ein Priester, als
ob ihn alle Bischöfe und Päpste hätten geweihet (...) Denn was aus der
Taufe gekrochen ist, das mag sich rühmen, daß es schon zum Priester,
Bischof und Papst geweihet sei, obwohl nicht einem jedem ziemt,
solch Amt zu üben (...) Drum sollte ein Priesterstand nicht anders sein
in der Christenheit denn als ein Amtmann: dieweil er im Amt ist, geht
er vor: wo er abgesetzt, ist er ein Bauer und Bürger wie die andern.
Ebenso wahr wahrhaftig ist ein Priester nicht mehr Priester, wo er abgesetzt wird. Aber nun haben sie erdichtet caracteres indelebiles und
schwätzen, daß ein abgesetzter Priester dennoch etwas anders sei
denn ein schlichter Laie (...) So folgt aus diesem, daß Laien, Priester,
Fürsten, Bischöfe und wie sie sagen »Geistliche« und »Weltliche« keinen anderen Unterschied im Grunde wahrlich haben, den des Amtes
oder Werkes halben und nicht des Standes halben.

Martin Luther, De captivitate babylonica ecclesiae (1520)

WA 6, 560.

De Ordine.
Hoc sacramentum Ecclesia Christi ignorat, inventumque est ab Ecclesia Papae.

Über den Ordo:
Dieses Sakrament kennt die Kirche Christi nicht und ist eine Erfindung der Kirche des Papstes.

Martin Luther, Von den Konziliis und Kirchen (1539)

WA 50, 632f.

Mit Berufung auf göttliches Gebot in der Heiligen Schrift sieht Luther Frauen von Bischofs- und Pfarramt ausgeschlossen.

Zum fuenfften kennet man die Kirche eusserlich da bey, das sie Kirchen diener weihet oder berufft oder empter hat, die sie bestellen sol, Denn man mus Bisschove, Pfarrher oder Prediger haben, die oeffentlich und sonderlich die obgenanten vier stueck odder heilthum geben, reichen und uben, von wegen und im namen der Kirchen, viel mehr aber aus einsetzung Christi, wie S. Paulus Ephe. 4. sagt: ›Dedit dona hominibus‹ (Eph. 4,8 und Ps 68,19). Er hat gegeben etlich zu Aposteln, Propheten, Evangelisten, Lerer, Regirer etc. Denn der hauffe gantz kan solchs nicht thun, sondern muessens einem befelhen oder lassen befolhen sein. Was wolt sonst werden, wenn ein jglicher reden oder reichen wolt, und keiner dem andern weichen. Es mus einem allein befolhen werden, und allein lassen predigen, Teuffen, Absolvirn und Sacrament reichen, die andern alle des zufrieden sein und drein willigen. Wo du nu solchs sihest, da sey gewis, das da Gottes Volck und das Christlich heilig Volck sey.
War ists aber, das in diesem stueck der heilige Geist ausgenomen hat Weiber, Kinder und untuechtige Leute, sondern allein tuechtige mans Personen hiezu erwelet (ausgenomen die not), wie man das lieset in S. Pauli Episteln (1 Tim 3,2; Tit 1,6) hin und wider, das ein Bisschoff sol lerhafftig, from und eines Weibes man sein, Und 1. Cor. 14.: ›Weib sol nicht leren im Volck.‹ Summa, es sol ein geschickter, auserwelter man sein, dahin Kinder, Weiber und ander Personen nicht tuechtig, ob sie wol tuechtig sind, Gottes wort zu hoeren, Tauffe, Sacrament, Absolution zu empfahen und rechte heilige Christen mit sind, wie S. Petrus sagt (1 Petri 3,7). Denn solch unterscheid auch die natur und Gottes Creatur gibt, das weiber (viel weniger Kinder oder Narren) kein Regiment haben koennen, noch sollen, wie die erfarung gibt und Mose Gen. 3. spricht: ›du solt dem Man unterthan sein‹ (1. Mose 3,16), das Evangelion aber solch natuerlich recht nicht auffhebt, sondern bestetigt als Gottes ordnung und geschepffe.

Reformierte Kirche Schottlands, Confessio fidei et doctrinae, De recta administratione Sacramentorum Cap. 22

Bekenntnisschriften und Kirchenordnungen der nach Gottes Wort reformierten Kirche, hrsg. von Wilhelm Niesel, München 1938, 111.

In diesem Bekenntnis werden zwei Bedingungen für die rechte Verwaltung der Sakramente genannt: die Legitimität der Bestellung ihrer Verwalter und die rechte Form mit den dazugehörigen Elementen, die Gott selbst eingesetzt hat. Beides wird den Priestern der katholischen Kirche abgesprochen. Dazu komme noch, daß die »Papisten« entgegen dem göttlichen Gebot, die Frauen als Spenderinnen der Nottaufe zulassen, woraus die Ungültigkeit dieser Taufen folgen würde. Dies widerspricht jedoch der verbindlichen katholischen Lehre.

Eaque causa est, cur in Sacramentorum participatione a Papisticae Ecclesiae Communione abhorremus. Primum, quod eorum ministri Christi ministri non sunt, et (quod longe detestabilius est) foeminis, quas Spiritus Sanctus ne docere quidem in Ecclesia patitur, illi permittunt, ut etiam Baptismum administrent.

Eben der Grund, warum wir in der Teilnahme der Sakramente von der Gemeinschaft der papistischen Kirche zurückschrecken, ist zuerst, daß ihre Diener nicht Diener Christi sind, und daß sie dann (was bei weitem abscheulicher ist) Frauen, die der Heilige Geist in der Kirche nicht einmal zu lehren duldet, erlauben, die Taufe zu verwalten (spenden).

2. Neuere Dokumente des ökumenischen Dialogs zum geistlichen Amt

Bericht der Gemeinsamen Kommission der Römisch-Katholischen Kirche und des Weltrates Methodistischer Kirchen 1976 (»Dublin-Bericht«)

Dokumente wachsender Übereinstimmung. Sämtliche Berichte und Konsenstexte interkonfessioneller Gespräche auf Weltebene 1931–1982, hrsg. und eingeleitet von Harding Meyer, Hans Jörg Urban, Lukas Vischer, Paderborn/Frankfurt a.M. 1983, M–RK/2, 446f.

101. Auch für Methodisten ist es die Regel, daß der ordinierte Amtsträger der Eucharistie vorsteht. »Die Eucharistie, die das ganze Evangelium in sakramentaler Weise darstellt, ist der repräsentative Akt der ganzen Kirche, und es ist angemessen, daß der amtliche Repräsentant darin den Vorsitz hat«. Doch bedeutet dies nicht, daß eine Eucharistie nur gültig ist, wenn ein ordinierter Amtsträger sie leitet. Man ist daher der Auffassung, daß die Regel Ausnahmen zuläßt; wenn die Konferenz einer Situation gegenübersteht, in der die Mitglieder der Kirche in die Gefahr kommen, der Eucharistie beraubt zu werden, weil es keine ordinierten Amtsträger in der Nähe gibt, erteilt sie aus diesem Grunde einem Laien die Erlaubnis (in einem besonderen Bereich und für einen bestimmten Zeitraum), der Eucharistie vorzustehen. Dies kommt selten vor, und es ist eine Praxis, die ständig überprüft wird.

Bericht einer Sondersitzung der Gemeinsamen Anglikanisch/Orthodoxen Theologischen Kommission 1978 (»Athen-Erklärung«)

Dokumente wachsender Übereinstimmung 1931–1982, A–O/2, 91–94.

III. Die orthodoxe Einstellung zur Ordination von Frauen zum geistlichen Amt

Die orthodoxen Mitglieder der Kommission geben einmütig folgende Stellungnahme ab:
5. Gott schuf die Menschheit nach seinem Bilde als Mann und Frau mit einer Vielfalt von Funktionen und Gaben. Diese Funktionen und Gaben sind komplementär, aber – wie Paulus unterstreicht (1 Kor 12) – nicht alle untereinander austauschbar. Im Leben der Kirche wie

auch im Familienleben hat Gott bestimmte Aufgaben und Dienstformen besonders dem Mann und andere – die zwar anders aber nicht weniger wichtig sind – der Frau zugewiesen. Christen haben allen Grund dazu, sich gewissen Zeitströmungen zu widersetzen, die Männer und Frauen in ihren Funktionen und Rollen austauschbar machen und damit zu einer Entmenschlichung des Lebens führen.

6. Die Orthodoxe Kirche verehrt eine Frau, die Heilige Jungfrau Maria, die Theotokos, als die Gott am nächsten stehende menschliche Person. In der orthodoxen Tradition gibt man weiblichen Heiligen Titel wie »*megalomartys*« (großer Märtyrer) und »*isapostolos*« (den Aposteln gleich). Daraus sieht man ganz deutlich, daß die Orthodoxe Kirche Frauen in keiner Weise als vor Gott ihrem Wesen nach zweitrangig ansieht. Männer und Frauen sind gleich, aber andersartig, und wir müssen diese Unterschiedlichkeit der Gaben anerkennen. Sowohl im eigenen Kreise als auch im Dialog mit anderen Christen sehen die Orthodoxen es als Pflicht der Kirche an, Frauen mehr Gelegenheit zu geben, ihre besonderen »*charismata*« (Gaben) zum Wohle des ganzen Gottesvolkes einzusetzen. Zu den von Frauen in der Kirche ausgeübten Diensten (*diakoniai*) gehören folgende:

a) Dienste diakonischer und humanitärer Art, einschließlich seelsorgerlicher Betreuung von Kranken und Bedürftigen, Flüchtlingen und vielen anderen, verbunden mit verschiedenen Formen sozialer Verantwortung;

b) Dienste des Gebets und der Fürbitte, des geistlichen Beistands und der geistlichen Begleitung, besonders – aber nicht ausschließlich in Verbindung mit klösterlichen Gemeinschaften;

c) Dienste in Verbindung mit Unterricht und Unterweisung, besonders im Bereich des missionarischen Wirkens der Kirche;

d) Dienste in Verbindung mit kirchlicher Verwaltung.

Dies soll keine vollständige Aufzählung sein. Sie weist vielmehr auf einige Bereiche hin, wo unserer Meinung nach Männer und Frauen dazu aufgerufen sind, gemeinsam im Dienste des Reiches Gottes zu arbeiten, und wo die vielen Charismata des Heiligen Geistes frei und fruchtbar zur Auferbauung von Kirche und Gesellschaft beitragen können.

7. Frauen können zwar diese Vielfalt von Diensten ausüben, aber es ist für sie nicht möglich, zum Priesteramt zugelassen zu werden. Die Ordination von Frauen zum geistlichen Amt ist eine Neuerung, der jegliche Grundlage in der Heiligen Tradition fehlt. Die Orthodoxe Kirche nimmt die Ermahnung des heiligen Paulus sehr ernst, wo der Apostel zweimal mit Nachdruck sagt: »Aber selbst wenn wir oder ein Engel vom Himmel euch ein Evangelium predigen würden, das anders ist, als wir es euch gepredigt haben, der sei verflucht. Wie wir eben gesagt haben, so sage ich noch einmal: Wenn jemand euch ein

Evangelium predigt, das anders ist, als ihr es empfangen habt, der sei verflucht« (Gal 1,8–9). Seit der Zeit Christi und der Apostel hat die Kirche nur Männer zum Priesteramt ordiniert. Christen sind heute dazu verpflichtet, dem Beispiel unseres Herrn, dem Zeugnis der Schrift und der beständigen und unveränderlichen zweitausendjährigen Praxis der Kirche treu zu bleiben. In dieser beständigen und unveränderlichen Praxis sehen wir den Willen Gottes offenbart, und wir wissen, daß der Heilige Geist sich nicht widerspricht.

8. Die Heilige Tradition ist nicht statisch, sondern lebendig und schöpferisch. Die Tradition wird von jeder aufeinanderfolgenden Generation in der gleichen Weise empfangen, doch jeweils in ihrer eigenen Situation, und wird so durch die ständig erneuerte Erfahrung des Volkes Gottes bestätigt und bereichert. Auf der Grundlage dieser erneuerten Erfahrung lehrt der Heilige Geist uns, stets auf die Nöte der jeweiligen Zeit und Welt einzugehen. Der Geist bringt uns keine neue Offenbarung, sondern er befähigt uns dazu, die ein für allemal in Jesus Christus offenbarte und in der Kirche ständig gegenwärtige Wahrheit neu zu leben. Es ist daher wichtig, zwischen Neuerungen und der schöpferischen Kontinuität der Tradition zu unterscheiden. Wir Orthodoxe sehen die Ordination von Frauen nicht als Teil dieser schöpferischen Kontinuität, sondern als eine Verletzung des apostolischen Glaubens und der apostolischen Ordnung der Kirche.

9. Bei der Ordination von Frauen zum Priesteramt geht es nicht einfach um einen kanonischen Punkt kirchlicher Struktur, sondern um die Grundlage des christlichen Glaubens, wie sie in den Ämtern der Kirche zum Ausdruck kommt. Wenn die Anglikaner weiterhin Frauen zum geistlichen Amt ordinieren, wird dies eine entschieden negative Auswirkung auf die Frage der Anerkennung des geistlichen Amtes in der Anglikanischen Kirche haben. Diejenigen orthodoxen Kirchen, die das geistliche Amt in der Anglikanischen Kirche teilweise oder vorläufig anerkannt haben, haben dies aufgrund der Annahme getan, daß die Anglikanische Kirche die apostolische Sukzession bewahrt hat; und die apostolische Sukzession ist nicht nur eine Kontinuität im äußeren Zeichen der Handauflegung, sondern sie bedeutet Kontinuität im apostolischen Glauben und geistlichen Leben. Durch die Ordination von Frauen würden die Anglikaner sich von dieser Kontinuität lösen, und bereits vollzogene Akte der Anerkennung seitens der Orthodoxen müßten daher überprüft werden.

10. »Wenn ein Glied am Leibe leidet, so leiden alle anderen Glieder mit« (1 Kor 12,26). Wir Orthodoxe können die anglikanischen Vorschläge zur Frauenordination nicht als eine rein interne Angelegenheit betrachten, die die Orthodoxen nicht betrifft. Im Namen unseres gemeinsamen Herrn und Heilandes Jesus Christus bitten wir unsere

anglikanischen Brüder dringend, keine weiteren Schritte in dieser Sache zu unternehmen, die bereits innerhalb der Anglikanischen Kirchengemeinschaft zu Spaltungen geführt hat und die für all unsere Hoffnungen auf Einheit zwischen dem Anglikanismus und der Orthodoxie einen verheerenden Rückschlag bedeuten würde. Wenn der Dialog weitergeführt wird, würde er offenkundig einen völlig anderen Charakter annehmen.

IV. Anglikanische Stellungnahme zur Ordination von Frauen zum geistlichen Amt

11. Die anglikanischen Mitglieder der Kommission sind sich einig in ihrem Bestreben, die Tradition des Evangeliums, von der die Propheten und die Apostel zeugen, anzunehmen und zu bewahren und ihr im Leben der Kirche treu zu bleiben. Sie sind jedoch unterschiedlicher Meinung hinsichtlich der Art und Weise, wie diese Tradition auf die Herausforderungen der Welt eingehen sollte, inwieweit die Tradition sich weiter entwickeln und verändern kann und nach welchen Kriterien bestimmt werden soll, welche Entwicklungen innerhalb der Tradition legitim und angemessen sind. Im Blick auf die Ordination von Frauen sind die Meinungsverschiedenheiten innerhalb unserer Kirchengemeinschaft jetzt besonders akut und deutlich geworden, wo die Überzeugungen der Befürworter in bestimmten nationalen Kirchen in die Praxis umgesetzt worden sind.

12. Zu dieser Frage gibt es eine Vielfalt von verschiedenen Standpunkten, die auch in den beiden der Kommission zur Erörterung unterbreiteten anglikanischen Arbeitspapieren zum Ausdruck kam. Die einen glauben, daß die Ordination von Frauen zum geistlichen Amt und zum Bischofsamt in keiner Weise mit einem rechten Verständnis der Katholizität und Apostolizität der Kirche vereinbar ist, sondern vielmehr eine schwerwiegende Entstellung des traditionellen Glaubens und der traditionellen Ordnung der Kirche darstellt. Daher hoffen sie, daß diese Praxis durch die Führung durch den Heiligen Geist wieder eingestellt wird. Andere dagegen glauben, daß die bereits vollzogenen Entscheidungen eine angemessene Erweiterung und Weiterentwicklung im traditionellen Amt der Kirche darstellen sowie eine notwendige und prophetische Antwort auf die sich verändernden Umstände, unter denen einige Kirchen leben. Sie hoffen, daß diese Entscheidungen unter der Führung des Heiligen Geistes zur gegebenen Zeit allgemein anerkannt werden. Andere wiederum bedauern die Art und Weise, in der die gegenwärtigen Entscheidungen getroffen wurden und meinen, der Zeitpunkt sei nicht günstig und die Methode sei einer solchen Entscheidung nicht angemessen gewesen, obwohl

sie keine absoluten Einwände dagegen haben. Einige von ihnen hoffen, daß man über die gegenwärtige Situation hinaus einen Weg finden wird, um Männern und Frauen einen je eigenen und komplementären Beitrag zum ordinierten Amt in der Kirche zu ermöglichen.

13. Die gegenwärtige Krise in unseren Gesprächen mit den Orthodoxen hat uns alle dazu gewungen, noch einmal zu bedenken, auf welche Weise in unserer Kirchengemeinschaft Beschlüsse über Fragen von so grundsätzlicher Bedeutung getroffen werden. Inwieweit sollte bei solchen Fragen dem Beschluß ein Konsensus vorausgehen; inwiefern kann die Erfahrung solcher Beschlüsse selbst zu einem neuen Konsensus führen? Welche Methoden der Entscheidung und Erörterung sind für solche Fragen angemessen? Sollten die Synoden einzelner Kirchenprovinzen die Freiheit haben, Entscheidungen in Fragen zu treffen, die nicht nur die ganze Anglikanische Kirchengemeinschaft, sondern auch unsere Beziehungen zu allen anderen Kirchen betreffen? Wird der traditionelle anglikanische Anspruch, keine spezifisch anglikanischen Schriften, Glaubensbekenntnisse, Sakramente und Ämter zu haben, sondern nur die der universalen Kirche, durch Beschlüsse dieser Art in Frage gestellt? Welche ekklesiologische Bedeutung hat die Tatsache, daß wir jetzt ein geistliches Amt haben, das innerhalb unserer eigenen Kirchengemeinschaft nicht allgemein anerkannt wird? Wo liegt in solchen Fragen unsere Autorität? Wir möchten den Antworten auf diese Frage nicht vorgreifen. Wir halten es aber für entscheidend, daß man sich ihnen stellt und sie beantwortet.

14. Bei unseren Diskussionen auf dieser Tagung haben wir festgestellt, daß man bereit ist, aufeinander zu hören, die Standpunkte der anderen zu respektieren und auf das zu hören, was diejenigen sagen, mit denen man nicht übereinstimmt. Dadurch ist die Diskussion über dieses Thema auf eine begrüßenswerte Ebene eines ernsthaften theologischen Austausches gehoben worden, der uns dazu verholfen hat, eine gemeinsame Redeweise zu finden. Es ist uns auch eine neue Hoffnung geschenkt worden, daß Gott uns durch unsere gegenwärtigen Spaltungen hindurch einen Weg zeigen wird. Für uns gehört es zu unserer Verantwortung gegenüber dem Evangelium und zu unserem Gehorsam gegenüber unserem Herrn Jesus Christus, dem einzigen Herrn der Kirche, den Dialog miteinander und auch mit allen unseren christlichen Brüdern, die zu einem Gespräch mit uns bereit sind, weiterzuführen. Wir sind unseren orthodoxen Brüdern dankbar für ihren Beitrag zu unseren Überlegungen zu dieser Frage, und wir freuen uns auf die Fortführung unserer Gespräche mit ihnen. Es besteht bei uns kein Zweifel darüber, daß es im Blick auf die Stellung von Männern und Frauen im Dienst (*diakonia*) der christlichen Kirche und ihrem Auftrag gegenüber der Welt noch weite Bereiche zu erforschen gibt.

Amt und Ordination: Erläuterung Salisbury 1979

Dokumente wachsender Übereinstimmung 1931–1982, A–RK/3 Erl., 155, 158.

Meinungsäußerungen und Stellungnahmen

1. Nach der Veröffentlichung der Erklärung »Amt und Ordination« gingen der Kommission wiederum Meinungsäußerungen und Stellungnahmen zu, unter denen die folgenden nach ihrer Meinung von besonderem Interesse sind.

Es wurde angemerkt, daß bei der Eröterung des Amtes dem Priestertum des ganzen Volkes Gottes keine genügende Aufmerksamkeit geschenkt worden sei, so daß das Dokument einen zu klerikalen Akzent aufweise. (...)

Die Ordination von Frauen

5. Seit der Veröffentlichung der Erklärung haben hinsichtlich der Ordination von Frauen sehr rasche Entwicklungen stattgefunden. In den Kirchen der Anglikanischen Gemeinschaft, in denen die Ordination von Frauen auf kanonische Weise stattgefunden hat, sind die betreffenden Bischöfe der Meinung, daß ihre Handlung kein Abweichen von der traditionellen Lehre des ordinierten Amtes bedeutet (wie sie z.b. in der Erklärung entfaltet ist). Gewiß erkennt die Kommission, daß die Ordination von Frauen der Versöhnung unserer beiden Gemeinschaften für die Römisch-Katholische Kirche ein neues und schweres Hindernis in den Weg gelegt hat (vgl. Brief von Papst Paul VI. an Erzbischof Donald Coggan, 23. März 1976, AAS 68); sie meint jedoch, daß die Grundsätze, auf denen ihre lehrmäßige Übereinstimmung beruht, durch solche Ordinationen nicht angetastet werden; denn hier ging es um den Ursprung und das Wesen des ordinierten Amtes und nicht um die Frage, wer ordiniert werden kann und wer nicht. So substantiell die Einwände gegen die Ordination von Frauen auch sein mögen, sie sind von einer anderen Art als die Einwände, die in der Vergangenheit gegen die Gültigkeit der anglikanischen Weihen im allgemeinen erhoben wurden.

Das geistliche Amt in der Kirche. Bericht der Gemeinsamen
Römisch–katholischen/Evangelisch–lutherischen Kommission,
Lantana/Florida 13.3.1981

Dokumente wachsender Übereinstimmung 1931–1982, L–RK/5, 337f.

25. Die Kirche ist berufen, das Bild einer von Gottes neuschaffendem
Geist bestimmten Gesellschaft darzustellen. Das muß sich auch in der
Art der Gemeinschaft von Männern und Frauen in der Kirche zeigen.
Sowohl Männer als auch Frauen können einen spezifischen Beitrag
innerhalb des Dienstes des Volkes Gottes leisten. Die Kirche ist angewiesen auf die besondere Art des Dienstes, der von Frauen verwirklicht werden kann, ebenso auf den von Männern wahrgenommenen
Dienst. »Da heute die Frauen eine immer aktivere Funktion im
ganzen Leben der Gesellschaft ausüben, ist es von großer Wichtigkeit,
daß sie auch an der verschiedenen Bereichen des Apostolates der Kirche wachsenden Anteil nehmen«. In diesem Zusammenhang wird die
Frage der Zulassung der Frau zum ordinierten Amt gestellt. Sie wird
in unseren Kirchen allerdings unterschiedlich beantwortet und stellt
ein noch nicht gelöstes Problem dar. In allen Bemühungen um eine
gemeinsame Auffassung tritt immer mehr die Bedeutung der theologischen Hermeneutik ins Licht. Unsere Frage kann nicht nur als ein
spezieller Punkt der Theologie des Amtes angesehen werden, sondern
hängt unlösbar mit einer Reihe anderer theologischer Vorentschei-
dungen zusammen. Die Divergenz der Meinungen, die sich bezüglich
unserer Frage in den Kirchen zeigt, deckt sich nicht völlig mit den
konfessionellen Grenzen.
Von den *lutherischen Kirchen*, die die Ordination von Frauen eingeführt haben, läßt sich allgemein feststellen, daß sie weder im dogmatischen Verständnis noch im Blick auf die Ausübung eine Veränderung des geistlichen Amtes beabsichtigen. Da sich die neue Praxis der
Frauenordination in den lutherischen Kirchen ausbreitet, wächst die
Notwendigkeit, den Dialog mit den sich widerstreitenden Auffassungen sowohl unter sich wie mit der Katholischen Kirche zu vertiefen.
Die *Katholische Kirche* sieht sich gemäß ihrer Praxis und Lehre nicht
berechtigt, Frauen zur Priesterweihe zuzulassen. Gleichwohl ist es ihr
möglich, einen Konsens über das Wesen des Amtes und seine Bedeutung zu erstreben, ohne daß die unterschiedliche Auffassung hinsichtlich der zu ordinierenden Personen einen solchen Konsens und
seine praktischen Konsequenzen für eine werdende Einheit der Kirche grundsätzlich in Frage stellen würde.

Dokumente wachsender Übereinstimmung 1931–1982, FO/A, 573, 584.

D. Das Amt von Männern und Frauen in der Kirche

18. Wo Christus gegenwärtig ist, sind menschliche Schranken durchbrochen. Die Kirche ist berufen, der Welt das Bild einer neuen Menschheit zu vermitteln. In Christus ist nicht Mann noch Frau (Gal 3,28). Frauen wie Männer müssen ihren Beitrag zum Dienst Christi in der Kirche entdecken. Die Kirche muß den Dienst erkennen, der von Frauen verwirklicht werden kann, ebenso wie den, der von Männern geleistet werden kann. Ein tiefergreifendes Verständnis des umfassenden Charakters des Dienstes, das die gegenseitige Abhängigkeit von Männern und Frauen widerspiegelt, muß noch breiter im Leben der Kirche zum Ausdruck kommen.

Obwohl die Kirchen sich in dieser Notwendigkeit einig sind, ziehen sie daraus unterschiedliche Folgerungen bezüglich der Zulassung von Frauen zum ordinierten Amt. Eine zunehmende Zahl von Kirchen hat entschieden, daß weder biblische noch theologische Gründe gegen die Ordination von Frauen sprechen, und viele von ihnen haben inzwischen Frauen ordiniert. Viele Kirchen sind jedoch der Meinung, daß die Tradition der Kirche in dieser Hinsicht nicht geändert werden darf.

Kommentar (18)

Diejenigen Kirchen, die Frauen ordinieren, tun dies aus ihrem Verständnis des Evangeliums und des Amtes heraus. Es beruht für sie auf der tiefen theologischen Überzeugung, daß es dem ordinierten Amt der Kirche an Fülle mangelt, wenn es auf ein Geschlecht beschränkt ist. Diese theologische Überzeugung wurde verstärkt durch ihre Erfahrung in den Jahren, in denen sie Frauen in ihr ordiniertes Amt einbezogen haben. Sie haben erfahren, daß die Gaben der Frauen so breit gestreut und vielseitig sind wie die der Männer und daß ihr Amt vom Heiligen Geist in ebenso vollem Maße gesegnet ist wie das Amt der Männer. Keine Kirche hat Anlaß gehabt, ihre Entscheidung zu überprüfen.

Diejenigen Kirchen, die Frauen nicht ordinieren, meinen, daß die Macht einer 1900jährigen Tradition, die gegen die Ordination der Frauen spricht, nicht ausgeklammert werden darf. Sie glauben, daß eine solche Tradition nicht als Mangel an Respekt für die Beteiligung der Frauen in der Kirche abgetan werden kann. Sie glauben auch, daß es theologische Gesichtspunkte gibt im Blick auf die Natur des

Menschseins und der Christologie, die ihren Überzeugungen und ihrem Verständnis für die Rolle der Frauen in der Kirche am Herzen liegen.

Die Diskussion dieser praktischen und theologischen Fragen sollte in den verschiedenen Kirchen und christlichen Traditionen durch gemeinsame Studien und Überlegungen in der ökumenischen Gemeinschaft aller Kirchen ergänzt werden.

VI. Auf dem Weg zur gegenseitigen Anerkennung der ordinierten Ämter

54. Einige Kirchen ordinieren Männer und Frauen, andere ordinieren nur Männer. Unterschiede in dieser Frage werfen Hindernisse für die gegenseitige Anerkennung der Ämter auf. Aber diese Hindernisse dürfen nicht als unüberwindliche Hürden für weitere Bemühungen um gegenseitige Anerkennung angesehen werden. Offenheit füreinander trägt die Einsicht in sich, daß der Geist sehr wohl zu einer Kirche durch die Einsichten einer anderen sprechen kann. Ökumenische Erwägungen sollten daher die Erörterung dieser Frage fördern und nicht hemmen.

Gemischte Orthodox-Altkatholische Theologische Kommission, Kavala 17. Oktober 1987

Dokumente wachsender Übereinstimmung. Sämtliche Berichte und Konsenstexte interkonfessioneller Gespräche auf Weltebene, Bd. II 1982–1990, Hrsg. und eingeleitet von Harding Meyer, Damaskinos Papandreou, Hans Jörg Urban, Lukas Vischer, Paderborn/Frankfurt am Main 1992, AK–O/5, 41.

V/7 Die Ordination
[47] 4. Die ungeteilte Kirche hat, abgesehen von der nicht geklärten Einrichtung der Diakoninnen, die Ordination von Frauen nicht zugelassen. (...)
Der obige Text über »Die Ordination« gibt nach Auffassung der Gemischten Orthodox-Altkatholischen Theologischen Kommission die Lehre der Orthodoxen und der Altkatholischen Kirche wieder.

»Dublin-Erklärung« der Gemeinsamen Anglikanisch/Orthodoxen Theologischen Kommission, 1984

Dokumente wachsender Übereinstimmung II, A–O/4, 124.

103. b) Wir haben keine Übereinstimmung erzielen können über die Möglichkeit und sonstigen Perspektiven der Ordination der Frau zum geistlichen Amt. Die Orthodoxen heben mit Nachdruck hervor, daß eine solche Ordination unmöglich sei, weil sie der Schrift und der Tradition widerspreche. Damit stimmen einige Anglikaner überein, während andere der Auffassung sind, daß es möglich, ja in der heutigen Zeit sogar wünschenswert sei, Frauen zum Priesteramt zu ordinieren (DE, Anhang 2 [»Athen-Erklärung«]). Es gibt jedoch viele damit verbundene Fragen, die wir noch nicht im einzelnen geprüft haben, wie vor allem folgende: Wie müssen wir den Unterschied in der Menschheit zwischen Mann und Frau sehen; was verstehen wir unter dem Weihepriestertum, und in welcher Beziehung steht es zu der einzigen Hohenpriesterschaft Christi und zur königlichen Priesterschaft aller Getauften: Was sind, abgesehen vom Weihepriestertum, die anderen Formen des Dienstes in der Kirche.

Gemeinsames Kommuniqué des Ökumenischen Patriarchen Dimitrios I. und des Erzbischofs von Canterbury, Robert Runcie, London, 7.–10. Dezember 1987

Dokumente wachsender Übereinstimmung, Bd. II 1982–1990, A–O/5, 130.

Angesichts dieser Tatsachen unterstrichen der Ökumenische Patriarch und der Erzbischof von Canterbury ihr volles Engagement für den offiziellen Dialog zwischen den (beiden) Kirchen und drückten ihre Hoffnung aus, daß dieser Dialog von neuem intensiviert werde, denn keine der beiden Kirchen wolle diesen in irgendeiner Weise degradieren: Das Ziel dieses Dialoges sei nämlich kein anderes als die sichtbare und sakramentale Einheit, welche Christus für seine eine, heilige, katholische und apostolische Kirche wolle. Metropolit Chrysostomos teilte ferner mit, daß die Orthodoxen Kirchen 1988 ein panorthodoxes Symposium abhalten und die theologische Voraussetzung diskutieren wollen, welche aufzeigen, daß es für die Orthodoxen Kirchen nicht möglich sei, der Ordination von Frauen zuzustimmen. Sie wollten auch eine ausführliche Stellungnahme der orthodoxen Position zu dieser Frage ausarbeiten. Die Anglikaner wurden gebeten, den Orthodoxen die gesamten Informationen all ihrer Berichte und Studien zur Verfügung zu stellen, die beide Seiten dieser Frage betreffen und welche heute in der Anglikanischen Gemeinschaft besprochen werden. Der Erzbischof von Canterbury unterstrich die Wichtigkeit der gegenseitigen umfassenden und genauen Information, damit diese Frage im Kontext des bestehenden Dialoges diskutiert und gelöst werden könne.

Gottes Herrschaft und unsere Einheit. Bericht der Anglikanisch/ Reformierten Internationalen Kommission, 1984

Dokumente wachsender Übereinstimmung, Bd. II 1982–1990, A–R/1, 171–173.

Frauen und das ordinierte Amt

98. Unsere beiden Traditionen haben noch keine gemeinsame Auffassung über die Ordination von Frauen zum dreifachen Amt erreicht. In verschiedenen kulturellen Situationen variiert die Praxis, aber jene reformierten Kirchen, die Mitglieder des RWB sind, haben aufs Ganze gesehen keine theologischen Einwände gegen die Ordination von Frauen. Im Laufe der letzten fünfzig Jahre haben die meisten reformierten Kirchen damit begonnen, Frauen zum Amt zu ordinieren, und sie haben diesen Schritt nicht wegen eines Mangels an Amtsträgern, sondern aus Überzeugung getan. Wo gegen die Ordination der Frau auf theologischer Grundlage Einspruch erhoben wird, wird in der Regel auf biblische Aussagen verwiesen, die die Rolle des Mannes als Haupt betonen (siehe unten Nr. 103). Aber selbst wo nicht theologisch gegen die Ordination der Frau argumentiert wird, kann sie aus soziologischen und emotionalen Gründen verworfen werden. Es gibt eine beträchtliche Minderheit von reformierten Kirchen, die weibliche Amtsträger nicht akzeptieren; und selbst dort, wo Frauen zum Amt ordiniert werden, ist erst wenig ernsthaft darüber nachgedacht worden, welchen besonderen Beitrag Frauen im ordinierten Amt leisten können.

99. Von den 27 anglikanischen Provinzen haben drei (darunter zwei große) Frauen zu Priestern geweiht, ebenso wie einige wenige Diözesen in anderen Provinzen. Von jenen Provinzen, die keine Frauen ordinieren, haben acht formell erklärt, daß sie keine grundlegenden Einwände gegen eine Ordination von Frauen zum Priesteramt haben, an-

dere haben erklärt, daß sie grundlegende Einwände haben, und wieder andere haben keine Entscheidung getroffen. Gegenwärtig gibt es keine weiblichen anglikanischen Bischöfe. Einige Provinzen, die keine Frauen zu Priestern weihen, haben Frauen zu Diakonen geweiht, und andere ziehen diesen Schritt in Erwägung. Dieser Unterschied in Theologie und Praxis hat nicht zu einem Bruch in der Anglikanischen Gemeinschaft geführt. In den Vereinigten Staaten haben einige wenige Anglikaner die Anglikanische Kirche verlassen, weil sie Frauen ordiniert hat; dieser Schritt hat aber auch in anderen Kirchen Spannungen und Auseinandersetzungen zur Folge gehabt.

100. Als Kommission, die beide Traditionen repräsentiert, können wir diese Frage weder ignorieren noch vorgeben, sie zu lösen. Sie ist ein Problem, das die Einheit der Kirche sowohl *innerhalb* unserer getrennten Traditionen als auch *zwischen* ihnen angeht. Die Unterschiede in Lehre und Praxis im Zusammenhang mit dieser Frage haben die Gemeinschaft *innerhalb* der beiden konfessionellen Familien noch nicht grundsätzlich zerbrochen. Dennoch sind manche der Meinung, daß diese Differenz einer der wichtigsten Gründe war, die die Mitgliedskirchen unserer beiden Familien in England hinderten, die »Covenant proposals for unity« anzunehmen. Es ist kaum denkbar, daß Kirchen, die im gleichen geographischen Raum existieren, in dieser Frage aber unterschiedliche Standpunkte einnehmen, eine volle Union eingehen. Die Antwort auf diese Frage kann darum nicht mehr allzulange zurückgestellt werden. Was uns betrifft, sehen wir keinen Widerspruch zwischen dem Verständnis der ordinierten Ämter, wie es in diesem Dokument vertreten wird, und der Ordination von Frauen. Diese Angelegenheit geht beide Traditionen in gleichem Maße an, und es ist offensichtlich, daß wir gemeinsam daran arbeiten müssen.

101. Die Debatte über die Ordination von Frauen zum Amt konzentriert sich auf drei Gebiete:

(a) Jene, die gegen die Ordination von Frauen sind, argumentieren damit, daß das Gewicht einer 19 Jahrhunderte alten Tradition nicht leichtfertig beiseite geschoben werden sollte; und daß die Entscheidung über eine solche Frage nicht von einer Konfession allein getroffen werden sollte, sondern nur von einem universalen Konzil aller Kirchen. Alle jene, die sich um die Einheit der Christen mühen, werden dieses Argument ernst nehmen, solange es nicht bloß ein Vorwand ist, um jede Diskussion und Veränderung zu blockieren. Wie lange können wir jene warten lassen, die für die Ordination von Frauen eintreten, wenn wir bedenken, daß es seit mehr als 1000 Jahren kein weltweit anerkanntes Allgemeines Konzil gegeben hat? Wenn es den Kirchen wirklich um die christliche Einheit zu tun ist, werden sowohl die Kirchen, die Frauen ordinieren, als auch diejenigen, die es nicht tun, den dringenden Wunsch haben, einander zu begegnen und die Motive und Gründe für den Standpunkt des anderen in Erfahrung zu bringen.

102 (b) Einige Gegner der Ordination von Frauen zum Priesteramt gründen ihr Argument darauf, daß Jesus, unser einziger Hoherpriester, ein Mann war. Sie bestreiten, daß eine Frau dem Mahl des Herrn vorstehen könne, weil der Vorsteher der Eucharistie in gewisser Hinsicht Christus beim Letzten Abendmahl repräsentiert. Diejenigen, die für die Ordination von Frauen eintreten, weisen darauf hin, daß der Ausschluß der Frauen von dieser Aufgabe nicht mit der Tatsache in Einklang stehe, daß Männer und Frauen in gleicher Weise am Leben in Christus und damit an seinem Priestertum teilhaben.

103 (c) Die Gegner der Ordination der Frau weisen auf Stellen der Bibel hin, die lehren, daß Frauen dem Mann sowohl in der Welt wie auch in der Kirche untergeordnet sein sollen. Diese Unterordnung wird zurückgeführt auf die eine der beiden Erzählungen über Schöpfung und Sündenfall im Buch Genesis. Sie wird durch einige der praktischen Anweisungen verstärkt, die sich in den Paulinischen Briefen finden, nach denen die Frauen in der Kirche weder reden noch lehren sollen. Die Befürworter der Ordination von Frauen behaupten, daß die Unterordnung der Frau unter den Mann in Christus überwunden worden sei (Gal 3,28), und sie weisen darauf hin, daß nur sehr wenige Kirchen heute alle praktischen Anweisungen der Paulinischen Briefe buchstäblich befolgen. In den meisten unserer Kirchen spielen Frauen zum Beispiel eine sehr wichtige Rolle im Unterricht, und oft werden sie zum Diakonat zugelassen. Die Debatte über diese Frage ist eng verbunden mit dem jeweiligen Verständnis der Autorität der Schrift.

104. Zu welchem Ergebnis die Debatte auch führen mag, sie sollte nach unserer Auffassung jedenfalls in der Perspektive der Sendung der christlichen Kirche zur ganzen Menschheit geführt werden. Welche Art von kirchlichem Amt wird die Fülle des Amtes Christi am glaubwürdigsten und wirksamsten bezeugen? Welche Art von Amt wird die Kirche am ehesten in die Lage versetzen, der gegenwärtigen Gesellschaft die gute Nachricht zu übermitteln, daß Gott in Christus das Ganze der Menschheit mit sich versöhnt hat? Die Debatte betrifft nicht nur einfach das Amt. Sie betrifft das Wesen der Kirche und der Erlösung der Menschheit durch Christus und ist in der Tat wesentlich für unser Verständnis vom Wesen und Sein Gottes.

»Keine lehrmäßigen Hindernisse«. Bericht der Internationalen Kommission über den Dialog zwischen den Disciples of Christ und dem Reformierten Weltbund, Birmingham, 4.–11. März 1987

Dokumente wachsender Übereinstimmung, Bd. II 1982–1990, D–R/1, 227f.

36. Aufgrund ihres Verständnisses vom Einssein in Christus ordinieren sowohl die Disciples als auch viele der Reformierten Frauen; sie glauben, daß der Dienst am Evangelium umfassenden Charakter trägt und die Gaben des Dienstes den Christen unabhängig von Geschlecht, Rasse oder anderen natürlichen oder sozialen Unterschieden gegeben werden. Obwohl wir *die Ordination von Frauen* nicht als Hindernis betrachten für eine gegenseitige Anerkennung zwischen unseren Kirchen und denen, die sich in ihrem Gewissen noch nicht frei fühlen, Frauen zu ordinieren, sind wir doch keineswegs der Meinung, daß die Frage in der Bemühung um die Einheit der Kirche als sekundär betrachtet oder gar vernachlässigt werden könnte. Deshalb drängen wir im ökumenischen Dialog darauf, daß alle Kirchen Jesu Christi sich diesem Anliegen stellen. Ebenso drängen wir unsere eigenen Kirchen, sich dafür einzusetzen, daß Vorurteile überwunden werden und Männer und Frauen gleiche Chancen haben in ihrer Antwort auf Gottes Ruf in sein Amt.

Gemeinsame Erklärung von Papst Johannes Paul II. und Erzbischof Robert Runcie vom 2. Oktober 1989

Dokumente wachsender Übereinstimmung, Bd. II 1982–1990, A–RK/10, 349f.

[3] Das heißt nicht, unrealistisch angesichts der Schwierigkeiten zu sein, vor denen unser Dialog zur Zeit steht. Als wir die Zweite Anglikanisch/Römisch-Katholische Internationale Kommission in Canterbury im Jahr 1982 errichteten, waren wir uns voll bewußt, daß die Aufgabe der Kommission alles andere als leicht sein würde. Die im Schlußbericht der Ersten Anglikanisch/Römisch-Katholischen Internationalen Kommission in Canterbury erzielten Übereinstimmungen wurden jetzt glücklicherweise von der Lambeth-Konferenz der Bischöfe der Anglikanischen Gemeinschaft angenommen. Dieser Bericht wird zur Zeit auch von der Katholischen Kirche studiert im Hinblick auf eine entsprechende Antwort. Anderseits verhindern die

Frage und Praxis der Zulassung von Frauen zum Priesteramt in einigen Provinzen der Anglikanischen Gemeinschaft die Versöhnung zwischen uns sogar dort, wo anderseits ein Fortschritt zur Übereinstimmung im Glauben hinsichtlich der Bedeutung der Eucharistie und des Weiheamtes zu verzeichnen ist. Diese Unterschiede im Glauben spiegeln wichtige ekklesiologische Unterschiede wider, und wir bitten die Mitglieder der Internationalen Anglikanisch/Römisch-Katholischen Kommission und alle anderen in Gebet und Arbeit für die sichtbare Einheit Engagierten dringend, diese Unterschiede nicht zu verkleinern. Gleichzeitig bitten wir sie ebenso dringend, in ihrer Hoffnung oder im Einsatz für die Einheit nicht nachzulassen. Zu Beginn des Dialogs, der hier in Rom 1966 durch unsere lieben Vorgänger Papst Paul VI. und Erzbischof Michael Ramsey angeknüpft wurde, sah niemand klar, wie die seit langem ererbten Spaltungen überwunden und wie die Einheit im Glauben erzielt werden könnte. Kein Pilger kennt im voraus alle Schritte des Weges. Der heilige Augustinus von Canterbury machte sich mit seiner Schar von Mönchen von Rom aus auf nach einem damals fernen Ende der Welt. Doch Papst Gregor konnte bald darauf von der Taufe der Engländer schreiben und von »solch großen Wundern ..., daß sie die Kraft der Apostel nachzuahmen schienen« (Brief Gregors des Großen an Eulogius von Alexandrien). Während wir selbst keine Lösung für dieses Hindernis sehen, vertrauen wir darauf, daß unsere Gespräche durch die Beschäftigung mit dieser Frage tatsächlich helfen mögen, unser Verständnis zu vertiefen und zu erweitern. Wir hegen dieses Vertrauen, weil Christus versprochen hat, daß der Heilige Geist, der der Geist der Wahrheit ist, immer bei uns bleiben wird (vgl. Joh 14,16–17).

»Kirche als Gemeinschaft«. Gemeinsame Erklärung der Zweiten Anglikanisch/Römisch-Katholischen Internationalen Kommission, 1990

Dokumente wachsender Übereinstimmung, Bd. II 1982–1990, A–RK/11, 370.

Im Licht unserer Übereinstimmung müssen wir auch die gegenwärtigen und künftigen Implikationen der Ordination von Frauen zum Priestertum und zum Bischofsamt in jenen anglikanischen Provinzen ansprechen, die der Auffassung sind, daß dies eine legitime Entwicklung innerhalb der katholischen und apostolischen Tradition ist. Als die Lambeth-Konferenz von 1988 beschloß, daß »jede Provinz die

Entscheidung und die Auffassung anderer Provinzen bezüglich der Ordination oder Konsekration von Frauen zum Bischofsamt respektiert«, hat sie auch die Bedeutung unterstrichen,»den höchstmöglichen Grad der Gemeinschaft mit den Provinzen zu bewahren, die unterschiedlicher Auffassung sind« (Resolution 1,1). Papst Johannes Paul II. sagte in seinem kurz nach der Lambeth-Konferenz an den Erzbischof von Canterbury gerichteten Schreiben:»Die katholische Kirche wendet sich wie die orthodoxe Kirche und die altorientalischen Kirchen entschieden gegen eine solche Entwicklung; sie sieht sie als einen Bruch mit der Tradition an, und zwar von einer Art, bei der es uns nicht zusteht, sie zu billigen.« Unter Bezugnahme auf die Arbeit von ARCIC für die Versöhnung der Ämter sagte der Papst:»Die Ordination von Frauen zum Priestertum in einigen Provinzen der Anglikanischen Gemeinschaft sowie die Anerkennung des Rechtes einzelner Provinzen, mit der Ordination von Frauen zum Bischofsamt fortzufahren, scheinen dieses Studium im voraus zu entscheiden und den Weg zu einer gegenseitigen Anerkennung der Ämter wirklich zu blockieren« (Brief von Papst Johannes Paul II. an den Erzbischof von Canterbury, 8. Dezember 1988).

»Auf dem Weg zu einem gemeinsamen Verständnis von Kirche«. Internationaler reformiert/römisch-katholischer Dialog, Zweite Phase 1984–1990

Dokumente wachsender Übereinstimmung, Bd. II 1982–1990, R–RK/2, 664.

141. (...) Ein weiterer Unterschied hinsichtlich des ordinierten Amtes kann insbesondere heutzutage nicht ignoriert werden. In den Reformierten Kirchen wie auch in vielen anderen protestantischen Gemeinschaften ist es in den letzten Jahrzehnten in steigendem Maße allgemeine Praxis geworden, Frauen ohne Vorbehalt zum Dienst am Wort und Sakrament zu ordinieren.

Auswahlbibliographie zum Thema »Priesteramt und Frauen in der Kirche«

Affeldt, W. (Hg.), Frauen in Spätantike und Frühmittelalter. Lebensbedingungen – Lebensnormen – Lebensformen, Sigmaringen 1989.

Affeldt, W. u.a. (Hg.), Frauen im Frühmittelalter. Eine ausgewählte kommentierte Bibliographie, Frankfurt u.a. 1989.

Agudelo, Maria, Die Aufgabe der Kirche bei der Emanzipation der Frau, in: Conc 16 (1980) 301–306.

Albrecht, Barbara, Die Aussagen des II. Vatikanischen Konzils in ihrer Bedeutung für die berufliche Mitarbeit der Frau in der Kirche, in: Otto Semmelroth (Hg.), Martyria, Leiturgia, Diakonia, FS Hermann Volk, Mainz 1968, 431–450.

Albrecht, Barbara, Vom Dienst der Frau in der Kirche. Aktuelle Fragen und biblisch-spirituelle Grundlegung, Vallendar–Schönstatt 1980.

Alcalà, Manuel, Die Frauenemanzipation: Ihre Herausforderung an die Theologie und an die Reform der Kirche, in: Conc 16 (1980) 283–287.

Allmen, J.-J. von, Est-il légitime de consacrer des femmes au ministère pastoral?, in: ders., Prophétismue sacramental, Neuchâtel 1964, 247–283.

Arnold, F.-X. Mann und Frau in Welt und Kirche, Nürnberg ²1959.

Arnold, Joan, Maria – Gottesmutterschaft und Frau, in: Conc 12 (1976) 24–29.

Aspegren, K., The male woman. A feminine ideal in the early church, Uppsala 1990.

Aubert, J.-M., La Femme. Antiféminisme et christianisme, Paris 1975.

Bader, D. (Hg.), Maria Magdalena. Zu einem Bild der Frau in der christlichen Verkündigung, Freiburg 1990.

Bailey, D.S., The Man-Woman Relation in Christian Thought, London 1959; dt.: Mann und Frau in christlichem Denken, Stuttgart 1963.

Balch, D.L., Let Wives be Submissive. The Domestic Code in 1 Peter, Chico 1981.

Balsdon, D., Die Frau in der römischen Antike, München 1989 (engl. ⁵1977).

Baltensweiler, Heinrich, Die Ehe im Neuen Testament, Zürich 1967.

Balthasar, Hans Urs von, Das marianische Prinzip, in: ders., Klarstellungen. Zur Prüfung der Geister (Kriterien 45), Einsiedeln 1978, 65–72.

Balthasar, Hans Urs von, Maria-Kirche-Amt, in: ders., Kleine Fibel für verunsichterte Laien (Kriterien 55), Einsiedeln 1980, 69–79.

Balthasar, Hans Urs von, Welches Gewicht hat die ununterbrochene Tradition der Kirche bezüglich der Zuordnung des Priestertums an den Mann?, in: Gerhard Ludwig Müller (Hg.), Frauen in der Kirche, Würzburg 1999, 252–258.

Balthasar, Hans Urs von, Gedanken zum Frauenpriestertum, in: Müller, Gerhard Ludwig (Hg.), Frauen in der Kirche, Würzburg 1999, 259–266.

Bamberg, Corona, Die Aufgabe der Frau in der Liturgie, in: Anima 19 (1964) 304–317.

Bangerter, Otto, Frauen im Aufbruch. Die Geschichte einer Frauenbewegung in der alten Kirche. Ein Beitrag zur Frauenfrage, Neukirchen–Vluyn 1971.

Banks, R., Paul's Idea of Community. The Early Housechurches in Their Historical Setting, Exeter 1980.

Barnhouse, R.T., An Examination of the Ordination of Women to the Priesthood in Terms of the Symbolism of the Eucharist, in: Anglican Theological Review 56 (1974) 279–291.

Barrazzetti, Enrico, Il problema del sacerdozio femminile alla luce dell'analogia fidei. Contributo a chiarire le ragioni per le quali l'ordinazione sacerdotale è da riservarsi soltanto agli uomini, in: Sacra doctrina 41 (1996) 5–51.

Baumgartner, Hans Michael, Gleichheit und Verschiedenheit von Mann und Frau in philosophischer Perspektive, in: Luyten, Norbert A., Wesen und Sinn der Geschlechtlichkeit (Grenzfragen 13), Freiburg–München 1985, 271–300.

Bebel, August, Die Frau und der Sozialismus, bearbeitet und kommentiert von Monika Seifert, Hannover 1974.

Beer, Georg, Die soziale und religöse Stellung der Frau im israelitischen Altertum, Tübingen 1919.

Behr-Sigel, Elisabeth, The Participation of Women in the Life of the Church, in: Ion Bria (Hg.), Martyria/Mission. The Witness of the Orthodox Churches Today, Genf 1980, 52–59.

Behr-Sigel, Ordination von Frauen? Ein Versuch des Bedenkens einer aktuellen Frage im Lichte der lebendigen Tradition der orthodoxen Kirche, in: Gössmann, Elisabeth/Bader Dietmar (Hg.), Warum keine Ordination der Frau? Unterschiedliche Einstellungen in den christlichen Kirchen (Schriftenreihe der Katholischen Akademie der Erzdiözese Freiburg), München–Zürich 1987, 50–72.

Beinert, Wolfgang, Dogmatische Überlegungen zum Thema Priestertum der Frau, in: ThQ 173 (1993) 186–204.

Beinert, Wolfgang, Frauenbefreiung und Kirche, Regensburg 1987.

Benz, Ernst, Adam. Der Mythos vom Urmenschen, München–Planegg 1955.

Benz, Ernst, Ist der Heilige Geist weiblich? Logos-Sophia-Heiliger Geist, in: Antinaios 7 (1966) 452–475.

Berger, T./Gerhards, A. (Hg.), Liturgie und Frauenfrage (= PiLi 7), St. Ottilien 1990, 67–75.

Berlis, Angela/Hopkins, Julie/Meyer-Wilmes, Hedwig/Vander Sitchele, Caroline (Hg.), Frauenkirchen. Vernetzung und Reflexion im europäischen Kontext (Jahrbuch der Europäischen Gesellschaft für theologische Forschung von Frauen, Bd. III), Mainz–Kampen 1995.

Bernardin, Joseph L., Das Priesteramt und die Entfaltung der Frau, in: O.R.dt. 29. April 1977, 9f.

Bernards, Matthäus, Speculum Virginum. Geistigkeit und Seelenleben der Frau im Hochmittelalter (Forschungen zur Volkskunde 36/38), Köln–Graz 1955.

Bertholet, Alfred, Das Geschlecht der Gottheit (Sammlung gemeinverständlicher Vorträge und Schriften auf dem Gebiet der Theologie und Religionsgeschichte 173), Tübingen 1934.

Bertholet, Alfred, Weibliches Priestertum: FS R. Thurnwald, Beiträge zur Gesellungs- und Völkerwissenschaft, Berlin 1950, 42–53.

Bertinetti, Ilse, Frauen im geistlichen Amt. Die theologische Problematik in evangelisch-lutherischer Sicht (Theologische Arbeiten 21), Berlin 1965.

Beyse-Jentschura, Eva, Pfarrerin – ein attraktiver Frauenberuf?, in: Deutsches Pfarrerblatt 77 (1977) 634–636.

Biffi, Inos, Die Lehre der Erklärung »Inter insigniores«, in: O.R.dt. 26.3.1993, 9. (Orig. ital. O.R. 4.3.93).

Bishops' Committe on Pastoral Research and Practices, »Theological Reflections on the Ordination of Women«, in: JEcSt 10 (1973) 695–699.

Blasberg-Kuhnke, Martina, Jesus – wie Frauen ihn sehen. Jesusbilder und christologische Aspekte feministischer Theologie, in: Diakonia 23 (1992) 24–32.

Bläser, Peter, Das Gesetz bei Paulus (Ntl. Abhandlungen XIX, 1–2), Münster 1941.

Bläser, Peter, Liturgische Dienste und die Ordinationen von Frauen in nichtkatholischen Kirchen, in: LJ 28 (1978) 155–169.

Blum, G.G., Das Amt der Frau im Neuen Testament, in: Novum Testamentum 7 (1964/65) 142–161.

Bock, Gisela/Duden, Barbara, Arbeit aus Liebe – Liebe als Arbeit. Zur Entstehung der Hausarbeit im Kapitalismus, in: Dokumentationsgruppe der Berliner Sommeruniversität für Frauen 1976 (Hg.), Frauen und Wissenschaft, Berlin 1977, 118–199.

Böckeler, Maura, Das stolze Zeichen. Die Frau als Symbol göttlicher Wirklichkeit, Salzburg 1941.

Boff, Leonardo, Das mütterliche Antlitz Gottes. Ein interdisziplinärer Versuch über das Weibliche und seine religiöse Bedeutung, Düsseldorf 1985, ²1987.

Böhme, Karen, Zum Selbstverständnis der Frau. Philosophische Aspekte der Frauenemanzipation (Monographien zur philosophischen Forschung 105), Meisenheim am Glan 1973.

Boné, Edouard, Kulturbedingter Wandel im Verständnis der Geschlechtlichkeit, in: Luyten, Norbert A., Wesen und Sinn der Geschlechtlichkeit (Grenzfragen 13), Freiburg–München 1985, 231–248.

Bornemann, Ernest, Das Patriarchat. Ursprung und Zukunft unseres Gesellschaftssystems, Frankfurt 1975.

Børresen, K.E., Anthropologie médiévale et théologie mariale, Oslo–Bergen–Tromsø 1971.

Børresen, K.E., Die anthropologischen Grundlagen der Beziehungen zwischen Mann und Frau in der klassischen Theologie, in: Conc 12 (1976) 10–17.

Børresen, K.E., Imago Dei. Privilège masculin?, in: Aug 25 (1985) 213–234.

Børresen, K.E., Männlich-Weiblich: eine Theologiekritik, in: US 35 (1980) 325–334.

Børresen, K.E., Subordination et équivalence. Nature et rôle de la femme d'après Augustin et Thomas d'Aquin, Oslo–Paris 1968.

Böttigheimer, Christoph, Der Diakonat der Frau, in: MThZ 47 (1996) 253–266.

Bourbeck, Christine, Zusammen. Beiträge zur Soziologie und Theologie der Geschlechter, Witten 1965.

Bouyer, Louis, Frau und Kirche (Kriterien 42), Einsiedeln 1977.

Bouyer, Louis, Le Thrône de la Sagesse. Essai sur la signification du culte marial, Paris 1957.

Bremmer, J., Why did early Christianity attract upper-class women?, in: Bastiaensen, A.A.R. u.a. (Hg.), Fructus centesimus (FS G.J.M. Bartelink), Steenbrügge 1989, 37–47.

Brennan, Margaret, Frauen und Männer im kichlichen Dienst, in: Conc 16 (1980) 288–300.

Bridge, A., Theodora. Aufstieg und Herrschaft einer byzantinischen Kaiserin, München 1980 (engl. 1978).

Brown, Peter, Die Keuschheit der Engel. Sexuelle Entsagung, Askese und Körperlichkeit im frühen Christentum (dtv wissenschaft), München 1994.

Brown, R.E., The Community on the Beloved Disciple, New York 1979.

Bruce, Michael/Duffield, G.E. (Hg.), Why Not? Priesthood & the Ministry of Women, Appleford Abington Berkshire 1972.

Brunner, Peter, Das Hirtenamt und die Frau, in: Lutherische Rundschau 9 (1959/60) 298–329.

Bruyère, Elisabeth, Le Nouveau Testament et un ministère d'autorité par la femme: Le prêtre. Hier – aujourd'hui – demain, Ottawa 1970, 93–101.

Bürkle, Horst, Ekstase und Vermählung. Zu religiösen Funktionen von Frauen in Griechenland und Rom, in: Müller Gerhard Ludwig (Hg.), Frauen in der Kirche. Eigensein und Mitverantwortung, Würzburg 1999, 188–200.

Bunnik, R.J., Das Amt in der Kirche, Düsseldorf 1969.

Burggraf, Jutta, Berufung und Sendung der Frau in der Kirche, in: O.R.dt. 23.4.1993, 15.

Burghardt, W.J. (Hg.), Woman. New Dimensions, New York 1977.

Burri, Josef, »als Mann und Frau schuf er sie«. Differenz der Geschlechter aus moral- und praktisch-theologischer Sicht, Zürich–Einsiedeln–Köln 1977.

Buse, Gunhild, Macht-Moral-Weiblichkeit. Eine feministisch-theologische Auseinandersetzung mit Carol Gilligan und Frigga Haug, Mainz 1993.

Butler, Judith, Das Unbehagen der Geschlechter, Frankfurt/M. 1991.

Butler, Judith, Variationen zum Thema Sex und Geschlecht. Beauvoir, Wittig und Foucalt, in: Nunner-Winkler, Gertrud (Hg.), Weibliche Moral. Die Kontroverse um eine geschlechtsspezifische Ethik, Frankfurt/M. 1978, S. 56–76.

Butler, Sara, The Priest as Sacrament of Christ the Bridegroom, in: Worship 66 (1992) 498–517.

Buytendijk, F.J.J., Die Frau. Natur-Erscheinung-Wesen, Köln 1953.

Cabassut, André, Une dévotion médiévale peu connue. La dévotion à Jésus notre mère, in: RAM 25 (1949) 234–245.

Cady Stanton, Elizabeth (Hg.), The Women's Bible, Boston 1993 (reprint von 1895).

Camp, Claudia V., Wise and Strange. An Interpretation of the Female Imagery in Proverbs in Light of Trickster Mythology, in: Brenner, Athalya (Hg.), A Feminist Companion to Wisdom Literature, Sheffield 1995.

Camp, Claudia, Feminist Theological Hermeneutics: Canon and Christian Identity, in: Schüssler-Fiorenza, Elisabeth (Hg.), Searching the Scriptures. A Feminist Introduction, Bd. I, New York 1993, 154–171.

Cancik, Hubert u.a., Zum Thema Frau in Kirche und Gesellschaft. Zur Unmündigkeit verurteilt? (KBW), Stuttgart 1972.

Carle, P.-L., La femme et les ministères pastoraux. Ètude théologique, in: Nova et Vetera 43 (1973) 17–36.

Christliche Frau 85. Jg. (1995) H. 3.

Clark Wire, A., The Corinthian Women Prophets. A Reconstruction through Paul's Rhetoric, Minneapolis 1990.

Clark, E.A., Ascetic piety and women's faith. Essays on Late Antique Christianity, Lewiston/Queenston 1986.

Clark, Elizabeth/Richardson, Herbert, Women and Religion, A Feminist Sourcebook of Christian Thought, New York 1977.

Clark, G., Women in late antiquity. Pagan und Christian life-styles, Oxford 1993.

Cloke, G., This female man of God. Women and spiritual power in the patristic age, A.D. 350–450, London/New York 1995.

Concilium »Frauen, Arbeit und Armut« 23. Jg. (1987) H. 6.

Condren, Mary, Für die verbannten Kinder Evas. Eine Einführung in die feministische Theologie, in: US 32 (1977) 300–307.

Conrad, Judith/Konnerts, Ursula (Hg.), Weiblichkeit in der Moderne, Tübingen 1986.

Cope, Lamar, 1 Cor 11,2–16: One Step Further, in: JBL 97 (1978) 435–436.

Corbon, Jean, Die Priesterweihe der Frauen ist ein ökonomisches (sic!) Problem. Die Haltung der orthodoxen Kirche, in: O.R.dt. 9.4.1993, 13 (Orig. ital. O.R. 6.3.93).

Coriden, J.A. (Hg.), Sexism and Church Law. Equal Rights and Affirmative Action, New York 1977.

Countryman, L.W., The Rich Christian in the Church of the Early Empire. Contradictions and Accomodations, New York 1980.

Coyle, J.K. The Fathers on Women and Women's Ordination, in: Église et théologie 9 (1978) 51–102.

Crosby, M.H., House of Disciples. Church, Economics and Justice in Matthew, Maryknoll 1988.

Crouch, J.E., The Origin and Intention of the Colossian Haustafel (FRLANT 109), Göttingen 1972.

Crüsemann, Frank/Thyen, Hartwig, Als Mann und Frau geschaffen. Exegetische Studien zur Rolle der Frau (Kennzeichen 2), Gelnhausen–Berlin 1978.

Cumont, Franz, Die orientalischen Religionen im römischen Heidentum, Darmstadt ⁶1972 (Nachdruck).

Cunneen, Sally, Geschlecht: weiblich, Religion: katholisch. Ein Sozialreport über die Frau, München 1971.

Cunningham, A., Women and preaching in the patristic age, in: Hunter, D.G. (Hg.), Preaching in the patristic age (FS W.J. Burghardt), New York 1989, 53–72.

Custers, Peter, Capital Accumulation and Women's Labour in Asian Economies (Diss.), Nijmegen 1995.

Dalla Costa, Mariarosa/James, Selma, Die Macht der Frauen und der Umsturz der Gesellschaft (Internationale Marxistische Diskussion 36), Berlin 1973.

Daly, Mary, Auswärts Reisen. Die strahlkräftige Fahrt, München 1994.

Daly, Mary, Gyn-Ökologie. Eine Metaethik des radikalen Feminismus, München 1981.

Daly, Mary, Jenseits von Gottvater Sohn & Co. Aufbruch zu einer Philosophie der Frauenbefreiung, München 1980.

Daly, Mary, Kirche, Frau und Sexus, Olten 1970.

Daly, Mary, Reine Lust. Elemental-feministische Philosophie, München 1985.

Dander, Franz, Gottes Bild und Gleichnis in der Schöpfung nach der Lehre des hl. Thomas von Aquin, in: ZkTh 53 (1929) 1–40.203–246.

Danell, G.A., Die Bibelkommission und die Zulassung der Frau zum Pastorenamt, in: E. Wagner (Hg.), De Fundamentis Ecclesiae. Gedenkschrift für Pastor Dr. theol. H. Lieberg, Braunschweig 1973, 93–98.

Dann, Otto, Gleichheit und Gleichberechtigung, Berlin 1980.

Das ordinierte Amt in ökumenischer Perspektive. Dokument der Kommission für Glauben und Kirchenverfassung, in: Ökumenische Rundschau 22 (1973) 231–256.

Dassmann, Ernst, Die frühchristliche Tradition über den Ausschluß der Frauen vom Priesteramt, in: ders., Ämter und Dienste in den frühchristlichen Gemeinden, Bonn 1994, 212–224.

Dassmann, Ernst, Witwen und Diakonissen, in: ders., Ämter und Dienste in den frühchristlichen Gemeinden, Bonn 1994, 142–156.

Dautzenberg, G./Merklein, H./Müller, K. (Hg.), Die Frau im Urchristentum, Freiburg 1983 (QD 95) (mit Beiträgen von J. Blank, C. Bussmann, M. Bußmann, G. Dautzenberg, R. Geiger, G. Lohfink, R. Mahoney, H. Merklein, K. Müller, H. Ritt, A. Weiser).

Dautzenberg, Gerhard (Hg.), Zur Stellung der Frau in den paulinischen Gemeinden, in: Dautzenberg, G./Merklein, H./Müller, K. (Hg.), Die Frau im Urchristentum, Freiburg 1983 (QD 95), 182–224.

Dautzenberg, Gerhard, Tradition, paulinische Bearbeitung und Redaktion in 1 Kor 14,26–40, in: B. Jendorff/G. Schmalenberg (Hg.), Tradition und Gegenwart (Reihe Theologie und Wirklichkeit 5), Bern–Frankfurt 1974, 17–29.

De Beauvoir, Simone, Le deuxième sexe I/II, Paris 1948/1949; dt.: Das andere Geschlecht. Sitte und Sexus der Frau, Hamburg 1952.

Deissler, Alfons, Die Typologie der Frau in der Prophetenliteratur Israels, in: US 35 (1980) 317–324.

Demel, Sabine, Der Wandel in der kirchlichen Rechtsstellung der Frau vom

CIC/1917 bis zum CIC/1983, in: Müller Gerhard Ludwig (Hg.), Frauen in der Kirche. Eigensein und Mitverantwortung, Würzburg 1999, 217–230.

Der Platz der Frau im Amt der nichtkatholischen christlichen Kirchen (Dokumentation Concilium), in: Conc 4 (1968) 309–319.

Descamps, Albert, Welche Bedeutung hat die Haltung Christi und die Praxis der Apostel für uns heute?, in: O.R.dt. 6.Mai 1977, 4f.

Dickey Young, Diversity in feminist christology, in: Studies in Religion 21 (1992) 81–90.

Die Frau in Kirche und Gesellschaft, in: Lebendiges Zeugnis 35 (3/1980).

Dietzfelbinger, Hermann, Vom Dienst der Frau in der Kirche, in: ders., Christus praesens. Vorträge, Aufsätze, Predigten, München 1968, 156–175.

Döller, Johannes, Das Weib im Alten Testament (Biblische Zeitfragen 9,7/9), Münster 1920.

Doms, Herbert, Zweigeschlechtlichkeit und Ehe, in: MySal II, Einsiedeln–Köln 1967, 706–750.

Duden, Barbara, Die Frau ohne Unterleib. Zu Judith Butlers Entkörperung, in: Feministische Studien 11. Jg. (1993) Nr. 2, 24–33.

Dülmen, Andrea von (Hg.), Frauen. Ein historisches Lesebuch (Beck'sche Reihe 370), München ⁶1995.

Dürig, Walter, Maria, Mutter der Kirche. Zur Geschichte und Theologie des neuen liturgischen Marientitels, St. Ottilien 1979.

Ebertz, M., Das Charisma des Gekreuzigten. Zur Soziologie der Jesusbewegung, Tübingen 1987.

Eberz, Otfried, Vom Aufschwung und Niedergang des männlichen Zeitalters. Gedanken über das Zweigeschlechterwesen, München ³1973.

Eifert, Christine u.a. (Hg.), Was sind Frauen? Was sind Männer? Geschlechterkonstruktionen im historischen Wandel, Frankfurt 1996.

Eiff, August Wilhelm von, Anthropologisch-biologische Grundlagen einer interdisziplinären Diskussion über menschliche Sexualität, in: Luyten, Norbert A., Wesen und Sinn der Geschlechtlichkeit (Grenzfragen 13), Freiburg–München 1985, 251–259.

Eisen, U.E., Amtsträgerinnen im frühen Christentum. Epigraphische und literarische Studien (FKDG 61), Göttingen 1996.

Eisenring, Jean-Jacques, Die Ontogenese als Grundlage zum Verständnis der Finalität der Sexualität, in: Luyten, Norbert A., Wesen und Sinn der Geschlechtlichkeit (Grenzfragen 13), Freiburg–München 1985, 43–62.

Ennen, Edith, Frauen im Mittelalter (Beck's Historische Bibliothek), München ⁵1994.

Erhart, Hannelore, Zum ›Bild‹ der Frau im theologischen Entwurf Karl Barths, in: Pissarek-Hudelist, Herlinde/Schottroff, Luise (Hg.), Mit allen Sinnen glauben. Feministische Theologie unterwegs, Gütersloh 1991, 140–150.

Erhart, Hannelore/Siegele-Wenschkewitz, Leonore, »Vierfache Stufenleiter abwärts...: Gott, Christus, der Mann, das Weib«, in: Jost, Renate/Kubera, Ursula (Hg.), Wie Theologen Frauen sehen – von der Macht der Bilder, Freiburg–Basel–Wien 1993, 142–158.

Ernst, M., Die Funktion der Phöbe (Röm 16,1f) in der Gemeinde von Kenchreai, in: PzB 1 (1992) 135–147.

Evdokumov, Paul, Die Frau und das Heil der Welt, München 1960.

Evola, Julius, Metaphysik des Sexus, Stuttgart 1962.

Eyden, R.J.A. van, Die Frau im Kirchenamt. Plädoyer für die Revision einer traditionellen Haltung, in: Wort und Wahrheit 22 (1967) 350–362.

Eyden, René van, Das liturgische Amt der Frau, in: Conc 8 (1972) 107–115.

Fàbrega, V., War Junia(s), der hervorragende Apostel (Röm 16,7), eine Frau? in: JbAC 27/28 (1984/95) 47–64.

Fander, M., Die Stellung der Frau im Markusevangelium, Altenberge 1989.

Faxon, A.C., Frauen im Neuen Testament. Vom Umgang Jesu mit Frauen, München 1979.

Feckes, Carl (Hg.), Die heilsgeschichtliche Stellvertretung der Menschheit durch Maria, Paderborn 1954.

Feichtinger, B., Apostolae apostolorum, Frauenaskese als Befreiung und Zwang bei Hieronymus, Frankfurt 1995.

Feuillet, André, La dignité et le rôle de la femme d'après quelques textes pauliniennes: comparaison avec l'Ancien Testament, in: New Testament Studies 21 (1975) 157–191.

Field-Bibb, J., Women Towards Priesthood. Ministerial Politics and Feminist Praxis, Cambridge 1991 (vergleicht die Diskussion über die Ordination der Frau in der methodistischen, anglikanischen und katholischen Kirche Englands).

Finke, Heinrich, Die Frau im Mittelalter, Kempten–München 1913.

Finkenzeller, Josef, Zur Diskussion über das kirchlichen Amt in der katholischen Theologie, in: Jörg Baur (Hg.), Das Amt im ökumenischen Kontext. Eine Studienarbeit des ökumenischen Ausschusses der VELKD, Wiesbaden 1980, 51–81.

Fischer, Balthasar, »Jesus, unsere Mutter«. Neue englische Veröffentlichungen zu einem wiederentdeckten Motiv patristischer und mittelalterlicher Christusfrömmigkeit, in: Geist und Leben 59 (1985) 147–156.

Fitzer, Gottfried, Das Weib schweige in der Gemeinde. Über den paulinischen Charakter der mulier-taceat-Verse in 1 Kor 14 (Theologische Existenz heute, Neue Folge 110), München 1963.

Flad-Schnorrenberg, Beatrice, Der wahre Unterschied. Frau sein – angeboren oder angelernt?, in: Freiburg–Basel–Wien 1978.

Ford, J.M., Biblical Material Relevant to the Ordination of Women, in: JEcSt 10 (1973) 669–694.

Friedan, Betty, Der Weiblichkeitswahn oder die Mystifizierung der Frau, Hamburg 1966.

Friedrich, Gerhard, Sexualität und Ehe. Rückfragen an das Neue Testament (KBW), Stuttgart 1977.

Frieling, Reinhard, Rom gegen die Frauenordination. Belastung für die Ökumene?, in: Lutherische Monatshefte 16 (1977) 130–131.

Funk, Aloys, Mann und Frau in den Briefen des heiligen Paulus, in: US 32 (1977) 280–285.

Funk, Josef, Klerikale Frauen?, in: ÖAKR 14 (1963) 271–290.

Galot, Jean, Mission et ministère de la femme, Paris 1973.

Gardner, Jane F., Frauen im antiken Rom. Familie, Alltag, Recht, München 1995.

Gärner, Bertil, Das Amt, der Mann und die Frau im Neuen Testament, Bad Windsheim 1963.

Gerhart, Ute, Gleichheit ohne Angleichung. Frauen im Recht, München 1988.

Gerhart, Ute, Verhältnisse und Verhinderungen. Frauenarbeit, Familie und Rechte der Frauen im 19. Jahrhundert, Frankfurt/M. 1978.

Gerhart, Ute/Jansen, Mechtild/Maihofer, Andrea (Hg.), Menschenrechte haben (k)ein Geschlecht. Differenz und Gleichheit, Frankfurt/M. 1990.

Gerl, Hanna-Barbara, Freundinnen. Christliche Frauen aus zwei Jahrtausenden, München 1994.

Gerl, Hanna-Barbara, Neues zum Thema Frau und Kirche, in: ThG 35 (1992) 82–90.

Gerl, Hanna-Barbara, Wider das Geistlose im Zeitgeist. 20 Essays zu Religion und Kultur, München 1992.

Gerl-Falkovitz, Hanna-Barbara, Die bekannte Unbekannte. Frauen-Bilder in der Kultur- und Geistesgeschichte, Mainz 1988.

Gerl-Falkovitz, Hanna-Barbara, Nachdenkliches zum Diakonat der Frau, in: IKaZ 25 (1996) 534–542.

Gerl-Falkovitz, Hanna-Barbara, Die neuen Frauen oder: Gibt es noch ein Frauenbild? Zum Wandel des Geschlechtsverständnisses der westlichen Gesellschaften in der Moderne, in: Müller Gerhard Ludwig (Hg.), Frauen in der Kirche, Würzburg 1999, 21–63.

Gerosa, Libero, Jungfräulichkeit und kanonisches Recht, in: IKaZ 25 (1996) 523–533.

Gerstenberger, E.S./Schrage, Wolfgang, Frau und Mann, Stuttgart 1980.

Giertz, Bo, Die Heilige Schrift, die Frau und das Amt des Pfarrers: Informationsblatt für die Gemeinden in den Niederdeutschen Lutherischen Landeskirchen 10/13 (1961) 205–209.

Gildemeister, Regine/Wetterer, Angelika, Wie Geschlechter gemacht werden. Die soziale Konstruktion der Zweigeschlechtlichkeit und ihre Ratifizierung in der Frauenforschung, in: Axeli-Knapp, Gudrun/Wetterer, Angelika (Hg.), Traditionen Brüche. Entwicklungen feministischer Theorie, Freiburg 1992, 201–254.

Gilligan, Carol, Die andere Stimme. Lebenskonflikte und Moral der Frau, München–Zürich 1984.

Gillmann, F., Weibliche Kleriker nach dem Urteil der Frühscholastik, in: Archiv für katholisches Kirchenrecht 93 (1913) 239–253.

Globig, Christine, Frauenordination im Kontext lutherischer Ekklesiologie. Ein Beitrag zum ökumenischen Gespräch (Kirche und Konfession Bd. 36), Göttingen 1994.

Gordan (Hg.), Gott schuf den Menschen als Mann und Frau: die Vorlesungen der Salzburger Hochschulwochen 1988, Graz–Wien–Köln 1989.

Görres, I.F., Über die Weihe von Frauen zu Priesterinnen, in: Der christliche Sonntag 25 (1965) 197–199.

Gössmann, Elisabeth u.a., Wörterbuch der Feministischen Theologie, Gütersloh 1991.

Gössmann, Elisabeth, Anthropologische und soziale Stellung der Frau nach Summen und Sentenzenkommentaren des 13. Jahrhunderts, in: Zimmermann, Albert (Hg.), Soziale Ordnungen im Selbstverständnis des Mittelalters (Miscellanea Mediaevalia, 12/1), Berlin–New York 1979, 281–297.

Gössmann, Elisabeth, Archiv für philosophie- und theologiegeschichtliche Frauenforschung, München 1984, 1985, 1990, 1988.

Gössmann, Elisabeth, Äußerungen zum Frauenpriestertum in der christlichen Tradition, in: Gössmann, Elisabeth/Bader Dietmar (Hg.), Warum keine Ordination der Frau? Unterschiedliche Einstellungen in den christlichen Kirchen (Schriftenreihe der Katholischen Akademie der Erzdiözese Freiburg), München–Zürich 1987, 9–25.

Gössmann, Elisabeth, Das Bild der Frau heute, Düsseldorf 1962.

Gössmann, Elisabeth, Die Frau als Priester?, in: Conc 4 (1968) 288–293.

Gössmann, Elisabeth, Die Frau und ihr Auftrag, Freiburg–Basel–Wien ²1965.

Gössmann, Elisabeth, Mann und Frau in Familie und Öffentlichkeit, München 1964.

Gössmann, Elisabeth/Bader, Dietmar (Hg.), Warum keine Ordination der Frau? Unterschiedliche Einstellungen in den christlichen Kirchen (Schriftenreihe der Katholischen Akademie der Erzdiözese Freiburg), München–Zürich 1987.

Gössmann, Elisabeth/Pelke, Else, Die Frauenfrage in der Kirche, Düsseldorf 1968.

Gozzelino, Giorgio, Nel nome del Signore. Teologia del ministero ordinato (Corso di Studi Teologici), Torino 1992.

Grelot, Pierre, La condition de la femme d'après le Nouveau Testament, Paris 1995.

Grelot, Pierre, Mann und Frau nach der Heiligen Schrift, Mainz 1964.

Grey, Mary, Jesus – Einsamer Held oder Offenbarung beziehungshafter Macht?, in: Strahm, Doris/Strobel, Regula (Hg.), Vom Verlangen nach Heilwerden. Christologie in feministisch-theologischer Sicht, Fribourg–Luzern 1991, 148–171.

Groß, Walter (Hg.), Frauenordination, München 1996 [= Theologische Quartalschrift 173 (1993), Heft 3 (161–254) zum Thema: »Frauenordination«, mit Beiträgen von M. Jepsen, E. Schüssler-Fiorenza, W. Beinert, P. Hünermann, M. Theobald, A.-A. Thiermeyer, A. Jensen, D. Mieth].

Gryson, Roger, Le ministère des femmes dans l'Église ancienne (Recherches et synthèses, section d'histoire IV), Gembloux 1972; engl. 1976.

Guerra Gómez, Manuel, El sacerdocio femenino (en las religiones greco-romanas y en el cristianismo de los primeros siglos), Toledo 1987.

Guindon, André, L'être-femme: deux lecture, in: Église et théologie 9 (1978) 103–168.

Günter, Andrea (Hg.), Feministische Theologie und postmodernes Denken. Zur theologischen Relevanz der Geschlechterdifferenz (mit Beiträgen von Andrea Günter, Susanne Hennecke, Anne Claire Mulder, Claudia Rehberger, Susanne Sandherr, Dorothee Sandherr-Klemp, Veronika Schlör, Berthe van Soest), Stuttgart u.a. 1996.

Halkes, C.J.M., Eine ›andere‹ Maria, in: US 32 (1977) 323–337.

Halkes, C.J.M., Feministische Theologie. Eine Zwischenbilanz, in: Conc 16 (1980) 293–300.

Halkes, C.J.M., Gott hat nicht nur starke Söhne. Grundzüge einer feministischen Theologie, Gütersloh 1980.

Halkes, Govaart Tine, Die Frau in Kirche und Pfarrdienst, in: Kirche in Freiheit. Gründe und Hintergründe des Aufbruchs in Holland, Freiburg 1970, 101–118.

Halkes, Govaart Tine, Frau-Welt-Kirche. Wandlungen und Forderungen, Graz–Wien–Köln 1967.

Hallensleben, Barbara, Unerwartete kirchliche Perspektiven für Frauen, in: ThGl 84 (1994) 355–360.

Hamilton, M.P./Montgomery, N.S. (Hg.), The Ordination of Women: Pro and Contra, New York 1975.

Hannon, V.E., The Question of Women and the Priesthood. Can Women be Admitted to Holy Orders? London–Dublin–Melburne 1967.

Hanson, P.D., Männliche Metaphern für Gott und die unterschiedliche Behandlung der Geschlechter im alten Testament, in: Moltmann-Wendel, Frauenbefreiung 2, 81–92.

Harding, Esther, Frauen-Mysterien einst und jetzt, Zürich 1949.

Harnack, Adolf von, Marcion: Das Evangelium vom fremden Gott. Eine Monographie zur Grundlegung der katholischen Kirche, Leipzig 1921 (Nachdruck 1996).

Harrison, V.E.F., Male and female in Cappadocian theology, in: JThS 41, 1990, 441–471.

Haufe, Günter, Gnostische Irrlehre und ihre Abwehr in den Pastoralbriefen, in: K.-W. Tröger (Hg.), Gnosis und Neues Testament, Berlin 1973, 325–339.

Haugg, Frigga, Die Moral ist zweigeschlechtlich wie der Mensch. Zur Theorie weiblicher Vergesellschaftung, in: dies., Erinnerungsarbeit, Hamburg 1990, 90–124.

Haughton, Rosemary, Ist Gott ein Mann?, in: Concilium 16 (1980) 264–270.

Hauke, Manfred, »Ordinatio Sacerdotalis«: das päpstliche Schreiben zum Frauenpriestertum im Spiegel der Diskussion, in: Forum Katholische Theologie 11 (1995) 270–298.

Hauke, Manfred, Diakonat der Frau?, in: Forum Katholische Theologie 12 (1996) 36–45.

Hauke, Manfred, Die Problematik um das Frauenpriestertum vor dem Hintergrund der Schöpfungs- und Erlösungsordnung, Paderborn ³1991.

Hausen, Karin, Patriarchat. Vom Nutzen und Nachteil eines Konzeptes für Frauengeschichte und Frauenpolitik, in: Journal für Geschichte 5 (1986) 12–21.

Hauser, Kornelia (Hg.), Viele Orte überall? Feminismus in Bewegung, Berlin 1987.

Haye, Meer van der, Priestertum der Frau? Eine theologiegeschichtliche Untersuchung, Freiburg 1969 (QD 42), Freiburg–Basel–Wien 1969.

Heiler, Friedrich, Die Frau in den Religionen der Menschheit, Berlin 1977.

Heine, S., Frauen der frühen Christenheit, Göttingen 1987.

Heintze, Gerhard, Das Amt der Pastorin, in: EvTh 22 (1962) 509–535.

Heinz, Andreas, Die liturgischen Dienste der Frau, Studientag 1978 der Arbeitsgemeinschaft Katholischer Liturgiker im deutschen Sprachraum, in: LJ 28 (1978) 129–135.

Heinzelmann, Gertrud (Hg.), Wir schweigen nicht länger! Frauen äußern sich zum Zweiten Vatikanischen Konzil, Zürich 1964.

Heinzelmann, Gertrud, Die getrennten Schwestern. Frauen nach dem Konzil, Zürich 1967.

Heller, Karin, Ton Créateur est ton Époux, ton Rédempteur: Contribution à la Théologie de l'Alliance à partir des écrits du R. P. Louis Bouyer, de l'Oratoire, Paris 1996.

Heller, Karin, Et couple il les créa, Paris 1997 (ital.: E coppia li eréo, Roma 1998).

Heller, Karin, Il rapporto uomo-donna: la sua portata cosmica e teologica, in: Rivista teologica di Lugano 4 (1999) 5–25.

Hepp, Hermann, Schwangerschaftsabbruch aus kindlicher Indikation aus der Sicht eines Frauenarztes, in: Luyten, Norbert A., Wesen und Sinn der Geschlechtlichkeit (Grenzfragen 13), Freiburg–München 1985, 261–269.

Herbrecht, Dagmar/Härter, Ilse/Erhart, Hannelore (Hg.), Der Streit um die Frauenordination in der Bekennenden Kirche: Quellentexte zum Predigtamt und zur Selbstverwaltung, Neukirchen 1997.

Hermann, Maria, Theologinnen der älteren Generation, in: Deutsches Pfarrerblatt 74 (1974) 660–662.

Herrmann, Ferdinand, Symbolik in den Religionen der Naturvölker (Symbolik der Religionen IX), Stuttgart 1961.

Hess, Luise, Die deutschen Frauenberufe des Mittelalters (Beiträge zur Volkstumsforschung 6), München 1940.

Heuts, M. Jozef, Grundzüge der eukaryotischen Geschlechtlichkeit, in: Luyten, Norbert A., Wesen und Sinn der Geschlechtlichkeit (Grenzfragen 13), Freiburg–München 1985, 11–40.

Hewitt, Emily/Hiatt, S.R., Women Priests: Yes or No?, New York 1973.

Heyob, S.K., The Cult of Isis among Women in the Graeco-Roman World, Leiden 1975.

Heyward, Carter, Und sie rührte sein Kleid an. Eine feministische Theologie der Beziehung, Stuttgart 1986.

Hick, Ludwig, Stellung des hl. Paulus zur Frau im Rahmen seiner Zeit, Köln 1957.

Hieber, Astrid/Lukatos, Ingrid, Zwischen Engagement und Enttäuschung. Frauenerfahrungen in der Kirche, Hannover 1994.

Hoffmann, P. (Hg.), Priesterkirche, Düsseldorf 1987.

Höhn, H., Genetische Aspekte der Geschlechtsdifferenzierung beim Menschen, in: H. Autrum/U. Wolf (Hg.), Humanbiologie, Berlin–Heidelberg–New York 1973, 120–131.

Hooks, Bell, Geteilter Feminismus, in: Beiträge zur feministischen Theorie und Praxis 13. Jg. (1990) H. 27, 79–87.

Hopkins, Julie, Feministische Christologie. Wie Frauen heute von Jesus reden können, Mainz 1996.

Horsely, R.A., Sociology and the Jesus Movement, New York 1989.

Hörz, Helga, Die Frau als Persönlichkeit. Philosophische Probleme einer Geschlechterpsychologie, Berlin 1968.

Howard, Christian, Ordination of Women in the Anglican Communion and the Ecumenical Debate, in: The Ecumenical Review 29 (1977) 234–253.

Hufnagel, Alfons, Die Bewertung der Frau bei Thomas von Aquin, in: ThQ 156 (1976) 133–147.

Hünermann, Peter u.a. (Hg.), Diakonat. Ein Amt für Frauen in der Kirche – ein frauengerechtes Amt?, Ostfildern 1997.

Hünermann, Peter, Lehramtliche Dokumente zur Frauenordination. Analyse und Gewichtung, in: ThQ 173 (1993) 205–218.

Hünermann, Peter, Roma locuta – causa finita? Zur Argumentation der vatikanischen Erklärung über die Frauenordination, in: HK 31 (1977) 206–209.

Hunt, Mary E., Fierce Tenderness: A Feminist Theology of Friendship, New York 1991.

Institut für Demoskopie Allensbach (Hg.), Studie »Frauen und Kirche. Ergebnisse aus einer Repräsentativuntersuchung unter katholischen Frauen« unter Leitung von Dr. Renate Köcher, 1993.

Iserloh, Erwin, Bildfeindlichkeit des Nominalismus und Bildersturm im 16. Jh., in: Wilhelm Heinen (Hg.), Bild-Wort-Symbol in der Theologie, Würzburg 1969, 119–138.

Janetzky, Birgit u.a. (Hg.), Aufbruch der Frauen. Herausforderungen und Perspektiven feministischer Theologie, Münster 1989.

Janowski, Franca, Familie unter Anklage. Ein Blick auf die amerikanische Frauenliteratur, in: Evangelische Kommentare 12 (1979) 347–349.

Janssen-Jurreit, Marielouise, Sexismus. Über die Abtreibung der Frauenfrage, München–Wien ²1977.

Jelsma, A.J., Heilige und Hexen. Die Stellung der Frau im Christentum, Konstanz 1977.

Jensen, Anne, Die ersten Christinnen der Spätantike (IV. Probas Cento und ihr Frauenbild), in: Straub, Veronika (Hg.), Auch wir sind die Kirche. Frauen in der Kirche zwischen Tradition und Aufbruch, München 1991, 35–58.

Jensen, Anne, Faltonia Betitia Proba – eine Kirchenlehrerin der Spätantike, in: Pissarek-Hudelist, Herlinde/Schottroff, Luise (Hg.), Mit allen Sinnen glauben, Gütersloh 1991, 84–94.

Jensen, Anne, Frauenordination und ökumenischer Dialog, in: ThQ 173 (1993) 236–241.

Jensen, Anne, Gottes selbstbewußte Töchter. Frauenemanzipation im frühen Christentum?, Freiburg 1992.

Jepsen, Maria, Ordinierte Frauen – ein Erfahrungsbericht, in: ThQ 173 (1993) 163–172.

Jorissen, Hans, Theologische Bedenken gegen die Diakonatsweihe, in: Hünermann, Peter (Hg.), Diakonat. Ein Amt für Frauen in der Kirche – Ein frauengerechtes Amt?, Ostfildern 1997, 86–97.

Journet, Charles, L'Eglise et la femme, in: Nova et Vetera 32 (1957) 299–313.

Kahl, Susanne (Hg.), Die Zeit des Schweigens ist vorbei. Zur Lage der Frau in der Kirche, Gütersloh 1979.

Kähler, Else, Die Frau in den paulinischen Briefen. Unter besonderer Berücksichtigung des Begriffes der Unterordnung, Zürich–Frankfurt 1960.

Kalsbach, Adolf, Diakonisse, in: RAC III, Stuttgart 1957, 917–928.

Kalsbach, Adolf, Die altkirchliche Einrichtung der Diakonissen bis zu ihrem Erlöschen (Römische Quartalschrift, 22. Supplementheft), Freiburg i.Br. 1926.

Kaltenbrunner, G.-K., Ist der Heilige Geist weiblich?, in: US 32 (1977) 273–279.

Kaltenbrunner, G.-K., Verweiblichung als Schicksal? Verwirrung im Rollenspiel der Geschlechter, Freiburg–Basel–Wien 1978.

Kamphaus, Franz, Priester aus Passion, Freiburg i.Br. 1993.

Kaper, Gudrun u.a., Eva, wo bist du? – Frauen in internationalen Organisationen der Ökumene (Kennzeichen 8), Gelnhausen–Berlin–Stein 1981.

Karris, R.J., Jesus and the Marginalized in John's Gospel, Collegeville 1990.

Kasper, Walter, Der priesterliche Dienst als Repräsentation Jesu Christi als Haupt der Kirche, in: Ordo und Dienste. Zur Identität des Priesters heute, hg. v. Canisiuswerk, Wien 1995, 18–33.

Kasper, Walter, Zur Theologie der christlichen Ehe, Mainz 1977.

Kassel, Maria, Traum, Symbol, Religion. Tiefenpsychologische und feministische Analyse, Freiburg–Basel–Wien 1991.

Kertelge, Karl (Hg.), Das Kirchliche Amt im Neuen Testament, Darmstadt 1977.

Kertelge, Karl, Frauen im Neuen Testament – Dienste und Ämter, in: Müller Gerhard Ludwig (Hg.), Frauen in der Kirche. Eigensein und Mitverantwortung, Würzburg 1999, 231–251.

Killermann, Sebastian, Die somatische Anthropologie bei Albertus Magnus, in: Angelicum 21 (Seria Albertina) (1944) 224–269.

Kinder, D.M., The role of the Christian woman as seen by Clement of Alexandria, Iowa City 1988.

King, Margaret L., Frauen in der Renaissance, München 1993.

King, Ursula, Geschlechtliche Differenzierung und christliche Anthropologie. Auf der Suche nach einer integralen Spiritualität, in: US 35 (1980) 335–343.

Kirfel, Willibald, Symbolik des Buddhismus (Symbolik der Religionen V), Stuttgart 1959.

Kirfel, Willibald, Symbolik des Hinduismus und des Jinismus (Symbolik der Religionen IV), Stuttgart 1959.

Kirschbaum, Charlotte von, Der Dienst der Frau in der Wortverkündigung (Theologische Studien 31), Zollikon–Zürich 1951.

Kirschbaum, Charlotte von, Die wirkliche Frau, Zollikon–Zürich 1949.

Klauck, Hans-Josef, Hausgemeinde und Hauskirche im frühen Christentum, Stuttgart 1981.

Klauck, Hans-Josef, Gemeinde – Amt – Sakrament. Neutestamentliche Perspektiven, Würzburg 1989.

Köbler, Renate, Schattenarbeit. Charlotte an der Seite Karl Barths, Köln 1987.

Koch, Gottfried, Frauenfrage und Ketzertum im Mittelalter. Die Frauenbewegung im Rahmen des Katharismus und des Waldensertums und ihre sozialen Wurzeln (12.–14. Jh.), Berlin 1962.

König, René, Die Stellung der Frau in der modernen Gesellschaft, in: ders., Materialien zur Soziologie der Familie, Köln ²1974, 253–319.

Kraft, H., Vom Ende der urchristlichen Prophetie, in: Panagopoulos, J. (Hg.), Prophetic Vocation in the New Testament, Leiden 1977, 162–185.

Krämer, Peter, Pastorale Dienste und Ämter, in: Communio 25 (1996) 514–522.

Krebs, Engelbert, Vom ›Priestertum der Frau‹, in: Hochland 19 (1922), 196–215.

Krieger, Walter/Schwarz, Alois (Hg.), Amt und Dienst. Umbruch als Chance, Würzburg 1996.

Kroll, Una, Flesh of my Flesh, London 1975; dt.: Besondere Kennzeichen: Frau. Sinn und Unsinn einer Frage, Aschaffenburg 1976.

Krumeich, C., Hieronymus und die christlichen feminae clarissimae, Bonn 1993.

Küchler, Max, Schweigen, Schmuck und Schleier. Drei neutestamentliche Vorschriften zur Verdrängung der Frauen auf dem Hintergrund einer frauenfeindlichen Exegese des Alten Testamentes im antiken Judentum, Freiburg in der Schweiz 1986.

Kuhn, Annette/Pitzen, Marianne (Hg.), Stadt der Frauen. Szenarien aus spätmittelalterlicher Geschichte und zeitgenössischer Kunst (Ausstellungskatalog Frauen-Museum Bonn), Bonn 1994.

Küng, Hans, Thesen zur Stellung der Frau in Kirche und Gesellschaft, in: ThQ 156 (1976) 129–132.

Küng, Hans/Lohfink, Gerhard, Keine Ordination der Frau?, in: ThQ 157 (1977) 144–146.

Kurzel-Runtscheiner, Monica, Töchter der Venus. Die Kurtisanen Roms im 16. Jahrhundert, München 1995.

Lang, J., Ministers of grace. Women in the early Church, Slough 1989.

LaPorte, J., The role of women in early Christianity, New York 1982.

Laquer, Thomas, Auf den Leib geschrieben. Zur Inszenierung der Geschlechter von der Antike bis Freud, Frankfurt/M. 1992.

Laurentin, René, Marie et l'anthropologie chrétienne de la femme, in: NRTh 89 (1967) 485–515.

Laurentin, René, Jesus und die Frauen: Ein verkannte Revolution? in: Concilium 16 (1980) 275–282.

le Fort von, Gertrud, Die ewige Frau, München 1963.

Lederhilger, Severin, Diakonat der Frau – Kirchenrechtliche Konsequenzen, in: ThPQ 144 (1996), 362–373.

Leese, Kurt, Die Mutter als religiöses Symbol (Sammlung gemeinverständlicher Vorträge und Schriften aus dem Gebiet der Theologie und Religionsgeschichte 173), Tübingen 1934.

Lefkowitz, Mary R., Die Töchter des Zeus. Frauen im alten Griechenland, München 1992.

Legrand, Hervé, Die Frage der Frauenordination aus der Sicht katholischer Theologie. »Inter Insigniores« nach zehn Jahren, in: Gössmann, Elisabeth/Bader Dietmar (Hg.), Warum keine Ordination der Frau? Unterschiedliche Einstellungen in den christlichen Kirchen (Schriftenreihe der Katholischen Akademie der Erzdiözese Freiburg), München–Zürich 1987, 89–111.

Lehmann, Karl, Das dogmatische Problem des theologischen Ansatzes zum Verständnis des Amtspriestertums, in: Henrich, Franz (Hg.), Existenzprobleme des Priesters (MAkS 50), München 1969, 121–175.

Lehmann, Karl, Der Mensch als Mann und Frau: Bild Gottes. Festrede bei den Salzburger Hochschulwochen 1988, in: Gordan, Paulus (Hg.), Gott schuf den Menschen als Mann und Frau: die Vorlesungen der Salzburger Hochschulwochen 1988, Graz–Wien–Köln 1989, 10–17.

Leipoldt, Johannes, Die Frau in der antiken Welt und im Urchristentum, Leipzig ²1955.

Leisch-Kiesl, Monika, Eva als Andere. Eine exemplarische Untersuchung zu Frühchristentum und Mittelalter, Köln 1992.

Lersch, Philipp, Vom Wesen der Geschlechter, München–Basel ⁴1968.

Lesky, Erna, Die Zeugungs- und Vererbungslehren der Antike und ihr Nachwirken (Abhandlungen der geistes- und sozialwissenschaftlichen Klasse 1950, Nr. 19), Mainz 1951.

Lewis, C.S., Priestesses in the Church? in: ders., Undeception. Essays on Theology and Ethics, London 1971, 191–196. (auch in dt.: Pastorinnen in der Kirche, in: ders., Gott auf der Anklagebank, Basel–Gießen ²1982, 99–106).

Little, Joyce, Die Förderung der Frau im Kontext der feministischen Debatte, in: O.R.dt. 30.4.1993, 11 (Orig. ital. O.R. 10.3.93).

Loewe, Raphael, The Position of Women in Judaism, London 1966.

Löfström, U.I., Frauen auf der Kanzel. Probleme der schwedischen Kirche, in: Evangelische Kommentare 12 (1979) 28.33–34.

Lösch, Stefan, Christliche Frauen in Korinth (1 Cor 11, 2–16). Ein neuer Lösungsversuch, in: ThQ 127 (1947) 216–261.

Lüdecke, Norbert, Also doch ein Dogma? Fragen zum Verbindlichkeitsanspruch der Lehre über die Unmöglichkeit der Priesterweihe für Frauen aus kanonistischer Perspektive, in: TThZ 105 (1996) 161–211.

Lubac, Henri de, Väterlichkeit der amtlichen Diener, in: ders., Quellen kirchlicher Einheit, Einsiedeln 1974, 156–171.

Lubac, Henri de, Le »Dialogue sur le sacerdoce« de saint Jean Chrysostome, in: NRT 100 (1978) 822–831.

Ludwig, A., Weibliche Kleriker in der altchristlichen und frühmittelalterlichen Kirche, in: Theologisch-praktische Monatsschrift 20 (1910) 548–557. 609–617.

Ludwig, A., Weitere Beweise für die Existenz weiblicher Kleriker in der alten Kirche, in: Theologisch-praktische Monatsschrift 21 (1911) 141–149.

Lüthi, Kurt, Gottes neue Eva. Wandlungen des Weiblichen, Stuttgart 1978.

Lüthi, Kurt, Was bedeutet die zunehmende Bewußtwerdung der Frau für die Theologie und die Erneuerung der Kirche?, in: US 35 (1980) 344–351.

Luyton, Norbert A. (Hg.), Wesen und Sinn der Geschlechtlichkeit (Grenzfragen 13), Freiburg–München 1985.

Lynch, J.E., The Ordination of Women: Protestant Experience in Ecumenical Perspektive, in: JEcSt 12 (1975) 173–197.

MacDonald, The Pauline Churches. A Socio-Historical Study of Institutionalization in the Pauline and Deutero-Pauline Writings, Cambridge 1988.

Maertens, Thierry, La promotion de la femme dans la Bible. Ses applications au mariage et au ministère, Paris 1967.

Maihofer, Andrea, Gleichheit nur für Gleiche?, in: Gerhard, Ute/Jansen, Mechtild/dies. u.a. (Hg.), Menschenrechte haben (k)ein Geschlecht. Differenz und Gleichheit, Frankfurt/M. 1990, 351–367.

Manser, G.M., Die Frauenfrage nach Thomas von Aquin, Olten 1919.

Marie et la question féminine. Pour le dialogue entre théologie et sciences humaines. Études Mariales 30/31 (1973/74).

Martimort, A.-G., Les diaconesses. Essai historique, Rom 1982.

Martin, J./Zoepffel, R. (Hg.), Aufgaben, Rollen und Räume von Frau und Mann, 2 Bde., Freiburg 1989.

Mascall, E.L., Women Priests? Westminster ⁶1974.

May, Georg, Priestertum der Frau? Kritische Erwägungen zu einem jüngst erschienenen Buch, in: TThZ 83 (1974) 181–186.

Mayer, Josephine, Monumenta de viduis, diaconissis virginibusque tractantia (= Florilegium Patristicum tam veteris quam mediaevi auctores complectus, edd. Bernhard Geyer und Johannes Zellinger, Bd. 42), Bonn 1938.

Mayr, F.K., Patriarchalisches Gottesverständnis? Historische Erwägungen zur Trinitätslehre, in: ThQ 152 (1972) 224–255.

Mayr, F.K., Trinitätstheologie und theologische Anthropologie, in: ZThK 68 (1971) 427–477.

McLaughlin, Eleanor, Die Frau und die mittelalterliche Häresie. Ein Problem der Geschichte der Spiritualität, in: Conc 12 (1976) 34–44.

Mead, Margaret, Male and Female. A Study of the Sexes in a Changing World, New York 1949; dt.: Mann und Weib. Das Verhältnis der Geschlechter in einer sich wandelnden Welt, Hamburg 1977.

Meeks, W.A., The First Urban Christians. The Social World of the Apostle Paul, Yale 1983.

Menne, Ferdinand, Kirchliche Sexualethik und Geschlechterrollen in der Kirche, in: Conc 16 (1980) 236–242.

Menschik, Jutta, Feminismus. Geschichte, Theorie, Praxis, Köln 1977.

Mensching, Gustav, Das Ewig-Weibliche in der Religionsgeschichte, in: ders., Gott und Mensch, Goslar 1948, 37–41.

Merode, Marie de, Une aide qui lui corresponde. L'exégèse de Gen 2,18–24 dans les écrits de l'Ancien Testament, du judaisme et du Nouveau Testament, in: Revue théologique de Louvain 8 (1972) 329–352.

Merode-de-Croy, Marie de, Die Rolle der Frauen im Alten Testament, in: Conc 16 (1980) 270–275.

Metz, René, Recherches sur la condition de la femme selon Gratian, in: Studia Gratiana 12 (1967) 377–396.

Metz, René, Recherches sur le statut de la femme en droit canonique: bilan historique et perspectives d'avenir. Problèmes de méthodes, in: L'année canonique 12 (1968) 86–113.

Metzke, Erwin, Anthropologie der Geschlechter, Philosophische Bemerkungen zum Stand der Diskussion, in: Theologische Rundschau (1954) 211–241.

Meves, Christa, Freiheit will gelernt sein, Freiburg–Basel–Wien ⁷1978.

Meves, Christa, Waisenknaben. Warum die Mutter nicht Mutter und die Hausfrau nur Hausmann heißen darf, in: Rheinischer Merkur 52, 29.12.1978, S. 27.

Meyer-Wilmes, Hedwig, »Im Umgang mit dem Anderen ... dem Göttlichen auf der Spur«, in: Diakonia 24. Jg. (1993) H. 5, 311–312.

Meyer-Wilmes, Hedwig, Feministische Theologie: Auszug oder Aufbruch, in: Janetzky, Birgit u.a. (Hg.), Aufbruch der Frauen. Herausforderungen und Perspektiven feministischer Theologie, Münster 1989, 10–25.

Meyer-Wilmes, Hedwig, Rebellion auf der Grenze, Ortsbestimmung feministischer Theologie, Freiburg–Basel–Wien 1990.

Meyer-Wilmes, Hedwig, zwischen lila und lavendel. Schritte feministischer Theologie, Regensburg 1996.

Michaud, J.-P., L'attitude du Christ et la pratique des Apôtres. Le poids des arguments retenus par le document romain, in: Église et théologie 9 (1978) 37–50.

Militello, C., Donna e Chiesa. La testimonianza di Giovanni Crisostomo, Palermo 1985.

Millett, Kate, Sexus und Herrschaft. Die Tyrannei des Mannes in unserer Gesellschaft, München–Wien–Basel 1971.

Mitzka, Franz, Symbolismus als theologische Methode, in: ZkTh 67 (1943) 22–35.

Mollenkott, Virginia R., Gott eine Frau? Vergessene Gottesbilder der Bibel (Beck'sche Reihe 295), München ³1990.

Moltmann(-Wendel), Elisabeth, Sexismus in den siebziger Jahren. Ökumenischer Frauenkongreß in Berlin, in: Evangelische Kommentare 7 (1974) 484–485.

Moltmann-Wendel, Elisabeth (Hg.), Frauenbefreiung. Biblische und theologische Argumente, München ²1978.

Moltmann-Wendel, Elisabeth, Ein ganzer Mensch werden. Reflexionen zu einer feministischen Theologie, in: Evangelische Kommentare 12 (1979) 340–342.347.

Moltmann-Wendel, Elisabeth, Frauen sehen Jesus. Ansätze einer feministischen Christologie, in: Thomassen, Jürgen (Hg.), Jesus von Nazaret. Neue Zugänge zu Person und Bedeutung, Würzburg 1993, 23–37.

Moltmann-Wendel, Elisabeth, Frauenbewegung in Deutschland, in: Lutherische Rundschau 25 (1975) 52–61.

Moltmann-Wendel, Elisabeth, Freiheit, Gleichheit, Schwesterlichkeit. Zur Emanzipation der Frau in Kirche und Gesellschaft, München 1977.

Moltmann-Wendel, Elisabeth, Menschenrechte für alle. Christliche Initiativen zur Frauenbefreiung, München 1974.

Moltmann-Wendel, Elisabeth/Moltmann, Jürgen, Als Mann und Frau von Gott reden, München 1991.

Montagu, Ashley, The Natural Superiority of Women, New York–London ²1968.

Montefiore, Hugh (Hg.), Yes to Women Priests, Great Wakering 1978.

Moore, H.L., Mensch und Frau sein, Göttingen 1990.

Morris, Joan, Against Nature and God. The History of Women with Clerical Ordination and the Jurisdiction of Bishops, London–Oxford 1973.

Morris, Joan, Ordination der Frau, in: Informationen zu Amt-Diakonat der Frau 1 (1979) 3–4, hg. vom Sekretariat des Internationalen Diakonatszentrums (IDZ), Postfach 420, D-7800 Freiburg.

Mörsdorf, Josef, Gestaltwandel des Frauenbildes und Frauenberufs in der Neuzeit (Münchener Theologische Studien II, 16), München 1958.

Mulack, Christa, Die Weiblichkeit Gottes. Matriarchale Voraussetzungen des Gottesbildes, Stuttgart 1983.

Müller Gerhard Ludwig (Hg.), Frauen in der Kirche. Eigensein und Mitverantwortung, Würzburg 1999.

Müller Gerhard Ludwig, Kann nur der getaufte Mann gültig das Weihesakrament empfangen? Zur Lehrentscheidung in »Ordinatio sacerdotalis«, in: ders. (Hg.), Frauen in der Kirche. Eigensein und Mitverantwortung, Würzburg 1999, 278–356.

Müller Gerhard Ludwig, Der sakramentale Diakonat. Geschichtliche Entfaltung – systematische Perspektiven, in: Archiv für katholisches Kirchenrecht 166 (1997) 43–68.

Müller, Hubert, Zur rechtlichen Stellung der Frau in der Kirche, in: ThPQ 126 (1978) 341–349.

Munro, W. Authority in Paul and Peter. The Identification of a Pastoral Stratum in the Pauline Corpus and 1 Peter, Cambridge 1983.

Muthmann, Friedrich, Mutter und Quelle. Studien zur Quellenverehrung im Altertum und im Mittelalter, Basel 1975.

Myers, Ch., Binding the Strong Man. A Political Reading of Mark's Story of Jesus, Maryknoll 1988.

Narr, Karl J., Geschlechtliche Unterschiede in Arbeitsteilung und Gesellschaftsorganisation, in: Luyten, Norbert A., Wesen und Sinn der Geschlechtlichkeit (Grenzfragen 13), Freiburg–München 1985, 103–169.

Neal, M.-A., Pathologie der Männerkirche, in: Conc 16 (1980) 259–263.

Neumann, Erich, Die Große Mutter. Eine Phänomenologie der weiblichen Gestaltungen des Unbewußten, Olten 1974, ⁹1989.

Neumann, Erich, Ursprungsgeschichte des Bewußtseins, München 1968.

Neumann, Erich, Zur Psychologie des Weiblichen, München 1969.

Neumann, Johannes, Die Stellung der Frau in der Sicht der katholischen Kirche heute, in: ThQ 156 (1976) 111–128.

Newsom, Carol A./Ringer, Sharon H. (Hg.), The Women's Bible Commentary, Louisville 1992.

Nicolas, M.-J., La doctrine mariale et la théologie chrétienne de la femme, in: D'Hubert du Manoir (Hg.), Maria. Études sur la Sainte Vierge VII, Paris 1964, 443–462.

Niemand, Christoph, »... damit das Wort Gottes nicht in Verruf kommt«, in: ThPQ 144 (1996), 351–361.

Niewiadomski, Józef, Notwendige, weil Not-wendende Diakoninnenweihe, in: ThPQ 144 (1996), 339–348.

Nunner-Winkler, Gertrud (Hg.), Weibliche Moral. Die Kontroverse um eine geschlechtsspezifische Ethik, Frankfurt–New York 1991.

Nürnberg, Rosemarie, »Non decet neque necessarium est, ut mulieres doceant«. Überlegungen zum altkirchlichen Lehrverbot für Frauen, in: JbAC 31 (1988) 57–73.

Oghlukian, A., The Deaconess in the Armenian Church. A Brief Survey, New Rochelle/New York 1994.

Ochs, Carol, Behind the Sex of God. Toward a New Consciousness. Transcending Matriarchy and Patriarchy, Boston 1977.

Österreichische Arbeitsgemeinschaft »Arzt und Seelsorger« (Hg.), *Mann und Frau*. Wesen und Verhältnis, Wien–Linz–Passau 1975.

Orioli, G., Il testo dell'ordinazione delle diaconisse nella chiesa di Antiochia dei Siri, in: Apoll. 62 (1989) 633–640.

Otranto, Giorgio, Note sul sacerdozio femminile nell'antichità in margine a una testimonianza de Gelasio I, in: Vetera Christianorum 19 (1982) 341–360.

Ott, Ludwig, Das Weihesakrament (Handbuch der Dogmengeschichte IV, 5), Freiburg 1969.

Parvey, C.F. (Hg.), Ordination of Women in Ecumenical Perspective. Workbook for the Church's Future (Faith and Order Papers 105), Genf 1980.

Pascher, Joseph, Die Hierarchie in sakramentaler Symbolik, in: Episkopus. Studien über das Bischofsamt. FS Kardinal Michael von Faulhaber, Regensburg 1949, 278–295.

Peters, Jan, Die Frau im kirchlichen Dienst, in: Conc 4 (1968) 293–299.

Peters, Norbert, Die Frau im Alten Testament, Düsseldorf 1926.

Petersen-Szemerédy, G., Zwischen Weltstadt und Wüste: Römische Asketinnen in der Spätantike, Göttingen 1993.

Peterson, E., Der Monotheismus als politisches Problem, in: ders., Theologische Traktate, München 1951.

Pfister, Herta, Der an uns Gefallen findet. Frauen in Alten Testament, Freiburg–Basel–Wien ³1987.

Pissarek-Hudelist, Herlinde/Schottroff, Luise (Hg.), Mit allen Sinnen glauben, Gütersloh 1991.

Pomeroy, Sarah B., Frauenleben im klassischen Altertum (KTA 461), Stuttgart 1985 (engl. 1984).

Portmann, M.-L., Die Darstellung der Frau in der Geschichtsschreibung des früheren Mittelalters (Basler Beiträge zur Geschichtswissenschaft 69), Basel–Stuttgart 1958.

Prast, F., Presbyter und Evangelium in nachapostolischer Zeit, Stuttgart 1979.

Prätorius, Ina, Skizzen zur Feministischen Ethik, Mainz 1995.

Prenter, Regin, Die Ordination der Frauen zu dem überlieferten Pfarramt der lutherischen Kirche (Luthertum 28), Berlin–Hamburg 1967.

Prümm, Karl, Religionsgeschichtliches Handbuch für den Raum der altchristlichen Umwelt, Rom 1954.

Radford Ruether, Rosemary, Unsere Wunden heilen, unsere Befreiung feiern. Rituale in der Frauenkirche, Stuttgart 1988.

Rahner, Hugo, Symbole der Kirche. Die Ekklesiologie der Väter, Salzburg 1964.

Rahner, Karl, Die Frau in der neuen Situation der Kirche, in: ders., Schriften VII, Einsiedeln 1966, 351–367.

Rahner, Karl, Maria und das christliche Bild der Frau, in: ders., Schriften XII, Zürich 1978, 353–360.

Rahner, Karl, Priestertum der Frau?, in: StdZ 195 (1977) 291–301.

Raming, Ida, Der Ausschluß der Frau vom priesterlichen Amt. Gottgewollte Tradition oder Diskriminierung? Eine rechtshistorisch-dogmatische Untersuchung der Grundlagen von Kanon 968 § 1 des C.I.C., Köln 1973.

Raming, Ida, Die inferiore Stellung der Frau nach geltendem Kirchenrecht, in: Conc 12 (1976) 30–34.

Raming, Ida, Von der Freiheit des Evangeliums zur versteinerten Männerkirche. Zur Entstehung und Entwicklung der Männerherrschaft in der Kirche, in: Conc 16 (1980) 230–235.

Ratzinger, Joseph, Das Priestertum des Mannes – ein Verstoß gegen die Rechte der Frau, in: O.R. dt. 1. April 1977, 5f.

Rebell, W., Gemeinde als Gegenwelt, Frankfurt 1987.

Redlich, Vergil, Bernhard von Clairvaux und das Frauenbild des Mittelalters, in: Gloria Dei 8 (1953) 212–220.

Refoulé, F.R., Le problème des ›femmes-prêtres‹ en Suède, in: Lumière et Vie 43 (1959) 65–99.

Reichle, Erika, Die Theologin im Pfarramt in der BRD, in: Lutherische Rundschau 25 (1975) 62–68.

Reichle, Erika, Die Theologin in Württemberg. Geschichte – Bild – Wirklichkeit eines neuen Frauenberufes (Europäische Hochschulschriften XXIII, 35), Bern–Frankfurt 1975.

Reicke, Bo, Chronologie der Pastoralbriefe, in: ThLZ 101 (1976) 81–94.

Reicke, Bo, Schwedische Diskussion über die Zulassung von Frauen zum Pfarramt, in: ThLZ 77 (1952) 184–188.

Reidick, Gertrude, Die hierarchische Struktur der Ehe (Münchener Theologische Studien III, 3), München 1953.

Reininger, Dorothea, Diakonat der Frau in der Einen Kirche. Die christliche Ökumene und ihr Beitrag zur römisch-katholischen Diskussion, Ostfildern 1999.

Reissinger, Walter, Die Frau und das Amt in der Kirche, in: Richter, H.-F. (Hg.), Die kommende Ökumene, Wuppertal 1972, 147–162.

Remberger, F.X., Priestertum der Frau?, in: Theologie der Gegenwart 6 (1966) 130–136.

Rengstorf, K.H., Mann und Frau im Urchristentum, Köln–Opladen 1954.

Rensberger, D., Johannine Faith and Liberating Community, Philadelphia 1988.

Rhode, J., Urchristliche und frühkatholische Ämter, Berlin 1976.

Richardson, Alan, Women and the Priesthood: Lambeth Essays on Ministry, London 1969, 75–78.

Robins, Gay, Frauen im alten Ägypten, München 1996.

Rocchetta, Carli, Il sacramento della coppia. saggio di teologia del matrimonio cristiano, Bologna 1996.

Röder, Brigitte/Hummel, Juliane/Kunz, Brigitta, Göttinnendämmerung. Das Matriarchat aus archäologischer Sicht, München 1996.

Rösler, Augustin, Die Frauenfrage vom Standpunkte der Natur, der Geschichte und der Offenbarung, Freiburg i. Br. ^{2}1907.

Rossiaud, Jacques, Dame Venus. Prostitution im Mittelalter (Beck'sche Reihe 1044), München 1994 (Nachdruck der Ausgabe von 1989).

Rossmann, Eva, Die Angst der Kirche vor den Frauen. Katholikinnen erzählen, Wien–Bozen 1996.

Rudolph, Kurt, Die Gnosis. Wesen und Geschichte einer spätantiken Religion, Göttingen 1978.

Ruether, R.R. (Hg.), Religion and Sexism. Images of Woman in the Jewish and Christian Tradition, New York 1974.

Ruether, R.R., Frau und kirchliches Amt in historischer und gesellschaftlicher Sicht, in: Conc 12 (1976) 17–23.

Ruether, R.R., Frauen für eine neue Gesellschaft. Frauenbewegung und menschliche Befreiung, München 1979.

Ruether, R.R., Maria – Kirche in weiblicher Gestalt, München 1980.

Rupprecht, Walter, Der Dienst der Theologin – eine ungelöste Frage in der evangelischen Kirche (Arbeiten zur Theologie I, 19), Stuttgart 1965.

Russell, L.M. (Hg.), Als Mann und Frau ruft er uns. Vom nicht-sexistischen Gebrauch der Bibel, München 1979.

Russell, Letty (Hg.), Befreien wir das Wort. Feministische Bibelauslegung, München 1989.

Schäfer, K.H., Die Kanonissenstifter im deutschen Mittelalter. Ihre Entwicklung und innere Einrichtung im Zusammenhang mit dem altchristlichen Sanktimonialentum (Kirchenrechtliche Abhandlungen 43/44), Stuttgart 1907.

Schäfer, K.H., Kanonissen und Diakonissen, in: Römische Quartalschrift 24 (1910) 49–80.

Schäfer, Paula, Das Diakonissenamt in der anglikanischen Kirche, in: Eine heilige Kirche 21 (1939) 76–79.

Schaller, J.B., Gen 1.2 im antiken Judentum, Diss. Göttingen 1961.

Schamoni, Wilhelm, Heilige Frauen des Altertums, Düsseldorf 1963.

Schavan, Annette (Hg.), Dialog statt Dialogverweigerung. Impulse für eine zukunftsfähige Kirche, Kevelaer 1994.

Scheffczyk, Leo, Das responsum der Glaubenskongregation zur Ordinationsfrage und eine theologische Replik, in: Forum Katholische Theologie 12 (1996) 127–133.

Scheffczyk, Leo, Das Wesen des Priestertums – auf dem Hintergrund der Nichtordination der Frau, in: Klerusblatt 58 (1978) 37–40. 52–54.

Scheffczyk, Leo, Die geschlechtliche Bipolarität im Lichte theologischer Anthropologie, in: Luyten, Norbert A., Wesen und Sinn der Geschlechtlichkeit (Grenzfragen 13), Freiburg–München 1985, 373–397.

Scheffczyk, Leo, Die Verschiedenheit der Dienste: Laien – Diakone – Priester, in: Communio 25 (1996) 498–523.

Scheffczyk, Leo, Priestertum der Frau oder nicht?, in: CGG 22 (1970) 341–342.

Schelkle, Karl Hermann, Der Geist und die Braut. Die Frau in der Bibel, Düsseldorf 1977.

Schenk, Herrad (Hg.), Frauen und Sexualität. Ein historisches Lesebuch (Beck'sche Reihe 1124), München 1995.

Schenk, Herrad, Die feministische Herausforderung. 150 Jahre Frauenbewegung in Deutschland (Beck'sche Reihe 213), München ⁶1992.

Schenker, Adrian, »Ein Königreich von Priestern« (Ex 19,6), in: Communio 25 (1996) 483–490.

Scherer, Alice (Hg.), Die Frau. Wesen und Aufgaben (Wörterbuch der Politik VI), Freiburg i. Br. 1951.

Scherzberg, Lucia, Grundkurs Feministische Theologie, Mainz 1995.

Schipflinger, Thomas, Der fraulich-mütterliche Aspekt im Göttlichen. Eine religionswissenschaftliche Studie, in: Kairos 9 (1967) 277–295.

Schipperges, Heinrich, Zur Bedeutung der Geschlechtlichkeit in medizinhistorischer Sicht, in: Luyten, Norbert A., Wesen und Sinn der Geschlechtlichkeit (Grenzfragen 13), Freiburg–München 1985, 171–205.

Schlette, H.R., Art. Symbol, in: Fries, Heinrich (Hg.), Handbuch theologischer Grundbegriffe 4, München ²1974, 169–177.

Schlieper, Amiliana, Frauen in der Kirche, in: Schavan, Annette (Hg.), Dialog statt Dialogverweigerung. Impulse für eine zukunftsfähige Kirche, Kevelaer 1994, 164–171.

Schlosser, Marianne, Alt – aber nicht veraltet. Die Jungfrauenweihe als Weg der Christusnachfolge, in: OK 33 (1992) 41–64, 165–178, 289–311.

Schmaus, Michael/Gössmann, Elisabeth (Hg.), Die Frau im Aufbruch der Kirche, München 1964.

Schneider, Oda, Die Macht der Frau, Salzburg 1938.

Schneider, Oda, Vom Priestertum der Frau, Wien 1934.

Schneider, Theodor (Hg.), Mann und Frau – Grundproblem theologischer Anthropologie, Freiburg 1989 (QD 121) [mit Beiträgen von Elisabeth Gössmann, Karl Lehmann, Dietmar Mieth, Herlinde Pissarek-Hudelist, Ilona Riedel-Spangenberger, Helen Schüngel-Straumann].

Schneider, Theophora, Das Bild der Frau in der Väterzeit, in: Gloria Dei 8 (1953) 193–212.

Schneider, Theophora, Kirche und Frau, in: Quatember 41 (1977) 204–212.

Schöllgen, Gregor, Die Anfänge der Professionalisierung des Klerus und das kirchliche Amt in der Syrischen Didaskalie (JbAC Erg.-Bd. 26), Münster 1998.

Schottroff, Luise, DienerInnen der Heiligen. Der Diakonat der Frauen im

Neuen Testament, in: Schäfer, G.K./Strohm, T. (Hg.), Diakonie – biblische Grundlagen und Orientierungen, Heidelberg 1990, 222–242.

Schottroff, Luise, Wie berechtigt ist die feministische Kritik an Paulus?, in: dies., Befreiungserfahrungen, München 1990, 229–246.

Schottroff, Luise/Schroer, Silvia, Feministische Exegese, Forschungserträge zur Bibel aus der Perspektive von Frauen, Darmstadt 1995.

Schottroff, Luise/Wacker, Marie-Theres (Hg.), Von der Wurzel getragen. Christlich-feministische Exegese in Auseinandersetzung mit Antijudaismus, Leiden–New York–Köln 1996.

Schreiber, Alfred, Die Gemeinde in Korinth. Versuch einer gruppendynamischen Betrachtung der Entwicklung der Gemeinde von Korinth auf der Basis des ersten Korintherbriefes (Ntl. Abhandlungen, Neue Folge 12), Münster 1977.

Schrey, H.-H., Ist Gott ein Mann? Zur Forderung einer feministischen Theologie, in: Theologische Rundschau 44 (1979) 227–238.

Schröder, Hannelore (Hg.), Die Frau ist frei geboren. Texte zur Frauenemanzipation, Bd. I: 1789–1870, München 1979.

Schüllner, Ilse, Überblick und Perspektiven. Zum Stand der Entwicklung des Diakonates der Frau, in: Diakonia XP 13 (1978) 23–40.

Schürmann, Heinz, Im Knechtsdienst Christi. Zur Weltpriesterlichen Existenz, hg. von Klaus Scholtissek, Paderborn 1998.

Schulte, Raphael, Sein und Verwirklichung der menschlichen Geschlechtlichkeit. Ein theologischer Versuch, in: Luyten, Norbert A., Wesen und Sinn der Geschlechtlichkeit (Grenzfragen 13), Freiburg–München 1985, 301–372.

Schüngel-Straumann, Helen, Die Dominanz des Männlichen muß verschwinden, in: Hübner, Britta/Meesmann, Hartmut (Hg.), Streitfall: Feministische Theologie, Düsseldorf 1993, 72–82.

Schüngel-Straumann, Helen, Die Frau am Anfang. Eva und die Folgen, Freiburg 1989, 148–154.

Schüssler, Elisabeth, Der vergessene Partner. Grundlagen, Tatsachen und Möglichkeiten der beruflichen Mitarbeit der Frau in der Heilssorge der Kirche, Düsseldorf 1964.

Schüssler, Elisabeth, Die Rolle der Frau in der urchristlichen Bewegung, in: Conc 12 (1976) 3–9.

Schüssler-Fiorenza, Elisabeth, A Discipleship of Equals. Ekklesial Democracy and Patriarchy in Biblical Perspective, in: Bianchi, E.C., Radford Ruether, R. (Hg.), A Democratic Catholic Church. The Reconstruction of Roman Catholicism, New York 1992, 17–33.

Schüssler-Fiorenza, Elisabeth, Brot statt Steine. Die Herausforderung einer feministischen Interpretation der Bibel, Freiburg/Schweiz 1988.

Schüssler-Fiorenza, Elisabeth, But she said, Feminist Practices of Biblical Interpretation, Boston 1992, 55–76.

Schüssler-Fiorenza, Elisabeth, Die Anfänge von Kirche, Amt und Priestertum in feministisch-theologischer Sicht, in: Hoffmann, P. (Hg.), Priesterkirche, Düsseldorf 1987, 62–95.

Schüssler-Fiorenza, Elisabeth, Die Frauen gehören ins Zentrum, in: Hübner,

Britta/Meesmann, Hartmut (Hg.), Streitfall Feministische Theologie, Düsseldorf 1993, 13–22.

Schüssler-Fiorenza, Elisabeth, Discipleship of Equals. A Critical Feminist Ekklesialogy of Liberation, London 1993.

Schüssler-Fiorenza, Elisabeth, Für eine befreite und befreiende Theologie: Frauen in der Theologie und feministische Theologie in den USA, in: Conc 14 (1978) 287–294.

Schüssler-Fiorenza, Elisabeth, Neutestamentlich-frühchristliche Argumente zum Thema Frau und Amt. Eine kritische feministische Reflexion, in: ThQ 173 (1993) 173–185.

Schüssler-Fiorenza, Elisabeth, Priester für Gott, Münster 1972.

Schüssler-Fiorenza, Elisabeth, Zu Ihrem Gedächtnis ..., Eine feministisch-theologische Rekonstruktion christlicher Ursprünge, München–Mainz 1988.

Schwarz, R., Bürgerliches Christentum im Neuen Testament?, Klosterneuburg 1983.

Schwarzer, Alice, Der kleine Unterschied und seine großen Folgen, Frankfurt ²1977.

Schwebel, Horst/Schmidt, Heinz-Ulrich (Hg.), Die andere Eva. Ausstellungskatalog, Menden 1985.

Seifert, Josef, Leib und Seele, Salzburg–München 1973.

Senghaas-Knobloch, Eva, Die Theologin im Beruf. Zumutung – Selbstverständnis – Praxis, München 1969.

Soares,Prabhu, George M., Die Bibel als Magna Charta von Befreiungs- und Menschenrechtsbewegungen, in: Concilium 31 (1995) 58–66.

Sölle, Dorothee, Es muß doch mehr als alles geben. Nachdenken über Gott, Hamburg 1992.

Sölle, Dorothee, Gott und ihre Freunde, in: Pusch, Luise (Hg.), Inspektion der Herrenkultur. Ein Handbuch, Frankfurt/M. 1983, 196–209.

Sorge, Elga, Religion und Frau. Weibliche Spiritualität im Christentum, Stuttgart 1985.

Spiazzi, Raimondo, Die Frauen und die Kirche, in: O.R.dt. 11. März 1977, 10f.

Splett, Jörg, Der Mensch: Mann und Frau. Perspektiven christlicher Anthropologie, Frankfurt 1980.

Splett, Jörg, Meditation der Gemeinsamkeit. Aspekte einer ehelichen Anthropologie, St. Michael (Bläschke) 1981.

Stein, Edith, Die Frau. Ihre Aufgabe nach Natur und Gnade (Werke V), Löwen 1959.

Steininger, Christine, Die ideale christliche Frau. Virgo-vidua-nupta. Eine Studie zum Bild der idealen christlichen Frau bei Hieronymus und Pelagius, St. Ottilien 1997.

Stern, Karl, Die Flucht vor dem Weib. Zur Pathologie des Zeitgeistes, Salzburg 1968.

Strahm, Doris/Strobel, Regula (Hg.), Vom Verlangen nach Heilwerden. Christologie in feministisch-theologischer Sicht, Fribourg–Luzern 1991.

Straub, Veronika (Hg.), Auch wir sind die Kirche. Frauen in der Kirche zwischen Tradition und Aufbruch, München 1991.

Stritzky, M.B. von, Der Dienst der Frau in der Alten Kirche, in: LJ 28 (1978) 136–154.

Stücklin, Christoph, Tertullian: De virginibus velandis. Übersetzung, Einleitung, Kommentar. Ein Beitrag zur altkirchlichen Frauenfrage (Europäische Hochschulschriften XXIII, 26), Bern–Frankfurt 1974.

Sullerot, Evelyne (Hg.), Die Wirklichkeit der Frau, München 1979.

Sullerot, Evelyne, La femme dans le monde moderne, Paris 1971; dt.: Die Frau in der modernen Gesellschaft, München 1971.

Swidler, Leonhard u. Arlene (Hg.), Women Priests. A Catholic Commentary on the Vatican Declaration, New York 1977.

Synek, Eva Maria, Die Zweite Phöbe. Zur Frage von Frauenämtern in der Katholischen Kirchen, in: GuL 70 (1997) 218–232.

Synek, Eva Maria, Der Frauendiakonat der Alten Kirche und seine Rezeption durch die orthodoxen Kirchen. Lösungsansätze für die katholische Ordinationsdiskussion?, in: Ostkirchliche Studien 48 (1999) 3–21.

Tacke, Gertrud, Ein Amt der Diakonin, in: Der Dom (35. Jgg., Nr. 39), 28.9.80, S. 3.26–27.

Taube, Roselies/Tietz-Buck, Claudia/Klinge, Christiane, Frauen und Jesus Christus. Die Bedeutung von Christologie im Leben protestantischer Frauen, Stuttgart u.a. 1995.

Tavard, G.H., Woman in Christian Tradition, Notre Dame 1973.

Tavard, G.H., Women in the Church. A Theological Problem, in: The Ecumenist 4 (1965) 7–10.

Tellenbach, Hubertus (Hg.), Das Vaterbild im Abendland I. Rom, frühes Christentum, Mittelalter, Neuzeit, Gegenwart, Stuttgart 1978.

Tellenbach, Hubertus (Hg.), Das Vaterbild in Mythos und Geschichte. Ägypten, Griechenland, Altes Testament, Neues Testament, Stuttgart 1976.

The Community of Women and Men in the Church. A Study by the World Council of Churches, in: The Ecumenical Review 27 (1975) 386–393.

Theobald, Michael, »Jesus und seine Jünger«. Ein problematisches Gruppenbild, in: ThQ 173 (1993) 219–226.

Theodorou, Evangelos, Das Amt der Diakoninnen in der kirchlichen Tradition, in: US 33 (1978) 162–172.

Theodorou, Evangelos, Die Tradition der orthodoxen Kirche in bezug auf die Frauenordination, in: Gössmann, Elisabeth/Bader Dietmar (Hg.), Warum keine Ordination der Frau? Unterschiedliche Einstellungen in den christlichen Kirchen (Schriftenreihe der Katholischen Akademie der Erzdiözese Freiburg), München–Zürich 1987, 26–49.

Thielicke, Helmut, Exkurs: Die Frau im Verkündigungsamt der Kirche, in: ders., Theologische Ethik III, Tübingen 1964, 689–695.

Thiermeyer, Abraham-Andreas, Der Diakonat der Frau. Liturgiegeschichtliche Kontexte und Folgerungen, in: ThQ 173 (1993) 226–236.

Thraede, Klaus, Ärger mit der Freiheit. Die Bedeutung von Frauen in Theorie und Praxis der alten Kirche, in: Scharffenorth, Gerta/Thraede, Klaus (Hg.), »Freunde in Christus werden ...«. Die Beziehung von Mann und

Frau als Frage an Theologie und Kirche (Kennzeichen 1), Gelnhausen–Berlin 1977, 31–178.

Thraede, Klaus, Frau, in: RAC 8, 1972, 197–269.

Thraede, Klaus, Frauen im Leben frühchristlicher Gemeinden, in: US 32 (1977) 286–299.

Thrall, M.E., The Ordination of Women to the Priesthood. A Study of the Biblical Evidence, London 1958.

Thurian, Max, Priesterweihe von Frauen? Das ökumenische Problem der Natur des Priestertums, in: O.R.dt. 2.4.1993, 11.

Tillich, Paul, Systematische Theologie III, Stuttgart 1966.

Tischleder, Peter, Wesen und Stellung der Frau nach der Lehre des hl. Paulus (Ntl. Abhandlungen X, 3–4), Münster 1923.

Tobin, M.L., Die Haltung der katholischen Kirche zu der Frauenbewegung in den Vereinigten Staaten, in: Conc 12 (1976) 70–73.

TRE, Art. Frau (ausführlich; verschiedene Autorinnen und Autoren; Literatur!)

Trible, P., Mein Gott, warum hast du mich vergessen?, Göttingen 1987.

Trillhaas, Wolfgang, (zum Thema»Frauenordination«, ohne Titel), in: Lutherische Monatshefte 1 (1962) 201.

Vagaggini, Cipriano, L'educazione della diaconesse nella tradizione greca e bizantina, in: Orientalia Christiana Periodica 40 (1974) 145–189.

Valtink, Eveline (Hg.), Das Kreuz mit dem Kreuz. Feministisch-theologische Anfragen an die Kreuzestheologie. Ansätze feministischer Christologie, Hofgeismar 1990.

Vanhoye, Albert, Das Zeugnis des Neuen Testamentes zur Nichtzulassung der Frauen zur Priesterweihe, in: O.R.dt. 19.3.1993, 9 (Orig. ital. in O.R. 3.3.93).

Vetter, August, Zur Symbolik der Geschlechter, in: Johannes Tenzler (Hg.), Urbild und Abglanz. Festgabe Herbert Doms, Regensburg 1972, 255–267.

Vikström, John, Die Frau und das geistliche Amt – eine Frage der Ethik oder eine Frage des Glaubens und der Konstitution der Kirche? Überlegungen aus der Sicht lutherischer Theologie, in: Gössmann, Elisabeth/Bader Dietmar (Hg.), Warum keine Ordination der Frau? Unterschiedliche Einstellungen in den christlichen Kirchen (Schriftenreihe der Katholischen Akademie der Erzdiözese Freiburg), München–Zürich 1987, 73–88.

Vilar, Esther, Der dressierte Mann, München ⁶1976.

Vogels, H.J., Der Einfluß Marcions und Tatians auf Text und Kanon des Neuen Testaments, in: Synoptische Studien. FS Alfred Wikenhauser, München 1953, 278–289.

Vogels, Walter, ›It is not Good that the ›Mensch‹ Should Be Alone. I Will Make Him/Her a Helper Fit for Him/Her (Gen 2.18)‹, in: Eglise et théologie 9 (1978) 9–35.

Vogt, Josef, Von der Gleichwertigkeit der Geschlechter in der bürgerlichen Gesellschaft der Griechen (Abhandlungen der geistes- und sozialwissenschaftlichen Klasse 1960,2), Wiesbaden 1960.

Vokes, F.E., Montanism and the Ministry, in: SP IX, III (TU 94), Berlin 1966, 306–315.

Vos, C.J., Woman in Old Testament Worship, Delft 1968.

Voß-Goldstein, Christel, Aus Ägypten rief ich meine Töchter. Feministische Theologie praktisch, Düsseldorf 1988.

Wacker, Marie-Theres (Hg.), Theologie feministisch. Disziplinen, Schwerpunkte, Richtungen, Düsseldorf 1988.

Wagener, Ulrike, Die Ordnung des »Hauses Gottes«. Der Ort von Frauen in der Ekklesiologie und Ethik der Pastoralbriefe (Wissenschaftliche Untersuchungen zum Neuen Testament, 2. Reihe, 65), Tübingen 1994.

Wagner, Günter/Wiener, Ilse, Das Bild der Frau in der biblischen Tradition, in: US 35 (1980) 296–318.

Wahl, J.A., The Exclusion of Woman from Holy Orders (The Catholic University of America, Studies in Sacred Theology, Second Series, Nr. 110), Diss., Washington 1959.

Wainwright, E.M., Towards a Feminist Critical Reading of the Gospel According to Matthew, Berlin 1991.

Walter, T.A., Seinsrhythmik. Studie zur Begründung einer Metaphysik der Geschlechter, Freiburg i. Br. 1932.

Waren in der Urkirche Frauen im Pfarr- und Bischofsamt?, in: CGG 32 (1980) 119.

Weber-Kellermann, Ingeborg, Frauenleben im 19. Jahrhundert. Empire und Romantik, Biedermeier, Gründerzeit, München ³1991.

Weinzierl, Erika (Hg.), Emanzipation der Frau. Zwischen Biologie und Ideologie, Düsseldorf 1980.

Weiss, Bardo, Zum Diakonat der Frau, in: TThZ 84 (1975) 14–27.

Welch, Sharon D., Gemeinschaften des Widerstandes und der Solidarität. Eine feministische Theologie der Befreiung, Freiburg/Schweiz 1988.

Wendland, Dieter, Der Mensch. Mann und Frau (Der Christ in der Welt I,3), Aschaffenburg 1957.

Werlhof, Claudia von/Mies, Maria/Bennhold-Thomsen, Veronika, Frauen, die letzte Kolonie: Zur Hausfrauisierung der Arbeit, Reinbek 1988.

Wesel, Uwe, Der Mythos vom Matriarchat. Über Bachofens Mutterrecht und die Stellung von Frauen in frühen Gesellschaften vor der Entstehung staatlicher Herrschaft, Frankfurt 1980.

Wetter, Friedrich Kardinal, Er allein trägt. Weiheansprachen, München 1996.

Wichterich, Christa, Frauen in der Welt. Vom Fortschritt der Ungleichheit, Göttingen 1995.

Wickler, Wolfgang, Die Natur der Geschlechterrollen – Ursachen und Folgen der Sexualität, in: Luyten, Norbert A., Wesen und Sinn der Geschlechtlichkeit (Grenzfragen 13), Freiburg–München 1985, 67–102.

Wiechert, Friedrich, Der Dienst der Frau außerhalb der Großkirche, in: Eine heilige Kirche 21 (1939) 129–139.

Wiesen, Wilhelm, Die Frau in der Seelsorge, Würzburg 1973.

Wijngaards, J.N.M., Did Christ Rule Out Women Priests? Great Wakering 1977.

Wodtke, Verena (Hg.), Auf den Spuren des Weisheit. Sophia – Wegweiserin für ein neues Gottesbild, Freiburg–Basel–Wien 1991.

Wolf, Ernst, Das Frauenamt im Amt der Kirche, in: ders., Peregrinatio II, München 1965, 179–190.

Wulff, August, Die frauenfeindlichen Dichtungen in den romanischen Literaturen des Mittelalters bis zum Ende des XIII. Jahrhunderts (Romanistische Arbeiten IV), Halle 1914.

Wunder, Heide, »Er ist die Sonn', sie ist der Mond«. Frauen in der Frühen Neuzeit, München 1992.

Zarri, Adriana, Das Gebet der Frau und die vom Mann geschaffene Liturgie, in: Conc 6 (1970) 110–117.

Ziegenaus, Anton, ›Als Mann und Frau erschuf er sie‹ (Gen 1,27). Zum sakramentalen Verständnis der geschlechtlichen Differenzierung des Menschen, in: MThZ 31 (1980) 210–222.

Zscharnack, Leopold, Der Dienst der Frau in den ersten Jahrhunderten der christlichen Kirche, Göttingen 1902.

Zur Frage der Ordination der Frau (Studien des Ökumenischen Rates des Kirchen 1), Genf 1964.

Zwank, Rudolf, Geschlechteranthropologie in theologischer Perspektive? Zur Phänomenologie des Geschlechtlichen in Hans Urs von Balthasars »Theodramatik«, Frankfurt u.a. 1996.

Namenregister

Sachregister